教育经济学

闵维方 马莉萍 ◎编著

图书在版编目(CIP)数据

教育经济学 / 闵维方,马莉萍编著. — 北京:北京大学出版社,2020.11
ISBN 978-7-301-31753-2

Ⅰ.①教… Ⅱ.①闵…②马… Ⅲ.①教育经济学 Ⅳ.①G40-054

中国版本图书馆CIP数据核字(2020)第194052号

书　　　名	教育经济学 JIAOYU JINGJIXUE
著作责任者	闵维方　马莉萍　编著
责 任 编 辑	李淑方
标 准 书 号	ISBN 978-7-301-31753-2
出 版 发 行	北京大学出版社
地　　　址	北京市海淀区成府路205号　100871
网　　　址	http://www.pup.cn　新浪微博:@北京大学出版社
微信公众号	通识书苑(微信号:sartspku)
电 子 信 箱	zyl@pup.pku.edu.cn
电　　　话	邮购部 010-62752015　发行部 010-62750672　编辑部 010-62767857
印 刷 者	三河市北燕印装有限公司
经 销 者	新华书店
	787毫米×1092毫米　16开本　28.75印张　580千字 2020年11月第1版　2021年12月第2次印刷
定　　　价	79.00元

未经许可,不得以任何方式复制或抄袭本书之部分或全部内容。
版权所有,侵权必究
举报电话:010-62752024　电子信箱:fd@pup.pku.edu.cn
图书如有印装质量问题,请与出版部联系,电话:010-62756370

前 言

任何社会的生存与发展都是以经济为基础的。人们总是要做出选择：生产什么，怎样生产；分配什么，怎样分配；销售什么，怎样销售；购买什么，怎样购买？因此，从一定意义上说，经济学是从人们的选择入手，研究经济现象和规律的。在科学技术突飞猛进、知识经济高速发展、以智能化为标志的新一轮产业革命蓬勃兴起的今天，通过教育形成的知识技能和各种非认知能力，为个人和社会带来的经济价值和社会价值比以往任何时代都要大得多。在人类的历史上，一个人、一个地区乃至一个国家的发展和贫富，从来没有像今天这样更多地依赖于教育。因此，在现代社会中，人人都要上学受教育，这已经成为人们习以为常、司空见惯的事情了。每一个家庭都要为自己的子女做出教育选择：上什么学校？受多少年教育？受什么类型的教育？参加什么样的培训？同样，为了传承人类文明、发展国计民生，每一个国家都要举办教育。由谁来办教育？办多少教育？办什么类型的教育？比如办多少小学、中学和大学？办多少普通教育、职业技术教育、成人继续教育？特别是在终身学习和终身教育日益成为时代发展所必需的今天，个人和社会都处于各种各样的教育选择之中，这种选择体现在国家、社会、企业和个人的教育投入决策中。

教育经济学从分析个人和社会在各种资源和条件约束的情况下如何进行教育选择入手，研究教育与经济相互作用的规律。个人通常是根据自己的偏好、禀赋、预算约束和预期收益等因素选择最适合的学校或培训机构，以及最适合的受教育年限。但是个人并不能总是随意地进行教育选择，因为个人的选择是在一定的社会结构中进行的，而社会是由许许多多相互作用的个人和群体组成的。因此，个人的选择常常为社会的制度化因素所制约。而社会的选择包括：如何更好地配置和使用稀缺的教育资源，如何通过学校教育和培训机构培养造就社会经济发展所需要的、具有各种知识和能力的人，以及如何将作为人力资本的知识和能力在不同社会群体中进行分配。这种社会的选择不仅涉及稀缺资源在教育过程中的合理配置和使用效率，还涉及教育在经济社会发展中的作用。因此，教育选择对个人和社会都至关重要，它不仅关系到个人未来的福利水平和社会经济地位，更关系到国家未来的发展和兴衰。

从教育经济学的角度来看，个人和国家为教育所付出的时间和费用是一种生产性投资。对于个人来说，通过受教育所获得的知识和能力是一种可以为自己带来未来收益的人力资本；对于国家来说，发展教育的支出是对本国人力资源的开发投资。一般来说，这种投资越多，形成的促进国家经济增长与社会发展的高质量的人力资本就会越大。大量的实证研究显示，这种人力资本的投资收益在特定条件下远远高于物质资本的投资收益。由于国家、社会和个人的教育选择总是在各种约束条件下按照一定的价值观念和政策取向进行的，如果个人或国家教育选择失误，教育投资不当，就可能造成教育供给不足、教育结构失衡或过度教育等一系列问题，从而对经济社会发展产生负面影响。因此，教育经济学研究从本质上揭示了教育发展与社会经济发展相互作用的客观规律。当然，除了这种生产性的经济功能，教育投资还具有许多其他方面的功能，如促进人的全面发展，传承人类文明，充实人民生活，促进社会和谐、文化繁荣和政治进步等。

教育经济学从个人、家庭、学校、社区、地区、国家和全球多个层面研究教育需求与供给，帮助人们更好地理解教育在提高全要素生产率、推动产业结构升级、促进经济增长和社会公平中的关键作用；理解教育系统内部优化资源配置、提高资源使用效率对加快人力资源开发、提升人力资本质量、促进社会经济长期可持续发展的重大意义等一系列重大问题；理解个人所受的教育对于自身未来的就业机会、收入水平和社会经济地位的深刻影响。因此，教育经济学的研究不仅关系到国家发展和社会进步，更关系到千家万户，关系到每一个人的切身利益，从而有着巨大的发展潜力和广阔的应用前景。例如，人们对胎儿进行胎教，给胎儿放唱片讲故事等；孩子出生后，精心哺育孩子，保障充足的营养，使之健康成长；送孩子进幼儿园、小学、中学、大学、读研究生、出国留学等等。从教育经济学的角度来看，这些都是投资行为，是对人的投资。教育经济学知识可以帮助人们更好地理解这种投资结构的合理性，并进行成本—收益分析、成本—效益分析、成本—效用分析、成本—效率分析和成本—可行性分析，这些分析会帮助国家决策者和受教育者个人做出更好的教育选择。

因此，我们相信，不论你将来是从事经济学研究，还是教育学研究；不论你是从事经济领导工作，还是从事教育管理工作；不论你在大企业人力资源部门做高级管理工作，还是自己创业成立公司，开办自己的服装店或餐厅，抑或是做一名出租车司机……你都应该学一点教育经济学的知识。对于从事教育学和经济学研究的人来说，它或许可以帮助你从一个不同的角度来思考、丰富和充实你的研究；对于从事实际工作的人来说，它或许能帮助你更科学地思考如何聘任、管理和充分发挥受过不同层次和类型教育的人才的作用，也可以更好地帮助你选择促进自身职业生涯发展的教育培训项目，帮助你为子女选择最适合的教育机会。

教育经济学是伴随着科学技术的发展和教育的社会经济功能日益凸显而形成的一门生机勃勃的新兴学科，是现代经济学和教育学最新发展的结晶之一。同许多其他学科一样，在经历了初期的学派林立和不同观点的激烈争论之后，教育经济学逐渐形成了成熟统一的主流。其早期的研究主要涉及经济学和教育学，近年来越来越多地涉及社会学、政治学、管理学、心理学，以及行为科学、学习科学、信息科学等学科，成为一门充满活力的交叉学科。

这是一本教育经济学的入门书。为了帮助对这门学科感兴趣的学生和读者尽快地并尽可能轻松顺畅地掌握其基本概念、基本原理和基本方法，我们尽可能运用深入浅出的方法，根据学科形成发展的历史与学科内在逻辑相一致的原则安排本书的章节。

现代教育经济学是在20世纪50年代末和20世纪60年代初人们比较深刻全面地认识到了教育的巨大经济价值的背景下产生的（第一章）；对这种认识的系统化和实证检验逐步形成了其独特的研究对象和方法（第二章）；不断深化的研究成果极大地提高了人们对通过教育所形成的人力资本在个人社会经济地位和国家经济社会发展中极端重要性的认识（第三章）；这种认识推动着各国政府和居民个人不断加大教育投入力度，教育投资之风吹遍了全球（第四章）；随着教育投资不断增加，大量的资源进入教育领域，如何有效地配置和使用这些资源，以实现教育产出的最大化，这就是与教育生产相关的问题。对这一问题的研究，形成了教育投入与产出关系的教育生产函数模型，即作为人力资本的知识和能力是如何被生产出来的，人们对教育生产规律的认识不断深化（第五章）；同物质生产中的任何领域一样，教育生产过程中也会消耗大量的成本，而且由于教育是一项同时使国家、社会、企业、个人多方受益的事业，在市场经济"谁受益，谁付费"的前提下，人们很自然地提出了教育的成本和成本分担的问题，即由教育的受益各方分担一部分相应的教育费用，用以补偿教育过程中发生的成本，而分担了成本的各方都十分关注投入教育领域中的资源的使用效率，因此研究者对教育成本结构和成本行为规律进行了深入分析（第六章）；并进一步去探究和计算消耗巨大成本的教育对个人和社会的实际收益到底有多大（第七章），及其对整个国家长期经济增长的贡献（第八章）；由于教育投资的经济效益并不是在教育系统内部，而是毕业生通过劳动力市场进入工作场所后实现的，教育与劳动力市场的相互作用就成为教育经济学的核心问题之一（第九章）；这种相互作用会在很大程度上影响毕业生的就业状况（第十章），同时会影响对教育供给具有重要意义的教师供求与工资水平（第十一章）；在市场经济条件下，人们的经济收入在很大程度上同其受教育水平和类型密切相关（第十二章）；因此作为社会公平基础的经济公平又同各种类型的教育资源和受教育机会在社会各群体中的分配密切相关（第十三章）；由于追逐效率的市场自发作用不能导致教育资源配置和收入分配的公平，为了弥补市场缺陷，调节收入分配，促进社会公平，推动经济和社会的健康发展，政府的教育财政政策的调节作用至关重要（第十四章）。

进入21世纪以来，教育经济学面临着新的挑战和新的课题，尤其是信息技术的突飞猛进、网络社会的蓬勃兴起和人工智能的广泛应用改变了和改变着人们的学习方式和教育方式，进而改变了教育的成本效益结构；知识经济时代的到来也进一步强化了教育在知识生产和经济发展中的作用；而经济全球化则不可避免地促进了教育的国际化，从而导致全球教育资源的重新配置。这些都是教育经济学面临的新的研究课题。

为了帮助读者掌握所学内容，本书尽可能合理设计章节内部的结构安排。在每章起始位置提出本章的"内容提要"和"学习目标"，帮助读者了解每章的主要知识点，以及自评对知识点的掌握程度；提炼每章的"关键词"，对于首次出现的关键词会在行文中给出详细解释；在介绍理论体系和知识点的过程中尽可能穿插一些"案例"和"知识小卡片"，包括对当下热点问题的分析和讨论、国内外学者对某一研究问题的最新发现、与学术研究相关的逸闻趣事等，帮助读者加深理解，并逐步学会如何将理论运用于实际问题的分析；在每章末尾提供了"本章小结""思考与练习"和"拓展阅读建议"，其中，"拓展阅读建议"文献列表中包括国内外经典著作和最新研究论文，为希望进一步深入学习的读者提供参考。

在编写这本教育经济学教材时，为了让读者对这门学科有一个初步的全面的了解，我们尽可能覆盖教育经济学的所有基本内容。因此，我们大量引用了国内外现有的教育经济学教材、专著和论文，谨此向各位作者致谢。由于我们的水平有限，错误之处在所难免，希望各位专家和广大读者批评指正。

闵维方

2020年10月

目 录

前 言 1

第一编 导 论

第一章 教育经济学的形成与发展 2
第一节 早期的教育经济思想 2
第二节 现代教育经济学的形成 4
第三节 教育经济学的发展 8
第四节 现代教育经济学在中国的发展 16

第二章 教育经济学的对象与方法 25
第一节 教育经济学的研究对象 25
第二节 教育经济学方法论的基本原则 30
第三节 教育经济学研究中的因果推断 37
第四节 教育经济学研究的一般过程 47

第三章 教育与人力资本的形成 53
第一节 人力资本的概念 54
第二节 人力资本的形成 58
第三节 人力资本的测度 64
第四节 人力资本的重要性和局限性 72
附 录 世界银行人力资本指标 85

第二编　教育投资与生产

第四章　教育投资 90
- 第一节　教育投资的定义、性质与特点 91
- 第二节　教育投资的来源 95
- 第三节　教育投资主体 107
- 第四节　教育投资的合理水平与分配比例 112
- 第五节　全球教育投资的发展趋势 120

第五章　教育生产函数 125
- 第一节　教育生产函数的概念和模型 125
- 第二节　教育生产函数的实证研究 133
- 第三节　高等教育生产函数 141
- 第四节　教育生产函数的局限性 145
- 附　录　教育生产函数的实证研究综述 151

第三编　教育成本与收益

第六章　教育成本 162
- 第一节　教育成本的定义及其特点 163
- 第二节　教育成本的计量 169
- 第三节　教育的成本分担与补偿 176
- 第四节　教育成本函数 184
- 第五节　研究教育成本的意义 197

第七章　教育收益 204
- 第一节　教育收益的概念 205
- 第二节　教育收益率的计量方法 207
- 第三节　教育的市场化私人收益 215
- 第四节　教育的市场化社会收益 225
- 第五节　教育的非市场化收益 227

附　录　各国分受教育程度和类型的教育收益率 233

第八章　教育与经济增长 237
第一节　教育推动全要素生产率的提升，促进经济增长 240
第二节　教育提高劳动者素质，推动产业结构升级 247
第三节　教育通过推动城镇化进程，促进经济增长 251
第四节　教育调节收入分配，促进消费，拉动经济增长 255
第五节　教育对经济增长贡献的计量分析方法 258
第六节　教育对绿色经济增长的贡献 262

―― 第四编　教育与劳动力市场 ――

第九章　教育与劳动力市场 274
第一节　劳动力市场缺失下的教育与人力资源配置 274
第二节　教育与劳动力市场的相互作用机制 278
第三节　政府对教育与劳动力市场关系的宏观调控 283
第四节　教育与劳动力市场相互作用对教育发展的影响 286

第十章　教育与就业 294
第一节　教育与就业的关系 295
第二节　教育扩张与高等教育毕业生就业 306
第三节　中国高校毕业生的就业问题 314

第十一章　教师供求与工资 329
第一节　教师需求和供给 329
第二节　教师工资 343
第三节　学术劳动力市场 351

―― 第五编　教育与社会公平 ――

第十二章　教育与收入分配 362
第一节　收入分配 362

  第二节 受教育水平与收入分配 372

  第三节 教育机会分配、教育收益率与收入分配 376

第十三章 教育公平与社会经济公平 384

  第一节 教育公平的概念和内涵 384

  第二节 社会经济因素对教育公平的影响 388

  第三节 教育公平对经济公平的影响 398

第十四章 教育财政 407

  第一节 教育财政的概念与基本原则 408

  第二节 教育财政经费的分配和使用 416

  第三节 国际教育财政的改革 424

  第四节 中国教育财政体制的演变 429

后 记 436

表目录

表1-1 不同理论流派的比较 14
表2-1 混合研究方法的组合方式 35
表3-1 相关学者计算的中美两国劳动年龄人口和总人力资本（1950—2020年）............... 66
表3-2 教育的个人收益率 74
表3-3 亚洲"四小龙"从中等收入进入高收入经济发展阶段的时间表 78
表4-1 1960—2016年间世界各国教育投资占国民生产总值的比例 91
表4-2 1991—2011年高等教育收益率、学费平均水平和人均国内生产总值 100
表4-3 北京高校研究生教育收费前（2009年）不同学历层次研究生的全年学习生活经费
　　　来源结构 111
表4-4 教育投资占GDP比例的下限及其增长系数 115
表4-5 2017年各国教育总投资在各级教育间分配比例 118
表4-6 不同收入水平国家的公共教育支出占国内生产总值的比例 120
表5-1 数学成绩完全模型的主要统计结果 135
表5-2 语文成绩完全模型的主要统计结果 136
表5-3 学校设施与教学设备影响学生成绩的研究总结 153
表5-4 教师特征与学生学业成绩 156
表5-5 教师和校长特征与学生学业成绩的关系 157
表6-1 人员性经费和公用经费在学校经常性支出中所占百分比：小学教育阶段 168
表6-2 人员性经费和公用经费在学校经常性支出中所占百分比：中学教育阶段 169
表6-3 人员性经费和公用经费在学校经常性支出中所占百分比：高等教育阶段 169
表6-4 高等院校作业活动分类 172
表6-5 人才培养作业成本分类表 175
表6-6 人均国内生产总值最高和最低的地区比较 182

表 6-7 中国高等教育生均成本与学生教师比的关系模拟 ... 189

表 6-8 2008 年在校生规模与生均经常性支出 ... 193

表 6-9 若干国家和地区高等教育生均成本与人均国内生产总值之比 ... 201

表 7-1 教育收益的分类 ... 206

表 7-2 内部收益率与明瑟收益率的比较 ... 212

表 7-3 21 世纪前后平均受教育年限和明瑟收益率 ... 217

表 7-4 不同人均收入国家的教育收益率和平均受教育年限 ... 218

表 7-5 分地区的教育收益率与平均受教育年限 ... 218

表 7-6 几个 OECD 国家不同受教育程度劳动力的相对收入 ... 219

表 7-7 20 世纪 80 年代末到 21 世纪初中国城镇教育收益率的相关研究 ... 220

表 7-8 不同收入和受教育水平国家和地区的教育私人和社会收益率 ... 225

表 7-9 几个主要 OECD 国家不同受教育群体的失业率 ... 227

表 8-1 日本和韩国劳动年龄人口平均受教育水平与全要素生产率 ... 245

表 8-2 高等教育水平对国家绿色经济的影响 ... 268

表 8-3 教育对绿色 GDP 的贡献率与教育对 GDP 的贡献率 ... 268

表 9-1 1995 年中国高等教育的条块分割、部门分割与过度专业化 ... 277

表 10-1 创业者受教育程度在各行业中对企业就业规模的净效应 ... 302

表 10-2 1999 年高校扩招对就业的促进作用 ... 306

表 10-3 各国促进大学生就业的政策 ... 313

表 10-4 大学生毕业时的去向 ... 315

表 11-1 乡村教师支持计划（2015—2020 年） ... 341

表 11-2 2017—2018 年美国 5 所一流大学教师工资 ... 353

表 13-1 区域教育经费投入差异 ... 391

表 13-2 城乡教育经费投入差异 ... 392

表 13-3 校际教育投入和支出的基尼系数 ... 392

表 13-4 2017 年中国生均教育经费的区域差距 ... 393

表 13-5 地区间数学教育结果的差异 ... 394

表 13-6 学校间数学教育结果的差异 ... 394

表 13-7 家庭间数学教育结果的差异 ... 395

表 13-8 2004 年按受教育程度分组的城镇居民收入差距 ... 400

表 13-9 收入的代际弹性系数实证分析结果 ... 403

表13-10 收入组群的代际继承性和流动性指数..404
表14-1 2005年和2016年各级教育生均公共财政预算教育经费..414
表14-2 1995—2016年城镇与农村义务教育生均事业费之比..414
表14-3 美国中小学财务会计中的一级和二级支出功能科目..423
表14-4 公共教育经费所占比例..424
表14-5 2002—2004年普通高校预算内生均经费和生均公用经费..432
表14-6 2004年地方普通高等院校预算内生均教育事业费的地区差异..433

图目录

图 2-1 2003—2012 年使用混合研究方法的教育领域论文数 ... 35
图 2-2 职业教育影响经济增长的概念框架 ... 48
图 2-3 教育经济学研究的一般过程 ... 51
图 4-1 "求职难"与"用工荒" ... 93
图 4-2 2004—2018 年全国教育经费总收入和国家财政性教育经费 ... 97
图 4-3 2014 年美国大学获得捐赠基金的规模 ... 103
图 4-4 1980—2018 年中国高校接受社会捐赠的情况 ... 104
图 4-5 若干亚洲国家民办（私立）高等学校学生占高等教育学生总数的百分比 ... 104
图 4-6 2009—2016 年全国各级各类民办教育学校数 ... 105
图 4-7 1992 年、2000 年和 2008 年中国国民收入的分配结构 ... 107
图 4-8 政府教育投资与经济增长互为因果 ... 108
图 4-9 2013—2017 年中国教育投资增长率始终高于 GDP 增长率 ... 108
图 4-10 教育投资主体与投资来源 ... 111
图 4-11 部分国家人均国内生产总值与公共教育投入水平 ... 114
图 4-12 1980 年代中期中国的三级教育入学率和生均投入同亚洲平均水平的比较 ... 119
图 4-13 OECD 国家公共教育支出占 GDP 比重变化趋势 ... 121
图 5-1 等产量线 ... 127
图 5-2 每个劳动力的平均产出和增加劳动力的边际产出曲线 ... 128
图 5-3 总产量变化曲线 ... 128
图 6-1 中国财政性教育支出 ... 165
图 6-2 中国教育事业发展指标 ... 166
图 6-3 作业成本（ABC）基本原理 ... 170
图 6-4 高等教育生均成本计量流程 ... 174

图 6-5 高等教育成本分担的经济分析	178
图 6-6 实行成本分担前后公共教育资源在全社会的分布情况	179
图 6-7 2016—2017 年美国各州高校学费水平	181
图 6-8 高等教育成本补偿属地化的理论框架	183
图 6-9 同一产量下的成本最小化	185
图 6-10 不同产量下的成本最小化	185
图 6-11 生均成本与学校平均规模的散点图	188
图 7-1 受教育年限与平均小时工资的关系	211
图 7-2 不同受教育群体的年龄-收入曲线	216
图 7-3 横截面数据和生命周期数据估算的年龄-收入曲线	216
图 7-4 1950—2014 年教育的市场化私人收益率	217
图 7-5 各国不同子群体的平均教育收益率（%）	219
图 7-6 中国各级教育收益率的变化趋势（1991—2009 年）	222
图 7-7 几个 OECD 国家教育的市场化社会收益率（男性）	226
图 7-8 几个 OECD 国家教育的市场化社会净收益率（男性）	226
图 8-1 1960—2009 年教育与经济增长的关系（地区）	238
图 8-2 1960—2010 年教育与经济增长的关系（国家和地区）	239
图 8-3 各国劳动者平均受教育年限与该国的劳动生产率	242
图 8-4 各国人均受教育年限与人均产出的关系	242
图 8-5 大学创新能力与经济增长的内在机制	244
图 8-6 人类从农业社会向工业社会进而向信息社会的演进	248
图 8-7 各国教育与产业结构的关系	249
图 8-8 生均教育投入与城镇化率	253
图 8-9 教育对收入结构的调节作用	256
图 8-10 居民受教育水平对基尼系数的影响	256
图 8-11 教育促进经济增长的作用机制	262
图 8-12 教育促进绿色经济增长的影响机制	270
图 9-1 计划经济条件下高等教育系统与工作场所的关系	276
图 9-2 劳动力市场的人才供求与就业机会和起始工资	279
图 9-3 中国向市场经济转型以来的教育回报率	280
图 9-4 预期收益与对教育的需求	281

图 9-5 各级各类教育的供给与产出...................282

图 9-6 教育与劳动力市场的相互作用与政府的宏观调控...................285

图 10-1 失业理论...................299

图 10-2 15 类行业的就业乘数相对得分...................301

图 10-3 大专学历分界下的企业家企业生存概率...................303

图 10-4 1978—2018 年中国普通本专科学校招生规模和毕业生规模...................305

图 10-5 全球每万人中的大学毕业生人数（1990—2000 年）...................307

图 10-6 欧盟各国高等教育毕业生离开正式教育和开始第一份工作之间的平均月份数...................308

图 10-7 欧洲 20—34 岁青年就业率（2006—2013 年）...................309

图 10-8 引领与适应：高等教育发展与产业结构调整的关系...................312

图 10-9 分学历层次的就业落实率...................317

图 10-10 高校毕业生获得接收单位的数量...................318

图 10-11 高校毕业生的求职次数...................318

图 10-12 分学历高校毕业生的起始月薪...................319

图 10-13 分学历高校毕业生的相对起薪指数...................320

图 10-14 实际收入和期望收入的比较...................320

图 10-15 自我报告的对第一份工作的满意度...................321

图 10-16 教育与工作的匹配状况...................321

图 10-17 专业与工作的匹配状况...................322

图 10-18 城乡毕业生的就业去向...................324

图 10-19 城乡毕业生的就业起薪...................324

图 10-20 2004—2011 年高校毕业生基层就业比例...................326

图 11-1 2000—2017 年中国各级教育的专任教师规模...................330

图 11-2 1970—2015 年美国教师规模...................331

图 11-3 小学的生师比变化...................333

图 11-4 教师劳动力市场的供给（S）与需求（D）...................334

图 11-5 教师供给结构...................335

图 11-6 高能力教师（左）和低能力教师（右）的供给（S）与需求（D）...................337

图 11-7 教师工资水平的国际比较...................344

图 11-8 教师工资和预算内教师工资结构比例...................350

图 12-1 2000—2018 年城镇居民家庭人均总收入、工资性收入及工资收入占比...................364

图 12-2 洛伦兹曲线 ... 366

图 12-3 倒 U 形假说 ... 367

图 12-4 中国居民收入基尼系数 ... 368

图 12-5 不同收入等级家庭收入之比 ... 369

图 12-6 25—34 岁人口中各类教育程度人口的比例 ... 373

图 12-7 1990—2014 年中国各级各类教育毛入学率 ... 373

图 12-8 各国人均受教育年限与收入分配不均等的关系 ... 374

图 12-9 平均受教育年限和教育基尼系数 ... 378

图 13-1 平等（对所有的人给予同样的对待）与公平（对不同的人给予不同的对待） ... 385

图 13-2 从教育起点和过程公平到教育结果公平 ... 387

图 13-3 "小升初"中的各种择校行为 ... 390

图 13-4 社会各阶层的综合择校率与购学区房择校率 ... 391

图 13-5 家庭经济地位对高等教育入学机会的影响 ... 396

图 13-6 教育公平对社会公平的影响 ... 398

图 13-7 家庭社会经济背景对子女教育和收入的影响 ... 402

图 13-8 父亲收入、子女教育、子女收入的通径图 ... 404

图 14-1 1992—2009 年全国教育经费与财政性教育经费 ... 411

图 14-2 1990—2008 年中国教育经费在各级教育之间分配结构的变化 ... 418

图 14-3 1995—2016 年中国教育经费的使用结构 ... 422

图 14-4 改革开放以来中国义务教育财政体制演进 ... 430

图 14-5 2000 年以来中国高等教育总经费和财政性经费 ... 434

第一编

导 论

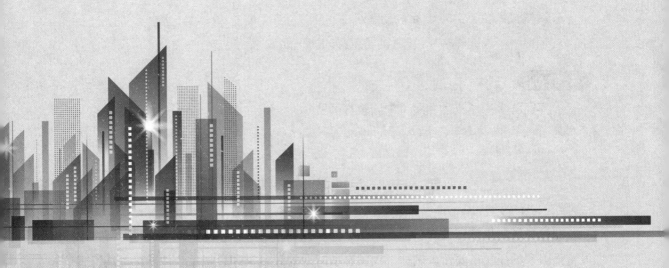

第一章　教育经济学的形成与发展

内容提要

本章简要介绍了教育经济学形成与发展的历史进程，包括早期教育经济思想的萌芽和不断积累，重点阐述了现代教育经济学产生的历史条件、形成过程、面临的理论挑战和近年来的进一步丰富和发展，以及教育经济学在中国的形成与发展。

学习目标

1. 了解早期教育经济思想的要点。
2. 理解现代教育经济学产生的历史条件和形成过程。
3. 认识教育经济学发展过程中面临的理论上的挑战。
4. 熟悉教育经济学的最新发展趋势。
5. 了解中国教育经济学的形成、发展及其特点。

关 键 词

教育经济学　形成　发展　中国教育经济学

第一节　早期的教育经济思想

教育经济思想源远流长。早在几千年前，人们就已经认识到教育对促进经济发展、建设富强国家的极端重要性。例如，我国春秋时期的政治家和思想家管仲就深刻认识到培养人的投入具有很高收益，他说："一年之计莫如树谷；十年之计莫如树木；终身之计莫如树人。一树一获者，谷也；一树十获者，木也；一树百获者，人也。"也就是说，培养教育人的投入是收益最多、最长久的投资。[1]

第一次产业革命之后，随着机器大工业生产的发展，特别是科学技术在经济发展中日益广泛的应用，通过教育和培训提高劳动者素质的重要性日益凸显。英国古典政治经济学

---

[1] 管仲. 管子（权修 第三）[M]. 上海：上海古籍出版社，2015: 14.

的创始人之一配第（William Petty）指出，人的素质的差异可导致生产力的不同。[①]法国经济学家魁奈（Francois Quesnay）早在18世纪就认识到培养人的重要性，他说："构成国家强大因素的是人……人本身就成为自己财富的第一个创造性因素。"[②]许多早期经济学家的理论中都包含一定的教育经济思想萌芽，但这些思想不是系统清晰的，而是零碎的、模糊的。

最早对教育的经济功能进行比较详细专门论述的是英国古典政治经济学集大成者亚当·斯密（Adam Smith）。他认为，教育和培训所形成的知识技能能够提高人的劳动生产率。人们通过教育投入所获得的知识技能是固化在学习者身上的资本。他说："这些才能，对于他个人自然是财产的一部分……工人增进的熟练程度，可以同便利劳动、节省劳动的机器和工具一样看作是社会上的固定资本。学习的时候，固然要花一笔费用，但这种费用，可以得到偿还，赚取利润。"[③]斯密的思想对后来的经济学家具有重大影响。

马克思的经济理论中也包含许多重要的教育经济思想。马克思认为，劳动者是生产力中最积极、最活跃的因素。在现代化大生产中，随着科学技术的进步和生产力的发展，劳动者要从事生产就需要掌握一定的科学文化知识和技能，因此，必须对劳动者进行教育和培训。从这个意义上来说，"教育会生产劳动能力"[④]，可以把非熟练劳动力培养训练为熟练劳动力，把简单的普通劳动力培养成为复杂的和专门的劳动力，如科学家和工程师等，并提高劳动者对工作变换的适应能力。他说："比社会平均劳动较高级、较复杂的劳动，表现为这样一种劳动力：它比普通劳动力需要较高的教育费用，它的生产要花费较多的劳动时间，因此它具有较高的价值。"[⑤]这种受过更多教育的劳动力的价值较高，表现为能够在同样长的时间内生产较多的价值，他们从事的复杂劳动等于倍加的简单劳动。马克思的这一思想在分析教育投资的必要性和教育的社会经济效益中具有重要意义。

从19世纪晚期到20世纪50年代末期，许多国家不同学派的经济学家提出了更加丰富的教育经济思想。如新古典经济学的主要代表人物之一马歇尔（Alfred Marshall）继承了斯密的观点，认为一个受过良好教育的人类似一台价格昂贵的机器，一个人为了将来更好地工作而对其自身进行的教育投资，同建设一个企业而进行的投资是一样的。马歇尔在1890年出版的《经济学原理》中明确指出，教育具有重要的生产性。他看到了教育可以

[①] 威廉·配第.政治算术[M].陈冬野，译.北京：商务印书馆，1978：38.
[②] 佛朗西斯·魁奈.魁奈经济著作选集[M].吴斐丹，张草纫，选译.北京：商务印书馆，1979：103.
[③] 亚当·斯密.国民财富的性质和原因的研究（上卷）[M].张大力，王亚南，译.北京：商务印书馆，1972：257-258.
[④] 马克思.马克思恩格斯全集[M].北京：人民出版社，1972：210.
[⑤] 马克思.资本论（第1卷）[M].北京：人民出版社，1975：223.

发展人的才能，认为"有助于物质财富之迅速增加的变化，无过于我们学校的改良"，指出"优良的教育，即使对于普通工人也予以很大的间接利益。……它是物质财富生产上的一个重要手段"。他还看到了教育投资可以获得很大的回报，认为"一个伟大的工业天才的经济价值，足以抵偿整个城市的教育费用"。因此他指出"最有价值的资本是投资人力的资本"，提出把"教育作为国家的投资"，由国家和学生家庭分担教育费用[①]。

苏联的斯特鲁米林（C. T. Ctpymnjinh）、美国的沃尔什（John Walsh）等都从不同角度提出了许多重要的教育经济思想。斯特鲁米林在1924年发表的《国民教育的经济意义》一文中，运用马克思的劳动价值理论第一次计量了教育投资对国民收入的贡献。[②] 沃尔什则于1935年发表了《人力资本观》，首次明确提出人力资本的概念，并用定量方法研究了大学阶段教育与经济收入的问题。[③] 但是，由于受到经济发展水平和教育发展水平等客观因素的限制，教育经济学在当时还没有形成一门相对独立的学科。

第二节 现代教育经济学的形成

任何一门学科的产生都同特定的社会历史条件密切相关。现代教育经济学诞生于20世纪50年代末60年代初，1970年前后达到了顶峰。这是因为，第二次世界大战以后西方各发达国家的经济迅速恢复并实现了较长时间的持续增长。这时许多经济学家都在试图解释这种经济增长的原因。根据传统的经济学理论和方法，经济增长是由土地、资本和劳动的投入决定的。由于土地是相对固定的，因此，当时的经济增长模型主要包括资本和劳动力的量的投入。但是当人们沿用传统的计量经济增长的方法（即各种生产函数模型）测算经济增长时普遍发现，国民经济产出增长率大于国民经济资源投入增长率，回归计算的结果出现了一个很大的"剩余"。这个"剩余"被当时经济学界称为"经济之谜"。正是对这个谜的探索催生了现代教育经济学，而这一时期发展经济学和计量经济学的发展则对教育经济学的形成做出了重要的理论和方法论方面的贡献。

要解开这个"经济之谜"，就必须在传统的经济模型所包含的生产要素之外去寻找促进经济增长的原因。一批杰出的经济学家开始以更广阔的视角观察和研究这个时期经济和社会各方面发生的变化，他们不约而同地把目光投向科技和教育。当时正是发达国家科学技术突飞猛进的时期，也是教育高速发展的时期，人们受教育程度大大提高。教育能够增

---

① 马歇尔. 经济学原理（上卷）[M]. 北京：商务印书馆，1981: 233.
② 张人杰，王卫东. 20世纪教育学名家名著[M]. 广东：广东高等教育出版社，2002: 224-254.
③ WALSH J R. Capital Concept Applied to Man [J]. Quarterly Journal of Economics, 1935 (49): 255-285.

进人们的知识，提高人们的工作技能，增强人们消化、吸收和应用新的科学技术成果的能力。当这些知识和能力被运用到生产过程中，就会大大提高生产效率，增加产出的数量，提高产出的质量，促进经济增长。这种新的发展现实推动一些学者去深入研究教育与经济的关系。

诺贝尔经济学奖获得者、美国著名经济学家舒尔茨（Theodore Schultz）在这方面做出了开创性的贡献。1960年他以美国经济学会会长的身份在第73届经济学年会上发表了《人力资本投资》的重要演讲，[1]对人力资本的观点做了系统的阐述，这是其人力资本理论形成的重要标志之一。1961年他又先后发表了《教育与经济增长》等一系列重要相关论著，[2]分析了为什么使用传统的经济理论和经济计量模型解释许多国家的经济增长不能令人满意，并进而指出，教育的发展即对人力的投资是这种增长的主要原因。在1963年发表的《教育的经济价值》一文中，他写道："教育的经济价值是这样体现的：人们通过对自身的投资来提高其作为生产者和消费者的能力，而学校教育则是对人力资本的最大投资。这一命题的含义是：人们拥有的经济能力绝大部分并不是与生俱来的，也并不是进入校门之时就已经具备的。换言之，后天获得的这方面能力非同小可。其能量之大，可以在根本上改变通常的储蓄与资本形成的现行标准，亦可改变工资结构及劳动与财产收入的相对数额。人们长期以来在经济增长、工资结构变化和个人收入变化等方面所存在的困惑，经过引进人力资本概念后，便可迎刃而解。"[3]舒尔茨的理论贡献奠定了作为现代教育经济学核心的人力资本理论的基础，并在宏观上实证检验了教育对经济增长的重要作用。

继舒尔茨之后，另一位诺贝尔经济学奖获得者、美国著名经济学家贝克尔（Gary Becker）在1964年发表了经典性的著作《人力资本》[4]，在1981年发表了《家庭论》[5]。贝克尔特别强调正规教育和职业培训支出所形成的人力资本的重要性。他指出，人们为自己和孩子支出的各种教育费用，不仅是为了现在获得效用和得到某种需求的满足，同时也考虑到未来获得效用和得到满足。而未来的满足可以是货币的，也可以是非货币的。在一般情况下，只有当预期收益的现值至少等于支出的现值时，人们才愿意做出这种支出。这种支出就是人们为了满足未来而做的投资。贝克尔对正规学校教育和在职培训的支出和

---

[1] SCHULTZ T W. Investment in Human Capital[J]. American Economic Review, 1961(51): 1-17.
[2] SCHULTZ T W. Education and Economic Growth[M]. Chicago: University of Chicago Press, 1961: 46-88.
[3] SCHULTZ T W. The Economic Value of Education[M]. New York: Columbia University Press, 1963: 10-11.
[4] BECKER G. Human Capital[M]. 2rd Edition. New York: Columbia University Press, 1975.
[5] BECKER G. A Treatise on The Family[M]. Cambridge, MA: Harvard University Press, 1981.

收入以及"年龄—收入"曲线等问题展开了深入的理论分析和探讨，并做了系统的实证研究，分析了人力资本投资对个人就业和经济收入的各种重大影响，提出了估算人力资本投资量及其收益的若干方法，并使之数量化和精细化从而在微观经济分析方面为人力资本理论奠定了坚实的基础。贝克尔的若干理论观点和分析方法也具有开创性和广泛的学术影响。

美国著名经济学家丹尼森（Edward Denison），从20世纪60年代初期开始，根据美国的历史统计资料对经济增长因素进行分析和估计，并度量各因素所起的作用，以此作为美国经济加速增长的参考。他于1962年出版的《美国经济增长的源泉和我们的选择》以对经济增长因素的详尽分析而著称于世。[1] 其中，有关教育年限和知识增进等经济增长因素的分析和计量，以及"因素分析法"这一计量方法，具有重要价值。他认为通过增加正规教育年限而提高劳动者的受教育程度，不但可以解释过去的经济增长，而且有可能促进未来的经济增长。知识增进对经济增长具有促进作用，这种知识的进展应归功于社会生产方面重要知识的增加。人类知识的扩展、通过教育传授更多更好的信息，以及受到较好教师的积极作用而提高学生们所获知识的质量，都被看作"知识增进"因素对经济增长贡献的一部分。知识增进能促使同样的劳动、资本和土地生产出更多更好的产品，对经济增长更加重要。这些重要思想都被今天的知识经济发展所证实。丹尼森的一系列研究为推动人力资本理论的发展和教育经济学的形成做出了重要贡献。

另一位著名经济学家明瑟（Jacob Mincer）有关收入方程的经典研究更是给人力资本理论以巨大的实证支持。早在1957年，他在哥伦比亚大学完成的博士论文《人力资本投资与个人收入分配》中，就尝试运用人力资本投资的理论和方法建立个人收入分配与其所受教育和培训量之间关系的计量经济模型。[2] 他在1974年出版的《教育、经验和收入》一书中，[3] 从微观经济分析的角度把受教育年限纳入收入方程，建立了以他名字命名的"明瑟收入函数模型"，并以此计算教育投资的收益率。大量的实证研究运用"明瑟收入方程"证明了通过教育积累起来的人力资本的确能够增加个人的经济收入。当然，明瑟收入方程本身也有一定缺陷，例如，一些学者指出明瑟收益率只是说明了多受一年或若干年教育可能增加的经济收入，但是这一方程并没有考虑到受教育的各种成本要素，因此可能导致高

---

[1] DENISON E F. The Sources of Economic Growth in The United States and the Alternatives Before Us [M]. New York: Committee For Economic Development, 1962: 545-552.

[2] MINCER J. Investment in Human Capital and Personal Income Distribution [J]. Journal of Political Economy, 1958, 66 (4): 281-302.

[3] MINCER J. Schooling, Experiences and Earnings [M]. New York: Columbia University Press, 1974: 83-96.

估了教育的收益率；再例如，明瑟收益率只是考虑了受教育年限对经济收入的影响，而没有考虑到不同类型学校的教育质量对未来经济收益的不同影响等。尽管关于明瑟收入方程有不少争议，但是到目前为止明瑟收入方程依然是度量教育收益率最常用的方法之一，而现在的教育经济学者在使用这一方法时，也会同时考虑到教育成本和教育质量对教育收益率的影响。

如前所述，传统的经济理论忽视了人的质量因素在经济活动中的作用，国民收入分配理论的基础仍然是三要素理论，即土地、资本和劳动。人力资本理论的提出，是对传统观念的巨大冲击。过去许多人都认为，如果把人们受教育看成是一种创造资本的形式，那将是对人格的侮辱，在道德上是错误的，是对教育的崇高意义的贬低。他们认为，教育的宗旨是文化的、哲学的，而不是经济的；教育的目的在于提供一种理解自己所拥有的价值的机会，以及对所设想的生活进行评价的机会，使个人发展成为有能力的、可以承担责任的公民。舒尔茨指出，人们的这种传统认识是片面的，教育除了达到以上目标外，还可能改进人们工作和管理自己事务的能力，并且这种改进还可能增加国民收入。文化和经济的共同作用是教育的结果，绝不是贬低教育在文化方面的作用。事实证明舒尔茨的观点是正确的，在现代社会中，教育功能并不是单一的，而是具有政治、经济、文化多方面的作用。从这个特定意义上说，人力资本理论的提出是具有划时代意义的观念变革，也奠定了教育经济学的理论基础。

总之，在20世纪60年代，许多经济学家对教育、人力资本和经济发展进行了大量的理论研究和实证分析，取得了一系列重大成果，为现代教育经济学的形成和发展奠定了坚实基础。1962年英国经济学家韦泽（John Vaizey）出版了专著《教育经济学》[①]，标志着教育经济学作为经济学的一个相对独立的分支学科和教育学的一个相对独立的研究领域的诞生。1963年国际经济学会首次召开了教育经济学国际学术会议，会上发表了许多学术论文，并决定出版教育经济学选集。1966年英国经济学家布劳格（Mark Blaug）选编了《教育经济学书目选注》，选入该学科书目文献2000多种，教育经济学进入了全盛时期。在这一时期，人们普遍接受舒尔茨的人力资本思想，一致认为丹尼森的增长来源计算法正确地揭示了教育对经济增长的贡献，广泛认可贝克尔的《人力资本》一书为教育经济学开辟了新的前景。那时对教育计划的每一次讨论都是围绕着"社会需求法""人力需求法"和"收益率分析法"的各自优点展开的。这是教育经济学的"黄金时期"，产生了广泛的国际影响，教育改革和教育投资之风吹遍了全球，各级各类学校入学人数激增。许多发展

---

① VAIZEY J E. The Economics of Education [M]. London: Farber and Farber, 1962.

中国家都大力增加教育投入，以期实现长期的经济发展目标。布劳格指出，"当时，要是没有一位经济学家从旁协助，任何教育部长都不敢贸然做出教育决策"①。

第三节 教育经济学的发展

以人力资本理论为基础的教育经济学于20世纪60年代初形成后，很快为许多国家特别是发展中国家的决策者所接受，成为他们扩大教育投资、促进教育发展的理论依据。在这一理论的推动下，世界范围内迅速出现了教育大发展的热潮。然而十多年之后，人们发现人力资本的许多论断与经济社会的发展现实相差很大，各国政府赋予教育发展的目标任务也未完全实现。例如，教育推动劳动生产率提高的断言没有完全兑现；扩大人们受教育机会并没有促进经济收入分配趋向均等化；教育的大发展并没有降低失业率等。尽管这种状况的出现同国际经济发展的大环境密切相关，如20世纪70年代的石油危机导致许多发达国家和发展中国家发生经济危机，带来经济衰退、通货膨胀以及高失业率等。冷酷的现实说明，教育并不是影响经济增长的唯一因素，经济增长还受到许多其他因素的影响。的确，新的经济发展现实使人力资本理论在理论上和实践上都遇到了严重的挑战。然而，教育经济学作为一门学科并没有消失，恰恰相反，这种挑战激发了人们对教育经济问题的新思考和新探索，进一步扩宽了教育经济学的思想理论基础。

20世纪70年代产生的众多的教育经济思想流派，大体上可以分为两大类。一类是教育与劳动力市场相关的系列理论，包括诺贝尔经济学奖获得者斯宾塞（Michael Spence）1973年提出的"信号模型"②，诺贝尔经济学奖获得者斯蒂格利茨（Joseph Stiglitz）1975年提出的"筛选假设理论"③，以及多林格尔（Peter Doeringer）和皮奥里（Michael Piore）1971年提出并于1985年再次系统论述的"劳动力市场分割理论"④。另一类是比较激进的教育社会功能理论，包括鲍尔斯（Saumuel Bowles）和金蒂斯（Herbert Gintis）1976年提出的"社会化理论"，⑤以及卡诺依（Martin Carnoy）和列文（Henry Levin）1984年提出的"教育的政治经济学"等。⑥这些理论进一步丰富了教育经济学的内涵，使得这门学

---

① BLAUG M. Where We are Now in the Economics of Education［J］. The Economics of Education Review, 1985（4）: 1, 17-28.
② SPENCE M. Job Market Signaling［J］.The Quarterly Journal of Economics, 1973, 87（3）: 355-374.
③ STIGLITZ J E. The Theory of "Screening", Education, and the Distribution of Income［J］. The American Economic Review, 1975（65）: 283-300.
④ DOERINGER P B, PIORE M J. Internal Labor Market and Manpower Analysis［M］. Lexington, MA: Heath Publishing, 1971: 7-24.
⑤ BOWLES S, GINTIS H. Schooling in Capitalist America［M］. New York: Basic Books, 1976: 132-251.
⑥ CARNOY M, LEVIN H M. Schooling and Work in the Democratic State［M］. California: Stanford University Press, 1985: 287-387.

科向着新的更广阔的理论领域蓬勃进军。

一、来自"信号模型""筛选理论"和"劳动力市场分割理论"的质疑

"信号模型"和"筛选假设理论"密切相关,它们认为,人力资本理论关于教育通过提高人的认知能力,进而提高劳动生产率、促进经济增长的理论是不正确的。斯宾塞在《劳动市场信号》一文中指出,劳动力市场上存在着信息不对称,当雇主要招聘一名员工时,求职者知道自己的能力,而雇主并不知道。雇主能够看到的求职者的个人属性和特点可分为两类:一类是与生俱来的、永远改变不了的,如性别、种族、家庭背景等,这些被称为"标识";另一类是后天的、可以改变的,如教育程度、婚姻状况、个人经历等,这些被称为"信号"。在各种"信号"中,教育最重要。人们花费一定的时间和金钱对自身进行投资,就可以提高受教育程度。而且在其他因素相同的情况下,一个能力较高的人付出较低的成本就可以获得较高的教育水平,因此教育是反映个人能力大小的有效信号,而雇主主要是通过这种信号来筛选求职者。这就说明了为什么收入随着教育水平的提高而增长。随后,斯蒂格利茨从信息接收者(即雇主或用人单位)的角度对教育的信号功能进行了论证,提出了筛选假设理论(Screening Hypothesis Theory,简称筛选理论)。不同于斯宾塞信号模型中假设雇员是博弈行动的主动方、雇主只能被动地接收雇员发送的信号,筛选理论提出,雇主首先制定一套工资标准,规定各岗位需要的教育水平和相应的薪酬,而雇员根据自己的受教育成本和劳动力市场中的工资结构,来选择使其收益最大的受教育程度,最后,劳动力市场达到均衡。尽管"信号模型"和"筛选理论"的研究视角存在一定的差异,但二者都认为,教育作为一种信号的主要作用是对具有不同能力的人进行筛选,此后统称为"信号筛选理论"。

知识小卡片 1-1

信号筛选理论的起源

信号模型和筛选理论的提出与当时信息经济学的兴起有很大关系。1970 年阿克洛夫(George Akerlof)在《经济学季刊》发表"柠檬市场:产品质量的不确定性与市场机制"一文。[①] 该文被公认为信息经济学的开创性论文,而他本人也凭借这一论文摘得了诺贝尔经济学奖的桂冠。这篇文章主要探讨的是二手车市场中由于卖方和买方存在"信息不对称",差车将好车驱逐出了市场,从而使得整个市场受害。他在本文中还专

[①] AKERLOF G A. The Market for "Lemons": Quality Uncertainty and the Market Mechanism[J]. Quarterly Journal of Economics, 1970, 84(3): 488-500.

门提及了教育的信号作用，指出一名未受过教育的工人可能能力很强，也能够给企业带来财富，但是公司在决定雇佣他之前，要求这个工人必须提供可靠的材料来说明其技能水平。

斯宾塞在哈佛大学攻读博士学位期间一直在思考一个问题：为什么一个名不见经传的普通人在进入哈佛大学攻读MBA之前可能还在为找工作而发愁，可是在进入哈佛大学之后，就如鲤鱼跳龙门一般，经过短短一两年的学习，就能身价倍增，成为就业市场中的香饽饽？难道说哈佛大学真有如此神奇的育人能力？如果哈佛大学真能传授如此出色的知识技能，那哈佛大学的教授也应该非常出色啊！可是为什么MBA毕业生的起薪要远远高出这些资深教授的工资？如果这些教授所传授的知识如此有用，那么显然这些教授也应该直接去企业赚大钱啊！

于是，斯宾塞在他的指导教师——诺贝尔经济学奖得主肯尼思·阿罗（Kenneth Arrow）的指导和鼓励下，开始了对教育信号功能的探索。1973年刚刚从哈佛大学毕业的斯宾塞浓缩了其博士论文的精华，发表了《劳动力市场信号》[1]一文，从信号传递、发送等角度论述，在信息不对称的就业市场中，为了防止"劣币驱逐良币"而主动投资去获得信号、发送信号的现象。同年他的导师阿罗也发表了一篇《高等教育作为一个过滤器》的论文[2]，论述高等教育如同过滤器一样将人们按照能力区分出来。

如果比较一下人力资本理论和筛选理论，可以得到两个不同的理论框架（见表1-1）。人力资本理论和筛选理论均探讨受教育水平与经济收入之间的关系，但两者的作用机制有所不同：前者认为通过接受更多教育能够获得更多的知识技能，进而提高经济收入；后者则是通过较高教育水平向外释放较强的能力信号，进而提高经济收入。

实际上，筛选理论[3]并不否认教育的生产性功能，它只是进一步强调了受教育程度所具有的信号功能，认为教育凭证起着劳动力质量代用品的作用，帮助雇主识别不同能力的求职者。在提出劳动力市场信号理论的20年后，斯宾塞自己也认为，即使教育不能提高个人能力，它也能在劳动力市场上起到消除信息不完全的作用，[4]因为如果不借助教

---

[1] SPENCE M. Job Market Signaling [J]. Quarterly Journal of Economics, 1973, 87 (3): 355-374.
[2] ARROW K J. Higher Education as A Filter [J]. Journal of Public Economics, 1973, 2 (3): 193-216.
[3] "强筛选理论"认为教育不能提高人的劳动生产率，而"弱筛选理论"则认为教育既有生产性功能，又有信号功能，但以信号功能为主。
[4] SPENCE M. Signaling in Retrospect and the Informational Structure of Markets [J]. The American Economic Review, 2002, 92 (3): 434-459.

育这一信号，雇主难以做出合理的雇用决策。在筛选理论的基础上，又发展出"过滤模型"[①]和"分类模型"[②]等多个理论模型。由于理论视角不同，这些模型之间存在一定差异，但其共同点都是在信息不对称的劳动力市场上，人们的教育水平可以作为反映其能力的信号，受教育程度越高的人，就越容易通过"筛选"机制找到较好的工作和得到较高的工资收入。[③]总之，"筛选理论"越来越倾向于承认教育同时具有"生产功能"和"信号功能"，从而对教育经济现象做出了比单纯用人力资本理论框架更为复杂、也更为合理的解释。[④]

知识小卡片1-2

对教育筛选理论的实证检验

筛选理论与人力资本理论的论战引起了很多学者的关注，开启了比较二者作用大小的实证研究。

视角一：比较拿到毕业证和没有毕业证的劳动者的工资。如果前者的教育收益率高于后者，则证明教育具有信号作用。

视角二：比较学用匹配对劳动者工资的影响。如果学校教育仅具有信号作用，那么劳动生产率将完全不受其所学专业的影响，所学专业与从事工作相匹配的劳动者的收入不会高于学用不匹配的劳动者。

视角三：比较自雇者和受雇者的收入差异。自雇者不需要向信息不对称的雇主传达教育信号，因此没有动力投资更多的教育，而受雇者则相反。因此，如果自雇者的平均受教育水平低于受雇者，则支持教育信号作用。

视角四：比较双胞胎的教育与收入的关系。通过比较双胞胎可以最大限度地控制内在能力及家庭社会经济背景差异，以考察教育的生产功能。

以上研究视角各异，即便是出于相同视角的实证研究也得到不尽相同的结果，其原因可能是多方面的：第一，各国甚至在同一国家的不同地区具有不同的制度、文化和社会环境。第二，实证研究者依然是信息缺乏者，难以避免样本选择偏差和测量误差。第三，教育对人的作用涉及社会学、哲学、心理学等内容，影响方式复杂，不能完全通过经

---

① 阿罗（Arrow）提出的"过滤模型"理论把高等学校看成是一个进入口控制和出口控制的"过滤器"，高能力者更容易通过筛选而获得更高的学历。
② 20世纪80年代后，韦斯（Weiss）将教育信号与筛选的动态模型统一起来，将其命名为"分类模型"。
③ 刘泽云，萧今. 教育投资收益分析：基于多层模型方法的研究［M］. 北京：北京师范大学出版社，2009: 165-198.
④ RILEY J G. Silver Signals: Twenty-Five Years of Screening and Signaling［J］. Journal of Economic Literature，2001，39（2）：432-478.

> 济模型来衡量。第四，二者的研究范围不在同一层面，人力资本理论源于新古典主义经济理论，侧重宏观领域，筛选理论源于制度经济学和信息经济学，侧重微观领域。
>
> 来源：高曼. 教育筛选理论研究的新进展［J］. 教育经济评论，2017（3）：111-128.

"劳动力市场分割理论"同"信号模型"和"筛选理论"有一定的理论联系。这一理论认为，通过教育所形成的人力资本只是一种能力和可培训性的信号，是进入不同劳动力市场的条件。根据人力资本理论，教育在决定人们经济收入中起到重要作用是基于存在一个统一的竞争性的劳动力市场的假设，因此通过教育投资形成的人力资本数量不同，其劳动生产率就不同，因此工资也不同。但是这一理论无法很好地解释劳动者收入差距的不断扩大和劳动力市场中存在的各种歧视现象。

"劳动力市场分割理论"的创立者们指出，在现实中并不存在一个统一的竞争性劳动力市场，而是分割为两部分，包括由大公司大企业构成的、有产业工会和职业保障且工资较高的主要劳动力市场，和由小公司小企业构成、无工会组织和职业保障且工资较低的次要劳动力市场。造成这种分割的原因很多很复杂，其中包括产品市场的影响和各种歧视——产品需求稳定或产品市场虽然不稳定但市场份额相对稳定的企业，愿意进行大规模的投资，以形成资本密集型生产，从而创造出含有高工资且有就业保障的主要劳动力市场；如果产品市场不稳定或难于预测，企业就不会从事大型项目投资，于是形成以中小企业为主的劳动密集型的次要劳动力市场。性别、种族和社会阶层等各种歧视也是造成劳动力市场分割的重要原因。有些人长期从事较差的工作，并不一定是因为人力资本不足，而是由社会歧视所致。不同类型不同层次的教育是把人们分配到不同劳动力市场的主要机制之一。只有在主要劳动力市场中，受教育水平与经济收入才存在明显的正相关，而在次要劳动力市场中，这种相关关系很微弱。该理论以此来解释男性和女性、白人和有色人种之间，即便他们的年龄、学历和工龄相同，而收入却存在巨大差异这一人力资本理论解释不了的事实。

主要劳动力市场中很容易形成内部劳动力市场，工人的工资水平和晋升机会是由内部的运行机制、培训计划、工作设计和管理规则以及劳动者所处阶层地位等因素决定的，市场力量基本不发挥作用。次要劳动力市场的雇主通常由众多中小企业组成，产品需求变动频繁，企业对发展内部劳动力市场不感兴趣，工资由市场上的劳动力供求关系决定，趋向一个较低的固定水平。

这一理论强调劳动力市场的分割属性，强调制度和社会性因素对就业机会与收入水平的重要影响。持这种观点的学者除了将劳动力市场划分为主要劳动力市场和次要劳动力市场外，还划分了高教育程度劳动力市场和低教育程度劳动力市场、垄断的劳动力市场和竞争的劳动力市场、内部劳动力市场和外部劳动力市场。总之，教育对个人的经济效益，主要不在于它可以提高个人的认知技能，而在于它是决定一个人进入何种劳动力市场工作的因素之一。

二、来自"教育社会化理论"的挑战

人力资本理论还受到来自左翼激进派经济学家"教育社会化理论"的挑战，其代表作之一为鲍尔斯和金蒂斯1976年出版的《资本主义美国的学校教育》[1]。他们认为人力资本理论是错误的，曲解了教育与经济的关系。资本主义学校教育的作用在于把青年一代社会化，即把他们教育成为资本主义社会生产所需要的不同层次的社会成员。资本主义的社会经济制度是不平等的、等级化、分工化的。在现代生产中，大多数工作岗位所要求的认知技能并不很高，雇主更注重非认知方面的特征，如遵守规章、服从调度、把企业规范内化为个人的价值观和行为准则等；而高级的工作岗位如企业经理等则要求管理控制和决策能力、独立自主性、创新进取精神等。这些个性特征不是天生的，而是系统培养出来的。资本主义教育系统与此相适应，也是等级化的，不同层次不同类型的学校培养具有不同个性特征的学生。教育作为社会上层建筑的重要组成部分，必然与其经济基础相一致并受其制约，教育的社会关系通过与生产的社会关系在结构上的一致性，把青年一代"社会化"到整个经济体系中，再生产出不平等的社会经济结构。上层社会的子女更多地进入精英学校，他们的自尊自重、创新精神和领导能力得到培养，最终成为未来新一代社会上层。社会下层的子女进入条件差的学校，被培养出以遵守规章和盲目服从为主的个性特征，以适应未来低层次工作岗位的需要。简言之，教育过程是维护资本主义社会生产关系的过程，再生产出不公平的社会经济结构，使资本主义经济生产能够得以运行下去。这一理论的核心是，在现存社会中，学校教育被动地适应和服务资本主义的生产和再生产。要实现社会平等，就必须改革社会经济结构。

在社会化理论学派中许多持积极态度的经济学家则从教育的政治经济学视角出发，如卡诺依和列文，认为鲍尔斯和金蒂斯的社会化理论把教育完全看成是被动地适应资本主义生产关系的需要、认为学生完全是被动地、不折不扣地内化学校所传递的意识形态，这是不完全符合客观现实的。他们在1984年出版的《民主国家的学校教育与工作》[2]一书中指

---

[1] BOWLES S, GINTIS H. Schooling in Capitalist America [M]. New York: Basic Books, 1976: 132−251.
[2] CARNOY M, LEVIN H M. Schooling and Work in the Democratic State [M]. California: Stanford University Press, 1985: 287−387.

出，在资本主义民主国家里，公共教育作为社会的上层建筑是国家公共部门的一部分，它既有服务不平等的现存资本主义经济制度的职能，又是社会下层群体争取向上层社会流动和争取经济平等的重要机制。尽管很多学生被灌输并接受占统治地位的意识形态，但是在现实生活中，教师、学生和许多社会组织是在特定的历史与社会联系中共同创造和再生产他们的存在条件。因此，作为把个人纳入特定社会结构和文化体系的手段或制度的学校教育具有主动和积极的作用，是一个充满矛盾对抗的辩证过程。这种辩证的动力机制可以推动社会的改造和进步。社会化理论学派并不否认学校教育具有对现存生产关系的再生产功能。但是与此同时，他们认为，在资本主义民主社会中，存在着一种内在的张力，这股张力存在于产生和容忍不平等的资本主义自由市场和推崇正义平等的民主政治之间。如果民主国家有责任提供正义和平等，公共教育就应具有通过使低收入阶层获得参与社会生活所需的有关知识和资格以改善他们社会经济地位的作用。因而，再生产不平等和促进社会平等之间这一对立深深扎根于公共教育之中。学校教育这种矛盾的本质，在于它在资本主义民主国家社会结构中所担当的双重角色：既培养工人又培养公民。[①] 在民主社会中培养公民精神必然强调机会均等和人权，这就与资本主义生产企业所需的工作要求产生了不可调和的矛盾。因此，他们主张通过教育改革推动教育和社会的进步。

表 1-1 不同理论流派的比较

理论流派	基本理论框架		
人力资本理论	较高的教育水平 ⇒	较多的知识技能 ⇒	较高的经济收入
信号筛选理论	较高的教育水平 ⇒	较强的能力信号 ⇒	较高的经济收入
劳动力市场分割理论	不同教育类型和水平 ⇒	进入不同劳动力市场 ⇒	不同的经济收入
教育的社会化理论	不同教育类型和水平 ⇒	进入不同的社会岗位 ⇒	不同的经济收入

除了上面提到的不同学派，还有很多相关学派提出了自己的教育经济学思想。总之，20世纪70年代和80年代是教育经济学不同学派激烈争论的时期。进入20世纪90年代后，一方面，教育经济学不同理论之间的激烈争论逐渐平息下来，各种学派之间在互相吸收其他学派的有益思想成分，修正和丰富自身的理论体系，教育经济学逐渐形成了一个相对比较成熟的学术领域。另一方面，随着信息时代的到来，网络社会的兴起，知识经济的迅猛发展以及受新制度经济学和内生增长理论的影响，教育经济学家们开始向新的学术领域进军。例如，内生增长模型和教育在经济增长中的作用；教育信息化对教育生产过程和成本效益的影响；20世纪60年代以来因教育投资的激增在一些国家出现的"过度教育"问题；80年代以来因全球性的教育经费紧张而对教育经费使用效率的关注以及对成本分担和成

---

① 曲恒昌，曾晓东. 西方教育经济学研究［M］. 北京：北京师范大学出版社，2000：272-291.

本补偿的研究；经济全球化与教育国际化等。

作为一门年轻的新兴学科，教育经济学在20世纪的主流是应用新古典经济学的研究框架、使用计量经济学的研究方法来研究教育中的供求和教育投资的社会经济效益等问题。进入21世纪后，随着教育在新的世界经济发展中的重要作用日益凸显，教育经济学进入了一个新的蓬勃发展时期，成为经济学领域研究的热点之一，研究的范围不断扩展，研究的内容不断深化，发表的论文涵盖了学前教育、中小学教育、高等教育、职业技术教育、成人继续教育、国际教育等各级各类教育的方方面面的问题，如教育质量与学业成绩、教育资源配置与使用效率、招生考试与教育公平、公立教育与私立教育、毕业生就业与经济回报、教师教育与学术劳动力市场、教育信息化与教育国际化等。根据梅钦（Stephen Machin）[1]的统计，进入21世纪以来，国际上6种核心经济学期刊年均发表的教育经济学论文数是20世纪80年代年均发表数量的4倍。

当前教育经济学的发展出现了许多新的趋势。一是与其他相关学科的交叉融合日益增多。过去十几年的发展虽然并未在理论上产生一种根本性的突破，并未形成类似人力资本理论、筛选理论和社会化理论的新的理论体系，但是行为经济学、社会学、政治学和心理学开始与教育经济学融合，使得原有理论的内涵进一步丰富和完善。例如，早期的人力资本理论主要强调的是通过教育获得认知技能，而近年来，许多学者把受教育过程中获得的价值观念、行为模式、团队精神以及驾驭复杂人际关系的能力等非认知要素纳入人力资本的范畴，并认为这些要素是人力资本更重要的组成部分，对经济和社会发展具有更重要的影响，从而大大扩展了人力资本理论的内涵。教育经济学的跨学科特征越来越明显，产生了一大批新的研究进展。在本书以后的章节中，我们会详细讨论这20年教育经济学所涌现的新的研究命题和实证结果。

二是更加重视基于因果推断的实证研究。注重随机实验研究，采用更加严格和前沿的计量方法进行因果推论，已经成为教育经济学的一个基本特征，推动教育经济学在实证研究上不断深化和扩展，并通过实证研究成果丰富教育经济学的理论体系。同科学发展史的一般规律相一致，教育经济学发展中很多理论上的推进都是基于更高质量的数据和更前沿的研究方法。

三是对教育生产函数的关注更加深入细致，并将早期的教育投入和进入劳动力市场后的长期产出直接建立联系。[2]较之于教育的需求，人力资本的生产成为更具主导性的研究

---

[1] MACHIN S. The New Economics of Education: Methods, Evidence and Policy[J]. Journal of Population Economics, 2008, 21(1): 1-19.

[2] CHETTY R, FRIEDMAN J N, ROCKOFF J E. Measuring the Impacts of Teachers II: Teacher Value-added and Student Outcomes in Adulthood[J]. American Economic Review, 2014, 104(9), 2633-2679.

课题。因此，教育生产函数成为更精细的主要研究对象之一，包括在哪些教育阶段采取哪些教育干预措施更有利于提高学生学业成就，从而形成高质量的人力资本；更加注重学生家庭社会经济地位、教师队伍状况、学生同伴效应、学校的组织结构和办学水平等制度化因素和信息因素在教育生产中的作用；更加注重对教育财政和多渠道筹措教育经费的研究；更加注重教育投入的成本效益分析。这些领域的研究取得了许多令人鼓舞的成果，并为相关教育政策的制定提供了重要理论依据。我们会在以后各相关章节中介绍这些新的发展成果。

第四节　现代教育经济学在中国的发展

由于复杂的社会历史原因，现代教育经济学作为一门相对独立的学科在中国的形成比西方发达国家晚了20年。在经历了从20世纪70年代中后期开始的大约十年时间的借鉴、探索和初创时期后，逐步进入了较快的发展时期，形成了一支具有相当规模的、多学科背景的研究队伍，研究水平不断提高，学科建设不断完善。在具有鲜明中国特色和时代特征的研究过程中，教育经济学也同国际学界建立起了密切的合作关系，从基本原理到学科方法论，直至话语系统都在逐步走向世界。四十多年来，中国教育经济学的理论探讨与教育实践、学术研究与政策制定的相互作用不断深化，许多研究成果为中国教育发展中的相关重大政策提供了重要的理论基础和参考依据，为教育事业的发展做出了应有的贡献。

一、现代教育经济学在中国的形成

早在20世纪30年代初期，中国就出现过现代教育经济学思想的萌芽。1930年，马克思主义教育思想家杨贤江在其《新教育大纲》一书中就提出了教育与社会生活密切相关的一系列论述。他认为，教育是"赋予劳动力以特种资格的地方，就是使单纯的劳动力转变到特殊劳动力的地方"[1]。学生作为单纯的劳动力进入学校，通过教育掌握各种知识和技能，成为社会所需要的各种人才。也就是说，教育可以把从事简单劳动的人转变为从事复杂劳动的人。杨贤江指出，在现代生产条件下，实施知识技能的教育是社会"生产组织自身的必要"，以达到"改善经济生活、培养国力"的目的。进步教育家古楳1934年出版的论文集《中国教育之经济观》[2]，明确提出了"教育之经济学"的概念，办教育"宜依

---

[1] 杨贤江.新教育大纲[M].上海：上海南强书局，1930：6.
[2] 古楳.中国教育之经济观[M].上海：上海民智书局，1934：1-27.

据国民经济的状况",仅仅"在教言教"是不行的,并指出一个国家发展生产要重视培养人才。他还强调要研究教育成本、提高教育资源的使用效率等教育经济学思想。还有同一时期邰爽秋1935年出版的《教育经费问题》[1],阐述了"教育机会均等是教育经费的中心问题",提出广开教育经费途径,改良教育税制,统一教育经费行政等一系列重要的教育财政思想。陈友松1935年出版的《中国教育财政之改进》[2],用实证研究的方法分析了中国当时的生均教育经费与人均教育经费,指出中国当时的教育预算占财政总预算比例远远低于英、美、德、俄、日等国,提出了教育经费应该增加一倍的政策建议。中国的这些早期的教育经济思想与苏联斯特鲁米林的《国民教育的经济意义》[3]和美国沃尔什的《人力资本观》[4]是在同一时期提出的,具有一定的开创性。但是,受到当时中国的社会经济和教育发展状况的局限,教育经济学在中国还远远没有形成一门相对独立的学科。

中华人民共和国创立后,中国教育进入一个新的发展阶段。在1960年前后,当教育经济学在发达国家作为一门相对独立学科形成的时候,中国处于一种相对封闭的状态。20世纪70年代末期,中国开始实行改革开放的基本国策。1977年以后,中国报刊上出现越来越多的关于教育与经济关系的文章和译著,介绍国际上教育经济学的发展情况。1979年的全国教育科学规划会议提出要在中国建立教育经济学学科。1980年教育经济学的重要创始人之一舒尔茨来中国讲学。1981年中国教育经济学研究会筹备组在北京举办讲习班,相关学者系统介绍了西方和苏联教育经济学的产生、发展和基本内容。1984年,厉以宁出版了中国第一本《教育经济学》专著[5],同年9月中国教育经济学研究会正式成立,1985年创办了会刊《教育与经济》杂志。1988年以厉以宁为主编,陈良焜、王善迈、孟明义为副主编出版了《教育经济学研究》,[6]这是代表当时中国教育经济学研究水平的标志性著作。1989年邱渊出版了《教育经济学导论》[7]、王善迈主编了《教育经济学概论》[8],一支多学科相互交叉、相互渗透、具有较强研究能力的教育经济学教学科研队伍不断发展壮大,并开始逐步培养教育经济学研究生,初步形成了中国的教育经济学。

20世纪90年代和21世纪初的前十几年是中国教育经济学发展较快的时期,学科建

---

[1] 邰爽秋. 教育经费问题[M]. 上海:上海教育编译馆,1935: 61-64+119.
[2] 陈友松. 中国教育财政之改进[M]. 上海:上海商务印书馆,1935.
[3] 张人杰,王卫东. 20世纪教育学名家名著[M]. 广东:广东高等教育出版社,2002: 224-254.
[4] WALSH J R. Capital Concept Applied to Man[J]. Quarterly Journal of Economics,1935(49): 255-285.
[5] 厉以宁. 教育经济学[M]. 北京:北京出版社,1984.
[6] 厉以宁. 教育经济学研究[M]. 上海:上海人民出版社,1988.
[7] 邱渊. 教育经济学导论[M]. 北京:人民教育出版社,1989.
[8] 王善迈. 教育经济学概论[M]. 北京:北京师范大学出版社,1989.

设取得了重大进展。这一时期除了引进和翻译国外的教育经济学专著和教材外，国内的教育经济学者新出版了几十种教育经济学教材和大量的学术专著，发表的学术论文数不胜数。据不完全统计，从1980年至2010年，在20份教育学和经济学类中文核心期刊发表的教育经济学论文达4302篇，作者人数达到4266人，[①]形成了世界上数量最庞大的教育经济学研究队伍，产生了一批重要的研究成果，其中有些成果被收入了1995年出版的《教育经济学国际百科全书》（英文版第二版）[②]。2012年国际教育经济学高层论坛在中国召开，来自世界各地和中国的300多名教育经济学者、联合国教科文组织的代表和世界银行的教育经济学专家与会，表明中国的教育经济学已经开始走向世界。

二、中国教育经济学的研究特点及其成就

中国的教育经济学是在一个处于经济社会转型时期的发展中大国形成的，同时又是在信息技术革命和经济全球化开始席卷世界的时代中发展的，因此具有鲜明的中国特色和显著的时代特征。中国教育经济学研究的内容除了探讨教育与经济的关系、教育产品的性质、教育投资的内部效率和外部社会经济效益等基本理论问题，以及研究国际上的教育经济学理论和方法外，更多的研究是针对中国社会转型时期教育与经济发展实践中最迫切、最重大的现实问题。这种问题导向的研究是中国教育经济学的突出特点，其成果对这一时期中国相关教育政策的制定和教育改革发展实践产生了深刻的影响。下面，就简要介绍中国教育经济学研究的若干成就。

（一）在20世纪80年代，由于长期僵化的计划经济体制造成教育投入欠账太多，教育经费严重短缺，支出结构极不合理，因此这一阶段教育经济学的研究重点之一就是围绕教育投资合理水平和合理结构展开，20世纪80年代中期，取得了"到2000年我国财政性公共教育投资应占国民生产总值4%"[③]等一系列具有重要意义的研究成果，为我国教育投资政策的制定提供了重要的参考依据。这一成果被写入了《中国教育改革和发展纲要》（1993），推动着中国不断提高财政性教育投入长达三十多年之久。与此同时，过去计划经济时代形成的教育财务体制已经不再适应转型中的中国经济和教育发展的新要求，因此这一时期教育经济学研究的重要问题之一是对教育财务改革的研究，取得了重要的研究成果，提出了一系列改革建议。

---

① 蒋菲，黄维. 我国教育经济学作者的影响力：变化与"学派"：基于1980—2010年20种CSSCI刊物的知识图谱分析［J］. 中国高教研究，2014，（06）：18-22.

② Martin Carnoy. 教育经济学国际百科全书［M］. 2版. 闵维方，等译. 北京：高等教育出版社，2000.

③ 厉以宁. 教育经济学研究［M］. 上海：上海人民出版社，1988：5-17.

（二）进入20世纪90年代，伴随着不断加快的向市场经济体制转轨的历史进程，中国教育经济学的研究领域从理论到实践都在不断地拓展，研究的问题不仅包括许多重大的宏观问题，而且深化到教育和经济发展中更加具体、亟待解决的现实微观问题。例如，计划经济体制下的教育资源使用效率普遍偏低的问题，对反映基础教育经费使用效率的学生重读率和辍学率的研究，对反映教育公平的低收入家庭子女、特别是女童入学率和少数民族儿童的入学率问题的研究等都产生了一系列重要成果。这些研究成果不仅受到当时国家教育管理部门的重视，而且也部分地反映在国际开发投资机构世界银行1991年的相关研究报告中。[1]中国政府相关部门与世界银行据此启动了以提高教育经费使用效率和促进教育公平为目标的中国贫困省教育发展项目，而这些项目的实施又深刻影响了此后中国普及九年义务教育的经费投入方式和使用效率。

（三）对高等教育资源利用率的研究在20世纪90年代也取得了重要的成果。例如，研究发现，从1980年到1989年这十年间中国高等教育在校生的总体规模翻了一番，但高等院校的平均规模却变化很小，平均在校生数始终不到两千人。高等教育规模的扩展主要是通过建立大量新学校的"外延式"发展道路实现的。对一百多所不同类型、不同隶属关系的高等院校调查数据的深入分析表明，当时中国高等院校存在着严重的规模不经济现象，造成在办学经费紧缺的情况下，大量教育资源浪费。根据当时的状况，在一定范围内扩大学校办学规模以及学校内部院系和专业规模，有助于人力资源和物力资源的节约；在同等生均占有资源量的条件下，规模的适当扩大可以提高办学的质量和效益，有研究据此于1990年提出了中国高等教育应该走"内涵式发展"道路的政策建议。[2][3][4]这一成果被写入了1993年颁布的《中国教育改革和发展纲要》、2010年颁布的《国家中长期教育改革和发展规划纲要（2010—2020）》和2012年《教育部关于全面提高高等教育质量的若干意见》等一系列政策性文件中，对中国高等教育发展产生了重要影响，而"内涵式发展"这一发展模式本身的内涵也在实践中不断充实和完善。

（四）随着中国劳动力市场化程度不断提高，中国教育投资的个人收益率和社会经济效益都明显提高。同时市场机制导向的改革也使得教育系统内部的资源配置效率和使用效率逐步提高。这一阶段进行的大量的教育经济学实证研究都印证了当时的教育收益率不断

---

[1] World Bank. China Provincial Education Planning and Finance［R］//Report No.8657-Cha. Washington, D.C.: World Bank: 1991: 5-38.

[2] 闵维方.高等教育规模扩展的形式与办学效益研究［J］.教育研究, 1990（10）: 41-48.

[3] 闵维方, 丁小浩, 郭苏热.高等院校系和专业的规模效益研究［J］.教育研究, 1995（07）: 7-12.

[4] 闵维方, 丁小浩.中国高等院校规模效益：类型、质量的实证分析［J］.教育与经济, 1993（01）: 16-22.

提高，①②③人们对教育的需求越来越旺盛，而为满足这种需求不断扩大的教育供给则大大增加了教育的财政负担。因此，教育财政成为教育经济学研究关注的重点之一。④为了保证必要的教育经费来源，多渠道筹措教育经费成为重要的政策选择。其中在非义务教育阶段、特别是高等教育阶段，实行由受益者分担一部分教育费用，以补偿教育过程中发生的成本，成为当时的一个重大现实问题。为了形成在非义务教育阶段实行教育成本分担的广泛社会共识，教育经济学者对教育成本分担的必要性进行了广泛的实证研究和深刻的理论分析。研究指出成本分担和成本补偿不仅在当时的中国是必要的，而且是一个世界性的趋势。实行适度的成本分担，使有支付能力的家庭分担一部分非义务教育阶段的成本，不仅可以增加教育经费的总量，同时也使得加大对低收入家庭子女的教育资助有了更多的资源，更有利于公共教育资源在全社会公平分配。这一研究为在非义务教育阶段，特别是高等教育阶段实行成本分担政策奠定了理论基础。⑤

（五）进入 21 世纪以来，中国的教育经济学发展呈现更加繁荣的景象，这同国际上的学术趋势相一致，教育经济学的跨学科特征越来越明显。行为经济学、新制度经济学、社会学、政治学和心理学与教育经济学进一步交叉融合，使得中国教育经济学的研究领域更加宽阔，研究问题更加广泛，但研究的主流趋势仍然保持着从中国教育与经济发展实践中的现实问题出发的鲜明特色。

例如，随着中国市场经济体制逐步趋向完善，教育与劳动力市场相互作用的具体机制进入了教育经济学的研究视野。劳动力市场的供求状况决定着各级各类学校毕业生的就业状况和收入分配结构。为了扩大内需、刺激消费进而拉动相关产业发展、促进经济增长和满足居民对高等教育的需求，1999 年中国出台高等教育扩招政策，各类高等教育在学规模从 1998 年的 623 万（包括成人高等学校）增加到 2018 年的 3833 万。各级各类教育的发展和人力资源开发的宏观格局，以及与此相关的教育经费的需求与供给、教育财政政策、反映学生学业成就的教育生产函数、教育投资效益、经济发展对各类人才的需求和劳动力市场吸纳各类毕业生的能力等等都成为这一阶段教育经济学研究高度关注的问题，尤其是高等教育规模的急剧扩张使得大学毕业生的就业问题和对策研究成为近年来教育经济学研究的突出问题之一，并取得了重要成果。特别需要提到的是，在过去一个时期"效率

---

① 赖德胜.教育、劳动力市场与收入分配[J].经济研究,1998（5）：42-49.
② 陈晓宇,陈良焜,夏晨.20 世纪 90 年代中国城镇教育收益率的变化与启示[J].北京大学教育评论,2003（02）：65-72.
③ 丁小浩,余秋梅,于洪霞.本世纪以来中国城镇居民教育收益率及其变化研究[J].教育发展研究,2012,（11）：1-6.
④ 陈晓宇.中国教育财政政策研究[M].北京：北京大学出版社,2012：7-8.
⑤ 闵维方.论高等教育成本补偿政策的理论基础[J].北京大学学报（哲学社会科学版）,1998（2）：181-185.

优先，兼顾公平"的思想影响下，中国的收入分配差距日益拉大，教育公平和学生资助问题逐渐成为社会热点问题之一。①② 如何促进教育资源的公平配置，尤其是义务教育的均衡发展，高等教育扩招对入学机会均等化的影响，以及随着城镇化进程加快而带来的进城务工人员子女的教育问题等等也成为教育经济学研究的重点问题，并取得了一系列成果。

（六）随着投资驱动和出口导向的中国经济高速增长日益显示出其不协调、不平衡和不可持续的问题，经济增长方式由投资驱动和外需导向转变为创新驱动和内需拉动，避免跌入"中等收入陷阱"成为中国经济发展面临的日益紧迫的问题。因此，教育在转变经济增长方式、促进经济长期可持续增长，特别是绿色增长中的作用，大学创新能力对经济增长的贡献，产业升级与教育结构的相应调整，职业技术教育的经济效益等，成为中国教育经济学研究的重大问题，学者们在这些领域取得了一系列重要成果，构建了教育促进经济增长的宏观理论框架③和大学创新能力对经济增长贡献的理论框架④。这其中的许多研究是西方发达国家教育经济学研究中没有涉及过的问题，中国学者的研究成就将会进一步丰富教育经济学的内涵。

三、中国教育经济学的发展趋势

（一）进一步加强教育经济学领域的基础理论研究，推进理论创新。理论来源于实践。中国波澜壮阔的改革开放实践以及教育与经济的大发展为丰富教育经济学的理论提供了难得的机遇。过去40多年，中国教育经济学的研究比较偏重借鉴国外的理论框架来研究中国教育和经济发展中的具体问题，基于中国实践的原创性理论比较少。科学技术的突飞猛进、知识经济的高速发展、网络社会的蓬勃兴起使得知识信息的传播手段在空间和时间上都发生了巨大变化。知识更新周期缩短和中国的经济转型导致社会职业流动性加快，工作性质的迅速变化，工作岗位的变换越来越频繁，大大增加了对教育结构的弹性要求和对从业者应对不确定性和非均衡状态能力的要求，对迅速变化的劳动力市场和工作场所的适应性和灵活性的要求，使得人们必须不断地学习，学校教育已经成为学生社会化终身学习的一部分。教育与经济发展的关系正在发生前所未有的重大变化。新的经济社会发展和教育发展实践呼唤教育经济学的理论创新，构建与中国新时代的基本国情相适应的教育经济学理论体系，这是当今中国教育经济学面临的首要任务和主要趋势。

---

① 丁小浩，梁彦. 中国高等教育入学机会均等化程度的变化［J］. 高等教育研究，2010，（02）：1-5.
② 岳昌君. 规模扩大与高等教育入学机会均等化（初稿）［A］. //2009年中国教育经济学学术年会论文集［C］. 北京：中国教育学会教育经济学分会，2009：8.
③ 闵维方. 教育促进经济增长的作用机制研究［J］. 北京大学教育评论，2017（3）：123-136.
④ 余继，闵维方，王家齐. 大学创新能力与国家经济增长［J］. 北京大学教育评论，2019（4）：109-123.

（二）更加重视研究过程和方法的规范化。这一方面是由于越来越多的教育经济学者接受了更严格的科学方法论训练；另一方面源自于对教育经济学研究所应追求的价值理念有了越来越深刻的认知。教育经济活动是有客观规律可循的，为了揭示客观规律、发展知识体系，并使得其在一定条件下、一定时间和范围内具有推广应用的意义，必须力求研究方法与研究对象的适切性，研究结论与客观现实的一致性。决定教育经济行为的重要因素常常是可以用货币来衡量的，一些反映教育经济现象的变量即使没有用货币表示，也常常是可以度量的。因此，近年来的中国教育经济学研究越来越带有明显的科学计量和实证研究的特色，更加强调严谨的研究设计、变量选择及较高的测量信度和效度。中国教育经济学要在理论上取得进一步发展，将必然是基于更前沿的研究方法和更高质量的数据，同时更加要求研究的理论性、系统性和科学性。[1][2]

（三）完善与相关学科进一步交叉和融合的平台。当今世界科学发展呈现出既高度分化又高度综合的对立统一的发展趋势，新的科学突破往往都是在相互交叉的跨学科领域实现的。教育经济学的产生本身就是经济学和教育学研究相互交叉的结果，而近年来经济学的新发展，特别是新制度经济学和行为经济学同教育经济学的交叉融合促进着教育经济学研究的进一步深化，而社会学、政治学和心理学同教育经济学的交叉融合则大大拓展了教育经济学的研究视野和内涵，并在科学方法论上对教育经济学的发展做出了重要贡献。尽管中国教育经济学形成初期就有多元化的理论背景和学术队伍，但是研究者更多的是从自身的学科背景出发进行教育经济学研究的，并没有系统地从跨学科的理论角度去思考教育经济问题，而原因之一就在于缺少一个不同学科背景的研究者进行跨学科合作的完善的学术平台。这一问题已经引起了许多中国教育经济学者的关注，并开始朝着建立和完善这一平台的方向努力。

（四）进一步提高解决教育和经济发展中的重大问题的能力。尽管在过去四十多年中，一些教育经济学的研究成果对相关教育政策的制定和教育发展实践产生过重要影响，但是从总体上来看，中国教育经济学的研究能力和研究水平与教育和经济发展实践的客观要求相比还有一定差距。一些学者指出，进入21世纪以来，中国教育经济学研究已经开始出现吉本斯（Michael Jibbons）提出的知识生产模式 II 的特征，[3]即在广阔的应用情境下，以跨学科的研究方式回应教育和经济发展中的现实需求。教育经济学的研究也在致力于为

---

[1] 丁小浩，闵维方.重视研究过程和方法的规范化[J].北京大学教育评论，2005（1）：35-37.
[2] 丁小浩，范皑皑.教育经济学中的数学应用：现实、争论与前景[J].教育经济评论，2016（01）：16-26.
[3] 迈克尔·吉本斯，等.知识生产的新模式：当代社会科学与研究的动力学[M].陈洪捷，沈文钦，等译.北京：北京大学出版社，2011：1-25.

改革方案的提出、发展路径的探讨和相关政策的制定提供理论支撑和参考依据。

（五）进一步加强学科建设、学术队伍建设和数据库建设。教育经济学在世界上是一个年轻的学科，在中国的发展时间就更短，还远远没有形成与中国教育和经济发展实践相适应的中国教育经济学学派。经过40多年的积累，近年来，中国学者正在形成学科建设的自觉，逐步完善教育经济学的学科体系和逻辑结构，提出并开始着手运用大数据的思路加强数据库的建设，同时加强课程体系建设和人才培养的力度，并通过更加频繁的国际学术交流与合作推动中国教育经济学学科水平的提高，更快地走向世界。

本章小结

教育经济学的形成与发展是人类教育经济思想长期积累的结果。早在几千年前，人们就已经认识到教育对促进经济发展、建设富强国家的极端重要性。第一次产业革命后，科学技术在经济发展中广泛应用，通过教育提高劳动者素质的重要性日益凸显。亚当·斯密等许多古典经济学家都指出过教育在经济发展中的重要性。马克思的经济理论中也包含许多重要的教育经济思想。从19世纪晚期到20世纪50年代，许多国家不同学派的经济学家提出了一系列教育经济思想。20世纪60年代初，随着战后经济和科技的迅猛发展，教育在经济社会发展中的作用更加重要。舒尔茨率先系统论证并实证检验了教育对经济增长的重要贡献，提出了人力资本理论，奠定了教育经济学的理论基础，引发了各国增加教育投资的热潮。然而20世纪70年代的石油危机导致许多国家发生经济危机，各国政府赋予教育的发展目标未能完全实现。新的经济发展现实使得人力资本理论遇到了严峻的理论挑战，许多新的教育经济思想流派不断出现，比如信号模型、筛选理论、劳动力市场分割理论、教育社会化理论等，这些理论进一步丰富了教育经济学的内涵，使这门学科向着新的更广阔的理论领域进军。

进入21世纪以来，教育经济学进入了一个新的蓬勃发展时期，研究的范围不断扩展，研究的内容不断深化，出现了许多新的趋势：一是与相关学科的交叉融合，使得原有理论的内涵进一步丰富和完善。二是更加重视基于因果推断的实证研究。三是更加注重人力资本的生产，更加注重教育生产函数研究和教育成本效益分析，更加注重教育财政和多渠道筹措教育经费，更加注重教育与社会公平，更加注重信息化在教育发展中的作用。

在中国，教育经济学作为一门学科是在20世纪70年代末期发展起来的。中国的教育经济学研究从一开始就坚持理论与实践相结合，面向中国教育和经济发展中的重大问题，取得了重要研究成果，为中国的教育政策制定和教育改革发展做出了重要贡献。

思考与练习

1. 早期教育经济思想有哪些主要代表人物?他们的主要观点是什么?
2. 教育经济学作为一门学科为什么在20世纪60年代初期产生?
3. 教育经济学有哪些主要创始人?他们各自的主要贡献是什么?
4. 教育经济学产生以后受到过哪些理论上的挑战?
5. 21世纪以来教育经济学的发展有哪些主要特点?
6. 中国教育经济学研究的显著特点是什么?

拓展阅读建议

1. 卡诺依. 教育经济学的历史与现状[M]//Martin Caroy. 教育经济学国际百科全书:第2版. 闵维方,等译. 北京:高等教育出版社,2000.

2. 曲恒昌,曾晓东. 西方教育经济学研究[M]. 北京:北京师范大学出版社,2000.

3. 李桂荣. 中国教育经济学话语演进二十年[J]. 教育研究,2004(12):23–31.

4. 丁小浩,由由. 中国教育经济学的发展、挑战和愿景[J]. 教育经济评论,2018,3(01):18–25

5. 蒋菲,黄维. 我国教育经济学作者的影响力:变化与"学派":基于1980—2010年20种CSSCI刊物的知识图谱分析[J]. 中国高教研究,2014(06):18–22.

6. 丁小浩. 北大教育经济研究:30年的起承转合[J]. 北京大学教育评论,2010,8(04):12–22+187.

7. 闵维方,丁小浩. 对我国高等教育经济学研究的回顾和展望[J]. 高等教育研究,1999(03):9–14.

8. BECKER G S. Nobel Lecture: The Economic Way of Looking at Behavior[J]. Journal of Political Economy,1993,101(3):385–409.

第二章 教育经济学的对象与方法

内容提要

本章阐述了教育经济学的研究对象，教育经济学方法论的基本原则，近年来教育经济学研究中特别注重的因果推断方法，以及教育经济学研究的一般过程。

学习目标

1. 认识教育经济学的研究对象。
2. 理解教育经济学方法论的基本原则。
3. 掌握教育经济学中因果推断的方法。
4. 了解教育经济学的研究过程。

关 键 词

研究对象　教育经济学方法论　因果推断　研究过程

同任何一门严格意义上的学科一样，教育经济学在其形成和发展过程中，逐步形成了其特定的研究对象、基本内容以及与其性质和具体问题类型相适应的研究方法，从而使它有别于其他学科。本章将系统讨论教育经济学的研究对象、教育经济学方法论的基本原则、教育经济学研究的一般过程，以及近年来教育经济学研究中特别注重的因果推断。

第一节　教育经济学的研究对象

教育经济学是从研究个人、企业和政府的教育选择入手的。如果把全社会各个方面的教育选择及其对社会经济发展的影响综合起来加以研究，将反映出教育与经济发展相互作用的规律，并使教育经济学的研究对象进一步具体并深化为两个方面：一是教育与经济的关系。例如，教育的收益、教育与经济增长的关系。人们在进行教育选择时总是或多或少地考虑教育的预期经济收益和非经济收益，政府在进行教育决策时总是需要同未来经济增长对各级各类人才的需求相联系，而这些都是同教育系统之外的经济领域密切相关的研究对象。二是教育内部的经济问题。例如，教育资源在学校内部配置的合理性和利用率的高低。只有资源配置好、利用效率高的学校才能产生高质量的教育成果，带来更好的教育效益，这些都是教育系统内部的经济问题。教育经济学的研究方法都是由具体研究对象的性质和研究问题的类型决定的。

一、教育与经济的关系

教育与经济的关系体现在个人、企业和社会等多层次、多方面。例如，一个人多受一年教育，他的终生收入会有多少变化？一个企业员工的平均教育水平提高一年，对企业的经济效益有什么影响？一个国家的劳动者平均受教育程度提高一年，对该国的劳动生产率有什么影响？一个国家的教育发展水平与整个社会的科技进步和经济增长有什么关系？当然，教育与经济的关系还包括更丰富、更具体的内容。

由于教育投资的经济效益并不是在教育系统内部实现的，而是其培养的毕业生进入劳动力市场后实现的，从这个意义上来说，教育经济学的核心存在于教育与劳动力市场的联系之中。因此，教育与劳动力市场是怎样联系的，二者是通过哪些环节相互作用的，就成为教育经济学研究的重要问题。

与此密切相关的是，对受教育机会的需求也是通过教育与劳动力市场的相互作用来反映，包括个人的教育需求和社会的教育需求，以及由需求刺激所产生的教育供给，包括政府公共教育的供给、企业的教育供给和民间私人教育的供给。不同供给的不同价格即学费等问题也都成为教育经济学的重要研究对象。

教育与经济的关系还包括通过劳动力市场对毕业生的需求而影响毕业生的就业机会和收入水平。不同层次不同类型学校所需投资不同，产出质量也不同，因此毕业生的就业机会和收入水平也不尽相同，这会进一步影响社会财富的分配结构、社会公平以及经济收入和社会地位的代际流动等。下面的案例就是一个教育经济学的研究问题。

案例 2-1

2014年11月22日《南方都市报》报道，在广东省2015届高校本科毕业生第一场招聘专场会上，深圳一家国家级高新技术企业对不同院校毕业生"明码标出等级价"而引人注意。该公司工作人员表示，按照院校不同级别来区分应届毕业生起薪，是该公司一贯的薪酬制度。这家企业在招聘展位前展示的薪资标准将应届生就读院校分为普通、重点、211工程、985工程以及清华、北大、电子科大等5个梯度。以本科生为例，普通院校毕业生起薪为5000元，之后每一级别增加1000元，给清华、北大等的本科生开出9000元月薪。对该企业论校排薪的行为，众说纷纭，到底孰是孰非，《中国教育报》2014年11月25日第二版刊发了一组评论,希望真相越辩越明。下面摘编其中一种说法。这就是一个典型的教育经济学的研究问题。

明码标价也是教育的价值体现

这家企业"论校排薪"的做法,令一些毕业生产生了"不公平"的感觉。不过,如果从教育质量的长期社会评价来看,根据不同院校毕业生质量口碑情况给予不同起薪待遇,其实正体现了高质量教育教学水平的价值。

企业对高校毕业生的质量判断,来源于在实践中的观察和评价。应当说,不同的学校,受教学资源、教学水平、生源质量等各方面影响,其毕业生质量是有很大差异的。这种来自市场的选择,往往是对学校教育质量的最直观判断。事实上,对不同学校毕业生提供不同的起薪待遇,是市场经济条件下的一种常态。例如,根据美国一家机构(NerdScholar)今年对全美顶级大学计算机科学专业毕业生起薪的排行,最高的卡内基梅隆大学平均年薪达到了89800美元,而排名第50位的雪城大学仅56100美元(据《中国日报》)。考虑到美国排名100名内高校水平的接近性,这个差距不可谓不大。深圳这家公司对技术类本科分五个等级。考虑到国内高校水平的巨大差距,4000元的起薪区别并不是很大。

从什么样的学校毕业,是企业对刚进入社会的毕业生最简单、最直接的初级评价,它体现了个人的努力程度、在教育上的投入以及学校的美誉度。在没有深入了解一个人的工作水平能力的时候,根据社会对各类院校毕业生的整体印象进行能力的"可能性设定",是科学合理的。至于参加工作以后的薪酬待遇,自然要看个人工作后的具体表现,这是员工"新一轮"的努力程度、个体素质的比拼。企业"相信质量"的心态,有利于反向促进学生积极上进,促进学校提高教学水平,提高学校声誉。比如该公司将电子科大这所在各种榜单中排名30名后的学校,提到与清华、北大的同一高度,显然是在实践中认可了该校毕业生的质量。一直以来,我们都缺少对教育质量的价值尊重。如今有企业以起薪分级的方式,对高校的毕业生质量做出社会化评价,其实是对高校教育质量的未来信心指数,用市场手段对教育质量的价值进行了肯定,也是对教育部门特别是高校完善高校教学质量评价体系的一个有力提示。建立内部评价与市场评价(社会评价)相结合的教学质量评价体系,对重点院校是一种警醒,对一般院校则是一种激励,有利于更多高校根据自己的条件,在"比较优势"上下功夫,办出自己的特色和风格,而不是"十八般武艺,样样稀松"。

来源:廖德凯.企业招聘该不该"论校排薪"?[N].中国教育报,2014-11-25(2).

二、教育内部的经济问题

在教育系统之外实现的社会经济效益与教育系统内部的运行效率密切相关。只有高效率运行的教育系统才能产生更多更好的教育产品——高质量的毕业生、科研成果和社会服务。因此，教育经济学的研究对象还包括教育系统内部的许多经济问题。

一是在教育过程中如何科学配置和有效使用稀缺的教育资源。例如，假设一个地区或一所大学获得一笔常规预算之外的教育投入，那么这笔额外的投入应该如何分配和使用才能更有效率？多少钱用于基础设施建设，多少钱用于教学仪器设备，多少钱用于教师和管理人员培训，多少钱用于提高教师待遇，多少钱用于改善教育管理系统，才能实现最佳的资源配置效率？

二是反映教育投入与产出关系的教育生产函数，即教育投入的各个要素对教育产出，特别是对学生学业成就的影响。如何在既定的投入情况下，实现产出最大化，或在既定的产出目标情况下，实现投入最小化，提高教育系统运行过程中的资源使用效率。

三是教育资源在各级各类教育中的合理分配，以优化宏观教育结构，如层次结构和学科结构等，使之与宏观经济结构相匹配，最大限度地满足经济社会发展对各级各类人才的需求。

四是教育的成本结构、成本行为变化规律以及教育成本的补偿与分担，即在非义务教育阶段，由教育的受益各方分担一部分教育费用，用以补偿教育过程中发生的成本，使得教育过程得以持续进行下去。随着科学技术的突飞猛进和经济社会的快速发展，教育基础设施和教学仪器设备都需要不断更新升级，信息化程度需要不断提高，教师待遇需要不断改善，学生服务和学校管理水平需要不断提高……总之，教育事业是一个成本递增的部门。因此，教育成本研究是确定教育事业发展规模和速度的可行性的前提，也是计量教育经济效益和辅助教育决策的基础，更是确定教育投入合理水平的重要依据之一。

五是研究通过对经济欠发达地区的教育财政转移支付以及对家庭经济困难学生的财政资助，来促进受教育机会和优质教育资源的合理分布以及教育的均衡发展，从而促进教育公平和社会经济公平。

六是对教育发展中的规模经济现象的研究。同物质生产领域中的情况相类似，在学校层面，只有适度的办学规模才能在同等质量水平的情况下实现生均成本最小化，或在同样的生均成本情况下，实现教育质量最优化；在国家层面，只有适度的教育发展规模才能实现教育社会经济效益最大化。

七是对教育发展中广泛存在的范围经济现象的研究。如果一个教育机构在运行过程中，除了进行人才培养之外，还开展其他相关活动，例如研究型大学把人才培养、科学研究和社会服务结合起来,可能既有利于提高人才培养质量,也有利于加快知识创新和社会的发展进步,从而带来更高的社会经济效益;在基础教育阶段,如果把小学教育适当地同中学教育结合起来,可能有利于教育资源的使用效率和教育教学质量的提高。

教育内部的经济问题很多,大都与政府的一系列复杂的教育财政政策问题密切相关,以上只是列举了几个需要研究的方面。下面的案例就是一个教育内部的经济问题,涉及教育系统内部稀缺资源的合理配置。

案例2-2

编者评论:以下案例反映了教育系统内部资源配置和使用效率中的问题,即基本建设经费配置高,而学校日常运行经费配置低,使得许多基本建设投资所形成的教育基础设施,如荧光灯和电子教学设备在教学中不能充分发挥应有的作用。若干年后,这些设备就会老化或过时,造成资源浪费。

教室里光线暗也不开灯

故事内容:

近日,记者走进四川省北川县擂鼓镇一所学校采访,这所学校是灾后重建的新学校,建筑大气、宽敞,环境优美,不过当记者走进一间教室时却发现,屋子里光线较暗,屋顶的灯却并没有打开。一问原因,校长为难地说:"学校运行成本太高,不敢开灯。"

原来,灾后重建的新学校都按高标准配置,每间教室有9根荧光灯,电子白板等现代教育设备一应俱全,旱厕也改为水厕,食堂燃料也一改以往的煤炭为天然气……然而,这一切的代价使学校需要支付的运行成本大幅增加。

这位校长算了一笔账。每年,政府部门拨付给学校的办公经费约30万元,但仅水费、电费和燃气费一项开支就超过10万元。"学校要正常运转,还有很多需要花钱的地方,比如安排教师培训、办公消耗用品的添置,设施设备的维修加固等。"这位校长无奈地说,为了节约成本,能不用的电子设备就不用了。

资料来源:倪秀,王强,阳锡叶.别因"钱紧"困住乡村教育前景[N].中国教育报,2015-11-19(5).

第二节 教育经济学方法论的基本原则

教育经济学方法论的基本原则同社会科学其他领域的方法论原则有许多共同之处，主要包括以下三个方面。

一、实证研究与规范研究相结合

在现实生活中，教育经济学通常关注两类问题。一类问题是指出教育现象的特征及其因果关系。例如，研究表明，在义务教育阶段，重点学校的生均优质教育资源水平往往高于非重点学校，因此教育质量也往往高于非重点学校，以至于产生"择校热"的现象。在这种情况下，如果对教育资源进行重新配置将会产生什么效果？再如，从国际比较的角度来看，中国人均公共教育财政支出与世界上其他经济发展水平相当的国家相比，处于什么样的水平？是否存在办学经费紧张问题？这类问题只涉及对社会存在的事实本身的陈述和研究。另一类问题是需要在描述教育现象特征的基础上，同时考虑政治、经济、文化、社会等很多因素，进而作出价值判断。例如，是否应该对义务教育资源配置方式进行改革，以促进义务教育的均衡发展？中国是否应该通过财政体制改革来加大公共教育支出以缓解办学经费紧张？教育经济学家把上面两类不同的问题归结为两类研究，一类是实证研究（Empirical Research），回答"是什么"的问题，另一类是规范研究（Normative Research），回答"应该是什么"的问题。

实证研究是通过分析既定的社会现象、社会现实、社会行为或社会政策来推测其所产生的社会结果。实证研究不能事先对事物发展变化的规律作理论概括，以说明应该怎么样，而是客观描述一定条件下事物发展变化的形式，并从中找出影响事物发展变化的因素，特别是找出各种教育现象之间的因果关系，进而把握事物运动的内在规律性，即在现实生活中"实际上发生的是什么"。例如，若一个国家的教育投资占国内生产总值（GDP）的比例增加一个百分点，会对该国的经济发展产生多大影响。再如，若一个国家劳动者的平均受教育水平增加一年，该国的劳动生产率会提高多少。

由于在不同的制度化环境、不同的经济体制下，教育对个人和社会的收益以及对劳动生产率和经济发展的影响是不同的，因此回答上述问题就需要采集大量的数据，进行系统的实证研究，同时还需要考虑体制和政策等规范性因素的影响。例如，在中国实行改革开放和从计划经济体制向市场经济体制转轨以前，曾经流行这样的说法："搞原子弹的不如卖茶叶蛋的，拿手术刀的不如拿剃头刀的。"这并不表明当时受过更多教育的核物理学家和外科医生没有创造出更高的价值，而是当时的经济分配体制和工资政策使得他们的收入偏低。因此，教育经济学的研究对象和研究问题决定了需要进行大量实证研究，但这种实证研究都是在特定的制度化环境中进行的。

同其他领域相比，教育系统是一个规范性很强的领域。世界各国都通过一系列法令法规、方针政策以及价值观念，规范着教育应该是什么，这种规范性构成了教育发展的制度化环境。由于世界各国的制度化环境和人们教育价值观念的不同，往往对此问题的回答也是不同的。因此，规范分析对教育经济学研究是很重要的。例如，世界各国普遍认为，教育应传承人类文明、为社会培养合格的公民，但在培养具有什么样品格的人才是合格公民等问题上，各国之间还是存在着明显的差别。再如，几乎世界各国都普遍认为教育应该提高人的知识技能，开发人力资源，为经济发展服务。但是具体应该怎样提高人们的认知技能，各国则有很大的区别。如果去不同的国家考察，人们会看到，有些国家的教育更注重规范教师主导的课堂讲授和知识的学习；另一些国家则更注重鼓励学生为主体的参与式学习、学生的个性发展和独立性、批判性和创造性思维能力的培养。此外，教育资源的配置、办学效率的提高、通过教育开发人力资源促进经济增长等，都是在特定的制度化环境中实现的。而教育的相关制度安排、教育管理体制、师资培养标准等等，则在更大程度上受社会的制度化环境所制约。这种制度化环境具有非常强的规范性。而在制度化色彩很强的环境中，教育活动具有很明显的制度化同型性（Institutional Isomorphism）。例如，在影响资源配置效率的公共教育组织结构上，很多国家都显示出明显的制度化同型性。也就是说，在同一个国家内，公共教育组织，如公立大学的结构性特征在很大程度上是相似的。因此，了解和把握规范研究方法对教育经济学非常重要，教育经济学研究需要把规范研究和实证研究有机地结合起来。

下面转载的一篇新闻稿既涉及"教育应该是什么"，也涉及"教育实际是什么"的问题。

知识小卡片 2-1

教育经济学研究发现，学生的学业成绩会影响其认知技能并进而影响其未来的劳动生产率。如何提高学生的学业成绩是教育生产函数研究的重要问题之一。多年来，许多发达国家都认为教育应该是以学生为中心的、启发式的、参与式的过程，而不是传统的以教师为中心的、知识传授式的过程。一个有趣的例子是，正当我们在中国进行教学改革，改变以讲授为主的课堂教学方式的同时，西方的教育家们却发出了不同的声音。2014 年 11 月 25 日美国《华盛顿邮报》网站发表了一篇题为"在教育孩子问题上，我们可以从中国人身上学到一些重要的东西"的文章，作者为澳大利亚天主教大学教育学院高级研究员凯文·唐纳利,文章称:中国人喜欢以板书为主的填鸭式教学法,而英国、美国、澳大利亚和新西兰已经逐渐放弃这种直接的教学方式,让学生掌握更多的控制权。鉴于中国在"国际学生评估计划""国际数学和科学趋势研究项目"和"国际阅读能力发展研究项目"等国际测试中所取得的成功,西方放弃以教师为主的传统教学方式似乎是不明智的。

围绕直接讲授法和探究式学习法孰优孰劣,人们进行了多年的辩论。在传统的课上,孩子们被安排坐好,教师站在教室前面,直接讲授教学内容并维护教室纪律。这就是直接讲授法。

英国最近发布了一份题为"如何成就一流教学法"的研究报告,该报告认为:探究式学习法能够激发学生学习热情的观点没有得到证据的支持。特别是在小学低年级的英语和数学等科目的课堂上,教师需要直接阐明他们所教授的内容,并更好地利用全班学习法。澳大利亚新南威尔士大学的认知心理学家约翰·斯韦勒在最近发布的澳大利亚全国课程最终评估报告中指出,在涉及新知识时,最初的教学应该明确直接。

更为有趣的是,近日BBC发起一项"中国化的英国学校"研究项目,由5名中国老师到英国汉普郡一所顶级中学进行一个月的"中国式教学",并将此拍成纪录片《我们的孩子足够坚强吗》(*Are Our Kids Tough Enough-Chinese School*),并于2015年8月播放,在国内外引起广泛热议,包括中国的教学方法是否能够移植国外、中英两国的教育体制是否具有可比性以及为什么中国学生在各类国际测试等考试中成绩优异但在学术研究、发明创新等方面则落后许多发达国家等。

二、定性研究与定量研究相结合

定性研究,又称为质性研究(Qualitative Research),指探究事物的性质、本质、事物的内在规律性。定量研究(Quantitative Research)所说的"量"是指事物数量的多少、体积的大小、时间的长短等量的关系。一般说来,世界上任何事物都是质和量的对立统一。例如,当我们要研究"一个学校"的时候,就有了"一个"这个"量"的概念,同时有了"学校"这个研究对象的"质"的规定性,而不是一个工厂或一个农村。

教育经济现象既具有质的特征,又有量的特征,因此,认识教育经济现象就需要从质和量两个方面来揭示其本质特征。例如,当研究"九年义务教育"的时候,就有了"九年"这个量的概念,同时也就有了"义务教育"这个质的规定性。当研究教育可以促进经济增长的时候,需要明确是多少人受多少年的什么层次和类型的教育,促进经济增长了多少个百分点。

定性研究通常是从对大量现象的观察出发，经过对材料进行分析综合，概括和抽象出反映现实现象本质的概念、范畴，并经过推理和判断，找出各个概念之间的内在逻辑联系，推断相关因素之间的因果关系，形成概念框架和理论系统。这是对事物内在本质属性的分析。例如，根据人力资本理论，更多的教育投资可以带来更多更好的受教育机会，帮助人们获得更多更高的认知技能，进而提高劳动生产率，促进经济增长。

但是，教育经济学研究并不仅仅停留在思维构建的概念框架和理论思辨的层次上，还必须对定性研究所做出的理论推断和理论框架进行定量的检验。定量研究方法就是用数量来表示所观察到的感性现象的规律性的方法。教育经济学研究经常要使用定量的数学方法来分析教育与经济的相互关系、相互作用及其构成的数量变化，以期验证所提出的概念框架和因果推断，寻找其客观规律性。例如，一个人多受一年教育，他一生的收入能增加多少？一个国家劳动人口的平均受教育程度增加一年，这个国家的经济增长率能提高多少？只有通过基于系统数据支持和严谨实证研究的定量分析，我们才能准确地把握增加教育投资与经济增长的关系、教育投资的社会经济效益、教育资源利用效率等重大问题。

知识小卡片 2-2

教育经济学中的数学应用

教育经济学自形成以来，就一直深受经济学的影响，在方法论进化和发展方面亦步亦趋，使得数学方法在教育经济学中得到广泛应用。数学在教育经济学的应用可分为两种主要类型：一是研究变量间随机关系的计量教育经济学，这类应用在于对教育经济研究的相关理论和研究假设的实证检验，关注的是由大量的不确定性个体组成的群体所呈现出的一般规律；二是研究变量间确定函数关系的数理教育经济学，这类应用注重用数学方程式表述教育经济的相关理论或者研究假设，研究变量之间的数量关系和空间形式，为教育经济学提供简洁、严密而又准确的归纳、演绎、抽象和概括等工具。笔者对收录在《教育经济学手册1—4卷》共计45篇文献进行了统计，发现约85%以上的文献包含了描述统计内容，近50%的文献包含了推断统计内容，即使用回归分析等方法用所收集的数据对一些经典模型进行拟合；约50%的文献中出现了独特的数理模型，试图借助数学工具对所研究的教育经济问题用数学方程描述并进行解释。

如同在社会科学中对于数学地位长期存在着激烈的争论一样，对于在教育经济学研究中应用数学分析工具也存在类似的不同意见。有观点认为数学模型艰涩难懂，脱离实际，对于理解教育经济的现实问题没有多大帮助。还有观点认为数学的应用致使研究过度注重变量间的数量关系，而缺少更加富有本质的解释性的理论提升。但是这些争论尚无法撼动数学在教育经济学中稳固的主流地位。

当然，仅仅数学好，肯定无法成为一流的教育经济学研究者。问题意识是重要的，对现实的了解和理解是重要的，理论素养是重要的。每一次经济学思想的巨大变革，都不是依靠单纯的玩弄数学游戏来完成的，数学只不过是工具，不可能取代经济思想的作用。教育经济领域同样如此，数学的知识和逻辑只有与教育经济学的理论和思想有机结合起来的时候，才会闪耀出智慧的光芒。

来源：丁小浩，范皑皑.教育经济学中的数学应用：现实、争论与前景[J].教育经济评论，2016，(01)：16-26.

一个教育经济学研究项目究竟采用定性还是定量研究方法取决于研究问题的性质和类型。相关学者将研究问题分为三类：第一类是描述型研究问题，即探究发生了什么事情。对这类问题的研究往往采取标准定量技术，[1][2] 分析单个变量的分布，提出理论框架，为因果推断研究设计提供数据基础，为解释和推广因果研究结果提供更好的情境。例如，利用已有数据分析学校的支出结构、学校教师的职称特征等；或者描述变量之间的统计关系，如教师特征与学生考试成绩的相关性等。描述型研究还常常使用定性方法来描述教室里发生了什么，学校里发生了什么，以及相关的规章制度和政治环境。这些方法包括实地观察、案例研究、个别访谈等。第二类是因果型研究问题，即探究某种教育项目或政策的实施起到了什么作用。这类研究不仅关注变量之间的相关关系，更加关注在特定教育政策和教育产出之间建立孰因孰果的联系，以帮助决策者评估不同政策或资源配置方案孰优孰劣。因果研究中常常使用定量研究方法，尤其是使用回归分析，来确定某一单项政策对教育产出的影响。第三类是过程型的研究问题，即分析这种作用或影响是如何产生的。这类研究问题探讨为什么特定教育政策会对教育产出产生影响或者没有产生影响，试图在一定程度上揭开因果关系的内在机制，解释研究结论是否可重复。过程研究多采用混合研究方法，但更多的还是使用定性研究方法。通常过程研究会被嵌入一个因果研究设计当中，如研究者使用教师访谈和教室观察等方法来解释减小班级规模对学生成绩的影响。[3]

---

[1] SHAVELSON R J, TOWNE L. Scientific Research in Education [M]. Washington. D.C.: National Academy Press, 2002: 80-96.
[2] TUKEY J W. Exploratory Data Analysis [M]. Reading, Massachusetts: Addison-Wesley, 1977: 163-182.
[3] ZAHORIK J, MOLNAR A, EHRLE K, HALBACH A. Smaller Classes, Better Teaching? Effective Teaching in Reduced-Size Classes [M] // LAINE S W M, WARD J G. Using What We Know: A Review of the Research on Implementing Class-Size Reduction Initiatives for State and Local Policymakers. Oak Brook, IL: North Central Regional Educational Laboratory, 2000: 53-73.

现在越来越多的教育研究采用定量分析与定性分析相结合的混合方法。图 2-1 描述了 2003—2012 年在谷歌学术搜索网站（Google Scholar）上以混合方法（Mixed Method）为关键词搜到的文章，去除非教育领域的研究，去除对方法本身的讨论，可以查到 101 篇英文文章，可以看到，该领域论文数量呈现快速增长趋势。①

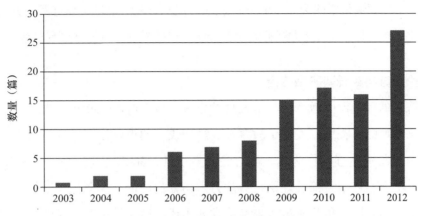

图 2-1　2003—2012 年使用混合研究方法的教育领域论文数

在定性分析和定量分析相结合的混合方法中，针对同一个研究话题，定量方法和定性方法应该分别从各自的角度研究不同的现象，最后给出一个全面的结论。在同一个研究中，定性分析和定量分析既可以同时进行，也可以序贯进行。一些学者对两种研究范式的结合方式做了总结。可以看出，选取哪种研究顺序，取决于哪种研究方法更适合研究问题的性质。②

表 2-1　混合研究方法的组合方式

		时间顺序	
		同时	序贯
范式侧重	同样重要	质性 + 定量	质性→定量 定量→质性
	侧重一种	质性 + 定量	质性→定量 质性→定量
		定量 + 质性	定量→质性 定量→质性

研究人员基于大量的混合方法文献综述，总结出五个可以通过混合方法实现的目的：（1）三角验证（Triangulation），即从两种方法中得出趋向于一致的结论；（2）互补性

---

① 张羽. 教育政策定量评估方法中的因果推断模型以及混合方法的启示 [J]. 清华大学教育研究，2013，34（3）：29-40.
② JOHNSON R B, ONWUEGBUZIE A J. Mixed Methods Research: A Research Paradigm Whose Time Has Come [J]. Educational Researcher, 2004, 33（7）: 14-26.

（Complementarity），即用一种方法去增强、解释、澄清另一种方法得出的结论；(3) 发展（Development），即用一种方法的结论为另一种方法的深入研究提供思路；(4) 启蒙（Initiation），即发现悖论和理论上的矛盾，重新提出研究问题；(5) 扩展（Expansion），即拓展研究的宽度和范围。①

总之，一个教育经济学研究者或者熟练地掌握定性研究与定量研究这两种方法，或者善于同其他在研究方法上与自己能力互补的学者合作，在必要时把两种方法有机地结合起来。

三、理论探讨与实践调研相结合

教育经济学的理论源于教育与经济发展的实践。自20世纪50年代末期以来，人们在探求经济增长动因的过程中，发现了教育在经济增长中的重要作用，逐步形成了现代教育经济学。除了人力资本理论作为其主要理论基石以外，60多年来，各种各样纷繁复杂的相关理论层出不穷，如信号筛选理论、劳动力市场分割理论、社会化理论等。这些形形色色的理论都是从不同的视角观察教育与经济发展实践而形成的。教育经济学的理论来源于实践，而教育与经济发展的实践又不断地充实着教育经济学的内容，推动着教育经济学理论不断发展。作为一门初具雏形并在蓬勃发展的年轻学科，教育经济学生命力的源泉在于教育和经济发展的实践。

教育经济学的理论也在教育和经济发展的实践中不断得以丰富和完善。例如，早期的人力资本理论主要强调通过教育获得认知技能，而近年来，许多学者把受教育过程中获得的各类非认知要素纳入人力资本的范畴，并认为这些要素是人力资本更重要的组成部分，对经济和社会发展具有更重要的影响，从而大大扩展了人力资本理论的内涵。鲍尔斯等在2001年的实证研究结果发现，受教育年限对收入的影响中有82%不能被认知因素解释，并把这部分影响归为"非认知因素"。②只用认知因素作为收入解释变量的做法会导致认知因素对收入的作用被高估，因为认知因素和非认知因素相关，且非认知因素不仅影响认知因素，还对收入有直接影响。③④列文将非认知因素影响个人收入的原因归结为"适应

---

① GREENE J C, CARACELLI V J, GRAHAM W F. Toward a Conceptual Framework for Mixed-Method Evaluation Designs[J]. Educational Evaluation & Policy Analysis, 1989, 11（3）: 255-274.

② BOWLES S, GINTIS H, OSBORNE G M. The Determinants of Earnings: A Behavioral Approach[J]. Journal of Economic Literature, 2001, 39（4）: 1137-1176.

③ ALMLUND M, DUCKWORTH A, HECKMAN J J, et al. Personality Psychology and Economics[R]. Iza Discussion Papers No.5500. Institute of Labor Economics, 2011: 152-161.

④ HECKMAN J J, STIXRUD J, URZUA S. The effects of cognitive and noncognitive abilities on labor market outcomes and social behavior[J] Journal of Labor Economics, 2006, 24（3）: 411-482.

性",包括在短期内做出复杂的资源配置决策的能力,以及长期内适应新知识和技术变化的能力,^①并进一步将劳动力适应性指标概括为12个方面:主动性、合作、团队协作、同伴培训、评估能力、推理能力、解决问题的能力、做出决策的能力、获取并使用信息的能力、计划性、学习能力和跨文化能力。^②随着非认知因素在人力资本积累中的作用越发受到学界重视,"非认知人力资本"的内涵也逐渐丰富和完善起来,由能力、教育、健康构成的"新人力资本"的理论框架逐渐形成。

因此,不论是规范研究还是实证研究,不论是定性研究还是定量研究,都要求研究者把理论探讨与实践调研有机地结合起来,经常深入教育与经济发展的现实过程中进行系统、全面的调查研究。脱离了实践的理论是空洞的理论,而缺乏理论指导的实践是盲目的实践。

第三节 教育经济学研究中的因果推断

教育经济学同其他严格意义上的科学理论一样,都是一个试图解释社会现象、探究现实背后各种变量之间因果关系的逻辑体系。所谓解释现象,就是试图通过建立理论或逻辑框架揭示"因",探讨经过怎样的机制,产生了"果"。这是对事物感性表象背后内在本质规律的分析。比如,人力资本理论是基于对教育与经济关系的观察思考和实证研究提出的,是根据对社会发展现实的观察,通过严密而严谨的逻辑推理、以及利用数据进行定量分析而得出的因果关系,并非简单的相关关系。

相关关系指的是两个变量之间具有统计意义上的显著正向或负向关系;因果关系指的是一个变量的变化可以引起另一个变量的变化。因果关系是相关关系的一种特殊形式,但是,相关关系并不一定是因果关系。当存在以下情况时,相关关系不一定代表因果关系。第一种情形是伪相关,即两个变量之间的相关关系只是一个巧合,或者完全由随机因素导致,也就是说因为两个变量包含了相同的随机因素,因此显示出二者之间的相关关系。第二种情形是因果关系倒置或者互为因果关系。如果把自变量放在回归式的左边当作因变量,把因变量放在方程的右边当作自变量,也可以得到显著的相关关系,但从理论上来看,这两者之间的因果关系被倒置或者存在着互为因果的关系。第三种情形是遗漏变量,

---

① 亨利·M.列文,由由.教育如何适应未来:以美国教育为背景的探讨[J].北京大学教育评论,2013,(02):2-16+186-187.
② LEVIN H M. The Utility and Need for Incorporating Noncognitive Skills into Large-Scale Educational Assessments [M]// DAVIER M, GONZALEZ E, KIRSCH I, YAMAMOTO K. The Role of International Large-Scale Assessments: Perspectives from Technology, Economy, and Educational Research. Berlin: Springer Netherlands, 2013: 67-86.

即因变量和自变量都同第三个没有出现在回归方程中的变量相关，从而显示出相关关系。第四种情形是互为因果偏差。在很多情况下，研究者感兴趣的两个变量之间存在相互作用，因此需要建立联立方程进行估计，单独研究一个变量对另一个变量的因果关系就会产生偏差问题。进行因果推断就是为了克服上述几种偏误。

一、教育经济学中因果推断的基本思想

近年来教育经济学领域的学者越来越多地使用实验和准实验方法，以确定某项教育政策或改革与学生个人或学校产出之间的因果关系，即实现因果推断。因果推断（Causal Inference）是指通过建立原因与结果之间的共变关系和时间顺序，并排除影响该结果的其他可能因素，来确定我们所看到的、或想要的某种结果产生的原因。[①] 比如：多接受一年的教育能否增加个人收入？上私立学校能否提高学生的成绩？学生资助能否增加低收入家庭学生上大学的机会？因果推断的逐渐盛行与政策制定者的推动不无关系。由于政策制定者关心一项教育政策或一个教育项目能否在严格意义上产生真正的影响，达到既定的政策目标，于是对教育研究的科学性提出了越来越高的要求。[②] 同时，大规模数据的可得性也使得教育研究者们开展复杂的实证研究成为可能。

在教育经济学研究中，往往由于各种原因需要确定变量之间的因果关系，比如我们想知道上重点大学能否比上非重点大学带来更高的收入。但是，在现实生活中，我们不可能随机抽取一部分人上重点大学、一部分人上非重点大学，并通过比较两组人的收入差距来判断上重点大学对收入的影响。这种实验的办法行不通，就只能利用非实验数据来实现因果推断。假如我们能够收集的数据包括学生的个人特征、家庭背景特征以及学生毕业后的收入信息，最简单的方法就是直接比较重点大学毕业生和非重点大学毕业生的平均收入，两者之差即为就读重点大学相比非重点大学的经济收益。然而，学生是否能够进入重点大学就读与学生能力、高考成绩、家庭背景等变量有关。如果重点大学的毕业生多是能力强或者多来自高收入家庭，而这些学生即便不进入重点大学也能够获得更高的未来收入，那么，重点大学毕业生与非重点大学毕业生之间的收入差距就不仅仅是就读重点大学所带来的，还包括了学生家庭背景和个人能力等方面的差距。这就是因果推断中常见的选择性偏误问题。

麻省理工学院经济学教授乔书亚·安格雷斯特（Joshua Angrist）与伦敦政治经济学院

---

① SHAUGHNESSY JOHN J, ZECHMEISTER EUGENE B, ZECHMEISTER JEANNE S. Research Methods in Psychology [M]. 5th Ed. New York: Mc Graw Hill, 2000: 200-201.

② U.S. Department of Education. Identifying and Implementing Educational Practices Supported by Rigorous Evidence: A User Friendly Guide [R]. Washington, D.C.: U.S. Department of Education. Institute of Education Sciences, 2003: 26.

教授乔恩·皮斯科（Jörn-Steffen Pischke）在其《基本无害的计量经济学：一个实证论者的运动》（*Mostly Harmless Econometrics: An Empiricist's Campaign*）①一书中提出，应用定量研究方法进行因果推断必须回答四个问题：（1）你所感兴趣的因果关系是什么？（2）如何设计一个严格的实验来识别这个因果关系？（3）你的识别策略是什么？（4）你的统计推断模式是什么？其中，如何进行实验设计以及确定识别策略是实现因果推断的核心。

从理论上来说，如果我们希望知道某项教育政策是否能够提高学生的学业成绩，那么我们应该比较同一组学生在受政策干预时的学业产出与其没有受该政策干预时的学业产出，如果二者存在显著差异，那么就认为该政策对学业成绩有显著影响。然而，这一方法的问题在于：同一组人在同一时间内要么接受干预，要么没有接受干预，不可能同时发生既接受干预又没有接受干预的情况，除非存在所谓的"时光机器"。因此，研究者所需要做的事情就是"创造"一组没有接受干预的群体，该群体与接受干预的群体非常相似，唯一的区别就是前者没有接受该政策的干预。于是，通过比较两组人的产出差异就可以确定政策干预的影响。由于上述被"创造"出的这组人在现实生活中不可能存在，因此常被称为"反事实组（Counterfactual Groups）"。

尽管上述研究思路听起来十分简单，但是实施起来却非常困难。举例来说，假如研究重点大学能否提高毕业生的工资收入，就需要找到一组没有上重点大学但是在性别、能力、兴趣、学习动机、家庭社会经济地位等若干特征方面与重点大学学生非常相似的学生。在现实世界里，找到这样一组学生是十分困难的，即便能找到也需要花费相当多的时间和经济成本，研究的可行性较低。为解决这一难题，研究者们设计了很多因果推断的方法。接下来，我们将简单介绍几种教育经济学研究中经常使用的因果推断方法。

知识小卡片 2-3

几个研究术语

控制组（Control Group）和干预组（或称实验组）（Treatment Group）：在实验设计中，被实施影响或被某项教育政策干预的群体称为干预组，没有被实施影响或干预的群体称为控制组。

自选择偏差（Self-selection Bias）：是社会科学研究中进行因果推断时遇到的最主要且最难解决的问题，通常指个体可以自我选择进入控制组或干预组而导致样本有偏，也就是说，控制组或干预组在一些特征上具有显著差异，两组人之间不具可比性。如

---

① ANGRIST J, PISCHKE S. Mostly Harmless Economics: An Empiricist's Companion [M]. Princeton: Princeton University Press, 2009: 3-8.

果存在自选择问题就会导致研究结果的偏误。

效度（Validity）和信度（Reliability）：效度是衡量对所要测量特性的准确测量程度，也就是说，所测量的东西就是所要测量的东西；信度是衡量测量的一致性程度，也就是说，测量是否可靠。

内部有效性（Internal Vality）和外部有效性（External Vality）：这是判断一项因果推断研究是否有效的两个维度。内部有效性是指一项研究能够在某种教育政策（或项目）与教育产出之间建立一条可信的因果联系。外部有效性是指一项研究的结论可以被推广到不同的政策干预、不同的产出测量方法、不同类型的学生、学校或者不同的政策环境中。近年来，政策争论的焦点多聚焦在提高研究的内部有效性，但是如果研究结论无法被推广的话，那么研究结论对政策制定者来说也没有太大意义。

二、因果推断的基本方法

1. 回归分析（Regression Analysis）

回归分析是剥离自选择偏差的常用方法之一。仍然以学生就读重点大学能否提高未来工资收入的研究为例，因变量代表学生的工资水平，核心自变量是代表学生在重点大学还是非重点大学就读的虚拟变量，其他控制变量包括学生的个体特征（如性别）、家庭社会经济地位（如家庭经济收入水平）、工作特征（如工作所在地）等。使用最小二乘法估计出的重点大学的回归系数表示：在其他影响因素相同的情况下，重点大学和非重点大学毕业生的工资差异。

使用回归分析估计出的工资差异是否就是就读重点大学和非重点大学所导致的工资差异？换句话说，我们能否据此建立重点大学与高工资之间的因果关系？回答这一问题的关键在于该回归方程能否满足就读重点大学这一变量与方程误差项不相关的假设，也就是说，所有与就读重点大学和工资收入相关的变量都被加入了回归方程。这一假设成立吗？假如存在一个难以测量的变量"学习动机"没有被加入回归方程，学习动机会影响学生进入重点大学的可能性，同时，学习动机越强的学生未来的收入可能会越高。那么，原回归方程估计出的工资差异就不仅仅是就读重点大学所引起的差异，还包括学习动机所引起的差异，这样一来，重点大学对工资收入的影响就被高估了。也可能存在低估的情况，这取决于被遗漏的变量与就读重点大学之间的关系。

尽管回归分析的系数体现的是统计意义的相关性，但是基于特定因果理论而使用回归分析的方法还是可以实现因果推断的。在非实验研究环境下，研究者通常尽可能地收集更多的控制变量并加入方程中。但这种方法并不可靠，即便控制了成百上千个的变量，仍然不能保证没有遗漏变量的存在。于是，研究者们又发明了下列方法来进一步提高因果推断的科学性和可靠性。

2. 随机控制实验（Randomized Controlled Trial，RCT）

在一项经典的随机实验中，研究者通过抛硬币来决定哪些学生进入实验组、哪些学生进入控制组，因此每个学生接受干预的概率为50%。通过随机实验，可以保证控制组和实验组在可观察和不可观察特征上的分布都是可比的。当然，控制组和实验组并非一模一样，但是平均而言这两组人是相似的，控制组的个体除了没有接受实验干预外，在其他特征上都与实验组中的个体相似，因此是理想的"反事实组"。也正是由于这个原因，随机实验通常被认为是实现因果推断的"黄金标准"。

为了保证因果推断的内部有效性，就要估计控制组和实验组在产出变量上的平均差异。如果随机实验的科学性能够得到保证，那么并不必须做回归分析就可以实现因果推断，而仅需要简单比较实验组与控制组在因变量上的差异。当然，研究者们也可以进一步通过回归分析来控制两组学生在可观察变量上的差异。在教育领域，随机实验常被用于研究某项教育政策干预对学生成绩的影响，如教师绩效激励，[1] 学校改革，[2] 教育券[3] 等。

尽管随机实验的思想很容易理解，但是在现实世界中随机实验的实施并不容易。一方面，在教育经济学研究中，人们往往无法通过随机实验的方式实施干预。仍然以重点大学对工资收入的影响为例，研究者们不可能通过扔硬币的方法来随机决定哪些人进入重点大学就读、哪些人进入非重点大学就读。另一方面，即便有些政策可以通过随机实验的方式进行干预，但是往往存在一些被随机指派进入实验组的个体选择不接受干预，而是进入控制组，甚至退出研究的情况。尽管随机实验并不完美，但它仍然是实现因果推断的最重要方法之一。前普林斯顿大学教授克鲁格（Alan Krueger）指出，一项精心设计的实验研究要完胜大量基于非实验数据进行统计控制的含糊研究。他的观点反映了实证经济学研究由对统计工具的简单套用转向研究者精心设计的因果推理，[4][5] 教育经济学研究也发生了同样

---

[1] GLEWWE P, KREMER M. Schools, Teachers, and Education Outcomes in Developing Countries [M] // HANUSHEK E A, WELCH F. Handbook of the Economics of Education, Volume 2. Amsterdam: Elsevier B.V., 2006: 945–1017.

[2] COOK T D, MURPHY R F, HUNT H D. Comer's School Development Program in Chicago: A Theory-Based Evaluation [J]. American Educational Research Journal, 2000, 37 (2): 535–597.

[3] KRUEGER A B, ZHU P. Another Look at the New York City School Voucher Experiment [J]. American Behavioral Scientist, 2004, 47 (5): 658–698.

[4] ANGRIST J D, KRUEGER A B. Empirical Strategies in Labor Economics [M]. Handbook of Labor Economics. 1999, 3 (1): 1277–1366.

[5] GLEWWE P, KREMER M. Schools, Teachers, and Education Outcomes in Developing Countries [M] // HANUSHEK E A, WELCH F. Handbook of the Economics of Education, Volume 2. Amsterdam: Elsevier B.V., 2006: 945–1017.

的转向。

2019年诺贝尔经济学奖颁给了麻省理工学院的班纳吉（Abhijit Banerjee）、迪弗洛（Esther Duflo）和哈佛大学的克莱默（Michael Kremer），而这三人的主要贡献就是使用随机控制实验方法来评估各种扶贫方式对于减贫的贡献，包括如何提升教育、健康水平和农业发展等。以教育为例，他们研究了不同教育方式对学生成绩的影响，并发现年轻女教师可以显著提升学生的读算水平，且成绩最差的那部分学生受益最多；计算机辅助学习可以显著提升学生的数学成绩，而跟踪学生一年后的表现则发现这种影响虽然有所降低，但效果仍然是显著的。① 他们通过利用和推广随机实验的方法，深化了人们对贫困和反贫困的认识，提高了人们战胜全球贫困的能力。

知识小卡片2-4

随机实验在教育研究中的兴起

20世纪90年代，教育研究者们对通过统计方法控制可观察变量以剔除非实验数据的选择性偏差已经不再抱有幻想，而美国田纳西州小班教学的实验开启了教育领域广泛使用随机实验的大幕。

1985年美国田纳西州启动一项名为STAR（Student-Teacher Achievement Ratio）的小班教学项目，研究减小班级规模对学生成绩的短期和长期影响。项目幼儿园的学生被随机分配为三组：13—17人的小班，22—25人并配备辅导助手的班级，以及22—25人但不配备辅导助手的班级，教师也被随机安排在不同的班级。实验期间，项目组在每年春季对学生进行常模和标准参照测验，同时，通过观察、问卷与日志等方法了解学生与教师的课堂行为和出勤情况，并对学生的留级率、辍学率进行统计。实验结束后，学生回到普通班，并继续跟踪研究，了解他们的学业和非学业表现。整个项目历时四年，耗资1200万美元。该实验发现，小班教学有利于提高学生的学业成就，尤其对幼儿园和一年级学生的影响更加明显。

受该研究的影响，加利福尼亚州开始缩减班级规模。由于加州学生规模很大，因此政策实施后对教师的需求量大大增加，短期内聘请大量新教师引发了教师质量的严重下降，而教师质量下降对学生成绩的负影响抵消了班级规模减小对学生成绩的正影响，这与田纳西州的政策实施效果很不相同。尽管该项政策的外部有效性受到质疑，但是在此契机下，随机实验的方法开始越来越多地应用于教育领域的研究。

---

① DUFLO E, BANERJEE A, COLE S, LINDEN L. Remedying Education: Evidence from Two Randomized Experiments in India[J]. The Quarterly Journal of Economics, 2007, 122(3): 1235-1264.

尽管随机实验被称为因果推断的"黄金标准",但是上文中美国田纳西州的小班教学实验暴露出随机实验的弊端之一,即可能难以推广到更大范围的群体。除此之外,随机实验还存在以下问题使得其最终的研究结果可能受到挑战。首先,实验参与者可能根据个人的意愿违背随机分组结果,选择另一个组。比如,在小班教学的实验中,被分配到大班的家长可能不希望子女错过进入小班教学的机会,因此通过各种途径把自己的孩子送入了小班。这种自主选择的行为往往与家长或家庭的特征有关,而这些特征本身往往也会影响学生的成绩,因此最终的分组结果并不是真正的随机分配。其次,实验组的学生可能与对照组的学生私下交流他们参与实验的收获和感受,或者他们在其他场合(比如其他课堂)上的表现间接影响了对照组学生,从而产生溢出效应(Spillover Effect)。如果这种情况发生,即便对照组的学生没有接受实验干预,但依然受到了干预的影响,这时候两组学生的差异比真正的干预效应要小。再次,随机实验暗含的一个假设是实验组和对照组的成员不会因为参与这个随机实验研究项目而对其行为和产出产生影响,但现实中的参与者可能因为参与实验而产生行为上的变化,即产生霍桑效应(Hawthorne Effect)。对照组的成员可能因为自己在对照组而更加努力学习,以证明自己即便在对照组也会表现很好,从而产生约翰亨利效应(John Henry Effect),如果这种情况发生,实验效果的估计值与其真正的效果相比要偏小。上述这些问题反映了研究设计是否能从逻辑上保证其结果的可靠性,若不能保证,就会影响随机实验法的内部效度。此外,随机实验的实施成本非常高,也使得这种方法在教育经济学研究和教育政策评估中并不被经常使用,而只是作为研究设计的标准。

3. 断点回归(Regression Discontinuity,RD)

当某项教育改革或政策干预是基于某一个变量的数值(通常被称作强制变量)而将被试指派到干预组或控制组时,常使用断点回归的方法实现因果推断。举例来说,某一重点大学的录取分数线是 650 分,那么成绩在 650 分及以上的学生就能够顺利进入该重点大学就读,而低于 650 分的学生则只能进入非重点大学就读。可见,哪些学生进入干预组、哪些学生进入控制组,并不是随机指派的。但是,那些位于 650 分上下很小范围的学生(如考分在 648 到 652 分之间的学生),他们之间微弱的分数差异可能只取决于随机因素,而非系统性差别。因此,研究者可以将在分数线以下一个小范围的学生看作是在分数线以上一个小范围学生的"反事实组",任何在分数线附近不连续的产出变化都可归结为就读重点大学所导致的,也就是说,通过对比 650 分上下的控制组和干预组学生的产出来推断出就读重点大学对学生的影响。

断点回归的显著特点是:研究者并不指派哪些被试进入干预组、哪些被试进入控制组,而是利用管理者基于某一连续变量的数值的指派,如学校管理部门规定家庭收入低于某一数额的学生可以获得学生资助、绩点高于某一数值的学生可以获得奖学金、升学率高于某一数值的学校可以接受奖励、教学效果低于某个水平的教师需要接受培训等。近些年断点回归被应用于很多与教育生产函数相关的政策研究，比如班级规模对学生成绩的影响，[1][2] 学生资助，[3][4] 学前教育，[5][6] 教师培训，[7] 弱势学生的补习[8]等。

断点回归存在哪些潜在的缺陷呢？与内部有效性最直接相关的问题就是：如果被指派的学生对潜在的干预、强制变量、临界值等很熟悉，那么他们就有可能主动选择进入干预组或者控制组。例如，有学生事先知道，要想获得学生资助需要满足家庭年收入水平低于两万元的条件，于是通过故意低报家庭收入的方式来获得资助。如果这类学生达到一定数量那么两万元临界线上下的学生就可能在真实的家庭收入方面存在显著差异，进而产生因自我选择进入实验组（获得学生资助）而带来的选择性偏误。再比如，家庭经济条件较好的学生通过补习等途径来取得高分，进而获得奖学金，如果这类学生人数较多，那么获得奖学金的学生其家庭背景就可能比未拿奖学金学生的家庭背景更好，直接比较这两类学生就会产生偏差。为了避免这一情况的产生，就需要在断点回归前通过一系列检验来保证所有的假设都被满足。

4．双重差分法（Difference-in-Differences，DID）

双重差分法通过收集学生、学校、地区等的面板数据来控制因果推断中不可观察的变量。举例来说，城市甲要实行一项新的教育财政改革政策，而城市乙不实行这一改革。为了评价此项改革对教育产出的影响，最简单的方法是比较城市甲在政策实施前后的产出差异。但是这样的比较会产生偏差，因为有很多不可观察的变量会影响产出。比如，在城市

---

[1] ANGRIST J D, LAVY V. Using Maimonides' Rule to Estimate the Effect of Class Size on Scholastic Achievement[J]. The Quarterly Journal of Economics, 1999, 114（2）: 533-575.

[2] URQUIOLA M. Identifying Class Size Effects in Developing Countries: Evidence from Rural Bolivia[J]. The Review of Economics & Statistics, 2006, 88（1）: 171-177.

[3] KANE T J. A Quasi-Experimental Estimate of the Impact of Financial Aid on College-Going[R]. Working Paper No.9205, Cambridge, MA: National Bureau of Economic Research, 2003.

[4] VAN DER KLAAUW W. Estimating the Effect of Financial Aid Offers on College Enrollment: A Regression-Discontinuity Approach[J]. International Economic Review, 2002, 43（4）: 1249-1287.

[5] GORMLEY W T, GAYER T. Promoting School Readiness in Oklahoma: An Evaluation of Tulsa's Pre-K Program[J]. Journal of Human Resources, 2005, 40（3）: 533-558.

[6] LUDWIG J, MILLER D L. Does Head Start Improve Children's Life Chances? Evidence from a Regression Discontinuity Design[J]. The Quarterly Journal of Economics, 2007, 122（1）: 159-208.

[7] JACOB B A, LEFGREN L. The Impact of Teacher Training on Student Achievement: Quasi-Experimental Evidence from School Reform Efforts in Chicago[J]. Journal of Human Resources, 2004, 39（1）: 50-79.

[8] CHAY K Y, MCEWAN P J, URQUIOLA., MIGUEL The Central Role of Noise in Evaluating Interventions That Use Test Scores to Rank Schools[J]. American Economic Review, 2005, 95（4）: 1237-1258.

甲实行这一政策之前,还实施了另外一项相关的教育改革,而这一改革也可能会对教育产出产生影响。若直接将城市甲在改革前后的教育产出变化归为后一项改革的效应,则会高估或低估。那么如何解决这一问题呢?假设研究者还能观测到同一个时期内城市乙的教育产出数据,那么就可以将政策实施后两个城市之间的教育产出差异减去政策实施前两个城市之间的教育产出差异,以剔除那些不可观察变量的影响,而所剩余的"差异中的差异"就是政策实施的影响。

要保证上述估计结果的科学性和可靠性,就必须满足城市乙是城市甲的一个很好的"反事实"对象,也就是说,政策实施前城市甲的教育产出增长情况与城市乙类似,否则使用双重差分法所估计出的结果就不能看作是教育财政政策改革的实施效果。考虑到这一缺陷,评估双重差分法内部有效性的最好方法就是比较控制组和干预组在政策实施前产出变量的变化趋势,[1][2]如果两组趋势类似,就可以考虑使用双重差分法。可能存在的另一种情况是,在政策实施前后,由于受到其他事件的影响,干预组和控制组的时间趋势不一致,那么就需要估计出这个因为时间趋势不同而带来的偏差,然后从双重差分法的结果中减去这个偏差,这种方法也被称作三重差分法(Difference-in-difference-in-differences,DDD)。

5. 倾向性得分匹配(Propensity Score Matching, PSM)

倾向性得分匹配是利用非实验数据将干预组和控制组进行匹配,从而保证两组人群的可比性。匹配的依据是倾向性得分,也就是个体在所有可观察特征下接受干预的可能性。仍然以重点大学影响学生收入的研究为例,为了获得倾向性得分,需要建立 probit 或 logit 回归模型,方程左侧的因变量是进入重点大学的可能性,方程右侧的自变量是学生的性别、年龄、家庭社会经济地位等被认为可能影响学生进入重点大学的变量。在计算出倾向性得分后,将每个重点大学的学生与得分最相似的非重点大学的学生进行匹配,那些无法匹配的学生就被从样本中剔除。最后,再进一步估计匹配上的重点大学和非重点大学学生的收入差异。

该方法有两个优点[3]:其一,不需要假设产出因变量与政策干预变量、控制变量之间的线性关系;其二,那些明显无法匹配的学生会从样本中剔除,从而保证干预组和控制

---

[1] ANGRIST J D, KRUEGER A B. Empirical Strategies in Labor Economics [M]. //ASHENFELTER O C, CARD D. Handbook of Labor Economics, Amsterdam: Elsevier B. V., 1999, 3(1): 1277−1366.

[2] MEYER B D. Natural and Quasi-Experiments in Economics [J]. Journal of Business & Economic Statistics, 1995, 13(2): 151−161.

[3] RAVALLION M. Evaluation Anti-Poverty Programs [R]. Policy Research Working Paper No.3625.Washington D.C.: World Bank, 2005.

组学生之间的可比性。然而，与其他回归分析一样，PSM 能否解释因果关系也取决于不可观察的变量与产出变量、接受政策干预的可能性都无关的假设是否成立，从这个角度来说，PSM 并不是因果推断的灵丹妙药。一些实证研究发现：线性回归模型与 PSM 的回归结果十分相似。[①②] 此外，该方法对样本量的要求很高，样本量小的数据无法应用 PSM 方法。

6. 工具变量（Instrument Variable, IV）

工具变量法是近几十年来教育经济学研究中最流行的因果推断方法之一。[③] 在非实验数据中，教育政策干预通常与个体的一些不可观察到的特征相关，或者说具有某些不可观察特征的个体获得教育政策干预的可能性更大，而这些不可观察特征也会影响教育产出。研究样本中也有一些个体是被随机选择接受干预，或者说他们是由于运气的原因接受干预。因此，研究面临的挑战是，如何保证是否接受干预与那些同教育产出相关的不可观察的特征不相关。

工具变量必须满足两个条件：[④] 其一，工具变量必须与接受干预的概率强相关，也就是说，工具变量能够影响个体接受或不接受干预；其二，工具变量不能与那些影响教育产出的不可观察变量相关。第一个条件比较容易得到验证，但是第二个条件是否满足则很难得到证明。在教育生产函数的相关研究中，工具变量通常是那些地理或位置变量，或者是人们的出生季度或月份，因为这些变量往往被假定为是随机的，从而满足了第二个条件。比如，在研究私立学校对减少学生某些危险行为的影响时，有学者使用了学生所住地区是否有地铁作为工具变量，这里的假定就是在控制了家庭收入后学生所住地区是否有地铁与学生学习成绩不相关。[⑤]

上述几种方法是教育经济学研究中进行因果推断的常用方法。研究者为了增加因果推断的可靠性，通常会在同一项研究中使用多种方法。几乎每项研究都会使用统计方法来控制影响产出的家庭和学生特征，然后再结合使用其他方法解决自选择偏差问题。

---

① GODTLAND E M, SADOULET E, JANVRY A, et al. The Impact of Farmer Field Schools on Knowledge and Productivity: A Study of Potato Farmers in the Peruvian Andes[J]. Economic Development and Cultural Change, 2004, 53（1）: 63-92.

② VANDENBERGHE V, ROBIN S. Evaluating the Effectiveness of Private Education Across Countries: A Comparison of Methods[J]. Labor Economics, 2004, 11（4）: 487-506.

③ WOOLDRIDGE J M. Econometric Analysis of Cross Section and Panel Data[M]. Cambridge, MA: MIT Press, 2002: 8.

④ JOHN B, DAVID A J, REGINA M B. Problems with Instrumental Variables Estimation When the Correlation Between the Instruments and the Endogenous Explanatory Variable is Weak[J]. Journal of the American Statistical Association, 1995, 90（430）: 443-450.

⑤ FIGLIO D, LUDWIG J. Sex, Drugs, and Catholic Schools: Private Schooling and Non-Market Adolescent Behaviors[J]. German Economic Review, 2012, 13（4）: 385-415.

第四节　教育经济学研究的一般过程

教育经济学作为一门科学，其研究要求具有严格的客观性、严密的逻辑性和严谨的实证性。通常一个完整的教育经济学项目的研究过程包括以下环节。

一、选题

研究题目选得好，接下来的研究才会顺利，研究成果才会有意义。选题的第一个要点是要明确你准备在哪一个知识层次上进行研究。人类创造知识的研究工作大致可以分为三个层次：第一个层次是基础研究（Basic Research），主要是探究自然界和人类社会存在的客观规律，对其所研究的自然现象和社会现象做出科学的解释，而不是着重去考虑研究的具体应用及其市场价值；第二个层次为应用研究（Applied Research），就是为某些基础研究的成果找到可以应用的领域，即将基础研究成果实用化；第三个层次为工程性研究（Engineering Research），是围绕着具体要解决的问题展开的。选题的第二个要点是要能把研究"聚焦"到一个适当的题目上，选题过于宽泛则难于操作，选题过于狭窄则缺乏足够的理论意义和现实意义。选题的第三个要点是要明确研究的分析单位（Unit of Analysis）。例如，研究职业技术教育对劳动生产率的影响，可以把工人个人作为分析单位，比较受过职业技术教育的工人同没有受过职业技术教育的工人的劳动生产率差异；也可以把企业作为分析单位，比较不同企业由于受过职业技术教育的工人所占比例不同而带来的劳动生产率差异；还可以把国家作为分析单位，比较不同国家由于职业技术教育在整个教育系统中的地位和比例不同而导致的劳动生产率差异。再例如，研究信息技术的应用对教学质量的影响，可以把学生个人作为分析单位，研究信息技术对学生个人学业成就的影响；也可以把班级或学校作为分析单位，研究不同的信息技术应用水平对一个班级或学校教学质量的影响；还可以把城市或国家作为分析单位，研究教育信息化程度的差异对整个城市或国家的教学质量的影响。

二、文献综述

文献综述是对所选题目的现有研究成果的梳理和分析，对人类积累起来的与该题目相关的知识进行一个总体回顾和评价，以避免重复别人已经做过的研究，明确研究对教育经济学的独特贡献，作为研究基础和出发点。通常来说，一篇基于实证研究的文献综述需要遵循以下几个基本步骤：第一，围绕研究问题确定文献搜索范围和搜索工具，并下载和整理相关文献。第二，逐一对每篇文献的主题、理论、方法、结论等进行归纳和整理，形成单篇文献整理表。第三，对单篇文献整理表进行归纳和总结，提炼和概括现有研究成果的现状和局限，提出下一步的研究方向。文献综述应基于学习、分析和反思，而非对文献的简单堆砌。

三、理论界定和研究假设

一项好的教育经济学研究是应该具有一定的理论贡献的。这就要求研究者善于把自己观察到的感性现象进行理论抽象，用若干具有内在联系的概念建立起一个合乎逻辑的理论框架，也就是把感性现象概念化（Conceptualization）。例如，如果你要研究职业教育对经济增长的影响，可以建立一个如图2-2所示的简单的概念框架：

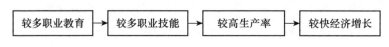

图2-2 职业教育影响经济增长的概念框架

可以从这个理论框架中引申出若干可以实证检验的研究假设。例如，你可以假设：同未受过职业教育的同等学历的劳动者相比，如果职业教育毕业生能够从事与他们所学职业技能相关的工作，就能够带来较高的劳动生产率，从而推动经济增长。根据理论框架引申出研究假设，是研究过程中一个非常重要的环节。理论框架是研究的核心，而研究假设则是架通概念系统（理论）与经验系统（实践）的桥梁，是实证研究的起点。

四、研究设计

接下来的工作就是要为了验证研究假设而设计一个研究方案，用一套系统的科学方法来实证地检验所提出的研究假设，进而支持或推翻你的理论。例如，根据人力资本理论，研究者可以提出这样的研究假设：教育和培训可以提高劳动者的认知技能，从而提高劳动生产率。为了检验这个研究假设，研究者需要做一个研究设计。例如，研究者可以用随机抽样的方法选择两组从事同样工作的工人，甲组和乙组，这两组工人其他条件都一样，但甲组的工人比乙组的工人多受一年教育和培训，研究者可以测量这两组工人在认知技能和劳动生产率方面的差别。这是最简单的研究设计。研究者当然可以设计一个稍微复杂一点的回归模型，把工人的劳动生产率作为因变量，把受教育程度和类型作为主要的自变量，同时控制其他可能影响工人劳动生产率的因素，如年龄、性别、工作年限、管理激励机制以及工作满意度和努力程度等，这样就可以考察在其他条件相同的情况下，教育对提高劳动生产率的影响。研究者还必须意识到，教育过程及其对劳动生产率的影响都是在一定的制度化环境中进行的，都会受到体制机制因素的影响。当然，这些都是非常简单的研究问题和研究设计。通常，研究的问题越复杂，相应的研究设计和使用的模型也就越复杂。

五、变量的测量与研究资料的收集

在上述的研究设计中涉及许多变量，其中有些是比较容易测量的，如受教育年限和类型、年龄、性别和工作年限等；有些变量是不太容易测量的，如劳动生产率、管理激励机制以及工作满意度和努力程度等。还有些相关的研究因素是很难测量的，如体制机制因素，需要更多地进行定性分析。在收集研究资料和采集数据的过程中，研究者常常需要使用各种方法去测量一些复杂的变量，如劳动生产率和管理激励机制等。在测量这类变量的过程中，要特别注意测量的效度和信度。当使用科学的方法检验了测量的信度和效度以后，就可以进行资料和数据的采集了。你可以使用相关部门的统计数据或相关数据库里的数据，但更经常的做法是需要通过自己的实地考察、访谈和问卷调查等方法，抽样调查取得数据。抽样调查的方法有很多种，包括简单随机抽样、分层随机抽样、整群抽样等，要根据研究的需要和可行性决定使用哪种抽样方法进行资料和数据的采集。

六、实证分析

当你取得数据资料之后，首先要对样本特性做统计描述。比如关于职业技术教育与劳动生产率关系的研究，首先需要分析样本的大小以及代表性，接受过职业技术教育的劳动者的比例，性别、年龄、民族、工作要求与所受教育匹配程度、岗位特性与职业期望的对口程度、工作年限、激励机制的有效程度、劳动生产率等。接下来就要根据你的研究设计对研究对象所涉及的诸多变量及其相互关系进行实证分析。由于教育经济学研究涉及的变量通常很多，因此变量的选择尤为重要。变量越多，对样本量的要求越大。因此在进行研究设计时就要善于选择最重要的变量，以利于实证分析的展开。分析计算结果会显示变量的选择是否合适，是否有被遗漏的关键变量。上一节介绍了很多常用的分析方法。在分析方法的选择上，要注意尽可能选择简单而实用的模型。假如需要进行回归分析，如果线性回归可以基本达到研究的目标要求，就不要用更复杂的非线性的方法，因为非线性的模型需要做许多技术处理，在解释分析结果时需要花费很大力气。理论要尽可能深刻，在分析模型方面要善于深入浅出。数学模型要尽可能直观，不要刻意去玩数字游戏，刻意把数学模型复杂化。当然，有些研究问题本身比较复杂，需要更复杂的数学分析方法。

七、研究结果的呈示和解释

这个环节是在恰当呈示实证分析结果的基础上，根据已建立的理论框架对结果进行解释。需要注意的是，有时，同样一个结果可以有不同的解释。例如，研究者通过一项实证研究比较高中毕业生和大学毕业生一生的经济收入差异。高中毕业生通常是18岁参加工作，往往从事的是收入较低的工作。大学毕业生通常是22岁参加工作，往往做的是收入较高的工作。但是大学毕业生比高中毕业生晚工作四年，因此需要放弃18岁到22岁这四年的可能收入，再加上上大学的学费和生活费，这些都是大学毕业生比高中毕业生多付出的教育成本。但是，总体上说，大学毕业生一生的经济收入高于高中毕业生。如果研究者基于人力资本理论框架，对这一研究结果的可能解释是：一个大学毕业生放弃了本来可以用于工作赚钱的四年时间而选择去上大学（机会成本），而且还要付出四年的学费和生活费（直接成本），这种放弃和付出是大学生对自身的人力资本投资，使他获得了更多的知识技能，从而创造出更高的劳动生产率，为自己带来了较高的工资收入。从长期来看，上四年大学的收益要远远大于他所支付的机会成本和直接成本。但是从社会化理论的角度来解释这个研究结果则是完全不同。该理论认为，高中毕业后直接去工作的那些学生，往往来自低收入阶层的家庭，从小受教育条件就比较差，往往不具备上大学的条件，于是只好读完高中就去工作。而那些大学毕业生往往来自经济条件和教育条件较好的家庭，因此容易进入好大学，毕业后容易找到高收入的工作。因此，这个实证分析结果只是表明，社会通过教育把青年一代"社会化"到不同收入的工作岗位上去，再生产出现有的不平等社会经济结构。也就是说，同样的实证分析结果常常可能会有不同的解释，而如何解释这个问题取决于研究者建立的理论框架。

八、说明研究的局限性并提出下一步研究的建议

人类的教育事业和经济发展是一个永无止境的过程，因此教育经济学的研究和知识积累也是一个永无止境的过程。不管一项研究做得多么好，也只是这个过程中很小的一部分。因此研究者还需要指出自己的研究存在哪些局限性，还有哪些问题尚未解决，并提出进一步研究的建议，为后来者的研究提供线索、奠定基础。

教育经济学研究的一般过程可参考示意图2-3。

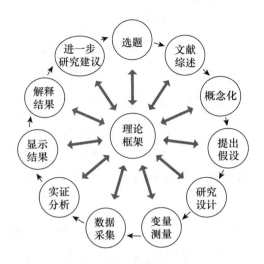

图 2-3 教育经济学研究的一般过程

本章小结

本章首先阐述了教育经济学的研究对象分为两个方面：一是教育与经济的关系。例如，教育投资的收益、教育与就业、教育与经济增长的关系等，这些都是同教育系统之外的经济领域密切相关的研究对象。二是教育内部的经济问题。例如，教育资源在学校内部配置的合理性和利用率，教育成本结构与成本行为的变化规律，教育生产函数以及教育的规模效益等，这些都是教育系统内部的研究对象。

接着论证了教育经济学方法论的三个基本原则：一是实证研究与规范研究相结合，二是定性研究与定量研究相结合，三是理论探讨与实践调研相结合。教育经济学的理论源于教育与经济发展的实践。因此，不论是规范研究还是实证研究，不论是定性研究还是定量研究，都要求研究者把理论探讨与实践调研有机地结合起来。脱离了实践的理论研究是空洞的、无现实意义的思辨，而缺乏理论指导的实践调研则是盲目的实践。

教育经济学是解释观察到的教育经济现象背后各种变量之间的因果关系，如受教育程度与工资收入的关系、教育投资与经济增长的关系等。因此，在研究方法上，教育经济学注重教育经济领域中的因果推断，即通过建立原因与结果之间的共变关系和时间顺序，并排除影响该结果的其他可能因素，来确定我们所看到的或想要得到的教育经济结果产生的原因。本章介绍了因果推断的几种基本方法和教育经济学研究的一般过程。

思考与练习

1. 教育经济学研究对象包括哪些主要内容？

2. 教育经济学方法论的基本原则是什么？

3. 为什么教育经济学的最新发展中越来越重视因果推断？

4. 教育经济学研究中常用的因果推断方法有哪些？

5. 教育经济学研究的一般过程包括哪些基本环节？

拓展阅读建议

1. 闵维方，丁小浩. 重视研究过程和方法的规范化［J］. 北京大学教育评论，2005，3（01）：35-37.

2. 范先佐. 教育经济学新编［M］. 4 版. 北京：人民教育出版社，2015：1-24.

3. 曹淑江，尹若晨. 关于教育研究中实证分析方法几个问题的探讨［J］. 中国人民大学教育学刊，2011（04）：169-177.

4. MCEWAN P J. Empirical Research Methods in the Economics of Education［M］// PENELOPE P，BAKER E，MCGAW B. International Encyclopedia of Education. 3rd Edition. Amsterdam: Elsevier, 2010: 187-192.

5. LOVENHEIM M，TURNER S. Empirical Tools of Education Economics［M］// LOVENHEIM M，TURNER S. Economics of Education. USA: Worth Publishers, 2018.

第三章 教育与人力资本的形成

内容提要

本章阐述了人力资本的概念，人力资本的形成机制，特别是教育在人力资本形成中的关键作用，接着进一步讨论了人力资本的度量方法，人力资本在经济社会发展中的重要性，以及人力资本理论的局限性。

学习目标

1. 理解人力资本概念的内涵。
2. 了解人力资本的各种形成机制，特别是教育在人力资本形成中的作用。
3. 掌握人力资本的度量方法。
4. 认识人力资本在经济社会发展中的重要性。
5. 了解人力资本理论的局限性。

关 键 词

人力资本　形成机制　度量方法

根据人力资本理论的观点，人们在受教育和培训过程中所获得的知识和能力是一种资本，是区别于物质资本的人力资本。在一定意义上，人力资本同物质资本具有某种相同的属性，即，都是带来未来收益的源泉。正是从这一点出发，教育经济学家阐明了教育与人力资本之间的相互关系，奠定了教育经济学的主要理论基石。半个多世纪的教育经济学发展史表明，对人力资本理论提出挑战的众多理论流派并不能推翻人力资本理论的合理"内核"，即通过教育可以增进人的知识和能力，进而提高劳动生产率，促进经济增长；并没有动摇其作为教育经济学主流思想的地位，而是进一步扩宽了教育经济学的理论基础，甚至在西方权威的《新帕尔格雷夫经济学大辞典》中，"人力资本理论"和"教育经济学"就是同一个词条。[①] 人力资本理论的形成和发展是一个具有划时代意义的观念变革，具有重大的理论贡献和实践价值，极大地丰富了经济学的学科体系，在经济学理论研究的各个

---

① 约翰·伊特韦尔，默里·米尔盖特，彼特·纽曼.新帕尔雷格夫经济学大辞典（第二卷）：E-J［M］.上海：经济科学出版社，1992: 106+736-744.

领域得到非常广泛的应用，为经济学的发展开辟了新的领域和前景。在舒尔茨等人提出人力资本理论后，人力资本形成的决定因素、人力资本的投资回报、人力资本积累对经济增长的贡献等，立刻成为国际经济学界的热门话题，这一理论的影响迅速遍布经济增长理论、发展经济学、劳动经济学、人口经济学、制度经济学、企业和企业家理论等。人力资本理论的提出也极大地丰富和拓展了教育学的学科体系，在教育管理学、教育政策分析、教育成本效益分析等方面开辟了新的研究领域，为提高教育资源利用率和教育的社会经济效益提供了新的理论和方法。在当今知识经济高速发展的时代，以创新驱动为标志的新的世界主流经济增长方式和以"互联网＋"及智能制造为核心的产业变革中，高质量人力资本的重要性更加凸显，人力资本理论被赋予了新的时代内涵。

第一节　人力资本的概念

一、人力资本的定义

在教育经济学中，人力资本指人们通过对自身进行教育和培训投资所形成的、凝结在人身上的知识和能力。这种知识和能力能够增加投资者的未来收益，并促进宏观经济的增长。人力资本涉及人类提高生产收入的能力，这是一个非常古老的概念，但是这个术语只是在过去的60年中才在专业论著中获得广泛系统的阐述和应用。舒尔茨率先系统全面地阐述了人力资本的概念，指出其实质是强调以教育和培训为基础的工人技能的长期改善能够提高人们的经济能力，并以家庭和社会把比较多的资源用于子女的教育和保健为前提的。教育与个人的经济成功之间存在着紧密的、有规则的联系，在每一个可以利用数据资料研究教育收益率的国家，这都是一个已经被重复证明的研究发现。贝克尔奠定了相关分析的具体概念架构和微观经济基础，而明瑟提出的计算方法，使得这些估算的经济含义得到了更加清晰的表达。大量研究证明，人力资本投资的收益率可以与物质资本的投资收益率进行比较，这对于说明长期经济增长的来源具有重要的理论和实践价值。

人力资本概念的提出突破了传统理论中的资本只是物质资本的狭隘眼界，将资本划分为人力资本和物质资本两种形式，使得人们可以从全新的视角研究经济理论和实践。物质资本体现在物质产品上，如土地、厂房、机器设备、原材料和半成品、货币和有价证券等；人力资本是人们通过教育和培训等活动获得的知识技能和各种非认知能力，它是体现在劳动者身上的、以劳动者的数量和质量表示的资本。

人力资本理论认为，在影响经济发展的诸因素中，人的因素最为关键。经济发展主要取决于人的质量的高低,而不是自然资源的丰瘠或物质资本的多寡。舒尔茨认为,"人口的质量和知识投资在很大程度上决定了人类未来的前景"①。因此,对人的资本投资的作用大于对物的资本投资的作用。物的资本投资和人的资本投资都是生产性投资,是经济增长必不可少的推动力。但是,与物的投资相比,人的投资更重要。如果没有对人的投资,再多物的投资也无济于事。在现代化生产中,与物质资本投资比较起来,人力资本投资是一种投资回报率很高的投资。舒尔茨对1929—1957年美国教育投资与经济增长的关系作了定量研究,得出如下结论:各级教育投资的平均收益率为17%;教育投资增长的收益占劳动收入增长的比重为70%,占国民收入增长的比重为33%。②尤其是在当今的知识经济时代,人力资本投资的重要性更加突出。这是因为人力资本作为"活资本",具有创造性、创新性,具有有效配置资源、及时调整企业和国家经济发展战略的应变能力。当代劳动生产率的迅速提高,正是人力资本数量不断积累和人力资本质量不断提高的结果。第二次世界大战以后各个国家的不同发展状况,都与这些国家不同的人力资本状况密切相关。

二、人力资本与人力资源

人力资本与人力资源有密切关系,但是又有本质不同。人力资源通常是指一个国家能够参与经济社会发展的劳动人口的总和,主要强调的是人的数量。世界上有不少国家人口众多,可以说是人力资源大国,但远远不是一个人力资本大国,更不能说是一个人力资本强国。在某种意义上,人力资源具有同自然资源类似的属性,即,都是有待开发的资源。而人力资本,在一定意义上,可以说是已经开发了的人力资源。人力资本投资就是通过正规学校教育和在职培训对人力资源进行开发与配置的过程,使其从原始状态转化成资本状态。与人力资本相比,人力资源缺乏丰富的概念内涵,没有涉及关于开发投资、资源配置、投资决策等经济关系,不能反映人的知识技能和各种非认知能力的稀缺性,以及市场供求关系。

截至2019年年底,中国有14亿多人口,③是人力资源大国,但还不能说是人力资本强国。应该说中国有巨大的人力资源,并且有成为人力资本强国的巨大潜力。根据2017

---

① SCHULTZ T W. Investment in Human Capital [J]. The American Economic Review, 1961, (51): 1-17.
② SCHULTZ T W. Education and Economic Growth [M]// HENRY N B. Social Forces Influencing American Education. Chicago: University of Chicago Press, 1961: 46-88.
③ 国家统计局. 国家数据:年度数据,总人口 [EB/OL]. [2019-10-04]. https://data.stats.gov.cn/easyquery.htm?cn=C01.

年的统计，中国农民工总量已经超过 2.87 亿，年均增加 480 万。[①] 很显然，中国已经成为"农民工大国"。而与此相对应的是，劳动者的素质偏低，"技工荒"席卷全国。国家人力资源和社会保障部的报告表明，截至 2017 年底，中国累计取得各类专业技术人员资格证书的只有 2620 万人，[②] 大量农民工未经过系统培训（或仅经过简单培训）就直接上岗。没有一支掌握精湛技能的人才队伍，特别是创新人才队伍，再先进的科学技术和机器设备也很难转化为现实的强大生产力。近年来低端劳动密集型制造业大量转移到东南亚、南美、非洲国家，促使中国必须加快实现经济增长方式从物质资本投资驱动转向创新驱动，加快实现产业结构升级。而要实现创新驱动和产业升级，就必须加大人力资本投资，因为创新驱动就是人才驱动。因此，我们必须特别重视人力资本投资，大力发展教育事业，注重提高教育质量，同时还要不断加强对从业人员的培训和再培训，并鼓励"干中学"，建立健全全民终身学习的体系，培养大批具有较高知识技能的劳动者和科技创新的领军人才，即加快提高劳动者的素质，提高人力资本质量，以适应以智能化为标志的新一轮产业革命的需要。

三、人力资本与物质资本

人力资本理论的创始人认为，物质资本是指用于生产物品与劳务的机器设备和厂房建筑等物质资源和基础设施的存量，人力资本是指劳动者通过教育和培训以及在工作中积累的经验而获得的知识和能力。人力资本与物质资本既有相似之处，也有重要的区别。其相似之处主要体现在以下两个方面：第一，人力资本与物质资本都是通过投资形成的，这些投资都意味着减少或牺牲现期的消费以换取未来的收益。第二，二者都在经济发展中起着生产性的作用，都会带来国民收入增加和经济增长。但是，人力资本同物质资本又有着非常显著的差别。

第一，人力资本存在于人体之中，天然属于个人，与其承载者不可分离。这是其根本特点，也是人力资本区别于其他资本形式的最本质的特征。人力资本的形成及其作用发挥的程度具有有限性的特点，因为它与人的生命周期密切相关，与人的年龄变化、人的体力、健康状况和寿命长短直接相关。因此，人力资本的所有权不能直接转让或买卖，不能被直接继承。而物质资本的所有权是可以买卖、转让或继承的。

---

① 国家统计局. 2017 年农民工监测调查报告［EB/OL］.（2018-04-27）［2020-09-13］. http://www.stats.gov.cn/tjsj/zxfb/201804/ t20180427_1596389.html.
② 中华人民共和国人力资源和社会保障部. 2017 年度人力资源和社会保障事业发展统计公报［R］.（2018-05-01）［2019-05-06］. http://www.mohrss.gov.cn/SYrlzyhshbzb/zwgk/szrs/tjgb/201805/t20180521_294287.html.

第二，人力资本总是自发地寻求实现自身价值的市场，其产权权利一旦受损，资产就可能贬值或消失。因此，人力资本难以像物质资本那样易于垄断，而是具有很强的迁移和流动性。

第三，人力资本有很强的可变性。无论个人还是群体，他们的人力资本存量和价值都不是固定不变的。人力资本的形成和增长是通过投资形成的，但是人力资本具有很明显的易流失性特点，而且人的知识技能和各种非认知能力需要比物质资本更新更快。

第四，物质资本对产出的影响是即刻的，但它会随着时间递减。而人力资本对产出的影响在很多行业是相对缓慢的，但是其影响则是相对持久的，不可否认在另一些行业也可以是即刻的。

第五，人力资本不仅是一种宝贵的经济资源，可以带来巨大的经济收益，同时它也是一种宝贵的社会资源，可以带来诸多方面外溢的社会效益，既对社会经济发展有益，也对社会文明进步有益。①

四、人力资本与知识资本

知识资本是较人力资本更晚出现的概念，它与人力资本之间的关系很复杂。简单地说，知识资本是指以知识为主体，可参加社会再生产循环，具有高增值性的资本化的知识要素。知识资本主要由人力资本和技术资本两部分构成。人力资本主要是通过教育和培训等人力资本投资形成的资本化的人力资源，即人们所具有的知识技能、分析问题解决问题的能力、对各种变化的适应力、创新能力、负责任能力、管理能力等才能和多种社会行为能力。技术资本主要是指通过对研究开发活动的投资形成的资本化的技术成果，包括专利、版权、商标、专门技能、商业秘密和各种设计专用权等知识产权资产。由于技术资本的构成要素都是人创造的，因此，在知识资本中，人力资本具有决定性的意义。

五、人力资本与全要素生产率

经济学研究显示，如果把更多的生产要素投入生产过程，或提升单位生产要素投入的配置效率和使用效率，就可以增加经济产出，促进经济增长。在这其中，全要素生产率（Total Factor Productivity，简称TFP）的作用正在变得越来越重要。经济学界对全要素生产率有多种不同的解释，主流的看法是，全要素生产率主要是指物质资本和劳动力的量的投入所不能解释的那部分经济增值。经济学家通常使用柯布-道格拉斯生产函数等经济计量模型，剔除物质资本和劳动力的量的投入这两个有形的生产要素对经济增长的贡献之

---

① 曲恒昌，曾晓东.西方教育经济学研究[M].北京：北京师范大学出版社，2000：25-28.

后，余下的部分统称为全要素生产率的贡献。因此，全要素生产率可以定义为：导致经济增长的所有其他因素的总和，这些其他因素包括人力资本、技术进步、组织创新、生产创新、管理创新、专业化程度以及社会经济制度等，其中最重要的组成部分是人力资本。作为经济增长的重要源泉，人力资本必然成为全要素生产率的核心要素，因为全要素生产率的所有其他构成要素都依赖于人力资本的数量和质量。实际上，要加快实现产业结构升级，实现经济增长方式从物质资本投资驱动转向创新驱动，就是要使经济增长转向全要素生产率驱动。因此，要转变经济增长方式，就必须加大教育投资力度，提高人力资本质量，从而驱动全要素生产率的提高。

第二节 人力资本的形成

既然人力资本除了表现为劳动者的数量外，更主要的是表现为劳动者的质量，即劳动能力、文化科学技术水平、熟练程度等认知技能和各种非认知能力。那么，劳动者身上所具有的、这种"质"的方面的特征是通过什么途径形成的呢？舒尔茨、贝克尔等教育经济学的创始人归纳了以下几种途径。

第一，教育是形成人力资本的关键。通过教育（包括正规学校教育、在职教育、岗位培训，以及劳动者在工作中"干中学"等）可以提高劳动者的认知能力（Cognitive Skills），如熟练的读写算能力、良好的文化和科学技术素质、分析和解决问题的能力以及一些操作性技能等，进而提高其工作能力、技术水平和劳动生产率。进入21世纪以来，随着科学技术的发展，工作性质的不断变化和工作岗位流动性的加快，大大增强了对从业者应对科技进步和职业变换的适应性要求，因此，人力资本的内涵也进一步扩展，更加重视通过教育形成的、具体内容比认知能力要更为复杂的非认知能力（Non-Cognitive Skills）。

从心理学的角度来看，非认知能力同人的性格、态度和成就动机密切相关，通常包括：一是心态的开放性、好奇心和打破常规的创新性；二是勇气、决心、自信心、责任感、工作的毅力、专注性和自我效能等；三是良好的性格特征，善于与人交往，富有热情和亲和力，乐于助人；四是善于掌控情绪的能力等。具体到工作场所，非认知能力表现为更广泛的内容，如良好的价值观念和社会表现、适当的职业期望、有效的时间管理、积极的工作态度、规范的劳动行为和善于与人合作的团队精神等。这些非认知能力有时也被称为"社会行为能力（Sociobehavioral Skills 或 Social Behavioral Skills）"。

相关研究表明，认知能力能够有效提高从业者的劳动生产率，特别是在从事标准化的工作任务方面的劳动生产率；而非认知能力在提高非标准化工作任务和整个工作组织的生产能力方面能够发挥更大的作用，原因之一在于较强的非认知能力能够帮助劳动者更有效地与人沟通合作，更有效地获取和处理生产过程中的各种信息，而这种合作与这些信息与资源的有效使用和降低相对成本密切相关，从而更有利于提高劳动生产率，也更有利于提高他们处理生产过程中非均衡状态的能力。这里所谓的非均衡是指由于生产过程和技术的迅速变化，生产过程中常常出现的相对于成本来说不是产出最大化的投入组合，而是次优的投入组合。尤其是在生产要素的投入价格和生产效率以及可能存在的生产瓶颈不断变化的动态过程中，受过良好教育的从业者不仅能够独立地做出适当的决策，更能够通过与人合作使生产过程重新获得均衡和实现产出最大化。处理生产中非均衡的能力是一种随着教育水平提高而提高的认知和非认知能力的组合。[1] 如果我们假定，较高的劳动生产率会带来较高的收入，那么对认知与非认知能力影响劳动收入的研究发现，[2] 在教育程度等个人条件相同的条件下，平均而言，认知能力可以解释9%的收入差异，非认知能力的解释能力虽然稍逊一筹，但是在高收入阶层中，非认知能力对收入的解释能力和认知能力不相上下，甚至更强。换句话说，在同样教育程度下，认知能力越高，收入水平越高；同样教育程度、同样认知能力的情况下，具有更强非认知能力的人收入更高，在高收入人群中，尤其如此。这些能力和品质可以增加个人的收入并同时推动经济增长。

在人力资本形成的各种途径中，教育，尤其是正规的学校教育，是最基本最重要的途径。这种通过教育投资形成的人力资本被称为人力资本的教育构成（Educational Component of Human Capital），是人力资本的核心部分。

人力资本理论认为，教育投资是对经济增长具有举足轻重作用的生产性投资。这是因为，现代经济增长的关键是提高劳动力质量，从而大大提高劳动生产率；而提高劳动力质量和劳动生产率的主要途径之一是教育。许多国家的经济发展实践表明，教育投资增长速度大于物质资本投资增长速度是实现经济更快发展的规律。各国人口和劳动力的先天能力基本上是趋于平衡的、相近的，但后天获得的能力却相差悬殊。各国人口和劳动力质量的差别主要取决于后天习得的能力，这种后天能力主要表现为知识、技能、文化修养、企业家精神、创新精神和创新能力以及价值观念和行为模式等，这一切都与教育水平和教育质量密不可分。

---

[1] 亨利·M.列文，由由.教育如何适应未来：以美国教育为背景的探讨[J].北京大学教育评论，2013，11（02）：2-16+186-187.

[2] HECKMAN J J, STIXRUD J, URZUA S. The Effects of Cognitive and Noncognitive Abilities on Labor Market Outcomes and Social Behavior[J]. Journal of Labor Economics, 2006, 24（3）：411-82.

由于教育对经济增长具有决定意义,它比物质资本的投资作用更大,因而教育投资的增长速度超过了物质资本的投资增长速度。例如,根据舒尔茨的计算,1900—1957年,美国物质资本投资额增加了大约4.5倍,而对劳动力进行教育和训练的投资却增加了8.5倍;同期,美国物质资本投资获得的利润增加了3.5倍,而人力资本投资获得的利润却增加了17.5倍。① 根据丹尼森的计算,1948—1982年美国国民生产总值年均增长3.2%,其中三分之一是通过提高劳动力素质取得的,大约二分之一是通过技术进步取得的,② 而这两者都属于人的知识增进,都同教育发展水平密切相关。纵观1890—1999年这一百多年间,美国经济增长中人力资本的贡献几乎翻番,而物质资本的贡献则显著下降。其中1890—1915年间教育生产力的年均增长率为0.29%,可以解释11%的同期人均产出增长率;1915—1999年间,教育生产力的增长率为0.53%,可以解释20%的同期人均产出增长率。③④

第二,健康的身体是人力资本的载体,因此学校教育中的体育和医疗保健是形成人力资本的重要前提。身体和精神健康的人能够更快更多地掌握各种知识和能力。良好的体育教育和医疗保健能够提高劳动者的身体素质和精神素质,减少疾病和死亡,增强或延长劳动者的精力、工作时间和工作能力。因此,体育和医疗保健也是形成人力资本必不可少的重要因素之一。越是发展水平高的国家越重视通过投资形成高质量的人力资本,因此也就越重视通过良好的体育教育和医疗保健提高国民的身体健康素质,特别是高度重视青少年的体育教育和健康成长,这是一个国家高质量人力资本形成的基础。特别需要指出的是,大量的实证研究表明,一个国家人口的平均教育程度越高,国民的整体健康水平也越高。这是因为,教育能够提高人们的健康意识和保健能力。

---

① SCHULTZ T W. Education and Economic Growth [M]. Chicago: University of Chicago Press, 1961: 46-88.
② DENISON E F. Trends in American Economic Growth: 1929-1982 [M]. Washington, D.C.: The Brookings Institution: 1985: 3-27.
③ ABRAMOVITZ M, DAVID P A. American Macroeconomic Growth in the Era of Knowledge-Based Progress: The Long-Run Perspective [M]//ENGERMAN S L, GALLMAN R E. The Cambridge Economic History of the United States. New York: Cambridge University Press, 2000: 1-92.
④ GOLDIN C, KATZ L F. The Legacy of U.S. Educational Leadership: Notes on Distribution and Economic Growth in the 20th Century [J]. American Economic Review, 2001 (91): 18-23.

案例 3-1

日本为形成高质量人力资本而重视青少年教育和保健

日本自明治维新以来就高度重视通过加强学校教育和保健来提高人口素质。第二次世界大战以后,随着经济的恢复和起飞,经济实力的增强,日本进一步加大人力资本投资,更加重视正规学校教育和青少年的健康成长。自1960年开始进行的"学校保健统计调查",积累了比较完整和系统的青少年儿童成长发育资料。20世纪60年代以后,日本儿童青少年的生长发育出现了令世界瞩目的"长期加速趋势"。由于健康的指标太多,这里不可能全面讨论。仅从身高这一项来看,1960—1990年的30年间,7—17岁的日本男生身高平均增长了7.4cm,女生增长6.1cm,平均每10年增长2.5cm和2.0cm;其中13岁的男生、11岁的女生增幅最大,分别达到10.7cm和8.2cm,增速为3.6cm/10年和2.7cm/10年。特别值得一提的是,1960—1985的25年间,14岁男性和12岁女性身高的增速都超过了2.5cm/年,被誉为"人类生物史的奇迹"。1990年后,日本国民身高的增长趋于减慢,逐渐稳定在目前的水平。

来源:郝杰英.当代中国青少年人口与健康发展状况研究报告[M].北京:中国青年出版社,2008:108-109.

第三,劳动者的迁移是人力资本形成和优化配置的重要途径。生产要素的流动可以调节地区之间的供求平衡,使生产要素达到均衡配置,有利于促进经济增长。劳动力这一生产要素也存在这样的规律。在人力资本存量供大于求的地区,存在着人力资本的浪费;相反,在人力资本供不应求的地区,其他生产要素会由于人力资本的短缺而难以发挥应有的效益,影响经济总量的增长。所以,劳动力迁移会充分发挥人力资本的作用,这也是一种对人力的投资,迁移所需费用是人力资本投资的一部分。需要特别指出的是,这些从人力资本供大于求的地区迁移到供小于求地区的劳动者所具备的知识和能力,也是通过教育和培训形成的。

案例 3-2

青年农民工的流动与人力资本的形成与充分利用

改革开放以来,随着中国农村改革的不断深化,农业劳动生产率的提高,大批农民从土地上解放出来,从农村走向城市,形成数以亿计的农民工大军,从第一产业进入第二产业和第三产业,在中国过去三十多年的经济增长中发挥了重要作用。

例如,根据中国国务院研究室2006年4月发布的《中国农民工调研报告》,综合国家统计局、农村农业部、劳动部的调查统计结果,中国从业农民工总数达2.6亿人,其中青年农民工已经支撑起我国作为制造业大国的半壁江山,他们的主要流动趋势是从中西部流向对人力资本需求量更大的东部地区。

按照年龄可把农民工群体大致分成两部分,即老一代农民工和1980年以后出生的青年农民工。作为人力资本的载体,这两代农民工有着重要区别。从受教育年限来看,2007年抽样调查显示,老一代农民工的平均受教育年限为6年左右,而青年农民工平均受教育年限在10年左右。此外,老一代农民工在工余时间的活动比较传统,主要是看电视和报纸、打牌下棋等。而青年农民工比老一代农民工具有更强烈的继续学习和再培训意愿,他们在工余时间更加倾向于业务学习和上网,进行科学技术和文化知识等方面的不断"充电"。因此他们在学习方面的花费比老一代农民工更大。也就是说,青年农民工在流动和工作过程中,不断提高自身的素质,形成更高水平的人力资本。

来源:刘俊彦.新生代:当代中国青年农民工研究报告[M].北京:中国青年出版社,2007:15–16.

第四,吸引高质量的移民是形成和增强一个国家人力资本实力的重大举措。移民是国际的人力资本流动,如果所吸引的入境者是受过良好教育和专业培训的人才,那么,通过移民就增加了本国人力资本总量,节约了大量专业人才的教育和培养费用。也就是说,这些移民带入的人力资本是由人才流出国的教育投资形成的。即使移入的是普通劳动者,也省去了对他们的生育、抚养和入境前的基础教育和医疗保健费用。只要移民不导致人力资本供大于求,不致影响本国的就业机会,不给本国基础设施和社会服务造成压力,则吸收移民就是可行的。所以,移民也是人力资本形成的一条重要途径。当前的经济全球化和教育国际化加快了人力资本的跨国界流动,各国都在采取多种措施大力吸引世界上的优秀人才,以加大本国人力资本存量,增强本国的综合国力和国际竞争力。美国是最早吸引跨国流动的高质量人力资本的国家之一,也是延揽世界上优秀人才最多的国家。下面是一则1988年关于这方面情况的新闻报道。

案例 3-3

美国大力吸引外国科学技术人才

1988年1月29日美国权威学术期刊《科学》发表了约翰·沃什写的一篇题为《在美国的外国工程师人数激增》的报道。他在文章中指出,根据美国工程科学院(National Academy of Engineering)资助的一份研究报告,在美国大学里,每年在工程技术领域获得博士学位的研究生中近50%是外国人。更有甚者,在这一领域里从事博士后研究的高层次优秀人才中,有三分之二是外国人。这些人绝对是"精英荟萃"(the Cream of the Crop)。该报告进一步指出,在工程技术领域,1972年美国大学里35岁以下的年轻教授有10%是外国人,到了1985年,仅仅13年的时间,这个比例就增加到50%~55%。如果没有这些人,美国的研究型大学和工业部门在教学科研、产品研发、工程技术等方面会遇到巨大的困难,美国的经济发展从这些人身上获得了巨大的好处。而这些人中有75%在申请美国的公民权。该报告建议,美国国会和政府在制定移民法规时一定要考虑到这些人对美国经济长期发展和国家竞争力的极端重要性。

来源:约翰·沃什.在美国的外国工程师人数激增[J].科学,1988,1(4):455.

为了促进遭到2008年前后金融危机重创的经济尽快复苏,帮助许多高科技企业解决对人才的大规模需求与美国国内相应高端科技人才短缺之间的矛盾,美国前总统奥巴马加速推进所谓的"移民新政",明确提出未来的移民政策将向国际理工科人才和在美投资创业者倾斜。与此相适应,2013年美国参议院也通过了30年来最大的移民改革法案,为吸引国外的科学技术人才和创业者提供必要的法律保障。2015年,美国公布升级版的《美国创新战略》,进一步加大力度,吸引外国创新人才。

越来越多的国家认识到高级人才的重要性。2011年8月英国启动了"杰出人才签证",一年之内要吸引1000名由英国皇家学会等世界知名的学术和能力评估机构推荐的杰出人才。这些人不需要获得当地雇主的担保就可以进入英国,以此鼓励在科学、工程、人文和艺术等领域的杰出人才前往英国工作。德国经济部部长曾经明确指出,专业人才匮乏已经成为影响德国企业竞争力的主要因素。故此,2011年3月,德国联邦政府通过了《外国人居留法》(草案),这一新的法案给予在德国从事科研工作的外国人配偶充分的就业权,以加强对外国优秀科研人才的吸引力。此外,德国政府还计划进一步放宽技术移民的门槛。德国议会也于2012年4月通过旨在吸纳欧盟以外国家人才的《蓝卡方案》，大量吸引国际上的工程师、医生等高级专门人才。2012年以来加拿大也在不断加大吸引高层次技术移民和"经验移民"的力度，以便那些在加拿大留学并获得高级学位以及拥有高科技专业技能而临时在加拿大工作的临时签证持有者获得永久居留权。拥有许多世界著名实验室和科学家的以色列也于2011年开始实行"卓越研究中心"计划，由大学和相关专门研究机构等联手吸引世界顶级大学和研究机构的科学家，如哈佛大学、斯坦福大学、麻省理工学院等。截止到2012年4月，该计划已经锁定300位世界顶尖科技精英，并计划进一步加大力度，至少引进2400名遍布全球各地的犹太裔著名科学家。这个计划由以色列总理办公室亲自负责，政府专项资金支持，计划和预算委员会制订工作方案并具体实施。被吸引来的科学家一到以色列就可以马上获得60万美元的科研启动资金。韩国也于2009年投入巨资实施"世界一流研究计划项目"。该计划规定入选的研究机构主任必须是从国外招聘的卓越科学家，机构的研究人员必须有50%来自国外。2012年，韩国又启动了"智力回归计划"，计划用5年时间吸引500名海外高层次人才，包括世界顶尖的科学家和学者。[1]

总而言之，当今世界激烈的科技竞争和经济竞争，归根结底是人才的竞争。发达国家越来越强化吸引世界上高质量人力资本的力度。这对于正在努力转变经济增长方式、实现创新发展的中国来说，是一个巨大的挑战。中国已经充分意识到高质量人力资本的极端重要性和国际人才竞争的挑战。随着中国不断出台更加灵活的政策和管理机制，顶尖人才加快回流，同时其他国家的高层次人才也被吸引来到中国工作。中国在国际人才竞争格局中将会占据越来越有利的位置，中国高端人力资本的存量将会不断提升。

第三节 人力资本的测度

如前所述，人力资本是人们通过对自身进行教育和培训投资所形成的、凝结在人身上的知识和能力。在今天的世界上，不论是经济学家还是政治家，不论是教育学家还是战略思想家，社会上的有识之士几乎都一致认为人力资本是当今时代促进国民经济增长的主要动力。大力发展教育事业，通过多种途径提升人力资本的数量和质量已经成为世界各国制定促进经济发展政策的重要基础。但是，人力资本易于定义却难以测度。若不能准确测量人力资本，以人力资本为基础的经济发展政策就不具备最基础的科

---

[1] 丁雪峰，王辉耀，郑金连. 各国人才竞争制度最新走向［J］. 中国人才，2013（15）：58-59.

学性。因此经济学家和政策制定者面临着一个不可回避的问题：如何测度无形的、不可直接观测到的人力资本？早在1961年，美国著名经济学家鲍曼（Mary Bowman）就专门提出了人力资本的测度问题。她在1968年的论文《人力资本：概念与测度》[1]中详细探讨了这一问题。50多年来，如何测度人力资本始终是教育经济学家和政策制定者争论不休的问题。目前，教育经济学界对人力资本的测度有以下三个比较常用的基本方法。

一、教育指标法

教育指标法是国内外广泛使用的测度人力资本存量的方法，通常是以某一个教育指标来估算整体的人力资本。常用的教育指标包括成人识字率、学校入学率、劳动人口的平均教育获得水平、教育总年限和平均教育年限。使用教育指标法的学者很多[2][3][4][5]。使用劳动人口的受教育年限测度人力资本存量的计算方法稍有不同：一是将教育分为小学、初中、高中、中专、大学5种，并假设这5种教育的年限分别为6、9、12、13、16年，[6]然后假设在基期分别接受5种教育的人数，将每年从这5种教育中毕业的人数作为当期流量，使用永续盘存法[7]分别计算接受5种教育的人数，然后分别乘以各自的教育年限进行加总，便计算出人力资本存量。二是将受教育人数与相应的受教育年限加乘，其中受教育人数是根据历年从小学到研究生学历的各类学校入学人数、毕业人数和退出劳动年龄的人口数计算得出。三是使用"受教育人年"，即，如果一个国家有1亿劳动人口，平均受教育年限是10年，那么这个国家的总人力资本存量就是10亿教育人年。按照这种算法，1950年中国的总人力资本只有美国的38.9%；到1970年，中国总人力资本超过美国；2010年，中国的总人力资本相当于美国的3.9倍。据预测，到2020年中国的总人力资本将达到美国的4.13倍（见表3-1）。

---

[1] BOWMAN M J. Principles in the Valuation of Human Capital[J]. Review of Income and Wealth, 1968, 14（3）：217-246.
[2] BARRO R J, LEE J W. International Measure of Schooling Years and School Quality[J]. American Economic Review, 1996, 86（2）：218-223.
[3] YAN W, YUDONG Y. Sources of China's Economic Growth 1952-1999: Incorporating Human Capital Accumulation[J]. China Economic Review, 2003（14）：32-52.
[4] 王小鲁,樊纲,刘鹏.中国经济增长方式转换和增长可持续性[J].经济研究,2009（01）：4-16.
[5] 胡鞍钢,王洪川,鄢一龙.中国现代化：人力资源与教育（1949—2030）[J].教育发展研究,2015（01）：9-14.
[6] 由于中国教育的学制曾经发生过变化，所以有学者将这5种教育的年限分别设定为5,8,11,12,15年。
[7] 指根据统计结果连续记录人力资本存量的增加和减少，并随时根据统计数据计算出账面结存的人力资本数量，即对人力资本存量的日常记录登记增加数和减少数，它是通过计算增减随时反映人力资本存量的一种核算方法。

表 3-1 相关学者计算的中美两国劳动年龄人口和总人力资本（1950—2020 年）

年份	15—64 岁人口（100 万人）		总人力资本（10 亿人年）	
	中国	美国	中国	美国
1950 年	332.94	102.18	0.333	0.856
1960 年	366.61	111.76	0.733	1.023
1970 年	454.24	129.49	1.454	1.395
1980 年	585.73	152.17	3.122	1.828
1990 年	756.64	167.59	4.865	2.024
2000 年	864.73	188.65	6.788	2.379
2010 年	999.57	209.51	9.896	2.532
2020 年	996.04	215.63	10.956	2.652

说明：总人力资本 =（15—64 岁人口数）× 平均受教育年限[①]

这种教育指标法对人力资本的测度显得过于简单，只测量了人力资本的最简单的量，而没有测度人力资本更重要的品质，即人力资本的质。例如，即便同样接受了九年的基础教育，但不同国家生均投入和教育产出质量的差别可能很大。这种方法也没有考虑跨国人才流动等重要因素对一个国家人力资本状况的影响。尽管按照这种测算，中国的人力资本在 2010 年就远远超过了美国，但这只是在"受教育人年"这样一个非常简单的数量方面的超越，在人力资本的质量方面，中国同发达国家仍然存在较大差距，在科技创新领军人才这种高品质人力资本方面的差距就更大了，"钱学森之问"[②]尖锐地指出了这个问题。在受过良好教育的高端人力资本的跨国流动方面，中国仍然面临着严峻的挑战，如以下报道所示。因此，在使用教育指标法测度人力资本时，必须注意到其局限性，否则会带来对经济和社会发展政策的误导。

案例 3-4

全球高技术移民"扎堆"美英加澳

世界银行最新研究显示，全球高技术移民日益集中在美国、英国、加拿大、澳大利亚这四个国家，非英语国家和发展中国家因此面临严峻的人才外流问题。

随着交通成本的下降和人才竞争的加剧，大批高技术移民汇集到了少数最发达国

---

① 胡鞍钢，王洪川，鄢一龙. 中国现代化：人力资源与教育（1949—2030）[J]. 教育发展研究，2015（01）：9-14.
② 2005 年 7 月 30 日钱学森向温家宝总理进言："现在中国没有完全发展起来，一个重要原因是没有一所大学能够按照培养科学技术发明创造人才的模式去办学，没有自己独特的创新的东西，老是'冒'不出杰出人才。这是很大问题。"

家（经济合作与发展组织（OCED）成员国）。截至2010年，经合组织内部的高技术移民规模已达到2800万人，比1990年增加了130%。其中来自非经合组织地区的有1760万人，增加185%。

报告写道："有充分证据表明，高技术移民能够促进创新和生产力——主要通过增加从事创新工作的技术工人人数。""下一代高技术人才似乎不太受制于特定地点和国家认同感，拥有更具全球性特征的思维方式和关系网"。

报告还特别提到女性高技术移民的大量涌现。从1990年到2010年，经合组织吸引的女性高技术移民规模扩大150%，达到1440万人。"非洲和亚洲的女性高技术移民外迁规模增长最快，性别歧视和迁出国的劳动力市场问题可能起到了推波助澜的作用。"报告撰写人之一、世界银行经济师恰拉尔·厄兹登认为，迁出国面临的问题是"受过高等教育且思想开放的女性流向了国外"，因为"母亲对儿童成长、生育率和社会文明程度的影响是最大的"。

尽管自20世纪60年代以来，在出生国以外地区生活的人口占世界总人口的比重一直徘徊在3%上下，但高技术移民（指接受过一年以上高等教育的劳动者）的增长速度高达低技术移民的3倍多。中国、印度和菲律宾已经超过英国，成为最大的移民迁出地。

虽然非英语国家为吸引高素质劳动者采取了很多措施，但截至2010年，经合组织吸引到的所有高技术移民中有近75%生活在四个英语大国，仅美国就吸引了四成。2010年美国硅谷约七成工程师和澳大利亚珀斯60%的医生都出生在国外。

报告写道："美国的创新人才净流入规模非常大，中国和印度则是主要来源国。"比如，在20世纪的最后30多年里，31%的诺贝尔奖项被移民获得，其中超过半数移民供职于美国机构。目前尚不清楚这一趋势会不会继续发展下去。发展中国家不断提高的生活水平会降低移民海外的吸引力，但众多人才汇聚在特定地点（比如硅谷、纽约或者伦敦）所带来的"集聚效应"仍将继续存在。报告写道："聚集了大批演员的好莱坞只会刺激更多人才，尤其是顶尖人才，涌向那里。"

来源：美媒：全球高技术移民"扎堆"美英加澳 女性移民尤甚［EB/OL］. news.ifeng.com/a/20161020/50129960_0.shtml，2016-10-20.

二、成本法

成本法是从投资的角度来看，将所有为形成人力资本所发生的投资成本加总作为人力资本存量的指标，如教育和培训投资、医疗保健投资、吸引国外人才和促进人力资本积极流动以实现资源最佳配置的投资等。使用成本法的教育经济学者也很多，①②③④⑤⑥这些学者的计算方法稍有差别。有些学者是将以下五个方面进行加总：一是人力资本公共投资的直接成本，包括国家财政支出中的文教卫生事业费等。二是人力资本个人投资的直接成本，包括人均教育培训和医疗保健以及文化娱乐服务等方面的支出，并将城市和农村分别进行计算。三是科学研究投入经费的一部分，例如科研经费中可以用来聘请研究生参与科研工作的支出等。四是人力资本公共投资、科学研究部分费用和个人投资所产生的机会成本。五是接受教育的时间机会成本。另外一些学者将人力资本定义为正规教育、在职培训、卫生保健和迁移流动四个人力资本投入的加总。还有些学者将教育总经费、卫生总经费、科学研究总经费、培训经费和迁移费用加总，并采用永续盘存法进行核算。他们对中国人力资本计量的结果是：按照1978年不变价格，1978年中国人力资本总的存量是1335亿元，2007年是43190亿元，是1978年的32.3倍，年均增长12.7%；按照人均人力资本存量来看，中国人均人力资本存量从1978年的138.7元增长到2007年的3268.9元，增长23.6倍，年均增长11.5%。人力资本总量和平均人力资本的增长速度均大于同期经济总量增长和人均GDP增长速度，部分地解释了中国改革开放以来经济发展成就的原因。

  成本法同教育指标法相比，考虑了形成人力资本的必要投入，有利于提高政策制定者对人力资源开发的投资意识，以及居民个人对自身发展进行投资的成本意识。但是这种方法也存在许多问题。第一，成本法仅仅考虑了投入的量，而没有考虑这种投入的配置效率和使用效率。同样数量的投入，由于配置不当或使用效率低下，其产出的人力资本可能有很大差别。例如，教育经济学学者对中国20世纪80年代教育投资使用效率研究发现，在初等教育阶段，一些地区由于重读率和辍学率比较高，造成了教育投资使用效率低下；⑦在高等教育阶段，由于院校平均规模过小，导致了严重的规模不经济，造成巨额教育投入的浪费。⑧因此，仅仅计算形成人力资本的投入量并不能全面和准确反映人力资本的实际存量。同教育指标法一样，成本法也无法反映教育产出的质量。同样数量的教育资源投

---

① KENDRICK J W. The Formation of Stock of Total Capital [M]. New York: Columbia University Press, 1976: 12-57.
② EISNER R. The Total Incomes System of Accounts [M]. Chicago: University of Chicago Press, 1989: 35-62.
③ 沈利生，朱运法. 人力资本与经济增长分析 [M]. 北京：社会科学文献出版社，1999: 13-39.
④ 侯风云. 中国人力资本投资与城乡就业相关性研究 [M]. 上海：上海人民出版社，2007: 25-38.
⑤ 谭永生. 人力资本与经济增长 [M]. 北京：中国财政经济出版社，2007: 21-38.
⑥ 焦斌龙，焦志明. 中国人力资本存量估算：1978-2007 [J]. 经济学家，2010 (9): 27-33.
⑦ World Bank. China Provincial Education Planning and Finance [R]. Washington, D.C.: World Bank, 1991.
⑧ 闵维方. 高等教育规模扩展的形式与办学效益研究 [J]. 教育研究，1990 (10): 41-48.

入,可能会由于教育体制、办学理念、教学方式等方面的差别,导致不同质量的人力资本产出。同理,同样数量的培训经费投入可能由于培训机构的管理水平、培训组织方式、培训内容和方法的不同,导致培训结果和人力资本形成的巨大差异;同样数量的用于吸引国际优秀人才的经费投入,由于各国的文化历史传统不同,制度化环境不同,优秀人才发挥作用的物质技术基础不同,所能吸引进来的优秀人才和形成的高质量人力资本可能会有巨大差别。第二,成本法仅仅考虑了投入因素,而没有考虑到人的天资禀赋、家庭环境、成就动机、努力程度等因素对人力资本形成的影响,更没有考虑到从业者通过"干中学"而获得的人力资本等。第三,成本法在许多技术细节的处理过程中容易带有一定的随意性。例如,同物质资本存在损耗一样,人力资本同样会出现自然折旧。测量人力资本时,在折旧率的处理等问题上就容易具有较大的主观性。

三、收益法

既然教育经济学家认定人力资本是提高经济产出的重要因素之一,那么人力资本的数量和质量最终必然要传递到经济产出——国内生产总值上。因此,人力资本存量的测度数据必然要与产出的时间序列性质一致。也就是说,我们可以通过人力资本带来的产出增量来测度人力资本的存量。使用收益法的学者通常都是在考虑了人力资本投入和教育指标等因素的基础上测度人力资本的。这种方法的思想渊源可以追溯到西方古典经济学的创始人亚当·斯密。他指出,社会财富的增长取决于劳动者数量的增加和劳动者质量的提高。这种增加和提高不仅可以形成更强的生产能力,而且还可以引起专业分工,从而大大提高劳动生产率。劳动者受到的教育和培训越多,专业技术水平和劳动生产率就越高,因而也就能够创造更多的物质财富。舒尔茨则首先从收益的角度对通过教育投资形成的人力资本进行了计量分析,测度了1929年至1957年美国教育投资的经济收益。[1] 贝克尔则从微观分析的角度阐明了人们为什么要进行教育等人力资本投资,并给出了教育和培训等投资收益的测度模式,从而为从收益的角度测度人力资本奠定了基础。[2]

目前的教育经济学研究中,许多机构和学者从收益的角度衡量人力资本的存

---

[1] SCHULTZ T W. Education and Economic Growth [M]//HENRY N B. Social Forces Influencing American Education. Chicago: University of Chicago Press, 1961: 46—88.
[2] BECKER G S. Human Capital [M]. New York: Columbia University Press, 1964: 6—56.

量。[1][2][3][4][5][6][7] 尽管使用收益法的学者所测度人力资本的具体模型有所差别，但大都是基于美国经济学家乔根森（Dale Jorgenson）和弗劳门尼（Barbara Fraumeni）[8][9][10]提出的以估算终生收入为基础的方法（简称为J-F法），即把一个国家的人口按照受教育程度以及年龄和性别等因素分为不同的群体，然后加总不同群体预期生命期的未来终生收入，并计算现值得到一国人力资本的存量。常用的做法是把生命周期划分为五个阶段，对每个阶段使用不同的公式计算预期收入。一般使用倒推的方式计算终生收入，即先计算最后一个阶段的未来终生收入，然后依次向上一阶段推算。通常，研究者是根据一个国家的具体国情把全国人口分为五个阶段：第五阶段为退休状态，既不上学又不工作；第四阶段为工作但不再接受正规学校教育阶段；第三阶段为可能上学或工作阶段；第二阶段为上学而没有工作阶段；第一阶段为既不上学也不工作阶段。然后预设各阶段人口的存活率、收入平均增长率和贴现率，分阶段计算收入后进行加总。收益法就是从人力资本最终收益的角度出发，以个人预期生命周期终生收入的现值来衡量其人力资本水平。采用终生收入而不是当前收入来度量人力资本，一个重要原因就是终生收入能够更加准确合理地反映教育和健康等长期投资对人力资本积累的重要作用。[11]

当然，鉴于各国国情差异较大，各个机构和学者在测度细节的处理上也是有差别的。

---

[1] World Bank. Where Is the Wealth of Nations: Measuring Capital for the 21st Century [R]. Washington, D.C.: World Bank, 2006.

[2] TRINH L T V, GIBSON J, OXLEY L. Measuring the Stock of Human Capital in New Zealand [J]. Mathematics and Computers in Simulation, 2005 (68): 485-498.

[3] WULONG G, Ambrose, W. Human Development and Its Contribution to Wealth Accounts in Canada [C]. OECD Workshop, Italy: Turin, 2008.

[4] GREAKER M, CANG L. Measuring the Stock of Human Capital in Norway: A Life Time Income Approach [C]. OECD Workshop, Italy: Turin, 2008.

[5] HUI W. Development in the Estimation of the Value of Human Capital in Australia [C]. OECD Workshop, Italy: Turin, 2008.

[6] CHRISTIAN M S. Human Capital Accounting in the United States: 1994-2006 [C]. Canadian Economics Association Annual Conference, 2009.

[7] 李海峥，梁赟玲，Barbara Fraumeni，刘智强，王小军. 中国人力资本测度与指数构建 [J]. 经济研究, 2010 (08): 42-54.

[8] JORGENSON D W, FRAUMENI B M. The Accumulation of Human and Non-Human Capital: 1948-1984 [M]. Chicago: University of Chicago Press, 1989: 22-51.

[9] JORGENSON D W, FRAUMENI B M. Investment in Education and U.S. Economic Growth [J]. Scandinavian Journal of Economics, 1992, 10 (94): 51-70.

[10] JORGENSON D W, FRAUMENI B M. The Output of The Education Sector [M] // Griliches Z. Output Measurement in the Services Sector, Studies in Income and Wealth, Chicago: University of Chicago Press, 1992 (55): 303-338.

[11] 李海峥，梁赟玲，Barbara Fraumeni，刘智强，王小军. 中国人力资本测度与指数构建 [J]. 经济研究, 2010 (08): 42-54.

各阶段人口存活率、预期收入平均增长率和贴现率方面可能存在差别,一些研究还考虑了经济发展水平和产业结构等因素。例如,由于中国经济的二元结构,有的学者分农村和城镇两部分来测算,然后加总得到中国全国的人力资本。①

由于人力资本是提高全要素生产率的重要驱动力,因此它在理论上应该与全要素生产率存在长期稳定的正相关关系,而全要素生产率又是驱动经济增长的重要力量,因此,人力资本存量应该与经济产出之间存在正相关,这是收益法的内在逻辑。运用收益法计算得出的人力资本总量,与运用教育指标得到的人力资本总量差别很大。例如,根据收益法计算发现,美国2006年的人力资本总量为212万亿美元,而中国同期的人力资本总量则为48万亿美元。② 这同教育指标法的测度结果相去甚远。③

在教育经济学的文献中对以上三种不同的测度方法已有广泛的讨论。总的来看,三种方法各有优缺点。教育指标法相对来说最直观,也最容易计量,使用起来比较便捷。成本法涵盖面最广,而且能够提高人们对人力资本形成的成本意识,促进人力资本投资的增加,但是对数据量的要求非常大。收益法是从产出的角度来衡量人力资本存量,并考虑了人力资本的"质"的要素,因此测得的人力资本存量与经济产出的计量一致性比较好,但其计算模型比较复杂,对于政策制定者来说,使用起来不是很方便。

对人力资本进行测度的最新进展是2018年世界银行专家构建的一种更全面、综合性更强的测度方法。④ 根据这种方法,可以比较简便地计算出各个国家的人力资本指数,从而进一步计算出人力资本对一个国家的劳动生产率和经济增长的贡献。这一方法包括六个基本指标:一是新生儿生存超过5岁的比例(%);二是国民平均受教育年限;三是受教育质量,即学生平均学业成绩,用综合各种国际学生的阅读、数学和科学等方面的测试结果表征;四是根据教育质量对受教育年限的调整,例如,一个国家的平均受教育年限是10年,平均的综合测试成绩是400,而满分是625,那么这个国家调整后的受教育年限就是$10 \times (400/625) = 6.4$(年);五是15—60岁劳动人口生存率(%);六是儿童发育良好的比例(%)。把这六个指标综合起来就构成一个国家从0到1的人力资本指数。如果一个国家在六个指数方面都达到最好水平,即婴儿死亡率为零、18岁的人口都受到14年的教育、受教育质量均达到最好水平,15—60岁成人死亡率和儿童发育不良症为0,那么这

---

① 李海峥,梁赟玲,Barbara Fraumeni,刘智强,王小军.中国人力资本测度与指数构建[J].经济研究,2010(08):42-54.
② 同上。
③ 胡鞍钢,王洪川,鄢一龙.中国现代化:人力资源与教育(1949—2030)[J].教育发展研究,2015(01):9-14.
④ World Bank. The Human Capital Project.[EB/OL].[2019-03-12]. https://openknowledge.worldbank.org/handle/10986/30498.

个国家的人力资本指数为1,指标水平达不到最好水平的,指数相应递减。这个指数既考虑到了教育和健康方面的数量和质量,也考虑到了达到这些教育和健康指标所需要的投入与产出。本章的附图1分别显示了六个基本指标与经济产出的正相关,附图2则分别显示了教育质量指标和儿童发育指标与经济产出的正相关,附图3显示了综合六个指标的人力资本指数与经济产出的正相关。这种人力资本的最新测度方法不仅在计量结果与经济产出上具有很强的一致性,而且,对政策制定者来说,更具有可操作性,为人力资本理论更好地应用于经济发展的政策实践开辟了更广泛的前景。

第四节 人力资本的重要性和局限性

一、人力资本的重要性

人力资本理论的创立是人类思想的一次深刻革命,具有重大的理论意义和直接的现实意义。舒尔茨等人指出,人的资源是一切资源中最重要的资源。提高人的素质,提高劳动力的质量,无论是对社会经济增长还是对劳动者个人的收入提高,都会带来巨大效益。"空间、能源和耕地并不能决定人类的前途。人类的前途将由人类的才智进化来决定。"他严厉批评轻视人力资本的陈腐观念,批评那种认为资本只应包括物质资本、在做出决策时总是最优先考虑工厂、公路、民航、辅助工业及土地开发等,而只把少量资源留给教育的"顽固的偏见"。他主张,应当增加可能产生最佳预期收益率的人力资本投资。[1] 这些思想不仅开辟了当代经济学研究的新领域,更为人类的经济社会发展指明了方向。

随着科学技术的突飞猛进,特别是20世纪80年代以来的信息技术革命和网络社会的兴起,知识信息的传输和扩散成本大大降低,知识的创造、加工、传播和应用越来越成为新的世界经济增长的重要源泉。人们通过教育所获得的人力资本,即更多更好的知识和能力,不仅在生产中的作用比以往任何时代都更加重要,而且也为从业者的"干中学"和在工作中的不断创新奠定了基础。

新的经济发展现实催生了新经济增长理论,其代表人物罗默(Paul Romer)在1986年发表了《收益递增与长期增长》[2]的重要研究论文,1990年又发表了《内生技术变化》[3]。其核心思想基于三个基本前提:一是技术进步是经济增长的核心,而技术进步依赖于受过

---

[1] SCHULTZ T W. Investment in Human Capital [J]. The American Economic Review, 1961(51): 1-17.
[2] ROMER P M. Increasing Returns and Long-Run Growth [J]. Journal of Political Economy, 1986, 94(5): 1002-1037.
[3] ROMER P M. Endogenous Technological Change [J]. Journal of Political Economy, 1990, 98(5): 71-102.

良好教育的、具有创新意识和创新能力的人才；二是大部分的技术进步源于市场激励而致的有意识的投资行为，即技术是内生的；三是创新能使知识经过产业化的过程而成为商品。在此基础上，罗默指出，经济能够不依赖外力推动实现持续增长，内生的技术进步是保证经济持续增长的决定因素。这一思想的经济含义和政策结论是：（1）经济增长率随着研发的人力资本的增加而增加，与劳动力规模以及生产中间产品的工艺无关，大力投资教育和研究开发有利于经济增长；（2）经济规模不是经济增长的主要因素，而人力资本的规模和质量才是至关重要的。一个国家必须尽力扩大人力资本存量、提高人力资本质量，才能实现更快的经济增长。经济落后的国家人力资本水平低，研究投入的人力资本少，增长缓慢，经济将长期处于"低收入的陷阱"。罗默论证了人力资本数量和质量决定经济增长率，从而成为新经济增长理论的重要创始人之一，并获得了2018年诺贝尔经济学奖。

新经济增长理论的另一代重要表人物卢卡斯（Robert Lucas）从1988年开始发表了以人力资本为核心的《论经济增长机制》[①]等一系列研究论文，论证了经济增长的根本动力在于人力资本的不断增长，并指出人力资本投资收益具有溢出效应。总之，新经济增长理论认为人力资本是经济长期增长的决定性因素，并使之内生化，从而使得人力资本在主流经济增长理论中占据了重要地位。人力资本思想揭示了教育在经济和社会发展中的作用，也使世界各国普遍认识到，通过发展教育提高人力资本在促进经济增长中的决定性作用，增加人力资本投资的政策取向正在成为全球的高度共识。从人力资本的概念、人力资本的形成和人力资本的度量来看，教育都是提高人力资本水平的核心，因此大大扩展了人们对教育功能的理解和对教育投资多方面收益的认识。从个人角度来看，通过教育获得文化科学知识不仅可以是一个令人愉快的学习过程，还可以在提升文化品位的同时，改善社会地位和职业技能，提高吸收和应用新知识新技术的能力，增强应对社会经济发展和工作岗位变换的适应性和灵活性，从而带来更高的经济收入和积极向上的社会流动。如表3-2所示，人力资本投资的收益率远远高于物质资本投资收益率（通常为10%的平均水准）。

---

① LUCAS R. On the Mechanics of Economic Development [J]. Journal of Monetary Economics, 1998（22）: 3-42.

表 3-2 教育的个人收益率[①]

单位：%

	初等教育	中等教育	高等教育
低收入国家	25.4	18.7	26.8
中等收入国家	24.5	17.7	20.2
高收入国家	28.4	13.2	12.8
世界平均	25.4	15.1	15.8

教育和健康都是人力资本的重要投资形式。大量研究表明：教育程度较高的人更加了解健康方面的知识，更加注重营养，更加有效地利用医疗手段，因而健康水平相对更高。[②]比如，受教育程度越高的人越愿意选择健康的生活方式，参加体育锻炼的时间也更多。[③]利用美国人口普查数据的研究显示：受教育年限每增加一年，35 岁后的预期寿命就增加 1.7 年。[④]教育不仅会提高个人的健康水平，还会对社会产生极大的正外部性。如受教育程度高的群体更有意愿和能力接受积极预防和治疗，因此降低疾病传染的可能性。针对同一疾病的患者，教育水平越高的患者越倾向于采用更有效的药物。[⑤]德瓦尔科（Damien de Walque）对乌干达的研究发现，教育水平高的年轻人感染艾滋病的可能性更低。[⑥]从社会发展角度来看，发展教育事业不仅是传承人类文明、深化人们对社会结构的认识、形成基本的文化和政治认同的重要途径之一，也有利于提高人们对公共利益的理解和对社会生活的有效参与，有利于提高法治意识，减少犯罪，建设法治国家与促进社会和谐。总之，通过教育所形成的人力资本可以极大地促进经济增长和社会进步，创造更多的物质财富和精神财富。

根据世界银行的测算，世界上除了少数石油资源极其丰富的国家外，大多数国家 60%

---

① PSACHAROPOULOS G, PATRINOS H A. Returns to Investment in Education: a Decennial Review of the Global Literature [J]. Education Economics, 2018, 26 (5): 445-458.

② MCMAHON W W. Higher Learning, Greater Good: the Private and Social Benefits of Higher Education [M]. Baltimore, Maryland: The Johns Hopkins University Press, 2009: 118-180.

③ KENKEL D S. Health Behavior, Health Knowledge, and Schooling [J]. Journal of Political Economy, 1991, 99 (2): 287-305.

④ LLERAS-MUNEY A. The Relationship Between Education and Adult Mortality in the United States [J]. The Review of Economic Studies, 2005, 72 (1), 189-221.

⑤ LLERAS-MUNEY A, LICHTENBERG F R. The Effect of Education on Medical Technology Adoption: Are the More Educated More Likely to Use New Drugs [R]. NBER Working Papers No. 9185. National Bureau of Economic Research, 2002.

⑥ WALQUE D D. How Does the Impact of an HIV/AIDS Information Campaign Vary with Educational Attainment? Evidence from Rural Uganda [J]. Journal of Development Economics, 2010, 84 (2): 686-714.

以上的社会财富是由人力资本构成的，①全球的资本投资重点不断地从物质资本转向人力资本。舒尔茨指出，现代经济发展已经不能单纯依靠自然资源和人的体力劳动，生产中必须提高体力劳动者的智力水平，增加脑力劳动者的构成，以此来代替原有的生产要素。由于在经济增长中通过教育形成的人力资本能够与其他各个生产要素发挥相互替代和补充的作用，因此人力资本的不断积累是劳动力质量和劳动生产率不断提高的关键。例如，在农业生产中，对农民的教育、农业科学研究以及研究成果的推广和应用，可以代替部分土地的作用，促进农业生产的增长。因此，许多国家为了保证国民经济持续发展，其教育投资随着社会财富的增长而相应增长，一些国家（例如日本和韩国）在一定时期内教育投资甚至是超前增长。

对于发展中国家来说，人力资本成为现代经济增长的主要动力具有特殊重要的积极意义，因为发展中国家和发达国家的人力资本存量最多只有一两代人的差距。发展中国家的政府和居民家庭只要对教育、健康等人力资本投资给予足够的重视和支持，那么其人力资本存量就可以很快地提升，迅速缩小同发达国家的差距。在人类历史上存在许多发展相对较晚的发展中国家追赶甚至超越发展较早、相对发达国家的情况，长期作为殖民地的美国对其宗主国——号称"日不落"大不列颠帝国的英国的超越就是其中一例。日本在20世纪50年代和韩国在20世纪60年代以后经济起飞并很快成为经济发达国家也是非常成功的范例。

案例 3-5

美国对英国的超越

美国是一个非常重视教育的国家。长期作为英国殖民地的美国，独立建国后仅用了40多年的时间，到1820年人均受教育水平就已经相当于英国的87.5%。

1860年以后美国南北战争的结束打破了旧的奴隶制的束缚，使美国社会经济都得到迅速发展。这一时期的教育发展尤为迅速，特别是高等教育开始起飞。1862年美国通过了对促进其高等教育发展具有重要意义的《莫雷尔法案》。在经费短缺的情况下，举办大量"赠地学院"。从1870年到1910年被称为美国高等教育发展"大四十年"。这40年前后有数百所大学如雨后春笋般应运而生，几十所重点大学相继涌现。像斯

---

① World Bank. Expanding the Measure of Wealth: Indicators of Environmentally Sustainable Development[R]. Environmentally Sustainable Development Studies and Monographs Series, No. 17. Washington D.C.: World Bank, 1997: 2-32.

坦福大学、芝加哥大学、约翰·霍普金斯大学、加利福尼亚大学伯克利校区等都是在这个时期建立起来的。这是美国的第二代大学，是按照德国模式建立的现代研究型大学。美国著名的老牌大学也在这个时期完成了向现代研究型大学的转型。当时一大批留学德国的学者回到美国，借鉴德国洪堡思想，倡导学术自由，实行教学与科研相结合，并先于德国在大学里建立了研究生院，这就把洪堡思想制度化了。在19世纪的最后十年，随着哈佛研究生院的全面发展和类似机构在芝加哥大学和哥伦比亚大学等大学的成立，这种变化进入了美国主要的大学组织。这种有利于教学与科研相结合的制度又逐渐内化成为美国大学的一种共享的价值观，从而实现了制度的思想化，极大地促进了美国的高等教育的发展和大学创新能力的提升。这不能说不是一种了不起的跨越。这种跨越为美国高等教育的长远发展、造就高质量的创新型人力资本、实现经济腾飞奠定了非常坚实的基础。

从1870年到1913年是美国在教育发展和人力资本方面对英国加速追赶的时期。到1913年美国人均受教育水平已相当于英国的91.2%。人力资本的积累是实现经济超越的重要条件之一。整个19世纪到1913年，英国的生产率水平都居于欧洲所有国家（乃至全世界所有国家）水平之上，而这一时期英国的人均受教育年限也要高于其他国家。根据麦迪森（1996年）的数据，1820年美国人均国内生产总值相当于英国人均国内生产总值水平的73.3%，1870年为75.3%，而后美国开始经济起飞，1870—1913年GDP水平增长率为3.9%，同期英国为1.9%，到1900年美国人均GDP相当于英国人均GDP水平的89.2%，到1913年美国人均GDP已超过英国人均GDP水平，达到105.5%，实现了对英国这个"日不落帝国"的历史性超越。当然，美国超越英国有许多原因，但是其人力资本的迅速积累是其中的重要因素之一。

来源：中国教育与人力资源问题报告课题组.从人口大国迈向人力资源强国[M].北京：高等教育出版社，2003：15.

高质量的人力资本还有助于帮助那些在特殊情况下物质资本遭到破坏的国家尽快实现复兴。例如，德国和日本都有重视教育的长期传统，并形成了高质量的人力资本，使得两国的经济发展能够建立在高技术水平和高效益基础上。虽然第二次世界大战极大地破坏了德国和日本的物质资本，但是两国在战后短期内都创造了经济迅速复兴的奇迹。

案例 3-6

日本在战争废墟上的迅速崛起

日本具有重视教育的历史传统。早在明治维新之前，日本的民间教育就已经相当发达，私塾达到 1.2 万至 1.3 万所，学生达到 83.7 万人。1872 年政府颁布了学制，实行九年义务教育。明治时期，日本的私塾教育逐渐被现代教育制度所代替。1873 年义务教育的入学率就达到了 28%，各级教育（义务教育、中等和高等教育）就学总人数达到了 130 万人；1890 年义务教育入学率则超过了 50%，各级教育就学数超过 320 万人。维新时期日本的读写普及率要超过许多处于同等经济发展阶段的西欧国家。到 1950 年，日本人均受教育年限就已经超过荷兰，接近英国、法国和联邦德国的水平，1953 年日本人均受教育年限相当于美国的 80.8%，1992 年为 82.4%，进入人力资本发达国家行列。

第二次世界大战之后日本是在战争废墟上实现经济重新崛起的典型案例。1950 年日本人均 GDP 只相当于美国人均 GDP 水平的 19.6%，1953 年日本 GDP 增长指数超过第二次世界大战期间的最高水平，开始经济起飞。1953—1992 年期间，日本 GDP 年平均增长率为 6.5%，同期美国为 3.0%，到 1992 年日本人均 GDP 相当于美国人均 GDP 的 90.1%，成为当时世界上第二大经济体。

关于人力资本在日本战后重新崛起中的作用，日本前首相吉田茂指出："教育在现代化中发挥了主要的作用，这大概可以说是日本现代化的最大特点。正是由于教育制度的优越性，明治时期的日本人才能学到西方的新技术，而且教育给予人们的锻炼使日本人能够战胜危机。同样，高的受教育程度成了战后复兴的巨大力量。日本人由于战争而损失了许多财产，可是最为重要的能力——人的能力却没有丧失。"前首相福田赳夫总结道："一般说来，振兴国家、肩负国家的是人。民族的繁荣与衰退，也是这样。我们作为资源小国，经历了许多考验，得以在短期内建成今日之日本，其原因在于国家教育水平和教育普及的高度。"也就是说，无论从主观上，还是从客观上，人力资本积累确实在日本经济重新崛起中发挥了极为重要的作用。

来源：中国教育与人力资源问题报告课题组. 从人口大国迈向人力资源强国 [M]. 北京：高等教育出版社，2003：15-20.

人力资本对经济增长的贡献更多地来自于劳动者通过教育获得的各种知识、能力和对生产变化的适应性。随着科技进步和产业革命的速度不断加快，新的技术、产品、产业和市场不断涌现，一个劳动者在其一生中可能会变换不同的工种、职业、工作地点等；即便从事同一工种的工人也需要使用不断更新的技术、生产新的产品、面对新的市场需求。这些变动都意味着不断地创新。随之而来的是各种难以预料的不确定状况。人力资本水平高的劳动者比人力资本水平低的劳动者更有能力收集、处理、分析、判断信息，从而能够较好地面对不确定的状况并做出适当的反应，较好地适应新的环境，迅速掌握创新成果并不断推动创新发展。因此，具有充裕的高质量人力资本的国家可以使经济更好更快地发展，较快地进入高收入国家的行列。许多研究表明，一般人力资本投资高的国家，更容易跨越"中等收入陷阱"，跨越所需要的时间也更短。日本和亚洲"四小龙"（中国香港、中国台湾、韩国和新加坡）这些人力资本水平高的国家或地区，是跨越"中等收入陷阱"的成功范例。这些国家或地区的共同特点是高度重视教育发展，相对于自身经济规模，其人力资本存量大、质量好。日本从1974年人均GDP首次突破4000美元，进入中等收入国家的行列，到1986年人均GDP突破12000美元，仅用了12年的时间；而韩国走过同样的发展历程，从1988年到2002年，用了14年的时间就成为高收入国家。亚洲"四小龙"都只用了十年左右的时间就从中等收入国家或地区进入了高收入国家或地区的行列（见表3-3）。

表3-3 亚洲"四小龙"从中等收入进入高收入经济发展阶段的时间表

单位：美元

国家或地区	进入中等收入阶段	进入高收入阶段	所用时间
中国香港	4563（1979年）	12098（1989年）	10年
中国台湾	4007（1986年）	12918（1995年）	9年
新加坡	4913（1980年）	13737（1991年）	11年
韩国	4466（1988年）	12094（2002年）	14年

中国香港、新加坡、韩国的数据来源：World Bank. World Development Indicators［EB/OL］.［2020-09-30］. https://databank.worldbank.org/reports.aspx?source=world-development-indicators.

中国台湾数据：统计咨询网.主要总处统计专区［EB/OL］.［2020-09-30］. https://www.stat.gov.tw/ct.asp?xItem=37407&CtNode=3564&mp=4.

而另外一些国家，虽然早在20世纪70年代经济上就达到中等收入水平，但是由于教育投资不足、人力资本质量较低或数量不足，过度依赖自然资源的消耗和国际产业的转移，导致自身的创新能力不强，虽然也在第二次世界大战后经历了一个时期的经济快速增长，但达到中等收入水平后，发展处于停滞，跌进了"中等收入陷阱"。

> **知识小卡片 3-1**
>
> **什么是中等收入陷阱？**
>
> 世界银行《东亚经济发展报告（2006）》提出了"中等收入陷阱"（Middle Income Trap）的概念，是指当一个国家的人均收入达到中等水平后，由于不能顺利实现经济发展方式的转变，导致经济增长动力不足，最终出现经济停滞的一种状态。通常这些国家和地区都有着多年比较稳定、高速的经济发展，国民收入水平到了中等收入阶段以后，经济发展徘徊不前、社会矛盾加重。其共同特点就是在经济发展过程中忽视了人力资本的积累和投入、经济过于依赖自然资源和国际社会的产业转移，教育质量低下，自主创新能力非常弱。因此出现需求疲软、投资动力变弱，产业升级空间狭小等问题。这些国家既无法在工资方面与低收入国家竞争，又无法在尖端科技研发方面与发达国家竞争；既不能重复又难以摆脱以往由低收入进入中等收入的发展模式。经济快速发展积累的矛盾集中凸显，原有的增长机制和发展模式无法有效应对由此形成的结构性问题。
>
> 阿根廷等拉美八国以及马来西亚、泰国、印度尼西亚等东南亚国家以及世界其他一些地区的国家等，在20世纪70年代均已经进入了中等收入国家行列，但直到现在，这些国家仍然徘徊在人均国内生产总值4000—12000美元的发展阶段，并且尚未见到新的增长动力。截至2015年7月1日世界银行的归类，中等偏上收入国家的人均GDP在4126—12735美元之间。这些国家大都有以下方面的社会特征：经济增长回落或停滞、贫富分化严重、就业困难、社会公共服务短缺、腐败多发、甚至社会动荡等。
>
> 来源：World Bank. East Asian Visions Perspectives on Economic Development (2006) [R]. Washington, D.C.: World Bank Group, 2006.

当然，与一切创新主要依赖于自主发明的发达国家相比，发展中国家所处的发展阶段不同，在产业、产品、技术等方面有后发优势，对人力资本的要求也不一样，因此，发展各级各类教育的投资策略也应该从本国国情出发。既然是投资就需要竞争性地使用有限的资源，因此必须考虑不同人力资本投资的决定因素和回报率等，尤其要考虑体制和机制等制度化因素，以期将有限的资源进行最好的配置，推动经济更快发展。正处在从投资驱动向创新驱动转型发展、从中等收入国家向高收入国家迈进的中国，特别强调加大人力资本投资，优先发展教育，大力开发人力资源，形成发展新动能，这是实现国家经济长期可持续增长的基础性、先导性、全局性的重大战略决策。[①]

---

① 中共中央，国务院. 中国教育现代化2035 [Z]. 2019-2-23.

> 知识小卡片 3-2
>
> **教育在跨越中等收入陷阱中的作用**
>
> 通过教育对人力资本进行投资，部分由政府出资，几乎被普遍认为是可持续发展的先决条件。对那些不能再依靠要素积累来支撑经济持续发展的亚洲国家而言，提高全国教育系统的质量已变得十分重要。
>
> 那些已进入高收入水平的亚洲国家的历史经验表明，教育对跨越中等收入陷阱起着关键作用。
>
> 毫无疑问，亚洲四小龙在提高入学率方面取得了令人印象深刻的成就。实际上，在某些四小龙国家或地区（比如韩国和新加坡）甚至还存在"过度教育"的担忧。
>
> 避免掉入中等收入陷阱意味着各国必须从低技能优势竞争向高技能优势竞争转变。但这又意味着什么？显著的技能有三种：认知技能、非认知技能（指价值观念、行为模式、工作态度、成就动机、团队精神等）和创造技能。入学率和考试成绩的提高反映的是对认知技能的重视，而非认知技能和创造技能（通常被称为是"21世纪的技能"）在未来很可能变得同样重要。
>
> 由于科技和市场的变化，包括亚洲四小龙在内的发达国家和地区的雇主对技能的要求已经转变，从手工劳动、程式化的工作技能转变为手工劳动、非程式化的工作技能，甚至是更多的分析性、非程式化的工作技能。这意味着中等收入国家的教育体系不仅要提高认知技能和技术技能，还要提高批判性思维、团队合作、解决问题以及沟通的技能。
>
> 与一些流行看法相反的是，有充分的证据证明，在培养创造性解决问题的能力方面，东亚教育系统并不落后。事实上，在解决问题的测试中，新加坡、韩国、日本、中国台湾、香港、上海和澳门等国家和地区的学生的成绩比国际同龄人的要高。
>
> 整体来讲，帮助中等收入国家构建人力资本储备的政策因国而异。尽管没有普遍适用的方法，但决策者应该从已有的经验中吸取教训。对新的干预手段应该进行严格的效应评估，特别是那些非认知技能和创造技能的项目，因为这些项目几乎没有经验证据来对其效应进行评估。正如创造力对学生以及未来的工人很重要一样，我们也应该鼓励在提高教育成绩方面进行政策创新。
>
> 一些国家成功跨过中等收入陷阱不仅仅是靠扩大受教育的机会，以积累更多按照教育年限和教育投入等传统手段衡量的人力资本，它们还大举投资，提高教育质量，并密切监控学习成效。未来，摆脱中等收入国家身份的障碍可能会更大，创造力将变

得至关重要。那些害怕陷入中等收入陷阱的国家需要遵循现有经验，并且要学习如何学习。

来源：伊曼纽尔·希门尼斯．中等收入国家需要学习如何学习［EB/OL］．（2015-08-20）［2019-09-30］．http://www.eastasiaforum.org.

二、人力资本理论的局限性

首先，从理论上来看，人力资本思想体系的创立揭示了教育在经济社会发展中的作用，指出在当今的经济发展中人力资本的积累是经济增长的主要源泉。这无疑是正确的。但是人力资本理论源自新古典主义经济学，具有一定的理论局限性。某些人力资本理论学者断言，一些国家经济落后的主要原因是教育落后、人力资本匮乏，因此只要大力发展教育，就能改变贫困落后的面貌。这种观点在一定程度上夸大了教育的作用。教育的发展和教育作用的发挥，经济的发展和经济增长，是在一定的社会结构中进行的，是在特定的制度化环境中实现的。因此，经济体制机制问题、教育发展和经济发展的社会经济政策和相关制度安排具有决定性意义。不难想象，如果没有改革开放，没有从计划经济体制向市场经济体制的转轨，中国即使再努力发展教育，也不能实现今天的经济发展成就。

其次，从实践上来看，人力资本理论认为教育不仅可以促进经济增长，还可以促进社会经济收入分配的均等化。在竞争性的劳动力市场并具有与此相关的制度化环境保障的条件下，这一观点具有积极意义，但是却把教育与收入分配结构的关系简单化了。根据人力资本理论，工资的差别主要是由于所受教育的差别引起的，教育能够提高劳动者的知识技能和收入能力，影响经济收入的社会分配，减少收入分配的不平衡状态。随着社会成员受教育程度的普遍提高，广大劳动者的知识技能和劳动生产率会普遍提高，工资水平普遍提升，这会使经济收入的分配越来越趋向均等。人力资本投资的增加，还可以使物质资本投资和财产性收入趋于下降，这也会使人们的收入趋于平等化。因此只要大力发展教育，不断扩大受过良好教育的人口比例，社会收入分配就会趋于均等化。然而，自人力资本理论创始以来，社会经济发展现实却与之相去甚远。近几十年来，人们的受教育程度大大提高了，但是在许多国家和地区，即使是社会经济制度不同的国家，如美国和中国，社会财富的分配差距却进一步扩大了。一些人力资本理论学者没有充分认识到，在现实生活中，劳动力市场机制在许多地方是不完善的，一些国家存在着一定程度的劳动力市场的分割和信息的不完整、不对称状态，对受过不同教育、具有不同知识技能的劳动者的供求常常处于不均衡状态。更重要的是，一些学者虽然正确地论证了教育对收入分配格局的调节作用，但没有充分注意到复杂的社会和制度因素，以及以高科技为基础的新的世界经济在不同国家、不同地区、不同社会群体中发展的不对称性，对经济收入分配格局的深刻影响。

最后，从方法论上来看，持人力资本理论观点的一些学者对教育与经济增长关系的论证在一定程度上偏于简单化。一些学者提出的教育与经济增长的基本模式是：较高的教育水平—> 较强的认知技能—> 较高的劳动生产率—> 较快的经济增长。他们由个人对教育的需求推演到国家和社会对教育的需求；由对个人教育水平与生产率和收入关系及教育投资策略的分析，推演到对教育与国民经济增长的关系及国家的宏观教育投资政策的分析。这种方法使人们比较容易理解教育与经济增长的关系，进行量化计算也比较容易。然而，这种方法把十分复杂的社会经济政治现象过于简单化了，难以解释现实中不断产生的新问题。①②③④⑤ 实际上，教育与经济增长的关系是十分复杂的，受到许多社会和制度因素的制约。20世纪70年代以来，世界各国的经济发展实践促使新一代教育经济学家不断修正和完善教育与经济相互作用的理论，促进人们更深入更全面的思考和探索教育与经济发展的关系，不断丰富着教育经济学的理论内涵，推进着教育经济学学科的不断发展。

总之，人力资本理论的创立，适应了经济和社会新的发展需要，提出了新的教育价值观，并以此为基础提出了一系列人力资源开发政策。建立在人力资本理论上的人力政策，强调人力资本投资对经济增长的巨大作用，主张投资的重点应该从物质资本投资转向人力资本投资，认为人力资本投资增长速度应该快于物质资本投资增长速度。这些论断不仅具有重要的理论价值，而且在实践上具有促进社会经济加快发展的重大意义。人力资本与物质资本投资的收益率是存在相互关系的。人力资本与物质资本的相对投资量主要由收益率决定，收益率高说明投资量不足，需要追加投资；收益率低说明投资量过多，需要相对减少投资。当人力资本与物质资本的投资收益率相当时，就是二者之间的最佳投资比例。当前相对于物质资本投资来说，许多发展中国家的人力资本投资量不足，因此需要增加人力资本投资。这也说明，为什么在人力资本存量相对较小的发展中国家，教育投资收益率要高于人力资本存量较大的发达国家。特别是在当今科学技术突飞猛进、知识经济快速发展的时代，要求人们具有更高水平的科学文化技术知识和能力，尤其是创新能力和创业能

---

① 曲恒昌，曾晓东. 西方教育经济学研究［M］. 北京：北京师范大学出版社，2000：49-51.

② 李宾，曾志雄. 中国全要素生产率变动的再测算：1978—2007年［J］. 数量经济技术经济研究，2009（03）：3-15.

③ 张军，章元. 对中国资本存量K的再估计［J］. 经济研究，2003（07）：35-43+90.

④ CHOW G C. Capital Formation and Economic Growth in China［J］. The Quarterly Journal of Economics, 1993, 108（3）: 809-842.

⑤ CHOW G C, KUI-WAI L. China's Economic Growth: 1952-2010［J］. Economic Development and Cultural Change, 2002, 51（1）: 247-256.

力，即更高质量的人力资本。因此，在当今时代，这一理论对发达国家和发展中国家都具有重要意义，对处于经济追赶状态的发展中国家尤为重要。同时，许多教育经济学家为验证人力资本理论的科学性而对教育的经济效益进行了一系列系统的定量分析，从而拓展了对教育与经济相互关系的多方面探讨。既然教育支出是一种生产性投资，它既要消耗成本，又能带来经济收益，那么，投资与收益之间必然存在某种量的关系。揭示这种量的关系，就可以具体生动地阐明教育在经济增长中的作用，从而有助于寻找提高教育投资经济效益的途径，为制定教育政策和经济发展政策奠定坚实的理论基础。这种研究方法同时也为成本-效益分析在教育管理中的应用、提高教育系统自身的运行效率奠定了基础。

本章小结

本章首先从人力资本的定义入手，阐述了人力资本的概念，讨论了人力资本与人力资源的关系、人力资本与物质资本的共性与区别、人力资本与知识资本的联系与差别、人力资本与全要素生产率的关系，以及人力资本的形成机制。第一，教育是形成人力资本的关键。通过教育可以提高劳动者的知识和能力，进而提高劳动生产率，增加个人收入，促进国家经济增长。第二，健康的身体是人力资本的载体，体育和医疗保健是形成人力资本的重要前提。第三，劳动者的迁移也是人力资本形成和优化配置的重要途径。第四，移民是国际的人力资本流动，吸引高质量的移民是形成和增强一个国家人力资本实力的重大举措。

本章还系统介绍了测度人力资本的三种常用的基本方法：一、教育指标法是国内外广泛使用的测度人力资本存量的方法，通常是以某一个教育指标来估算整体的人力资本；二、成本法是将形成人力资本而发生的投资成本加总作为人力资本存量的指标；三、收益法从人力资本带来的产出增量来测度人力资本的存量，并在此基础上介绍了2018年世界银行构建的更全面更综合的测度方法。

本章在强调人力资本的重要性，特别是在提高个人收入和促进国家经济增长中的积极作用的同时，也明确指出人力资本理论的局限性。比如，某些学者过分夸大了教育的作用，忽视了教育的发展和教育发挥的作用所依赖的经济体制和制度化环境，没有充分注意到复杂的社会制度因素对经济收入分配格局和经济增长的深刻影响。

思考与练习

1. 人力资本的定义及其与人力资源、物质资本和知识资本的联系与区别是什么？
2. 人力资本有哪些形成机制？教育、医疗保健、劳动者迁移和吸引高质量移民有什么意义？

3. 测度人力资本有哪些常用的方法？各种方法的优缺点是什么？

4. 人力资本在经济增长中的积极作用是什么？

5. 人力资本理论有哪些局限性？如何克服这些局限？

拓展阅读建议

1. 西奥多·W. 舒尔茨. 论人力资本投资［M］. 吴珠华，等译. 北京：北京经济学院出版社，1990：22-56.

2. 加里·贝克尔. 人力资本理论［M］. 郭虹，等译. 北京：中信出版社，2007：45-68.

3. 曲恒昌，曾晓东. 西方教育经济学研究［M］. 北京：北京师范大学出版社，2000：28-36.

4. 中国教育与人力资源问题报告课题组. 从人口大国迈向人力资源强国［M］. 北京：高等教育出版社，2003.

5. 范先佐. 教育经济学新编［M］. 4版. 北京：人民教育出版社，2015.

6. EIDE E R, SHOWALTER M H. Human Capital［M］// BREWER D, MCEWAN P. Economics of Education. Amsterdam: Elsevier, 2010: 27-32.

7. BLAUG M. Where are We Now in the Economics of Education?［J］. Economics of Education Review, 1985, 4（1）：17-28.

8. LOVENHEIM M, TURNER S. Economics of Education［M］. New York: Worth Publisher, 2018: 68-87.

附录　世界银行人力资本指标

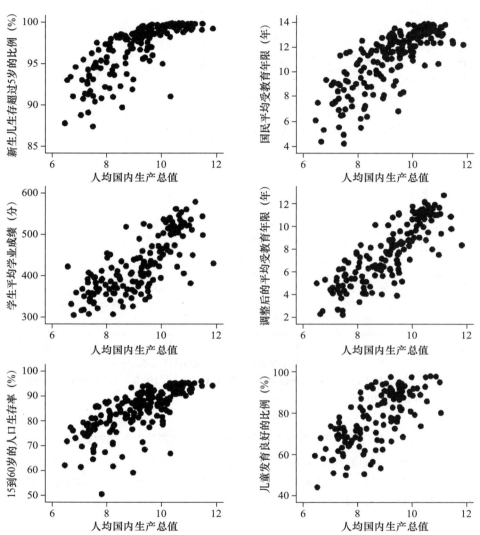

数据来源：World Bank. The Human Capital Project.［EB/OL］.［2019-03-12］. https://openknowledge.worldbank.org/handle/10986/30498.

附图 1　人力资本各构成要素对人均国内生产总值的影响

注：附图1的6个图是人力资本的6个构成要素，每个点代表一个国家。横坐标都是用购买力平价计算的人均国内生产总值，左上图纵坐标是新生儿生存超过5岁的比例（%），显示婴儿存活率越高，人均国内生产总值越高；右上图纵坐标是国民平均受教育年限，显示国民平均受教育年限越高，人均国内生产总值越高；左中图横坐标是学生平均学业成绩，显示学生学业成绩越高，人均国内生产总值越高；右中图的纵坐标是按照学业成绩调整后的平均受教育年限，显示该数值越高，人均国内生产总值越高；左下图的纵坐标是15—60岁的人口生存率（%），显示劳动人口生存率越高，人均国内生产总值越高；右下图的纵坐标是儿童发育良好的比例（%），显示该数值越高，人均国内生产总值越高。

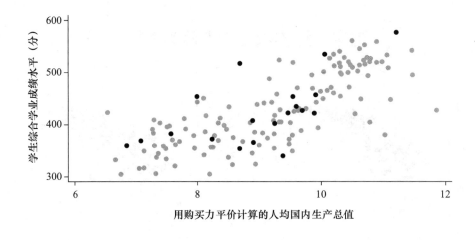

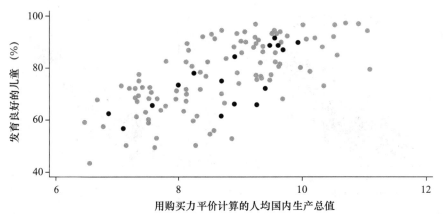

数据来源：World Bank. The Human Capital Project.［EB/OL］.［2019-03-12］. https://openknowledge.worldbank.org/handle/10986/30498.

附图2 学生综合学业成绩与健康水平对人均国内生产总值的影响

注：附图2显示教育和健康对经济发展水平的影响，横坐标都是用购买力平价计算的人均国内生产总值，上图的纵坐标是学生的综合学业成绩水平，显示学生学业水平对经济发展的影响；下图的纵坐标是儿童发育良好的百分比（无矮小症等），显示儿童发育越好，人均国内生产总值越高。

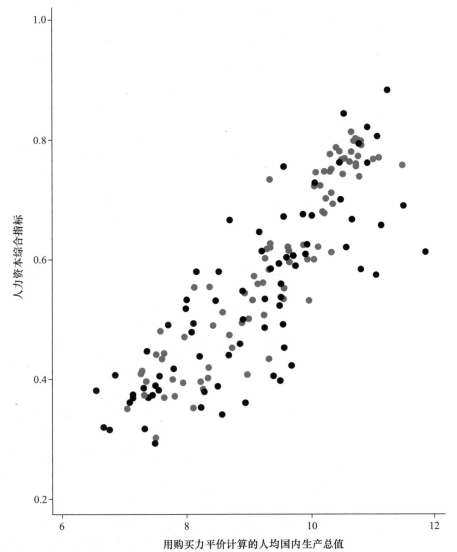

数据来源：World Bank. The Human Capital Project.［EB/OL］.［2019-03-12］. https://openknowledge.worldbank.org/handle/10986/30498.

附图3 人力资本综合指标与人均国内生产总值的关系

注：附图3显示人力资本综合指标对人均国内生产总值的影响。人力资本指数为1时，代表附图1所显示的各项子指标都达到最高水平，也就是劳动生产率最高的水平，附图3表明，人力资本水平越高，人均国内生产总值越高。

第二编

教育投资与生产

第四章　教育投资

内容提要

本章阐述了教育投资的性质与特点，详细分析了教育投资来源、教育投资主体，论证了教育投资的合理水平与分配比例，简要介绍了全球教育投资趋势。

学习目标

1. 理解教育投资的性质与特点。
2. 认识教育投资来源和教育投资主体。
3. 掌握教育投资的合理水平与分配比例。
4. 了解全球教育投资的发展趋势。

关 键 词

教育投资　投资来源　投资主体　投资水平　发展趋势

现代教育经济学的形成以及人力资本理论思想的广泛传播，使得教育对个人经济收入和国家经济增长的巨大作用日益为人们所认识。1960年至1980年这20年间，大力增加教育投资、提高各级教育入学率、促进经济社会更好更快发展，已成为各主要国家政府的共识和全球性的大趋势。根据国际教育大会提供的资料，全世界国民生产总值：1960年为14180.6亿美元，1981年为110010.5亿美元，增长了6.8倍，平均每年递增10.22%；同期，全世界教育公共支出从515亿美元增至6276亿美元，增长了11.2倍。这一时期，全世界人均国民生产总值增长了4.2倍，而人均教育投资增长了7倍。[①] 如同表4-1所示，不论是发达国家还是发展中国家，世界各国教育投资占国民生产总值的比例都呈明显的上升趋势，平均来看，教育投资占国民生产总值的比例由3.6%上升到5.7%。20世纪80年代以后，由于全球经济状况的变化，世界教育投资格局也发生了一些新的变化。从过去近十年来的变化来看，教育投资占比的增长趋于平缓。

---

① 王一兵. 从三十九届国际教育大会看世界教育发展的一些趋势［N］. 中国教育报，1985-2-5（04）.

表 4-1 1960—2016 年间世界各国教育投资占国民生产总值的比例

单位：%

年份	1960	1965	1970	1975	1980	2010	2012	2014	2016
发达国家	3.7	5.1	5.7	6.0	6.1	5.7	5.9	6.0	6.1
发展中国家	2.3	2.8	3.3	3.9	4.0	4.5	4.2	4.4	4.4
世界平均	3.6	4.8	5.4	5.7	5.7	4.7	4.4	4.6	4.7

数据来源：1960—1980 年数据来源：第39届国际教育大会材料，转引自：王玉崑.教育经济学［M］.北京：华文出版社，2005: 91. 2010—2016 年数据来源：UNESCO. Education: Government Expenditure on Education as A Percentage of GDP［EB/OL］.［2019-05-06］. http://data.uis.unesco.org.

本章将从教育投资的性质与特点、教育投资来源、教育投资主体、教育投资的合理水平与分配比例、全球教育投资发展趋势五个方面讨论教育投资问题。至于投入教育系统中的经费使用结构，如多少用于教学业务开支，多少用于行政管理开支，多少用于后勤保障开支等，属于教育运行中的成本分析范畴，将在本书第六章中讨论。

第一节 教育投资的定义、性质与特点

一、教育投资的定义和性质

投资是相对消费而言的。消费是指为满足现期需要的资源支出。例如，你现在有 1000 元额外的收入，用这笔钱去餐厅吃一顿美味佳肴或者去剧院看一场芭蕾舞，都是为了满足你现期物质或精神需要的消费。投资则是指减少或牺牲现期的消费以换取未来收益的资源支出。例如，你用这 1000 元钱存到银行、买企业股票或国家债券，都是为了获取未来收益的投资。投资的方式有很多。具体的投资方向和投资方式，体现了投资者基于对投资回报率和回报价值判断的一种选择。从人力资本理论的角度来看，如果你用这 1000 元钱去参加一个计算机技术培训班或外语培训班，获得相应的知识和技能，这些知识和技能是带来未来收益的源泉，因此也是一种投资。

教育投资是指个人、国家和社会为了获取未来的经济或非经济的收益，投入教育领域中的人力、物力和财力的总和，或者指用于教育训练后备劳动力和专门人才，以及为提高现有劳动力知识和能力的人力、物力和财力支出的货币表现。教育投资的具体方向体现了人们对不同类型和不同层次教育的选择。

人们对教育投资性质的认识经历了一个不断变化的过程。在 20 世纪 60 年代以前，尽管人们对教育在经济发展中的重要性早已有所认识，但是人们普遍把教育经费支出作为消费性支出。在各国政府的财政预算中，教育经费也通常被列入消费预算中。持这一观点的学者认为，教育是满足个人需求的社会活动。在教育过程中，受教育者获得文化科学知识并使自己的身心得到成长，是一种个人的精神享受和心理满足，而国家、社会、受教育者个人及其家庭都要为此支出大量的人力、财力、物力、时间、空间等资源。为教育活动提供的巨额经费大量来自国民收入再分配中的消费资金部分，消耗以后得不到补偿，教育过程本身并不生产任何物质财富。因此，在许多国家的政府预算中，教育经费都是作为消费支出安排的。

随着教育经济学的形成和人力资本理论思想的广泛传播，教育发展能够提高个人收入和促进国家经济增长的重要思想日益深入人心，人们对教育经费支出的认识逐步发生转变，认为教育经费支出具有消费和投资双重属性，是一种具有消费性的生产性投资。"教育消费属于服务消费，但它又具有不同于一般服务消费的若干特点……教育消费是一种精神文化消费，它使消费主体得到教化，获取和积累知识，提高素质，增长才干……（因此）教育消费行为同时也是投资行为。人们通过接受教育，提高技术水平、工作能力、熟练程度，从而提高劳动生产率，同时增加了劳动者的经济收入。"[1] 但是，在教育理论界和经济理论界以及在各国政府官员中，对教育投资的认识还很不一致。

从教育经济学和人力资本理论的角度来看，尽管教育有其特殊的消费属性，但是在现代生产中，教育投资是一种比物质资本投资更重要的生产性投资。首先，在生产力的一切构成要素中，人是最积极、最活跃、最重要的因素。教育可以促进人的身心成长、提高人的文化水平和知识技能，提高未来劳动力的质量，增强劳动者对各种工作变化的适应性和反应能力，提高劳动生产率。其次，在科学技术突飞猛进的今天，教育可以通过人才培养促进科学技术的发展普及及其在生产领域中的应用，推动生产技术、生产设备和生产产品的更新换代，从而促进生产力的发展。再次，教育还可以通过促进人的发展和创新精神、创新能力的培养而不断拓展新的生产领域，开辟创造物质财富的新形式。例如，美国的微软公司和惠普公司，中国的百度公司和阿里巴巴公司等都是这方面的典型案例。

从一定意义上说，人们在受教育过程中获得的知识和能力是带来未来收益的源泉，同物质资本具有某种相同的属性。特别是在当今人工智能广泛应用的网络社会和知识经济的背景下，教育投资的收益，无论是对个人还是对社会，都远远高于物质资本的投资收益。正因为如此，在现代经济中，教育投资被视为经济增长的"引擎"。人力资本理论创立以来，发达国家和发展中国家都开始更加注重对教育的投资，因而其经济增长速度也开始明显上升。由此可见，教育投资的生产功能是非常显著的。

既然教育投资同物质资本投资一样是生产性投资，那么它就服从生产性投资的各种规律，如投资边际收益递减的规律。在物质生产领域，投资增加到一定程度就会产生边际收

---

[1] 易培强. 教育消费需求与供给若干问题探讨[J]. 湖南师范大学教育科学学报，2014，13（06）：93-100.

益降低。如果投资过度，就会造成重复建设、产能过剩等一系列问题，投资收益递减，甚至是无收益，而且可能引发一系列其他问题，如环境污染等。在教育领域也是一样，如果在条件不具备的情况下盲目扩大某一级教育，也可能会造成不必要的重复建设乃至教育的畸形发展。例如，从 2003 年起，丹麦开启博士生大扩招运动，大幅增加了丹麦高校的博士研究生招生数量，也改变了博士生群体的内部结构，导致博士毕业生学未尽其用的现象，引发丹麦社会产生了诸多争议，2012 年以后，此次扩招宣告终结。[①] 在世界高等教育发展史上，一些国家在条件不具备的情况下，盲目扩大高等教育规模，导致严重的"过度教育"现象发生，即一个人所受的教育水平高于他所从事的工作所需要的教育水平。同时由于高等教育扩招过快，还造成教育质量下降、毕业生就业困难、起始年薪降低等一系列问题，不仅教育投资收益大打折扣，还引发了很多社会问题。这就是教育投资不当造成的问题之一。中国的一些地区在过去一段时间里也曾经发生过高等教育扩招过快造成的过度教育问题，[②][③] 导致受教育程度较高的本科生和研究生毕业后求职较难，而所需教育程度较低的实用型技能性人才供不应求，如图 4-1 所示。

图 4-1　"求职难"与"用工荒"

图片来源：人民网. 当就业难遭遇用工荒. [EB/OL]（2015-6-5）[2018-10-12]. http://edu.people.com.cn/n/2015/0605/c1006-27107120.html.

二、教育投资的特点

尽管教育投资是一种生产性投资，但同物质资本投资相比，它仍具有许多不同的鲜明特点：

---

① 李会春. 丹麦博士生十年扩招：变化及争论[J]. 学位与研究生教育，2019（10）：66-71.
② 张冰冰，沈红. 中国过度教育的适度范围[J]. 教育与经济，2019（03）：78-86.
③ 方超，黄斌. 中国过度教育测量、趋势及其影响因素的实证研究[J]. 教育科学，2018（04）：1-10.

第一，教育投资通常具有长期性、连续性、持久性。

"十年树木，百年树人"。许多物质资本投资，需要的时间长短不一，如盖一栋楼房、建一座工厂或修一条铁路，有些可能只需要一两年的时间，有些可能需要较长时间。而要把一个无知的新生儿培养造就成一个具有一定知识技能和多种非认知能力、能够适应社会生活和经济发展所需要的高素质劳动者，往往至少需要十几年甚至更长时间连续不断的教育投资。而且，随着社会的进步，科学技术的突飞猛进，产业结构的升级和不断变化，生产过程中的技术更新和设备更新不断加快，劳动者工作方式和工作岗位变化的速率加快，这就要求劳动者不断学习更新知识技能，以满足不断变化的工作要求。因此，终身教育已经成为时代的必需。人们接受正规学校教育的时间不断加长，进入工作领域后还需要经常参加在职学习和岗位培训，教育投资已经成为一种长期的需要。

第二，教育投资的经济收益具有间接性、潜在性、滞后性。

物质资本领域的生产性投资通常都是以直接营利为主要目的，以尽可能少的投资获取尽可能多的利润是物质资本投资成功的主要标志。教育则与之不同。尽管教育投资具有很高的经济收益，但那是在教育过程基本完成之后、在教育系统外部的经济部门实现的，这个滞后期通常很长。教育部门（特别是正规学校教育本身）是花费很大的非营利部门，自身并不能直接创造出任何与投入相应的经济价值及收益，教育领域的投资成本一般只能用经济领域的劳动成果或收益进行补偿，这个间接性是很明显的。受教育者在接受了十几年、甚至更长时间的教育之后，需要通过进入工作场所将其知识技能与生产资料相结合才能转化为现实生产力，并据此取得相应的劳动报酬，并对整个经济增长做出贡献。劳动力市场的供求状况则影响甚至决定能否实现这种转化，而劳动力市场对人才的需求又是受很多因素影响的。因此，尽管教育投资的经济收益率是非常高的，但它是一种潜在的收益。

第三，教育投资效益通常具有递增性、外部性、多样性。

在生产和经济增长过程中，物质资本投资形成的各种资本形态，如机器、厂房、铁路、港口等，由于磨损或损坏，其效益和效率都是递减的。很多生产设施和机器设备，如计算机等，即使没有磨损或损坏，但是由于技术进步和设备更新的速率不断加快，也很快就会过时而必须被淘汰，否则就会影响人们的工作效率和企业的竞争力。而教育投资形成的人力资本则具有增效性，对于社会进步和经济增长的作用表现出明显的收益递增的特性。这是由于教育投资不仅使得劳动者获得了生产所必需的知识技能，而且学会了如何学习，具有更好的可培训性。因此，他们的知识技能不仅不会在使用中被消耗，还会通过在工作实践中的应用、不断的自我学习和互相学习而进一步积累和更新，从而使人力资本不断增值。随着知识技能的量的不断增长，其所蕴涵的生产能力将呈现倍增的扩张趋势。当生产者知识技能的存量持续增加，实现从量的积累到质的飞跃时，就会推动产品、技术或生产过程的创新，而正是创新不断促使着生产方法的重大变革和生产能力的成倍增长。例如通过科技创新产生的智能手机极大地提高了人们获取信息的效率和交往效率，从而大大提高了工作效率。因此，通过教育投资开发人的智力，形成劳动者的知识技能和学习能力，从经济发展的角度来看具有效益递增的特点。

知识技能在经济增长中发挥自身生产功能时，还具有外部性，即一种新的知识技能或新的生产方法在某个企业、部门或行业运用时，或迟或早会对其他企业、部门、或行业产生示范和引领作用，从而形成外部经济效应。例如，计算机技术在机械制造领域中的应用，产生了效率更高的程控机床和数控机床；人工智能在汽车制造业中的应用，形成了由一系列机器人组成的智能化汽车装配生产线。而教育投资中形成的知识技能和多种非认知能力，如价值观念、行为准则、职业期望、工作态度、与人交往的能力特别是团队精神等，不仅对生产过程和经济发展本身具有多种多样、难以量化的效益，而且还有多种多样的社会效益，即社会的外部性和教育收益的多样性，如前面提到的发展教育事业有利于提高人们的民主意识与对社会生活的有效参与，形成广泛的社会网络与社会资本等。这些内容将在第七章展开论述。

第二节　教育投资的来源

如上所述，教育投资是一个使社会多方受益的过程，因此其经费来源也是多方面、多渠道的。从全球教育投资的发展总趋势来看，教育投资来源的日益多元化是一个不可逆转的基本趋势。

一、政府对教育的财政拨款

教育不仅具有巨大的经济效益，还具有巨大的社会效益。在任何社会中，教育不仅是形成和积累人力资本、促进经济发展不可或缺的过程，更是形成共同民族心理和国家意识、确立共同公民价值观和建立基本政治认同的核心机制，是人类社会发展和提高物质文明、精神文明、政治文明、生态文明的最重要的基础。因此，教育是具有公共利益和效用的"公共产品"或"准公共产品"。义务教育几乎是完全的"公共产品"，而高中教育、高等教育、职业技术教育、成人教育等，则具有不同程度的"准公共产品"的特征。

> **知识小卡片 4-1**
>
> **公共产品、准公共产品、私人产品**
>
> "公共产品"也称为"公共物品",指能为全体社会成员或绝大多数人共同消费或享用的产品或服务,如国家安全、法律秩序、生态环境、公共福利事业等方面所提供的产品或服务。其特点是一些人消费或利用这一产品或服务不会限制或影响另一些人对它的消费或利用,具有非竞争性和非排他性。纯公共产品一般由政府或社会公共团体提供。
>
> "私人产品"是能够利用市场机制来提供的产品或服务的总称,其特点是消费上的排他性和竞争性。某个私人产品被一个人使用或消费了,别人就不能再使用或消费它,例如某个苹果被我吃掉了,别人就不能再吃到它。
>
> "准公共产品"的范围十分广泛,它介于公共产品和私人产品之间,相对于纯公共产品而言,它的某些性质发生了变化。准公共物品是公共的或是可以共用的,一个人的使用不能够排斥其他人的使用。然而,从个人角度看,它在消费上却可能存在着竞争。由于公共的性质,物品使用过程中可能存在着"拥挤效应"和"过度使用"的问题,这类物品如水资源、森林、草原、灌溉渠道等。另一类准公共物品具有明显的排他性,由于消费"拥挤点"的存在,往往必须通过付费才能消费,例如部分高速公路、公共俱乐部服务和有线电视频道等。

政府作为全社会公共利益的代表,为教育事业进行拨款是责无旁贷的。在世界各国中,尽管其基本国情和财政体制有所不同,教育投资力度和投资领域也有所差别,但政府的教育财政拨款始终都是各国教育投资的主要来源。

改革开放以来,同国际大潮流相一致,中国政府不断加大教育投资的努力程度,教育财政支出逐年增加,极大推动了国家教育事业的发展。相比 2017 年,2018 年中国国内生产总值增长 6.6%,全国教育总投资增长 8.41%,达到 46143 亿元,其中国家财政性教育经费支出增长 8.15%,达到 36995 亿元,占教育总投资的 80% 左右(见图 4-2)。政府在各级各类教育之间的财政投入结构日趋合理,地区间和学校间教育财政资金配置日趋公平。与此同时,随着教育事业的发展和社会的进步,不断完善教育预算拨款制度,建立激励机制,加强绩效考核,资源配置不断优化,教育经费使用效率不断提高。2015 年财政部和教育部共同出台改革完善高校财政拨款制度的措施就是国家教育财政拨款进一步科学化与合理化的具体体现。[①]

---

① 财政部,教育部. 关于改革完善中央高校预算拨款制度的通知(财教〔2015〕467 号)[Z]. 2015-11-17.

第二编　教育投资与生产

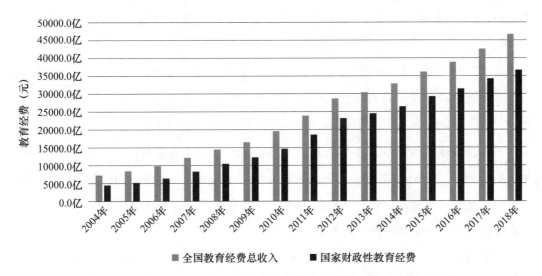

图 4-2　2004—2018 年全国教育经费总收入和国家财政性教育经费

数据来源：国家统计局. 年度数据，教育，教育经费［EB/OL］.［2019-05-06］. https://data.stats.gov.cn/easyquery.htm?cn=C01.

总体来看，国家教育财政拨款始终是教育投资的主体，包括：保证学校日常运行的国家财政预算内的教育事业费；用于校舍建设和大型仪器设备采购的国家财政预算内的基本建设费；政府各部门用于中等专业技术学校的教育事业费和基本建设费；国家财政预算内的优秀学生奖学金和低收入家庭学生的助学金；国家用于教育发展的各种专项资金支出，例如用于支持世界一流大学和一流学科建设的专项经费；国家财政预算内资金用于教育的支出和用于教育领域的国家财政预算内扶贫资金支出；中央和地方政府机动财力用于教育事业费和教育基本建设费的支出，如发生不可预见的自然灾害时用于教育系统的救灾资金等。案例 4-1 中的"双一流"建设体现了中国各级政府在高等教育阶段的巨额投资。

案例 4-1

20 余省豪掷 400 多亿建"双一流"

2016 年 2 月，教育部印发《教育部 2016 年工作要点》，要求加快一流大学和一流学科建设。目前，全国已有 20 余省份陆续公布了本省升级高等教育的"施工蓝图"，并提出世界一流大学和一流学科、国内高水平大学、国内百强高校的相关量化指标。

加大对的经费投入力度，成为各地"双一流"建设方案的关键词。在已出台建设方案的23个省份中，有11个省提出了经费保障，粗略计算在400亿左右，不可不谓"大手笔"。

北京、广东最"壕"气！投入经费最高的当属北京，预计投入100亿，推进高校高精尖创新中心建设计划，现已认定两批共19个高校高精尖创新中心。以五年为一个周期，每年将给予每个中心5000万至1亿元的财政经费投入。

广东省省市各级财政三年计划投入超百亿元，强有力地支持大学建设。2016年全年，暨南大学、华南农业大学、南方医科大学、华南师范大学和广东工业大学的直接补助和财政奖励均超过3亿元。2016年底，广东省教育厅再安排2亿元支持中山大学、华南理工大学冲击世界一流大学和一流学科。

河南省以往常因仅有郑州大学一所"211"院校为人所"诟病"，为改变此局面，河南省出台《优势特色学科建设工程实施方案》，豪砸31亿打造"一流学科"，河南大学、河南理工大学、河南农业大学等普通高校有更多的机会竞争"双一流"。

山东省在"十三五"期间筹集50亿资金支持"双一流"建设。上海市亦砸下重金推行"高峰高原"学科建设计划。在2014—2017年第一个建设阶段，上海市级财政预计投入36亿元；2017—2020年第二个建设阶段，市级财政继续加大投入，确保规划目标顺利实现。

来源：中国青年报官微.20余省豪掷400多亿建"双一流"！[EB/OL]（2017-02-28）[2018-10-20].http://edu.cyol.com/content/2017-02/28/content_15675673.htm.

二、教育税费附加

除了政府财政拨款外，世界上许多国家还有专门用于教育的税收。例如美国地方财产税就是非常典型的例子。美国的财产税几乎完全由地方政府征收，而地方财产税（主要是房产税、地产税等）占学区地方税收的近90%。其中大约75%专门用于教育，成为美国公立学校财政的重要来源之一，[①] 由此可见美国对教育的极端重视。尽管政府财政拨款从根本上说也是来自税收，但是，单独征收教育税费更加突出体现了教育的重要性。

随着改革开放的推进和计划经济向市场经济的转轨，中国也从1984年开始逐渐征收专门用于教育的税费。20世纪80年代初期，中国政府的财政基础非常薄弱，各级各类教育都面临着捉襟见肘的经费困境。国家为扶持教育事业发展，决定计征专门用于教

---

① 陈晓宇.中国教育财政政策研究[M].北京：北京大学出版社，2012：93.

育的公共财政性基金。① 从1986年起以各单位和个人实际缴纳的增值税、消费税、营业税总额的2%计征教育费附加。2005年教育费附加率提高为3%，分别与增值税、消费税、营业税同时缴纳。② 作为补充教育事业各项经费不足的专项收入，并根据经济社会发展的需要不断修订相关政策。③ 此外，一些地方政府为发展地方教育事业，还根据教育法的规定，开征了地方教育附加费，用于发展地方性教育事业，扩大地方教育经费的资金来源。

中国的教育费附加，一律在企业的销售收入（或营业收入）中支付，缴纳后存入同级教育部门在各级银行设立的"教育费附加专户"。因此，教育费附加完全按专项资金管理，由教育部门统筹安排使用。地方征收的教育费附加，主要留归当地安排使用，由教育部门提出分配方案，商得同级财政部门同意后，用于改善中小学教学设施和办学条件，不得用于职工福利和发放奖金。直属中央财政的相关企业集中缴纳的教育费附加，由国家教育管理部门按年度提出分配方案，商得中央财政部门同意后，主要用于改善基础教育的薄弱环节。

国家决定征收教育费附加，使教育经费有了除政府财政拨款之外稳定的教育投资来源，而且可以随着社会经济的发展、纳税单位数量的增加、纳税单位收入的增长而不断增长，这对于中国教育事业的不断发展、提高全民的科学文化水平、开发我国庞大的人力资源、形成更多的优质人力资本、促进经济长期可持续健康发展，具有重要的现实意义。

三、受教育者缴纳的学杂费

由受益者分担相应的成本是市场经济运行的前提之一。从根本上说，发展教育事业的最大受益者是国家和整个社会，因此，作为全社会代表的政府通过财政拨款和教育税等方式支付大部分的教育总投资是理所当然的。但是，从现实社会生活来看，学生是教育投资最直接的受益者。全球范围的实证研究表明，几乎各级各类教育投资的个人收益率都高于社会收益率。因此，从近年来世界范围的大趋势来看，在非义务教育阶段由受教育者缴纳一定水平的学杂费已成为一个国家教育投资越来越重要的组成部分。从特定意义上来说，可以将受教育者个人缴纳的学费看作是个人对自身的一种人力资本投资。这种投资分为直接投资和间接投资两部分：直接投资指学生缴纳的学杂费、书籍文具和必要的学习工具费，以及（相比不受教育）受教育期间所需支付的额外的生活费支出；间接投资是指机会

---

① 国务院. 中华人民共和国征收教育费附加的暂行规定（国发〔1986〕50号）[Z]. 1986-4-28.
② 国务院. 国务院关于修改《征收教育费附加的暂行规定》的决定[Z]. 2005-8-20.
③ 国务院. 国务院关于废止和修改部分行政法规的决定[Z]. 2011-1-8.

投资,即有一定工作能力、符合法定工作年龄的受教育者,在接受教育这段时间内放弃的可能的工作收入。在高等教育阶段,学生个人的这种间接投资额是很大的。

由于义务教育几乎是纯粹的公共产品,因此在世界大多数国家是不收费的。而不同阶段和不同类型的非义务教育则具有不同程度的准公共产品或半公共产品的性质。根据各级各类非义务教育的性质收取一定的学费符合市场经济的原则,通常确定收取非义务教育阶段的学费水平遵循以下三个基本原则。

一是收益率原则,即根据各级各类各学科专业非义务教育的收益率来确定学生(通常是学生的家庭或监护人)缴纳学费的水平。在这方面,高等教育最为典型。例如,在中国的经济转型过程中,随着国民经济市场化程度不断提高,高等教育的收益率不断提高,[①]大学的收费水平也不断提高。表4-2显示了这一趋势。这一规律性的趋势也能够说明为什么有些特殊专业学位,如工商管理硕士(MBA)和高级工商管理硕士(EMBA)的学费高于其他专业硕士学位的学费。

表 4-2 1991—2011 年高等教育收益率[②]、学费平均水平和人均国内生产总值

年 份	1991 年	1993 年	1997 年	2000 年	2004 年	2006 年	2009 年	2011 年
高等教育收益率(%)	1.8	3.5	3.3	3.3	5.7	6.7	5.7	6.8
高等教育平均学费(元)	344.6	408.6	1823.7	3463.6	4857.1	5794.6	7182.1	7849.7
人均国内生产总值(元)	1912	3027	6481	7942	12487	16738	26180	36302

注:高等教育平均学费、人均国内生产总值数据来源:国家统计局.年度数据[EB/OL].[2019-05-06]. https://data.stats.gov.cn/easyquery.htm?cn=C01.高等教育学费平均值计算方法:普通高等学校学杂费/普通高等学校在校学生数.

由于不同学校、不同学科、不同专业的收益率存在着很大的差别,而且收益率是随着劳动力市场对各类人才供求状况的变化而变化的。因此,学生为自身人力资本积累所进行的教育投资(即所交付的学费),最终实际能够获得的收益差别也是很大的。换句话说,个人的教育投资是存在一定风险的。同时,学生及其家庭在进行教育投资的时候,不仅考虑经济收益率,而且还要考虑许多非经济因素的影响,如家庭教育价值观和社会上普遍的教育投资倾向。因此,收益率原则具有一定的局限性。

二是支付能力原则,即根据居民的平均收入水平来确定平均学费水平。还是以高等教

---

① 陈晓宇,陈良焜.城镇私人教育收益率研究[M]//闵维方.高等教育运行机制研究.北京:人民教育出版社,2002:473-499.
② 杨蕙馨,王海兵.中国教育收益率:1989—2011[J].南方经济,2015(6):1-18.

育为例，随着我国人均国内生产总值的增长，总体上的学费水平也在不断增长，如表4-2所示。但是，由于中国国民收入在不同收入群体中差别很大，反映经济收入不平等的基尼系数（GINI Coefficient）已经高达0.45以上。[1]对于某些家庭来说，每年为其子女上大学支付数千元学费和数千元的生活费是可以承受的，但是对另外一些家庭来说，则是很重的负担，甚至是负担不起的。因此，为了保证受教育机会的公平分布，国家制定了学费减免政策。对于那些在校月收入（包括各种奖学金和各种补贴）低于学校所在地区居民平均最低生活水准线、学习和生活经济条件特别困难的学生免收全部学费；对其他一般困难的学生可适当减收部分学费。具体减免办法由省级教育、物价、财政部门根据当地具体情况制定。

三是外溢效益原则。学生毕业后的工作条件存在较大差别，例如东部沿海大城市的毕业生工资收入和工作生活条件比中西部地区要好很多，而中西部地区又是最需要人才的地方。因此，从全国和社会整体的利益出发，为引导和鼓励高校毕业生面向中西部地区和艰苦边远地区基层单位就业，国家还制定了学费代偿制度。[2]因为到这些地区和行业工作的毕业生付出较大，而社会收益很高，这是一种教育的外溢的经济效益。

除了以上三项原则，确定学费水平时，还要考虑居民心理的承受程度以及社会政治等诸多方面的因素，这些因素对学费水平的影响在某些发达国家的表现特别明显。当然，也有少数实行福利制度的国家实行非义务教育不收费的政策。但是仔细分析起来，这些国家只是把收费的时点放在了毕业工作以后而已（Paying While Earning），即"延迟付费"。这种教育收费政策的优劣得失将在第六章专门进行讨论。

案例4-2

中国义务教育经费投入政策的完善和发展

中国从2006年开始实行农村义务教育经费保障机制，将农村义务教育全面纳入了国家公共财政覆盖范围之内，并且建立了中央和地方分项目、按比例分担的机制，实行了省级政府统筹落实、管理，以县级政府为主的制度。这项政策有效减轻了广大农村家庭的教育负担，也大大提高了农村学校的义务教育经费保障水平。但这项政策并没有涉及城市学生义务教育经费的保障，造成了城乡义务教育经费保障机制有关政策不统一的问题，使得教育资源配置不够均衡。特别是随着中国城市化水平的不断提高，

---

[1] 国际统计局. 2003—2016年全国居民人均可支配收入基尼系数［EB/OL］.（2017-10-10）[2020-09-13]. http://www.stats.gov.cn/ztjc/zdtjgz/yblh/zysj/201710/t20171010_1540710.html.
[2] 财政部，教育部. 高等学校毕业生学费和国家助学贷款代偿暂行办法（财教〔2009〕15号）［Z］. 2009-3-21.

> 大量农村人口不断进入城市，随迁子女的增多使得城市义务教育需求不断增大，而受户籍制度的限制，农村学生的教育经费并不能跟随学生流动，原有体制下学生和义务教育经费分离的问题逐渐突出，不仅使得流入城市的农村家庭教育负担加大，而且也使得城市义务教育阶段学校的财务压力增大，部分学校财政情况逐渐紧张。2015年11月25日，中国政府颁布了《关于进一步完善城乡义务教育经费保障机制的通知》，统一城乡义务教育学校生均公用经费基准定额，巩固落实城乡义务教育教师工资等公共财政政策，使全国城乡统一的义务教育经费保障机制得到进一步完善和发展。

四、企业对教育的投入

企业是社会经济活动的主体。教育通过提高人的素质源源不断地为企业输送其发展所需要的各种各样的人力资源，输入的人才质量越高，对企业的发展越有利，从这个意义上说，企业也是教育的重要受益者。因此，企业也有一定的教育投资义务。企业的教育投资主要包括以下三方面。

一是企业办学校的教育支出。国内外都有许多企业出于多种原因举办学校。例如一些大型企业地处偏远地区，为了方便其职工子女入学，举办具有普通教育性质的幼儿园、小学、中学等。还有一些企业是出于自身人力资源的需要，举办职工培训学校，甚至举办与本身发展相关的大学，如丰田工业大学、西门子管理学院、摩托罗拉大学、海尔大学等。再例如，国内一些大型机械制造企业举办机械加工类的中等技工学校，培养自身生产或业务转型所需要的专业技工。这类技工学校通常完全由企业投资举办，学生经过三年培训后进入本企业内部的工作岗位，以利于企业自身业务发展。

二是企业通过向各级各类学校无偿捐赠的形式进行教育投资。例如，上海宝山钢铁公司在许多高校设立"宝钢奖学金""宝钢奖教金"，韩国三星集团为多所大学捐资设立"三星奖学金"等。这类教育投入通常具有多种内涵。一方面，通过捐资体现企业自身的社会责任感，以促进企业良好社会形象的塑造；另一方面，企业向学校捐资的过程中也常常借机宣传企业实力和企业产品，往往可以收到比一般广告更好的企业市场拓展或产品营销的效果。

三是学校利用自身的科学技术优势和人才优势举办校办企业，如通过学校科技创新成果产业而孵化出来的企业，组织学生到社会上的企业或校办企业勤工俭学获得的收入，为企业提供技术咨询、技术服务等有偿服务获得的收入，学校通过将科技成果向企业技术入股的方式所获得的收入，以及实行企业化管理的学校附属单位的收入，如出版社的收入等。

需要指出的是，以上三类企业的教育投资，凡是享受到税收优惠的部分都带有政府公共财政性教育投资的性质，例如有些企业在税前列支的教育费用或校办经营性单位享受的税收减免的部分。

五、社会力量的教育投资

许多发达国家的民间财富数额极大,因此社会力量捐资助学的数额极为可观。图4-3展示了2014年美国大学捐赠基金的规模,注册的大学捐赠基金共854家,市场价值达5220.39亿美元,平均6.15亿美元。其中,获得1亿—5亿美元捐赠的基金会有275家,占32.2%,分布数量最多。10亿美元以上的有92家,100亿美元以上的有6家,分别是:哈佛大学、耶鲁大学、得克萨斯大学系统、斯坦福大学、普林斯顿大学、麻省理工学院。

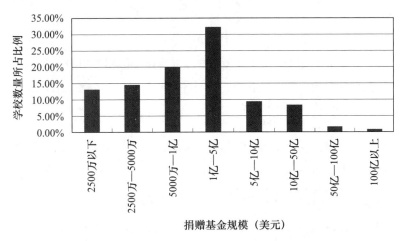

图4-3 2014年美国大学获得捐赠基金的规模[①]

在中国,随着市场经济的发展,社会富裕程度和居民收入逐步提高,民间财富的积累越来越多,人们对教育重要性的认识不断提高,教育强国意识开始觉醒,各种社会团体和公民个人的教育投资也在不断增加。这类投资以多种形式表现出来,例如,由社会各方面广泛参与的"希望工程"在中国兴建了数万所希望小学,香港李嘉诚先生捐资推行"长江学者奖励计划",以及许多社会有识之士的教育扶贫计划,都是社会力量办学的具体体现。

从1980年至2018年,全国高等院校累计接受国内外各类社会捐赠总额高达927亿元人民币,其中校友捐赠320亿元人民币,约占捐赠总额的34.52%,共有89所大学跻身"社会捐赠亿元俱乐部",清华大学和北京大学所获社会捐赠总额分别达到123亿和91亿元。图4-4展示了1980—2018年全国高校接受社会捐赠的情况,累积获得10亿元以上社会捐赠的学校数量已达到35所。[②]

[①] 张辉,洪成文."双一流"建设的社会成本分担机制研究——基于美国大学与捐赠基金关系的数据分析[J].中国高教研究,2016(03):56-60.
[②] 艾瑞深校友会网.校友会2019中国大学社会捐赠排名,清华大学123亿第一[EB/OL].(2018-12-24)[2020-09-13].http://www.cuaa.net/paihang/news/news.jsp?information_id=135472.

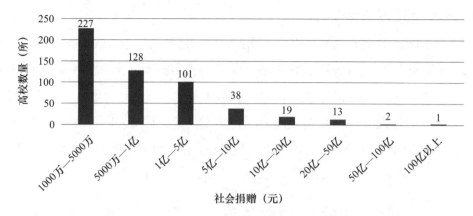

图 4-4 1980—2018 年中国高校接受社会捐赠的情况

数据来源：国家统计局. 年度数据，教育，各级各类民办教育学生数［EB/OL］.［2019-10-03］. https://data.stats.gov.cn/easyquery.htm?cn=C01.

为了鼓励社会资源积极向教育领域配置，国家财政对社会对教育的捐赠进行税收减免和配比支持。例如，中央财政对部属大学进行 50% 的配比支持，即如果一所大学获得 10 亿元的社会捐赠，政府就对这笔捐赠给予相应的配比鼓励。

还有一些公民个人通过直接举办民办学校的形式进行大规模的教育投资。同亚洲的一些其他国家和地区相比，2017 年中国民办高等教育学校在校生的占比还是比较低的，不足 15%，而韩国和日本的这一比例已高达 80% 左右（如图 4-5 所示）。

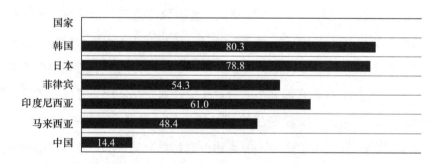

图 4-5 若干亚洲国家民办（私立）高等学校学生占高等教育学生总数的百分比

数据来源：World Bank. Education Statistics-All Indicators［EB/OL］.［2019-10-03］. https://databank.worldbank.org/source/education-statistics-%5E-all-indicators.

近十年来中国民办教育发展迅速，2016 年中国各级各类民办学校达 17.10 万所，在校生达 4825 万人，其中民办高等院校 742 所。同 2009 年相比民办学校数量（尤其是民办幼儿园数量）有大幅提升（如图 4-6 所示），未来发展潜力巨大。

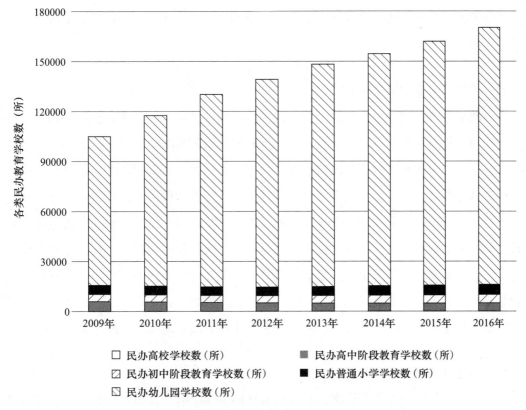

图 4-6 2009—2016 年全国各级各类民办教育学校数

数据来源：国家统计局. 年度数据，教育，各级各类民办教育学生数 [EB/OL].[2019-10-03]. https://data.stats.gov.cn/easyquery.htm?cn=C01.

六、教育基金会

美国的教育基金数量非常之多，不仅各个高校建立了数以千计的服务自身发展的基金会，社会上支持教育的基金会也很多，如美国的卡内基教学促进基金会。在中国，随着市场经济的发展和民间财富的加速积累，各种公益性基金会悄然兴起，其中很大一部分专门致力于教育投资，如中国教育发展基金会、中国青少年发展基金会等。中国大学自身创办的大学基金会的发展更是势不可挡，例如，北京大学和清华大学自 20 世纪 90 年代以来兴建的许多新的标志性建筑都是两校教育基金会筹款建立起来的。此外，两校教育基金会还筹集了上百项奖教金、奖学金、贫困学生助学金等，每年数千师生得到资助。尽管教育基金会的资金也是来源于企业和社会各界的捐赠，但是其不仅仅是一个被动地接受捐赠的机构。作为非银行金融机构，教育基金会的重要职能之一在于用其获得的捐赠资金（尤其是将其中的不动本基金作为本金）投入资本市场运作，从而产生投资收益，形成学校基金会自身的收入，使基金会的自有资金越来越大。例如，哈佛大学基金会经过三百多年的积累和运作，积累了 300 多亿美元的学校基金。北京大学基金会在短短十几年中，不仅为学校筹资兴建了大量基础设施，提供了大量的奖学金和奖教金，而且为学校形成了数十亿元人民币的不动本基金。

七、教育机构中的科学研究投入

由于教学与科研相结合的理念日益广泛的传播和日渐深入的实践，在教育机构中，特别是高校和有科研功能的中等专业技术学校，科研经费不断增长。这些科研经费，一方面来源于国家对学校的科学事业费拨款，以及通过竞争性投标获取的国家或地方政府的科研项目费；另一方面来源于学校同企业合作、接受企业委托的科研项目经费。这种科研经费本身具有一定的教育性质，因为学生在学习过程中经常在教师指导下参与科研活动，既为科研工作做出了贡献，也在科研中提高了自身的学习质量和创新能力。在美国的高校里这类资金的数额非常庞大，每年高达数亿甚至数十亿美元。在中国的高校里，科研经费总额也在急剧增长，例如，近年来北京大学、清华大学的科研经费都超过了50亿元人民币，这些经费对促进学校建设和发展、提高科研水平和教学水平，发挥了极其重要的作用。

八、通过贷款进行的教育投入

通过贷款进行教育投资是许多国家发展教育的重要举措。在国家层面，当政府财政基础比较薄弱时，通过贷款发展教育，以此促进经济发展，而经济增长则促进国家财政收入的增加，以此再偿还教育贷款。只要贷款规模掌握适度，这是一种具有积极作用的发展政策。中国在1980年加入世界银行以后，使用世界银行的第一笔贷款就是用于高校发展的教育贷款。以后又连续使用了多笔世界银行和其他国际机构的教育贷款，极大地促进了由于"文化大革命"而受到严重破坏的教育事业的重建、振兴和快速发展，为此后连续30多年的经济持续快速发展提供了不可或缺的宝贵人力资源，而经济的发展和不断增长的财政收入则使中国完全能够按时偿还这些贷款。近年来，一些发达国家由于经济增长放缓和政府财政紧张，通过资本市场支持的教育贷款在教育投资中发挥了特定的作用。[①]

在学校层面，适度使用教育贷款也是有利于教育发展的常见举措。学校作为具有收入能力的独立法人实体，当其在发展过程中遇到资金约束时，通过银行贷款解决暂时的困难以加快自身发展，增强教育服务能力和创收能力，是许多国家教育实践中常见的学校发展策略。当然，使用贷款发展教育要特别注意风险控制。每次借贷时都应该首先进行偿还能力的可行性分析，借款时就做好还贷方案。不可否认的是，也确有一些学校因不加约束地使用贷款，造成资不抵债的严重局面，这是必须避免的。

---

① 金子元久，黄珍. 经济增长放缓与高等教育：资本市场的出现[J]. 北京大学教育评论，2019，17（01）：62−73+188.

九、学校的银行利息收入

一般情况下学校在运行中都有一部分暂时沉淀资金,一些学校巧妙地安排这笔沉淀资金以合理合法地获取更高的利息收入。例如,把原本应是活期存款的沉淀资金分成十二等份,每一等份都存成一年的定期存款。这样既获得了比活期存款较高的利息收入,又不影响每个月必需的资金支付,增加了学校的教育投资来源。

综上所述,教育投资共有九个不同的来源。在中国,随着从计划经济向市场经济的转轨,逐步形成了多渠道的教育投资格局。当然,在各级各类教育中,经费的来源结构是不同的。例如,在义务教育阶段,几乎全部经费都是来自政府的财政性公共教育支出,而在高等教育阶段,教育投资来源多样化的趋势越来越明显。

第三节 教育投资主体

国民收入经过初次分配和再分配,形成了国家财政收入、企业收入、劳动者个人收入三部分。图4-7展示了1992年、2000年和2008年中国国民收入的分配结构,可以看出,劳动者个人收入始终是最主要的分配主体。因此,尽管教育经费的来源渠道很多,但归根结底是由国家、企业、个人这三个投资主体来承担,即国家教育投资、企业教育投资和个人教育投资,其他的教育经费来源最终都是来自这三个主体。例如,教育费附加是政府向企业多征收的税赋,来自社会和基金会的资金从根本上都是企业或个人的投入和捐赠,教育系统的科研经费则一般都是来自政府或企业。

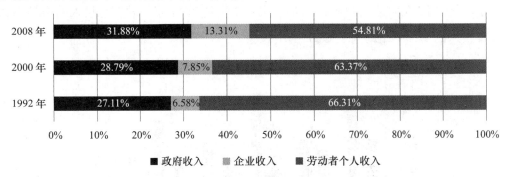

图4-7 1992年、2000年和2008年中国国民收入的分配结构[①]

一、政府的教育投资责任

首先,从根本上说,国家和整个社会才是教育投资的最大受益者。政府作为全社会的代表进行教育投资,应该首先根据国家社会经济发展对人才的需求,并从整体上部署教育

[①] 国家发改委社会发展研究所课题组,常兴华,李伟.我国国民收入分配格局研究[J].经济研究参考,2012(21):34-82.

事业的发展，履行教育主要投资者的应尽责任，不断加大教育投资力度，开发国家的人力资源，促进高质量人力资本的形成，推动经济增长和社会进步，这也是社会和公众的最大利益所在。国家财政的教育投资来源于国民收入，而国民收入归根结底来源于经济发展，经济发展又在很大程度上依赖于通过教育投资培养出来的人才。因此，从根本上说，国家财政的教育拨款是一种投资性经费支出。中国改革开放以来的教育投资逐年增加，同时也实现了经济的持续快速增长，二者互为因果，其作用机制如图4-8所示。

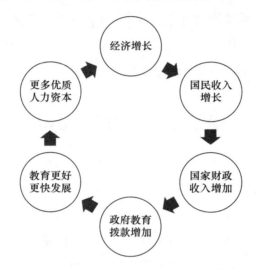

图4-8 政府教育投资与经济增长互为因果

近年来，尽管中国的经济增长从高速进入中高速的新阶段，但政府的教育投资的增速始终高于经济增长的速度，如图4-9所示，2013年到2017年，教育总投入的增长率和财政性教育投入的增长率始终高于GDP的增长率。

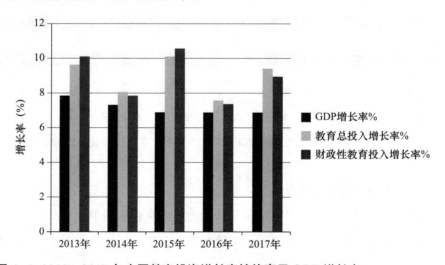

图4-9 2013—2017年中国教育投资增长率始终高于GDP增长率

数据来源：国家统计局. 年度数据［EB/OL］.［2019-10-03］. https://data.stats.gov.cn/easyquery.htm?cn=C01.

其次，在实行市场经济制度的社会里，不可避免地会形成一种内在的张力，这股张力存在于推崇平等的社会诉求与常常导致不平等的市场运行机制之间。政府要通过教育投资政策发挥"社会公平"维护者的作用，缩小市场调节可能产生的不平等，促进教育机会均等。例如，通过运用转移支付的财政手段，对经济欠发达地区实行教育经费补贴；运用专项资金拨款，对低收入家庭的学生进行资助，对不同阶段、不同类型、不同收益率的教育予以不同程度的公共财政支持等，实现社会教育资源和受教育机会的公平分布，从而促进经济社会发展成果的共享。满足全体社会成员随着经济收入增长和物质生活水平提高而带来的日益增长的教育需求，进而提高人们的知识技能、文化品位和精神文明程度，这也是政府不可推卸的责任。

最后，发挥政府作为公共权力代表的作用，保证教育投资与关系到社会其他方面公共利益的投资，如国防建设、环境保护、市政交通、社会治安、公共卫生、医疗保障、文化发展等，保持合理的比例，推动整个国家的经济建设、政治建设、文化建设、社会建设、生态文明建设的全面、协调、可持续发展。

二、企业的教育投资行为

任何被称为企业的社会组织都不是公益性机构，而是以营利为目的的市场主体，其存在和运营的直接目标是实现利润最大化。因此，企业的教育投资同政府和个人的教育投资有很大差别。企业是在一定的社会之中生存和发展的，企业赖以生存的整体环境，包括经济环境、政治环境、社会环境、文化环境、生态环境，归根结底取决于社会成员的综合素质。这个整体环境与企业的建立与发展密切相关，在很大程度上决定着企业经济活动的成功与否。因此企业对教育这一大环境的基本构成要素具有一定的责任和义务。企业对教育的投资动机有以下三种。

一是直接的经济动机，即企业对教育投资的预期收益率不低于企业对其他方面投资的平均收益率。例如，企业投资举办的专业技术学校、对职工的在职培训、委托普通教育机构进行的专业培训等，只有当企业认为这些教育投资可以提高员工的知识技能和非认知能力（如团队精神、工作态度与行为模式等），并提高企业的劳动生产率和经济收益，且这种收益不低于其在其他方面投资收益时，投资才被认为具有可行性，企业才可能进行投资。

二是间接的经济动机，即企业的教育投资能够为企业带来长远的潜在收益。例如企业与高校签订的科研和新技术开发合同或共建实验室而支付的科研费用，用于塑造企业形象、扩大企业的知名度、优化企业的运行环境、拓展潜在的营销市场和顾客群体而支付的费用，有前提条件的捐赠项目和奖学金，包括以企业名称命名的建筑项目和奖助学金等。

三是非经济动机，即完全出于企业的社会责任感、不带任何附加条件的教育支出。例如，建立希望中学、希望小学等对贫困落后地区基础教育的无偿捐赠等。

三、个人的教育投资动机

个人对教育的投资是个人及其家庭对各种受教育机会进行选择的具体表现，它体现了个人及其家庭的教育价值观和对教育的精神和心理需求、个人及其家庭的支付能力、对特定层次和类型教育的预期经济收益和非经济收益，以及对这种特定的教育投资风险的判断和偏好。如果个人没有投资某级某类教育的意愿和能力，政府和学校即使有发展该级和该类教育的计划，最终也会落空。

例如，1966 年至 1976 年这一特定的历史时期，中国大学毕业的知识分子政治地位和经济地位都很低，经济收入方面呈现"工资倒挂"，一直到 20 世纪 80 年代社会上广为流传的"搞原子弹的科学家收入不如卖茶叶蛋的小商贩，拿手术刀的医生收入不如拿剃头刀的理发员"。在当时的社会环境下，如果让个人交纳很高的学费去投资高等教育是不会受到热烈响应的。那个时代年轻人的首选是进工厂或到部队去寻求发展。改革开放以后，国家实施科教兴国战略，知识分子的政治地位和经济地位都大大提高，高等教育的个人收益率随着经济市场化程度的提高而不断提高，即使在大学尚未开始收学费的时候，很多人也愿意自己交费上大学做计划外的"自费生"。1989 年大学开始收费后，人们追求高等教育机会的旺盛需求并没有受到太大的影响。1999 年高等教育大规模扩招，在校生总数急剧增加，使得一个时期内政府财政拨款的增长率跟不上高等教育学生数的增长率，生均财政拨款逐年减少，个人实际支出的教育费用增加。即便如此，人们仍然保持对高等教育机会的旺盛需求。如果没有这种需求，即使政府制定了高等教育的扩招政策，高等教育的大规模扩张也是难以实现的。因此，政府和社会的教育发展政策、教育投资规模及投资风险都与个人的教育需求和教育投资状况密切相关。

当然，政府可以通过收费政策调节个人及其家庭的教育投资水平。在现实生活中，可以通过三个指标来衡量个人教育投资水平：实际的教育投资（学费水平）、意愿的教育投资和最大可能的教育投资。当实际的教育投资小于意愿的教育投资水平和最大可能的教育投资水平时，政府可以通过适当提高学费来调节个人家庭教育投资水平，增加全社会的教育投资总量；如果学费水平高于意愿的教育投资水平和最大可能的教育投资水平，政府则应该降低学费水平。否则，个人及其家庭会因为受教育所需投资高于其预期的收益水平，而面临可能无法收回教育投资成本的风险，从而放弃对教育的投资。[①]

---

① 范先佐.教育经济学新编［M］.4 版.北京：人民教育出版社，2015：213-256.

政府在制定收费政策时必须考虑到，教育层次越高、个人教育投资的机会成本越大。在非义务教育阶段的较高层次，个人教育投资在教育投资总量中所占的比例是很大的。表4-3显示，即使在不收学费和不考虑教育投资机会成本的情况下，在对研究生教育的投资中，个人和家庭的投资比例仍然是很高的，这在很大程度上可能同中国个人和家庭的教育价值观和重视教育的历史传统有关。

表4-3 北京高校研究生教育收费前（2009年）不同学历层次研究生的全年学习生活经费来源结构

经费收入	硕士生		博士生		研究生整体平均	
	元	百分比	元	百分比	元	百分比
家庭（父母）支付	7328	58.5	5064	38.8	6908	54.8
奖助免收入	3259	26.0	6159	47.2	3771	29.9
借贷收入	579	4.6	282	2.2	528	4.2
校外勤工助学收入	1050	8.4	989	7.6	1039	8.2
其他收入	307	2.5	566	4.3	349	2.8
总计	12523	100	13060	100	12595	100

数据来源：鲍威. 首都高校学生发展状况调查（研究生版）[R]. 北京大学教育学院，2010.

从2014年开始，中国的研究生教育开始收取学费，这本身是符合市场经济规律的政策。但是在这种情况下，政府应该适当加大对研究生教育的投资，并将其同所收取的学费统筹配置和使用，加大对支付能力较弱的低收入家庭子女的资助，以利于高层次受教育机会在全社会的公平分布。

总之，学生个人及其家庭作为重要的教育投资主体之一，其投资意愿取决于教育投资的能力、预期的教育投资收益率和教育投资风险，以及影响个人教育投资的非经济因素，如教育价值观和对教育的精神和心理需求等。

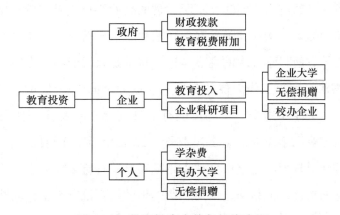

图4-10 教育投资主体与投资来源

第四节 教育投资的合理水平与分配比例

按照国际惯例和国际可比性原则，本节所讨论的教育投资的合理水平，重点讨论的是公共教育投资的合理水平，即国家财政性教育投入的总水平，包括政府的教育拨款、用于教育的税费、对教育机构各种收入的税收减免、国家对学生的资助、对企业办教育的税收优惠、政府对教育机构的科学事业费拨款、政府对学校所获捐赠的配比拨款和对捐赠者的税收优惠，以及国家对教育的专项补助等。这一方面是由于政府的财政性教育支出是教育投资的主要来源；另一方面是由于难以得到其他渠道教育投资额的精确统计数据。至于学生个人及其家庭所付出的教育投资，如学生的机会成本和上学期间支付的学杂费和额外的生活费，将在第六章中讨论。

一、公共财政性教育投资水平的合理性标准

判断公共财政性教育投资水平是否合理可以从以下三个角度加以考虑。

一是从需求的角度提出合理性标准，即教育经费的投入能否满足经济和社会发展需要，能否满足全体社会成员日益增长的教育需求。这个标准的优点在于：教育投资的数量是根据经济与社会发展的内在要求确定的，由此可以保证教育系统所培养的各级各类人才和提供的各种各样的社会服务与未来经济和社会发展的多方面需求相适应。

这是一个非常理性、非常理想化的标准。但是，运用这一标准来确定合理的教育投资水平存在诸多困难。例如，随着科学技术的突飞猛进、产业结构的不断升级、经济增长方式的迅速变化，原有工作岗位不断消失和新的工作岗位不断产生，导致很难准确预测社会对各级各类人才的需求；而有些社会需求则有很大的弹性，不易准确预测，如各种文化创意产业和各类体育活动的需求。同时，不断涌现的新的科技成果和新的物质和精神产品又在不断地创造着新的需求。例如，随着新一代信息通信、新能源、新材料、生物医药、航空航天、人工智能等方面科学技术的突飞猛进，特别是以智能制造为核心的产业变革不断产生着新的人才需求，使得工作岗位的变换和职业的全面流动性加快。根据麦肯锡2017年发布的研究报告，"到2030年，中国可能有1.61亿至2.81亿个工作岗位因数字化和自动化而消失，同时宏观因素可能催生1.76亿至2.53亿个新工作岗位"[①]。随着经济发展和社会进步，人民群众对教育的需求也会越来越旺盛，并日益多样化。虽然教育投资水平是一个非常需要量化的指标，但是从这个角度所提出的教育投资水平合理性标准则难以精确

---

① 麦肯锡.中国或有2.81亿个工作岗位因数字化和自动化消失［EB/OL］.（2017-12-05）［2019-10-12］. http://finance.sina.com.cn/china/gncj/2017-12-05/doc-ifyphkhm0633452.shtml.

地量化。简言之，不仅这个标准难以科学地确定，投资责任也难以落实。哪些教育投资应该由哪一级财政预算列支，哪些应该由企业或个人分担等问题，在实践中都会遇到一定的操作性困难。

二是从供给的角度提出合理性标准，即教育投资应该以一个国家的经济能力可能给予教育的支持为合理性标准。这个标准的优点在于：教育投资的水平考虑到了政府财政的承受能力，使得教育经费的支出建立在社会经济发展水平可能维持的基础上，从而使之具有可持续性。但是由于人们对经济支持教育的"可能"有不同的认识和理解，"可能"本身具有较大的灵活性和伸缩性，运用这一标准确定教育投资的水平具有很大的主观性和不确定性。由于社会经济发展的各个领域和各个部门中存在着许多竞争性需求，教育投资量与其他领域投资量之间的关系很难做到完全合理，工业、农业、交通、商业、科学研究、市政建设、环境保护、医疗卫生、国防建设、社会保障等部门都有充足的理由来证明自己应该得到更多的政府公共财政投资。因此从这一角度出发，教育财政支出标准难以确定，在实践中的可操作性是一个很大的问题。

三是将处于同一经济发展水平的其他国家的教育投资平均水平作为参照标准，确定本国教育投资的合理水平。这是教育经济学研究中最常用的国际比较的方法。这样做的道理在于：如果世界上其他经济发展水平相当的国家都是处于同一教育投资水平，那就应该有一定的合理性和可行性。当然，如果用人均国内生产总值作为经济发展水平的指标，即使是经济发展水平相当的国家，其经济体制、财政体制、教育投资体制也可能存在很大的差别，各国的教育投资水平可能比国际平均水平略高或略低。因此国际平均水平是一个重要的参考标准，各国可以处于其略高或略低的合理区间。尽管这种国际比较的方法并不能给出合理教育投资水平的理论依据，但是它至少可以避免上述两种标准中难以确定和难以操作化的问题。在将国际平均教育投资水平作为标准的同时，结合考虑上述两种标准的合理成分，就可以使一个国家教育投资水平的确定更具有合理性、科学性和可操作性。这种方法不仅是许多国际组织和教育经济学研究人员长期以来形成的共识，也是目前世界上的通行标准，同时也被实证研究成果所支持。①

如果以某一年一些国家的经济发展水平为横坐标，如人均国内生产总值，以这些国家的公共教育经费占 GDP 的比例为纵坐标，把这些国家的数据在坐标系上做成散点图，可以清楚地呈现一定的规律性：代表这些国家的每一个点都围绕在一个斜率大于零的直线上下分布，即一个国家公共教育经费占 GDP 的比例和经济发展水平呈明显的正相关，如图

---

① 厉以宁.教育经济学研究［M］.上海：上海人民出版社，1988：89-147.

4-11所示。不同经济发展水平国家教育经费占GDP的比例是不同的，不能用同样的标准去衡量不同经济发展水平的国家在教育投资水平上的合理性。这至少可以说明两点：一是政府教育投资的努力程度受经济发展水平制约，经济发展水平越高，政府的平均财政努力程度才可能更高；二是一个国家经济发展水平越高，对人才的需求也更高，因此需要更多的教育投入。

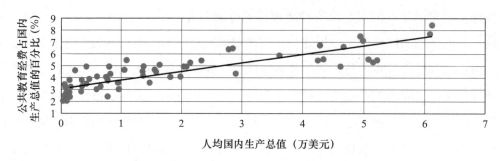

图4-11 部分国家人均国内生产总值与公共教育投入水平

数据来源：Word Bank. World Development Indicators［EB/OL］.［2019-10-03］. https://databank.worldbank.org/reports.aspx?source=world-development-indicators.

相关中国学者曾经在20世纪80年代深入研究教育经费在国民收入中的合理比例与教育投资的经济效益分析的过程中，对国家财政性教育经费在国民生产总值中所占比例的国际比较进行了详尽的计量分析，建立了教育经费与经济发展水平的关系的如下回归模型：

$$Y_t = A_t + B_t \ln X_t \tag{4-1}$$

公式中的 Y_t 表示 t 年的教育经费占GDP的比例，X_t 表示 t 年的人均GDP。他们选用了38个人口在1000万以上国家历时19年的数据进行了回归分析，以1978年数据为例的计量模型回归结果是：

$$\acute{Y}_{78} = -1.26 + 0.78 \ln X_{78} \tag{4-2}$$

这说明如果该年某个国家的人均GDP（X_{78}）为200美元时，教育投资水平（$\acute{Y}_{78}$）为2.87，即意味着教育投资水平占GDP的2.87%为国际平均水平。从回归方程上看，Y_t 是 X_t 的增函数，表示随着经济水平的增长，教育经费占国民生产总值的比率（即教育投资水平）应随之增加，表4-4的前两行数据清晰展示了这一关系。

进一步计算不同经济发展水平国家教育投资水平对GDP的增长系数[①]可以发现，在

---

① 指人均国民生产总值每增长1%，教育投资水平的变化百分比，即弹性。

经济增长过程中,这一系数均大于1,说明教育经费与GDP不是同步增长而是超前增长,且超前增长的相对幅度在逐渐减缓,如表4-4的第三行所示。[①]

表4-4 教育投资占GDP比例的下限及其增长系数

1980年人均GDP(美元)	200	300	400	500	600	700	800	900	1000
教育投资水平占GDP的比例(%)	2.87	3.29	3.52	3.69	3.84	3.96	4.06	4.16	4.24
教育投资水平对GDP的增长系数	1.270	1.210	1.196	1.187	1.180	1.174	1.170	1.165	1.163

数据来源:厉以宁.教育经济学研究[M].上海:上海人民出版社,1988:3-38.

教育投资超前增长的原因在于,首先,一个国家经济越发展,人均GDP越高,越有能力承担教育经费的增加,因此教育投资水平将伴随着人均GDP的增长而加快增长。这同前述的第二个教育投资水平的合理性标准(供给角度的标准)相吻合。其次,通常一个国家的经济发展水平同其科学技术水平呈显著的正相关。经济发展水平越高,科学技术水平也越高,对各类专业人才和熟练工人的数量和质量也会提出更高的要求,使得各类专业人才和熟练工人的平均培养费用增大。因此,一国的教育投资水平将伴随科学技术的进步以及由科技进步导致的经济增长而加快增长。再次,随着经济的增长,人们的经济收入和生活水平都不断提高,对精神文化生活的要求也不断提高,人们对教育的要求也会更高。教育的发展不仅受到经济发展目标的制约,也会受到社会多方面发展的深刻影响。由经济生产和社会多方面发展目标所决定的教育发展,会导致教育投资水平的超前增长。这同前述的第一个教育投资合理性标准(需求角度的标准)相吻合。因此,使用教育经费占GDP的合理比例这一教育投资的合理性标准,能够在一定程度上整合前述的三个标准。

正是基于这一研究,相关学者提出,如果中国人均GDP实现从改革开放初期的200多美元翻两番增长到20世纪末800美元的目标,2000年中国的财政性公共教育投资应该达到GDP的4%(见表4-4)。这一研究成果对中国公共教育投资的努力程度产生了重大而深远的影响,并最终转化为中国财政性教育投资的政策目标,并被写入了1993年《中国教育改革和发展纲要》,明确提出"国家财政性教育经费支出在本世纪末达到4%的目标"。

[①] 陈良焜.教育经费在国民生产总值中所占比例的国际比较[M]//厉以宁.教育经济学研究.上海:上海人民出版社,1988:3-88.

此项研究得出了以下三个具有普遍意义的重要结论：①

第一，一个国家在一定时期内的教育投资水平，随该国经济发展水平的增长而增长，而不能简单地比较不同人均GDP国家的教育投资在GDP中所占的比例。一国经济越发达，人均GDP越高，教育投资在GDP中所占的比例也就越高。

第二，教育投资的超前增长是世界各国经济发展的基本趋势，其基本含义是：在经济发展过程中，一国的教育投资增长率高于GDP增长率。

第三，随着人均GDP的不断提高，教育投资超前增长的趋势是逐渐减缓的。当人均GDP达到一个较高的水平后，在科学技术没有重大突破的条件下，教育投资水平在GDP中的比例将逐渐趋于稳定，与GDP同步增长。尽管教育投资水平占GDP的比例没有大的变化，但是由于经济总量的增长，教育经费的绝对值还是随着GDP的增长而增大。

有学者在2006年就"公共财政性教育经费投入水平的国际比较"开展进一步研究，在原有计量模型的基础上增加了政府财政收入占GDP的比例和公共教育支出占政府财政支出的比例两个变量，从供给方面考察政府进行教育投资的实际经济能力，还加入了人均受教育年限期望值以及人口增长率两个变量，从教育需求方面考察政府和社会发展的相关目标对公共财政性教育投资的影响。这样既能反映政府潜在的教育经费供给能力——能力越强则公共教育投资比例应该越高；也能反映国家和社会对教育经费的需求——需求越大则公共教育投资比例应该越高。因此，新的研究可以更精确地反映在人均GDP等因素给定的条件下，公共教育投资比例的国际平均水平。该研究的结果进一步印证了1986年相关学者的研究结论，即教育经费占GDP的比例随着人均GDP的增长而增长；同时也证明了相关学者在20多年前指出的，随着时间的推移，经济发展水平对公共教育投资比例的效应会逐步减弱，因为各国的人均GDP都随着时间变化有所增长，但是公共教育投资比例不可能无限制地增长，会逐渐收敛到一个均衡的比例值。②

如果把中国的相关数据代入上述模型，则得出以下预测：从供给角度看，如果只考虑经济发展水平，则与2010年中国经济发展水平相应的公共教育投资占GDP比例的国际平均值为4.37%；如果进一步考虑财政收入能力和财政配置结构，则相应的公共教育投

---

① 陈良焜.教育经费在国民生产总值中所占比例的国际比较［M］//厉以宁.教育经济学研究.上海：上海人民出版社，1988：3-88.
② 岳昌君.公共教育经费投入的国际比较［M］//闵维方.教育投入、资源配置与人力资本收益：中国教育与人力资源问题研究.北京：经济科学出版社，2009：472-479.

资比例的国际平均值为 4.11%。从需求角度看，如果只考虑中国教育的现状和未来的发展目标，则 2010 年财政性教育经费总需求占 GDP 的比例为 3.99%；如果考虑国际比较，则与 2010 年中国教育发展目标相应的财政性教育经费总需求占 GDP 比例的国际平均水平为 4.49%。

实际上，从供给和需求的角度看，2010 年前中国的公共财政性教育投资都低于这个水平。这一年《国家中长期教育改革和发展规划纲要（2010—2020）》出台，再次强调公共财政性教育投资要达到 GDP 的 4% 这一政策目标。经过两年的努力，2012 年中国公共财政性教育投资达到 GDP 的 4.28%，此后持续保持在 4% 以上。综合考虑需求与供给两个方面，作为一个中等收入国家，中国公共财政性教育投资基本上达到了合理水平。

二、教育投资的分配比例

在教育投资总量确定之后，接下来的问题就是教育投资在各级各类教育中的合理分配。从经济发展史和教育发展史来看，教育经费分配结构的通常规律是：在农业和手工工场占经济主导地位的时期，也就是在现代教育发展初期，一个国家首先要普及初等教育以扫除文盲，这一阶段初等教育的经费所占比例比较大，而中等教育和高等教育经费所占比例较小；产业革命以后，大机器工业成为经济发展的主导部门，需要大量受过良好中等教育的劳动者，因此中等教育发展迅速，这一阶段中等教育（包括中等职业技术教育）经费所占比例迅速提高；随着知识经济和智能制造时代的到来，知识密集型和技术密集型产业成为创造社会财富的主要形式，此时需要大量受过高等教育的劳动者，因此高等教育规模扩张，这一阶段高等教育（包括高等职业技术教育）经费所占比例逐渐加大。但是，这只是理论上的一般规律。在现实生活中，教育投资的分配比例受到许多因素的影响。合理评价一个国家教育经费在各级教育中的分配结构是一件十分复杂的工作。教育投资在各级教育中的分配不仅受到经济发展水平和教育发展阶段的影响，而且受到一个国家教育管理体制和宏观教育结构、人们的价值观念和教育选择以及众多社会和政治因素的影响。

如表 4-5 所示，同样是处于知识经济时代的发达国家，教育投入在各级各类教育中的分配比例差别很大。同是发达国家，美国的小学教育经费占教育总投资的 30.8%，而德国小学教育仅占 12.9%，相差 17.9 个百分点；意大利高等教育经费仅占教育投资的 18.6%，而荷兰高等教育则占 30.7%，相差 12.1 个百分点；从学前教育的情况来看，波兰学前教育在教育投资中占 14.7%，而英国的学前教育仅占 4.1%。中国与这些国家相比，教育投资在各级教育间的分配结构也不尽相同。

表 4-5　2017 年各国教育总投资在各级教育间分配比例

单位：%

国家	学前教育	小学教育	初中教育	高中教育	高等教育
美国	6.5	30.8	16.7	17.5	28.6
英国	4.1	32.0	15.8	21.1	27.0
法国	13.0	21.3	22.0	21.1	22.5
德国	10.1	12.9	23.8	16.9	25.5
意大利	11.7	24.3	16.6	28.8	18.6
荷兰	6.6	22.2	21.5	19.0	30.7
西班牙	10.6	26.9	17.4	19.8	22.2
波兰	14.7	31.6	14.1	15.7	23.6
中国	8.2	30.1	18.5	16.6	26.6

数据来源：UNESCO. UIS statistics［EB/OL］.［2020-06-30］. http://data.uis.unesco.org. 中国数据根据《中国教育经费统计年鉴（2018 年）》中各级各类教育机构教育经费支出明细（全国）［EB/OL］.（2017-07-01）［2020-06-30］. https://data.cnki.net/yearbook/Single/N2018070119 计算而得。

那么，究竟有哪些因素影响公共教育投资总量在各级教育中的分配比例呢？

一是体制因素。例如，美国的基础教育（即大学前教育）以 6-3-4 学制为主，即小学 6 年，初中 3 年，高中 4 年；而德国的小学只有 4 年，小学之上的中学分为三种：一是通向双元制职业教育的 5 年制中学，二是面向高级职业学校的 6 年制中学，三是初高中一贯制、通向大学的 9 年制中学。从表 4-5 中我们可以看到，德国的小学教育经费远远低于美国，而初中和高中教育经费的总和占公共教育投资的比例高于美国。因此，我们不能通过简单计算世界各国各级教育经费占公共教育投资总量的平均百分比来确定合理性标准，而必须探讨影响教育投资分配比例的深层体制因素。

当然，如果在教育体制和经济发展水平基本相似的国家之间进行比较，特别是比较这些国家同一教育层次的生均教育投资还是有一定意义的。世界银行曾经对许多教育体制和经济发展水平类似的国家进行这种分析。在图 4-12 中，0 点的垂直线是回归线，表示同中国处于同一经济发展水平的亚洲国家各级教育入学率和生均教育投资平均水平，0 点回归线右侧表示中国的水平高于同一发展水平的亚洲国家，回归线左侧表示中国的水平低于同一发展水平的亚洲国家。

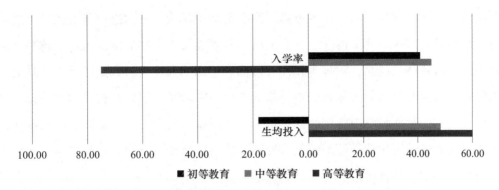

图 4-12 1980 年代中期中国的三级教育入学率和生均投入同亚洲平均水平的比较

数据来源：TAN J, Mingat A. Education in Asia: A Comparative Study of Cost and Financing [R], 1992: 73-76.

由图 4-12 可以看出，在 20 世纪 80 年代中期，中国初等教育和中等教育的入学率远远高于亚洲其他同一经济发展程度国家的平均水平，而高等教育的入学率则大大低于亚洲其他国家的平均水平。从教育投资在各级教育中的分配来看，中国初等教育的生均财政投入远远低于亚洲国家平均水平，而中等教育和高等教育的生均财政投入都高于亚洲国家的平均水平。中等教育的生均投入较高可能是由于当时我国存在大量高成本的中等专业学校和中等技术学校。根据这一研究结果，世界银行教育发展部门对中国教育发展的政策建议是：应该逐步提高高等教育的入学率，以适应科技进步带来的新经济发展对高层次人才的需求，并着力提高高等教育的质量和资源利用效率；同时调整中等教育结构，增加对基础教育的投入。实际上，中国在 1990 年以来教育发展的政策走向同这一建议基本一致。

二是教育总人口在各级教育中的分布。由于各国人口结构不同，各级教育中的学生数量存在很大差别，且经常处在不断变化之中。例如中国多年来实行的计划生育政策造成许多独生子女家庭，人口老龄化加速，造成倒金字塔形的人口结构，使得基础教育学龄人口相对减少。还有一些国家由于养育子女的费用较高，越来越多的职业女性不愿意因生育子女而影响自己的事业发展等因素，导致出生率严重下降，一些国家的总人口和基础教育学龄人口都呈下降趋势。而另外一些国家正相反，由于没有有效地实行计划生育政策，人口增长较快，使得基础教育的学龄人口占受教育总人口的比例较高，从而影响公共教育投资在各级教育中的分配比例。各国之间人口结构的差异导致教育投资在各级各类教育中所占比例的差异。

三是科技发展水平和经济发展水平。首先，科学技术发展水平越高，往往越容易实现产业结构的升级，知识更新、技术更新、产品更新也越快，从而进一步加快经济发展速度，以及刺激对高层次人才的需求。其次，科学技术发展水平和经济发展水平越高，从事科学研究的人口比例也越高，对技术开发、传播和应用的人才需求数量也越大。最后，科学技术的突飞猛进和经济的迅速发展还要求教学内容、教学方法以及教学的物质技术基础不断更新。例如，现在教学中常用的计算机等教学设备，通常三四年就需要更新换代，否则就不能适应新的计算机软件等新的技术发展要求。这就使得高等教育和中等专业技术教育的经费需求在整个教育体系中的相对比例增大。

因此，研究教育总投资在各级教育中的分配，必须考虑到教育体制因素，考虑到人口结构和各级各类教育中的学生的分布，以及科学技术发展水平、经济发展水平和产业结构等多方面因素。世界各国各级各类教育经费所占教育总投资的比例的平均值可作为合理性标准的对照和参考，但不能作为绝对标准。

第五节　全球教育投资的发展趋势

首先，增加公共财政性教育投资是全球性的基本趋势。

为了提高教育质量，培养造就能够适应新的经济社会发展需要的人才，世界各国都普遍增加了公共教育投资，但是中低收入和低收入国家的投资比例仍然低于中等、中高收入和高收入国家（见表4-6）。这也部分地说明了为什么在21世纪初期，随着各国经济发展水平的提高，高收入国家和低收入国家的发展差距拉大了，在世界上出现了所谓的"数字鸿沟"。[①]

表4-6　不同收入水平国家的公共教育支出占国内生产总值的比例

单位：%

国家分类	2000年	2005年	2010年	2013年
高收入	4.82	4.94	5.41	5.04
中高收入	3.99	4.03	4.55	4.59
中等收入	3.82	3.90	4.51	4.48
中低收入	3.13	3.06	4.48	3.84
低收入	2.97	3.52	3.59	3.47

数据来源：UNESCO. UIS statistics［EB/OL］.［2019-10-03］. http://data.uis.unesco.org.

---

① "数字鸿沟"的英文是 digital divide，是指由于信息技术在全球不对称性的（asymmetrical）发展和应用，造成或拉大了国与国之间以及国家内部群体之间的差距。它既存在于信息技术的开发领域，也存在于信息技术的应用领域，特别是由网络技术产生的差距。世界的数字鸿沟拉大了南北经济差距，突出了美国的优势地位，同时也加剧了西方国家内部的分化。缩小数字鸿沟的关键是确保人们能够拥有平等的受教育机会和平等地享用现代通信和网络基础设施。

根据经济合作与发展组织(OECD)的官方统计数据,该组织成员国1995年公共教育支出占GDP比重的均值为3.89%,2000年为4.24%,2008年增长为4.31%,2009年一跃上升到4.5%左右并保持平稳,2014年为4.44%。如图4-13所示,OECD国家公共教育投入的平均水平历年来稳定在4%以上,且随时间呈现增长态势。

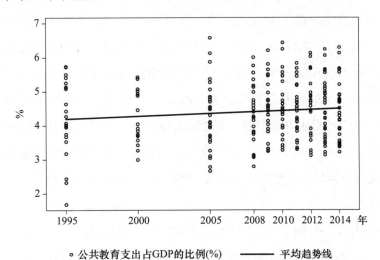

○ 公共教育支出占GDP的比例(%) ——— 平均趋势线

图4-13 OECD国家公共教育支出占GDP比重变化趋势

数据来源:OECD. OECD statistics[EB/OL].[2019-10-03]. https://stats.oecd.org/

为切实提高公共性财政性教育经费的投入,中国政府提出"三个增长"和"两个比例"的提高,即"各级政府教育拨款的增长高于同级财政经常性收入的增长;在校学生生均教育经费逐步增长;切实保证教师工资和生均公用经费逐年增长";"国家财政性教育经费支出占国民生产总值的比例应当随着国民经济的发展和财政收入的增长逐步提高,全国各级财政支出总额中教育经费所占比例随着国民经济的发展逐步提高。"实践证明,中国公共财政性教育投资有明显增长,2012年财政性公共教育投资占国内生产总值的4.28%,基本上保证了各级各类教育的发展需求,较好地为这一时期中国经济的持续快速增长提供了相应的人力资源供给。

其次,拓宽教育投资渠道是世界各国教育投资的又一重要趋势。

财政性公共教育投资虽然是主渠道,但其毕竟受到各国经济发展的具体状况和财政支付能力的影响。因此世界上大多数国家都进一步把改变单一的教育投资模式,建立和完善以政府投入为主、多渠道筹措教育经费为辅的投资体制作为重要的战略措施之一。也就是说,要在保证政府主体责任的基础上,鼓励高等院校科研成果产业化和多种形式的有偿服务(如为企业举办各种培训班等),以发挥学校自身人才优势、知识优势和科技优势,增加学校的收入,弥补办学经费不足。

为了积极引导社会资源向教育领域配置，更多国家开始提倡和鼓励社会捐资集资办学，并给捐资者以一定的税收减免，通过各种形式争取更多的资金用于学校的建设。还有一些国家通过发行教育彩票，利用社会闲散资金，发展教育事业。除此之外，很重要的一点就是大力发展和扶持民办学校。美国的民办高等教育（私立大学和学院）非常发达，即使在长期以来由政府主导高等教育发展的一些欧洲国家，也开始出现民办高等学校的苗头，而在东亚一些国家，如韩国、日本、菲律宾等国，民办高等教育的在校学生数已经高达学生总数的70%以上。世界各国进一步充分认识到民办教育的重要作用，认识到归根结底符合国家法律规范的民办教育本身符合社会公共利益，因此给予民办教育更多的支持。许多国家的政府还对民办学校给予适当的财政补贴，支持多种形式的民办教育模式，如民有公助、民有民办、公私合作、股份合作、国有民办等。政府还在提倡和支持民办教育的同时，加强对各类民办学校的监督评估和检查，注意保证民办教育合法的独立性和自主性，减少对其不必要的行政干预。

中国在2002年12月通过了《中华人民共和国民办教育促进法》，并于2016年进一步修订和完善，以此保障民办教育健康发展。自2002年以来，中国的民办学校如雨后春笋般地迅速发展起来。大力发展民办教育，一方面有利于增加一个国家的教育投资总量，减轻政府的教育财政负担，满足人民群众对各级各类教育多种形式的需求；另一方面，发展民办教育有利于将竞争引入教育领域，促进公立学校和民办学校不断提高各自的办学效率和教育教学质量，更有效地调动和发挥社会各方面的办学积极性和主动性。

最后，完善非义务教育阶段的收费制度，建立合理的高等教育成本分担与补偿机制。

近年来，对非义务教育阶段的受教育者收取一定学费的做法已被越来越多的国家所采纳，尤其是高等教育领域，由最直接的受益者——学生本人及其家庭缴费承担一部分教育成本的做法被普遍认为是合情合理的。在高等教育过程中，学生是教育的受益者，用人单位、社会和国家也是教育的受益者，因此也要承担相当一部分教育成本。对分担的比例及标准，各国根据不同的国情，对不同类型的高校、不同类型专业以及国家财政实际收支状况，综合加以分析和研究后确定。

各国还根据现实可行性，逐步形成了多种形式的成本分担与补偿政策。如即时收费制，即学生在每学期或学年初一次缴纳学费的分担形式；预付学费制，即指在学生接受高等教育之前就由家长按现行价格为子女付清全部学费或以储蓄形式为孩子预先储备学费；延迟付费制，即学生以未来的收入或服务形式来支付现期的学费。在实行成本分担和成本补偿政策的同时，为了促进教育公平，各国普遍加大对低收入家庭子女的经济资助，如全额奖学金、低收入家庭学生助学金、提供勤工俭学机会、政府贴息的助学贷款等。当然，这些制度的实施在各个国家存在一定的差别。关于成本分担的相关内容将在第六章详细介绍。

本章小结

本章首先阐述了教育投资是人力资本投资的一种，具有特殊的生产性投资的性质，同物质资本投资相比，教育投资过程通常具有长期性、连续性、持久性；教育投资的经济收益具有间接性、潜在性、滞后性；教育投资的社会效益通常具有递增性、外部性、多样性等一系列特点，通过教育投资开发人力资源，提高劳动者的知识和能力，对经济发展和社会进步具有重大意义。

接着，本章具体分析了教育投资的来源，包括：政府对教育的财政拨款、教育税费附加、非义务教育阶段受教育者缴纳的学杂费、企业对教育的投入、社会力量的教育投资、基金会的教育投资、教育机构中的科学研究投入、通过贷款进行的教育投入以及学校的银行利息收入等，并在此基础上论证了教育投资的三个主体和特点。一是政府的教育投资责任，二是企业的教育投资行为，三是个人的教育投资动机。

本章还阐述了教育投资的合理水平，指出判断公共财政性教育投资水平是否合理可以从教育需求的角度提出合理性标准，即教育经费的投入是否能够满足经济和社会发展需要，是否能够满足全体社会成员日益增长的教育需求；也可以从供给的角度提出合理性标准，即教育投资应该以一个国家的经济能力可能给予教育的支持为合理性标准；还可以从国际比较的角度提出合理性标准，即把处于同一经济发展水平国家的教育投资平均水平作为参照标准，确定一个国家教育投资的合理标准。在教育投资总量确定之后，进一步讨论了教育投资在各级各类教育中的合理分配问题。

最后，介绍了当前全球教育投资的总体发展趋势，包括增加政府公共财政性教育投资，拓宽教育投资渠道、多方面筹措教育经费，增加教育投资总量，以及完善非义务教育阶段的收费制度，建立合理的成本分担与补偿机制。当然，这些全球性的趋势在不同制度的国家存在一定差别。

思考与练习

1. 如何认识教育投资的性质？
2. 教育投资具有哪些特点？
3. 教育投资的来源渠道有哪些？
4. 如何理解教育投资主体的行为动机？

5. 确定教育投资的合理性水平需要考虑哪些因素？

6. 教育总投资在各级各类教育中的分配受哪些因素影响？

7. 当前全球教育投资有哪些主要趋势？

拓展阅读建议

1. 厉以宁.教育经济学研究［M］.上海：上海人民出版社，1988.

2. 雅克·哈拉克.投资与未来：确定发展中国家教育重点［M］.尤莉莉，等译.北京：教育科学出版社，1993.

3. 厉以宁，闵维方.教育投资的社会经济效益［M］.贵阳：贵州人民出版社，1995.

4. 范先佐.教育经济学新编［M］.4版.北京：人民教育出版社，2015.

第五章　教育生产函数

> **内容提要**
>
> 本章首先简要介绍了生产函数和教育生产函数的基本概念和模型，接着通过一个案例研究详细分析了如何进行教育生产函数的实证研究，并简要介绍了教育生产函数在高等教育领域的应用，最后指出教育生产函数在理论和方法方面的局限。
>
> **学习目标**
>
> 1. 理解生产函数的概念与基本模型。
> 2. 掌握教育生产函数的实证研究方法。
> 3. 了解高等教育生产函数的特点。
> 4. 认识教育生产函数的局限性。
>
> **关 键 词**
>
> 生产函数　教育生产函数　高等教育生产函数　教育产出

随着教育投资不断增加，大量资源进入教育领域。如何有效地配置和使用这些资源以实现教育产出的最大化，这就是教育生产问题。对这一问题的研究，推动了教育生产函数模型的构建。该模型描述了教育投入与产出的关系，系统地探讨作为人力资本的知识和能力是如何被生产出来的，以深化人们对教育生产规律的认识。教育生产函数用经济学的定量方法分析教育系统内部的资源配置效率和使用效率，是教育经济学的核心内容之一。本章将介绍教育生产函数的基本概念、数学模型、相关的实证研究以及教育生产函数在理论和方法上的局限性。

第一节　教育生产函数的概念和模型

1966 年，当社会学家科尔曼（James Coleman）在其《关于教育机会平等性的报告》（*Equality of Educational Opportunity*）（以下简称《科尔曼报告》）中试图用投入－产出的方法解释学生在校学业成就的差异[①]时,许多教育经济学家们也开始运用微观经济学的生产函数理论和模型来扩展和改进《科尔曼报告》所做出的研究成果,从而掀起了长达几十年的教育生产效率研究热潮。这些研究成果拓展了早期教育经济学的研究范围,为我们理解教育过程提供了新的视角和方法。

《科尔曼报告》和多数后续研究一般都是假定教育过程的产出(即每个学生的学业成就)直接与一系列教育投入相关。教育决策者掌握着其中一些投入要素,如教育经费、学校设施、教师质量和班级规模等;而其他一些投入要素,如家庭教育环境和学生努力程度等因素则一般不在教育决策者的掌控范围之内。虽然学生成绩通常是在离散的时点测量的,但教育过程是累积的,过去的投入也会影响当前的成绩。教育生产函数模型被用于确定成绩的影响因素,进而确定各种投入要素的相对重要性。

进入21世纪以来,人力资本的生产成为教育经济学更具主导性的前沿研究课题。人们对教育生产函数的研究也更为精细,包括在哪些教育阶段、采取哪些教育干预措施更有利于提高学生学业成就,从而形成高质量的人力资本。研究者更加注重学生家庭社会经济地位、学校投入要素、教师的教学方式、学生同伴效应、学校的组织结构等制度化因素和网络时代的信息因素在教育生产中的作用。尤其是近年来兴起的一些大规模国际教育评估测试,如国际学生评估项目(PISA)等,掀起了全球范围内对教育生产的关注。

教育生产函数借鉴物质领域生产函数模型的方法,研究教育投入与产出的过程。尽管教育产出与投入之间的关系并不像物质领域那样简单直接,很多难以直接观察和测度的因素(如家庭的教育价值观、学生的努力程度等)都会影响教育的产出,但是使用教育生产函数的方法分析教育投入和产出,仍然有助于教育决策者在资源约束的情况下,尽可能地优化教育资源配置、提高资源使用效率,实现教育产出最大化。因此,在讨论教育生产函数之前,有必要先了解一下生产函数的基本概念和原理。

一、生产函数

生产函数是微观经济学的核心概念之一,是研究不同投入要素如何影响产出的经济学理论和方法。具体来说,就是研究在一定的技术条件下,投入与产出之间的对应关系。一旦技术水平发生变化,原有的生产函数就会发生变化。生产函数可以帮助生产者综合考虑各种投入要素对产出的影响,以便实现投入要素的最佳配置,并在给定的资源约束条件下实现产出的最大化。在宏观经济学的经济增长理论中涉及技术进步时,也常常使用生产函数。

[①] COLEMAN J S, et. al. Equality of Educational Opportunity [M]. Washington D.C.: US Government Printing Office, 1966: 1-547.

生产函数由三部分构成：产出、投入、将投入转化为产出的生产过程。生产函数的基本形式如公式（5-1）。

$$Y = f(X_1, X_2, X_3, X_4, \cdots, X_n) \tag{5-1}$$

其中，Y 表示产量，$X_1, X_2, X_3, X_4, \cdots, X_n$ 表示各类投入要素，比如劳动力、土地、设备等。假如你是一个生产小麦的农场经理，你的生产函数模型就是：

小麦产量 = f（劳动力，土地，化肥，水，播种机、收割机及其他相关设备等）

生产函数具有以下几个特征。

首先，每个要素的增加都会影响产出，但不同要素对产出的影响是不同的。如果我们把小麦生产的投入要素分为劳动力数量的投入和物质资本要素（包括土地，化肥，水，播种机、收割机及其他相关设备等），就可以得到图 5-1 这样的三条等产量线示意图。如图 5-1 所示，如果要每年生产 55 吨小麦，可以投入三个单位的劳动力和一个单位的物质资本要素（D），也可以投入一个单位的劳动力和三个单位的物质资本要素（A）。依此类推，如果要每年生产 90 吨小麦也可以有不同的投入组合：投入三个单位的劳动力和三个单位的资本（C），或者投入两个单位的劳动力和五个单位的资本（E）。这时，就需要考虑劳动力的价格和物质资本要素的价格，在给定的预算约束内，运用生产函数的方法找到哪种组合是资源使用效率最高的投入 – 产出组合。

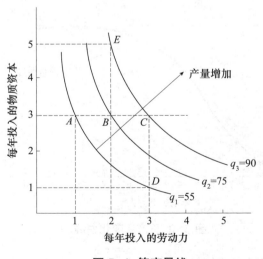

图 5-1 等产量线

其次，随着某一投入要素的不断增加，该要素带来的产出增加率会逐渐减小，也就是服从边际产出递减的规律。例如，当只有一台播种机时，如果再投入资金多买一台播种机，可能带来的产出增加较多；但是当已经有十台播种机时，如果再投入资金多买一台播种机，那么这第十一台播种机带来的产出增加值可能很小，甚至小于购买这台播种机的支出，这可能就不合算了。劳动力的投入也是如此，如图 5-2 所示，当劳动力人数不足时，多聘用一个劳动力可以带来较高的额外收益，也就是带来了边际产出；但是，当劳动力人数已经比较多时，再多聘用一个劳动力所能带来的边际产出就低于平均产出了。图 5-2 和图 5-3 中的 C 点就是这种变化的临界点。尽管此时每增加一个劳动力的边际产出低于每个劳动力的平均产出，但是，增加的劳动力仍然可以促进生产总量的增加。如果继续不断地增加劳动力，到达图 5-3 的 D 点时，再增加劳动力的人数对生产总量就没有贡献了，此时边际产出为零。如果继续增加劳动力，边际产出为负，生产总量也将随之降低。

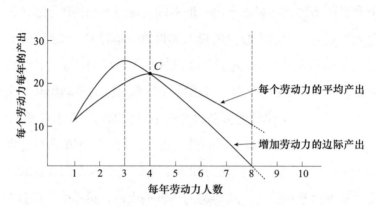

图 5-2 每个劳动力的平均产出和增加劳动力的边际产出曲线

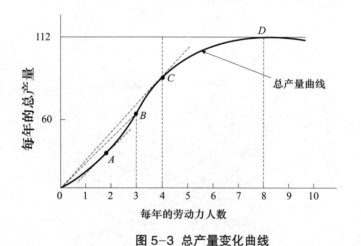

图 5-3 总产量变化曲线

最后，投入要素之间具有可替代性，一个要素的增加可以替代或减少另一个要素的投入。例如，生产机械设备的增加可以减少劳动力的人数。因此，在预算约束条件下，要实现最大化产出，就需要决定各类投入要素的最佳投入比例。上面所讲的既涉及生产过程的技术效率，即在给定资源情况下，实现最大化产出；也涉及生产过程的经济效率或称为配置效率。生产函数研究特别注重配置效率：即在资源给定的情况下，如果投入为既定，以

A 方式配置资源产出为 N，而以 B 方式配置资源，产出为 N+1，就表明 B 方式的资源配置效率更高。接下来你会发现，这些经济学的基本原理和方法在教育生产过程中同样有一定的适用性。

二、教育生产函数

为了便于理解教育生产函数，我们先从下面的一个简单的小案例说起。

案例 5-1

英语培训学校的生产函数

一所英语培训学校有甲、乙两个教学班，每班各有 40 名学生和一名教师。该校的产出就是学生的英语水平。这两个班的所有其他条件都一样，唯一的区别就是甲班配有 20 套多媒体视听设备，乙班没有视听设备。假如这所学校学生的英语水平仅受教师和视听设备两个因素的影响，那么它的教育生产函数方程非常简单：产出（英语水平）= f(教师，视听设备)。现在这所学校希望扩大产出，即提高学生的英语水平，可以增加教师或增加视听设备。假设增加 10 套视听设备，并将这 10 套设备给没有视听设备的乙班，那么其带来的边际产出会很大。如果把这些设备给已经有 20 套视听设备的甲班，尽管也会对提高甲班的英语水平有一定作用，但是这些设备给甲班带来的英语教学水平的提高（即边际产出）要比给乙班小得多。如果学校继续增加甲班的视听设备直到 41 套，那么这第 41 套设备给甲班带来的英语水平的提高可能等于"零"，这就是边际产出递减的规律。假设该校不增加视听设备，而是重新配置现有的视听设备，同时增加若干名教师，通过小班上课提高学生的英语水平，即考虑投入要素的可替代性。这就需要考虑增加教师需要额外支付多少工资，并将其同增加视听设备的额外费用相比较。在给定的资源约束下，该校可以有很多不同的种选择和资源配置的方式。究竟哪种资源配置和教育生产是最有效率的呢？这就是一个生产函数问题。

在案例 5-1 中，如果增加一元采购设备费用所带来的边际产出大于增加一元教师工资的边际产出，那么，该校还应该继续调整资源配置。只有当两者的边际产出相等时，该校教育生产中的资源配置才是最有效率的。用公式表示就是：

$$\frac{MP_S}{P_S}=\frac{MP_T}{P_T} \tag{5-2}$$

其中，MP_S是每多购买一个单位视听设备的边际产出，P_S是每多购买一个单位视听设备所支付的费用，MP_T是每多聘任一位教师的边际产出，P_T是每多聘任一位教师所支付的费用。

在现实生活中，教育生产函数远远比这个案例复杂得多，影响教育产出的投入要素可能远远不止两个。例如，在与学校相关的投入要素中，就包括教育经费、教师、学校基础设施、教学设备、教育行政人员、学校管理运行方式等，其中与教师相关的投入要素包括教师的学历学位、教龄和职称、工资水平、在职培训、工作满意度和努力程度等。假定要素间独立，那么在多个投入要素的情况下其公式表达为：

$$\frac{MP_1}{P_1} = \frac{MP_2}{P_2} = \frac{MP_3}{P_3} = \frac{MP_4}{P_4} = \cdots = \frac{MP_n}{P_n} \tag{5-3}$$

其中，MP_1是投入要素1的边际产出，P_1是投入要素1的价格，MP_2是投入要素2的边际产出，P_2是投入要素2的价格，依此类推，MP_n是投入要素n的边际产出，P_n是投入要素n的价格。如果你在教育生产函数研究中发现：对教师进行定期在职培训，不断更新他们的专业知识，提升在教学中运用最新科学技术成果的能力，由此所带来的学生学业成绩的提高（即边际产出），大于在其他方面同等数量经费投入带来的边际产出，那么，你就应该加大教师培训的投入力度，直到教师培训的边际产出同其他要素投入的边际产出相等。教育生产函数就是这样一种工具，它可以在一定程度上帮助教育决策者找到最佳的教育资源配置方式，实现最有效率的教育生产过程。

1986年美国著名教育经济学家汉诺谢克（Eric Hanushek）建立了教育生产函数的基本模型：①

$$A_t = f(F_t, S_t, I_t) \tag{5-4}$$

公式（5-4）左边的A_t代表学生或学校在时间 t 的教育产出。衡量教育产出的指标很多，短期产出包括考试成绩、升学率等各种认知能力等，长期产出包括就业状况、收入水平等，还有诸如创造力、价值观、组织能力、沟通能力等各种非认知能力方面的产出。近年来一些学者进一步拓展了衡量教育产出指标的范围，将对教育提供者（学校）的绩效评估指标也纳入其中，如学生的满意度、学校主管机构（政府）对学校的评分、学区房价等。一般来说，由于短期产出指标的度量相对精确，且生产过程受到其他因素的影响较少、便于控制，因此实证研究中多使用此类指标，对基础教育阶段的研究多使用各类科目的考试成绩，对高等教育阶段的研究多使用大学期间的绩点、毕业率等。

公式（5-4）的右边是各类教育投入，其中，F_t是学生所在家庭的投入，包括父母受

---

① HANUSHEK E A. The Economics of Schooling: Production and Efficiency in Public Schools[J]. Journal of Economic Literature, 1986, 24(3): 1141-1177.

教育程度、社会经济地位、种族等。S_t代表学校的投入，包括教师投入、办学条件、班级规模、教学设备、图书资料等。I_t表示学生个体不变的投入，经济学家认为是天生的能力。需要指出的是，公式右边的学校和家庭投入均指累积投入，即学生个体当期的教育产出不仅与当期的家庭和学校投入有关，还与前期的各类投入有关。

上述模型只是教育生产函数的基本模型，实际上，影响教育产出的因素还有很多，比如学习动机、学校管理方式、相关教育政策等。从理论上来说，如果数据可得，这些因素都应该纳入教育生产函数，教育生产函数可以"无限"扩展。但是，在现实生活中，往往存在很多我们难以观测但会对学生成绩产生重要影响的变量，比如，学生的学习动机、家庭对子女教育的重视程度、文化传统、价值取向、激励机制等。

正是基于上述考虑，有学者提出使用增值模型（Value-added）来考察教育产出的变化。增值模型的优势在于它通过控制学生之前的成绩以及学生和家庭等其他方面的特征，估计出教育投入对学生考试成绩的贡献。增值模型的基本形式如下：

$$A_t = f(A_{t-1}, S_{t-1}, F_{t-1}, Z_{t-1}, \cdots,) \tag{5-5}$$

公式左边的A_t仍然代表学生或学校在时间t的教育产出，方程右边的A_{t-1}代表前一期的学业情况，S_{t-1}代表学校在前一期投入的资源，F_{t-1}代表家庭在前一时期的投入，Z_{t-1}代表学生的努力程度。公式右边的各类自变量均为前期投入，原因是教育存在累积性，后期的教育产出会受到前期教育投入的影响而不是本期教育投入的影响。除此之外，学生同伴效应、政策变化、体制机制等因素也会影响学生的学业表现。

公式（5-5）是将前一期的教育产出视为本期教育产出的自变量，而另一种处理方式是将学生在某一个特定时间段内学业成绩的变化视为因变量，即：

$$A_t - A_{t-1} = f(S_{t-1}, F_{t-1}, Z_{t-1}, \cdots,) \tag{5-6}$$

教育生产函数的形式非常简单，但是这一模型蕴含了很多前提假设，其中一个非常重要的前提假设就是假设各类教育投入要素能够被最大化地有效利用。如果该假设不成立，那么将难以判断各类要素之间的可替代关系是源于边际产出的差异还是资源利用效率的差异。为了使教育生产函数模型更加精确，一些学者还在此基础上添加了更多的假设。[①] 比如，叠加可分离假设（Additive Seperability）是指一种投入要素的效果不会与另一种投入要素的效果相互作用。年龄独立假设（Age Independence），比如在二年级时的投入对三年级产出的影响，与三年级时的投入对四年级产出的影响是相同的。关于教育生产函数的更

---

① TODD P, WOLPIN K. On the Specification and Estimation of The Production Function for Cognitive Achievement[J]. Economic Journal, 2003, 113（485）: F3-F33.

多假设可以参见哈里斯（Douglas Harris）的研究。[①]

教育生产函数的广泛使用，还与其能够回答多类政策问题有关：第一类，估计某一单一资源投入对产出的影响，即如果提高某一类资源的投入，产出（即学生的学业成就）会发生什么变化。例如，若生均经费提高10%，学生的学业成就会提高多少？第二类，在现有资源约束的情况下，如何设计不同要素（如教师质量、班级规模、教学设备等）的投入比例以实现产出的最大化。例如，在财政拨款不变的情况下，如何通过改进经费分配方式来实现学校产出的最大化？第三类，为了提高一定的产出标准，需要如何更有效地配置生产要素。例如，实行哪些政策（如教师激励机制）和改革（如鼓励教师参与学校管理）才能提高学生的学业成就和创新能力等。

案例 5-2

国际大规模教育评估测试及其影响力

近年来随着教育国际化的兴起，大规模跨国教育评估项目应运而生。针对基础教育阶段学生素养的国际大规模教育评估主要有三项：国际学生评估项目（PISA）、国际中小学生数学与科学素养进展（TIMSS）和国际小学生读写素养进展（PIRLS）。

PISA测试从全球15岁中学生中选取样本，从数学、科学和阅读三个方面测试学生是否掌握参与社会所需要的知识与技能。自2000年起每隔三年举行一次，九年为一个周期，每次主测一个素养，另两个素养辅之。2009年中国上海学生首度参与PISA便在全球65个经济体中拔得头筹，2013年上海学生再次夺冠，2015年北京、上海、江苏以及广东四省（市）学生代表参加，总分位居全球第十。（2018年北京、上海、江苏、浙江四省市学生代表参加，各项成绩均排名第一。）

国际大规模教育评估设置的国际基准推动了其他各类全球教育指数的出台。英国知名媒体《经济学人》2012年11月27日发布的一份题为《学习曲线——国家教育成就的教训》的报告，展示了40个经济体的教育表现，以及教育投入、教育产出和社会经济环境三大向度共65个指标之间的相关性，有助于各界专家确定劳动力所需知识和技能与经济体可持续的全球竞争力之间的关联因素，旨在构建一个教育绩效的国际比较基准——"认知能力和教育程度全球指数"。这份报告的主要数据来源便是PISA、TIMSS和PIRLS，各经济体的官方统计数据辅之。

[①] HARRIS D N. Education Production Functions: Concepts [M]//PENELOPE P, BAKER E, MCGAW B. International Encyclopedia of Education (Third Edition). Amsterdam: Elsevier, 2010: 402-406.

> 资料来源：熊建辉，俞可. 国际大规模教育评估的影响力——以 PISA，TIMSS 和 PIRLS 为例 [J]. 人民教育，2014（02）：29-33.

第二节 教育生产函数的实证研究

在过去 60 年的发展中，教育经济学家在全球范围内进行了不计其数的教育生产函数研究，取得了丰硕的研究成果，为教育的改革与发展提供了重要的参考依据。下面，我们就用一个在中国西部进行的实证研究①来说明教育生产函数是怎样为教育决策提供参考依据的。

随着中国农村义务教育的基本普及，提升教学质量已经成为农村义务教育在新的社会历史发展时期面临的重要任务之一。特别是由于中国经济社会发展的区域不平衡，这一问题在中国西部地区显得尤为突出。在进行该项研究之前，国际上这方面的实证研究非常丰富，系统地探讨了教育支出、教师素质、班级规模、家庭社会经济背景、同伴特征等因素对教育质量的影响，但国内关于这方面的系统实证研究非常缺乏。因此，借鉴国际上的相关经验，用教育生产函数的方法研究这一问题，可以为教育决策提供科学的参考依据。

这一研究的数据来源于美国宾夕法尼亚大学汉娜（Emily Hannum）教授主持的"甘肃基础教育调查研究"项目，项目课题组于 2000 年和 2004 年委托甘肃省统计局进行了两次抽样调查。2000 年的调查采用多阶段分层抽样，在甘肃省 20 个县 100 个村获取 2000 个 9—12 岁的有效儿童样本，并调查了儿童的母亲、家庭、村长、老师、班主任、校长，从不同的角度考察影响儿童学业的因素。2004 年的调查是在 2000 年调查的基础上进行的追踪调查，这次调查还对每个抽样儿童进行了语文和数学成绩测试。测试试卷由甘肃省教育科学研究所的专家制定，考试内容以国家课程标准为参照。本研究选取了 2004 年调查的初中学生样本，样本量为 1674 名。

根据汉诺谢克的经典理论模型，这一实证研究建立了如下的教育生产函数扩展理论模型：

$$A_t = f(T_{t-1}, R_{t-1}, F_{t-1}, P_{t-1}, Z_{t-1}, S_{t-1}) \tag{5-7}$$

在这里，A_t 代表教育质量，使用学生数学和语文成绩衡量；T_{t-1} 代表与教师素质有关的自变量矩阵，主要包括教师类型、教师教龄、教师学历、教师职称、教师资格、教师培训等变量；R_{t-1} 代表教师以外的其他学校投入的自变量矩阵，主要包括生均公用经费、学校规模、班级规模等变量；F_{t-1} 代表与学生家庭社会经济背景有关的自变量矩阵，主要包

---
① 薛海平，闵维方. 中国西部教育生产函数研究 [J]. 教育与经济，2008（02）：18-25.

括父母受教育程度、家庭经济收入、家庭文化资本、父母的学习辅导、父母对子女的教育期望等变量；P_{t-1}代表与学生学校同伴特征有关的自变量矩阵，主要包括同伴的认知水平和家庭社会经济背景等变量；Z_{t-1}代表与学生自身特征有关的自变量矩阵，主要包括学生性别、民族、认知水平、教育期望水平和学习努力程度等变量。S_{t-1}代表与教育制度有关的自变量矩阵，主要指分权管理制度。

这一研究利用分层线性模型建立三层的教育生产函数模型，即从学生个体（层1）、班级（层2）和学校（层3）三个层面对影响甘肃农村初中生数学和语文教育质量的因素进行分析，第一层、第二层和第三层模型里都引入了预测变量，以分析各层预测变量对因变量[①]的影响。

一、数学成绩的实证分析结果

根据以前相关研究选择第一层模型自变量，以及根据数学成绩探索分析选择第二层和第三层模型自变量，本研究建立了数学成绩的完全模型，主要统计结果见表5-1。在层3（学校层面）变量中：①公立初中学生的数学成绩显著低于民办初中学生的数学成绩。②学校规模对学生的数学成绩有显著负影响。③学校生均公用经费与学生数学成绩之间显著负相关。④分权管理制度[②]对数学成绩有显著正影响。⑤同伴认知水平对数学成绩有显著正影响。

在层2（班级层面）变量中：①班级规模对数学成绩有显著负影响。②县统考对数学成绩有显著正影响。③中专学历教师所教的学生数学成绩显著高于普通高中学历教师，这可能是因为有中专学历的教师大都来自中等师范学校，接受过系统的师范教育训练，比普通高中毕业生更擅长于教育教学工作。④教师月基本工资对数学成绩影响不显著，但教师的月奖金对数学成绩有显著的负影响。⑤公办教师所教学生的数学成绩显著高于代课教师。⑥教师教龄对数学成绩有显著正影响。⑦接受过学历学习的教师所教学生的数学成绩显著高于没接受过学历学习的教师。⑧教师参加教师进修学校培训对学生数学成绩有显著正影响，接受进修学校培训的频率越高，所教学生的数学成绩也要越高。⑨教师的课外辅导对学生的数学成绩有显著正影响。⑩参与学校管理的教师所教学生数学成绩显著高于没参加学校管理的教师。

在层1（个体层面）变量中：①男生的数学成绩显著高于女生数学成绩。②学生缺课

---

① 本研究在建立模型时，将初中三个年级的学生语文测试成绩和数学测试成绩全部按照年级进行标准化，得到三个年级学生标准化的语文测试成绩和数学测试成绩，用这两个变量作为因变量。

② 学校分权管理的程度，根据校内教师对"校长让我参与学校管理"这一问题的回答值的平均值计算得出。

对数学成绩有显著负影响。③学生自己的教育期望对数学成绩有显著正影响，即学生对自己的受教育期望水平越高，其数学成绩就越高。④学生家庭年人均收入和反映家庭文化资本的家庭藏书量对数学成绩均有显著正影响。

表5-1 数学成绩完全模型的主要统计结果[①]

	变量名	系数	P值	变量名	系数	P值
层3	截距	−0.578	0.217	奖惩式管理	−0.049	0.423
	学校类型（0="民办"，1="公办"）	−0.629***	0.000	同伴认知水平	0.030***	0.005
	学校规模	−0.0001*	0.076	同伴父亲受教育程度	0.037	0.142
	生均公用经费	−0.001*	0.092	同伴家庭年人均收入	0.00004	0.618
	分权管理	0.079*	0.057			
层2	班级规模	−0.007*	0.056	小教高级（以中教三级为基准）	−0.028	0.860
	县统考（0="不参加"，1="参加"）	0.283***	0.000	中教一级（以中教三级为基准）	−0.039	0.634
	教师性别（0="女"，1="男"）	0.039	0.862	月基本工资	0.0001	0.479
	中专（以高中学历为基准）	0.350***	0.006	月奖金	−0.0005*	0.067
	大专（以高中学历为基准）	0.090	0.251	公办教师（以代课教师为基准）	0.156*	0.066
	没有资格（以初中资格作为基准）	−0.108	0.193	教龄	0.004*	0.079
	小学资格（以初中资格作为基准）	0.011	0.598	学历学习（0="不参加"，1="参加"）	0.096*	0.064
	教师缺课	−0.005	0.883	进修学校培训	0.096*	0.063
	见习期（以中教三级为基准）	−0.016	0.711	课外辅导	0.015**	0.032
				是否参与管理（0="否"，1="是"）	0.002*	0.053
	小教一级（以中教三级为基准）	−0.002	0.853	奖惩手段干预（0="否"，1="是"）	−0.047	0.499
层1	性别（0="女"，1="男"）	0.082*	0.050	自己的教育期望	0.041*	0.084
	民族（0="少数民族"，1="汉族"）	0.141	0.459	家庭年人均收入的对数	0.030**	0.023
	认知水平	0.003	0.544	父亲受教育程度	0.009	0.697
	缺课	−0.007**	0.017	父亲对孩子的教育期望	0.067	0.383
	学习数学努力程度	0.005	0.922	藏书量	0.002**	0.021
				父亲作业辅导	0.006	0.288

注：本表中的结果是基于稳健估计标准误得到的；*** $P<0.001$，** $P<0.05$，* $P<0.1$

[①] 薛海平，闵维方. 中国西部教育生产函数研究［J］. 教育与经济，2008（02）：18−25.

二、语文成绩的实证分析结果

同理,建立了语文成绩的完全模型,主要统计结果见表5-2。

在层3(学校层面)变量中:①公立初中学生的语文成绩显著低于民办初中。②学校规模对学生的语文成绩有显著负影响。③学校生均公用经费与学生语文成绩之间存在显著负相关。④分权管理制度对语文成绩有显著正影响。⑤同伴认知水平和同伴父亲受教育程度对语文成绩有显著正影响。

在层2(班级层面)变量中:①班级规模对语文成绩有显著负影响。②参加县统考的班级学生语文成绩显著高于没有参加县统考的班级。③汉族教师所教学生的语文成绩要显著高于少数民族教师。④与拥有初中教师资格的教师相比,只有小学教师资格的教师所教学生的语文成绩要显著低。⑤与拥有中教三级职称的教师相比,见习期的教师所教学生的语文成绩要显著低,小教高级职称的教师所教学生的语文成绩要显著高。⑥教师的月奖金对语文成绩有显著的负影响。⑦课外辅导对学生的语文成绩有显著正影响。⑧参与学校管理的教师所教学生语文成绩要显著高于没参加学校管理的教师。

在层1(个体层面)变量中:①学生的认知水平对语文成绩有显著正影响。②学生缺课对语文成绩有显著负影响,而学生学习语文的努力程度对其语文成绩有显著正影响。③学生自己的教育期望对语文成绩有显著正影响。④学生家庭年人均收入和反映家庭文化资本的家庭藏书量对语文成绩均有显著正影响。

表5-2 语文成绩完全模型的主要统计结果[①]

	变量名	系数	P值	变量名	系数	P值
层3	截距	-0.870*	0.068	奖惩式管理	-0.060	0.251
	学校类型(0="民办",1="公办")	-0.389*	0.054	同伴认知水平	0.022*	0.091
	学校规模	-0.0001**	0.030	同伴父亲受教育程度	0.083***	0.002
	生均公用经费	-0.001**	0.046	同伴家庭年人均收入	0.00005	0.672
	分权管理	0.127*	0.092			
层2	班级规模	-0.004*	0.093	小教高级(以中教三级为基准)	0.243*	0.062
	县统考(0="不参加",1="参加")	0.220***	0.001	中教高级(以中教三级为基准)	0.408	0.370
	教师民族(0="少数民族",1="汉族")	0.346*	0.091	月奖金	-0.002***	0.000
	小学资格(以初中资格为基准)	-0.132**	0.014	课外辅导	0.015**	0.020
	见习期(以中教三级为基准)	-0.054*	0.069	家访	-0.031	0.354

---

① 薛海平,闵维方. 中国西部教育生产函数研究[J]. 教育与经济,2008(02):18-25.

（续表）

	变量名	系数	P值	变量名	系数	P值
层2	小教二级（以中教三级为基准）	0.249	0.102	是否参与管理（0="否",1="是"）	0.072*	0.061
	小教一级（以中教三级为基准）	0.042	0.620	奖惩手段干预（0="否",1="是"）	−0.097	0.320
层1	性别（0="女",1="男"）	−0.026	0.290	自己的教育期望	0.096***	0.000
	民族（0="少数民族",1="汉族"）	0.109	0.438	家庭年人均收入的对数	0.021**	0.012
	认知水平	0.013***	0.001	父亲受教育程度	0.003	0.340
	缺课	−0.004*	0.067	父亲的教育期望	0.064	0.328
	学习语文努力程度	0.097**	0.011	父亲作业辅导	0.007	0.255
				藏书量	0.005**	0.016

注：本表中的结果是基于稳健估计标准误得到的；*** $P<0.001$，** $P<0.05$，* $P<0.1$

三、成绩分析的主要结论

根据以上实证研究结果可以得出以下主要结论。

1. 学生个体、班级和学校三个层面的因素均对甘肃农村初中生的数学和语文教育质量有显著影响。数学和语文成绩的方差分析结果显示，学生成绩在个体、班级和学校三个水平上均存在显著差异，这表明学生个体、班级和学校三个层面的因素均对甘肃农村初中数学和语文教育质量有显著影响。根据英国和其他西方国家的研究发现，大约10%到20%的学生成绩差异受到了学校因素的影响。[①] 本研究结果显示甘肃农村初中学生大约21%的数学成绩差异和约38%的语文成绩差异来源于校际的差异，与西方国家相比，在中国甘肃农村初中，教育质量受学校因素的影响更大。

2. 甘肃农村初中学生的家庭社会经济背景对数学和语文教育质量有显著影响。在控制其他因素后，学生家庭年人均收入和家庭文化资本对学生数学和语文成绩均有显著正影响；父亲的受教育水平对学生数学和语文成绩的影响均不显著，其原因可能在于甘肃农村初中学生父亲的受教育水平普遍较低且差异不大。样本中的甘肃农村初中学生父亲的平均受教育年限为7.57年，大部分学生的父亲只接受过不完全的初中程度教育，过低的受教育程度可能限制了甘肃农村初中学生父亲对其孩子提供的学习帮助。

3. 甘肃农村初中学生的学校同伴对数学和语文教育质量具有显著影响。在控制其他因素后，学校同伴的认知水平对学生数学和语文成绩均有显著正影响，学校同伴父亲的受教

---

① CREEMERS B P M, REEZIGT G J. School Level Conditions Affecting the Effectiveness of Instruction[J]. School Effectiveness and School Improvement, 1996, 7 (3): 197-228.

育水平对学生语文成绩也有显著正影响。

4. 甘肃农村初中学生自身因素对数学和语文教育质量的影响不容忽视。在以前的教育生产函数研究中，学生自身因素对其成绩的影响较少受到关注。该研究发现在控制其他因素后，学生的缺课次数对数学和语文成绩均有显著负影响，而学生自己的教育期望水平对其数学和语文成绩均有显著正影响。其他相关研究发现甘肃农村儿童的教育期望和学业努力对他们学业成绩的提高有积极的作用，且这种影响不亚于家庭社会经济特征对儿童学业成绩的影响，支持了本研究结论。①

5. 甘肃农村初中班级规模和学校规模对数学和语文教育质量均有显著负影响。样本中的甘肃农村初中平均班级规模为53人，班级规模在70人以上的特大型班级占8.3%。班级规模过大在一定程度上限制了师生与学生之间的互动，限制了学生参与课堂活动的机会，并减少了教师对学生的个别指导，从而影响了学生的学业成绩。大的班级规模通常是由大的学校规模引起的。造成甘肃农村初中班级规模和学校规模普遍偏大的原因有很多，如适龄学生数量较多、教师数量缺乏、教室紧张等，这些因素都造成教育质量下降。

6. 甘肃农村初中教师素质对数学和语文教育质量有重要影响。在控制其他因素后，教师教龄、学历、学历学习和教师进修学校培训均对学生数学成绩有显著正影响，教师资格和职称（对应表中见习期、小教二级、小教一级）对学生语文成绩有显著正影响。此外，统计描述显示，样本中超过半数以上的甘肃农村初中学校存在代课教师，代课教师占全部教师的比例接近10%。然而，本研究发现，在控制住其他因素后，甘肃农村初中代课教师所教学生的数学成绩要显著低于公办教师，表明甘肃农村初中大量代课教师的存在降低了数学教学质量。其原因在于，代课教师的来源基本是落榜的初高中毕业生，在担任教师前，大多数没有经过教育主管部门审核，也没有受过系统的师范专业教育和职业培训，不具备教师资格，教学能力很难保证。而且由于工资微薄，他们可能不能彻底离开土地而专心教学。此外，他们无法享受公办教师的各种福利（如奖金、医疗、保险等），同工不同酬导致许多代课教师心理不平衡、工作缺乏积极性。本研究也发现甘肃农村初中教师的月奖金对学生的数学和语文成绩均有显著负影响，其原因可能在于教师奖金大部分来源于对学校公用经费的挤占，这种"挤占效应"导致教师奖金对教育质量的作用方向发生了改变。2006年的一项研究发现，农村义务教育阶段学校的公用经费普遍受到严重挤占，挤占公用经费的支出主要用于分发教师福利、津贴，支付代课教师与教职工工资，偿还债务等。②

7. 学校公用经费是教育事业费中用于保证和改善办学条件的公共开支部分，是学校行

---

① 安雪慧. 教育期望、社会资本与贫困地区教育发展［J］. 教育与经济，2005（04）：31-35.
② 王蓉. 农村义务教育经费保障机制的实施与成效：湖北省、陕西省调研报告［R］. 北京大学教育学院，2006：25.

政和教学活动的基本保证。本研究发现甘肃农村初中学生数学和语文成绩与学校生均公用经费之间存在显著负相关关系，出现这一令人意外结果的原因可能在于：甘肃省许多贫困地区的教育和经济发展水平都很低，出于促进义务教育发展和保障义务教育公平的角度考虑，中国中央政府和甘肃省政府对这些贫困地区进行了大量的义务教育财政转移支付，可能使得贫困地区的生均公用经费水平反而高于非贫困地区，而贫困地区的学生成绩原本又低于非贫困地区，即使近年得到了大量额外经费资助，贫困地区学生的成绩也不能在短期内赶上非贫困地区学生的成绩水平，结果导致甘肃农村初中学生数学和语文成绩与学校生均公用经费之间存在负相关关系。因此，仅仅根据本研究的发现并不必然说明甘肃农村初中学校生均公用经费对学生数学和语文成绩有显著负影响，这一问题需要未来进行更全面和更深入的实证研究予以科学验证。

8.分权管理制度对甘肃农村初中数学和语文教育质量有显著正影响。长期以来，教育生产函数研究较少关注教育制度对学生成绩的影响。本研究这一发现的可能原因是，在缺乏经济激励手段的甘肃农村初中，分权管理制度让普通教师真正体验到作为学校主人翁的地位，这可以大大激发他们的工作热情和提高他们工作的积极性，最终促进他们提高教学质量水平。这一结论表明教育制度的影响在未来的教育生产函数研究中应得到重视。

四、关于提升西部农村地区教育质量的政策建议

甘肃省是中国一个典型的西部省份，甘肃农村地区的义务教育发展现状是我国西部农村地区义务教育发展现状的一个缩影。因此，本研究结论在很大程度上也适用于中国西部农村其他地区初中教育。根据上述主要结论及其讨论，提出以下几点政策建议以提高中国西部农村初中数学和语文教育质量。

1.缩小班级规模和控制学校规模。班级规模缩小后，教师与学生、学生与学生之间互动交流的机会随之增加，每个学生更有可能得到教师的个别辅导和帮助，获得更多课堂参与的机会，学习兴趣提高，形成更积极的学习态度和行为，学习成绩也随之提升。除了缩小班级规模，也需要控制西部农村初中学校规模。为了达到缩小班级规模和控制学校规模的目标，需要采取以下配套措施：增加经费投入。缩小班级规模和控制学校规模后，将需要招聘更多的教师、扩建更多的校舍、购买更多的教学仪器、大幅增加公用经费等，这些都需要增加西部农村初中教育经费投入，且经费在各个方面的投入比例仍然需要科学的实证研究作为支持。另一方面，在保证教学质量的前提下，根据各地的实际情况因地制宜地进行西部农村中小学布局调整。

2.提高教师素质。对甘肃农村初中教师样本的统计分析显示：65.4%的教师拥有大专

学历，13.1%的教师拥有本科学历，仍有21.5%的初中教师没有接受过高等教育；同时有7%的教师没有教师资格，55.3%的教师只有小学教师资格，表明超过60%的甘肃农村初中教师没有获得应具备的初中教师资格；37.7%的教师每周参加一次教师进修学校培训，26.4%的教师每月参加一次教师进修学校培训，除此之外，仍有约40%的教师很少参加教师进修学校培训。据此可以采取以下措施提高西部农村初中教师素质：（1）进一步提高教师的学历水平。（2）严格实施教师资格制度。（3）加大教师参加进修学校培训的强度。（4）提高农村地区教师待遇。教师质量低下的一个可能原因是农村地区教师待遇较差，尤其是与其他行业或职业相比，农村教师职业的吸引力不强。因此除提高教师素质之外，还应普遍提高教师待遇，改善工作条件，吸引更多高素质人才加入教师队伍。

3. 建立代课教师权益保障制度，提高代课教师队伍质量。目前，代课教师队伍已经成为中国广大西部农村地区尤其是边远地区一支不可缺少的重要教师力量，但是代课教师队伍良莠不齐，整体素质比较低，再加上他们的权益得不到保障，其工作积极性严重挫伤，结果导致他们的教学质量一般比较低。代课教师是较为特殊的教师群体，不能简单地以"一刀切"的方式全面加以清退，而应该正视这一群体存在的合理性和存在的问题，探索建立代课教师资格制度、任用制度、考核制度、培训制度和奖惩制度等一系列代课教师权益保障制度。代课教师权益保障制度将保障代课教师的合法权益并对他们的教学活动进行约束和激励，以改善代课教师队伍素质。

4. 推动学校实施分权化管理。甘肃农村初中全体教师样本中只有36.9%的教师参与了学校管理工作，大部分的普通教师仍不能参与到学校的管理过程中来，学校管理中分权化的程度较低。在中国西部农村地区，中小学教师的工资待遇比较低，若无法从经济方面对教师实施有效激励，通过改革学校内部管理制度让广大的普通教师参与学校管理将是激励教师努力提高数学和语文教育质量的途径。以教师为主体的教职工代表大会是广大普通教师参与学校管理的基本形式和主渠道。因此，西部农村初中可以把教职工代表大会制度建设作为实施分权化管理的重要举措之一，全面落实教代会的职权，激发广大普通教师的工作热情和积极性。

这些政策建议为此后国家出台的一系列提高农村义务教育质量的政策提供了理论基础和参考依据。比如，《国务院关于深化农村义务教育经费保障机制改革的通知》《关于大力推进农村义务教育教师队伍建设的意见》等。这些政策把农村义务教育全面纳入公共财政保障范围，全面提高中西部地区生均公用经费标准，全部免除农村义务教育阶段学生学杂费；加大对中小学教师工资经费支持力度，确保教师工资水平不断提高，通过加大一般性财政转移支付力度保障农村中小学校教师工资按时足额发放；依法保障并逐步提高农村义务教育教师工资待遇，确保平均工资水平不低于当地公务员平均工资水平；对长期在农村基层和艰苦边远地区工作的教师，实行工资倾斜政策；启动"特岗培训""国培计划"和鼓励地方实施乡村教师生活补助体系。这些政策建议也与经济合作与发展组织近期的报告《有效的教师政策：来自国际学生评估项目（PISA）的见解》相一致。该报告指出，在参加2006年和2015年国际学生评估项目的国家和地区中，拥有更多教师聘请自主权的学校，学生的成绩会更高；有更多自由调整教师职位、工作条件和薪酬的学校，也更能吸引优秀教师。[1]

以上是一个典型的教育生产函数的实证研究，并根据研究结论为教育决策者提出了相关的政策建议。特别需要指出的是：当此项研究发现甘肃农村初中学生数学和语文成绩与学校生均公用经费之间存在负相关时，并非只是简单地呈现和接受这一实证分析结果，而是深入探讨出现这种结果的原因，比如，由于许多贫困地区获得了大量来自政府的转移支付，以及国际组织的项目援助，导致在某一时期内生均公用经费水平反而高于非贫困地区，但是贫困地区学生学业成绩的提高则需要一个较长时间的过程，贫困地区的学生成绩在短期内低于非贫困地区从而导致学生成绩与学校生均公用经费之间呈负相关。由此可见，只有在深入实际、调查研究的基础上，分析实证研究结果才能探究出数据后面的深层原因，进而提出富有针对性的有效政策建议。

第三节 高等教育生产函数

尽管教育生产函数最初主要被用于基础教育阶段的研究，随后也被逐渐应用于高等教育领域，但是，与基础教育相比，使用教育生产函数分析大学的投入和产出要更为复杂，主要原因在于高等教育的产出更为多元。基础教育生产函数研究主要考察教育投入要素对学生学业成就的影响，而针对高等教育的研究，特别是对研究型大学的研究，不仅要考查学生学业成就的影响因素，而且要考察科学研究成果及其影响因素，还要考察通过人才培养和知识创新等方式为社会服务的业绩。测量这些多元化的产出难度更大，因此高等教育生产函数模型也更为复杂。[2]

与企业相比，大学具有很多特殊性，比如，大学所收取的学费一般不能弥补举办高等教育的成本，大学会通过录取分数线等方式制定入学标准，拒绝一些愿意支付学费的潜在学生，且通常评价大学质量的标准之一就是他们拒绝了多少潜在的申请入学者。此外，大

---

[1] 王静. 经合组织发布教师政策报告［EB/OL］.（2018-06-29）［2019-06-20］. http://ex.cssn.cn/jyx/jyx_gjjy/201806/t20180630_4491151.shtml.

[2] HOXBY C M, STANGE K. Productivity in Higher Education［M］. Chicago: University of Chicago Press, 2020: 31-66.

学还会为吸引来自特定社会群体的学生而降低学费标准，甚至提供各种形式的财政资助等。① 大学的这些特殊性主要源于大学目标的特殊性。一般来说，大学的目标包括培养优秀的学生、创造高水平的科研成果、提供优质的社会服务以及文化传承创新。这些目标的实现水平越高，大学所获得的社会声誉也越高。这种声誉就成为大学多元化产出水平的综合性标志之一。因此，与企业追求利润最大化的目标不同，大学的目标是追求声誉最大化。② 大学的卓越声誉可以吸引更多高水平教师、更多优秀生源、更多科研经费、更多社会捐赠等外部资源。

那么，如何衡量大学声誉呢？教师队伍的学术水平（例如大学教师队伍中是否有诺贝尔奖获得者和科学院院士）、科研经费的数量和科研成果的产出（例如在世界顶级学术期刊发表的论文数量，获得的专利数量等）、本科生的录取率、毕业生的质量、毕业生的起始工资、研究生学院的排名、大学为社会提供的公共服务以及在各类大学综合排名中的位置等，往往被视为大学声誉的代理变量，但这些变量往往难以直接测量或进行比较，更难以被纳入同一教育生产函数的模型，而如果仅仅以某一个指标来衡量大学声誉则会有失偏颇。

哪些投入要素会影响大学声誉呢？从大学教育的生产过程来看，决定如何配置资源的主体既包括大学管理者，也包括院系负责人、教师群体乃至学生群体。比如，大学尤其是院系负责人需要决定聘任哪些教师、如何给教师分配课程、招收多少学生等，教师需要决定在教学和科研上的时间分配、研究方向等，学生需要决定选修哪些课程、是否参加实习、毕业后继续深造还是进入劳动力市场工作等，所有这些决定将共同影响大学的产出。

尽管教育生产函数在高等教育领域的应用更为复杂，但仍然有一些学者进行了有益的探索。例如，相关研究基于大学追求声誉最大化的假设，提出了在收支平衡的预算约束下大学声誉和教师满意度模型，模型中的主要影响因素设定为本科生的数量和质量，研究生的数量和质量，教师的数量、教学工作量、科研工作量、科研经费，本科生和研究生的班级规模等因素。该模型并没有考虑教师的教学质量，因为作者认为教师教学质量并非是直接影响大学声誉的主要因素，教学质量是教师与学生互动的结果，而教师的科研能力和科研成果通常要比教学能力更能影响大学的声誉。③

---

① WINSTO G, ZIMMERMAN D. Peer Effects in Higher Education [M] // HOXBY C M. College Choices: The Economics of Where to Go, When to Go, and How to Pay for It. Chicago: University of Chicago Press, 2004: 395-424.

② WINSTON G. Subsidies, Hierarchies and Peers: The Awkward Economics of Higher Education [J]. The Journal of Economic Perspectives, 1999 (13): 13-36.

③ JAMES E. Decision Processes and Priorities in Higher Education [M] // HOENACK S, COLLINS E. The Economics of American Universities. Albany, New York: State University of New York Press, 1990: 77-106.

20世纪80年代以来，与高等教育生产函数密切相关的研究开始更多关注人才培养过程和质量，即分析哪些因素会影响学生的学业成就。从理论上来说，学业成就主要由教师的教学行为和学生的学习行为共同决定，而近年来研究的关注点由教师如何教以及教了多少转向学生如何学以及学到了多少，这一转变与学生发展理论的兴起密不可分。学生发展理论从不同的学科视角进一步充实了高等教育生产函数的研究。学生发展理论体系可以大致分为个体与环境类理论、社会心理类理论、认知和价值观类理论、整合性理论。其中，个体与环境类理论中最著名且应用最为广泛的理论就是阿斯汀（Alexander Astin）的"输入—环境—输出"模型，即IEO模型。该模型认为高等教育的人才培养效果是学生特点（输入）与大学教育环境相互作用的结果，因此可以将学生特点与大学教育环境相互剥离来分析如何制定教育政策和组织教育实践以帮助学生获得更高的学业成就。[1] 该理论与教育生产函数理论有异曲同工之处，IEO模型中的"输入"实际上就是教育生产中的"投入"要素，模型中的"环境"即教育生产过程中的制度化环境，包括教育教学的组织过程，模型的"输出"即教育生产中的"产出"。

　　衡量大学生学业成就的指标可以分为直接和间接两种，直接指标如各科考试成绩、绩点、各项通用性能力等，间接指标如毕业率、学分数等。为了实现学业成就能够在不同学校和教育体制之间可比，近年来国内外学者纷纷开始测量学生所掌握的能力水平。比如澳大利亚联邦政府委托澳大利亚教育研究委员会开展的毕业生知识能力评估项目（Graduate Skills Assessment），每两年对高校本科新生和四年级学生进行评估，涉及批判性思维能力、分析推理能力、口头和书面表达能力、解决问题的能力等。美国主要由民间专业机构推动实施类似的项目，比如高校学生评估项目（Collegiate Learning Assessment）、高校学术评估项目（Collegiate Assessment of Academic Proficiency）、学术能力和进步测量项目（Measure of Academic Proficiency and Progress）。

　　由于这种由外部机构开展的测量评估不能完全有效反映高等教育专业人才培养的特征，其评估结果也无法直接用于院校的教学改善，因此近年来基于学生自我陈述形式进行的学业成就调查日益兴起，这类调查既可以评价学生的认知能力，也可以评价非认知能力，还可以将学生的学业成就与就读经历结合起来，评价高等院校的"教"与"学"过程。比如美国高校学生投入调查（National Survey of Student Engagement）将学业投入作为过程性指标或学业成就的代理指标。[2] 为了将学业成就与学生的就学经历结合起来，此类

---

[1] ASTIN A W. Assessment for Excellence: The Philosophy and Practice of Assessment and Evaluation in Higher Education [M]. New York: American Council of Education and Macmillan Publishing Company, 1991: 252–253.
[2] 鲍威. 大学生学业成就增值效应研究［J］. 江苏高教, 2015（01）: 65–69.

调查还涉及大量学生在学期间课内外学习投入的指标，比如学生学习动机、学习习惯、学习方式、课外活动参与、同伴效应等，这些都是教育生产的重要环节。

大学中的教育生产与基础教育中教育生产的类似之处之一体现在影响因素方面。以同伴效应为例，学生之间的交往互动不仅在基础教育阶段中发挥重要作用，也被证明同样存在于大学的校园、班级以及宿舍。本世纪初针对达特茅斯学院基于性别、习惯等因素的宿舍随机分配制度的研究发现：室友对大学成绩具有非线性影响。① 还有研究利用相同的研究方法分析了美国威廉姆斯学院的室友效应，也得到了类似的研究发现：学习能力倾向测验（Scholastic Aptitude Test，SAT）成绩中等的学生如果与SAT词汇成绩在后15%的学生做室友，则大学一年级的成绩会受到显著的负面影响。②

另有研究者认为，上述两项研究虽然证实了同伴效应的存在，但其发挥的作用仍然比较有限，一方面是由于两项研究考察的都是精英大学的学生，他们在进入大学前可能就已经形成了强烈的学习动机和良好的学习习惯，如果研究对象为来自弱势家庭背景或者低能力的学生则可能会有不同结论；而另一方面，室友未必是关系最为亲密的朋友，即便同住在一个屋檐下，如果没有相同的兴趣爱好，实际的互动可能仍然比较有限。于是，相关学者选择位于肯塔基州中部的一所主要招收学业优秀但经济困难学生的私立文理学院作为分析对象，发现室友高考成绩（American College Test，ACT）成绩不如高中的绩点（Grade Point Average，GPA）重要，且在学习投入时间上的同伴效应是成绩上的同伴效应的中介影响变量。③ 他们还做了一项有意思的实验，即随机分配拥有游戏机的室友，并发现室友拥有游戏机对自己的学习成绩有显著负影响，且成绩变差的主要原因是学习投入减少。④ 此后，还有学者将研究范围进一步扩展至同伴效应对大学生就业选择的影响，并发现室友间的求职结果高度相关，也就是说，在大一新生随机分配宿舍的基础上，同伴间的友谊仍然会影响大学生的职业选择或者帮助大学生找到工作。⑤

---

① SACERDOTE B. Peer Effects with Random Assignment: Results for Dartmouth Roommates[J]. The Quarterly Journal of Economics, 2001, 116(2): 681-704.
② ZIMMERMAN D J. Peer Effects in Academic Outcomes: Evidence from a Natural Experiment[J]. The Review of Economics and Statistics, 2003, 85(1): 9-23.
③ STINEBRICKNER R, STINEBRICKNER T R. What Can Be Learned About Peer Effects Using College Roommates? Evidence from New Survey Data and Students from Disadvantaged Backgrounds[J]. Journal of Public Economics, 2006, 90(8): 1435-1454.
④ STINEBRICKNER R, STINEBRICKNER T R. The Causal Effect of Studying on Academic Performance[J]. The B.E. Journal of Economic Analysis & Policy, 2008, 8(1): 1-55.
⑤ SACERDOTE B. Peer Effects in Education: How Might They Work, How Big are They and How Much do We Know Thus Far?[M]// HANUSHEK E, MACHIN S, WOESSMANN L. Handbook of The Economics of Education, Volume 2. Amsterdam: Elsevier, 2011: 249-277.

由于在美国等许多西方国家,大学生的宿舍分配仍然是以自主选择室友为主,并没有做到真正的随机分配,因此难以解决自选择偏误。相比之下,中国大学的宿舍分配更加接近于随机化,需要控制的内生性相对较少,因此研究同伴效应更有可能获得科学而稳定的结果。比如,有研究以中国某大学经济管理学院作为研究对象,分析了班级和宿舍对大一新生学习成绩的影响,并发现班级同学对学生学习成绩有非常重要的影响,且这种影响的显著性和影响力度高于宿舍室友的影响,[①]这说明,在中国,班级同伴的影响更重要。其他学者的研究也发现,室友的平均高考分数对自己的大学绩点有显著正向影响,并且仅在女生宿舍有显著影响,在男生宿舍则没有显著影响。进一步探讨室友同伴效应在不同组合类型之间的差异后发现,在女生宿舍中,两个及以上好成绩的室友才会对其绩点产生显著的正向影响,说明室友的影响需要达到一定的条件才能发挥作用。[②]

第四节 教育生产函数的局限性

关于教育投入与产出之间的定量关系,以往研究并没有得到一致的研究发现,这与研究对象在国家教育管理体制机制等制度性因素及教育阶段上存在的差异有关,也与把学校的培养教育过程类比为物质生产领域的企业行为来研究本身存在的理论和方法局限有关。在使用教育生产函数进行实证分析和结果讨论时,这些局限不可忽视。

一、理论的局限

首先,教育生产函数的基本假设是各类教育投入要素能够被最大化地有效利用。在教育组织中,这一假设往往并不完全成立。原因之一在于教育生产函数模型往往对一些关键因素及其影响的关注不够,如教育行政组织及其管理方式这一关键因素对学校运行绩效的深刻影响,学校和地区乃至国家层面的教育政策机构对教师教育教学活动以及学生学习行为的深刻影响。

在社会科学中,学校行政管理组织通常被认为是一种"科层组织",它是一个更大的"公共科层组织"的一部分。这个公共科层部门通常会受到复杂的社会和政治因素的影响,其运转更多的是按照政治法则而不是经济法则来进行。作为非营利的公共部门,教育

[①] 张羽,杨斌,张春生,朱恒源. 中国高校班集体制度对学生成绩影响的实证研究[J]. 清华大学学报(哲学社会科学版),2011,26(03):133-142+158.

[②] ZHANG L, PU S. It Takes Two Shining Lights to Brighten the Room: Peer Effects with Random Roommate Assignments [J]. Education Economics, 2016, 25(1): 1-19.

系统和学校的价值函数既根据制度价值又根据市场价格来权衡产出与投入。这些价值不仅受到学校行政管理机构自身目标和偏好的影响，也会受到县市以及更高层次的社会和政治因素的影响。教育行政管理的运作对政治和教育准则的遵从与对经济准则的遵从一样重要。学校必须同其所存在的制度化环境的各种相关要求保持一致，才能具有合法性且生存下去。

此外，虽然相同的教育投入可能对不同学生成绩的影响有所不同，但是学校往往并不一定是为了实现学生成绩的整体最优而将资源完全投在成绩提高最多的学生身上。例如，相比较而言，成绩越好的学生往往成绩提升空间越有限，但是很多学校为了提高考入重点大学的人数，往往通过设置"重点班"的方式将成绩最好的学生聚集在一起，并为其配备最优秀的师资。如果以成绩增值作为产出指标，那么利用教育生产函数分析不同成绩的学生群体就会得到不尽相同的研究发现。

其次，在人们使用这样的生产函数模型时，对指导他们界定函数的学习理论基础和教育哲学基础往往缺少足够的说明，也没有能够解释教育生产中做出决策的单元是什么：是一个由教师带领的班级，还是校长带领的学校？是学校所在地区的教育行政部门，还是有学生父母参加的学校董事会？

再次，尽管学校的教师和校长在一定程度上控制和影响着学习和教育过程，但是他们往往并不能像企业里的董事长和执行总裁那样配置资源和选择"生产技术"。企业领导知道生产某种产品需要哪些投入，并可以想方设法获得这些投入。但是学校的校长和教师却不仅不能控制学生能力这一教育生产的主要投入，还必须不断去适应教育生产过程中不断变化着的投入要素。教育生产的决策过程对于校长和教师的复杂和不确定程度，要远高于物质产品生产决策过程对于一个企业经理的复杂和不确定程度。

最后，教育生产函数的一些假设在现实生活中并不完全成立。例如，叠加可分离假设意味着一个领域的课程的边际收益不服从边际收益递减的规律，且不影响其他领域的课程的边际收益。而在实际生活中，一个两个小时的课程效果可能不会等同于两个一小时的课程效果，学习语文课程的收获也未必不会影响学习数学课程的效果。

近年来，一些学者和国际组织在克服教育生产函数模型的局限性方面做出了卓有成效的努力，具体内容可参见相关学者的近期研究。[1][2]

---

[1] HANUSHEK E A, WOESSMANN L. The Economics of International Differences in Educational Achievement [R]. CESifo Working Paper No.3037, 2010: 1-70.

[2] HANUSHEK E A, WOESSMANN L. Do Better Schools Lead to More Growth? Cognitive Skills, Economic Outcome, and Causation [J]. Journal of Economic Growth, 2012, 17 (4): 267-321.

二、方法的局限

与教育收益估计模型类似，在教育生产函数的估计中也存在着诸如测量误差、遗漏变量误差、选择和损耗误差、模型设定误差等。教育生产函数的测量误差主要指无法准确测量学生的产出（如学业成就）、学校特征、家庭特征、个人特征等。例如，对学生成绩的测量可能因为不同类别的学生对不同难度、不同方式的考试适应不同，使得分数可比性存在偏差，也可能是因为短期的资源投入难以产生成绩上的显著变化。诸如学生的出勤率和努力程度、教师的教学能力与风格、教师的工作努力程度和期望、课程体系等，通常也难以精确测度。另外，在实际研究中，由于数据获得存在困难，研究者往往使用累积平均数，而非实际的测量数据。以班级规模为例，研究者所能掌握的数据往往是某个学校或学区的生师比，而非每个班级的真正规模，使用这类累积数据就会造成累积偏误。

教育生产函数中的遗漏变量误差主要是指遗漏那些无法或难以观察到但是可能与教育产出相关的变量。比如，学校的中心指导思想和战略目标、校长的领导能力和对学校的有效管理、学校广泛的社会联系、良好的学习氛围和整洁的校园环境，能被学生理解的明确期望和对学生进步的反馈，提倡主动学习独立思考而不是死记硬背，教师的事业心、责任感和对教育的献身精神等，这些要素会对教育产出产生重大影响，但是往往因为难以量化而被遗漏在模型之外。

教育生产函数中的选择误差主要指学校质量往往与学生的家庭特征有关。例如，由于受到一项政策的影响，某小学的教学质量大幅提高，于是有很多学生从其他学校转入该校。新转入的学生可能与该校原来的学生并不相同：如果转学学生的家长是那些特别重视孩子教育的家长，那么就可能高估学校质量对学生成绩的影响；如果转学学生是那些成绩很差而被强制转到该学校的学生，就有可能低估学校质量对学生成绩的影响。损耗误差与选择误差有相似之处，上例中的学校如果没有受到政策影响，那么有些成绩较差的学生可能会选择辍学，但是由于学校质量提高，这部分学生选择继续留在学校，在这种情况下，就会低估教育质量对学生成绩的影响。

教育生产函数的实证研究中还可能存在模型设定误差。首先，各类资源投入与教育产出之间有时并非简单的线性关系，比如在研究班级规模与学生的学习成绩之间的关系可能会存在一个最优班级规模，超过或者低于这个班级规模，学生成绩均会下降。其次，在建立教育生产函数模型时多使用单一方程评估方法，但实际上可能联立方程模型更适合刻画投入与产出之间互为因果的关系。另外，有些自变量之间可能存在多重共线性，比如学生的家庭背景越好越有可能选择教育质量更高、收费也更高的私立学校，若两者之间存在多重共线性就会使得估计结果产生偏差。此外，在使用教育生产函数来评价学校或班级产出时，一般使用平均产出作为因变量，但是有一种观点认为，还应该进一步考察各类教育投入对产出差异的影响。比如，在研究班级规模时，不仅要考察班级规模降低对学生平均成绩的影响，还要考察对学生群体间成绩差异程度的影响。只有当一项投入在平均产出回归方程和标准差回归方程中均显著时，才能得出该项投入缺失对教育产出有影响的结论。[①]

正是由于存在上述方方面面的局限性，过去 50 多年中尽管开展了成千上万有关教育生产函数的研究，但是研究结论往往并不一致，有时甚至会出现相互矛盾的研究发现。关于这一现象的详细介绍可参见本章附录。

自《科尔曼报告》发表以来，教育生产函数分析方法就被学者广泛应用于研究教育的生产过程。在全球范围内，教育生产函数研究也一直是教育经济学重要的研究领域。用教育生产函数作为工具解释学校教育产出中所表现出来的差异，有利于预测各种教育投入要素对学生个人学业成就所产生的影响，从而做出更好的投入安排。尽管教育生产函数方法也遭到了许多学者的质疑，但是教育生产函数的相关研究一刻也没有停止过，相反，还在批评中不断发展和完善。很多教育经济学领域的专家致力于通过因果推断的方法来克服教育生产函数的局限，比如双重差分方法、断点回归方法、随机试验法等，并取得了丰硕的研究成果。近年来，一些学者将大规模的教育行政管理追踪数据引入教育生产函数的研究，并通过使用固定效应模型来控制那些难以观察到的、存在于学校间、教师间、学生间或不同时间段之间的系统差异，进而建立教育投入变化影响教育产出变化的因果关系。方法上的不断创新为教育生产函数提供了持续的生命力。在充分意识到其局限性的前提下，如果精心设计并正确运用，教育生产函数仍然是制定教育投资政策非常有用的工具。

本章小结

生产函数是研究不同投入要素如何影响产出的经济学理论和方法。本章首先介绍了生产函数的基本特征：每个生产要素的增加都会影响产出，但不同要素对产出的影响作用是不同的；随着投入要素的不断增加，产出的增加率会逐渐减小，即服从边际收益递减的规律；投入要素之间具有可替代性，一个要素的增加可以替代或减少另一个要素的投入。在资源有限的情况下，要实现最大化产出，就需要决定各类要素的最佳投入比例。教育生产函数是运用生产函数的方法综合考虑各种教育投入要素对各类教育产出的影响，以便在给定投入的情况下，实现教育产出的最大化。本章阐述了教育生产函数的基

[①] BROWN B W, SAKS D H. The Microeconomics of the Allocation of Teachers' Time and Student Learning [J]. Economics of Education Review, 1987, 6 (4): 319-332.

本理论和数学模型,并对教育生产函数实证研究方法进行了具体的介绍,通过具体案例展示了教育生产函数在进行教育决策、优化教育资源配置、提高教育资源使用效率中的重要意义。

基础教育生产函数研究主要考察教育投入要素对学生学业成就的影响,而在高等教育,特别是研究型大学,由于产出的多元化特征,不仅要考察对学生学业成就的影响,而且要考察科学研究的成果,还要考察通过人才培养和知识创新等方式为社会服务的业绩。对这些多元化的高等教育产出进行测量难度更大,因此高等教育生产函数模型也更为复杂。

在全球进行的教育生产函数研究中常常得出不同的结论,这与研究对象在国家教育管理体制机制等制度安排和教育阶段上存在差异有关,也与教育生产函数本身在理论和方法上的局限性有关。教育生产函数的基本假设就是各类教育投入要素能够被最大化地有效利用。但在现实生活中,这一假设往往并不能完全成立。教育系统并不是简单地按照物质生产的经济法则运行的,而是经常受到复杂的社会和政治因素的影响。教育生产函数模型中产出和投入的变量也比物质生产领域复杂得多,许多变量难以精确测度,还有些变量常常被遗漏,从而导致研究结果的差异。

在过去五十多年中,教育生产函数研究不断发展和完善。用教育生产函数解释学校教育产出中所表现出来的差异,有利于更好地理解各种教育投入要素对学生个人学业成就产生的影响,从而更好地进行教育资源配置,制定相关的教育政策。

思考与练习

1. 生产函数具有哪些基本特征?
2. 教育生产函数研究的意义是什么?
3. 教育生产函数实证研究的基本模型是怎样的?
4. 高等教育生产函数的特点与基础教育有什么区别?
5. 教育生产函数有哪些局限性?

拓展阅读建议

1. 汉诺谢克. 教育生产函数[M]// Martin Carnoy,教育经济学国际百科全书:第2版. 闵维方,等译. 北京:高等教育出版社,2000: 352-358.
2. 卡诺依. 教育生产的政治经济学[M]// Martin Carnoy,教育经济学国际百科全书:第2版. 闵维方,等译. 北京:高等教育出版社,2000: 372-381.

3. 薛海平,闵维方. 中国西部教育生产函数研究[J]. 教育与经济,2008(02):18-25.
4. HARRIS D N. Education Production Functions: Concepts[M]//BREWER D J, MCEWAN P J. Economics of Education. New York: Elsevier Academic Press, 2010: 127-132.
5. HANUSHEK E A. School Resources[M]// HANUSHEK E, WELCH F. Handbook of the Economics of Education, Volume 2. Amsterdam: Elsevier B.V., 2006: 865-908.

附录　教育生产函数的实证研究综述

《科尔曼报告》开启了人们研究教育生产函数的大幕，此后很多学者进行了大量实证研究，并取得了丰硕的研究成果。其中，美国斯坦福大学教授汉诺谢克在教育生产函数领域的贡献尤为突出。2006年他的《学校资源》(School Resources)一文对1994年以前使用教育生产函数开展研究的论文进行了综述，并发现：在89篇以美国作为研究对象的376个教育生产函数估计中，大多数研究都发现学校和教师投入（如师生比等、教师工龄、教师平均工资等）与教育产出的关系并不显著，对美国之外的其他发达国家的分析也得到了类似的发现。作者又分析了1990年之前以发展中国家作为研究对象的96项教育生产函数研究，发现学校投入与产出存在显著正相关关系研究所占的比例要远远高于发达国家。[①]2011年他收集了1990—2010年间使用教育生产函数研究发展中国家初等和中等教育的期刊论文或工作论文，并对9000多篇相关文献进行层层筛选，最终确定了79篇核心文献作为综述对象，其中包括43篇以增值模型为基础的高质量研究论文。我们将在此部分介绍利用教育生产函数分析发达国家和发展中国家的实证研究。[②]

一、学校资源投入对学生成绩的影响

（一）教育经费

很多教育管理者和政策制定者认为，教育质量的提高需要更多的投入，一些实证研究发现也支持了这一观点。比如，詹金斯（Andrew Jenkins）等人对英国普通初中的研究发现，生均支出对学生成绩有显著正影响，且生均支出水平对于弱势地位学生的边际影响较大，额外的生均支出对于较低能力的学生影响较大。[③]但是，哈基宁（Iida Häkkinen）等人使用时间序列的面板数据差分掉学校和学区的影响后发现，20世纪90年代生均支出的变化对高中毕业考试分数没有影响。[④]还有诸多研究发现，仅仅增加教育设施、生均支出

[①] HANUSHEK E A. School Resources [M] // HANUSHEK E, WELCH F. Handbook of the Economics of Education, Volume 2. Amsterdam: Elsevier B.V., 2006: 865–908.

[②] GLEWWE P, HANUSHEK E A, HUMPAGE L S, et al. School Resources and Educational Outcomes in Developing Countries: A Review of the Literature from 1990 to 2010 [R]. National Bureau of Economic Research, Inc, 2011.

[③] JENKINS A, LEVACIC R, VIGNOLES A, STEELE F, ALLEN R. Estimating the Relationship Between School Resources and Pupil Attainment at Key Stage 3 [M]. Lindon: Department for Education and Skills/Institute of Education, University of Lindon, 2005: 1–89.

[④] HÄKKINEN I, KIRJAVAINEN T, UUSITALO R. School Resources and Student Achievement Revisited: New Evidence from Panel Data [J]. Economics of Education Review, 2003, 22 (3): 329–335.

等物质投入通常并不一定能够大幅提升学生能力和学习成就。一些跨国研究也表明，教育支出水平较高国家的学生成绩并不比低支出水平国家的学生成绩更好。①

生均经费只是衡量学校财力的一个粗略指标，这些经费花在哪个方面可能比仅一味增加经费数量对教育产出的影响更大。于是，一些实证研究聚焦如何通过金钱激励学生投入来提高教育产出。比如，在以色列开展的研究比较选择学校中部分学生进行经济激励和选择部分学校的所有学生实施经济激励的效果，前一个项目是在一所中学随机选择500名学生进行干预，若学生能通过高中入学考试就能获得一定的现金或教育券作为奖励；后一个项目是在40所中学里随机选择部分学校实施干预，在这些干预学校里，所有能够从10年级升入11年级，或者从11年级升入12年级，或者通过高中入学考试的学生均能获得现金。实证结果显示，基于学校层面的随机干预激励能够显著将高中入学考试通过率提高6—8个百分点，而基于学校内学生层面的随机干预激励则对高中入学考试通过率没有显著影响。②

此外，面向教师的经济激励和面向学生的经济激励也产生了不同的效果。比如，一项对墨西哥88所高中的研究选择了三种基于数学测验成绩增值的经济激励手段：20所中学实施学生激励，20所中学实施教师激励，20所中学实施既面向学生又面向教师的激励，其余28所中学为没有任何激励的控制组。持续两年的评估发现：既面向学生又面向教师的激励对学生成绩的正向影响显著最大，仅面向学生的激励所产生的正显著影响次之，仅面向教师的激励则没有显著作用。③还有一些研究发现，相比基于学习结果的激励，基于学习投入的激励效果更为明显。可能的原因是，学生可能并不清楚通过何种途径能够提高成绩，而与之相比，基于学习投入的激励更加明确。④

（二）教育设施

衡量学校投入的指标众多，汉诺谢克在其综述文章中将其分为两类，一类是学校设施，另一类是教学用品，包括：教科书、桌椅板凳、计算机、图书馆等，在21篇论文的60个估计模型中（见表5-3），有36个估计模型都发现了教科书、工具书等教学用品对学生成绩具有正向影响，且26个估计结果是正向显著的，没有一项研究发现讲台、桌椅

---

① FUCHS T, WÖßMANN L. What Accounts for International Differences in Student Performance? A Re-Examination Using PISA Data [R]. CESifo Working Paper Series 1235. CESifo Group Munich, 2004.
② ANGRIST J, VICTOR L. The Effect of High School Matriculation Awards: Evidence from Randomized Trials [R]. NBER Working Paper 9389. National Bureau of Economic Research, Inc, 2002: 1-3+6.
③ BEHRMAN J R, et al. Aligning Learning Incentives of Students and Teachers: Results from a Social Experiment in Mexican High Schools [J]. Joural of Political Economy, 2015, 123 (2): 325-364.
④ FRYER R. Financial Incentives and Student Achievement: Evidence from Randomized Trials [J]. Quarterly Journal of Economics, 2011, 126 (4): 1755-1798.

等设施对学生成绩有负向影响,绝大部分的研究也发现电力系统对学生成绩的影响也多为正向。此外,黑板、墙壁、房顶等基本设施也对学生成绩有正显著的影响。相比之下,计算机及相关设备对学生成绩的影响不那么明显。考虑到计算机的价格相对昂贵,汉诺谢克提出,在学校经费有限的情况下,应该先保证学校基本设施的完善,而购买计算机及相关设备的决定则应相对谨慎。由于上述研究是在1990—2010年开展,而近年来随着计算机技术的迅猛发展,越来越多的学校开始引入计算机辅助教学、在线教育甚至人工智能等技术,其实施效果仍有待进一步验证。

表5-3 学校设施与教学设备影响学生成绩的研究总结[1]

	负,显著	负,不显著	零,或不显著	正,不显著	正,显著	研究数量
教科书/练习册	4(3)	13(8)	7(5)	10(7)	26(10)	21
桌椅	0(0)	0(0)	13(1)	7(5)	8(4)	8
计算机/电子游戏设备	1(1)	9(5)	1(1)	8(3)	7(4)	8
电力设备	0(0)	3(2)	0(0)	6(5)	6(2)	6
学校设施	0(0)	1(1)	7(1)	1(1)	13(4)	6
黑板/活动挂图	0(0)	2(1)	13(1)	3(3)	7(3)	6
图书馆	1(1)	3(2)	7(1)	1(1)	10(5)	6
房顶/墙/地板	0(0)	1(1)	0(0)	3(2)	2(1)	4

注:表中数字表示全部估计方程的数量,括号中的数字表示研究(或论文)的数量。

(三)班级规模

班级规模与生师比密切相关,但二者又不完全等同。班级规模的特殊性在于,它不仅能够反映学校的投入水平,还反映了与教学相关的师生互动模式、同伴效应模式等。也正是由于这一原因,近年来对班级规模的关注度逐渐增加。

1994年科雷亚(Hector Correa)在标准的教育生产函数模型的基础上,提出了班级规模影响教育产出的理论模型。[2] 他假设教师的时间只能用于影响整个班级的活动、影响个体学生的活动和教学外的活动。当教师增加对班级的投入时间时,班级的平均表现就会提高,教师对单个学生的投入则对班级整体表现的影响较小。因此,随着班级规模增大,教师会更加关注整个班级的平均表现,而牺牲了对单个学生的投入。拉齐尔(Edward Lazear)提出另一种理论模型,他认为班级规模对教育生产函数的重要性在于它会影响班

---

[1] GLEWWE P, HANUSHEK E A, HUMPAGE L S, et al. School Resources and Educational Outcomes in Developing Countries: A Review of the Literature from 1990 to 2010 [R]. National Bureau of Economic Research, Inc, 2011.

[2] CORREA H. An Economic Analysis of Class Size and Achievement in Education [J]. Education Economics, 1993, 1(2): 129-135.

级氛围，且更有可能提高弱势学生群体的产出。[1]还有很多理论模型提出班级规模影响学生产出的原因，比如，班级规模越小，班级管理越容易，教师对学生了解越多，与学生、家长或监护人互动越频繁，同伴影响越积极，更加可能实现因材施教等。

班级规模影响学生成绩的研究众多，其中随机实验、工具变量等方法被广泛采用，最著名的研究就是基于1986年美国田纳西州STAR计划的一系列实证研究。研究发现：小班学生的标准化考试成绩高于常规班学生，且这种影响主要发生在第一年，对后来成绩的影响相对较小。[2]但也有研究发现，参与小班的影响会一直贯穿整个教育过程。[3]

也有很多在初中阶段开展的小班随机干预，比如加拿大在20世纪70年代初期的研究、美国1984年在印第安纳的研究、美国1991年在北卡罗来纳州的研究等。这三项研究中只有北卡罗来纳的研究证实了一年级和二年级小班学生的阅读和数学成绩要高于非小班学生，加拿大的研究则发现小班对艺术、词汇、作文、阅读、数学成绩都没有影响。[4]而印第安纳的研究则发现，小班只在某些情况下才对成绩是有影响的。[5]

除了随机实验，还有研究利用外生政策、工具变量等方法研究班级规模对学生成绩的影响。比如霍克斯比（Caroline Hoxby）利用美国康涅狄格州人口变动的长期趋势和限制最高班额的制度作为班级规模的工具变量，发现班级人数对学生成绩有显著负影响，也验证了班级规模的影响。[6]

尽管从理论上来说班级规模与学生成绩的关系并不复杂，但是实证检验的结果并不一致。汉诺谢克在其对发展中国家的文献综述发现，在47项研究中，有26项研究发现班级规模越小，学生成绩越好，而另外21项研究则得到了相反的结论。汉诺谢克对此的解释是，可能那些教学质量高的学校吸引了更多的学生，因此被动地导致班级规模变大。因此，两者之间可能存在互为因果的关系。

---

[1] LAZEAR E. Educational Production [J]. Quarterly Journal of Economics, 2001, 116 (30): 777–803.
[2] KRUEGER A B. Experimental Estimates of Education Production Functions [J]. The Quarterly Journal of Economics, 1999, 114 (2): 497–532.
[3] BARBARA N, HEDGES L. Are Effects of Small Classes Cumulative? Evidence from a Tennessee Experiment [J]. The Journal of Educational Research, 2001, 94 (6): 336–345.
[4] SHAPSON S M, WRIGHT E N, EASON G, FITZGERALD J. An Experimental Study of the Effects of Class Size [J]. American Educational Research Journal, 1980, 17 (2): 141–152.
[5] FINN J D. Class Size and Students at Risk: What Is Known? What Is Next? [J]. Academic Achievement, 1998, (19): 1–45.
[6] HOXBY C M. The Effects of Class Size and Composition on Student Achievement: New, Evidence from Natural Population Variation [R]. NBER Working Paper No. w6869. National Bureau of Economic Research, 1998.

二、教师质量对学生成绩的影响

教育生产过程中,教师的重要作用毋庸置疑。研究表明,教师质量每提高一个标准差,学生成绩就能提高0.15个标准差。一位好教师任教4—5年就能弥补高收入家庭与低收入家庭孩子之间的成绩差距。[1][2]

衡量教师质量的指标可以分为两类:基于投入的教师特征指标和基于过程的教学指标。理想的测量指标是教师的教学水平、教学风格、责任心、耐心等,但是在大多数实证研究中,由于这些变量难以测量,因此常使用一些代理变量指征教师的投入,比如教师学历、教学经验(工作年限)、教师培训、教师的专业知识、缺勤率等。

然而,对教师质量与学生成绩关系的文献分析并没有得到一致结论。以教师经验为例,汉诺谢克等人使用增值模型发现,相比没有工作经验的教师,得克萨斯州有两年工作经验的教师对学生成绩有正的显著影响,但是更高工作年限的教师对学生成绩没有影响。[3] 再以教师学历为例,使用随机边界估计技术的研究发现,在美国南卡罗来纳州,有硕士学位的教师对学生成绩有显著正影响,其他学位的教师影响不显著,克鲁格等人则发现教师学历对学生成绩无影响。[4]

表5-4汇总了发达国家中教师学历、教师工作年限和教师成绩对学生学业成绩影响的估计结果。多数研究均没有发现教师是否具有硕士学历与学生学业成绩之间存在显著关系,不过一些研究发现,某些学科的硕士学位(如数学专业的硕士相对于没有该专业领域学位的教师)与学生相关学科成绩存在正向的相关关系。与硕士学历相比,教师工作年限与学生学业成绩之间的正向关系(特别是在增值估计模型中)表现得相对明显一些。一些研究显示,在教师职业生涯早期,教师工作年限的增加对学生学业成绩提高的作用最大。教师考试成绩、教师本科院校的筛选程度、教师资格证等教师特征对学生学业成绩的影响也没有一致结论。

---

[1] RIVKIN S G, HANUSHEK E A, KAIN J F. Teachers, Schools, and Academic Achievement[J]. Journal of the Econonetric Society, 2005, 73(2): 417-458.

[2] HANUSHEK E A, KAIN J F, O'BRIEN D M, RIVKIN S G. The Market for Teacher Quality[R]. Working Paper No. 11154. Cambridge, MA: National Bureau of Economic Research, 2005: 14.

[3] RIVKIN S G, HANUSHEK E A, KAIN J F. Teachers, Schools, and Academic Achievement[J]. Journal of the Econonetric Society, 2005, 73(2): 417-458.

[4] KRUEGER A B. Experimental Estimates of Education Production Functions[J]. The Quarterly Journal of Economics, 1999, 114(2): 497-532.

表 5-4 教师特征与学生学业成绩[①]

教师特征	估计个数	统计显著（%）		统计不显著（%）
		正	负	
全部估计				
硕士学位	170	9	5	86
教学工作年限	206	29	6	65
教师成绩	41	37	10	53
增值估计				
硕士学位	40	0	10	90
教学工作年限	61	36	2	62
教师成绩	11	27	9	64

相比发达国家，汉诺谢克对发展中国家的研究综述则得到了更加令人激动的结论：在24篇论文的72个估计模型中，有46个模型的估计结果显示教师受教育程度对学生成绩有正影响，其中24个估计结果显示正显著。此外，几乎所有研究都发现教师专业知识（教师测验成绩）的影响也很显著，也就是说，教师对本领域知识的掌握越完备，学生的成绩越高。在教师在职培训影响学生成绩的研究中，超过三分之一的研究发现了两者之间的正显著关系，超过一半的研究则发现没有显著影响。[②③] 相比之下，教师工作经验的影响显得不那么明显，尽管如此，这一结果与美国的研究相比，正显著影响的研究比例仍然较高。此外，多数研究也发现，教师的缺勤率与学生成绩负相关，教师布置作业与学生成绩正相关。还有一些研究将教师工资视为教师质量的代理变量，因为教师工资过低则吸引不到优秀的教师，或者导致教师流失。在一些实行绩效工资的体制下，教师工资更是与学生的成绩直接挂钩。也有研究发现教师质量与教师的工资并没有关系，那些在学校间流动的教师或者流入其他行业的教师并不比那些没发生流动的教师的教学质量更高。[④]

以上是从教育生产的维度通过投入、产出和过程三个方面测量教师质量。此外，还可以从评价者的角度将对教师质量的评价划分为客观评价和主观评价。教师特征、学生学业成绩等测量角度相对客观，而课堂观察、导师评价、学生评价等属于主观评价。目前美国

[①] HANUSHEK E A. Assessing the Effects of School Resources on Student Performance: An Update [J]. Educational Evaluation and Policy Analysis. 1997, 19 (2): 141-164.

[②] BOYD D, GROSSMAN P, LANKFORD H, LOEB S, WYCKOFF J. How Changes in Entry Requirements Alter the Teacher Workforce and Affect Student Achievement [J]. Education Finance and Policy, 2006, 1 (2): 176-216.

[③] KANE T J, ROCKOFF J E, STAIGER D O. What does Certification Tell Us About Teacher Effectiveness? Evidence from New York City [R]. Working Paper No. 12155. Cambridge, MA: National Bureau of Economic Research, 2006.

[④] HANUSHEK E A, KAIN J F, O'BRIEN D M, RIVKIN S G. The Market for Teacher Quality [R]. Working Paper No. 11154. Cambridge, MA: National Bureau of Economic Research, 2005.

有越来越多的地区尝试采用综合评价体系，整合不同方法对教师质量进行评价。

虽然教育生产函数的研究多考察直接参与授课教师的特征，但是也有一些研究将校长特征也纳入分析框架，比如校长经验、校长的受教育程度等。表5-5汇总了教师与校长特征对学生成绩的影响的统计结果，汉诺谢克的综述研究发现，校长经验对学生成绩的作用相对明显，相比之下，校长受教育程度的影响则不太明确。这说明相比学历，校长的管理经验是影响学生成绩的更为重要的因素。

表5-5 教师和校长特征与学生学习成绩的关系[1]

	负，显著	负，不显著	零，或不显著	正，不显著	正，显著	研究数量
教师受教育程度	4（3）	11（9）	11（3）	22（11）	24（11）	24
教师工作经验	3（3）	16（11）	1（1）	26（13）	17（7）	20
教师考试成绩	2（2）	2（2）	0（0）	11（5）	18（7）	9
教师性别（女）	6（4）	7（5）	2（1）	12（7）	12（5）	11
教师在职培训	1（1）	10（6）	0（0）	7（5）	11（6）	11
教师质量指标	0（0）	0（0）	8（1）	0（0）	6（2）	2
教师学位	0（0）	2（1）	2（1）	0（0）	2（1）	2
校长经验	0（0）	1（1）	0（0）	3（2）	2（2）	2
校长受教育程度	2（1）	1（1）	1（1）	1（1）	1（1）	2

注：表中数字表示全部估计方程的数量，括号中的数字表示研究（或论文）的数量。

三、家庭和学生特征对学生成绩的影响

教育既发生在学校也发生在家庭，学校教育和家庭教育之间既相互关联、又相互促进，而如何区分两类教育对学生学习成绩的影响，是教育生产函数研究的难点之一。自《科尔曼报告》提出家庭因素对学生成绩有显著影响之后，学者们开始把家庭社会经济背景引入教育生产函数模型，还有一些学者关注家长对子女学习的辅导时间、家长的工作状况、家庭规模、家庭结构等家庭特征对子女学习成绩的影响。

父母的受教育程度。大多数欧美国家的研究都发现，父母的受教育程度越高，子女的学习成绩就越好。比如，菲利普斯（Meredith Phillips）等人的研究发现：如果对家庭环境的测量足够详细，则黑人和白人儿童在上学时的成绩差异可以完全由家庭环境的差异所解释。[2] 而对亚洲国家的研究大多也证实了父母受教育程度对子女成绩的显著正影响，比如韦斯曼（Ludger Wößmann）利用TIMSS数据对东亚国家和地区（中国香港、韩国、日本、

---

[1] GLEWWE P, HANUSHEK E A, HUMPAGE L S, et al. School Resources and Educational Outcomes in Developing Countries: A Review of the Literature from 1990 to 2010 [R]. National Bureau of Economic Research, Inc, 2011: Table8.

[2] PHILLIPS M, BROOKS-GUNN J, DUNCAN G J, KLEBANOV P, CRANE J. Family Background, Parenting Practices, and the Black-White Test Score Gap [M] // JENCKS C, PHILLIP M. The Black-White Test Score Gap. Washington, D.C.: Brookings Institution Press, 1998: 103–145.

新加坡、泰国）的研究就得出了这一结论。①

父母的收入。与父母受教育程度相比，父母收入对子女学习成绩的影响显得更为复杂。一些学者直接采用学生教育产出对家庭收入等变量进行回归，发现了二者之间的相关关系；但是另一些学者却提出，低收入家庭的子女生活在一个较差的家庭环境和社会环境，可能是这些环境特征影响了子女的学习成绩。于是，有学者利用随机收入实验的数据来克服上述研究缺陷，发现在母亲接受随机实验3年后，收入对孩子的学校表现有轻微显著的正影响，但是随着时间的进一步延长，收入的影响将变得不显著。②还有学者选择使用固定效应模型来修正研究结果，发现当前家庭收入对学生成绩有较小且不显著的影响。③而采用相似方法但不同数据的研究则发现，在子女年龄较小时家庭收入对学生成绩有更大的作用。④

家庭其他特征。除了家庭社会经济背景外，父母对子女的投入时间、父母的工作状况、家庭规模、家庭结构等因素也被纳入教育生产函数模型。例如，利用美国国家青年纵向调查数据的研究分析了父母就业与儿童认知发展的关系，发现母亲在儿童生命前3年的就业将对儿童3—4岁间的口语能力有较小的负影响，对儿童5—6岁的数学和阅读成绩有较大的负影响。⑤对OECD 30个国家的研究发现，家庭规模越大，子女的学习成绩越差。⑥对美国的研究发现，来自单亲家庭的儿童学习成绩通常低于来自双亲家庭的儿童。⑦

四、同伴效应

同伴效应是近年来研究者们持续关注的研究问题。学校组织有别于一般企业的重要特征之一就是学生既是投入要素，又是产出要素，学生进入学校前的特征在很大程度上决定了学校教育产出的质量，学生在课内外的互动也会影响其学习行为模式、习惯、成绩，即

---

① WÖßMANN L. Educational Production in East Asia: The Impact of Family Background and Schooling Policies on Student Performance [J]. German Economic Review, 2005, 6 (3): 331–353.

② MORRIS P A, GENNETIAN L A. Identifying the Effects of Income on Children's Development Using Experimental Data [J]. Journal of Marriage and Family, 2003, 65 (3): 716–729.

③ BLAU D M. The Effect of Income on Child Development [J]. The Review of Economics and Statistics, 1999, 81 (2): 261–276.

④ LEVY D, DUNCAN G J. Using Sibling Samples to Assess the Effect of Childhood Family Income on Completed Schooling [R]. Chicago: Northwestern University / University Chicago Joint Center for Poverty Research, 2000: 18–19.

⑤ RUHM C J. Parental Employment and Child Cognitive Development [J]. Journal of Human Resources, 2004, 39 (1): 155–192.

⑥ MARKS G N. Are Between-and within-School Differences in Student Performance Largely Due to Socio-Economic Background? Evidence from 30 Countries [J]. Educational Research, 2006, 48 (1): 21–40.

⑦ AMATO P R. The Consequences of Divorce for Adults and Children [J]. Journal of Marriage and Family, 2000, 62 (4): 1269–1287.

人们通常所说的"近朱者赤，近墨者黑"。正是基于上述原因，学校才如此关注招生质量，不遗余力地花费大量人力物力选拔高质量学生，并愿意以更低的价格（学费）为优秀学生提供教育服务。

同伴效应的测量有多种方式，如同伴的平均成绩、同伴成绩的方差、同伴家庭社会经济条件的平均水平等。同伴之间可能存在相互影响的概念并不难理解，但相关实证研究却并没有得到一致发现，原因有四：其一，难以克服同伴之间的互相选择，比如，两位经常交流的学生因为某些共同爱好成为好朋友，他们之间的相互影响究竟是交往互动带来的，还是由难以观测的共同爱好所引起的，这些难以得到检验；其二，难以区分同伴行为和同伴特点的影响，比如，两位好友之间的相互影响，既可能是由同学的家庭情况所导致，也可能是由同学的学习行为所引起的；其三，同伴和主体的影响是相互的、同步的，因此难以估计同伴影响的因果关系；其四，对同伴的定义各有不同，有的研究同班同学间的影响，有的研究室友之间的影响。①

五、中国教育生产函数的实证研究

中国对教育生产函数的研究起步相对较晚，《学生成绩提高的原理与策略——义务教育生产函数分析》一书对国内教育生产函数的相关研究进行了系统综述。作者将中国教育生产函数的发展归为两个阶段：第一阶段是1995—2005年的起步阶段，国内少数学者开始采用简单的相关分析、方差分析、普通最小二乘法回归分析探讨义务教育阶段学生成绩的影响因素。例如，蒋鸣和在2000年利用教育经费和事业统计数据的研究发现：教育的各种投入如教师学历、校舍及设备条件均与学业成绩显著相关，但生均经费和公用经费与学业成绩的相关关系较弱。邓业涛利用中英甘肃基础教育项目1999年的基线调查数据，研究了甘肃四个项目县小学学生成绩的影响因素，发现教师的学历水平和教龄对学生成绩有显著影响，但教师工资和班级规模对学生成绩的影响不显著。②

从2006年开始，国内教育生产函数的研究进入快速发展阶段，实证研究数量剧增，计量方法有较大程度的改进，研究质量明显提高。例如，丁延庆和薛海平利用多水平模型分析了2006年昆明市高中的调查数据，发现影响高考成绩的最重要因素是学生的认知能力和高中前的学习基础（以中考成绩为代理变量），学校变量对学生高考成绩的影响相对较小，学生及其同伴的家庭社会经济背景对高考成绩没有影响。③

---

① 杨钋.同伴特征与初中学生成绩的多水平分析[J].北京大学教育评论，2009，7（4）：50-64.
② 薛海平.学生成绩提高的原理与策略：义务教育生产函数分析[M].北京：北京大学出版社，2011：27-73.
③ 丁延庆，薛海平.从效率视角对我国基础教育阶段公办学校分层的审视：基于对昆明市公办高中的教育生产函数研究[J].北京大学教育评论，2009，7（4）：35-49.

近年来，随着大规模跨国教育评估项目的蓬勃兴起，涌现了大量基于国际测量数据开展的教育生产函数研究，不仅可以比较各国基础教育阶段的教育产出质量，还能比较不同国家教育生产过程的异同，极大地促进了教育领域内的国际对话。如赵德成等人的研究比较分析了中国四省市与新加坡PISA2015科学素养测试成绩，发现中国四省市学生在科学素养测试总量表及各分量表上的成绩均非常显著地低于新加坡学生，在工具性动机上得分显著高于新加坡学生，在科学乐趣与科学自我效能得分上显著更低。学生家庭经济、社会和文化地位、科学乐趣、科学课纪律氛围、教师中科学教师的比例等因素对两个经济体的学生成绩具有显著正向预测效应，但考试焦虑、工具性动机、教师探究式教学等因素表现出显著的负向预测效应。[①]

[①] 赵德成，黄亮.中国四省市与新加坡学生科学素养表现之比较：基于PISA2015数据的分析[J].北京师范大学学报（社会科学版），2018（02）：23-31.

第三编

教育成本与收益

第六章　教育成本

内容提要

本章首先介绍了教育成本的概念、性质和特点，以及教育成本的多种计量方式。在此基础上，阐述了教育成本分担与补偿的理论基础和原则，详细介绍了教育成本函数的概念以及教育中的规模经济和范围经济。最后，指出了研究教育成本的意义。

学习目标

1. 了解教育成本的性质及特点。
2. 掌握教育成本分类和计量方法。
3. 理解教育成本分担和补偿的必要性。
4. 了解教育成本函数的研究方法。
5. 认识研究教育成本的意义。

关 键 词

教育成本　成本分担　成本补偿　成本函数　规模经济　范围经济

同物质领域的各个生产部门一样，教育生产也要消耗大量的人力、物力、财力等资源。这些在教育过程中被消耗掉的资源就是教育的成本。在教育经济学中，教育投资、教育成本和教育财政都同教育经费有关，但是这三者又有着明显的区别。教育投资是从资源投入的角度，研究与教育相关的经费问题，其主要关心的是经费的来源充足与否。教育成本主要是从资源使用和消耗的角度，研究与教育相关的经费问题，主要关心的是经费的配置是否合理、使用是否有效。教育财政则是从政府行为的角度研究教育经费问题，涉及一系列社会和政治方面的政策问题。本章着重讨论教育成本问题，包括教育成本的定义及其特点，教育的成本结构和计量，教育成本分担（Cost-sharing）和成本补偿（Cost-recovery），教育成本函数以及研究教育成本的重要意义。

第一节 教育成本的定义及其特点

一、教育成本的定义

成本原为经济学和会计学的概念,是指从事一项物质生产所消耗的物化劳动和活劳动,是生产产品所消耗的全部资源的总和。随着教育经济学的形成,成本这个范畴被引入教育研究中,以借用物质生产部门成本核算的原则和方法,考察和计量教育的经济效率和效益。

教育成本是指为进行教育活动而投入的经济价值,也就是为培养学生所消耗的人力、物力、财力的价值,或者说是教育过程中所消耗的社会劳动,包括物化劳动和活劳动,其货币表现为由社会和受教育者个人及其家庭直接和间接支付的培养每名学生的全部费用。"为教育投入的间接成本或经济价值被定义为它的机会成本,并且以该投入的最佳使用价值来测定"[1]。正如美国经济学家、诺贝尔经济学奖获得者斯蒂格利茨所指出的,"如果一个人、厂商或社会在(一定的资源)约束线上,或者曲线上运行,它在多获得一种物品的同时,只能牺牲一定量的另一种物品。多获得每一单位物品的'成本'是不得不放弃的另一种物品的数量。"[2]也就是说,如果这些资源不被用于教育部门,而是投入到社会经济生活的其他领域,例如,用于建设发电厂、修筑高速铁路,或用于环境保护、文化建设等,社会也会得到相应的回报。教育成本就是指这些资源在各种可能的使用选择中,在最佳使用状态下的价值。这一定义也被称为教育的广义机会成本。

二、教育成本的分类

根据教育管理和教育研究的不同需要,可以把教育成本进行不同的分类。范先佐在其2015年出版的《教育经济学新编》(第四版)中对这种分类进行了非常详尽的阐述。[3]从投入方式的角度来分析,教育成本可以分为直接成本与间接成本。教育的直接成本是指社会和受教育者个人直接支付的教育费用,如各级政府的教育拨款、企业和各种社会团体的社会性教育支出、学生家庭和个人为受教育直接付出的各种私人教育费用等;间接成本是指社会和受教育者个人间接支付的教育费用,如举办教育使用的土地、建筑和设备如不用于教育而用于其他方面可能获得的收益,以及达到法定劳动年龄的学生因上学而放弃的可能的就业收入等。

---

[1] Martin Carnoy. 教育经济学国际百科全书[M]. 2版. 闵维方,等译. 北京:高等教育出版社,2000:500.
[2] 斯蒂格利茨. 经济学(上册)[M]. 梁小民,黄险峰,译. 北京:中国人民大学出版社,2000:37.
[3] 范先佐. 教育经济学新编[M]. 4版. 北京:人民教育出版社,2015:338-340.

从投入来源的角度来分析，教育成本可以分为社会成本和个人成本。社会成本是指国家和社会为教育支付的全部费用，包括上述的直接和间接的社会成本；个人成本是指受教育者及其家庭在其受教育期间付出的全部费用，包括学杂费、生活费和放弃的可能收入等。从投入性质来说，教育成本可以分为货币成本和机会成本。货币成本是指直接用于教育的人力、物力、财力折合成货币的总额。机会成本可以分为广义机会成本和狭义机会成本。广义的教育机会成本如上所述，是指用于教育的全部资源，如果不用于教育，在其他最佳使用状态下所获得的价值；狭义的教育机会成本是指校舍和设备等相关固定资产因用于教育而损失的收益，和学生因上学而放弃的收入等。

从成本计量的分析角度，教育成本可以分为教育社会平均成本和教育个别成本、教育生均成本和教育边际成本。教育社会平均成本是指培养一名学生的社会平均费用；教育个别成本是指某一具体学校培养一名学生的费用；生均教育成本是指每名在校学生平均分担的教育费用；教育边际成本是指在一定教育规模基础上，每增加一个学生而增加的成本。在不同国家、不同地区、不同类型和层次的学校，由于经济发展水平、财政收支状况、教育管理体制和学校教育教学质量等方面的巨大差异，教育的社会平均成本、个别成本、生均成本和边际成本是很不同的。

从成本类型的角度来看，教育成本还可以分为固定成本和变动成本，资本成本和经常成本。固定成本是指在特定时间的一定办学规模内、学校的支出总额保持相对固定，不会随学生数量的增减而变化。例如，学校建筑和教学设备及其折旧费和维修费，在一定学生数量范围内是相对固定不变的。但是，当办学规模超过一定界限时，就需要扩建校舍，增加教学仪器设备等。在这种情况下，教育的固定成本就会增加。教育的变动成本指随着学生数量的变化而变化的支出。例如，教师和管理人员的超工作量津贴、教学中增加的业务费、学生的奖学金和助学金，以及多消耗的水电资源费用等。教育的资本成本与经常成本是根据成本支出的时间来划分的。教育的资本成本是指使用周期较长的、通常是一次性支付的教育项目支出，例如，土地购置、校舍建设、设备采购的费用。这些设施的价值随着使用过程中的磨损和折旧而逐渐降低，但是其实物形态在报废前基本保持不变。教育经常成本是指财政年度内由于教育的经常支出而发生的成本，其费用多少随学生数量多少而变动。学生人数越多，成本支出越大。中国的"教育经常费"包括人员经费和公用经费。[①]

从成本支出对象的角度，教育成本可以分为学校教育成本和继续教育成本。学校教育成本就是以培养后备劳动力和专门人才为目标，为学前、小学、中学、大学教育支出的费

---

① 范先佐.教育经济学新编［M］.4版.北京：人民教育出版社，2015：341-342.

用。这是教育成本的主要部分。继续教育成本是为了适应科技进步、工作变换和职业的流动性对成人非正规的继续教育、各种进修培训的经费支出，以更新劳动者的知识技能、提高其智力水平、增进其对科学技术进步和飞速变化的劳动力市场的适应性和灵活性。随着终身教育、终身学习的蓬勃兴起，这部分成本所占比重正在不断增长。

对教育成本的这些不同划分是根据教育事业的发展变化、教育管理的特定任务和教育研究的具体角度进行的。教育经济学家常常根据其研究和分析具体问题的需要，从不同角度来使用这些教育成本的划分。

三、教育成本的特点

在世界绝大多数国家的各级政府的财政支出中，教育支出都呈增加的趋势。图6-1显示，中国国家财政性教育经费从2010年的1.5万亿增长到2016年的3.1万亿，六年之间翻了一番还多。

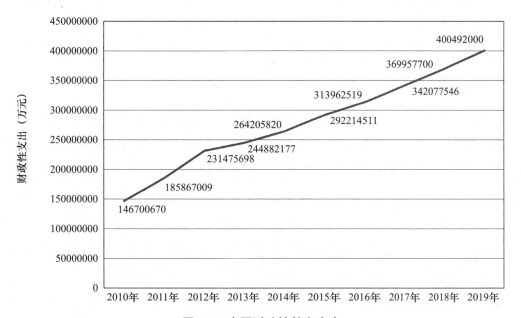

图6-1 中国财政性教育支出

数据来源：2010—2018 数据：教育部.全国教育经费执行情况统计公告［EB/OL］.［2019-10-12］. http://www.moe.gov.cn/jyb_xxgk/zdgk_sxml/sxml_zwgk/zwgk_jytj/jytj.

2019 数据：教育部.2019 年全国教育经费执行情况统计快报［EB/OL］.（2020-06-12）［2020-09-17］.http://www.moe.gov.cn/jyb_xwfb/gzdt_gzdt/s5987/202006.

教育不仅是一个成本很高的部门，而且是一个成本递增的部门。这是教育成本最显著的特点之一。教育成本之所以不断递增，是多种原因造成的。第一，全球的普遍性趋势是，为了满足经济社会发展对各级各类人才的需求，各个国家的教育普及程度不断提高，各级各类教育的入学率和规模不断扩大，教育总成本不断上升。还是以中国为例，图 6-2 显示了 2010—2030 年中国教育事业发展指标，这些不断提高的教育发展指标不可避免地带来更多的资源需求。

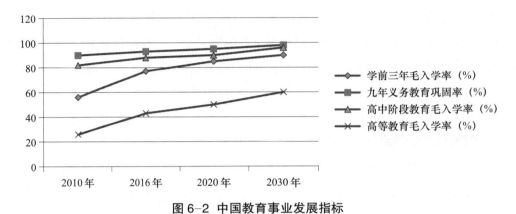

图 6-2 中国教育事业发展指标

数据来源：教育部. 2010 年全国教育事业发展统计公报［EB/OL］.（2012-03-21）［2020-09-17］. www.moe.gov.cn/srcsite/A03/s180/moe_633/201203/t20120321-132634.html/.

2016 年指标：教育部. 2016 年全国教育事业发展统计公报［EB/OL］.（2017-07-10）［2020-09-17］. www.moe.gov.cn/jyb_sjzl/sjzl_fztjgb/201707/t20170710_309042.html.

2020 年和 2030 年各项数据应来自教育部各项政策中设立的目标。

第二，随着广大人民群众经济收入和生活水平的不断提高，他们对自身及其子女的受教育条件和质量有越来越高的要求。为满足经济社会发展的需要和全体社会成员日益增长和日益多样化、个性化的教育需求，国家、社会和受教育者个人都必须付出更高的教育成本。案例 6-1 反映了当下中国中产阶层家庭在子女教育上的花费。第三，随着科学技术的突飞猛进、产业结构的不断升级、经济增长方式的转变，原有工作岗位不断消失，新的工作岗位不断产生，对各级各类人才的要求不断提高，再培训和终身教育的成本不断增加。特别是为了培养能够跟上时代前进步伐的社会所需人才，大量新的科学技术发展成果在教育领域中被运用，使得教育教学设备必须不断更新换代。例如，在一些发达国家的学校里，教学用的计算机每三四年就要更新一次，以便受教育者能够使用最新的教学软件，掌握最新的科技发展成果，这势必大大增加教育成本。第四，随着教育在国家经济社会发展中的重要性不断提升，高质量教师队伍的重要性也在不断凸显。为了吸引更多优秀人才进入教师职业岗位，就必须进一步提高教师的社会经济地位，提高教师的收入水平，这也必将提高教育成本。第五，由于公立学校并不以追求利润最大化作为目标，因此在教育过程中会考虑在预算约束下最大化地使用经费以求得最大化的成果，因此导致教育成本居高不下。总之，成本递增是教育部门的第一个显著特点。

案例6-1

月薪3万撑不起孩子一个暑假？这笔账你算了吗？

一位高管妈妈，月薪三万，可是她最近却连新衣服都快不敢买了，她晒出了一份暑期花费账单：去一趟美国游学，10天20000元；平时在家需要请阿姨照顾，5000元；7月份钢琴考级，每周要上两节钢琴课，200元一节，一共2000元；老是在家不好，需要锻炼，又报了个游泳班2000元；假期要结束了，该收心了，又要报英语、奥数、作文3科培训班6000元。算算账，20000（美国游学）+5000（阿姨）+2000（钢琴）+2000（游泳）+6000（培优）=35000!!!光是一个暑假，这位高管妈妈就为她小学五年级的女儿花了3.5万元，可见养孩子经济压力有多大。

生养一个孩子有多贵？

根据《中国十大城市生育成本排行榜》数据显示，在中国，生育成本排在第一位的是北京，生育成本高达276万元；其次是上海，生育成本是247万元；深圳排在第三，生育成本是216.1万元。面对动辄一两百万的生育成本，很多家庭表示确实负担不起。网友们直呼："原来生养孩子才是最贵的'奢侈品'！"

教育的开支越来越大？

生养孩子，房子是长远基础，教育才是最大支出，以深圳为例，根据《中国十大城市生育成本排行榜》数据计算，在深圳生养一个孩子总的成本是216.1万元，其中用在教育上的经费高达130万元，教育支出占生育成本的60%！而且，由于"赢在起跑线"的理念深入人心，孩子的学业竞争被不断提前，孩子的教育消费的天花板也不断上升，这已经成为很多家庭的"不可承受之重"。

可以理解，当别的孩子大多去了早教、培优班、兴趣班，你怎么敢做"异类"，让自己的孩子"输在起跑线上"？于是，现在针对0—3岁孩子的早教课程报名火热，而且价格也不便宜，参考深圳各早教机构收费标准，平均大概是150元/节课。至于孩子上了幼儿园之后产生的课外培训费用，一位妈妈粉丝发来她5岁女儿的暑期课程表，她表示："在家长群里，我已经属于报得少的了。美术课程1.3万元、钢琴课程2万元、智力课程1.7万元、英语课程2万元，四门课程平均200元/节课，一年花费了7万在课外培训上，由于平时没有理财存钱，报钢琴课时预算不够，甚至选择了信用卡分期的付款方式，每个月额外承担几百元的分期利息……"这位家长不是个例，课外培训费用让很多家长直呼"压力山大"。

此外，海外游学、夏令营也是近年来的热门，很多家长想让孩子行万里路长见识，同时提高外语水平、沟通能力。游学费用自然也不便宜。

还有现代版的"孟母三迁",是为了让孩子能上好的学校而换学区房……这笔费用算下来,恐怕真的很难有教育费用的天花板了。

摘选自:月薪3万撑不起孩子一个暑假?这笔账你算了吗?〔EB/OL〕.(2017-08-11)〔2018-05-10〕.http://news.ifeng.com/a/20170811/51611564_0.shtml.

教育成本的第二个特点是人员性成本在总成本中所占比例较高。这一点同物质生产领域,特别是制造业,有明显的区别。在新的智能化制造领域,由于机器人和自动化生产系统在许多方面已经取代了人工,人员性成本所占比重从传统制造环境下的20%—40%降到了现在的不足5%。但是在教育领域,不论是在中国还是在外国,不论是基础教育还是高等教育,教职员工的工资、津贴和发放给学生的助学金、奖学金以及助学贷款的贴息,加起来通常占教育总成本的50%—70%,甚至更高。这是因为,到目前为止,主流教育活动主要还是发生在教师与学生之间的一种互动的社会过程,教育者、受教育者及其产品——毕业生都是人。资源消耗的动因是为了人,资源消耗的过程是改变人,资源消耗的结果是培养出具有更高思想道德水准、更多知识和能力的人。从一定意义上可以说,教育是一个劳动密集型的行业。

近年来,随着国家加大力度改善办学条件,运用科学技术最新发展成果以提高教育质量和效率,如运用计算机、多媒体等新型教学设备,非人员性公用经费所占比例有所增加,如表6-1、6-2和6-3所显示。教育层次越高,所需要的教学业务费和教学设备费越多,因此,人员性成本所占百分比随着教育层次的提高而相对下降。高等教育的非人员性成本所占比例较高,但如果剔除其中与科学研究和社会服务相关的成本,人员性成本仍然会达到50%左右。①

表6-1 人员性经费和公用经费在学校经常性支出中所占百分比:小学教育阶段

单位:%

年份	人员性经费	非人员性公用经费	合计
2000年	70.39	29.61	100.00
2005年	73.60	26.40	100.00
2010年	72.69	27.31	100.00
2014年	65.86	34.14	100.00
2015年	69.55	30.45	100.00

---

① 中国经济社会大数据研究平台〔EB/OL〕.〔2018-10-20〕.http://data.cnki.net/Statistical Data/Index?ky= 中国教育经费统计年鉴.

表 6-2　人员性经费和公用经费在学校经常性支出中所占百分比：中学教育阶段

单位：%

年份	人员性经费	非人员性公用经费	合计
2000 年	56.47	43.53	100.00
2005 年	58.94	41.06	100.00
2010 年	62.90	37.10	100.00
2014 年	60.89	39.11	100.00
2015 年	65.53	34.47	100.00

表 6-3　人员性经费和公用经费在学校经常性支出中所占百分比：高等教育阶段

单位：%

年份	人员性经费	非人员性公用经费	合计
2000 年	39.01	60.99	100.00
2005 年	39.26	60.74	100.00
2010 年	42.01	57.99	100.00
2014 年	45.76	54.24	100.00
2015 年	48.42	51.58	100.00

第二节　教育成本的计量

教育成本的结构分析和计量方法是借鉴企业在物质生产领域的成本核算方法而形成的。教育成本的计量方法也在随着物质生产领域成本核算方法的进步而不断改进。在教育成本计量中，高等教育的成本结构和计量方法比较复杂，而基础教育的成本结构和计量方法则相对简单。因此，本节着重介绍高等教育的成本计量，基础教育的成本计量可以参考高等教育的计量方法。

一、从传统的成本核算法到作业成本法

随着信息化和智能化在物质生产领域的迅速发展，传统的成本会计技术与方法不能很好地适应新的发展需要，常常造成两方面的不良后果：首先，是物质产品的成本计算不准。在新的制造环境下，机器人和智能生产系统在某些工作上已经取代了人工，使人工成本比重从传统制造环境下的 20%—40% 降到了现在的不足 5%。同时制造费用发生重大变化并呈多样化，其分摊标准如果还是用传统的人工/小时等方法已难以反映各种产品的精确成本。[①]
同样，在教育领域也是如此，新的信息化技术在教育领域的应用，如大规模在线课程，使教育的成本结构发生了重大变化。传统的教育成本核算方法导致生均成本的结构不清晰，计算不准确，而生均成本是教育管理决策和教育经济学研究中最重要的指标之一。

---

① 刘德平.成本会计的发展变化及应对策略［J］.经济师，2003（10）：278.

其次，是传统的成本控制方法可能产生负面效果。传统成本会计中将预算与实际业绩编成差异报告，即将实际发生的成本与标准成本相比较。但在新的物质生产中，这种成本控制可能导致的负面效果包括：一是为获得有利的效率差异，可能导致企业片面追求大量生产，造成库存的增加；二是为获得有利的价格差异，采购部门可能购买低质量的原材料，或进行大宗采购，造成质量问题或材料库存积压等。[①] 反映到教育领域中，类似现象则表现为一些学校盲目扩大低成本专业的招生数量，以降低生均成本。只要生均边际成本低于生均平均成本或生均拨款额度，这种自我膨胀机制就会存在，从而导致教育质量下降，低成本专业的毕业生就业困难。

在物质生产领域，为解决新制造环境下传统成本会计的难题，作业成本法[②]作为新的成本核算方法应运而生。传统成本法一般并不优先考虑企业的目标，但新兴的作业成本法从一开始就考虑企业的实施目标和范围，结合企业的实际情况进行运作，并把成本核算与成本信息分析和应用结合起来，直至建议采取必要的改善行动，为企业提供一个整体的解决方案。作业成本法（Activity-Based Costing，ABC），是指通过对所有作业活动进行追踪动态反映，计量作业和成本对象的成本，评价作业业绩和资源利用情况的成本计算和管理方法。它以作业为中心，根据作业对资源耗费的情况将资源的成本分配到作业中，然后根据产品和服务所耗用的作业量，最终将成本分配到产品与服务中。作业成本法的基本原理如图6-3所示。

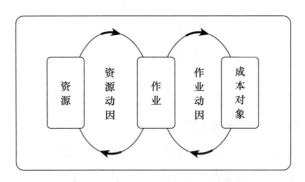

图6-3 作业成本（ABC）基本原理

---

① 刘德平. 成本会计的发展变化及应对策略[J]. 经济师, 2003（10）: 278.
② 1988年，哈佛大学的罗宾·库珀（Robin Cooper）在夏季号《成本管理》杂志上发表了《一论ABC的兴起：什么是ABC系统？》，库珀认为产品成本就是制造和运送产品所需全部作业的成本的总和，成本计算的最基本对象是作业；ABC赖以存在的基础是作业消耗资源、产品消耗作业。接着库珀又连续发表了《二论ABC的兴起：何时需要ABC系统？》《三论ABC的兴起：需要多少成本动因并如何选择？》和《四论ABC的兴起：ABC系统看起来到底像什么？》。他还与罗伯特·卡普兰（Robert Kaplan）合作在《哈佛商业评论》上发表了《计量成本的正确性：制定正确的决策》等论文，对作业成本法的现实意义、运作程序、成本动因选择、成本库的建立等重要问题进行了全面深入的分析，奠定了作业成本法研究的基石。

近年来，教育成本研究人员也开始将这一新兴的成本计量方法应用到教育成本的分析和计量中来。相关研究者2015年发表的《作业成本法下高校院系生均成本的计量研究》明确指出，在成本界定方面，传统的教育成本核算方法没有区分哪些资金是构成学生培养教育成本的必要因素，没有明确学生教育成本的属性。例如，高等院校的科学研究支出和科技开发部门的支出、离退休人员的工资、后勤产业支出、上缴上级的支出等，是否应该以及如何计算到人才培养成本中去。只有正确区分成本构成，确定受益对象，才能正确核算成本。在成本核算方面，传统的方法没有对引起成本变动的原因加以具体分析，例如大量最新科学技术成果在教育中的应用，再加上高等院校学生层次和类型日益多样化，使得教育成本难以有效和精确地分摊到学生培养成本上去。针对此问题，可以通过对高等院校作业活动的分析，确定成本动因，使得高等院校成本在不同的作业活动之间进行合理的分配。[①] 下面，我们将循着这一思路讨论高等院校生均成本的计量。如果能够准确计算出各级各类学校和不同专业学生的生均成本，就很容易计算出人才培养的作业所消耗的资源，然后加上相对容易计算的科学研究和社会服务的资源消耗，就可以计量出办学的总成本。更重要的是，生均成本是政府确定对各级各类高等院校不同专业学生的财政生均拨款标准和学费收取标准的重要依据之一，也是针对学校的办学目标提高教育质量、并进行教育成本效益分析最常用的指标。

二、高等院校作业活动的分类

作业成本法根据"成本对象消耗作业，作业消耗资源"的思想对传统的成本计量方法进行了重大变革。作业成本法着眼点在作业上，首先依据作业资源的消耗情况将资源的成本分配到作业，再依据作业对成本对象的贡献方式将作业成本追溯到产品即学生。由于成本核算必须以现有的会计制度和会计信息为基础，因此，为了使高等院校的成本计量具有可行性，我们首先按照现代社会赋予高等院校的职能和2014年中国颁布并开始实行的《高等学校会计制度》对高等院校的作业活动进行分类，如表6-4所示。

---

① 王朋，宣汶佐. 作业成本法下高校院系生均成本的计量研究 [J]. 会计之友，2015（03）：107-111.

表 6-4 高等院校作业活动分类

作业类型	作业活动	作业内容	作业部门
主要作业	人才培养	根据培养目标进行学科建设，聘任教师，编写教材、制作课件；招生、组织授课、实验、辅导、实习等教学活动；组织教学国际交流合作；教学仪器使用和维修；组织教师进修和培训，不断提高教师队伍质量；发放教师薪酬及奖金，教学楼和教学设备折旧等。	教学管理等相关部门和院系
	科学研究	承担国家级和省部级科研项目，接受企业等的委托并承担各种横向项目，学校根据自身发展需要进行教育教学改革和管理体制改革的研究项目，组织科研国际交流合作；聘任专职科研人员，发放科研人员薪酬和奖金，科研专用基础设施，如科研楼和科研设备折旧等。	科研管理等相关部门和院系
	社会服务	运用高等院校的人才优势和科学技术优势，为国家和地区经济社会发展服务，创办科技园区，向企业转让科技成果；实施教育扶贫项目，传承人类文明优秀成果，开展各种社会公益活动；发放相关人员薪酬，相关固定资产折旧等。	科技开发部门、校办产业部门等社会服务等相关部门
支持作业	教学科研辅助工作	图书馆、校园网建设、计算机中心、公共实验中心等；发放教学科研辅助人员薪酬和奖金等。	教学科研辅助部门
	学生日常活动	学生日常管理、学生心理咨询、学生课外活动、学生社团活动，发放奖学金、助学金，组织勤工俭学、职业生涯规划和就业指导等；发放学生工作人员薪酬和奖金，以及担任学生辅导员的教职工的津贴等。	学生管理部门
	行政管理	依法保障办学方向；规划学校发展规模；聘任各级管理干部；保证学校正常运行；决定重大建设项目；优化配置学校资源；制定年度经费预算；实施日常人事管理、财务管理、审计监察；进行校内治安管理；对离退休人员提供必要的服务和管理，发放离退休人员经费和行政管理人员的薪酬和奖金等。	行政管理部门
	后勤管理	保障教学科研的供水、电、暖、煤气等系统的管理与正常运行，学校基本建设项目的实施，餐饮、住宿等生活服务的提供与管理，校园土地管理、绿化和保洁，相关固定资产的折旧，发放后勤服务人员薪酬和奖金等。	后勤管理部门

高等院校的基本使命是人才培养。高等院校成本核算的核心内容是计量生均培养成本。从表 6-4 可以看到，高等院校有七个作业中心，包括三项主要作业和四项支持性作业。每项作业又有多项作业内容，这些作业内容都要消耗大量资源。其中人才培养和学生日常活动所消耗的资源应全部纳入生均成本的计量中来。其他五项作业中不是每项作业所消耗的全部资源都可以归集到人才培养成本中来的，因此不能全部纳入生均成本的计量。例如，科学研究是高等院校特别是研究型大学的一项重要作业，但科学研究并不是高等院校独有的作业，不仅许多企业都在开展大量的科学研究和开发工作，而且许多国家还单独

设立了科学研究系统,例如,中国的科学院系统、俄罗斯的科学院系统和德国的马普学会系统①都下设众多的研究所,专职从事科学研究工作。高等院校的科学研究作业有些是纯粹的科学研究,不涉及人才培养;但也有些大学在"教学与科研相结合"的思想指导下,部分科学研究活动同人才培养密切相关。例如,一些大学教师吸收研究生和本科生参与他们的科研项目工作,并根据工作量为学生们提供部分学费和生活费。学生作为一个思想束缚较少而且最容易产生思想火花的青年群体,在参与科学研究过程中,不仅为科研项目做出独特的贡献,还学到了科学发展最前沿的知识,培养了创新精神和创新能力,提高了人才培养水平。因此,这部分科研活动所消耗的资源应该部分地纳入人才培养成本。还有一些高等院校专门设立了用于提高教学水平和教学管理效率的科研项目,这些科研项目所消耗的资源应该全部纳入人才培养成本中。至于教学科研辅助作业、行政管理和后勤管理服务作业,既服务教学活动,又服务科学研究,有些甚至还同社会服务活动密切相关。因此,这些作业所消耗的资源则应该根据作业内容进行分解,具体情况具体分析,部分与人才培养有关的作业内容所消耗的资源应该纳入生均成本的计量中来。例如,教室和学生宿舍的供暖供水费用,就应该纳入生均成本的计量。

2019年高等学校开始执行了《政府会计制度——行政事业单位会计科目和报表》(财会〔2017〕25号,简称《政府会计制度》)。新《政府会计制度》有以下特点:用一套统一的制度涵盖了几乎所有的行政、事业单位,有机整合了之前各行政单位、各行业事业单位独立的会计核算体系,并将单位基本建设业务纳入统一的会计核算,不再单独建账;要求单位会计核算应当具备财务会计与预算会计双重功能,实现财务会计与预算会计适度分离并相互衔接;单位会计要素包括财务、会计要素和预算会计要素;单位财务会计核算实行权责发生制;单位预算会计核算实行收付实现制。由于科目复杂程度增加,对平行记账提出了新的要求,使用信息化手段来克服实际操作的难点的实践也正在各地区和各类学校中展开。②

三、高等教育生均成本的计算过程

图6-4根据各项作业的性质和动因,将各个作业中心的资源消耗分配至成本对象,即

---

① 马克斯·普朗克科学促进学会(International Max Planck Research School)(以下简称马普学会系统)是德国政府资助的全国性学术机构。其前身是成立于1911年的威廉皇家学会。目前,该学会下设生物和医学部、化学、物理和技术部以及人文、社会科学部,拥有80个研究所。目前拥有约12000名雇员,其中有3500名科学家。除此以外,还有约8000名博士生、博士后、客座科学家在马普学会系统各个研究所里进行科研工作。
② 张平伟.政府会计制度实际操作中的难点和信息化解决方案[R].北京大学中国教育财政科学研究所简报,2018,11(4).

教育经济学最关注的生均成本。不同院系不同专业的生均成本存在着明显差别，例如，即使在同一所大学里，工程技术专业和生命科学专业的生均成本可能大于文学和历史学专业的生均成本。因此，我们还需要在全校生均成本的基础上，进一步细化以学院或学系为单位计量生均成本，以便更好地掌握高等教育生均成本的变化规律，更有效地进行成本管理。①

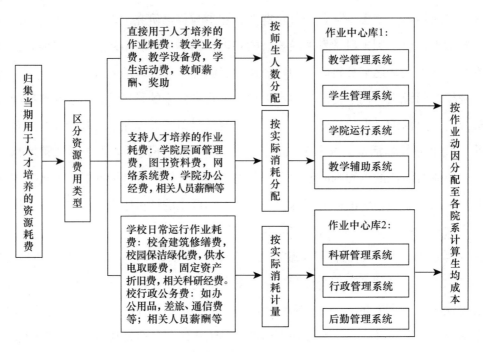

图 6-4 高等教育生均成本计量流程

图 6-4 将高等院校的资源消耗分为三大类，其中直接用于人才培养作业的资源消耗全部纳入生均成本的计量，而支持人才培养作业和学校日常运行作业的资源消耗则需要进行分解，将其中与人才培养无关的资源消耗剥离出去，例如与人才培养无关的科学研究项目消耗以及支持这些项目作业的资源消耗，然后将资源分配到两个作业中心库的七个作业成本池，以便准确计量生均成本及其结构。其中，作业中心库 1 是直接同人才培养相关的作业，作业中心库 2 是支持人才培养的作业或与人才培养相关的作业，例如科学研究就是同人才培养相关的作业。需要指出的是，高等院校的校级行政管理系统、后勤管理系统、教学科研辅助系统、院系层面的运行系统等作业部门，既服务于人才培养，也服务于科学研究和社会服务；而学校的科学研究系统的作业中，也包含着一部分人才培养的功能。例如，科研项目经费中对学生的资助（学生科研助理），科研项目经费采购的设备也可以用

---

① 王朋，宣汶佐. 作业成本法下高校院系生均成本的计量研究［J］. 会计之友，2015（03）：107-111.

于人才培养的教学活动,以及用科研项目经费聘任的科研编制人员对教学的贡献等。因此,高等教育生均成本的计算是一个非常复杂的过程。下面的案例提供了一个简化了的生均成本计量方法。

案例 6-2

高等院校人才培养成本计量案例

X大学是中国一所公立综合性研究型大学,现有全日制在校学生25250人,其中本科生13620人,硕士研究生8235人(按照1∶2折合为16470本科生),博士研究生3395人(按照1∶3折合为10185本科生)。此外还有成人教育学生1226人(按照2∶1折合为全日制本科生613人),远程教育学生45336(按照8∶1折合成全日制本科生5667)人,总共折合全日制本科生46555人。教职员工4412人,包括专任教师2056人(其中教授728人、副教授797人),行政人员778人,教学科研辅助人员532人,专职科研人员512人,工勤人员352人,附设单位人员182人,分布在该校的12个学院里,包括文学院、法学院、商学院、经济学院、公共管理学院、外国语学院、理学院、工学院、环境学院、医学院、药学院、软件学院以及一些专门研究机构中。该校2016年收支平衡,总支出为23.12亿元,其中包括国家财政拨款9.38亿元,科研经费7.15亿元以及其他事业收入、经营收入、捐赠收入、上年结余等。根据图6-4的生均成本计算流程,首先剥离出与人才培养无关的费用,然后将人才培养费按照实际情况分配到七个作业成本池,如表6-5所示。教学管理系统和学生管理系统的资源消耗全部属于人才培养费用,教学辅助科研和管理系统的资源消耗需要剥离出纯科研辅助工作的消耗,学院运行系统、校级行政管理系统和后勤管理系统的资源消耗中的一部分同科学研究和社会服务相关,也需要剥离出去。该校科研规模较大,但是科研经费中只有1.05亿元同人才培养密切相关。

表6-5 人才培养作业成本分类表

单位:亿元

作业成本池	资源消耗量	人才培养总成本	生均成本(元)
教学管理系统	9.37	13.97	30,008
学生管理系统	0.75		
学院运行系统	0.49		
教学辅助系统	0.43		
科研管理系统	1.05		
行政管理系统	0.22		
后勤管理系统	1.66		

> 表6-5显示，该校用于人才培养的总经费为13.97亿元，除以折合的全日制本科生数46555人，可以得到全校平均生均成本约为30008元。该校每学年的平均学费是6000元，约占生均成本总额的20%。进一步细化计算到各个学院，生均成本则从最低的文学院27532元到最高的工学院的34113元不等。由于各个学院每学年的学费也从5500元到6800元不等，因此，各学院学生支付的成本占生均总成本的比例均在20%左右。表6-5还可以清晰地反映出生均成本的构成要素。

第三节 教育的成本分担与补偿

一、教育成本分担与补偿的必要性

教育是一项需要耗费大量资源的事业。如前所述，教育部门是一个成本很高的部门，又是一个成本递增的部门。只有通过某种方式使教育过程中消耗的资源得到补偿，教育系统才能继续正常运行下去。教育的成本应当由社会（即全部纳税人）负担，还是应当由受教育者个人分担一部分？根据公共经济学的分析方法，主要的依据是对教育产品属性的判断。如果教育的产出是非竞争性的公共产品，其收益不可分割地由全社会成员来享受，那么其成本理应由政府代理全部纳税人来全额承担；反之，如果教育产生的全部是个人收益，那么其成本理应由受益者即受教育者个人或家庭来负担。不同层次、不同类型教育的产品属性是不同的，义务教育几乎是完全的公共产品；而高等教育的产品属性则是具有很高个人收益的准公共产品。[①]

在市场经济条件下，根据"谁受益，谁付费"的原则，由受益者分担和补偿教育成本符合市场经济的客观规律。由于义务教育是公共产品，国家和社会是最大的受益者，因此义务教育的费用基本上全部由国家负担。非义务教育阶段的教育则带有"准公共产品"的性质，国家、社会、企业和个人都是受益者。就职业技术教育和高等教育而言，个人收益率往往高于社会收益率。因此，由受益的各方分担非义务教育中的资源消耗，用以补偿教育过程中发生的成本，从而使得教育活动成为可持续发展的过程。

教育的成本分担和成本补偿（有时也叫成本回收），都是指由教育受益的各方分别负担部分教育费用，用以补偿教育过程中发生的成本。通常，教育成本补偿是站在教育部门内部的角度而言，指教育部门所拥有的资源在进行教育活动过程中被消耗，需要得到资源

---

① 也有一些人认为高等教育是具有外部性的私人产品，从这种判断出发，一种比较极端的观点认为，个人应当负担全部高等教育费用。

补偿才能继续运行下去。教育成本分担是站在整个社会的角度而言的，指教育过程中所消耗的资源需要得到补偿，且这种资源补偿应该由受益的社会各方来分别承担。

如本章第一节所述，从教育投入来源的角度来分析，教育成本可以分为社会成本和个人成本两大类。社会成本指国家和社会为教育需要分担的教育费用；个人成本是指受教育者及其家庭所需要分担的教育费用，包括学杂费、生活费等。本节所说的教育成本分担和补偿主要是指非义务教育阶段。由于高等教育在这方面比较具有典型性，我们还是以高等教育为例进行讨论，其他阶段的非义务教育可以参考高等教育成本分担和补偿的理论进行论证和实践操作。

二、高等教育成本补偿的理论基础[①]

教育是一项收益率很高的投资，在大多数国家，尤其是发展中国家，各级教育的收益率都高于物质资本的投资收益率，教育的私人收益率高于社会收益率，高等教育尤其如此。为了使这种具有巨大收益的教育活动能够持续不断地进行下去，就必须对高等教育过程中所支出的成本进行补偿，即对大学所消耗的人力、物力、财力进行必要的补充和追加，使高等教育系统不仅能够在原有规模和水平的基础上正常运行，而且能够不断发展，扩大规模、提高质量，使更多的社会成员受益，同时促进经济社会发展。中国改革开放以来，社会主义市场经济的迅猛发展极大增加了对接受过大学教育的各类高级专门人才的需求，同时，广大人民群众物质文化生活水平的不断提高也极大增加了对高等教育机会的需求。在这种来自社会和居民个人的双重驱动下，中国高等教育入学人数迅速增加，高等教育在校生人数从20世纪80年代初的一百万人增加到2018年的三千多万人。高等教育规模的急剧扩张，使得国家在有限的财力下对高等教育的拨款跟不上高等教育的发展速度。与此同时，随着社会主义市场经济的发展，居民个人的收入不断提高，积累了大量的民间财富。因此，在高等教育改革发展中提出的多渠道筹措高等教育经费的措施，除了保证政府对高等教育拨款这一经费来源主渠道和社会各方面的支持外，也包括了向作为受益者并且有支付能力的居民个人收取部分培养费，即学生缴费上学，分担一部分成本。这一政策举措的理论基础之一在于：在市场经济条件下，上大学对个人来说是一种收益很高的投资行为。居民个人对高等教育机会的追求是导致高等教育规模扩张的重要原因之一，如图6-5所示。

[①] 闵维方.论高等教育成本补偿政策的理论基础[J].北京大学学报（哲学社会科学版），1998（02）：181-185.

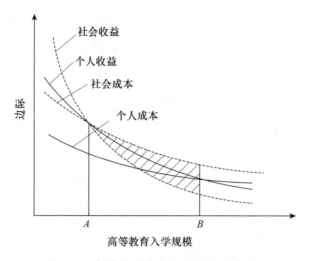

图 6-5 高等教育成本分担的经济分析

在图 6-5 中，两条虚线分别表示社会收益和社会成本，两条实线分别代表个人收益和个人成本，它们都服从于边际收益递减的规律。我们可以看到社会收益和个人收益、社会成本和个人成本是存在差别的。当高等教育某一专业的入学规模到达 A 点时，社会边际收益等于社会边际成本。在这种情况下，如果继续扩大该专业的招生规模，社会边际收益低于社会边际成本。也就是说，从社会的角度来分析，继续扩大该专业的招生规模对社会并不经济，会造成公共教育资源的浪费。但是，从个人的角度来分析，到达 A 点时的个人边际收益仍然远远高于个人边际成本，此时居民个人仍然具有驱动该专业继续扩大招生规模的动力。只有当该专业的招生规模达到 B 点时，个人边际收益等于个人边际成本。此时如果继续扩大该专业的招生，个人边际收益就会低于个人边际成本，对就读该专业的学生个人来说也是不合算的，驱动该专业扩张招生规模的动力就不再存在。不难理解，从 A 点到 B 点的招生规模扩张是受个人收益驱动的，因此个人应该为此分担一定的成本，如图 6-5 中用斜线标示的区域。由于在现实生活中，我们很难区分哪些学生是处于 A 点和 B 点之间招进来的，哪些学生是在 A 点之前招进来的，因此，作为社会政策的制定者，只能确定由全体学生平均分担这部分成本。这就是在市场经济条件下，高等教育应该收取一定学费的理论基础之一。

当然，高等教育作为一个涉及诸多方面利益的重要社会部门，其决策并不仅仅简单依赖于研究人员对其产品性质和收益特征的研究结果，还要考虑成本分担对社会公平和教育机会均等的影响、居民支付能力、公众的心理接受程度等诸多社会经济政治因素，这些都会影响或制约有关高等教育成本分担的改革政策，因此对高等教育成本分担的社会后果以及对学生资助的研究对完善高等教育成本分担与补偿理论及政策实践具有重要意义。

三、实行教育成本分担的社会影响

为了理解实行高等教育成本分担的社会影响,首先必须分析这一政策对社会公共教育资源在全体社会成员中分布状况的影响。由于每个大学生的培养费用是非常昂贵的,高等教育的成本很高,在不收学费而国家财力又有限的条件下,国家只能为较少的人提供上大学的机会。这意味着,较少的一部分能够上大学的社会成员要消耗掉相对较多的一部分公共教育资源;而没有上大学的社会成员只能分享相对较少的公共教育资源,如图6-6中的曲线 $D1$ 所示,这条曲线是高等教育不收费时公共教育资源在全体社会成员中的分布曲线。例如,20世纪80年代中期,在没有实行成本分担政策的条件下,中国每年培养一个大学生,学校的生均日常运行经费就要消耗3.3个人均国内生产总值。①

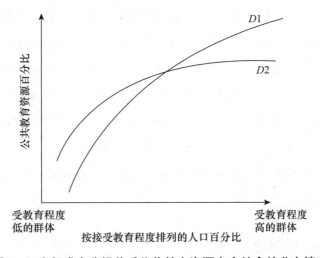

图6-6 实行成本分担前后公共教育资源在全社会的分布情况

当实行了高等教育成本分担政策、收取一定的学费以后,每个大学生所消耗的公共教育资源就相对少一些。在国家财力有限的情况下,同样多的公共教育资源加上学生们交的学费,使得高等教育的资源总额增大了,可以为更多的人提供上大学的机会,因此公共教育资源在全体社会成员中的分布状况趋向于更加公平,如图6-6中的曲线 $D2$ 所示。这是由高等教育成本分担政策导致公共教育资源在全社会配置趋向于更加公平的结构。而且,实行成本分担后,高等教育的资源总量增加了,受教育程度较高的高收入群体在劳动力市场上的供给增加了,根据供需理论,其收入水平下降;而受较低教育的低收入群体在劳动力市场上的供给相对减少了,其收入水平相对提高。也就是说,高等教育成本分担和补偿的政策措施也有利于调整社会经济收入的分配格局,使之趋向于相对更公平。特别是随着

---

① TAN J P, MINGAT A. Education in Asia: A Comparative Study of Cost and Financing [M]. Washington, D.C.: World Bank Publications, 1992: 560-562.

我国经济的增长，收入分配格局也发生了巨大变化，收入分配明显大幅度地向居民个人倾斜，使居民个人有能力也有意愿为子女接受更好的教育而付出必要的成本。相关学者曾经通过实证研究指出，为子女教育做准备已成为居民储蓄的第一位动机，由居民个人和家庭分担一部分教育成本的潜力是现实存在的。[①]

当然，在实行成本分担政策时，需要一些相关的配套政策措施。例如，为来自低收入家庭学生提供奖学金、助学金、学费减免、贴息贷款和勤工助学的机会。由于实行高等教育成本分担政策使得高等教育的资源总量增加了，国家和学校也更有能力为贫困学生提供这种配套支持。在现实生活中，实行高等教育的成本分担和成本补偿，是一种不可避免的政策选择。有些人可能不同意这一观点，指出在一些实行"福利社会"制度的国家上大学是不收学费的。其实，仔细分析起来，这些国家并不是不收费，而是收费的"时点"不同。实行缴费上学制度的国家是"即时交费（Paying While Learning）"；而福利社会国家虽然上大学时不收学费，但是由于受教育程度越高、知识技能越强的社会成员工资收入也越高，他们所交的税率也越高，他们是用大学毕业后的高额税负来补偿上大学期间所消耗的社会资源，是"延时交费（Paying While Earning）"。只有上大学所消耗的资源得到补偿，教育系统才能持续运行下去。至于这两种补偿方式哪种方式更好，目前还有争论。一般来说，"即时交费"有利于增强学生和办学者的成本意识，从而提高教育资源使用效率，这是对许多国家教育资源使用效率研究的初步结论。

四、教育成本分担的属地化原则

成本分担的属地化原则是指学校根据所在地区的经济发展水平和求学者的支付能力来确定学费水平。20世纪80年代以来，世界范围内高等教育办学成本攀升，政府对高等教育的投入相对缩减，多数国家纷纷采取各种方式来增加受教育者个人和家庭负担高等教育成本的份额，高等学校学费水平以超过通货膨胀率的速度提高，高等教育成本分担格局的这种变化成为该时期高等教育改革的主要特征之一。美国20世纪60年代至80年代，生均学杂费占国民人均可支配收入的比例在20%上下浮动，此后学费水平逐步增长，1984—1989年私立大学学费年增9%，1989—1994年公立大学学费年增6.7%，2000—2014年公立大学学费增幅达到80%。澳大利亚在1988年规定，大学学费占生均直接成本的20%。日本在20世纪80年代由学生及其家庭支付的生均大学成本占家庭年收入的15%左右，90年代中期达30%左右。[②] 英国在2006年之前大学学费占英国人均收入的10%左

---

① 陈良焜. 我国高等教育实行个人（家庭）成本补偿的必然性[J]. 教育研究, 1996(08): 27-33.
② 丁小浩. 高等教育财政危机与成本补偿[J]. 高等教育研究, 1996(02): 41-47+54.

右，2006年开始逐渐提高学费水平，学费标准不超过人均可支配收入的20%。①

总之，世界许多国家都在以不同的方式进行高等教育的成本分担与补偿，但是在不同国家和地区，学生个人及其家庭所分担的水平却有很大差异，这是因为各个国家的经济社会发展水平存在很大差异。在一个幅员辽阔的大国，地区经济发展差异巨大，因此各地区高等教育成本分担比率也存在巨大差异。例如，美国各州的大学学费水平存在着相当大的差别，体现了以州为单位的高等教育成本分担与补偿水平的"属地化"。如图6-7所示，2016—2017年美国各州公立大学面向州内学生的平均学费为8804美元，面向州外学生的平均学费为24854美元，后者约为前者的2.82倍。图中各州大学的学费水平存在一定差异，例如，佛罗里达州州内学生平均学费最低，为4435美元，州外学生平均学费为18304美元，后者是前者的4倍多；宾夕法尼亚州州内学生平均学费最高，为14068美元，是佛罗里达州州内学生平均学费的3.17倍。科罗拉多州州外学生平均学费最高，为28986美元，是州外学生平均学费最低的佛罗里达州的1.58倍。

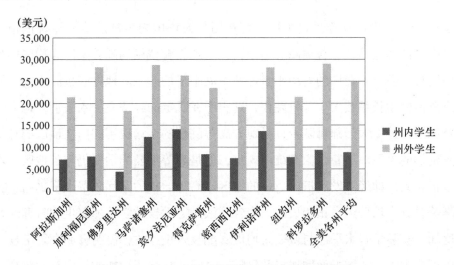

图6-7 2016—2017年美国各州高校学费水平

数据来源：U.S. Department of Education. National Center for Education Statistics. Integrated Postsecondary Education Data System (IPEDS)[EB/OL].[2019-10-13]. https://nces.ed.gov/programs/digest/d17/tables/dt17_330.20.asp.

相关研究显示，由于中国地区间经济发展不平衡和高等教育管理体制改革的不断深化，高等教育成本补偿水平也经历了一个由国家制定统一学费标准逐步过渡到属地化的过程。1989年以前，中国的高等学校只对少数自费生、委托培养的学生收取一定数量的学

---

① 冰启. 大学学费该降　美英公立大学学费不超过可支配收入的20%.[EB/OL]（2014-08-19）[2020-09-14]. http://www.xinhuanet.com/world/2014-08/191c_126887445.htm.

费。①1989年国家相关部门决定，普通高等学校实行成本分担，即收取一定学费，用以补偿办学过程中所消耗的成本。②1990年至1991年，各地高校的学费水平也都按照国家规定基本稳定在200元左右，随后根据国家的统一规定逐年有所增加。但是，由于中国各地区经济发展水平存在巨大差异，当时中国人均国内生产总值最高的上海市同最低的贵州省相差10倍左右，如表6-6所示。因此，统一标准的不合理性凸显。

表6-6 人均国内生产总值最高和最低的地区比较

年份	最高值（元）	最低值（元）	绝对差距（元）	相对差距（倍）
1980年	上海 2738	贵州 219	2519	12.5
1985年	上海 3855	贵州 420	3435	9.17
1990年	上海 5910	贵州 810	5100	7.30
1995年	上海 18943	贵州 1853	17090	10.22

数据来源：国家统计局国民经济综合统计司．新中国六十年统计资料汇编［M］．北京：中国统计出版社，2010：90-1167．

有实证研究发现：高等教育生均教育费用与人均国内生产总值呈显著正相关，这说明无论是中央部属还是地方普通高等学校，其生均教育费用均随着地区人均国内生产总值的增加而增加，但生均费用的差距小于经济发展水平的差距。地方院校的生均费用对人均国内生产总值的增长系数大于部属院校，这表明在既定的经济发展水平下，地方院校的生均教育费用增长速度大于部属院校，且地方高等院校的生均费用同所在地区的经济发展水平有着更密切的关系。尽管国家有统一规定，但是高等学校的学费仍与各地区人均国内生产总值呈正相关，即经济发展情况越好的地区，高等学校的实际收费水平越高。实际学费水平与高等教育生均费用呈正相关，说明各地区高等学校的学费随着生均教育经费支出的增加而增加。实际学费水平还与城镇人均可支配收入正相关，说明普通高等学校学费随着城镇居民可支配收入的增加而增加，并且随着时间的推移，增加的幅度有所提高。这也说明，虽然高等学校的学费在逐年增加，但是各地区实际学费水平的确立已越来越多地考虑了各地区居民的支付能力，人均可支配收入较高、居民对高等教育支付能力较强的地区，其高等学校的学费水平也较高。③

总之，国家统一规定的学费标准对某些地区是适度的，但是对经济发达地区显得偏低，而对经济欠发达地区又显得偏高。经过多年的探索和实践，高等学校成本分担和

---

① 邓娅，闵维方．地区经济发展差异与高等教育成本补偿属地化［J］．高等教育研究，2001，22（06）：43-48．
② 国家教育委员会，国家物价局，财政部．关于普通高等学校收取学杂费和住宿费的规定（〔89〕教财字第032号）［Z］．1989-08-22．
③ 邓娅，闵维方．地区经济发展差异与高等教育成本补偿属地化［J］．高等教育研究，2001，22（06）：43-48．

补偿的政策已被普遍接受。但是如何确定成本补偿水平，怎样保证社会公平始终是一个有争议的问题。由于社会、经济、政治、文化、历史等方面的因素，各地区经济发展水平存在着很大的差异，这种差异导致了居民家庭经济收入的差异，同时也导致高等教育办学成本差异和高等教育收益率的差异。而家庭收入的差异会导致学生个人付费能力的差异，高等教育收益率的差异会导致付费意愿的差异，高等教育的办学成本差异会导致成本分担必要性的差异，因此，按照不同地区的具体情况确定学费水平势在必行，如图6-8所示。

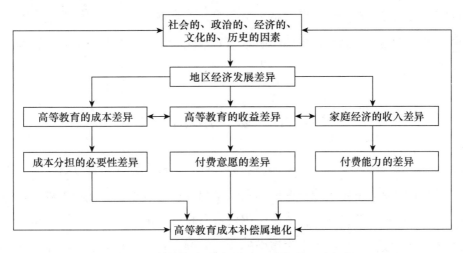

图6-8 高等教育成本补偿属地化的理论框架

1996年《高等学校收费管理暂行办法》（教财〔1996〕101号）正式颁布，[①] 提出高等学校的学费要"根据当地经济发展水平、办学条件和居民经济承受能力"来确定，"不同地区、不同专业、不同层次学校的学费标准可以有所区别"，即高等学校成本补偿属地化的原则。2000年教育部发布的文件进一步指出高等学校的收费水平要"依据高等学校年生均日常运行费用、财政拨款、当地经济发展水平和居民承受能力等情况确定"[②]，进一步明确了高等教育收费属地化的原则。这一政策对完善中国高等教育成本分担和补偿制度具有十分重要的现实意义和理论意义。2014年，中国又启动了研究生教育阶段的成本分担与补偿政策。非义务教育特别是高等教育阶段的成本分担和补偿逐渐制度化了。2020年，教育部等五部门印发的《关于进一步加强和规范教育收费管理的意见》明确教育收费要坚持三项基本原则：坚持公益属性、分类管理；坚持分级审批、属地管理。坚持问题导向、改革创新。并进一步指出，要主动适应教育、财税、价格等领域改革新要求，

---

① 国家教育委员会，国家计划委员会，财政部.高等学校收费管理暂行办法（教财〔1996〕101号）[Z].1996-12-16.
② 教育部，国家计委，财政部.关于2000年高等学校招生收费工作若干意见的通知[Z].2000-2-12.

巩固完善以政府投入为主、多渠道筹集教育经费体制，逐步完善各级各类教育投入机制和非义务教育培养成本分担机制，建立健全教育收费政策体系、制度体系、监管体系，提升教育收费治理能力，持续巩固教育乱收费治理成果，促进教育公平而有质量的发展。

简言之，成本分担属地化就是要考虑不同地区经济发展水平和收入分配结构，根据居民承受能力确定成本分担水平。差别化就是要考虑不同地区不同类型学校的不同成本与不同就业回报率，确定成本分担与补偿水平。这需要全面考虑不同地区中与居民付费意愿和付费能力密切相关的大学毕业生的就业前景、预期收益以及人均收入水平。个人付费意愿越高，付费能力越强，对高等教育价格（学费）的需求弹性越小，因学费提高而中止接受高等教育的可能性越小。高等院校的学费水平属地化和差别化有利于高等教育和经济社会的健康发展。

第四节　教育成本函数

如前所述，教育是一项成本很高的活动。因此，在制定或评估教育政策时，需要考虑如何用尽可能低的成本生产出适宜规模的高质量教育；或者考虑举办多大规模、何种类型的教育可以实现成本最低，即教育资源使用效率最高。因此，教育经济学家运用物质生产领域中的成本函数模型，分析教育领域中的成本问题，建立教育成本函数模型，尤其是用以研究教育生产中的规模经济和范围经济问题。

一、教育成本函数的基本概念

在物质生产领域，成本函数是用数学方法分析产品成本及其影响因素的一种方式，力求在既定产出的条件下实现成本最低。成本函数反映的是成本 C 与产量 Q 之间的关系，用公式表达为：

$$C = f(Q) \tag{6-1}$$

图 6-9 显示了在只有两个投入要素（X, Y）时同一产量下成本最小化的 E 点。图中的曲线 $f(X, Y) = Q$ 是等产量线，三条斜线是等成本线，越靠近原点的斜线表示成本越低，越远离原点的斜线表示成本越高。E 点是等成本线和等产量线的切点，表示在既定产出下的最低成本点。如果生产者选择 F 点，则产量不变，但成本增加。如果生产者想进一步降低成本，则必须同时降低产出。因此，E 点和 F 点相比，E 点是生产者所追求的一定产出下的成本最低点。

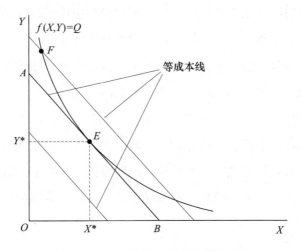

图 6-9 同一产量下的成本最小化

图 6-10 显示了不同产量所对应的最小成本。图中 C_1 和 C_2 代表两条不同的成本线，C_1 的成本低于 C_2。Q_1 和 Q_2 代表两条不同的等产量线，Q_2 的产量高于 Q_1，E_1 和 E_2 分别是产量 Q_1 和产量 Q_2 时的最低成本点。

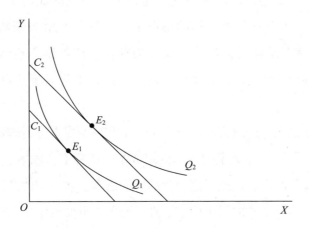

图 6-10 不同产量下的成本最小化

成本函数指在技术水平和生产要素价格不变的条件下成本与产出之间的相互关系，是要通过数学分析的方法找到最低的成本点。是成本理论的主要分析对象。成本函数与成本方程不同，成本函数研究的是成本和产量之间的关系，是一个变量为产量的函数式。而成本方程指的是成本等于投入要素价格的总和，是一个恒等式，如果投入的是劳动 L 和资本 K，其价格为 P_L 和 P_K，则成本方程是 $C = L \times P_L + K \times P_K$。

教育成本函数是将物质生产领域中的成本函数模型应用于教育领域。尽管作为非营利组织的学校并不以追求成本最低为目标，但是教育经济学家常常利用教育成本函数来研究教育资源利用效率，定量分析影响教育成本的因素，提出如何改进和提高教育组织和教育过程的经济效率。与教育生产函数相比，两者的共同之处在于：都用于研究在技术水平不变的情况下，教育领域内投入与产出之间的定量关系；而区别在于：教育成本函数主要追求的是经济效率，即在给定的人才培养数量和质量水平下，研究如何实现成本最小；而教育生产函数主要追求的是技术效率，即在给定的资源投入水平下，研究如何实现教育产出的最大化。到目前为止，成本函数在教育领域中的运用，主要体现在研究教育事业发展中的规模经济和范围经济。

二、教育中的规模经济

在技术条件不变的情况下，任何企业都有一个最优生产规模。通常，企业的平均成本会随着产量的增加先下降后上升，即存在一个平均成本最低时的最优产量值。当企业没有达到最优产量值时，企业增加产量而平均成本下降，即称存在规模经济，也可称为"规模效益"。反之，在达到最优产量值后，企业增加产量时平均成本会上升，即存在规模不经济。在企业产出多样的情况下，当各种产出数量都同比例增加时，若平均成本下降，即存在总体规模经济，反之为存在总体规模不经济。在其他产出数量不变的情况下，增加某项特定产出时平均成本下降，则称对于这种产出而言存在规模经济。

规模经济可以通过在生产过程中区分固定成本和可变成本进行理论解释：产品生产的成本包括两个部分，不随产品数量变化的固定成本（或称不变成本），如土地、厂房、大型机器设备等，以及与产出数量成正比变化的可变成本。在一定的产出范围内，随着产出数量的增加，单位产品所分摊的固定成本下降，而单位可变成本是一个常数，因此出现平均成本随产出数量下降的现象。但是，当生产规模超出一定范围，现有的固定成本不能满足生产扩张的需要时，生产者不得不购置新的土地，建设新的厂房，采买新的设备，在短期内单位产品分摊的固定成本上升，单位产出的成本也可能随之上升，从而导致一定时期内的规模不经济。

与企业生产相类似，教育生产同样存在着规模经济问题。在给定的办学条件下，任何一所学校都有一个最佳的办学规模。在一定的学生数量范围内，一所学校的基础设施及其运转和维护成本、学校管理服务机构的运行费用基本保持稳定，而学校的教师配备、教学耗材等会随着与学生数量同步变化的班级数量的变化而变化。随着学校规模的扩张，生均不变成本下降而生均可变成本不变，就会出现生均总成本随学校规模扩大而降低的现象，即产生教育规模经济。当学校规模扩大超出了一定范围，要么需要建设新的设施以容纳增加的学生，要么需要增加管理成本以应对管理的复杂程度，要么需要设置新的管理层次或管理单位，因此学校总成本和生均成本也会相应提高。

（一）高等教育中的规模经济

教育成本函数在高等教育领域的应用较多。20世纪50年代卡内基委员会对美国私立研究型大学的研究发现：规模非常小和非常大的高校都具有最高的成本。[1]科恩（Elchanan Cohn）等人以美国1195所公立和692所私立高等院校为分析对象，估计了这两类学校的成本函数，发现公立大学的研究生教育和科研具有规模经济。[2]

20世纪70年代末以来，中国高等教育发展迅猛，高等院校在校生数从1979年的102万人增加到1988年的206万人。这种规模的扩大主要是通过建立新学校的方式实现的，仅在1983年至1985年这三年间新建高等院校就达301所，学校数从1980年的675所增加到1988年的1075所。但是，高等院校的平均规模变化不大，始终低于2000人，1980年为1817人，1988年为1922人，远远低于同期内美国和苏联4000人左右的水平。中国高等教育的大发展走了一条通过大量建立新高校的"外延式"发展道路。[3]

1986年世界银行曾经对中国136所接受过世界银行贷款的重点高等院校进行了有关规模效益的实证分析。[4]图6-11是这136所高等院校生均成本和学校规模的散点图，纵坐标是以千元为单位的生均成本，横坐标是以在校生数为指标的学校规模。从图中可以直观地发现规模经济现象，即高等院校规模越小，生均成本越高。

---

[1] Carnegie Commission on Higher Education. The More Effective Use of Resources: An Imperative for Higher Education [M]. New York: McGraw-Hill, 1972: 161.

[2] ELCHANAN COHN, SHERRIE L W. RHINE, and MARIA C. Santos Institutions of Higher Education as Multi-Product Firms: Economies of Scale and Scope[J]. The Review of Economics and Statistics, 1989, 71(2): 284-290.

[3] 闵维方. 高等教育规模扩展的形式与办学效益研究[J]. 教育研究, 1990, 000(010): 41-48.

[4] 闵维方, 丁小浩. 中国高等院校规模效益：类型、质量的实证分析[J]. 教育与经济, 1993(1): 16-22.

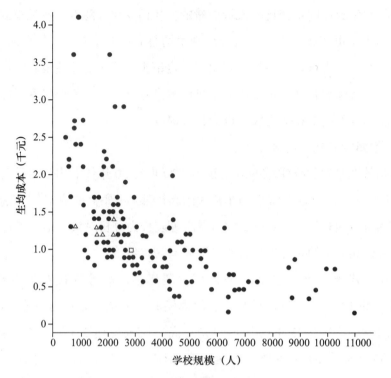

图 6-11 生均成本与学校平均规模的散点图

（○）代表一所学校（△）代表两所学校（□）代表三所学校

数据来源：World Bank. China-Management and Finance of Higher Education [EB/OL]. [2019-10-12]. https://documents.worldbank.org/en/publication/documents-reports/documentdetail/367021468768870225/china-management-and-finance-of-higher-education.

除了使用图 6-11 这种比较直观的散点图来揭示生均成本随着学校规模的扩大而下降的趋势外，世界银行还运用多元回归的方法对二者的关系作进一步的定量考察。中国的相关研究者根据世界银行的回归分析结果对当时中国的生均成本进行了初步估算，发现在中国当时的平均办学条件下，一个规模为 2000 名在校生、学生教师比为 5∶1 的高校，与一个规模为 4000 名在校生、学生教师比为 10∶1 的高校相比，前者平均每年的生均成本高 418 元。研究者选取"2000 名在校生"这个办学规模进行模拟，是由于这个数字同中国当时高等学校 1922 名在校生的平均规模比较接近。而 4000 名在校生则是当时美国和苏联的平均水平，也是在中国当时的高等教育办学条件下比较接近适度规模的水平。该研究在模拟时加入学生教师比这个因素，不仅是因为该回归模型包含这个解释变量，还因为在当时中国教育事业费的支出中教师人头费占了相当大的比重，因此这个变量对生均成本有显著影响。从理论上说，学生教师比同学校规模有着很重要的关系。一个规模很小的学校由于专业点小而单班招生或隔年单班招生，造成教师工作量不饱满，致使学生教师比相对较低,生均成本相对较高。5∶1的学生教师比是当时中国高等院校的状况,10∶1则是国家主管部门和世界银行提出的中国在20世纪90年代应该逐步接近的学生教师比指标。总之,回归分析的结果同散点图反映的直观印象是完全一致的。①

但是,这一结果具有一定局限性,因为这仅仅是对中国136所接受过世界银行贷款的重点高等院校的分析,没有包括占中国高等院校总数80%以上的普通地方院校。由于这些普通地方院校在隶属关系、经费渠道和拨款机制等方面同重点院校有较大差别,因此其成本行为也有很大差别。为了更加深入全面地探讨中国高等教育的规模经济问题,有研究者于1989年4月至1990年4月间在中国中西部五省进一步展开实地调查研究,选取了包括全国重点院校、省属重点院校和普通地方院校在内的156所高等学校作为样本,采集了数十万个数据,并特别关注那些在以前研究中涉及较少的普通地方院校,还实地考察了20多所高等学校。在此基础上,运用多元回归方法的分析结果仍然显示出当时中国高等教育中存在显著的规模经济现象,据此对当时中国高等学校的生均成本行为进一步模拟的结果见表6-7。

表6-7 中国高等教育生均成本与学生教师比的关系模拟②

学校规模(人数)	生均成本(元)			
300	2763	2545	2218	2000
500	5201	2283	1956	1738
1000	2305	2087	1759	1541
2000	2206	1988	1661	1443
4000	2157	1939	1612	1394
6000	2141	1923	1596	1378
8000	2132	1914	1586	1370
10000	2127	1909	1582	1365
学生教师比	3∶1	5∶1	8∶1	10∶1

从表6-7可以更清楚地看到,高等教育生均成本随学校规模的扩大和学生教师比的适当提高而下降,表明了在同等的质量投入水平(即学生教师比)下,规模大的学校生均成本低,规模小的学校生均成本高。当学校规模比较小时,规模对生均成本的影响较大,而随着规模的增加,规模对生均成本的影响变小。而在不同的质量投入水平下,由于规模增大而引起的生均成本的减小率是不同的。质量投入水平高的学校,生均成本减小率低。当生均成本在一定范围内时,一所学校在既定的生均水平下,可以通过增大规模、提高资源

---

① 闵维方.高等教育规模扩展的形式与办学效益研究[J].教育研究,1990,000(010):41-48.
② 闵维方,丁小浩.中国高等院校规模效益类型、质量的实证分析[J].教育与经济,1993(1):16-22.

使用效率来提高教育教学质量水平、改善办学条件。

有研究进一步探讨学校内部的院系和专业层次的规模经济，发现随着院系和专业规模增大，生均成本也会有所下降，且下降的速度是递减的。同时，人力资源利用效率则随着院系和专业规模的增大而提高，提高速度也是递减的。在相当多的高校中，院系和专业的规模比学校规模对教育资源使用效率的影响更大，扩大专业和院系规模要比扩大学校规模更能改善学校的内部效率。正是基于这一系列实证研究，有研究者提出：中国高等教育的发展应该从当时的"外延式"发展转变为适度规模、优化结构、提高质量、讲求效益的"内涵式"发展。[①]

1999年中国开始实施高等教育扩招政策，高等院校的平均在校生规模迅速增加。对2005年中国1412所普通高等院校的研究发现：办学类型为大学的高校，校均本专科在校生接近18000人，硕士研究生规模近2400人，博士研究生为577人，研究生在学生占据相当比重；办学类型为本科学院的高校，在校生主体为本专科生，校均本专科生数超过了10000人，校均硕士研究生为146人。这一时期高校生均成本与规模的关系显示：不同类型的高校中，生均成本与规模的关系不尽相同，本科学院、高职和高专院校的生均成本与院校规模之间存在明显的负相关关系，规模较小的院校生均成本较高，规模较大的院校具有较低的单位成本。但这一现象在国家重点建设的少数大学不甚明显，可能是由于这些学校得到的额外重点项目经费资助力度很大，拉高了其生均成本。总之，尽管此时中国高校的规模经济现象依然存在，但是由于此时中国大学的平均规模已经较大，规模经济效应已达到或接近理论上的临界点，进一步扩大高等院校平均规模可能会导致生均成本由降转升的现象出现。[②]

（二）基础教育中的规模经济

从国外基础教育规模经济的研究来看，有学者对美国艾奥瓦州377所高级中学进行了实证分析，研究结果显示：艾奥瓦高中办学存在显著的规模经济效应，但未发现"最优化"的适度规模点，[③]其后续研究对成本分析做了新的尝试，使用更能体现教育生产特点的分项目成本折算方式。对不同项目的研究结果表明：若学校合并且在上课人数达到一定

---

① 闵维方，丁小浩，郭苏热.高等院校系和专业的规模效益研究[J].教育研究，1995（7）：7-12.
② 陈晓宇，董子静.大众化阶段高等教育的规模经济与范围经济[J].教育研究，2011（9）：14-21.
③ COHN E. Economies of Scale in Iowa High School Operations[J]. The Journal of Human Resources, 1968, 3（4）：422-434.

规模之后能有效降低生均成本。① 随着数据的丰富,此后的研究对基础教育规模经济进行了更深入的分析。使用美国犹他州学区的面板数据对学区和学校层面的研究发现学区存在显著的规模经济效应,但学校的规模经济效应相对较弱。② 对加拿大相关地区不同年份的成本对比表明,教育规模经济效应的确存在,最优的学校规模为800—1000人。③ 对教育成本的精确化考虑促使学者们对学生上学的交通成本、家长的时间成本等进行了更深入分析。对加拿大另一地区的研究考虑了学生的交通成本,发现在地广人稀的农村合并学校,其节约成本的作用可能微乎其微。

在中国农村地区曾经一度出现了村村办学的局面,到20世纪90年代中后期,由于计划生育政策的落实以及城镇化进程的加快,农村小学的生源减少,许多教学点的学生也随之变少,甚至是无学生可教,有些学校刚建好的校舍没过几年就没有学生了,出现了所谓的"麻雀学校""一师校"。④ 例如,山西某县169个行政村共有小学206所,平均每村1.21所,在校生18110人,校均学生87人。其中,在校生30人以内的有98所,20人以内的有77所。⑤

学校规模过小导致校舍和教学设备闲置,出现了资源浪费、办学设施相对落后、办学效率低下、教师教学水平较低、教学质量不高等问题。社会对优质教育资源的需求和办学水平不均衡的矛盾日益突出,教育资源紧缺与闲置并存的矛盾日益突出。出于加强教育资源利用效率、提高教育质量等方面的考虑,20世纪末中国出台了调整中小学布局的系列政策,这些政策对于优化教育资源、提高教育质量、促进基础教育规模的发展发挥了很大作用。但是,也出现了一些值得重视的问题,下面的报道归纳了中小学布局调整存在的诸多误区,从中可以看出,制定教育政策既要考虑降低教育成本,更要兼顾教育效果。

---

① COHN E, HU T W. Economies of Scale, by Program, in Secondary Schools [J]. Journal of Educational Administration, 1973, 11 (2): 302-313.
② CHAKRABORTY K. Economies of Scale in Public Education: an Econometric Analysis [J]. Contemporary Economic Policy, 2000, 18 (2): 238-247.
③ KUMAR R C. Economics of Scale in School Operation: Evidence from Canada [J]. Applied Economics, 1983, 15 (3): 323-340.
④ 杜育红. 学校布局结构调整的战略意义 [J]. 人民教育, 2005 (02): 10-11.
⑤ 林祥. 寄宿制小学:农村教育资源优化配置的好形式 [J]. 人民教育, 2005 (02): 11-13.

案例6-3

农村中小学布局调整的误区

"片面的教育成本论"。办教育要讲成本，但成本包括公共投入和个人投入两种成本。一些地方片面地理解降低教育成本，不讲条件地调整学校布局，甚至提出实行全寄宿目标。这样一来，尽管公共投入成本降低了，但却增加了学生饮食、交通、安全以及家长陪读等方面的费用，大幅度提高了学生家长承担的教育成本。因此，在推进中小学布局调整中，必须全面把握教育成本问题，充分考虑学生家长的经济承受能力，以免造成总成本增加，引发新的"上学难""上学贵"。

"规模越大越好"。办学校需要一定的规模，但不是规模越大越好。一些地方在布局调整中不适当地提出办大规模学校。规模决定服务半径，在一定人口密度情况下，规模越大，服务半径就越大，学生就近入学也越加困难。上学路途变远，增加交通费用，带来安全隐患。此外，小学低年级学生上寄宿制学校，远离父母，不利于儿童心理、生理健康成长。

"乡村学校功能的单一化"。学校是多种功能的综合体。在农村特别是在边远农村地区，学校是文化人集中的地方，是义务教育、学前教育、成人继续教育的阵地，又是农村社区的文化、科学、体育中心。一所乡中学撤走了，就等于这个乡的文化、科技、体育中心也相应消失了。一所小学撤掉了，所举办的学前班、公办附属幼儿园也办不下去了，乡村成人社区继续教育中心也消失了，农村的终身教育体系建设也就失去了依托。

"县里说了算"。布局调整需要大额资金投入。在分级办学体制下，依靠乡村投资办学，布局调整没有乡村和当地群众的同意、支持很难进行。在以县为主的体制下，学校基本建设主要依靠县以上财政拨款，在布局调整中往往出现"县里说了算"的现象，不征求或不听取乡村和当地群众意见，容易造成群众上访，乃至引发事端。

我国是人口大国，又是一个以小农经济为基础的传统农业大国。农村教育必须坚持为"三农"服务的基本方向，承担培养新农村建设者和为各行各业服务的专门人才的双重任务。这是我国的基本国情、教情。农村中小学不能都搬到城镇来办，必须有相当数量的学校扎根农村，坚持就近入学，创造学生接触农业、接触农村、接受农业劳动实践的环境，培养他们热爱农村、建设农村的情感和志向。农村中小学布局调整要坚持为"三农"服务的基本方向，要充分考虑其多种功能和综合效益，把农村中小学调整与农村学前教育、社区成人继续教育和乡村文化、科技、体育建设统筹考虑，

> 建立和完善以政府为主导,乡政府、村委会和村民代表共同参与的民主化调整决策机制。
>
> 摘自:韩清林.农村中小学布局调整的误区[N].中国教育报,2011-09-29(03).

表 6-8 展示了中国 11 省 1350 所小学、267 所初中的学校规模与生均经常性支出,可以发现,学校在校生规模越大,学校生均成本越低。进一步加入代表产出质量的生师比[①]、代表学校投入的教师平均工资,以及城乡、地域等变量后发现,控制地区、城乡差异等变量后学校规模经济效应仍然存在,尽管相比之下学生教师比对生均成本的影响更大。研究同时显示,学校生均成本在城乡间有显著差异,城镇学校的年生均成本比农村高 700—900 元,这体现出城乡间教育资源配置的不均衡,城镇学校比农村学校享有更多的教育投入。可见,义务教育阶段的学校规模经济效应确实存在。从教育发展目标与学校多元价值视角来看,除了规模效应的考虑外,中国学校布局调整政策应同时考虑在特定情况下小规模学校存在的必要性,尤其是加大对农村边远地区小规模学校的扶持力度。

表 6-8 2008 年在校生规模与生均经常性支出[②]

规模范围	学校平均规模(人)	生均经常性支出(元)
小学:0—199 人	92	2983.50
200—399 人	272	1860.25
400—599 人	489	1838.93
600—799 人	698	1958.10
800 人以上	1211	1495.43
初中:0—299 人	188	5855.85
300—599 人	468	2710.84
600—999 人	775	2310.57
1000 人以上	2421	587.80

---

① 在研究教育规模经济时,由于教育产出的多样性,通常对产出数量做质量修正。一般的做法有两种:一种是把产出数量和质量重新计算一个"修正产出量"加入模型;另一种做法是把产出质量作为单独变量加入模型中,对产出数量进行控制。在质量变量方面,学生成绩是最常使用的代理变量。但在缺少产出质量代理变量的情况下,一个可选择的方案是使用投入品质量替代产出质量。投入质量作为产出质量的代理变量,不仅可以避免对于产出的测量,而且也考虑了产出的多维性。缺点在于,投入的质量可能并不完全代表产出的质量。一般认为,生师比反映了课堂教学及管理的难度。生师比越大,单个教师需要教学及管理的学生数量越大,教师更难以兼顾学生需求,由此导致教学质量受影响。

② 雷万鹏,谢瑶.学校规模经济效应及其政策反思[J].全球教育展望,2013,42(05):49-58+90.

三、教育中的范围经济

与规模经济相关的另一概念是范围经济，它指单个企业联合生产两种或两种以上产品的成本要比两个或多个企业分别生产这些产品的成本更低。[①] 范围经济现象可以归因为统一组织生产两种处于生产链上下游相邻位置的产品可以降低交易成本，或者生产一种产品会对生产另一种产品产生溢出效应。教育领域内也在一定程度上存在范围经济。

（一）高等教育中的范围经济

从高等教育的产出类型来看，高等院校同时承担人才培养、科学研究和社会服务三项主要任务；从产出层次来看，高等院校提供专科生、本科生和研究生的培养。因此，高等教育机构是一种典型的多产出组织。对于同时从事教学、科研和社会服务的高等学校来说，学生以科学研究助理或勤工俭学等方式参与大学的科学研究和社会服务活动，既为科研项目和社会服务提供了人力支持，一定程度上降低了科学研究和社会服务的成本，又能锻炼学生的科研创新能力和服务社会的实践能力，为充实教育教学活动内容提供帮助，提高人才培养的水平。当高校同时生产多项产出的成本低于单独生产某一项产出的成本时，就存在整体范围经济。

针对研究型大学学生构成不同以及功能使命多元的情况，20世纪末以来国内外学者开始尝试应用范围经济理论及多产出模型来分析高等教育成本和产出之间的关系。例如，利用多产出成本函数对美国184所神学院的研究证实了大学中既存在规模经济又存在范围经济。[②] 对1985年美国18所公立研究型大学进行的研究以社会科学（119个观测单位）、工学（98个单位）和理学（64个单位）为分析对象，证实了总体范围经济和特定产出的范围经济，同时发现本科生与研究生教学之间存在范围经济，并认为是因为大量使用研究生作为助教降低了成本。[③]

中国学者对教育部直属高校2000年的相关数据分析发现，在加入了教学和科研产出的质量因素后，不论在哪个产出水平上，即不论教学和科研质量水平如何，将本专科生、研究生和科研活动放在一起进行组织生产的完全联合生产方式都是最经济的。[④] 另一项对同时培养本科和研究生的中国高校的实证研究发现：本科学院中研究生培养规模较小，研究生的实际生均成本很高，扩大研究生规模有利于降低生均成本。但多产出模型还进一步

---

① PANZAR J C, WILLIG R D. Economies of Scope [J]. The American Economic Review, 1981, 71（2）: 268-272.
② KOSHAL R K, KOSHAL M, GUPTA A. Multi-product Total Cost Function for Higher Education: A Case of Bible Colleges [J]. Economics of Education Review, 2001, 20（3）: 297-303.
③ DUNDAR H, LEWIS D R. Departmental Productivity in American Universities: Economies of Scale and Scope [J]. Economics of Education Review, 1995, 14: 199-244.
④ 侯龙龙. 高等教育中的范围经济：基于质量因素的分析 [J]. 高等教育研究, 2006（04）: 24-29.

发现，在大学特别是研究型大学中，研究生培养存在规模不经济现象，研究生的边际成本高于平均成本，继续扩大研究生规模，不但不能降低生均成本，反而会导致研究生生均成本的提高。[①] 还有研究发现高校的范围经济和规模经济都存在地区差异，西部地区的高校在规模经济与范围经济方面与东部地区和中部地区的高校存在着明显的差距。西部地区的高校从2005年到2007年都出现了总体范围不经济的现象，这意味着西部地区高校不同产出之间不仅没能实现成本互补，相反还出现了成本互斥。[②] 另有一些研究发现，中国高校不存在总体范围经济，其中重点高校范围不经济程度较低；也不存在特定产出（社会科学本科生、自然科学本科生、医学本科生、硕士研究生、博士研究生、科研成果）的范围经济，其中硕士生和博士生范围不经济程度最高。[③]

（二）基础教育中的范围经济

相比高等教育，对基础教育阶段范围经济的研究相对较少，原因之一是很多学者将基础教育视为单一产出的组织。也有学者认为，基础教育阶段的学校产出可分为教学产出和科研产出，其中教学产出还可以按照不同教育层级划分为多类教学产出，比如小学生的培养、中学生的培养，还可以包括对教师的培养。以义务教育阶段为例，可以将中小学的范围经济定义为：义务教育学校由于产出范围的扩大，如小学生和初中生的联合培养、学生和教师联合培养以及教学和科研联合生产活动等，导致联合生产的成本低于各项产出活动单独进行的成本之和，由此带来总办学成本的降低以及办学效率的改进。

对美国弗拉芒学区中学办学过程的研究表明存在范围经济现象。研究将这些样本学校分成3个类型的学校和7个学习领域，实证结果显示，专业化的学校体系（每所学校提供单一学习领域的产出）会比多产出的学校体系（每所学校都涉猎7个学习领域的产出）多花费2倍以上的成本。[④]

九年一贯制学校将小学教育和初中教育集中在同一个教育机构，完全中学将初中和高中教育集中在同一个教育机构，这样的安排有可能降低办学的生均成本，提高教育资源使用效率。以九年一贯制学校为例，尽管小学生和初中生的培养方式存在差异，但二者基础教育的特征及教育目标定位的相似性，使得小学生和初中生培养方式的共性多于差异性。在九年一贯制学校，如果将培养初中生的教育资源扩展至小学生，如初中生和小学生在体

---

① 陈晓宇，董子静. 大众化阶段高等教育的规模经济与范围经济 [J]. 教育研究, 2011 (9): 14-21.
② 李锋亮，邹凯，付新宇. 我国大学规模经济与范围经济的地区差异 [J]. 复旦教育论坛, 2015, 13 (04): 57-63.
③ 成刚. 我国高等教育范围经济的实证研究 [J]. 经济科学, 2006 (5): 99-109.
④ MIKE S, WALTER N. Economies of Scale and Scope in Flemish Secondary Schools [J]. Applied Economic, 1998, 30 (9): 1251-1258.

育场所、运动器械、音乐器材、图书资料、多功能教室等方面实现共享，既可避免重复投资，又可提高资源的使用效率。因此，在教育技术条件、教育市场需求保持不变的前提下，联合生产小学和初中教育的成本可能低于单独培养的成本。

一项利用中国西部地区基础教育发展项目的研究采用成本函数方法分析中国义务教育学校的范围经济规律，结果显示，西部小学和初中联合生产具有一定的成本互补性；对西部地区 48 所九年一贯制学校教育投入和产出的分析结果显示，在质量不变的情况下，当小学生的在校生规模在 1123 人、初中生在校生规模在 908 人时，只要规模扩大在 3 倍以内时，采用小学生和初中生联合生产的方式都会更加节省成本。①

案例 6-4

近年来我国一些地区试行小学和初中施行一体化的九年一贯制的义务教育。这既有利于义务教育均衡发展，也有利于实现教育的规模经济和范围经济，有利于提高资源使用效率。北京市多个区已经先后开启了九年一贯制的试点。

东城率先启动义务教育综合改革
今年起建 7 所九年一贯制学校

今天上午，东城区数十所学校签订"2014 年改革任务协议"，启动了本市义务教育综合改革的大幕。今年，各区县都将启动大力度教育改革，促进区域内优质教育资源更加均衡。

今年 9 月，东城区将首次在所有学区推行"大年级组"，作为原有校际深度联盟的一种创新模式，将一所优质校与一所薄弱校联盟之后，建立"大年级组"，统一管理、统一排课、共享师资、统一评价。淡化学校边界，扩大优质资源共享。

今年开始，东城区采用两种方式建立九年一贯制。一种是品牌初中联合普通小学，组建九年一贯制学校，2014 年 9 月新入学的小学一年级学生，6 年后将全部直升到对口的优质初中。例如青年湖小学和 171 中学初中部，就是这样的模式。第二种方式是优质品牌小学，上延 3 年，增设初中，形成九年一贯制学校。

摘自：东城率先启动义务教育综合改革 今年起建 7 所九年一贯制学校 [N]. 北京晚报，2014-1-15（08）.

---

① 薛海平，胡咏梅. 我国义务教育学校范围经济研究 [J]. 现代教育管理，2013（12）：24-29.

规模经济和范围经济都是经济学中关于物质产品生产中与成本密切相关的概念,其潜在的假设前提是企业产品具有同质性。然而,学校作为培养人的场所,其"教育产品"同物质生产的产品差异很大。来自父母的遗传素质和个性特征、学生生活的家庭和社区环境、家庭教育期望以及学生个体的教育禀赋等因素,共同构成了学生入学前的教育准备,再加上教育过程中学生所享受的对待关照程度、学生主观的努力程度以及学生与同伴关系等方面的差异,使得学校培养的学生差异性明显。因此,学校在进行扩大办学规模或增加学校产出种类的决策时,不仅要考察生均成本是否下降,还要兼顾学生的差异性,以及可能对学校教育质量、学生行为、师生互动等方面造成的影响。[①] 在进行教育决策时,除了考虑成本,还应该将成本与人才培养的效益结合起来统筹考虑,这样才能做出科学的教育决策。

第五节　研究教育成本的意义

教育成本是衡量教育部门为培养各类劳动力和专门人才所消耗资源的尺度,它核算各级各类教育人才培养所需要的活劳动和物化劳动。认真研究教育成本,深刻认识教育成本及其变化规律,对促进教育事业健康发展具有重要意义。

一、研究教育成本有利于增强教育成本意识,利于开展教育绩效评价,提高教育资源使用效率

在长期实行市场经济制度的国家,教育举办者、学校、居民家庭及学生的成本概念都很强,非常注重教育资源的使用效率,开展教育成本的研究较早也较为深入,研究成果非常之多。中国过去长期实行计划经济,因此对教育资源使用效率和教育成本的研究相对较少。伴随着改革开放的历史进程,中国学者对教育成本的研究在 20 世纪 80 年代以后逐步系统展开,但是大多数居民和学生的教育成本意识还不是很强。中国仍然是一个处于社会主义初级阶段的发展中大国,2016 年财政性教育经费只占国内生产总值的 4.2%,全国人均公共教育经费大约是 300 多美元,远远低于发达国家的水平。世界银行的报告等相关研究曾经指出,中国的教育经费不足,存在教育资源使用效率进一步提高的潜力。[②③] 中国学校学生营养餐的浪费就从一个侧面反映了这个问题。

[①] 张平平,胡咏梅,周达. 九年一贯制学校学生的发展状况优于普通学校吗?[J]. 教育科学研究,2017(01):60-69.
[②] World Bank. China: Provincial Education Planning and Finance[R]. Washington D.C.: World Bank,1992.
[③] 范先佐. 教育经济学新编[M]. 4 版. 北京:人民教育出版社,2015:337.

案例6-5

中小学营养餐浪费不容忽视

根据《中国新闻网》2016年8月30日报道，学生营养餐计划的实施是国家一项重大民生决策，过去5年中国家的中央财政就投入1600亿元，如果加上地方财政的投入，这个数字更大。但是，《中国教育报》2016年7月9日第2版《中小学营养餐浪费不容忽视》报道，今年上半年，北京市教委对全市14所中小学营养餐情况进行实地检查，发现各个学校均存在不同程度的营养餐浪费问题。《经济日报》2017年1月19日第3版也报道，近日一项调查显示，城市中小学校营养餐人均食物浪费量，高于餐饮业平均水平，营养餐成了浪费餐。《光明日报》2017年1月12日第12版报道，中国科学院地理科学与资源研究所关于食物浪费课题组2013—2015年的调查结果显示，中小学校园餐的人均食物浪费量达到89.94克/人，不仅远高于大学食堂和职工食堂，更高于餐饮业平均水平。人均粮食浪费量接近二两，这个数字有点触目惊心。《百度文库》2016年8月28日上传的"浅议学生营养餐浪费成因及管理策略"一文指出，每天，看着食堂里那一满盆的被学生们倒掉的剩菜饭，真让人感到可惜。不只我们学校有被学生倒掉的营养餐。在其他农村学校，学生营养餐的浪费现象也普遍存在。还有部分学生甚至说，"营养餐不是自己花钱买的，是白得的，想吃就吃，不想吃倒掉也不可惜。"这种发生在学校中的浪费，在同样提供学生营养餐的美国、日本等比中国富裕得多的发达国家是很难看到的。

《中国教育报》指出"当前部分中小学存在学生营养餐浪费问题，而部分学生节约意识淡化、部分学校餐食关注营养忽视口味以及精细化管理不足是导致这一问题的三大主要原因"。这三方面的原因都体现了学校、学生以及相关管理部门的教育成本意识欠缺。

许多国家的教育管理部门、学校和学生由于缺乏成本意识而导致巨额教育资源的浪费。20世纪90年代初，笔者在南亚某国进行高等教育发展状况的调研时发现，由于成本意识缺乏和相应的政策缺失，该国的大学生平均用七年的时间完成四年的大学本科课程，也就是说，每个学生多消耗75%的高等教育资源。还有一些国家的一些地区中小学辍学率和重读率非常高，本来应该用六年时间完成的小学教育，平均用了七八年时间才完成，资源浪费率接近20%。因此，进行教育成本研究、提高教育成本意识是提高教育资源使用效率的第一步。

二、研究教育成本是计量教育经济效益和辅助教育决策的重要基础

实施一个重大教育政策或教育项目的决策，通常需要从政治、经济、文化、社会等各方面进行系统、全面的论证，其中与教育成本密切相关的论证包括以下几个方面。

一是成本－收益分析（Cost-benefit Analysis），主要从该项目可以货币化收益的角度分析。例如，假设一个国家要增加一笔巨额的教育资源投入，对未来的经济收益影响有多大？宏观经济增长率可能提高多少？与将这些资源投入物质生产领域（如建设高速铁路或生产汽车）相比，这种投资能否带来更高的货币化收益？再例如，假设一个人要花费一大笔钱攻读高级工商管理硕士学位（EMBA），未来个人的教育收益率能提高多少？与他付出的高额学费相比，是否合算？这些问题都需要通过教育的成本－收益分析来回答。

二是成本－效益分析（Cost-effectiveness Analysis），有时也被称为成本－效果分析，主要是从项目对学生学习效果的影响和多种非货币化的社会收益角度进行分析。例如，一所学校投入大量资源，采购多种技术设备，实施多媒体化的外语教学，会使学生的外语成绩提高多少？同采取其他措施相比，如缩小班级规模或加强课外辅导，这种资源投入是否合算？是否能够带来预期的效果？再例如，一个国家要投入大量的人力物力资源开设学生的思想品德教育课程，增强学生对社会主流价值观的政治认同。这种通过单纯的课堂教学方式，同其他思想品德教育方式（如更多地组织学生参加社会实践活动、使学生接触社会各阶层群体、了解社会生活现实状况等）相比，哪种方式会带来更好的社会效益？这些问题则需要通过教育成本－效益分析来回答。

三是成本－效用分析（Cost-utility Analysis），主要是从项目对教育举办者、学校和学生的主观体验和效用的满足程度进行分析。如果说教育收益和效益是客观性指标，效用则是指项目满足相关各方主观期望的程度，或对该项目效用的主观心理评价。因此成本－效用分析带有很强的主观性。例如，假设教育主管部门或某些学校为了促进学生德智体美综合素质全面的发展，计划投入资源为文科学生开设一些与自然科学和工程技术相关的课程，如信息科学技术和人工智能等；为理科学生开设一些人文和社会科学方面的课程，如古典文学欣赏和美学原理等。由于不同学生对这种课程安排可能有不同的主观效用评价，类似的项目决策就需要考虑到学生的主观心理体验和效用函数。这些问题就需要通过教育成本－效用分析来解决。

四是成本－可行性分析（Cost-feasibility Analysis），主要是从项目所需消耗资源的角度，分析项目是否具有可行性。例如，美国实行从幼儿园到高中阶段（K-12）的免费义务教育（各州13年到15年不等），因此有人主张中国也应该实行从幼儿园到高中

阶段的免费义务教育。尽管这种建议的愿望是好的，但是却缺乏成本－可行性论证。粗略的测算即可知道，如果在中国实行15年的义务教育，国家每年至少需要多支出一万亿元左右的财政资金用于教育开支。这在中国目前情况下不具备现实可能性。再例如，二十年前，中国提出建设"若干所"世界一流大学的计划，结果许多大学纷纷争先恐后地提出创建世界一流大学的方案和经费要求。由于缺乏从国家财政角度和学校经费来源角度进行的系统全面的成本－可行性分析，一些学校创建世界一流大学的目标将难以实现。

三、研究教育成本是国家教育拨款和学校确定学费标准的参考依据

世界各国普遍把教育成本作为政府进行教育拨款的重要基础之一。一些发达国家把教育总成本分解细化为若干项成本要素，然后根据教育发展对经费的需求和国家财政能力以及办学绩效来确定拨款额度。例如，美国得克萨斯州立大学系统就把大学的办学总成本细化为十五个成本子项目，根据每一项的精确成本核算确定拨款数量，其中有一个成本项目是校园绿化和保持。州政府教育拨款部门根据每一所大学的校园面积，确定该校所需要的园丁数量，然后依据相关劳动法规，确定每位园丁每周工作40个小时，进而计算出该校园丁每年工作的总时数，再根据每位园丁在劳动力市场上的每小时平均工资标准，乘以总的园丁工作小时数，得出该校每年校园绿化和保持的成本，并在核算各学校其他经费来源的基础上，确定此项拨款的适当额度。

伴随着中国改革开放和向社会主义市场经济的转轨，政府、学校和居民个人的教育成本意识逐步增强，非义务教育的国家财政拨款和学费都考虑了教育成本的因素。例如，中国1994年颁布的《〈中国教育改革和发展纲要〉的实施意见》就指出，高等院校和中等专业学校、技工学校等非义务教育的学校"学生实行缴费上学制度，缴费标准由教育行政主管部门按生均培养成本的一定比例和社会与家长的能力因地、因校（或专业）确定"。1998年颁布的《中华人民共和国高等教育法》也明确规定，"国务院教育行政部门会同国务院其他有关部门根据在校学生人均成本，规定高等学校年经费开支标准和筹措的基本原则。"根据这些文件，政府对非义务教育阶段学校的财政拨款和学费标准的确定都是以生均教育成本作为重要基础之一。

四、教育成本核算是加强对教育部门和学校管理考核的重要工具之一

教育成本核算是考核一个国家、一个地区或一所学校的教育事业办得好不好的重要指标之一，也是提高教育资源使用效率和效益的重要手段之一。

假设有甲乙两所学校,他们所处的社会经济环境相同,消耗的生均成本也相同,但是学校甲的教育质量远远高于学校乙,社会声誉更好,更受广大群众欢迎。也就是说,学校甲用同样多的资源取得了更好的教育业绩,因此,学校甲的办学效益考核应该得到更高的成绩。另外一种情况是,甲乙两所学校的教育质量水平和社会声誉处于同等水平,但是学校甲的生均成本低于学校乙,也就是说,学校甲用较少的资源取得了同样好的办学业绩,说明学校甲的管理水平更高,人力、物力、财力等教育资源使用效益更好。这就给我们带来许多值得进一步深入研究的问题:学校甲究竟有哪些办学经验值得推广以提高整体的办学质量和教育资源使用效率?可能是学校管理团队的责任感和对工作的投入,重视教师队伍的建设和敬业精神的培养,学校建筑、教学仪器设备、图书资料的科学配置和更高的使用效率等。

也可以用同样的方法考核地区层面和国家层面的教育管理水平和资源使用效率。当一个国家或一个地区对教育教学进行宏观管理和调控,特别是当提出教育发展目标、制订教育发展规划时,教育成本更是必须考虑的重要因素。决策者和规划制订者必须考虑国家或地区是否有足够的资源来实现提出的教育发展目标和规划。表 6-9 显示了若干国家和地区高等教育生均日常运行成本与人均国内生产总值之比。中国在 1987 年尚未实行高等教育成本分担政策时,高等教育毛入学率为 3.6%,高等院校生均日常运行成本是人均 GDP 的 329%,也就是说,当一个大学生坐在教室里上课时,每年要消耗近 3.3 个人均国内生产总值。这种情况表明,当时中国高等教育的相对生均成本太高,而资源的相对利用率太低,不可能为更多的人提供接受高等教育的机会。到了 2015 年,中国的高等教育生均成本是人均国内生产总值的 36%,当年的高等教育毛入学率达到 40%。这一方面表明,伴随着我国经济的高速增长、人均国内生产总值的提高以及成本分担政策的实施,国家有了更多的资源用于高等教育的发展;另一方面也表明我国高等教育相对资源利用率的提高,可以为更多的人提供接受高等教育的机会。1987 年美国高等教育的相对生均成本为人均国内生产总值的 50%,同年高等教育毛入学率超过 50%;2015 年相对生均成本为 28%,毛入学率超过 80%。高等教育生均成本同人均国内生产总值之比既可以反映一个国家发展高等教育的经济潜力,也可以反映高等教育资源使用的相对效率,因此是高等教育宏观管理和规划的参考依据。

表 6-9 若干国家和地区高等教育生均成本与人均国内生产总值之比

国家或地区	1987 年	2015 年
中国	3.3	0.36
印度	2.3	0.49

（续表）

国家或地区	1987 年	2015 年
塞内加尔	—	2.22
日本	—	0.25
美国	0.5	0.28
澳大利亚	0.5	0.22

数据来源：① UNESCO Institute for Statistics. UIS Database [EB/OL]. [2019-10-20]. http://data.uis.unesco.org/#.

② World Bank. World Bank National Accounts Data [EB/OL]. [2019-10-20]. https://data.worldbank.org/indicator/NY.GDP.PCAP.KN.

本章小结

同物质领域的各个生产部门一样，教育生产也要消耗大量的人力、物力、财力等资源。这些在教育过程中被消耗掉的资源就是教育的成本。本章从教育成本的定义、分类和特点出发，阐述了教育是一个收益很高的部门，也是一个成本很高的部门，而且是一个成本递增的部门，这是教育成本最显著的特点之一。教育成本的第二个特点是人员性成本在总成本中所占比例较高，这一点同物质生产领域相比有明显的区别。

在教育成本的计量方面，本章介绍了近年来兴起的作业成本法，即根据"成本对象消耗作业，作业消耗资源"的思想对传统的成本计量方法进行了改革和完善，并阐明了教育成本的计算过程。接着论证了社会只有通过某种方式使教育过程中消耗的资源得到补偿，教育系统才能继续正常运行下去。根据市场经济的原则，在非义务教育阶段，由教育的受益者分担一部分教育费用，用以补偿教育过程中发生的成本，这不仅可以使得教育事业能够长期持续健康发展，而且有利于公共教育资源在全社会更公平地分布。

最后，本章介绍了成本函数模型在教育领域中的应用，尤其是用以研究教育生产中的规模经济和范围经济问题。进而指出，认真研究教育成本，深刻认识教育成本及其变化规律，有利于教育者和受教育者增强成本意识，提高教育资源使用效率，为教育决策提供参考依据；有利于科学制定教育拨款和学费标准；有利于加强对教育部门和学校管理工作的考核评估。总之，研究教育成本，加强教育成本核算，对于教育事业发展具有重要意义。

思考与练习

1. 教育成本具有哪些性质及特点？
2. 教育成本有哪些分类和计量方法？

3. 怎样理解教育成本分担和补偿的必要性？

4. 成本函数方法在教育研究中主要应用在哪些方面？

5. 研究教育成本有什么重要意义？

拓展阅读建议

1. 范先佐. 教育经济学新编［M］. 4 版. 北京：人民教育出版社，2015: 333–381.

2. 曾满超. 教育的成本分析［M］// H.M. 莱文，M. 卡诺依. 教育大百科全书·教育经济学. 重庆：西南师范大学出版社，2005: 58–64.

3. 列文. 成本－效益分析［M］//Martin Carnoy，教育经济学国际百科全书：第 2 版. 闵维方，等译. 北京：高等教育出版社，2000: 494–499.

4. 邓娅，闵维方. 地区经济发展差异与高等教育成本补偿属地化［J］. 高等教育研究，2001，22（06）: 43–48.

5. 曾满超. 发展中国家学校教育的私人和公共成本［M］//Martin Carnoy，教育经济学国际百科全书：第 2 版. 闵维方，等译. 北京：高等教育出版社，2000: 506–513.

6. 闵维方，丁小浩. 中国高等院校规模效益：类型、质量的实证分析［J］. 教育与经济，1993（1）: 16–22.

7. 陈晓宇，董子静. 大众化阶段高等教育的规模经济与范围经济［J］. 教育研究，2011（9）: 14–21.

8. World Bank. China：Provincial Education Planning and Finance［R］.Washington, D.C.: World Bank, 1992.

第七章　教育收益

内容提要

本章首先详细阐述了教育收益的概念、类型和教育收益率的计量方法，在此基础上介绍了各国教育的市场化私人收益和市场化社会收益的特点和变化趋势，最后简要介绍了几种教育的非市场化收益。

学习目标

1. 掌握教育收益的概念和类型，理解多种教育收益类型之间的区别与联系。
2. 掌握教育内部收益率和明瑟收益率的计算方法及各自的特点。
3. 了解估算教育收益率时可能存在的偏误，掌握克服这些偏误的方法。
4. 了解不同发展水平国家在教育收益率方面的特点、变化趋势及差异。
5. 了解教育的非市场化收益的类型及内涵。

关 键 词

教育的市场化收益　教育的非市场化收益　教育的私人收益
教育的社会收益　明瑟收益率　内部收益率

随着教育投资的不断增加，教育生产规模的迅速扩大，教育成本的日益提高，教育经济学家开始越来越关注教育究竟能够带来哪些收益，以及如何计量教育的收益。公共教育投资部门和居民个人也越来越关注投资教育究竟能够带来多少收益，是否能够补偿教育投资的成本。因此，教育收益率的计算成为教育经济学面临的核心问题之一。一般来说，评价教育的收益可以在教育过程中、教育刚刚结束时以及教育结束后的一段时间进行。由于教育的收益可能随时间产生变化，为了全面准确地评价教育的收益，研究者往往选择在教育结束后一段时间才开始评价。本章将详细介绍教育收益的分类，教育收益的计量，以及各国各教育阶段教育收益率的差异。

第一节 教育收益的概念

一、教育收益的概念和类型

通俗来讲,教育收益就是指接受教育所能带来的好处。按照收益主体的类型,可以将教育收益分为私人收益和社会收益。教育的私人收益指受教育者自身或其家庭成员通过接受教育而获得的收益,比如上大学的从业者往往比不上大学的从业者收入更高,受教育程度高的父母往往更加重视子女的教育和健康,因此家庭整体教育水平和健康状况更好,等等。教育的社会收益指将社会看作一个整体,在考虑了投入教育的全部个人及社会成本后,仍然能够给社会带来的收益,如经济的发展、文明的传承和社会的进步等。

按照收益的形式,还可以将教育收益分为市场化收益和非市场化收益。市场化收益是指从业者通过受教育能够提高劳动生产率,进而在劳动力市场上获得更高的工资收入。与之相对应,教育的非市场化收益指通过接受教育在劳动力市场外获得的收益。教育收益还可以划分为经济收益和非经济收益,其中经济收益包括一切可以用货币衡量的收益,而非经济收益则指不能或难以被量化为货币的收益,比如教育可以提高公民对公共利益的理解和社会政治生活的参与率等。

按照教育作用于收益的方式,还可以将教育收益分为直接收益和间接收益两类,所有的间接收益和部分直接收益都来源于教育的外部性。以教育的市场化收益为例,教育可以提高从业者的知识技能和劳动生产率,假如在一个聚集了大量高学历人士的公司内部,雇员之间的交流合作使得知识技能得以共享,科技创新成果得以迅速扩散和应用,进而提高整体的劳动生产率,这可以被看作是因教育的外部性所带来的直接收益。如果雇员较高的教育水平使得公司氛围良好、员工归属感强,这些因素又反过来影响公司的整体劳动生产率,这种收益可以被视为因教育的外部性所带来的间接收益。[①]

著名的教育经济学家萨卡洛普洛斯(George Psacharopoulos)将教育收益总结归纳为四类:教育的市场化私人收益、教育的市场化社会收益、教育的非市场化私人收益和教育的非市场化社会收益。[②] 也有学者将私人收益称为个体层次的收益,将社会收益称为宏观层次的收益。[③] 其中,教育的市场化私人收益指通过接受教育带来劳动生产率的提高进而

[①] MCMAHON W W. Education and Development: Measuring the Social Benefits [M]. Oxford, New York: Oxford University Press, 2002: 155-156.

[②] PSACHAROPOULOS G. The Value of Investment in Education: Theory, Evidence, and Policy [J]. Journal of Education Finance, 2006, 32 (2): 113-136.

[③] BRÄNNLUND A. Non-market Outcomes of Education: The Long-term Impact of Education on Individuals' Social Participation and Health in Sweden [M]. Umeå, Sweden: Umeå Universitet, 2014: 5.

导致收入的增加，在完全竞争的劳动力市场，可以用工资收入作为劳动生产率的近似替代指标。如果多接受一年教育所获得的工资收入大于投资这一年教育所支付的成本，那么投资这一年的教育就是有收益的。因此，通过计算市场化私人收益可以帮助个人决策是否进行教育投资以及投资多少教育。

表7-1呈现了常用于指征四类收益的一些指标。需要强调的是，这四类收益并非完全割裂没有交叉，严格将其区分开来并非易事。比如，教育可能带来个体及家庭健康状况的改善，这属于教育的非市场化收益，而健康状况良好的劳动者劳动效率更高，雇佣健康状况良好的劳动者雇主所需支付的病假成本更低，政府和社会需要负担的健康保险的成本也会更低，这些既与教育的市场化收益有关，又与教育的非市场化收益有关。但是，为了研究分析的需要，研究者们仍然尽量对其进行区分。

表7-1 教育收益的分类

收益类型	私人收益	社会收益
市场化收益	市场化私人收益： • 就业能力 • 工资收入 • 劳动力市场适应能力 • 劳动力市场中的流动能力	市场化社会收益： • 社会劳动生产率 • 国家净税收 • 对政府财政的依赖性 • 经济增长
非市场化收益	非市场化私人收益： • 消费者效用 • 个人和家庭健康 • 子女或配偶的教育 • 低离婚率	非市场化社会收益： • 低犯罪率 • 低疾病传播率 • 社会凝聚力 • 政治参与率 • 环境保护

二、教育收益的实现机制

教育的确能够为个人、家庭和社会带来各种各样的收益，那么，到底教育是通过什么途径实现这些收益的呢？这就涉及教育收益的实现机制问题。这一问题之所以非常重要，是因为虽然对个人来说只要观察到或预期到教育的收益便可以决定接受多长时间的教育和接受什么样的教育，个人并不一定需要知道到底是什么原因带来这种收益；但是政府、企业、学校则不但要明白教育能够产生什么样的收益，还必须清楚这些收益是通过什么机制产生的，这样才能制定出更好的教育政策，充分实现教育的经济价值和社会价值。

教育收益的实现机制是多种多样的，从教育经济学的角度来看，主要有以下几种：第一，人力资本的实现机制，即接受教育可以提高人力资本的数量和质量，提高人的知识和能力，进而提高从业者的劳动生产率，促进经济收入的增加。第二，教育信号的筛选机制，即尽管在特定的情况下，教育不一定能够提高人的劳动生产率，但是较高的受教育程度可以被用人单位视为较高能力的一种信号，劳动力市场通过识别这种信号而为求职者提供更高的收入。第三，受教育者的社会化机制，即通过教育把青年一代社会化为社会生产所需要的不同层次、不同类型的社会成员，而不同层次、不同类型的社会成员具有不同的收入水平。关于这三种机制的具体内涵已经在第一章教育经济学的形成与发展中进行过详细介绍，在此不做赘述。除此之外，教育收益还有两种实现机制：一个是内生学习与内生经济增长机制，即通过教育形成的人力资本对生产过程中的技术进步发挥着重要作用，从而导致全要素生产率的不断提高，促进经济的长期增长。[1][2][3] 关于这一机制将在第八章具体阐述。教育收益的实现机制和过程会受到许多复杂的宏观因素和微观因素的影响，因此，更复杂的实现机制是多层次多主体的作用机制。国家、社会和居民个人，劳动力市场和用人单位等多个层次、多个主体和多种制度化因素以及复杂的社会关系都会作用于教育收益的实现过程。因此，要更全面更精确地表征教育实现经济收益的机制和过程，需要建立一个复杂的多因素、多层次、多主体的研究框架，但受限于本书的篇幅限制在此不做展开讨论。

第二节　教育收益率的计量方法

教育的非市场化收益常常难以量化，因此本节主要介绍教育市场化收益的计量方法，重点是教育的市场化私人收益。这类估算通常是利用个体微观数据计算教育收益率，即因增加接受教育的年限而得到的未来经济报酬。[4] 教育收益率因具备如下特点而在各国得到广泛使用：(1) 属于相对指标，不受货币种类和价格指数的影响。(2) 是国际普遍认同的定义明确的指标，可以使用数学模型得出比较精确的计量结果。(3) 便于进行不同时期、不同国家和地区的跨时空比较。估算教育收益率的方法有多种，包括内部收益率法、明瑟法、便捷法等。[5]

---

[1] ROMER P M. Increasing Returns and Long-Run Growth [J]. Journal of Political Economy, 1986, 94 (5): 1002-1037.
[2] ROMER P M. Endogenous Technological Change [J]. Journal of Political Economy, 1990, 98 (5): 71-102.
[3] LUCAS R. On the Mechanics of Economic Development [J]. Journal of Monetary Economics, 1998 (22): 3-42.
[4] Martin Carnoy. 教育经济学国际百科全书 [M]. 2 版. 闵维方，等译. 北京：高等教育出版社，2000: 471.
[5] PSACHAROPOULOS G. Returns to Education: An Updated International Comparison [J]. Comparative Education, 1981 (17): 321-341.

研究教育收益率的意义在于：(1)教育收益率是评价教育生产力的指标，可以回答社会和个体是否应该在教育上投入资源。(2)通过对不同群体、不同教育水平收益率的研究，可以判断教育内部资源分配的合理性，包括男性和女性、农村和城镇、各级各类教育资源配置的合理性等问题。(3)在教育上的支出作为一项投资，要求取得相应的收益，而收益的高低能够反映出教育投资对收入和劳动力配置效率的影响。因此，了解教育投资收益率，有助于评价收入政策、教育政策与就业政策。[1] 本节将介绍最为常用的内部收益率和明瑟收益率。

一、内部收益率

内部收益率（Internal Rate of Return）是指当某项投资的预期收益现值等于成本现值时的贴现率。要理解内部收益率，就需要理解什么是"贴现率"，什么是"现值"。从经济学的角度来看，金钱具有时间价值，今年1元钱的价值要高于明年1元钱的价值。原因是，如果今年把这1元钱用于投资或存入银行可能获得10%的收益，那么第二年这1元钱就变成了1.1元钱[1×(1+10%)]，或者说，明年的1.1元钱只相当于今年的1元钱。因此，经济学家为了衡量货币价值，就把将来的货币折算成现在的货币，这个过程称为贴现，用于贴现的10%就是贴现率（Discount Rate）。而把未来的1.1元钱贴现到今天而得到的1元钱就称为现值（Present Value），而把未来所有成本和收益都折算成现值而得到的净值，就称为净现值（Net Present Value，NPV）。净现值的表达公式为：

$$NPV = \sum_{t=1}^{T} \frac{B_t - C_t}{(1+r)^t} \quad (7-1)$$

其中，NPV是净现值，B_t是指第t年的投资收益，C_t是指第t年的投资成本，r表示贴现率，T表示该项投资持续了T年。

内部收益率就是令公式（7-1）中NPV=0时的贴现率，用公式表达为：

$$\sum_{t=1}^{T} \frac{B_t}{(1+r)^t} = \sum_{t=1}^{T} \frac{C_t}{(1+r)^t} \quad (7-2)$$

其中，等号左边表示收益的净现值，等号右边表示成本的净现值，而公式中的r即是内部收益率。

举例来说，假如读四年大学平均每年花费2.5万元，大学毕业后的平均年收入为5万元。为简单起见，若只考虑大学毕业后4年的收益，不考虑上大学期间的机会成本，即放弃的潜在收入。那么，在贴现率为5%时，上大学的净现值为：

---

[1] 孙志军. 中国教育个人收益率研究：一个文献综述及其政策含义[J]. 中国人口科学, 2004(05): 67-74+82.

$$NPV = \frac{-2.5}{(1+5\%)} + \frac{-2.5}{(1+5\%)^2} + \frac{-2.5}{(1+5\%)^3} + \frac{-2.5}{(1+5\%)^4} + \frac{5}{(1+5\%)^5} + \frac{5}{(1+5\%)^6} + \frac{5}{(1+5\%)^7} + \frac{5}{(1+5\%)^8} = 5.72(万)$$

若令 $NPV=0$，即：

$$\frac{2.5}{(1+r)} + \frac{2.5}{(1+r)^2} + \frac{2.5}{(1+r)^3} + \frac{2.5}{(1+r)^4} = \frac{5}{(1+r)^5} + \frac{5}{(1+r)^6} + \frac{5}{(1+r)^7} + \frac{5}{(1+r)^8}$$，则此时的贴现率 $r=19\%$，即为接受大学教育的内部收益率。

使用内部收益率方法的优点在于：既可以计算教育的私人收益率，也可以计算教育的社会收益率；由于考虑了教育投资的成本，所以更符合现实情况；还可以通过比较内部收益率来比较不同项目的投资回报。例如，若某个教育项目的内部收益率为15%，而某项物质资本投资项目的内部收益率为10%，那么显然投资教育项目的回报更高。

内部收益率法也有其缺点：一方面，计算内部收益率对数据要求比较高，研究者往往难以追踪获得历年的准确成本和收益数据，尤其是那些周期较长的项目。另一方面，它无法考虑除成本和收益之外的其他因素对教育收益率的影响。比如，同一高校的毕业生进入外资企业工作往往比进入政府机关工作的收入更高，以内部收益率方法计算得出的教育收益率就要高于后者，但这种收益率的差异可能是工作单位性质或就业偏好所带来的，而非仅仅接受教育所产生的后果。因此，若希望剥离出教育的收益，就需要控制其他影响收益的因素，从而得到对教育收益的准确估计。而明瑟收益率则可以弥补内部收益率的上述不足。

二、明瑟收益率

计算教育的明瑟收益率需要建立明瑟收入方程，这是由美国经济学家明瑟在1974年提出的，其基本公式为：

$$\ln Y = a + bS + cEXP + dEXP^2 + u \tag{7-3}$$

其中，Y 表示劳动者的收入，$\ln Y$ 表示收入的自然对数，S 表示受教育年限，EXP 和 EXP^2 分别表示工作经验和工作经验的平方[①]，u 为随机误差项。若对方程两边求偏导，即得到：

$$b = \frac{\partial \ln Y}{\partial S} = \frac{\partial Y/Y}{\partial S} \approx \frac{\Delta Y/Y}{\Delta S} \tag{7-4}$$

因此，公式中的 b 表示多接受一年教育所带来的收入增加的百分比，即明瑟收益率。为了控制其他因素对教育收益率的影响，还可以在明瑟收入方程的公式中加入其他影响收入的解释变量 X_i，如性别、地区、工作类型等，明瑟收入方程的公式进一步扩展为：

$$\ln Y = a + bS + cEXP + dEXP^2 + \sum_{i=1}^{n} X_i + u \tag{7-5}$$

[①] 通常工作经验通过年龄减去受教育年限再减去开始接受教育时的年龄（一般为6岁）计算而得。

根据明瑟收入方程计算得到的明瑟收益率是平均收益率，表示即使是在不同的受教育阶段，每多接受一年教育所带来的收入增长都是相同的。然而事实上，在大学阶段多接受一年的教育与在小学阶段多接受一年教育的收益往往是不同的。为了计算不同阶段教育的收益率，还可将公式（7-5）做如下转换：

$$\ln Y = a + b_1 S_p + b_2 S_s + b_3 S_h + cEXP + dEXP^2 + \sum_{i=1}^{n} X_i + u \tag{7-6}$$

在公式（7-6）中，S_p 代表是否完成了初等教育的虚拟变量，S_s 代表是否完成了中等教育的虚拟变量，S_h 代表是否完成了高等教育的虚拟变量。系数 b_1 表示初等教育相比文盲的收益率，b_2 表示中等教育相比文盲的收益率，b_3 表示高等教育相比文盲的收益率。由此可得，中等教育相对初等教育的收益率为 b_2-b_1，高等教育相对中等教育的收益率为 b_3-b_2。假定初等教育、中等教育和高等教育的受教育年限分别为 6 年、6 年和 4 年，那么每多接受一年初等教育的平均年收益率为 $b_1/6$，每多接受一年中等教育的平均年收益率为 $(b_2-b_1)/6$，每多接受一年高等教育的平均年收益率为 $(b_3-b_2)/4$。

教育与工资收入之间的这种非线性关系可能与各级各类教育的供给以及劳动力市场的需求有关。例如，明瑟的研究发现，1980 年以来美国劳动者的收入是关于教育年限的凸函数，原因是劳动力市场对大学教育水平的劳动力需求上升，导致这类劳动力群体的工资上涨，大学教育收益率高于其他层次教育的收益率。[1] 其他研究也发现，低级别教育年限的收益率显著低于高级别教育年限的收益率，那些受教育年限低于 5 年的群体，其教育收益率接近于 0，这可能是义务教育普及的结果。[2] 教育与工资收入还可能受到外生的经济社会制度或政策的影响，如政府对工资收入的限制或补助、人口结构变化、劳动力市场竞争程度等，这些因素也都会导致教育与工资收入之间的非线性关系。

知识小卡片 7-1

教育收益率的不连续跳跃与羊皮纸效应

经济学家在估算教育收益率时，发现教育收益率存在不连续跳跃的情况。亨杰福德（Thomas Hungerford）和索洛伦（Gary Solon）分别将受教育程度和受教育年限作为虚拟变量，考察了美国白人男性的教育收益率，并发现：第 12 年（大学第一年）和第 16 年（大学最后一年）的教育收益率要明显高于大学中间年份的教育收益率。此后

---

[1] MINCER J. Changes in Wage Inequality, 1970—1990 [J]. NBER Working Paper No.5823, Natronal Bureau of Economic Research Cambridge MA, 1996: 1-20.

[2] CARD D, KRUEGER A B. Does School Quality Matter? Returns to Education and the Characteristics of Public Schools in the United States [J]. Journal of Political Economy, 1992, 100（1）: 1-40.

还有一些学者也得到了类似的研究发现。这从侧面证实了教育信号筛选理论，即进入大学和大学毕业均释放了积极的能力信号，因此能带来额外的收益。由于西方历史上羊皮纸曾经是学历证书的制作材料，因此人们将获得学历证书的额外价值称为羊皮纸效应（Sheepskin Effect）。如图 7-1 中所示：12 年级有学位和无学位的群体其平均小时工资之间的差异就可以视为是一纸文凭的"羊皮纸"效应。

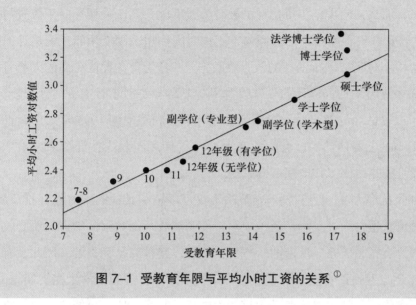

图 7-1 受教育年限与平均小时工资的关系①

在利用明瑟收入方程的公式估算教育收益率时，还需要进一步理解如何测量收入。明瑟收入公式中的因变量 $\ln Y$ 代表劳动者工资收入的对数值。采用对数形式有三个原因：一是收入取对数后的分布非常接近于正态分布；二是收入取对数后明瑟收入方程的拟合程度更好；三是收入取对数后估计的教育收益率表示每多接受一年教育引起的收入变化的百分比，即相对变化程度，而非收入变化的绝对值，前者较后者更加直观可比和容易解释。

除了因变量需要采用收入取对数的形式，收入的测量也有多种方式，比如可以是小时工资、月工资或者年工资收入，那么究竟应该以哪种指标来测量收入呢？三者之间存在以下关系：

年工资 = 小时工资 × 每月工作的小时数 × 每年工作的月数 = 月工资 × 每年工作的月数

如果在明瑟收入方程的公式中使用年工资收入，估计出的教育收益率不仅包含了受教

---

① HANGERFORD T, SOLON G. Sheepskin Effects in the Returns to Education[J]. The Review of Ecouomics and Statistics, 1987, 69（1）: 175-177.

育程度对小时工资的影响，还包含了受教育程度对每月工作小时数的影响以及对每年工作月数的影响，即受教育程度对工作时长的影响也被纳入其中。然而，工作时长受到很多因素的影响，比如，热爱工作的人更倾向于工作更长时间，偏好闲暇的人倾向于工作更短时间；全职工作的人工作时间更长，非全职工作的人工作时间则较短，等等。如果不剔除这些因素的影响，那么估计出来的教育收益率就是有偏误的。若受教育程度更高的人倾向于工作时间更长，那么，使用年工资估计的教育收益率就要高于使用小时工资进行估计的教育收益率；[1]若受教育程度更高的人倾向于工作时间更短，则使用年工资估计的教育收益率就要低于使用小时工资进行估计的教育收益率。[2]若受教育程度更高的人更有可能找到全职工作，那么使用年工资估计的教育收益率就要高于使用小时工资估计的教育收益率；反之，使用年工资估计的教育收益率更低。还有学者利用中国1995年入户调查数据的研究发现，使用小时工资估计的教育收益率为5.4%，使用年收入估计结果为4.7%，[3]两者之间的差异就可能是由于工作时间所带来的。

相比内部收益率方法，明瑟收入函数法不仅可以控制其他因素对教育收益率的影响，还因为数据的可获得性而被更为广泛地应用。而明瑟收入函数法的缺点与明瑟收入方程公式所蕴含的假设有很大关系。明瑟收入方程公式假设受教育是免费的，因此没有考虑教育的成本，这就会产生教育收益率的高估；明瑟收入方程公式假设学生在校期间没有收入，因变量收入所测量的是学生进入劳动力市场后的工资收入，所以可能产生教育收益率的低估；此外，明瑟收入方程假设收入是工作经验的二次方程，事实上，有些实证研究表明工作经验的三次方或四次方形式拟合效果更好。[4]此外，明瑟收入函数法也不能计算教育的社会收益率。表7-2比较了内部收益率和明瑟收益率的优缺点。

表7-2 内部收益率与明瑟收益率的比较

	内部收益率	明瑟收益率
优点	◇ 既可以计算教育的私人收益率，也可以计算教育的社会收益率； ◇ 考虑了教育投资的成本，因此更符合现实情况； ◇ 可以通过比较内部收益率比较不同项目的投资回报。	◇ 可以控制除教育外其他可能影响收入的因素； ◇ 对数据要求低，截面数据即可满足需求。

---

[1] CARD D. The Causal Effect of Education on Earnings [M] // ASHENFELTER O, LAYARD R, CARD D. Handbook of Labor Economics. Amsterdam, North-Holland: Elsevier, 1999 (3a): 1801–1863.
[2] 李宏彬，张俊森. 中国人力资本投资与回报 [M]. 北京：北京大学出版社，2008: 131–182.
[3] LI H. Economic Transition and Returns to Education in China [J]. Economics of Education Review, 2003, 22 (3): 317–328.
[4] MURPHY K M, WELCH F. Empirical Age-Earnings Profiles [J]. Journal of Labor Economics, 1990, 8 (2): 202–229.

（续表）

	内部收益率	明瑟收益率
缺点	◇ 无法考虑除成本和收益之外的其他因素对教育收益率的影响； ◇ 对数据要求比较高，研究者往往难以追踪获得历年的准确成本和收益数据，尤其是那些周期较长的项目。	◇ 假设受教育是免费的，因此公式中没有考虑教育的成本，会产生教育收益率的高估； ◇ 明瑟收入方程的公式假设学生在校期间没有收入，因变量收入测量的是学生进入劳动力市场后的工资收入，所以可能产生教育收益率的低估； ◇ 不能计算教育的社会收益率。

三、估算教育收益率方法的局限

尽管人们普遍认为教育能够促进收入增加，但是由于估算教育收益率过程中可能存在的问题，人们对教育究竟在多大程度上提高收入持不同观点。估计教育收益率时最主要的问题是遗漏变量：受教育程度越高的人收入越高，这究竟是教育的作用，还是受教育水平较高的人本身就代表了高能力的群体？如果受教育水平较高的人群本身就是高能力人群，那么即便他们不接受更多的教育，也能获得更高的收入。因此，若遗漏了能力变量，教育对收入的影响就可能被高估。

解决这一问题最简单的办法是找到能够表征能力的代理变量，如智商、标准化考试成绩等，并将其加入明瑟收入方程公式。通过控制能力上的差异，在一定程度上减少估计误差。这一方法看似简单，但是在实际研究中，往往难以获得这类代理变量。即便能够获得相关数据，智商或考试成绩也不能代表个体的全部能力，因此也只能在一定程度上降低偏误。而且还可能有一些同时影响教育和收入但是难以观察测量的变量，比如学习动机、风险偏好等。

从理论上来说，解决上述问题的另一种方法就是将一群人随机分为两组，一组人接受较多的教育，一组人接受较少的教育，然后比较他们完成教育后在劳动力市场中的收入差异。由于是随机分配，所以两组人除了受教育程度不同之外，在其他特点上均可视为可比，那么两组人的收入差异就是由受教育程度的差异所带来的。然而，在社会科学研究中，这种方式显然并不现实，研究者无法决定哪些人接受教育而哪些人不接受教育。因此，研究者提出了其他方法来降低教育收益率的估计偏误。

因本斯（Guido Imbens）和安格瑞斯特（Joshua Angrist）最早使用工具变量的方法处理教育收益率的估计误差问题。[①] 估计教育收益率时常用的工具变量有两类：一类是能够影响人们受教育年限的教育政策，如义务教育年限延长政策、高等教育扩招政策等，这类政策均引发人们受教育年限的普遍提高；另一类是与教育可获得性相关的变量，如被调查

---

① IMBENS G W, ANGRIST J D. Identification and Estimation of Local Average Treatment Effects [J]. Journal of the Econometric Society, 1994, 62（2）: 467-475.

者居住的城市是否有大学、居住地与大学的距离等，这类因素也能够影响人们上大学的可能性。一般来说，使用工具变量方法估计的教育收益率高于一般线性回归的估计结果，差值一般在0—0.03左右。① 工具变量法在估计教育收益率的研究中应用很广，但是如果工具变量的选择不当，就有可能引发新的问题。

还有研究使用双胞胎群体来降低估计偏误。假设双胞胎的遗传基因完全相同，即先天能力等因素是相同的，将双胞胎中的其中之一分到第一组，另外一个分到第二组，然后分别对两组双胞胎建立明瑟收入方程公式，再通过两个公式相减（即差分）来去除先天能力及家庭因素等对收入的影响，而两组人受教育程度的差异与收入差异的关系即是教育收益率。一般来说，双胞胎样本的学校教育收益率估计值要低于一般样本的最小二乘法估计值，② 主要原因是前者剔除了能力和家庭背景对收入的影响。该方法的主要问题是：双胞胎群体非常特殊，能否将双胞胎群体的研究结论推广到非双胞胎群体（即外部有效性）还存在疑问；此外，双胞胎群体的特殊性也决定了难以获得大样本数据，且能力是否完全由遗传基因所决定也仍然未知。

除了遗漏变量所导致的误差以外，样本选择偏差也会导致教育收益率的估计偏差。在估计教育收益率时，往往有一些信息无法被观测，如那些未参加工作的劳动者的收入信息。这些未参加工作的劳动者可能是受教育程度较低、难以找到工作的劳动者，也可能是受教育程度高、自愿不工作的群体，如果简单地把没有收入信息的样本排除在外，那么在没有检验缺失数据是否随机分布的情况下，就有可能导致估计偏差。美国经济学家、诺贝尔经济学奖获得者赫克曼（James Heckman）提出了两阶段方法（the Two-stage Method）来纠正这一偏差。简单地说，第一阶段是估算个体是否参加工作的概率，得出一个用于修正样本选择偏差的值；第二阶段是将第一阶段的估计结果作为一个额外的自变量加入回归方程，然后估计出教育收益率的回归系数。

测量误差是估计教育收益率时可能遇到的另一个问题，指由于不能准确地度量教育和收入而可能导致教育收益率的估计偏差。受教育程度的测量误差主要源于两个方面：一是被调查者没有准确报告实际的受教育年限，一般来说受教育程度较低的群体有可能倾向于高报自己的学历；二是调查者往往只询问被调查者的学历而非受教育年限，在计算教育收益率时就需要通过学历来估算实际的受教育年限。收入的测量误差主要源于三个方面：一

---

① CARD D. The Causal Effect of Education on Earnings[M]// ASHENFELTER O, LAYARD R, CARD D. Handbook of Labor Economics. Amsterdam, North-Holland: Elsevier, 1999（3a）: 1801–1863.
② 同上。

是被调查者难以准确估计自己的收入；二是被调查者对收入数据比较敏感，往往有意识地隐瞒自己的实际收入，一般来说高收入群体倾向于低报自己的收入，而低收入者倾向于高报自己的收入；三是如前所述，使用年收入、月收入和小时收入估计的教育收益率会有不同。解决测量误差的办法也有多种，比如除了询问被调查者的学历，还要尽可能询问在每一个教育阶段各接受了多少年教育，是否获得了学位等。[①]

研究者们在估计教育收益率时，还希望了解不同人群的教育收益率是否存在差异，即教育收益率的异质性。比如，若要估计男性和女性教育收益率的差异，可以分别对男性和女性估算明瑟收益率，也可以在明瑟收入方程公式中加入性别和受教育年限的交互项。在估计不同地区教育收益率的差异时，也可以建立多层回归模型。而在估计不同收入群体教育收益率的差异时，则可以使用分位数回归的方法。

第三节 教育的市场化私人收益

一、教育与工资的关系

为了研究教育收益率，研究者们需要追踪同一群人的成长历程。但是，长期的追踪数据难以获得，且追踪时间越长、数据受经济周期波动及其他因素的影响越大，可信度也就越低。因此，美国经济学家明瑟提出了利用横截面数据来绘制年龄－收入曲线。横截面数据就像是在某个时间点拍了一张照片，记录下一群人的年龄、受教育年限和收入等信息，研究者们按照受教育程度将人群细分，进而绘制不同受教育群体年龄和收入关系的曲线。

图7-2的年龄－收入曲线反映了初中、高中和大学毕业生三个群体年龄与收入的关系。从中可以发现年龄－收入曲线具有以下特征：第一，高学历层次的群体在接受教育期间有收入损失，即接受教育的机会成本，但是一进入劳动力市场后，收入就普遍高于低学历层次的群体。第二，收入随年龄递增呈现先上升后下降的倒U形特征，这说明在职业生涯的早期，收入随年龄增长而上升，在达到峰值后平缓下降。第三，收入达到峰值前的曲线斜率与学历正相关，达到峰值后的曲线斜率与学历负相关，即学历越高、收入达到峰值的速度越快，达到峰值后下降的速度越慢。第四，学历层次越高，收入达到峰值的时间点越晚。第五，不同学历群体的收入差别随学历层次的上升而加大。

---

① 刘泽云. 教育收益率估算中的几个方法问题［J］. 北京大学教育评论，2009，7（01）：139-150+192.

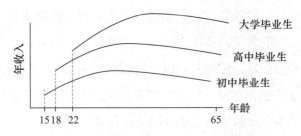

图 7-2 不同受教育群体的年龄 - 收入曲线

利用横截面数据绘制的年龄 - 收入曲线代表了某一总体在特定时间点上学历、年龄与收入的关系结构，而利用生命周期数据绘制的年龄 - 收入曲线则代表某一组人收入随时间变化的发展趋势。图 7-3 分别展示了利用横截面数据和生命周期数据绘制的年龄 - 收入曲线，其中曲线 B 和曲线 C 是分别根据 1950 年和 1960 年调查的横截面数据绘制而成，曲线 A 是利用生命周期数据绘制而成。可以看出，由于经济增长，横截面数据的年龄 - 收入曲线发生了向上的平移。

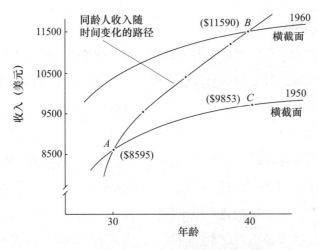

图 7-3 横截面数据和生命周期数据估算的年龄 - 收入曲线

有研究比较了当期横截面数据和追踪数据的教育收益率的估计值，发现使用当期横截面数据计算的教育收益率可能存在严重的生命周期偏误，原因是人口的年龄结构在不断发生变化，样本的平均年龄越高，收入水平越高，教育收益率的估计结果可能就越高。如果以截面数据代替追踪数据，那么教育收益率随时间发生上升趋势的原因是由于人口平均年龄的上升造成的。[1] 因此，一些研究比较了截面数据和追踪数据的估计结果，发现利用两

---

[1] BHULLER M, MOGSTAD M, SALVANES K G. Life-cycle Bias and the Returns to Schooling in Current and Lifetime Earnings [R]. IZA Discussion Paper No. 5788. Institute for the Study of Labor, 2011: 14.

类数据计算得到的教育收益率有较大差异。① 从总体上看，在一定范围内，样本平均年龄越大，收入水平越高，所估计的教育收益率也越高。对发达国家的研究发现，当样本年龄范围在 30—35 岁时，使用当期截面收入估计教育收益率的生命周期偏误最小。而对我国的研究发现，收入接近终生年平均收入的代表性年龄段在 37—38 岁，滞后于欧美发达国家。②

二、世界各国的教育市场化私人收益率

无论使用哪类数据或估计方法，教育对个体工资收入的积极影响在世界范围内都得到广泛证实。有研究汇总了 1950—2014 年世界各国共 705 项教育收益率的研究，发现利用明瑟收入方程公式所估计的教育的市场化私人收益率为 8.8%，且随着时间的推移，这一教育收益率的下降趋势并不显著（如图 7-4 所示）。

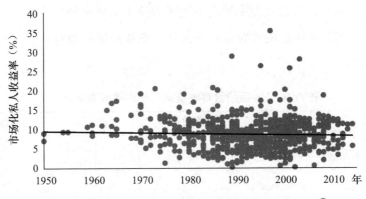

图 7-4　1950—2014 年教育的市场化私人收益率 ③

进一步区分 21 世纪前和后两个阶段则发现，21 世纪后的平均受教育年限比 21 世纪之前增加了 0.8 年，而 21 世纪后的明瑟收益率比 21 世纪之前高 0.4 个百分点，如表 7-3 所示。

表 7-3　21 世纪前后平均受教育年限和明瑟收益率 ④

时期	平均受教育年限	明瑟收益率（%）	研究样本数
2000 年前	7.8	8.7	511
2000 年后	8.6	9.1	194

---

① BRUNELLO G, WEBER G, WEISS C. Books are Forever: Early Life Conditions, Education and Lifetime Earnings in Europe [R]. IZA Discussion Paper No. 6386. Institute for the Study of Labor, 2012: 1.
② 于洪霞. 生命周期偏误、终身收入与中国教育收益率的估计 [J]. 管理世界, 2014（12）: 51-61.
③ PSACHAROPOULOS G, PATRINOS H A. Returns to Investment in Education: A Decennial Review of the Global Literature [J]. Education Economics, 2018, 26（5）: 445-458.
④ 同上。

不同收入水平国家的教育收益率也不尽相同。如表 7-4 所示，低收入国家和中收入国家的教育收益率要比那些高收入国家的教育收益率高 1 个百分点，而这三类收入水平国家的平均受教育年限由低到高分别相差 2 年左右。

表 7-4 不同人均收入国家的教育收益率和平均受教育年限[①]

国家人均收入水平	私人教育收益率（%）	平均受教育年限
低	9.3	5.0
中	9.2	7.0
高	8.2	9.2
世界平均水平	8.8	8.0

注：国家人均收入水平的分类模式参照世界银行 2016 年的标准：低收入国家为人均收入水平 1045 美元及以下，中收入国家为人均收入水平在 1046—12735 美元之间，高收入国家为人均收入水平在 12736 美元及以上。

进一步分地区来看，教育收益率最高的地区为拉丁美洲和加勒比地区、撒哈拉以南的非洲地区，而中东和北非地区的教育收益率最低，东亚地区的教育收益率基本处于世界平均水平。

表 7-5 分地区的教育收益率与平均受教育年限[②]

地区	教育收益率	平均受教育年限
拉丁美洲和加勒比地区	11.0	7.3
撒哈拉以南非洲地区	10.5	5.2
东亚和太平洋地区	8.7	6.9
南亚地区	8.1	4.9
经济发达地区	8.0	9.5
欧洲和中亚地区	7.3	9.1
中东和北非地区	5.7	7.5
世界平均水平	8.8	8.0

受教育年限并非影响收入的唯一因素，不同性别、职业与不同就业部门、接受不同类型教育的群体，其教育收益率也不尽相同。图 7-5 展示了各国不同子群体平均教育收益率的比较，可以看出：高收入国家的教育收益率远低于低收入国家，可能的原因是高收入国家教育水平普遍很高，人力资本的存量已经很大，根据边际收益递减的规律，多增加一年教育的收益就相对较低；普通高中的教育收益率高于职业高中，可能的原因是普通高中毕业生进入大学的概率更大，大学生毕业后工资更高；女性的教育收益率高于男性（尽管

---

① PSACHAROPOULOS G, PATRINOS H A. Returns to Investment in Education: A Decennial Review of the Global Literature[J]. Education Economics, 2018, 26（5）：445-458.

② 同上。

女性收入的绝对值要低于男性),可能的原因是女性整体的教育水平和收入水平低于男性,导致受教育程度较高的女性相对工资和教育收益率较高;在私人部门就业的教育收益率高于在公共部门就业,可能的原因是私人就业部门的市场化程度更高,能够更好地识别出哪些工人的劳动生产率更高。

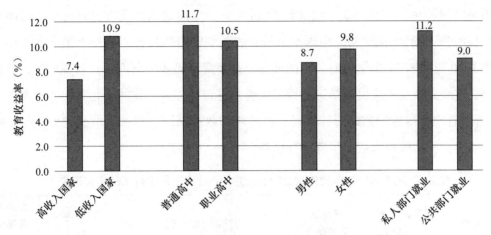

图 7-5 各国不同子群体的平均教育收益率(%)①②

不同受教育群体的收入差别有多大呢?表 7-6 呈现了几个主要发达国家 25—64 岁就业劳动力中不同受教育程度群体的相对收入,可以看出,如果把高中毕业生的收入设置为指数 100,那么各国初中及以下群体的收入均低于高中毕业生群体,而高等教育毕业生群体的收入则都高于高中毕业生群体。其中,美国高等教育毕业生的相对收入最高,是该国高中毕业生群体收入的 1.83 倍,是初中及以下群体的 2.6 倍。

表 7-6 几个 OECD 国家不同受教育程度劳动力的相对收入

	初中及以下	高中	高等教育
澳大利亚	77	100	132
加拿大	79	100	136
法国	84	100	150
德国	87	100	153
日本	67	100	141
英国	69	100	162
美国	70	100	183

数据来源:OECD. OECD Data[EB/OL].[2019-10-12]. https://www.oecd-ilibrary.org/education/data/oecd-education-statistics_edu-data-en.

---

① PSACHAROPOULOS G. Returns to Investment in Education: A Global Update[J]. World Development, 1994, 22(9): 1325-1343.
② PSACHAROPOULOS G, PATRINOS H A. Returns to Investment in Education: A Further Update[J]. Education Economics, 2004, 12(2): 111-135.

三、中国的教育收益率及其变化趋势

20世纪80年代以来相关学者对中国教育收益率的关注日益增多，尽管因数据来源、研究时间、研究方法等方面的不同使得教育收益率的数值存在差异，但是学者们仍得到了一些共同的规律。总体来说，中国城镇教育收益率的变化经历了如下两个主要阶段。

第一阶段，从20世纪80年代末到21世纪初，中国城镇居民教育收益率随时间呈明显的增长趋势，到21世纪初，中国城镇教育收益率已经达到世界平均水平。如丁小浩等人梳理了20世纪末21世纪初有关中国教育收益率变化趋势的研究，并对各项研究所使用的数据、估计方法及主要研究结论进行了比较，得到了较为一致的研究发现（如表7-7所示）。可以看出，尽管研究的时间不同，所使用的数据不同，但一致的研究发现是：随着时间的推移，城镇教育收益率呈现上升趋势。

表7-7 20世纪80年代末到21世纪初中国城镇教育收益率的相关研究[①]

文献出处	李实、丁赛（2003）	齐良书（2005）	刘精明（2006）	陈晓宇等（2003）	王明进 岳昌君（2009）
数据来源	①"中国居民收入分配调查"（CHIPS）；②城镇贫困研究课题组开展的住户抽样调查数据	"中国健康与营养调查"（CHNS）	①1988年和1995年CHIPs数据；②1996年中国人民大学社会学系等合作调查数据；③2000年中国人民大学郑杭生教授主持的国家社科基金"九五"重大项目的十城市调查；④2003年"全国综合社会调查"（CGSS）数据	国家统计局的城镇住户调查数据	国家统计局的城镇住户调查数据
估算方法	基本明瑟方程	基本明瑟方程	拓展的明瑟方程	基本明瑟方程	半参数估计
教育收益率估算结果（%） 1988			2.76		
1989		4.56			
1990	2.43				
1991	2.64	2.56		2.95	2.81
1992	2.91				
1993	3.64	2.87			
1994	4.30				
1995	4.81		3.92	4.66	4.46
1996	5.37		3.51		
1997	5.94	5.39			
1998	6.51				

[①] DING X H, YANG S H, HA W. Trends in the Mincerian Rates of Return to Education in Urban China: 1989–2009 [J]. Frontiers of Education in China, 2013, 8（3）: 378–397.

（续表）

文献出处		李实、丁赛（2003）	齐良书（2005）	刘精明（2006）	陈晓宇等（2003）	王明进 岳昌君（2009）
教育收益率估算结果（%）	1999	8.10				
	2000		6.40	4.71	8.53	8.64
	2003			9.26		
	2004					10.46

20世纪90年代中国经历了举世瞩目的经济发展和教育规模的持续扩张，与之相伴随的是各级教育收益率的显著提高，这与多国各级教育收益率随经济发展和教育规模扩大而下降的趋势有所不同。经济转型和劳动力市场化程度的提高是中国教育收益率提高的主要原因之一。20世纪90年代中期以前中国教育收益率低下的主要原因之一是劳动力市场的缺失。由于缺乏有效的竞争机制和流动渠道，受过较高教育的劳动力即使具有较高的劳动生产率，其价值也难以通过工资收入体现。而在社会主义市场经济体制改革中，随着具有较高竞争性的非公有经济单位在国民经济中所占比例的提升和整个社会就业中竞争机制的逐步引入，劳动者的工资水平逐渐回归劳动力价值，人力资本理论关于教育提高劳动生产率进而提高劳动者收入的理论推断才得以体现，教育的收益也随之提高。

第二阶段是进入21世纪以后，中国城镇的教育收益率并没有延续之前的快速增长走势，而是逐渐趋于平缓，且不同层次教育收益率的变化并不一致。在控制了行业、单位类型、地区等变量后，教育收益率还出现了某种下降的迹象。图7-6呈现了1991—2009年各级教育收益率的变化趋势。可以看出，这期间大学本科教育收益率呈现明显的上升趋势。2002—2009年之间的增长率则大幅下降，远远低于前期水平。大专教育相对于高中教育的收益率在2004年达到了高点，然后就呈现下降趋势。高中教育相对于初中教育的收益率在2000—2002年达到了高点，之后也开始呈现下降趋势。初中教育收益率相对于小学及其以下学历教育收益率呈现持续的上升趋势，这可能受两方面因素影响：一是初中教育回报的上升，二是小学及以下教育回报的下降。实行九年义务教育以后，小学及以下教育水平的劳动者在劳动力市场上的竞争力下降，一般招工至少要求初中以上学历。[1]

---

[1] 丁小浩，于洪霞，余秋梅．中国城镇居民各级教育收益率及其变化研究：2002～2009年［J］．北京大学教育评论，2012，10（3）：73-84．

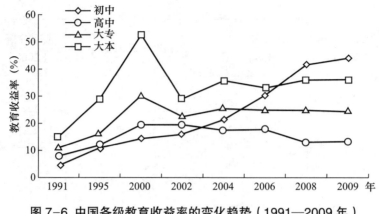

图7-6 中国各级教育收益率的变化趋势（1991—2009年）

21世纪以来教育收益率的变化可能反映了社会对教育生产功能及信号功能的认可程度和评价程度，也折射出整个社会收入分配决定机制变革的结果，这可能与社会资源配置要素的结构和效率密切相关。而从这些年中国教育的供求层面分析来看，教育收益率增长的放缓应该是情理之中的。首先，受教育者的数量是影响教育收益率变化的重要原因。如果教育规模扩张过快，受教育者的数量增长过快，而现实经济中对这部分高教育水平人员的数量需求却没有与之相匹配地增长，就可能导致教育收益率下降。其次，受教育者的质量和结构也是教育收益率的影响因素。随着高等教育的迅速扩张，特别是1999年开始的高等教育大扩招，高等教育毕业生的供给迅速增加，中国高等教育已经逐渐由精英教育进入大众化教育阶段。由于受过高等教育的劳动者获得收入的能力也服从边际收益递减的规律，受过高等教育的人口比例增加会导致获得收入的平均能力相对下降，特别是如果不同层次不同类型人才及其能力构成与劳动力市场需求结构存在显著偏差，也会导致教育收益率下降。最后，经济环境、产业结构调整、科技进步形势等也会影响教育收益率。先进技术与高教育水平之间可能存在互补性。先进的技术要依靠高教育水平人才来开发，而先进的技术又会反过来提高教育的收益，提高人们接受高等教育的积极性，如果技术的发展滞后于人才的培养可能会导致教育收益率下降。

教育供给会影响劳动力市场中的教育回报率，反过来，在劳动力市场中的回报水平也会从多方面影响新的教育供求关系。比如，教育收益率的增长趋势放缓，一方面有可能会降低人们接受更多教育的积极性，导致新的"读书无用论"等思潮的产生，但另一方面也有可能会使得人们更加理性地调整教育选择行为和教育资源的流向及配置结构，更加关注教育质量的提升。教育收益率的增长趋势放缓本身可能成为酝酿科技进步的条件，较低的教育收益率可能会降低高新技术开发成本，提高开发新科技的积极性，而新科技的产生会增加社会对人才的进一步需求，并反过来增加教育回报率，提高人们接受教育的积极性。[1]

案例 7-1

警惕辍学背后的"读书无用论"

2017年9月5日教育部召开发布会，指出2016年中国义务教育阶段巩固率为93.4%。"因为教育质量问题，因为厌学或者学习困难辍学的学生可能占到全部辍学学生的60%以上，而且主要是初二、初三的学生。"

自2007年"两免一补"政策在全国范围推开后，加上国内整体经济发展的带动，绝对贫困导致无法读书的现象得到了遏制。即便是经济因素导致的辍学，多数还是家庭不愿意负担基础教育增加的成本而倾向于让他们辍学，节约开支，甚至去打工。

目前失学问题的背后，社会保障和教育资源分配不均的问题不容忽视，但很多家庭认同"教育不能改变命运"这个观念，也是非常重要的因素。

读书作为一种人生投资，周期非常长，投资也不少，见效很缓慢，也无法有确定的预期。对应的是，在市场经济环境下可以将劳动力变现，门槛也不高。两相比较，被眼前经济利益吸引而放弃长期投资，是可以理解的经济行为。

个体家庭的短线选择，由于结果过于突出，能带来极强的示范效应。其他家庭无论是否有可能通过教育改变命运，都被眼前的经济回报所吸引。渐渐地，读书无用论就成为一个区域内的主流价值观和社会文化，带动更多人放弃教育。

但回首过往的每一次读书无用论，当社会重归稳定的时候，社会阶层变迁的窗口减少，对劳动力价值的评估也趋于稳定，低素质劳动力价值贬低，教育重新归于最重要的改变命运的窗口。

低技能劳动者在中国就业市场中，仍然有其就业空间，未来也会如此。但是，随着中国高技术产业的发展及其带来的巨大企业利润，低技能劳动者与高技能劳动者的收入差距，将会越来越大。这种效应，在目前中国经济就业市场中，已经有所体现。虽然刚毕业大学生的初次就业工资与体力劳动者差距越来越小，但如果从长时间看，拥有高技能的就业者将会在未来获得越来越高的收益，而体力劳动者难以在未来获得

---

[1] 丁小浩，于洪霞，余秋梅. 中国城镇居民各级教育收益率及其变化研究：2002～2009年[J]. 北京大学教育评论，2012, 10 (3)：73-84.

这种收益。

20世纪80年代辍学打工的人,如今已是中年,除了少数财富自由的幸运儿以外,多数人恐怕将会以低技能劳动终老此生,阶层上升对他们而言是困难的。倘若当年稍微多读一些书,如今也有机会面对更为广阔的就业市场进行选择。只可惜,人生无法重来。

教育投资,短期内看起来似乎不划算。诗书传世久,古人几千年的这句总结,在时间的长河里看来,始终是对的。读书无用论的泛滥,消耗的是人生未来改变的可能。然而,最终让就业市场教育那些做出错误选择的家长和孩子,也并非良策。对此,无论是社会舆论还是教育部门,都还需要找到问题的症结,用新的方式解决新的问题。

摘自:姚远.警惕辍学背后的"读书无用论"[N].新京报,2017-09-07(A02).

由于中国劳动力市场存在二元体制,所以对教育收益率的研究区分了农村和城镇。总体来看,农村个体教育收益率明显低于城镇。比如利用2004年百村教育状况调查的数据研究发现,农村居民的教育收益率为7.5%,低于同期城镇居民的教育收益率,也低于世界各国教育收益率的平均水平。究其原因,从制度层面来看,是劳动分配效率的低下和由于体制分割造成的劳动力市场的低竞争性和低流动性所致;从生产技术角度分析,则可能是由于传统的农业生产技术占主导地位,农业科技水平亟待提高。同时,即便是在农村,女性的教育收益率也高于男性,可能的原因是女性的受教育年限更低,且劳动参与率也更低。①

知识小卡片 7-2

研究中国城镇教育收益率的几个主要数据库

◆ "中国城乡居民收入分配"数据库(CHIPS)。该调查于1988—2007年实施,历年的调查范围略有调整,每年的调查大约覆盖了中国一个省市的多城市住户,个人样本达万多人。该调查工作由中外课题组设计调查问卷,国家统计局调查系统负责实施,所有调查样本都来自国家统计局的常规住户调查样本框。

◆ 美国北卡罗来纳大学和中国疾病控制和预防中心合作建立的"中国营养与健康"调查数据库(CHNS)。该调查是跟踪调查,调查年份为1989年、1991年、1993年、

---

① 国务院发展研究中心农村经济研究部《公共财政支持农村义务教育问题研究》课题组,韩俊,郭建鑫.中国农村教育收益率的实证研究[J].农业技术经济,2007(04):4-10.

1997年、2000年、2004年、2006年、2009年、2011年和2015年，每年的调查大约覆盖了中国9个省市的4000—6000个家庭的家庭成员。
- 中国人民大学社会学系等调查的中国综合社会调查数据（CGSS）。该数据调查年份为2003年、2005年、2006年、2008年、2012年、2013年和2015年，对分布在全国28个省市的4万多个家庭进行了调查。
- 中国国家统计局的城镇入户调查数据。国家统计局入户调查数据采取记账方式等手段收集人们的收支信息，所以在研究居民的收入状况等方面具有较高的信度和效度，是研究教育收益率的重要信息来源。

第四节 教育的市场化社会收益

相比教育的市场化私人收益，对教育的市场化社会收益的估计更为复杂。如果将一个国家或社会视为一个整体，那么可以利用宏观数据估计教育对经济增长的贡献，即广义的教育市场化社会收益。关于教育对经济增长的贡献以及教育通过何种途径来促进经济增长，将在第八章教育与经济增长中详细介绍。本节讨论的教育社会收益主要指以货币收入体现的市场化社会收益。表7-8呈现了基于166个教育收益率估计值的不同收入水平国家和地区各级教育的社会收益率和私人收益率。可以看出：各级教育的私人收益率高于社会收益率，而高等教育阶段的这一特征尤其明显。无论是社会收益还是个人收益，初等教育的收益率是各级教育中最高的（除低收入地区、国家外）。绝大多数教育投资收益率都超过10%这一资本机会成本的常用标准。低收入地区/国家的教育投资收益率大多高于高收入地区/国家。

表7-8 不同收入和受教育水平国家和地区的教育私人和社会收益率[①]

人均收入水平	私人收益率（%）			社会收益率（%）		
	初等	中等	高等	初等	中等	高等
低	25.4	18.7	26.8	22.1	18.1	13.2
中	24.5	17.7	20.2	17.1	12.8	11.4
高	28.4	13.2	12.8	15.8	10.3	9.7
平均	25.4	15.1	15.8	17.5	11.8	10.5

图7-7展示了几个经合组织国家教育的市场化社会收益率。可以发现，高中教育的社会收益率普遍高于大学教育的社会收益率，其中几个北欧国家，如瑞典、丹麦高中教育的

[①] Psacharopoulos G, Patrinos H A. Returns to Investment in Education: A Decennial Review of the Global Literature [J]. Education Economics, 2018, 26（5）: 445-458.

社会收益率在 20% 左右，大学的社会收益率则低至 5% 左右。

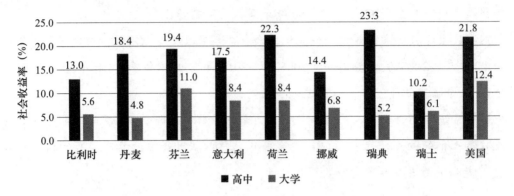

图 7-7 几个 OECD 国家教育的市场化社会收益率（男性）[①]

接受教育期间的个体由于没有经济收入而无法交税，这对于社会而言是一种收入损失，若扣除这一损失，则教育的社会经济净收益率会有所降低，如图 7-8 所示。但是，由于完成大学教育的劳动力收入更高、交税更多，因此大学教育的市场化社会净收益率下降不多，而高中教育的市场化社会净收益率则下降较多。以美国为例，在没有考虑税收损失的情况下，高中教育的社会经济收益率远高于大学教育（如图 7-7 所示），而扣除税收损失后，二者的市场化社会净收益则几乎持平（如图 7-8 所示）。

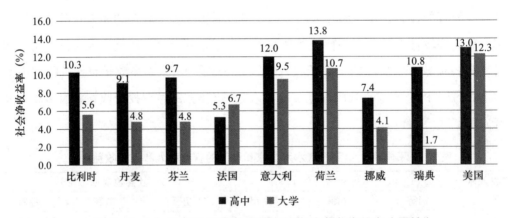

图 7-8 几个 OECD 国家教育的市场化社会净收益率（男性）

数据来源：OECD. OECD Data［EB/OL］.［2019-10-12］. https://www.oecd-ilibrary.org/education/data/oecd-education-statistics_edu-data-en.

上述教育收益率的计算是基于横截面数据的分析，即如图 7-2 中分年龄、不同受教育程度的收入曲线，而基于年龄收入面板数据计算的教育收益率则相对较高。以美国为例，

[①] Psacharopoulos G. The Value of Investment in Education: Theory, Evidence and Policy［J］. Journal of Education Finance, 2006, 32（2）: 113-136.

在考虑到经济发展对个体收入的影响后,基于男性年龄收入面板数据计算得到的大学毕业生的社会经济收益率比基于横截面数据的收益率高 3 个百分点。① 若将教育的其他社会收益考虑在内的话,教育的社会收益率将大大提升。对美国和英国的研究发现,教育投资的广义社会经济收益率高达 30%。② 可见,教育投资的收益远高于物质资本投资的收益。

教育对收入的影响首先通过进入劳动力市场就业的途径加以实现,也就是说,人们接受教育后要先获得就业机会才能实现收入的增长。教育对就业的促进作用在世界范围内也得到了普遍共识。表 7-9 呈现了几个 OECD 国家 25—64 岁不同受教育程度的劳动力群体的失业率,可以看出来,那些初中及以下教育程度的群体,其失业率大约是高等教育毕业生的 2.5 倍。

表 7-9 几个主要 OECD 国家不同受教育群体的失业率

单位:%

	初中及以下	高中	高等教育
澳大利亚	5.9	4.1	2.9
加拿大	8.6	5.8	4.0
法国	13.5	7.9	4.7
德国	8.7	2.6	1.8
日本	—	—	1.9
英国	4.9	2.7	2.1
美国	6.5	4.0	2.1
经合组织国家平均	9.3	5.4	3.8

注:"—"为数据缺失。

数据来源:OECD. OECD Data[EB/OL].[2019-10-12]. https://data.oecd.org/unemp/unemployment-rates-by-education-level.htm.

第五节 教育的非市场化收益

教育的市场化收益是教育经济学家们持续关注的重要问题。而不容忽视的是,教育投资收益中还有很大一部分不是在劳动力市场以经济或货币形式体现的,比如,教育对健康的影响,教育对婚姻的影响,教育对生育的影响,教育对社会进步的影响,教育对环境保护的影响等。正是由于教育的非市场化收益涵盖方方面面,所以对其进行估计尤其是使用货币化的形式来估计是非常困难的。尽管如此,研究者们仍在进行积极的尝试。

---

① ARIAS O, MCMAHON W W. Dynamic Rates of Return to Education in the U.S.[J]. Economics of Education Review, 2001, 20(02): 121-138.

② MCMAHON W W. Education and Development: Measuring the Social Benefits[M]. Oxford, New York: Oxford University Press, 1999: 253.

例如，沃尔夫（Barbara Wolfe）等人1997年的一项研究发现，家庭收入每增加1美元，子女留级的可能性会下降0.02%；同时，如果孩子的母亲拥有高中文凭，那么子女留级的可能性会比母亲没有高中文凭的子女低6.2%。因此，对于"子女不留级"这一非市场化私人收益而言，母亲拥有高中文凭的经济价值为310美元［(6.2%÷0.02%)×1美元］，换句话说，母亲拥有高中文凭和家庭收入增加310美元对于子女是否留级的影响是等价的。[①] 还有沙哈尔（Ron Shachar）和纳尔波夫（Barry Nalebuff）1999年的研究发现，如果美国人均收入增加1000美元，那么政治参与率会提高0.969%；同时，如果全体人口中至少接受过四年高中教育的人口比例上升1.0%，那么政治参与率会提高0.2211%。因此，对于提高政治参与率这一教育的非市场化外部收益而言，全体人口中至少接受过四年高中教育的人口比例上升1.0%的经济价值为228美元，即［(0.2211%÷0.969%)×1000美元］。[②]

还有一些学者则不局限于将教育的非市场化收益货币化，而是计算教育在这些方面的直接贡献。按照教育市场化收益的分类方法，教育的非市场化收益也可以分为私人收益和社会收益两部分。但是，两者之间的界限并非十分清晰，比如教育能够促使人们提高健康水平，这可以看作是教育的非市场化私人收益，同时，个人良好的健康状况有助于全社会的健康发展、医疗成本的下降和劳动生产率的提高，从这个角度来说，它又与社会的非市场化收益紧密相关。为此，本节将不对其做严格区分。

教育的消费性收益。教育的消费性收益指个人因接受教育而获得的精神上的享受，包括求知欲的满足、文化品位的提高、与同龄群体的交往、人生价值观的树立等。随着人力资本理论的不断发展，经济学家越来越多地关注教育的投资性收益，而忽略了教育的消费性收益。当然，这也与消费性收益难以测量有关。尽管如此，也有经济学家在此方面进行了一些有趣的研究，如美国经济学家加里森（Edward Gullason）早期分析教育对为避免参加越南战争而上大学的美国公民的消费性收益，[③] 以及挪威经济学家Annette Alstadsæter验证了人们为高等教育的消费性收益所愿意支付的成本，[④] 这都证实了教育具有消费性收益。

[①] WOLFE B, ZUVEKAS S. Nonmarket Outcomes of Schooling: External Benefits of Education［J］. International Journal of Education Research, 1997, 27（6）: 491-502.

[②] SHACHAR R, NALEBUFF B. Follow the Leader: Theory and Evidence on Political Participation［J］. The American Economic Review, 1999, 89（3）: 525-547.

[③] GULLASON E T. The Consumption Value of Schooling: An Empirical Estimate of One Aspect［J］. The Journal of Human Resources, 1989, 24（2）: 287-298.

[④] ALSTADSÆTER A. Measuring the Consumption Value of Higher Education［J］. Cesifo Economic Studies, 2004, 57（3）: 458-479.

教育与健康。教育和健康都是人力资本的重要投资形式。大量研究表明：教育程度更高的人更加了解健康方面的知识，更加注重营养，更加有效地利用医疗手段，因而健康水平也相对更高。[1]比如，受教育程度更高的人更愿意选择健康的生活方式，包括减少吸烟和喝酒的数量，增加从事体育锻炼的时间等。[2]拉瑞斯-曼尼（Adriana Lleras-Muney）利用美国人口普查数据研究教育与死亡率之间的关系，并使用义务教育法作为教育的工具变量，研究发现：受教育年限每增加一年，35岁后的预期寿命就增加1.7年。[3]教育不仅会提高个人的健康水平，还会对社会产生极大的正外部性。如果受教育程度高的群体更倾向于积极预防和治疗，那么就能降低疾病传染的可能性。有研究发现，针对同一疾病的患者，教育水平越高的患者越倾向于采用最新的药物。[4]另有对乌干达的研究发现，教育水平高的年轻人感染艾滋病的可能性更低。[5]

教育与家庭。个体受教育水平的提高也会对家庭产生重要影响。首先，个人的受教育水平提高会减少生育子女的数量，这是提高妇女受教育水平的非经济收益。[6]对中国人口普查和1%人口抽样调查数据也得到了类似的发现：文盲女性子女的平均数量为2.33，而大学文化程度女性的子女平均数量为1.06。[7]教育对生育的影响可以从两个方面进行解释：一是教育程度较高的女性初婚年龄较晚，减少了生育机会；二是教育水平越高的夫妇对子女数量的需求越少：既不愿意将大量精力用于抚养子女，也没有依赖子女养老的担忧。[8]关于教育对家庭的影响还有很多其他方面的研究，比如受教育程度越高的个体越有可能找到具备较高收入潜力的配偶；受教育程度较高的个体离婚后也更容易调整

---

[1] MCMAHON W W. Higher Learning, Greater Good: the Private and Social Benefits of Higher Education[M]. Maryland: The Johng Hopkins University Press, 2009: 118-180.

[2] KENKEL D S. Health Behavior, Health Knowledge, and Schooling[J]. Journal of Political Economy, 1991, 99(2): 287-305.

[3] ADRIANA L M. The Relationship Between Education and Adult Mortality in the United States[J]. The Review of Economic Studies, 2005, 72(1), 189-221.

[4] ADRIANA L M, LICHTENBERG F R. The Effect of Education on Medical Technology Adoption: Are the More Educated More Likely to Use New Drugs[R]. NBER Working Papers No. 9185. National Bureau of Economic Research, 2002.

[5] WALQUE D D. How does the Impact of an HIV/AIDS Information Campaign Vary with Educational Attainment? Evidence from Rural Uganda[J]. Journal of Development Economics, 2010, 84(2): 686-714.

[6] SCHULTZ T PAUL. Returns to Women's Education[R]. Center Discussion Paper, No. 603, New Haven: Economic Growth Center, Yale University, 1990.

[7] 赵海龙,赵海利.教育外部收益的实证研究[J].集美大学学报（教育科学版）,2005,6(1):39-49.

[8] 刘泽云.教育经济学[M].上海：华东师范大学出版社,2008: 37.

生活状态，再婚更快。① 此外，家庭中女性受教育程度对丈夫和子女的健康有显著的积极影响。②③

案例 7-2

> **德国研究：父母受教育程度高孩子更健康**
>
> 　　德国的一项研究指出，父母的受教育程度会影响孩子的健康。举例来说，没有受过高等教育的父母，其孩子看病和吃药的次数要比拥有高教育水平父母的孩子多。
>
> 　　据报道，德国医疗保险机构 DAK 公布了这份研究报告。DAK 首席执行官斯托姆（Andreas Storm）称，孩子如果生病，诊断结果经常与父母亲的生活型态有关。报告作者之一德国比勒费尔德大学健康经济学家格雷纳（Wolfgang Greiner）表示，特别在蛀牙和肥胖方面，父母的教育程度扮演相当重要的角色。数据显示，家长受教育水平较低，他们的孩子蛀牙次数比受过高等教育父母的孩子高将近 3 倍，肥胖方面则高出 2.5 倍。
>
> 　　今年 2 月，另一项由德国罗伯特科赫研究院进行的研究也得出结论：生长在社会弱势家庭中的小孩，容易在健康方面被忽视。他们更容易有肥胖问题，运动较少、吸烟更多，也有较多心理上的问题。参与研究的专家认为，这与他们缺乏参与社会生活的机会有关。报道称，德国儿童与少年科医师公会主席菲施巴赫（Thomas Fischbach）对这些研究结果并不意外。他表示，教育程度及收入较低的父母可能较没有保健意识。这些家庭往往要面对这样那样的问题，小孩的健康容易被疏忽。
>
> 　　摘自：德国研究：父母受教育程度高 孩子更健康［EB/OL］. http: //cul.chinanews.com/gj/2018/09-03/8617360.shtml, 2018−09−03.

教育与人口。 教育对生育率的影响是教育非市场化私人收益的重要构成，而从社会的角度来看，人们受教育水平的提高不仅能够优化人口增长率，还能调整人口的性别构成。教育对人口增长率的影响可能并非线性，在女性受教育程度很低的国家，父母受教育水平

---

① MCMAHON W W. The Social and External Benefits of Education［M］// JOHNES G, JOHNES J. International Handbook on the Economics of Education. UK: Edward Elgar Publishing, 2004: 211−259.

② GROSSMAN M. The Correlation Between Health and Schooling［J］. Demographic Behovior of the House Hold, 1976: 147−224.

③ GROSSMAN M. Education and Nonmarket Outcomes［M］// HANUSHEK E, WELCH F. Handbook of the Economics of Education, Volune 2. Amsterdam: Elsevier, 2005, 1（06）: 577−633.

的提高会减少婴儿死亡率；而在女性受教育程度较高的国家，父母受教育水平的提高则可以降低人口出生率。[①] 同时，父母受教育水平越高，"重男轻女"的偏好就会相对较低，加之生育子女数量的减少也会在一定程度上平衡性别比，因此提高人们的受教育程度对于优化人口规模和结构都十分重要。

教育与犯罪。犯罪是具有极大负外部性的社会行为。如果教育能够减少犯罪，那么教育对社会的正外部性就得到很好的证明。人力资本理论倾向于从机会成本的视角解释教育与犯罪的关系，即受教育程度高的个体犯罪的机会成本高，坐牢的时间成本也高，受教育程度低的个体则恰恰相反。罗克纳（Lance Lochner）等人的研究发现：受教育年限每增加一年，黑人犯罪的可能性降低0.37%，白人的犯罪可能性降低0.1%，而且白人和黑人高中辍学率程度的差异可以解释两者犯罪率差异的四分之一。[②] 为了尽可能将犯罪率下降的收益货币化，有研究估算了犯罪率降低可能节约的警力成本，发现社区中的平均受教育年限每增加一年，人均警力支出将下降170美元。[③] 教育降低犯罪的原因诸多，比如收入效应：当受教育程度高的个体具有更高的收入时，犯罪的机会成本更高，通过犯罪来增加收入的可能性更低；当个体的犯罪可能性较低时，其投资于其他技能学习上的可能性更大。教育可以通过改变人们的风险偏好来降低犯罪，受教育程度较高的个体也更有耐心获得未来收入增长，而非通过犯罪带来的短期收益。

本章小结

随着教育投资不断增加、教育生产规模迅速扩大，教育究竟能够带来多大的收益成为社会普遍关注的问题。本章首先论述了教育收益的定义及其多种分类方式，包括私人收益和社会收益、市场化收益和非市场化收益、直接收益和间接收益等，并进一步阐明了教育收益的实现机制。

接下来介绍教育收益率的计量方法。重点介绍了内部收益率和明瑟收益率这两类最为常用的方法及其各自的利弊，以及各自适用的研究问题。各种估算教育收益率的方法都存在一些局限，如遗漏变量误差、测量误差、样本选择偏差等，因此本章还介绍了解决这些问题的一些方法。

[①] 刘泽云. 教育经济学[M]. 上海：华东师范大学出版社，2008: 42.

[②] LOCHNER L, MORETTI E. The Effect of Education on Crime: Evidence from Prison Inmates, Arrests, and Self-Reports [J]. American Economic Review, 2004 (94): 155-189.

[③] WOLFE B, ZUVEKAS S. Nonmarket Outcomes of Schooling: External Benefits of Education [J]. International Journal of Education Research, 1997, 27 (6): 491-502.

在帮助读者了解计算教育收益方法的基础上，本章分别介绍了世界各国不同社会群体各级各类教育的市场化私人教育收益水平和市场化社会收益水平及其变化趋势，并比较了不同级别教育的市场化私人收益和市场化社会收益水平。最后，本章介绍了教育的非市场化收益类型，包括教育的消费性收益、教育对健康的影响、对家庭和生育率以及性别结构的影响，教育对降低犯罪率的影响等，并列举了一些实证研究发现。

思考与练习

1. 教育可以带来哪些不同类型的收益？
2. 如何区分教育的市场化私人收益和市场化社会收益？两者在数值上存在何种关系？
3. 在计量教育收益率时，需要考虑哪些可能的局限或估计偏误？如何克服这些局限或减少估计偏误？
4. 一般来说，经济发展水平相对较高的国家或地区教育收益率相对较低，而经济发展水平相对较低的国家教育收益率反而较高，可能的原因是什么？
5. 过去三十年间，中国的教育收益率呈现何种变化趋势？如何解释这种变化趋势？

拓展阅读建议

1. Martin Carnoy. 教育经济学国际百科全书［M］. 2版. 闵维方，等译. 北京：高等教育出版社，2002: 143-153，471-477.
2. 李宏彬，张俊森. 中国人力资本投资与回报［M］. 北京：北京大学出版社，2008: 131-182.
3. 刘泽云. 上大学是有价值的投资吗——中国高等教育回报率的长期变动（1988—2007）［J］. 北京大学教育评论，2015，13（04）: 65-81+186.
4. CARD D. The Causal Effect of Education on Earnings［M］// ASHENFELTER O, LAYARD R, CARD D. Handbook of Labor Economics. Amsterdam, North-Holland: Elsevier, 1999（3a）: 1801-1863.
5. DALE S, KRUEGER A B. Estimating the Return to College Selectivity over the Career Using Administrative Earnings Data［R］. NBER. Working Paper No. 17159, National Bureau of Economic Research, 2011.
6. LOCHER L. Nonproduction Benefits of Education: Crime, Health, and Good Citizenship［M］// HANUSHEK E A, MACHIN S, WOSSERMANN L. Handbook of Economics of Education, Volume 4. Amsterdam: Elsevier, 2011: 183-274.

附录　各国分受教育程度和类型的教育收益率

单位：%

国家	年份	明瑟收益率	私人 初等	私人 中等	私人 高等	社会 初等	社会 中等	社会 高等
阿尔巴尼亚	2012	8						
阿尔及利亚	2001	2.2						
阿根廷	2003	11						
澳大利亚	2010	8.3						
奥地利	2011			10.4	9.9		8.8	7.1
阿塞拜疆	1995	3.7						
孟加拉国	2006	10						
白罗斯	2002	6.9						
比利时	2009				10.7			14.5
伯利兹	2005	10						
玻利维亚	2002	10.3						
波斯尼亚	2002	8.1						
巴西	2001	15.7						
保加利亚	2003	6.7						
柬埔寨	2007	6.7						
喀麦隆	1995	6						
加拿大	2011			11.2	12.9		6.9	7.4
智利	2011				14.8		8	15.5
中国	2009	10.3						
哥伦比亚	2014	11.3						
哥斯达黎加	1992	8.5						
塞浦路斯	1994	5.2						
捷克共和国	2011			14.2	19.9		22.6	15.3
丹麦	2011			14.4	7.9		8.7	3.9
吉布提	1996	11.6						
厄瓜多尔	2002	6.5						
埃及	2011	3.4						
萨尔瓦多	1992	7.6						
厄立特里亚	2002	10.9						
爱沙尼亚	2011			21.9	17.1		6.6	5.6
埃塞俄比亚	2011	12.5						
芬兰	2011			6.1	8.4		20.6	6.1
法国	2009			9.4	9.5		6.6	6.9
冈比亚	2003	6.8						

（续表）

单位：%

国家	年份	明瑟收益率	私人			社会		
			初等	中等	高等	初等	中等	高等
格鲁吉亚	2006	6.9						
德国	2011							
加纳	2007	4.2						
英国	2011			11	12.2		45.6	30.3
希腊	2009			5.9	8.6		5.4	11.6
危地马拉	2000					11.2	19	13.1
洪都拉斯	1991	9.3						
匈牙利	2011			14.2	20.8		26.5	20.5
冰岛	2003			7.2	5		7.9	5.6
印度	2008	10.8						
印度尼西亚	2007	10.7						
伊拉克	2006	0.7						
爱尔兰	2009			20.9	17		6.2	15.4
以色列	2011			11.1	12.1		5.1	9.5
意大利	2010			8.1	9.5		6.6	8.6
牙买加	1989	28.8	20.4	15.7		17.7	7.9	
日本	2007				7.6			7.3
约旦	2001	6.7						
哈萨克斯坦	2001	8						
肯尼亚	1995							
韩国	2011			3.7	5.9		−0.7	0
科威特	2010	4.8						
拉脱维亚	2012	7.7						
利比里亚	1983		99	30.5	17	41	17	8
卢森堡	2010			10.2			10.1	
马达加斯加岛	1993	15.1						
马来西亚	2002	10						
马拉维	2012	8.8						
马尔代夫	2004	8.1						
马耳他	2001	25.7						
墨西哥	2002	13.2						
摩尔多瓦	2003	8						
蒙古国	2002	8.5						
摩洛哥	2001	2.8						
纳米比亚	2003	28						
尼泊尔	2008	7.9						
荷兰	2011			5.5	9.1		10.8	

(续表)
单位：%

国家	年份	明瑟收益率	私人			社会		
			初等	中等	高等	初等	中等	高等
新西兰	2011			8.3	7.6		7.7	5.7
尼加拉瓜	2001					5.2	9.5	11.4
尼日尔	2011	11.1						
尼日利亚	2011	5.7						
北爱尔兰	1995	17.4						
挪威	2011				8.7		7.1	4.5
巴基斯坦	2009	6.2						
巴勒斯坦	2011	5.1						
巴拿马	2009	10.9						
巴布亚新几内亚	1987	11.1						
巴拉圭	1990	11.6	23.7	14.6	13.7	20.3	12.7	10.8
秘鲁	2001	10.7						
菲律宾	2000	12.6						
波兰	2010			10.2	26.6		6.9	13.9
葡萄牙	2011			13.6	19.6		5.7	11.3
波多黎各	1989	15.1						
罗马尼亚	2009	11.3						
俄罗斯	2002	9.2						
塞内加尔	1985		33.7	21.3		23	8.9	
塞尔维亚	2013	10						
塞拉利昂	1971					20	22	9.5
新加坡	2000	13.2						
斯洛伐克	2011			29.5	17.7		18.9	12.6
斯洛文尼亚	2011			10.3	16.8		10.1	12.7
索马里	1983		59.9	13	33.2	20.6	10.4	19.9
西班牙	2011			12.9	9.8		9.6	6.5
斯里兰卡	2008	8.9						
苏里南	1992	9.9					10.8	
瑞典	2011			18.3	7.8		21	1.7
瑞士	2011						7.6	2.8
泰国	2010	12.6				3.4	5.7	11.3
东帝汶	2007	3.9						
突尼斯	2011	7						
土耳其	2008	11.8						
乌干达	2008	11.9						
乌克兰	2002	4.5						
美国	2011			20.5	14		11.9	11.9

（续表）

单位：%

国家	年份	明瑟收益率	私人			社会		
			初等	中等	高等	初等	中等	高等
乌拉圭	1990	9.1						
委内瑞拉	2008	6.4						
越南	2014	5.7						
也门	1985		10	41	56	2	26	24
赞比亚	1995	10.7			19.2			5.7
津巴布韦	1994	5.6	16.6	48.5	5.1	11.2	47.6	-4.6

数据来源：Psacharopoulos G, Patrinos H A. Returns to Investment in Education: A Decennial Review of the Global Literature [J]. Education Economics, 2018, 26（5）: 445-448.

第八章　教育与经济增长

内容提要

本章分别从四个方面介绍了教育促进经济增长的机制：教育通过提高人力资本质量推动全要素生产率的提升，教育通过提高劳动者素质推动产业结构升级，教育推动城镇化进程，教育通过调节收入分配结构扩大消费。本章还介绍了三种计量教育对经济增长贡献的基本方法：舒尔茨剩余分析法、丹尼森的经济增长因素分析法和劳动简化计量方法，并比较了几种方法的优缺点。本章最后简要介绍了教育在以绿色经济为指标的经济可持续增长中的作用及其计量方法。

学习目标

1. 理解教育通过提高人力资本质量来推动全要素生产率，进而促进经济增长的机制。
2. 理解教育通过提高劳动者素质，推动产业结构升级，进而促进经济增长的机制。
3. 理解教育通过推动城镇化进程促进经济增长的机制。
4. 理解教育通过调节收入分配结构、促进消费，进而拉动经济增长的机制。
5. 掌握教育对经济增长贡献的基本计量分析方法。
6. 了解教育在绿色经济增长中的作用及其计量方法。

关键词

经济增长　全要素生产率　产业结构升级　城镇化　收入分配　绿色经济

教育不仅在微观上可以给个人和社会带来巨大的经济收益，而且在推动国家宏观经济增长方面也发挥着重要的作用。早在20世纪60年代初，舒尔茨就指出教育促进经济增长的作用。[1] 丹尼森则在《美国经济增长的源泉》等一系列论著中对此做了进一步的实证分析。[2] 20世纪80年代以后，罗默和卢卡斯则从内生增长的理论角度论证了通过教育形成

---

[1] SCHULTZ T W. Investment in Human Capital [J]. American Economic Review, 1961 (51): 1-17.
[2] DENISON E F. The Sources of Economic Growth in the United States and the Alternatives before Us [R]. New York: Committee for Economic Development, 1962: 1-297.

的人力资本促进经济增长的作用。①② 近年来，希克斯（Norman Hicks）③、汉诺谢克和沃斯曼（Ludger Woessmann）④、巴罗等人⑤的研究进一步证明，从长期的视角来看，大力发展教育能够显著促进经济增长。2015年汉诺谢克和沃斯曼在研究了全球自20世纪60年以来50年的经济增长状况后撰写了《国家的知识资本：教育与经济增长》一书，更进一步阐述了教育发展水平和质量在经济增长中极其重要的作用，见图8-1，图8-2。⑥2017年2月，世界银行行长金墉在迪拜召开的世界各国政府首脑会议上发表了"教育促进增长与繁荣"的主题演讲，也特别强调了教育在经济增长中的重要作用。

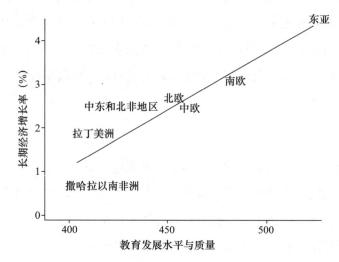

图 8-1 1960—2009 年教育与经济增长的关系（地区）

---

① ROMER P M. Increasing Returns and Long-Run Growth［J］. Journal of Political Economy，1986，94（5）：1002-1037.
② LUCAS R. On the Mechanics of Economic Development［J］. Journal of Monetary Economics，1998（22）：3-42.
③ HICKS N L. Education and Economic Growth［M］// CARNOY M. International Encyclopedia of Economics of Education，Second Edition. Oxford: Pergamon Press，1995: 240-248.
④ HANUSHEK E A, WOESSMANN L. Do Better Schools Lead to More Growth? Cognitive Skills Economic Outcomes and Causation［J］. Journal of Economic Growth，2012，17（4）：267-321.
⑤ BARRO R L, LEE J. A New Data Set of Educational Attainment in the World: 1950-2010［J］. Journal of Development Economics，2013（104）：184-198.
⑥ HANUSHEK E A, WOESSMANN L. The Knowledge Capital of Nations: Education and Economics of Growth［M］. Massachusetts: MIT Press，2015: 4，44.

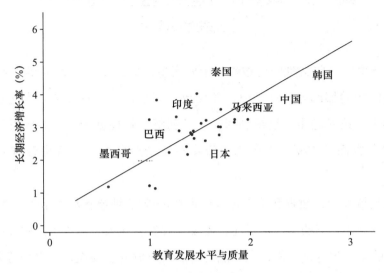

图 8-2 1960—2010 年教育与经济增长的关系（国家和地区）

在此，经济增长是指更多的产出，既包括由于扩大投资所增加的产出，也包括由于科学技术进步和劳动者素质提高所导致的更高的劳动生产率，即单位投入所带来的产品的增加。经济增长是经济发展的基础，没有经济增长就不可能有经济发展。经济发展是一个内涵更为广泛的概念，它不仅包括更多的产出，而且包括产品的分配结构等一系列制度安排的变革；不仅包括社会生产力的提高，而且包括社会生产关系的调整和变革等一系列复杂问题。本章主要聚焦于教育与经济增长的关系，教育与收入分配等相关问题将在以后章节中阐述。

随着科学技术的突飞猛进、知识经济的高速发展、以信息化和智能化为标志的新一轮产业革命的蓬勃兴起，经济增长的源泉、动力和方式都发生了并且正在继续发生着多方面的深刻变革。这些变革使得教育越来越成为促进长期经济增长的更为关键的因素。那么，教育是如何推动宏观经济增长的呢？本章将具体从教育促进全要素生产率的提高、推动产业结构升级、加速城镇化进程和扩大消费四个方面阐述教育促进经济增长的作用机制，并简要介绍教育对经济增长贡献的计量分析方法。

第一节 教育推动全要素生产率的提升，促进经济增长

全要素生产率在一些文献中也被称为全要素生产力，主要指物质资本和劳动力的量的投入所不能解释的那部分经济增值，即导致经济增长的所有其他要素的总和。这些要素包括人力资本、技术进步、组织创新、生产创新、管理创新、专业化程度以及社会经济制度进步等各方面的因素，其中人力资本在驱动全要素生产率提升方面发挥了重要作用。

人力资本是指人们在教育和培训过程中形成的能够创造个人和社会经济福祉的知识、能力和综合素质。如本书的第3章所述，正规学校教育在人力资本生产中发挥着决定性作用，因为良好的学校教育是人们知识、能力和品格形成的主要途径，也是劳动者的工作岗位培训和"干中学"的必要基础。作为当今以知识为基础的经济增长的重要源泉，人力资本已经成为全要素生产率的核心要素。全要素生产率的所有其他构成要素都或多或少地依赖于人力资本的数量和质量。因此，在当今世界上，通过教育形成的人力资本是构成一个国家核心竞争力的基础。增加人力资本投资，大力发展教育事业，形成发展新动能，已经成为世界各主要国家和国际开发投资机构促进经济增长的共同的政策取向。实际上，从投资驱动转向创新驱动的经济增长方式，就是使经济增长转向全要素生产率驱动。教育正是通过提高人力资本质量，促进全要素生产率的提升，进而促进经济增长的，这一过程主要体现在以下三个方面。

第一，教育通过提高劳动者的认知技能，进而提高工人在生产中的劳动生产率，这是促进经济增长的重要途径之一。特别是当一个国家的劳动力数量不再增长，而劳动力成本不断上升的情况下，即"刘易斯转折点"[①]到来，劳动生产率的提高就成为经济增长的重要源泉之一。教育可以通过提高劳动者的认知技能，如熟练的读写算能力、良好的文化和科学技术素质、分析和解决问题的能力，以及各种非认知能力，如良好的道德规范和社会表现、适当的职业期望、有效的时间管理、积极的工作态度、规范的劳动行为和善于与人合作的团队精神等，从而提高劳动生产率。大量的实证研究表明，在一定范围内，随着教育水平的提高，劳动者能够更快地接受和掌握工作岗位培训技能，在获得和提高生产技能

---

① 刘易斯转折点（Lewis Turning Point）又称刘易斯拐点，由威廉·阿瑟·刘易斯（1987年诺贝尔经济学奖获得者）在1968年提出，形容农村廉价劳动力被经济增长全部吸纳后，工资会显著上升。具体是指在工业化过程中，随着农村富余劳动力向非农产业的逐步转移，在过去民工劳动力一直供大于求，随着特定的背景因素的变化，如果不涨工资就招不到人，出现民工荒。

方面的时间会相应地减少,而且能够更快地熟悉新的生产设备,掌握新的操作技术,从而进一步促进劳动生产率的提高。例如,具有完全中等教育水平的工人所完成的生产定额指标,比只受过八年教育的工人要高 25%。随着教育水平的提高,工人花费在掌握新工种、获得和提高生产技能的时间会减少,生产中的废品率、损坏工具和设备的数量会显著降低。一个受过五六年教育的钳工若提升一级,则花在训练上的平均时间为五年,受过八九年教育的钳工若提升一级需要训练两到三年,而受过十年教育的钳工提升一级则只需要训练一年或偶尔需要一年半。

教育经济学家在长期的研究中发现,教育不仅能提高劳动者在从事标准化的工作任务方面或者从事更复杂、要求更高的生产活动方面的劳动生产率,而且能提高整个工作组织的生产能力。原因之一在于受过良好教育的劳动者能够更有效率地分配和使用各种资源。在工作中使用各种生产性资源的过程中,劳动者常常要做出各种各样的决定,这些决定影响着劳动生产率,无论劳动者如何分配他们的工作时间都会对劳动生产率有重要影响。受过更多教育的个人具有更强的能力来获取、分析和处理生产过程中的各种信息,而这些信息与资源的有效使用与降低相对成本密切相关,有利于提高劳动生产率。

舒尔茨将这种观点进一步扩展为处理生产过程中不均衡状态的能力。这里的不均衡是指由于生产过程和技术的变化,生产中出现的相对于成本来说不是产出最大化的投入组合,而是次优的投入组合。尤其是在生产要素的投入价格、生产效率以及可能存在的生产瓶颈不断变化的动态过程中,受过良好教育的劳动者能够独立地做出适当的决策,使生产过程重新获得均衡并实现产出最大化。处理生产中不均衡状态的能力是一种随着受教育水平提高而提高的能力。尽管这种能力在整体受教育水平相对较低的部分行业的劳动者中也不同程度地存在,但受过高等教育的劳动者具有更强的理解整个生产过程和优化资源配置的能力,进而提高劳动生产率。[1]

图 8-3 显示以各国劳动者的平均受教育年限为横坐标,以各国和地区的相对劳动生产率为纵坐标,各国散点图显示出二者之间存在显著正相关。图 8-4 以各国的人均受教育年限为横坐标,以人均产出作为纵坐标,各国散点图的分布显示出二者之间存在正相关关系。

---

[1] LEVIN H M. The Importance of Educational Adaptability Improve Education in the Changing World Economy[EB/OL]. (2012-07-08)[2020-10-03]. https://www.ets.org/Media/Research/pdf/session5-levin-paper-tea2012.pdf.

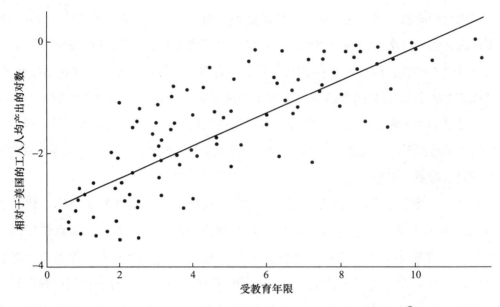

图 8-3 各国劳动者平均受教育年限与该国的劳动生产率[①]

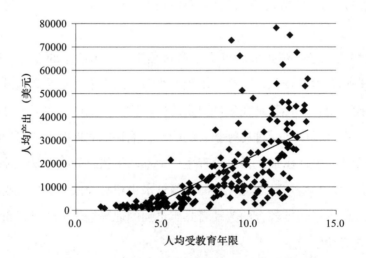

图 8-4 各国人均受教育年限与人均产出的关系

数据来源：United Nations Development Programme. Human Development Reports [EB/OL]. [2019-10-12]. http://hdr.undp.org/en/data.

[①] Acemoglu K D. Human Capital and the Nature of Technological Progress [C]. The AstraZeneca and StoraEnso Lecture, Stockholm, 2003.

以单位劳动产出作为国家经济增长代理变量的优点是：单位劳动产出考察的是在一定时期内一国创造的劳动成果与其相对应的劳动消耗量的比值，与人均国内生产总值相比，其剔除了总人口中非劳动人员的效应。单位劳动产出是生产技术水平、经营管理水平、职工技术熟练程度和劳动积极性的综合表现，[1] 单位劳动产出的提高是科技进步以及创新活动、教育培训等无形资产投资增加的结果，也是经济长期增长状况的体现，因而是衡量一国经济发展水平、全要素生产率和潜在增长动力的标志性指标。

第二，教育通过创新人才的培养，促进知识创新和科技创新，推动生产过程中的技术进步和产品不断更新，促进经济的长期可持续增长，这是全要素生产率的重要组成部分。首先，在经济增长中，所谓创新驱动实质上是人才驱动。教育在培养具有创新精神和创新能力的人才方面具有不可替代的作用。当今世界各主要国家都把深化教育改革、提高教育质量、培养创新人才作为促进经济增长的重要国策。其次，尽管各国的科研体制有所不同，但大学在国家创新体系中的重要地位不容忽视，特别是研究型大学在一个国家的基础研究中通常都占有主导性地位，在国家知识创新和科技创新中发挥着不可替代的重要作用。相当多的专门科研机构，如中国科学院等，在开展科学研究的同时也在培养创新型人才。基础研究是技术创新的源头活水，正是因为有这些基础性研究成果，才有一切战略性、原创性的重大科技进步。如果没有 20 世纪一系列基础研究的重大成果，就不会有今天一系列科学技术的突飞猛进和知识经济的高速发展。例如，十几年前，美国的大学在基础研究领域提出了压缩传感理论，[2] 使得应用领域的科技工作者有可能以此理论为基础，在图像处理、医疗成像、模式识别和地质勘探等方面取得重大突破，形成重要科技成果。[3] 这样的例子在世界上比比皆是。因此，如果一个国家的教育办不好，特别是大学的教学科研质量不高、不能持续不断地产生创新人才和创新成果，就不能实现创新驱动的发展和经济长期可持续增长。图 8-5 对大学创新能力与国家经济增长的关系进行了简要的机理分析。

---

[1] 于光远. 经济大辞典 [M]. 上海：上海辞书出版社，1992: 94.
[2] 压缩传感或压缩感知（Compressive Sensing（CS）or Compressed Sensing、Compressed Sampling）理论是一种新的信息获取指导理论。该理论一经提出，就在信息论、信号／图像处理、医疗成像、模式识别、地质勘探、光学／雷达成像、无线通信等领域受到高度关注，并被美国科技评论评为 2007 年度十大科技进展。
[3] 余继，闵维方. 高等教育体制对大学创新能力的影响：基于欧美的比较研究 [J]. 北京大学教育评论，2018，16（03）: 73-88+189.

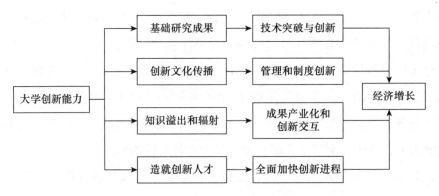

图 8-5 大学创新能力与经济增长的内在机制[①]

案例 8-1

中国大学在国家科技创新中的作用

据中国科技部的统计，2000—2009 年，中国高校共承担了中央政府的国家重点基础研究发展计划（"973 计划"）、国家高技术研究发展计划（"863 计划"）和国家科技支撑计划等各类国家科技计划项目 27700 多个，获得科技经费总额约 277.5 亿元。

"973 计划"项目中高校作为第一承担单位并任首席科学家的有 43 项，占立项总数的 58.1%；重大科学研究计划中高校作为第一承担单位的项目有 20 项，占立项总数的 57.1%。这些都充分反映出中国的高校具有坚实的科研实力，在国家科技创新中占有重要地位。

2006 至 2010 年间，中国的大学科技园从 2004 年的 42 家发展到 2009 年的 76 家；大学科技园孵化企业从 2004 年的 4978 个，增长到 2008 年的 6173 个。大学科技园累计已毕业企业从 2004 年的 1137 家增加到 2008 年的 2979 家。2007 年，相关部门认定依托高校的技术转移示范机构 35 家，为高校科研成果的转化搭建了一个良好的平台。2009 年全国高校共输出技术 31924 项，成交金额 132 亿元，较上年增长了 13.74%。

摘自：科学技术部.发挥高校作用建设创新型国家[N].中国教育报，2010-3-26（7）.

第三，经济增长不仅取决于工人的劳动效率和科学技术的进步，还取决于随着经济结构和发展环境的变化而不断调整工作组织和管理方式等制度层面的创新，不断优化劳动

[①] 余继，闵维方，王家齐.大学创新能力与国家经济增长：基于 33 个国家数据的实证分析[J].北京大学教育评论，2019，17（04）：109-123+186-187.

力的配置结构，促进劳动者的积极流动。受过良好教育的劳动者能够更好地适应因经济和技术迅速发展变化而带来的劳动岗位的变换和工作的流动，更快地适应工作组织环境的变化，更善于在工作中驾驭新的组织环境，从而提高工作效率，推动经济增长。这一点在20世纪80年代中期发展起来的内生增长理论中得到了充分的阐述。

内生增长理论进一步突出了通过教育形成的人力资本对经济增长的重要性，认为长期的经济增长是由内生因素推动的，也就是说，在生产投入过程中包含着通过正规教育、在职培训和"干中学"而形成的人力资本，这种人力资本对生产过程中的技术进步发挥着重要作用，导致全要素生产率不断提高，进而带来经济的长期增长。研究表明，这不仅仅是由于受过良好教育的劳动者对技术变化和工作组织创新的适应能力更强，而且由于受过良好教育的劳动者使得不断开发和运用新技术成为可能，进而提高技术进步的速率。[1][2][3] 必须强调的是，教育在这方面对经济增长的贡献不仅取决于受过良好教育的劳动者所掌握的科技知识以及认知能力，而且取决于劳动者的工作态度和人际交流与合作能力，以及他们根据不断变化的情况调整自己的岗位角色和行为模式来应对新的工作情况的能力。更高的受教育水平不仅仅可以提高劳动者的可培训性，还可以提高劳动者对变化的劳动力市场和工作场所的适应性，从而提高劳动生产率，促进经济增长。[4] 表8-1显示出1970年和1990年日本和韩国在跨越中等收入阶段过程中因劳动者平均受教育水平的提高所带来的劳动生产率和全要素生产率的提高。

表 8-1 日本和韩国劳动年龄人口平均受教育水平与全要素生产率

国别	年份	受教育年限	劳动生产率	资本劳动比	全要素生产率
日本	1970年	8.24	39.9	29.1	61.4
	1990年	10.71	67.0	83.8	71.2
韩国	1970年	6.58	14.2	5.9	38.3
	1990年	10.46	29.9	24.3	49.0

数据来源：教育数据来自：UNESCO Institute for Statistics. UIS Database[EB/OL].[2019-10-12]. http://data.uis.unesco.org/#，其他数据来自Kim, Jong-il. Total Factor Productivity Growth in East Asia: Implications for the Future[J].Asian Economic Papers, 2002, 1（2）: 50-70.

---

[1] ROMER P M. Increasing Returns and Long-Run Growth[J]. Journal of Political Economy, 1986, 94（5）: 1002-1037.
[2] ROMER P M. Endogenous Technological Change[J]. Journal of Political Economy, 1990, 98（5）: 71-102.
[3] LUCAS R. On the Mechanics of Economic Development[J]. Journal of Monetary Economics, 1998（22）: 3-42.
[4] 亨利·M. 列文，由由. 教育如何适应未来：以美国教育为背景的探讨[J]. 北京大学教育评论, 2013, 11（02）: 2-16+186-187.

韩国1990年还在劳动者平均受教育水平和全要素生产率方面远远落后于日本,但作为一个后发的新兴工业化国家,韩国充分意识到教育在提高劳动生产率和全要素生产率中的重要作用,不断加大教育发展力度。2010年韩国15—64岁人口的平均受教育年限就达到了12.96年,超过了日本的12.44年。2013年韩国的高等教育毛入学率达到了98%,为提高全要素生产率,促进经济增长奠定了人力资本基础。2016年韩国卫冕全球最具创新能力的经济体。①

案例8-2

韩国卫冕最具创新能力经济体

美国澎湃社近日发布了2016年创新指数排行榜,该指数给各经济体打分时考虑的因素包括研发开支和高科技上市公司的集中程度,调查指标分别为研发支出强度、产品附加值、生产力、科技密集度、服务业效率、研究专注度、专利活动七项。

韩国仍然是最大赢家,在研发强度、制造业附加值、专利活动等方面高居榜首,在高科技密集程度、高等教育和研究人员集中程度等方面跻身前五。其生产率得分几乎没有增加——现在名列全球第三十二位,这也说明了过去一年间韩国的领先幅度为何缩小了。银牌得主瑞典排名上升主要归功于其制造业附加值提高了,而同样作为北欧国家的芬兰排名上升两位,很大程度上是因为该国的高科技公司增多。美国下滑一位至第九位,而以色列上升一位至第十位。中国保住了排名最高新兴市场称号,名列第二十一位,其高等教育得分提高,而高科技密度出现了波动。

摘自:观察者网.全球最具创新经济体,韩国位居榜首[EB/OL].(2017-01-18)[2019-12-15].http://mil.news.sina.com.cn/2017-01-18/doc-ifxzqnip1705705.shtml.

日本在1960—1975年的15年间,GDP增长了3倍,而同期的教育投入却增加了4.5倍。人力资本质量的提高,使得全要素生产率在经济增长中的贡献不断上升,1970年为61.4%,1980年为64.8%,1990年为71.2%,促使日本经济在相当长的时间内保持了较高的增长速度。日本的人均GDP从1974年首次突破4000美元,到1986年就突破12000美元,按照当时的标准,仅用了12年时间就跨越了"中等收入陷阱",进入高收入国家的行列。被称为亚洲"四小龙"的韩国、中国台湾地区、中国香港地区和新加坡实现较高经济

---

① 彭博新闻社.These Are the World's Most Innovative Economies[EB/OL].(2017-01-17)[2018-01-15].https://www.bloomberg.com/news/articles/2017-01-17/Sweden-gains-south-korea-regions-as-world-s-most-innovative-economies.

增长,用 10 年左右时间成功跨越"中等收入陷阱",也都是以良好的教育和较高质量的人力资本为基础的。[①]

实证研究显示,教育对全要素生产率具有多方面影响,以上只是列举几个方面,本章以下的内容也同全要素生产率的提高相关,只是由于所讨论的问题涉及更多因素,所以分别阐述。总之,重视发展教育,加大教育投入,不断提高人力资本质量,对促进全要素生产率提升和经济增长具有长远的根本性作用。

第二节 教育提高劳动者素质,推动产业结构升级

产业结构的不断优化升级是经济增长的重要源泉之一。从一定意义上说,一个国家经济增长的过程就是该国产业不断优化升级的过程。这里所说的产业升级,既是指一国的经济从劳动密集型产业向资本密集型产业升级,进而向知识和技术密集型产业升级;也是指国民经济的重心从第一产业向第二产业升级,进而向第三产业升级;还指三次产业内部结构优化升级。例如,在第一产业的发展和升级过程中,从传统农业(包括采摘业、种植业、牧业、渔业和林业)向以最新科学技术成果为基础的现代化大农业的升级;在第二产业发展和升级过程中,从轻纺工业为主的产业结构上升到以化学工业、机械工业、电子工业为主,从以原材料为重心的产业结构上升到以高加工度组装为主,从低附加值的劳动密集型产业为主向以高附加值的技术密集型为主,进而向包括 3D 打印和机器人的更为先进的智能化高端制造业升级;在第三产业的升级过程中,要从传统的餐饮商贸等服务业向现代服务业升级,包括信息、金融、物流、产品营销、决策咨询等生产性服务以及医疗保健和文化创意产业等。产业结构的优化则是指在各个产业之间和产业内部实现人力、物力、财力等资源的最佳配置以实现产出的最大化,并实现各类产业的有机融合。在经济发展的过程中,影响产业升级的因素很多,例如,劳动分工和生产专业化、技术进步、教育发展水平和人力资本积累、社会需求变化、资源开发与利用、对外贸易和引进外资以及相关国家的经济政策与经济制度等,其中教育在产业结构优化升级中具有基础性和先导性的作用。

人才的高度决定产业的高度。产业结构的优化升级是以具有相应知识技能的劳动者群体为基础的。教育正是通过提高人的知识技能,为产业优化升级创造了必要的前提。世界经济发展史表明,一个国家的教育发展状况及其所形成的劳动力数量和质量同该国的产

---

① World Bank. World Revelopment Indicators [EB/OL]. [2019-10-12]. https://databank.Worldbank.org/reports.aspx?Source=world-decelopment-indicators.

业结构密切相关。当劳动密集型的农业和手工业生产向资本密集型的大机器工业生产升级时，需要大量能够理解和掌握大机器生产基本知识和操作技能的工人，这就要求劳动者具有一定的文化科学技术基础知识和较强的读写算能力，能有效履行生产职责，只有达到一定受教育水平的人才能做到这些。而当资本密集型产业向知识和技术密集型产业升级时，需要有相当大比例受过高等教育的劳动者。人类社会从第一产业产出占主导地位的农耕时代发展到第二产业产出占主导地位的资本密集的大机器生产的工业化时代，进而到第三产业产出占主导地位的智能化的知识经济时代，是人类知识的积累、传播和创新的过程，而教育则是这一过程不可或缺的前提条件。在教育过程中，人们把社会生产实践中总结提炼出来的知识技能传授给下一代，从而实现劳动力的生产和再生产。在这一再生产过程中，不同层次和不同类型教育内容的结构性，尤其是职业技术教育和高等教育的专业性，会使劳动分工和生产专业化进一步加深，这本身也是促进产业结构演化和升级的重要因素之一。因此，与农耕时代相对应的是以文盲半文盲或受过一定初等教育为主体的劳动者群体；大机器工业化时代是以受过良好的中等教育的劳动者为生产主体；而在智能化生产和知识经济时代，受过高等教育的从业者成为创造社会财富的主体。产业升级的本质首先是人的升级，即人的受教育水平和知识与能力的升级。

农业社会　　　　　工业社会　　　　　信息社会

（传统农业生产方式）　（机械化时代的汽车生产线）　（信息时代的工作方式）

图 8-6　人类从农业社会向工业社会进而向信息社会的演进

总之，教育的发展既为实现产业升级提供必要的人力资源基础，同时也反映了产业发展对教育的客观要求。一个国家，特别是像中国这样的发展中国家，如果要想缩小同发达国家的经济发展差距，就必须大力发展教育事业，加快相应的人力资本积累，使本国的人力资本的数量和质量以高于发达国家的速度增长；同时还需要根据本国的经济结构和发展需求，调整和优化教育结构，提高人力资源的结构、质量及其与生产发展的适配性，使优质人力资源不断进入更新、更先进的产业，推动产业结构的不断升级。特别是在当今的信息时代和网络社会中，科学技术的突飞猛进、知识的加速创造与应用以及不断更新的现代化信息传播手段使教育过程发生了深刻的变革,大规模开放在线课程(MOOC),使得优质教育资源的广泛共享成为可能。因此,各国抓住这一历史性机遇,加快教育发展,提高教育质量,促进教育公平,提升人才培养的水平,造就更高素质的劳动者,就能推动科技进步和产品更新,促进产业升级,促进经济增长。

图 8-7 中以劳动力人口中受过高等教育人口的百分比为横坐标,以第三产业产值占 GDP 的比重为纵坐标,显示了一个国家劳动力人口中受高等教育的比例越高其产业结构也越高,说明了教育在产业结构升级中的重要作用。

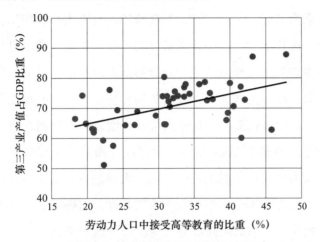

图 8-7 各国教育与产业结构的关系

数据来源:第三产业产值占 GDP 比重的数据来源: World Bank. World Bank Open Data[EB/OL]. [2019-10-12]. https://data.worldbank.org/indicator/NV.SRV.TOTL.ZS.

劳动力人口中接受高等教育的比重的数据来源:World Bank. World Bank Open Data[EB/OL]. [2019-10-12]. https://data.worldbank.org.cn/indicator/SL.TLF.ADVN.ZS.

案例 8-3

斯坦福大学与硅谷的产业升级

美国硅谷是促进产业不断升级和经济持续增长的典范,它的发展同该地区的优质教育密切相关。位于硅谷的斯坦福大学,被评为全球最具创新性大学(见路透社 2016 年 9 月 28 日《"路透 100":世界上最具创新性的大学》),十分注重科技创新和创新成果的产业化。

斯坦福大学前校长卡斯帕尔(Gerhard Casper)在"北京大学百年校庆的校长论坛"上发表题为"研究密集型大学的优势"的演讲指出:"1995 年,硅谷的高科技公司营业收入高达 850 亿美元。据估计,这些利润的 62% 来自一些公司,那些公司的创办人曾经和斯坦福大学有关系。他们也创造了几十万个就业机会。"

> 正是由于以斯坦福大学为代表的高校的作用，使得硅谷这片山谷成为美国高科技产业发展的中心之一，实现了跨越式的产业升级。2012年一项详细的统计研究显示，大约有40000家企业可以寻根到斯坦福大学。如果把这些企业的产值加起来，相当于世界第十大经济体。

当今世界正在兴起新一轮科技革命和新的产业革命。充分认识世界科技革命和产业革命的发展趋势，抓住这一历史性的机遇，大力发展战略性新兴产业，也就是那些以重大科技突破和重大发展需求为基础，对经济社会发展全局具有重大引领带动作用、知识技术密集、物质资源消耗少、成长潜力大、综合效益好的产业，如新一代信息技术产业、智能化高端设备制造产业、生物和新药制造产业、新材料新能源产业、节能环保产业和循环经济等，实现产业结构不断升级，是我国实现经济长期可持续增长的必由之路。而这更加依赖于高质量的教育发展，即通过教育培养造就大批具有创新精神和创新能力的劳动者。

经济合作与发展组织在描绘2060年左右全球经济面临的挑战时指出，通过教育形成的人力资本将越来越成为经济增长的关键。国内外无数的发展现实表明，教育的发展水平决定人力资本的水平，人力资本的水平决定产业的高度。对韩国、日本等许多国家各级教育发展与产业结构升级互动关系的研究都有力地验证了这一论点。[①]

案例 8-4

> **引领传统产业改造提升**
>
> 地处山东一隅的东岳集团，是一个由38个农民于1987年创建的乡镇企业，通过引进大批受过良好教育的高层次创新人才，不断推动企业的科技创新和产品创新，在新环保、新材料、新能源等领域掌握了大量自主知识产权，在新型环保制冷、氟硅材料、氯碱离子膜等方面打破了国外技术垄断，实现了国产化替代，并成长为亚洲规模最大的氟硅材料生产基地、中国氟硅材料行业的龙头企业，以及诸多国内外著名企业的供应商。
>
> **案例分析**：台湾企业家曾经画过一条类似人们微笑时嘴巴形象的曲线，用以讲解处于产品价值链不同部位的收益。研发设计者处于曲线高起的左端，销售处于曲线高起的右端，制造者处于曲线的最低端。产业结构升级，既包括产业链各部位间结构比

---

① 杨翠芬.产业结构升级与各级教育发展的动态关系：基于发达国家和地区的经验视角[J].现代教育管理，2015（04）：39-44.

例的优化,也包括产业链各部位自身的高端化。物质资源的开发利用是社会发展的基础,而人通过教育所获得的知识和能力则决定着对物质资源开发的深度和广度。科学研究表明,体能、技能、智能对社会财富的贡献率分别为1∶10∶100。从土地创造价值,到工厂创造价值、银行创造价值,再到网络、电脑知识创造价值,人的受教育程度在其间发挥的作用越来越大。人才通过自身的知识和能力推动知识创新、技术创新、管理创新和文化创新,突破传统企业发展的"天花板",不断开辟企业发展的新空间,切实增强企业发展后劲,提升产业中以技术、设计、创意等为主要内容的比重,不断推动企业向价值链高端攀升。实践证明:坚持教育优先发展,造就高水平人力资本,充分发挥人才的基础性、战略性、全局性作用,努力把人才资源转化为最具活力的生产力,是引领传统产业改造升级的必由之路。

摘自:周湘智.人才层次决定产业高度[N].光明日报,2013-1-23(15).【本书对案例做了充实】

第三节 教育通过推动城镇化进程,促进经济增长

城镇化不仅是一个国家现代化的必由之路,而且是拉动经济增长的重要引擎之一,而教育则是以人为核心的新型城镇化最重要的动力。城镇化率,又称城市化率,是一个国家或地区经济发展水平的重要标志,也是衡量一个国家或地区社会组织程度和管理水平的重要标志。城镇化包含着非常丰富的内涵,它既是指农业人口转化为城市人口的过程,即以农村人口不断向城市迁移和聚集为特征的过程,又是指城市文明覆盖农村,传统的农村生活方式向现代化城市生活方式转变的过程,更是指由农村传统的自然经济转化为现代化大农业和社会大生产的过程。从全球看,世界上大部分生产活动都集中在发达国家的大城市里。例如,纽约市的土地面积不到美国的万分之一,却集聚了1800多万人口,创造了全美国10%的国内生产总值;日本的大东京地区仅占其国土面积的4%,却集中了全国25%的人口和近40%的国内生产总值。中国的京津冀、长三角和珠三角三大城市群以2.8%的国土面积,集聚了18%的人口,创造了36%左右的国内生产总值,吸引了80%左右的外商直接投资,实现了75%左右的国际贸易。①

城镇化从三个方面推动经济增长:一是由于城镇化过程中的人口集聚、生活方式的变革和生活水平的提高,生活性服务需求进一步扩大,拉动经济增长;二是城镇化过程中

---

① 闵维方.教育促进经济增长的作用和机制研究[J].北京大学教育评论,2017,15(03):123-136+190-191.

生产要素的集聚和优化配置，有利于提高生产的规模效益，并有利于实现三次产业的联动和现代化大农业的发展，促进社会分工的细化，扩大生产性服务需求，进一步拉动经济增长。三是城镇化有利于创新要素的集聚和知识的传播与扩散，从而增强创新活力，驱动传统产业升级和新兴产业发展，促进经济增长。

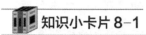知识小卡片 8-1

中国为促进经济增长而提出的城镇化目标

2014 年中国常住人口城镇化率为 53.7%，户籍人口城镇化率只有 36% 左右，不仅远低于发达国家 80% 的平均水平，也低于人均收入与中国相近的发展中国家 60% 的平均水平，还有较大的发展空间。城镇化水平持续提高，会使更多农民通过转移就业提高收入，通过转为市民享受更好的公共服务，从而使城镇消费群体不断扩大、消费结构不断升级、消费潜力不断释放，也会带来城市基础设施、公共服务设施和住宅建设等巨大投资需求，这将为经济增长提供持续的动力。

为此中国提出了从 2014 年到 2020 年加快城镇化发展的目标：常住人口城镇化率达到 60% 左右，户籍人口城镇化率达到 45% 左右，户籍人口城镇化率与常住人口城镇化率差距缩小 2 个百分点左右，努力实现 1 亿左右农业转移人口和其他常住人口在城镇落户。提升城镇化水平和质量的一系列措施，包括深化户籍制度改革和基本公共服务均等化，健全常住人口市民化激励机制，使更多人口融入城镇；推进有能力在城镇稳定就业和生活的农业转移人口举家进城落户，并与城镇居民享有同等权利和义务；同时加快中小城市和小城镇的发展，有条件的地方实现就地城镇化发展。

在一个国家的城镇化过程中，教育是最重要的驱动力之一，主要体现在以下两个方面。

第一，通过增加教育投资，大力发展教育事业，提升农业劳动者的文化科学水平、生产操作能力和经济运作视野，使得他们能够更好地使用不断更新的农业科学技术发展的最新成果，如新型化肥和新的农业机械等，不断提高农业劳动生产率，促进现代化大农业的发展，从而使得越来越多的农民从土地上解放出来，进入城镇的第二产业或第三产业；或兴办自己的乡镇企业，促进小城镇的发展。当人口在一个区域聚集到一定规模时，生产活动、商业活动和基本公共服务就会产生一定的规模效益，创造更多的就业机会，实现就地城镇化。

第二，教育是深度开发人力资源、全面提高人的素质的基础，是农民通过接受培训和再培训进入第二产业和第三产业并逐步实现"市民化"的必要前提。城镇化进程不仅仅是促进经济增长的发展手段，更是一个人自身发展的过程。以人为核心的新型城镇化不仅仅是阶层城镇化,即通过严格筛选的招聘等方式抽调农村的相关人才到城镇;也不是简单的空间城镇化,即农村人口通过低筛选或无筛选的方式,以农民工的身份进入城镇打工,但是这些农民工没有享有与城市居民平等的基本公共服务与社会保障等相关待遇;更不是单纯的生活城镇化,即通过各种方式进入城镇的农民在衣食住行等方面模仿城市居民,但是并没有在文化和价值观上,更没有在户籍上真正融入城市。以人为核心的新型城镇化是全面的城镇化,首先是人本身的城镇化,是人的全面素质的提高,是引领农村居民进入现代城市文明的过程。城镇社会是一个社会分工更加细化、居民之间互动更多、社会互动规则更强、公共领域更加发达的社会,因此对人的人文、社会、法律与秩序素养要求更高、更系统,[①] 这些素养必须通过系统的教育过程才能形成。新型城镇化是坚持以人为本、城乡一体、互为促进、和谐发展的城镇化。这就要求大力发展教育,不断提高教育质量和水平,推动城镇化的健康发展。图 8-8 显示教育投资与城镇化率呈明显的正相关。

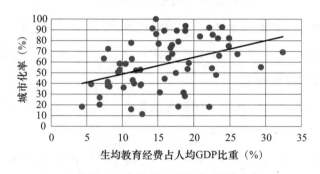

图 8-8 生均教育投入与城镇化率

数据来源:城市化率的数据来源:World Bank. World Bank Open Data[EB/OL].[2019-10-20]. https://data.worldbank.org/indicator/SP.URB.TOTL.IN.ZS.

生均教育经费占人均 GDP 比重的数据来源:UNESCO Institute for Statistics. UIS Database[EB/OL].[2019-10-20]. http://data.uis.unesco.org/#.

发达国家大都随着经济的工业化、信息化和现代化发展以及国民受教育水平的普遍提高率先完成了城镇化。美国早在 19 世纪末就开始加速城镇化发展,1920 年城镇化率就超过了 50%。[②] 根据联合国 2012 年 3 月发布的《世界城市化展望》,世界较发达地区的城市化率在 2011 年就达到了 71.7%,从 2011 年至 2030 年全球城镇人口将随着经济的增长从 36.3 亿增长到近 50 亿。[③] 发展中国家要实现经济现代化和经济可持续增长,重要的战略

---

① 秦玉友.教育如何为人的城镇化提供支撑[J].探索与争鸣,2015(09):82-86+2.
② 人民网.我国城市化率超过 50% 城市化仍然滞后于工业化[EB/OL].(2012-08-24)[2019-10-12]. http://politics.pesple.com.cn/a/2012/0824/clool-18826393.html.
③ United Nations, Department of Economics and Social Affairs, Population Division. World Urbanization Prospecis: The 2011 Revisran[R]. New York, United States, 2012: 3-4.

举措之一就是加大教育投资力度,普遍提高国民的受教育水平,加快推动以人为核心的新型城镇化进程。中国是世界上人口最多的发展中国家,中国的城镇化意味着数以亿计的农民从土地上解放出来,进入劳动生产率更高的第二产业和第三产业,同时也意味着现代化大农业的发展,三次产业的发展共同促进经济增长。诺贝尔经济学奖获得者约瑟夫·斯蒂格利茨曾经把"中国的城镇化"与"美国的高科技"并列为影响未来世界经济增长的两大引擎,[①]而教育发展则是城镇化进程的基础和支撑,是提高城乡居民素质,推进以人为核心的城镇化的必要前提。苏州市提出"教育第一"的城乡一体化发展理念,大大加快了其城镇化进程,有力地促进了经济增长,为中国其他地区的城镇化提供了一个典型案例[②]。

案例 8-5

中国苏州的城镇化过程

苏州市占地面积 8488 平方千米,2011 年常住人口 1054 万,其中城镇化率达 72.3%,超过全国平均水平近 20 个百分点。但在 1978 年,苏州的城镇化率只有 16.6%,低于全国的 17.9% 的水平。

苏州提出"教育第一"的城乡一体化发展愿景,使苏州的城镇化进入了加速发展的轨道,其发展经历了以下三个阶段。

一是乡镇企业造镇阶段(1979—1990 年)。由于苏州的文化教育水平较高,改革开放以来,苏州的农业劳动生产率迅速提高,农业发展迅速,使得大量农民从土地上解放出来,兴办乡镇企业,到 1985 年乡镇工业产值就占全市工业总产值的 50%,1990 年达到三分之二,为小城镇建设提供了有力的资金支持,促进了小城镇发展,城镇化率达到 24.9%,实现了就地城镇化。

二是开发区造城阶段(1991—2000 年)。苏州抓住了开放型经济的机遇,先后设立了 5 个国家级开发区,12 个省级开发区和一大批乡镇开发区。这些开发区大多依托老城镇设立,开发之初就作为现代新城区规划,有力地推动了苏州城镇化进程,城镇化率提高到 42.9%。

三是市域城市群发展阶段(2001 年至今)。苏州进一步明确提出了城市化战略,积极推进城乡一体化改革,在全市形成了由一个区域中心城市、4 个县级市城区、15

---

① 郝克明.视野战略实践:郝克明终身学习研究文集[M].北京:高等教育出版社,2015:2-15.
② 周春良.教育第一:苏州新型城镇化的教育战略选择[M]//谈松华.新型城镇化与教育.上海:同济大学出版社,2016:3-25.

个中心镇和若干个一般镇组成、梯度发展的城市集群。到 2013 年全市城镇建成区面积达到 728.9 平方千米，城市化率跃升到 73.2%，劳动生产率超过 22 万元/人·年，有力地促进了经济增长。

资料来源：万智慧. 科学推进苏州新型城镇化的思考[J]. 东吴学术，2012，000（003）：115-118.

第四节　教育调节收入分配，促进消费，拉动经济增长

经济增长受许多因素影响，包括投资、对外贸易、科技创新、劳动者素质和居民消费等。消费作为最终需求，是拉动经济增长的第一动力。"没有消费，就没有生产。"[1] 相关研究显示，"目前发达国家的家庭消费率高于 80%，印度的家庭消费率也高于 60%，而中国家庭消费率不足 40%。因此，中国提升消费率空间巨大。研究表明，中国消费率每提高 1%，将带动 GDP 增速提高 1.5%—2%"[2]。近年来，我国消费率虽有所增长，但仍然低于发达国家的水平和世界平均水平。消费不足已成为制约我国经济持续健康发展的重要障碍之一。为保障中国经济长期可持续增长，扩大消费需求，推动我国经济增长方式从投资和出口驱动向创新驱动和消费拉动转型是必然选择；"由储蓄大国、投资大国向消费大国转变，将成为我国经济持续健康发展的第一边际推动力"[3]。

教育在扩大消费需求方面具有不可或缺的重要作用。首先，教育是改善收入分配结构、促进消费扩大、拉动经济增长的重要机制之一。当前中国消费率低、消费不足的主要原因是国民收入分配不合理，不同群体的收入差距过大，基尼系数过高。居民消费是以可支配的收入为基础的，发达国家之所以有较高的消费水平，一方面是由于较高的人均国民收入；另一方面，大多数发达国家都有一个庞大的"中等收入群体"，基尼系数相对比较低。而中国由于经济转型中的种种复杂原因，导致国民收入在居民中的分配极不均衡，两极分化现象比较严重，并通过多种形式表现出来。衡量收入差距的基尼系数已经由 20 世纪 80 年代初期的 0.28 上升到 2007 年的 0.48[4]，超过 0.45 的国际警戒线。[5] 近年来，虽然中国的基尼系数有缩小的趋势，但仍然高于国际警戒线。

---

[1] 马克思. 马克思恩格斯选集（第 2 卷）[M]. 北京：人民出版社，1995：8-10.
[2] 杨瑞龙. 收入分配改革与经济发展方式转变[N]. 人民日报，2013-2-21（7）.
[3] 马克思. 马克思恩格斯选集（第 2 卷）[M]. 北京：人民出版社，1995：79.
[4] 国家统计局住房调查办公室. 中国住户调查年鉴 2018[M]. 中国统计出版社，2018：523.
[5] 王春雷. 进一步扩大居民消费的税收政策研究[J]. 财政研究，2010（05）：40-42.

国际经验表明，大力发展教育事业，普遍提高居民的受教育水平和质量是改善收入分配结构、缩小基尼系数、扩大中等收入群体的有效措施之一。如图8-9所示，在一个不断完善的市场经济条件下，当受过较高较好教育的高收入群体（如受过高等教育的企业管理人员和工程技术人员）的供给人数增加时，这一群体在劳动力市场上的竞争优势将相对降低，其收入水平也会相对降低。而由于受教育程度较低的低收入群体（如受过中等职业技术教育的蓝领，电工和水暖工等）的人数相对减少，其在劳动力市场上的竞争优势则会相对增强，这一群体的收入水平也会相应提高。①

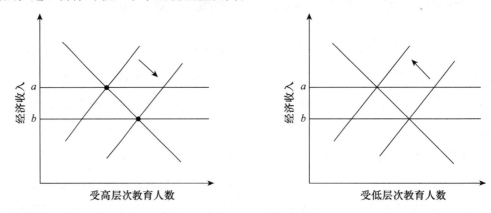

图8-9 教育对收入结构的调节作用

通过教育的这种调节作用，中等收入群体就会逐渐扩大，基尼系数也会相应地逐步降低。如图8-10所示，一个国家居民收入的基尼系数随着该国普遍受教育水平的提高而降低。这种收入分配结构的变化使得扩大居民消费、拉动经济增长有了必要的物质基础。

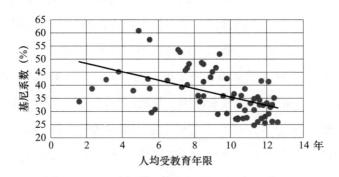

图8-10 居民受教育水平对基尼系数的影响

数据来源：基尼系数的数据来源：World Bank. World Bank Open Data［EB/OL］．［2019-10-12］． https://data.worldbank.org/indicator/SI.POV.GINI.

人均受教育年限的数据来源：UNESCO Institute for Statistics. UIS Database［EB/OL］．［2019-10-12］． http://data.uis.unesco.org/#.

---

① 长期来看，随着技术不断发展，一些受教育程度较低的群体所从事的简单工作也有可能被技术所替代，竞争优势就会相应降低，产生供大于求的情况。

其次，在扩大中等收入群体的同时，教育还可以改变人的消费观念，增强消费技能，丰富消费方式，刺激消费需求，提高消费层次，优化消费结构，从而拉动经济增长。在调整收入分配结构、不断扩大中等收入群体的同时，受过较高教育水平的群体对教育、文化、体育、娱乐、卫生保健、旅游、通信等有利于提高身心素质、健康水平和生活质量的精神产品的需求也会大大增加。特别是在科学技术和经济社会迅速发展变化的今天，受过较高教育的群体在基本物质产品得到满足的同时，精神产品消费将会成为他们消费生活中最具增长潜力和最具发展前景的消费亮点。而对精神产品（如文化创意产品）的生产开发，能够满足人们日益增长的精神消费需求，将会成为拉动经济增长的动力之一。国际经验表明，受教育程度较高的群体更容易更新消费观念，更善于使用信贷消费。而中国大多数受教育程度较低的家庭，缺少经济安全感，受传统观念的影响，消费过于保守，使一些潜在的购买力难以变为现实消费需求。要从根本上提高消费率，就要通过提高居民的普遍教育水平，形成一个庞大的有支付能力的中等收入群体，并引导这一群体树立新的消费观念，使消费者会花钱、敢花钱。利用消费信贷拓展消费，要从购车、买房和教育消费起步，进一步扩大消费信贷规模，拓宽消费信贷领域，确定合理的消费信贷利率，延长消费信贷年限，使更多的消费者利用信贷消费方式，实现消费升级，拉动经济增长。

最后，教育发展本身也会扩大消费需求。加大教育投资力度，促进教育事业更好更快发展，不仅可以提高劳动者的素质，推动全要素生产率的提升，加快产业结构升级和城镇化进程，改善收入分配结构，促进居民消费扩大，拉动经济增长，教育事业发展的本身也是扩大消费、拉动经济增长的重要方面。扩大教育规模、增加各级各类受教育者群体，提高教育质量都需要建设新的基础设施，采用新的教育技术设备，增加教师队伍人数，提高教师队伍综合素质，这些都需要消费大量的人力、物力和财力。例如，建设一幢教学楼或学生宿舍楼需要消费大量建筑材料和建筑工人的劳动，而学生人数和教师人数的增加则需要大量的配套服务设施，如住宿、餐饮、交通、娱乐等，这就扩大了总的社会消费需求，对拉动经济增长具有积极作用。近年来各地加大投资新建了若干所本科院校，在百度中输入"新建、大学、投资"几个关键词进行搜索就会发现如下新闻，"投资19.4亿元！寿光将新建一所新大学""投资10亿元！广西新建大学选定了这个城市""贵港又将新建一所大学，总投资25亿元"等等。教育投资的增加势必带动一系列基础设施和配套设施建设，刺激当地经济增长。

第五节 教育对经济增长贡献的计量分析方法

教育对经济增长的贡献是教育经济学中最重要的问题之一，教育经济学家们从不同的角度，用不同的方法计量这一贡献。下面介绍几种常用的有代表性的基本计量分析方法。

一、舒尔茨的剩余分析法

舒尔茨在生产函数的基础上，通过对生产函数中的"剩余"项进行分析和计量，来估计教育对经济增长的作用。舒尔茨认为，在一段时间内的经济增长是由土地、资本和人力三要素组合。由于土地要素变化不大，生产的增长主要归结为资本和人力因素及其配置的变化。因此，通过计算一定时期内社会为提高教育水平而增加的教育资本及其收益率和收益额就能测算出教育投资因素对经济增长的影响。计算步骤如下：首先根据柯布—道格拉斯生产函数，计算国民收入增长的余数，即国民收入增长中排除劳动力数量变化的影响后的剩余额；然后运用反事实度量法，计算教育投资的增长数额：社会积累的教育资本总额等于各级学校毕业生生均教育费用与各级学历就业者人数乘积的总和，因教育程度提高而增加的教育资本投资等于报告期实际的教育资本积累与按基期生均教育费用计算的报告期教育资本总额积累的差额；

社会积累的教育资本总额 = $\sum$（各级学校毕业生生均教育费用 × 各级学历就业者人数）   (8-1)

教育资本投资 = 报告期教育资本积累总额 − 按基期生均教育费用计算的报告期教育资本积累总额   (8-2)

接下来计算社会平均教育投资的收益率：某级教育投资收益率等于本级与前一级毕业生平均年收入之差除以本级生均教育费用，之后再按照各级教育投资占总教育投资的比重加权得到社会平均教育投资收益率，这种收益率的计算方法是将劳动者因教育程度不同而带来的工资差别看作是资本化了的教育费用的利润。

某级教育投资收益率 = [（本级教育毕业生人均收入 − 前一级教育毕业生人均收入）/ 本级教育生均教育费用] × 100%   (8-3)

社会平均教育投资收益率 = $\sum$（各级教育投资收益率 × 各级教育投资占总教育投资的比重）   (8-4)

最后将上两步中得到的教育投资与平均教育投资收益率相乘，得到因教育程度提高增加的教育投资的收益额，然后将教育收益额与国民收入增量或余数增长量相除测算得到教育对国民收入的贡献。

教育程度提高增加的教育投资的收益额 = 教育资本投资 × 社会平均教育投资收益率

(8-5)

教育对经济增长的贡献 = 教育程度提高增加的教育投资的收益额 / 国民收入增量或余数增长量

(8-6)

通过这种方法测算得到1929—1957年美国教育投入的提高带来的收益约占美国同期国民收入总增长额的33%，占国民收入增长余数的70%。[①]

这种方法具有一定的合理性，但是有如下局限性：第一，舒尔茨教育收益率估算方法的理论基础是西方经济学的要素理论，其前提是市场处于完全竞争状态，劳动力所创造的边际产品的价值即劳动力在生产上的贡献，劳动力所获得的工资即劳动力的价格，劳动力所创造的边际产品价值等同于劳动力的价格。基于要素理论，舒尔茨以不同受教育程度劳动力的工资收入差别作为教育投资收益率是合理的，但在现实生活中劳动力市场并非处于完全竞争状态。第二，由于个人禀赋、家庭背景、种族因素、社会机遇等不同，不同教育程度的劳动力的收入差别并不能完全说明教育投资的收益率，教育程度的差别也不是收入差别的唯一原因。因此，想要获得真实的教育收益率，需要对收入差别进行折算。第三，舒尔茨的教育投资率法没有涉及教育尤其是高等教育对科技进步和制度创新的促进作用，因此可能低估了教育尤其是高等教育对经济增长的贡献。第四，舒尔茨只估算了个人的教育收益率，而未将劳动力因教育得到的收益与因在边干边学的劳动经验中得到的收益分开计量，没有考虑劳动力教育水平提高与现实技术水平提高等对经济增长的协同作用。第五，国民收入的"余数"除了包含教育的影响，还包含着其他影响要素生产率的复杂因素，如技术创新、制度创新、管理效应、知识进步、规模经济、要素合理流动、劳动积极性等。最后是新古典经济理论固有的问题，即忽略了教育的外溢效应，导致低估了教育对经济的贡献率。

二、丹尼森的经济增长因素分析法

丹尼森的经济增长因素分析法是在分析影响国民经济增长因素的基础上，通过计量各因素对经济增长的贡献份额，来确定各因素对经济增长的作用。丹尼森在对美国经济增长的因素分析中，分解出23个导致经济增长的因素，并将这23个因素按照投入和产出分为两类：全部生产要素投入和单位投入产出。全部生产要素投入包括投入的劳动、资本和土地，教育作为劳动投入要素计入模型；单位投入的产出是全部要素生产率，即产量与全部

[①] SCHULTZ T W. Education and Economic Growth [M]//HENRY N B. Social Forces Influencing American Education. Chicago: University of Chicago Press, 1961: 46-88.

要素投入量之比。基本模型是国民收入（按不变价格计算）的增长速度 Y 等于以下三部分之和：各个影响经济增长因素的增长速度 d_i 与其权重 w_i 的乘积和，各个单位投入的产出因素的增长速度 b_i 之和，以及知识进步及其他的增长速度 a。

$$Y = \sum_{i=1}^{m} w_i d_i + \sum_{i=1}^{n} b_i + a \tag{8-7}$$

丹尼森测定教育对国民收入增长率贡献的具体计算步骤如下：首先根据不同教育年限劳动者的收入确定收入简化指数，即各教育年限工人的平均工资收入除以基准教育年限工资收入，并假定同期收入差别中只有 3/5 是由教育引起的。

各教育年限的劳动收入简化指数 Mi= 各教育年限工人的平均工资收入 Ai/ 基准教育年限的工资收入[①] $\tag{8-8}$

然后根据人均受教育年限和收入简化指数，计算报告期和基期的年教育简化指数及其年增长率：其中教育简化指数等于根据各级教育年限就业者所占比例加权的各级教育年限的收入简化指数之和，再比较报告期和基期的教育简化指数并计算得到年增长率；接下来利用柯布—道格拉斯生产函数估算劳动产出弹性，并进一步计算教育增长所导致的国民收入的增长率；最后计算这一增长率在国民收入年均增长率中的贡献。通过这种方法测算得到 1929—1957 年美国教育对经济增长的贡献为 35%。[②]

因素分析法与剩余分析法都是建立在传统的西方经济学国民经济核算体系之上，且在其所列出的要素生产率的诸因素中（例如"资源分配的改善""规模节约"等），无不包含知识增长的成分。将此类因素完全排除在知识因素之外，会低估知识进步的贡献率。

丹尼森对经济增长因素的数量化分析比舒尔茨更全面细致，这两种方法的主要区别包括：第一，丹尼森估算的是教育在国民收入增长率中的贡献，而舒尔茨估算的是教育在国民收入增长额中的贡献；第二，丹尼森将教育投资归于劳动项中，也就是说教育投资能促使劳动力质量的提高，而舒尔茨的人力资本理论把教育算入资本项中；第三，丹尼森对国民收入增长中起作用的各种因素都做了量化分析，而舒尔茨的研究则集中于教育的贡献。

丹尼森因素分析法存在如下局限：该方法的理论基础是边际生产力分配论，即不同受教育年限的劳动者的平均报酬与其劳动边际产品成正比，这在某种程度上是对劳动价值论的否定；并且边际生产力分配理论也是基于充分竞争市场的假定，这也不完全符合现实情况下的不完全竞争市场情况；只考虑了劳动者教育水平的增长，而没有考虑如何保持新

---

① i 表示各个级别的教育，如小学、初中、高中、大学等，各级教育的工人平均工资指分别接受过小学、初中、高中、大学等教育的工人的平均工资收入，基准教育级别可以选择其中任意一种教育级别，如小学。

② DENISON E F. How to Raise the High-Employment Growth-Rate by One Percentage Point[J].The American Economic Review, 1962, 52（2）: 67-75.

增劳动者具有一定的教育水平,这会影响测算结果的准确性;采用工资差别计算各级教育简化指数时,将复杂劳动折算成多倍的简单劳动,并且假定同期收入差别、知识进展中有 3/5 由教育引起,这些假设都缺乏精确性。

三、劳动简化计量方法

苏联和中国学者普遍采用"劳动简化法"分析教育对经济增长的贡献,根据马克思关于复杂劳动等于多倍简单劳动的理论确定劳动简化系数,并将复杂劳动按比例简化为简单劳动量,计算出简化后的劳动总量中有多少是因为教育因素导致劳动复杂程度的增加所带来的,从而计算教育对国民收入增长的贡献。具体计算方法如下:首先确定基期和报告期,并统计各期的国民收入和劳动者人数;然后以一定的尺度确定劳动简化系数,可能的尺度包括:劳动者工资、劳动者受教育年限、劳动者的教育费用以及劳动者受教育所创造的劳动生产率;接下来计算基期和报告期的平均劳动简化系数,按照各级教育劳动者所占比例进行加权,并对以某种尺度确定的各级教育劳动简化系数求和;下一步计算因教育引起的劳动增量,等于劳动者总数乘以平均劳动简化系数,再减去实际劳动者总数;最后计算教育对经济增长的贡献,即因教育引起的劳动增量创造的国民收入除以国民收入。

$$\text{教育贡献率} = \frac{Y_t \frac{(K_t L_t - L_t)}{K_t L_t} - Y_0 \frac{(K_0 L_0 - L_0)}{K_0 L_0}}{Y_t - Y_0} \times 100\% \quad (8-9)$$

其中,Y 代表国民收入,K 代表劳动简化系数,L 代表劳动者总数。

斯特鲁米林最先使用工资作为确定劳动简化系数的尺度修正了劳动力质量,并在此基础上计算了教育对国民收入的贡献率,计算得到 20 世纪 20 年代教育对国民收入的贡献率为 27%。科马洛夫根据受教育年限的长短,确定了衡量具有不同受教育程度的劳动者的劳动复杂程度的系数,并用劳动复杂程度系数修正了劳动力质量。劳动简化系数的计算方法坚持了劳动生产论,根据不同教育年限的劳动者的年人均国内生产总值即劳动生产率指数来确定劳动者的差别,并采用历年回归方程来确定教育对国内生产总值增量的贡献率。通过这种方法测算到 1960—1975 年苏联的经济增长额中有 37.1% 是由教育程度提高所带来的。[①]

与丹尼森的方法相同,劳动简化法也是将教育归入劳动项中,因此其主要问题就是确定劳动简化率。劳动简化法建立在马克思将劳动者视为同质生产要素的假设上,与之适应的劳动价值论也就主要从劳动的量上分析生产和分配问题,然而现实中教育的经济功能已主要表现为促进生产力中知识、技术含量的增加和更新速度的加快以及科技成果的普及应用,促进潜在的科技生产力向现实的生产力转化,最终导致教育渗透到经济科技活动的各

---

① 胡霞. 教育对经济增长贡献率的测算方法综述 [J]. 北方经济, 2007(06): 99-101.

个领域，通过推动科技进步来实现经济效果。因此即使能够将要素生产率的增加折算成要素投入量的增加，也无法用劳动量的增加来测算教育在管理水平、推动经济政策实施等方面发挥的能动作用。总之，劳动简化法的计量方法过于简单，假设前提并不完全符合现今社会教育对经济发展的作用。

除了上面提到的几种方法，近年来还形成了很多其他的计量教育对经济增长贡献率的分析方法，这里就不详细赘述。总之，教育通过提高人力资本质量，促进全要素生产率的提升；通过培养相关产业所需要的人才，推动产业结构升级；通过提高农民素质和农业劳动生产率，加快城镇化进程；通过改善收入分配结构，更新居民的消费观念，扩大消费需求等促进经济增长，如图8-11所示。

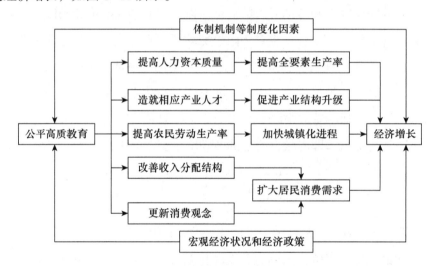

图 8-11 教育促进经济增长的作用机制

第六节 教育对绿色经济增长的贡献

本章以上五节所阐述的教育对经济增长的促进作用主要针对的是以国内生产总值（GDP）为核心的国民经济核算体系，而GDP核算往往没有充分考虑到生产可能带来的负面效应，例如自然资源消耗和环境破坏。在新的经济发展观中，节约资源和保护环境越来越受重视。绿色经济的概念对传统GDP无法反映自然资源和环境成本的问题进行了调整和修正。最新的实证研究显示，教育有利于国家绿色经济发展，并且相对传统GDP，教育对绿色GDP增长的促进作用更为显著。[①]本节将简要介绍教育在以绿色经济为指标的经济可持续增长中的作用及其计量方法。

---

① 陈然，丁小浩，闵维方.教育对绿色GDP的贡献研究［J］.教育研究，2019，40（05）：133-141.

一、绿色 GDP 的概念及其意义

在以往的大多数文献中，估计教育对经济增长的贡献主要是使用传统的国民经济核算体系，其产生与发展有着明显的历史烙印。西方国家早期奉行的凯恩斯主义推崇政府对国家经济干预，因此需要对宏观经济进行计量和诊断。20 世纪 40 年代，库兹涅茨（Simon Kuznets）提出国民生产总值（GNP）[①]，并衍生出国内生产总值（GDP），这一核算体系随后被联合国采纳，成为全世界衡量经济发展的重要指标。而当时产权理论尚未完备，自然资源和生态环境一直没有完全纳入核算体系之中。随着人们对自然资源和生态环境价值的重新认识，传统 GDP 的局限性日益明显。

近年来，全球性的资源短缺、生态恶化等问题日渐严峻，人类发展的可持续性面临空前挑战。一些经济学家开始意识到单纯使用 GDP 来衡量一个国家或地区经济发展指标的做法存在明显的缺陷。人类的经济活动一方面在为社会创造着财富，即所谓的"正面效应"，但另一方面又在以种种形式和手段对社会经济的长远发展起着阻碍作用，即所谓的"负面效应"。这种负面效应集中表现在两个方面：其一是无休止地向生态环境索取资源，使生态资源从绝对量上逐年减少；其二是人类通过各种生产活动向生态环境排泄废弃物或砍伐资源使生态环境日益恶化。传统的国民经济核算制度只反映了经济活动的正面效应，而没有反映负面效应的影响，是不完整的、有局限性的、不符合可持续发展战略的。因此，改进国民经济核算体系的呼声愈发强烈。

事实上，很早就有人对 GDP 衡量经济增长的做法提出质疑。传统 GDP 只能衡量一个经济体的产出，并未考虑产出带来的资源消耗和对环境的影响，因而 GDP 不能准确和全面地反映经济产出背后真正能够代表国民福祉的资产和财富。针对这一问题，许多经济学家对 GDP 核算提出了改进方案，其中就包括绿色 GDP 这一概念的提出。

绿色 GDP 是指一个国家或地区在考虑了自然资源（主要包括土地、森林、矿产、水和海洋）与环境因素（包括自然环境、人文环境等）影响之后经济活动的最终成果，即将经济活动中所付出的资源耗减成本和环境降级成本从 GDP 中予以扣除。改革现行的国民经济核算体系，对环境资源进行核算，从现行 GDP 中扣除环境资源成本和环境污染或退化的成本，其计算结果可称为"绿色 GDP"。绿色 GDP 这个指标，实质上代表了国民经济增长的净正效应，更好地反映了社会福利、社会进步以及经济可持续发展，是更全面地体现国民生产总值的经济指标。

实施绿色 GDP 核算，将经济增长导致的环境污染损失和资源耗减价值从 GDP 中扣除，是统筹"人与自然和谐发展"的直接体现，是对"统筹区域发展""统筹国内发展和对外

[①] KUZNETS S. National Income and Capital Formation, 1919−1935 [M]. New York: NBER Books, 1937: 39−54.

开放"有力的推动。同时，绿色 GDP 核算有利于更好地衡量和评价经济增长活动的现实效果，增强公众的环境资源保护意识，克服片面追求经济增长速度的倾向，促进经济增长方式的转变，加快走上"资源节约型"和"环境友好型"的新型工业化道路。

当然，实施绿色 GDP 核算不代表要用绿色 GDP 取代传统 GDP，传统 GDP 在反映国家经济发展水平上依然是最为直接的指标。全面反映国民经济现状需要的是一系列的指标而不是其中的某一个，绿色 GDP 能和以 GDP 为代表的传统国民经济核算体系形成有效互补，用于消除被夸大了的经济成就。鉴于绿色 GDP 目前的核算方法尚不完善等问题，还不具备像 GDP 那样的通用性，因此，绿色 GDP 当前的定位更接近于对传统 GDP 的补充和完善。特别需要指出的是，我们也不能将资源环境的经济价值仅仅归结于绿色 GDP，正如我们不能把所有的社会进步、人民福祉等归结到 GDP 上一样，绿色 GDP 尽管对传统 GDP 进行了完善，在反映生态价值上依然有不全面之处，还需要综合考虑其他指标。

鉴于以上各节阐述了教育与传统 GDP 增长的关系，可以推断教育与绿色 GDP 增长也应该存在联系。并且从逻辑上分析，教育与绿色 GDP 的关系可能比教育与传统 GDP 的关系更为密切，这是因为，教育水平高的国家或地区资源利用效率更高，也更注重环境保护，因此教育有利于国家绿色经济增长。

二、教育促进绿色 GDP 增长的相关研究

早在 1971 年，麻省理工学院就提出"生态需求指标（ERI）"，用来反映经济增长与环境资源压力的对应关系。20 世纪 80 年代到 90 年代，世界银行提出并尝试推行经济增长的"绿色核算（Green Accounting）"[1]，在一些国家建立了环境经济账户体系。然而由于数据来源等种种技术原因，该核算方式至今尚未大范围推广，大部分国家和地区并未对本国的自然资源和环境进行核算。

尽管国内外对绿色 GDP 的研究大多处在一个探索阶段，目前还没有形成一套成熟完备的理论体系和技术标准，但是研究者仍然执着地从理论上对绿色 GDP 进行探讨和改善。博伊德（James Boyd）探讨了计算自然资源非市场价值的可能性，对绿色 GDP 中应该包含的内容进行了讨论，并提出还应该将国家文化、社会安定等人文资源纳入其中。[2] 还有学者对绿色 GDP 进行实际测算，由于数据获取困难，该类研究大多局限于特定的国家或地区。另有学者采用生态学和地质学的方法对全球自然资源的产出进行衡量，从而计算出

---

[1] 丁小浩.评世界银行对国民财富和人力资源核算的新方法[J].经济科学，1997（04）：68—74.
[2] BOYD J. Nonmarket Benefits of Nature: What Should be Counted in Green GDP? [J]. Ecological Economics，2006（61），4: 716—723.

各国的绿色 GDP，①这是为数不多的计算全球各国绿色 GDP 的尝试。还有学者试图得到绿色 GDP 的影响因素，如塔尔贝斯（John Talberth）等人利用一些国家现有的绿色 GDP 数据，研究国家的开放性对绿色 GDP 的影响，并发现国家的开放程度与绿色 GDP 显著负相关，且绿色 GDP 与 GDP 的差值和国家开放程度有着显著的正相关关系。②

中国学者为了估算教育对经济发展的影响，也进行了许多有益的尝试。本节将通过一篇最新的研究来说明如何实证分析教育与绿色 GDP 的关系。③该研究参照卢卡斯（Robert Lucas）等人的内生经济增长模型，在索罗模型的基础上加入反映教育发展水平的变量，用来指代人力资本。根据人力资本理论，经济发展不仅取决于劳动力的数量，也和劳动力的质量有关，即人力资本 H 实质上可以拆分为两个部分：代表数量的 L 和代表质量的 E，二者都影响着经济增长。教育水平可以较为准确地衡量劳动力质量，是合适的 H 的代理变量。加入教育变量后的模型如下：

$$Y = AK^{\alpha}L^{\beta}E^{\gamma} \tag{8-10}$$

其中 E 代表劳动力的质量，用教育水平作为代理变量。

绿色 GDP 这一想法很早就有人提出，但相关研究一直没有取得令人满意的结果，很重要的一部分原因在于绿色 GDP 不容易计量。如果按照绿色 GDP 的定义，采用传统 GDP 扣除资源和环境成本去计量绿色 GDP，目前还没有足够完备的数据支撑这类研究。在此条件下，不少学者另辟蹊径，采用间接法测量绿色 GDP，例如投入—产出模型，通过经济体的产出以及单位产出的环境成本间接计算绿色 GDP。然而实际上衡量各行业产出所需的资源、环境投入同样是个浩大的工程，在复杂程度和精确度方面与传统方法相比没有明显优势，因此此类研究暂时没有令人满意的成果。

假设生产必须使用资源和环境，绿色 GDP 与 GDP 的差别本质上是一个国家或地区对资源和环境使用效率的差别。因此可以从使用效率方面入手，间接估计出绿色 GDP。衡量使用效率需要考虑两个方面：一方面是使用一单位的资源能够带来多少产出；另一方面还要考虑使用的资源对环境有多大的破坏。前者对应单位能耗所产生的 GDP，后者对应可再生能源占所有能源的比重。有学者用如下公式作为测量绿色 GDP 的表达式：

$$Green\ GDP = GDP * renew * Energy \tag{8-11}$$

---

① GUANGDONG LI, CHUANGLIN FANG. Global Mapping and Estimation of Ecosystem Services Values and Gross Domestic Product: A Spatially Explicit Integration of National 'Green GDP' Accounting[J]. Ecological Indicators, 2014, 46: 293-314.
② TALBERTH J, BOHARA A K. Economic Openness and Green GDP[J]. Ecological Economics, 2006, 58（4）: 743-758.
③ 陈然，丁小浩，闵维方. 教育对绿色 GDP 的贡献研究[J]. 教育研究，2019，40（05）: 133-141.

其中 Energy 代表能源使用效率，即每消耗一单位能源所能产生的 GDP；renew 代表可再生能源占比。三者相乘，就能得到一个既能反映国内生产力，又能体现资源和环境的指标。[①]

用间接法估算绿色 GDP 的优点是，不必计算实际的资源消耗和环境污染成本，取而代之的是能源利用效率和清洁能源占比，而这两部分数据都是可以得到的，并且完整度较高。当然，用这一方法估计绿色 GDP 也有一定局限性。首先，绿色 GDP 失去了现实意义，不能用来衡量一个国家的实际产出或实际"绿色"产出，而仅仅只是一个与"绿色"有逻辑关联的、并且可以操作的指标。虽然这一指标与理论上的绿色 GDP 有所差别，但该指标确实对 GDP 进行了改进，反映了资源和环境的成本，与绿色 GDP 在理论上较为接近。

为了验证教育是否有利于国家经济绿色，首先对 GDP 与绿色 GDP 进行标准化，做法如下：

$$\text{标准化 GDP} = \frac{\log(\text{GDP}) - \overline{\log(\text{GDP})}}{SD(\log(\text{GDP}))} \tag{8-12}$$

$$\text{标准化 Green GDP} = \frac{\log(\text{GreenGDP}) - \overline{\log(\text{GreenGDP})}}{SD(\log(\text{GreenGDP}))} \tag{8-13}$$

标准化后的 GDP、绿色 GDP 值可以代表原值在整体分布中的位置。取标准化绿色 GDP 与标准化 GDP 的差值，用 GAP 表示，作为衡量国家经济是否更加绿色的指标。

$$GAP = \text{标准化 GreenGDP} - \text{标准化 GDP} \tag{8-14}$$

由公式可知，GAP 为正时，代表该国绿色 GDP 在整体分布中的位置比 GDP 更靠前，即国家经济更绿色。之后以 GAP 作为因变量，以教育水平作为自变量，加入资本、劳动力等控制变量进行一般线性回归，可分析教育在国家经济绿色中是否有着正向作用。

$$GAP = \beta_0 + \beta_1 * K + \beta_1 * L + \beta_2 * E \tag{8-15}$$

综合之前的两个对传统经济增长模型的改动，可得到：

$$GreenGDP = GDP * renew * Energy = AK^{\alpha_1}L^{\beta_1}E^{\gamma_1} \tag{8-16}$$

取对数可得一般线性模型：

$$\ln(GreenGDP) = \ln(A) + \alpha_1\ln(K) + \beta_1\ln(L) + \gamma_1\ln(E) \tag{8-17}$$

$$\ln(GDP) = \ln(A) + \alpha_2\ln(K) + \beta_2\ln(L) + \gamma_2\ln(E) \tag{8-18}$$

---

① TALBERTH J, BOHARA A K. Economic Openness and Green GDP[J]. Ecological Economics, 2006, 58(4): 743-758.

也即回归之后比较两个模型的参数,可分析各个生产要素对传统 GDP 和绿色 GDP 的影响程度的差异。

对总量层面和人均层面分别进行检验,总量层面采用的是 GDP、资本、劳动力、总教育水平(平均受教育年限 *25 岁以上人口数量)等指标,而人均层面则采用人均 GDP、人均资本、人均劳动力、人均教育水平作为指标,其数值上等于总量层面指标除以人口。

该研究使用世界银行数据库中有关 GDP(2010 年不变价美元)、人均 GDP(2010 年不变价美元)、资本形成总额(2010 年不变价美元)、劳动力(总数)、GDP 单位能源消耗(2011 年不变价购买力平价美元/千克石油当量)、可燃性再生资源和废弃物(占能源总量的百分比)、25 岁以上人口的数据以及联合国 HDI 数据库中有关平均受教育年限(25 岁以上)的数据。在时间选择上,由于联合国开发计划署的数据库在 1990 年后开始统计世界各国的平均受教育年限,世界银行数据库尚未更新 2015 年以后的多个数据,如 GDP 单位能源消耗、可再生能源占比等。因此截取了 1990—2015 年共计 26 年的数据。由于世界银行公开数据库的国家与联合国开发计划署数据库的国家不匹配,还对国家进行了必要的筛选,共保留 187 个国家和地区(实际上世界银行有 189 个成员国,联合国有 193 个会员国)。[①]

采用了新的核算方法后,各国的经济发展状况发生了一定的变化。在绿色 GDP 核算体系中,有些国家跌落神坛,排名急转直下;而有些国家则异军突起,成为"绿色"意义上经济名列前茅的国家。

为了验证高教育水平有利于国家经济更为绿色的假设,可利用 GDP 与绿色 GDP 的排名差,根据之前的一般线性模型进行回归:

$$GAP = \beta_0 + \beta_1 * K + \beta_1 * L + \beta_2 * E \tag{8-19}$$

经过 Hausman 检验,最终采用面板数据的固定效应模型进行回归,结果如表 8-2 所示,可以看出,无论是从总量还是人均层面,教育水平对标准化绿色 GDP 与标准化 GDP 差值的影响都显著为正,表明高水平的教育有利于该国的(人均)绿色 GDP 排名比(人均)GDP 排名更靠前,即说明教育有利于国家经济绿色。

[①] 剔除的几个国家在世界经济中占比微乎其微,不会对本研究造成重大影响,并且剔除的国家通常由于战争等原因经济畸形,不能体现经济发展的一般规律。因此本研究选取的样本无论从充足量还是从代表性上看,都足够反映近年来的现实状况。

表 8-2 高等教育水平对国家绿色经济的影响

	总量层面	人均层面
资本	−5.22e−14*	6.30e−06*
	(3.08e−14)	(3.31e−06)
劳动力	−7.34e−09***	−2.26***
	(1.17e−09)	(0.19)
教育水平	3.48e−10***	0.11***
	(6.59e−11)	(0.01)
常数项	0.13***	0.49***
	(0.02)	(0.07)
观测数	2750	2750
分组数	140	140
R^2	0.0016	0.2562

* $p<0.05$,** $p<0.01$,*** $p<0.001$

数据来源：陈然，丁小浩，闵维方. 教育对绿色 GDP 的贡献研究 [J]. 教育研究, 2019, 40 (05): 133-141.

为了验证教育对绿色 GDP 的贡献率大于对 GDP 的贡献率的假设，按照之前的模型，通过以下回归分析人均资本、劳动力和教育对人均 GDP 或人均绿色 GDP 的影响。

$$\ln(GDP\,pc) = \ln(A) + \alpha_1\ln(k) + \beta_1\ln(l) + \gamma_1\ln(e) \quad (8-20)$$

$$\ln(Green GDP\,pc) = \ln(A) + \alpha_2\ln(k) + \beta_2\ln(l) + \gamma_2\ln(e) \quad (8-21)$$

对总量和人均层面的回归结果如表 8-3 所示，结合关于模型系数的似然不相关回归检验可以看出，绿色 GDP 模型中资本和教育的系数要显著大于 GDP 模型，而劳动力的系数则相反。

表 8-3 教育对绿色 GDP 的贡献率与教育对 GDP 的贡献率

	GDP	绿色 GDP	似然不相关回归检验		人均 GDP	人均绿色 GDP	似然不相关回归检验
资本	0.26***	0.43***	$chi2 = 35.97$	人均资本	0.26***	0.42***	$chi2 = 31.04$
	(0.01)	(0.02)	$Prob > chi2 = 0.0000$		(0.01)	(0.02)	$Prob > chi2 = 0.0000$
劳动力	0.17***	−1.17***	$chi2 = 72.87$	人均劳动力	0.59***	0.09	$chi2 = 5.13$
	(0.04)	(0.14)	$Prob > chi2 = 0.0000$		(0.06)	(0.22)	$Prob > chi2 = 0.0236$
教育水平	0.46***	1.10***	$chi2 = 64.88$	人均教育水平	0.38***	0.68***	$chi2 = 22.25$
	(0.02)	(0.08)	$Prob > chi2 = 0.0000$		(0.02)	(0.07)	$Prob > chi2 = 0.0000$
常数项	7.94***	18.27***		常数项	6.81***	9.57***	
	(0.30)	(1.12)			(0.08)	(0.29)	
观测数	2729	2729		观测数	2735	2735	
分组数	139	139		分组数	139	139	
R^2	0.8426	0.2001		R^2	0.8700	0.1727	

* $p<0.05$,** $p<0.01$,*** $p<0.001$

数据来源：陈然，丁小浩，闵维方. 教育对绿色 GDP 的贡献研究 [J]. 教育研究, 2019, 40 (05): 133-141.

该模型采用近似索罗增长模型的结构，变量的系数也与索罗模型有着相同的含义，即各要素对经济增长的贡献。绿色 GDP 模型中资本和教育的系数显著大于 GDP 模型，这意味着资本和教育的增长对绿色 GDP 增长的贡献率要大于对传统 GDP 增长的贡献率，而劳动力的增长更有利于 GDP 增长。与传统 GDP 相比，绿色 GDP 的增长更依赖资本和教育，这也正好印证了教育对绿色 GDP 的贡献率大于对 GDP 的贡献率。

三、教育对绿色 GDP 的影响机制

教育影响绿色经济增长的机制如图 8-12 所示。随着人力资本理论的兴起，教育作为促进经济增长的重要因素而受到越来越多的重视。教育能够通过提高人力资本质量，从而推动全要素生产率的提升、促进经济增长，这一点得到了学界的一致认同。然而教育对经济增长的促进作用并非仅此而已。以上实证研究表明，教育在绿色 GDP 的增长中的作用要显著大于对传统 GDP 的作用，即除了提升全要素生产率外，教育还有将经济变得更为"绿色"的功效。教育在提高人力资本质量的同时，也促进了产业的优化升级，即一国的经济从劳动密集型产业向资本密集型产业升级，进而向知识和技术密集型产业的升级。[1]影响产业升级的因素有很多，但从根本上看，产业结构的优化升级是以具有相应知识技能的劳动者群体为基础的，只有高素质的劳动者才能很好地适应高附加值的技术密集型产业，可以说人才的高度决定产业的高度。而教育正是通过提高人的知识技能，为产业优化升级创造了必要的前提。产业结构的优化升级对一个国家的经济增长意义重大，不但是经济增长的重要源泉之一，及时的产业结构的优化升级还能确保经济平稳可持续运行。国家能在产业的不断更新换代中，降低对资源和环境的损耗，从而实现能够可持续增长的"绿色经济"。教育在产业结构的优化升级中具有基础性和先导性的作用，因此在经济可持续增长中将扮演更为关键的角色。此外，教育还能改变人们的观念，从而带来技术、管理和制度上的创新。这类创新同样有助于发展绿色 GDP。社会各行各业、各领域的发展都有赖于创新的推动，这些创新一方面能够开创新的生产方式、带动新的需求，提高经济的总量；另一方面还能让生产方式更为合理，提高经济的运行效率。而创新又高度依赖于人们现有的知识和观念，这些都需要良好的教育水平作为支撑。[2]

---

[1] 闵维方.教育促进经济增长的作用机制研究[J].北京大学教育评论,2017,15(3):123-136.
[2] 张琼.知识运用与创新能力培养——基于创新教育理念的大学专业课程变革[J].高等教育研究,2016,37(03):62-67.

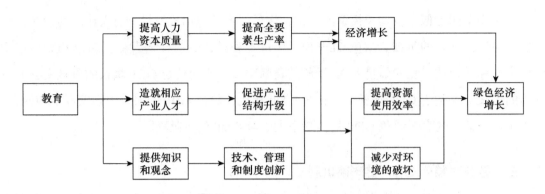

图 8-12 教育促进绿色经济增长的影响机制

这一研究发现对中国具有特殊重要的意义。中国当前面临的最重大最紧迫的问题之一就是保持经济可持续发展，而绿色发展已成为中国的重要发展理念之一。对教育促进绿色 GDP 增长作用的研究结果表明，相比对 GDP 增长的影响，单纯劳动力的数量对绿色 GDP 增长的影响减小，而代表劳动力质量的教育对绿色 GDP 增长的影响在增大。这说明通过教育形成的人力资本，不但能为生产提供要素，还能有效改善经济结构，提高生产效率，促进创新发展和绿色发展，进而实现经济长期可持续增长。

我们也必须清醒地认识到教育同经济增长之间关系的复杂性。首先，同巨额投资驱动经济增长不同，教育对经济增长的促进作用是一个长期的过程，需要长期加大教育发展力度，提高教育质量，促进教育公平，进而从整体上提高全体劳动者的素质，积累优质人力资本，特别是创新型人力资本，为长期的经济增长奠定坚实的基础。第二，教育促进经济增长的作用受到宏观经济状况和经济政策的深刻影响，在不同的经济发展阶段和不同的宏观经济环境下，二者的关系是有所差别的。第三，由于教育促进经济增长的作用机制总是在一定的制度化环境中进行的，因此二者的关系不可避免地会受到体制机制等制度化因素的影响。

本章小结

本章从四个方面介绍了教育促进经济增长的作用机制。一是教育通过提高人力资本质量推动全要素生产率的提升，促进经济增长，体现在：（1）教育通过提高劳动者的认知技能，进而提高工人的劳动生产率；（2）教育通过创新人才的培养，促进知识创新和科技创新，推动生产过程中的技术进步和产品更新；（3）良好的教育使得劳动者更好地适应和促进工作组织和管理方式的调整优化和制度创新。二是教育通过提高劳动者素质、推动产业结构升级来促进经济增长。一国的教育发展状况及其所形成的劳动力数量和质量同该国的产业结构密切相关。人才的高度决定产业的高度,产业升级的本质首先是人的升级,即人的受教育水平和知识与能力的升级。三是教育通过推动城镇化进程,促进经济增长。通过大力发展教育事业,提升农业劳动者的文化科学水平、生产操作能力和经济运作视野,促进现代化大农业的发展,使得越来越多的农民从土地上解放出来,进入城镇的第二产业或第三产业,并逐步实现"市民化"。四是发展教育可以改善收入分配结构,缩小基尼系数,扩大中等收入群体。教育还可以改变人的消费观念,增强消费技能,提高消费层次,优化消费结构。教育发展本身也会扩大消费需求,加大教育投资、扩大教育规模、提高教育质量都需要建设新的基础设施和技术设备,增加教师队伍人数,提高教师队伍综合素质,即需要消费大量的人力、物力和财力,从而扩大社会总的消费需求,拉动经济增长。最后简要介绍了计量教育促进经济增长的几种基本方法,以及教育对以绿色经济为指标的经济可持续增长中的作用及其计量方法。

思考与练习

1. 教育为什么能够提高全要素生产率,促进经济增长?
2. 教育在推动产业结构升级中具有哪些作用?
3. 教育通过什么机制加快城镇化进程,促进经济增长?
4. 教育为什么能够促进消费,拉动经济增长?
5. 简述计量教育促进经济增长的基本方法。
6. 如何计量教育对绿色经济的作用?

拓展阅读建议

1. 杜育红,赵冉.教育在经济增长中的作用:要素积累、效率提升抑或资本互补?[J].教育研究,2018,39(05):27-35.
2. 闵维方.教育促进经济增长的作用机制研究[J].北京大学教育评论,2017,15(03):123-136+190-191.
3. 隋建利,刘金全,闫超.教育投入对经济增长的影响恒久不变吗:改革开放以来的路径演化分析[J].教育与经济,2015(01):3-9.
4. 范先佐.教育经济学新编[M].4版.北京:人民教育出版社,2015:77-112.
5. HANUSHEK E A, WOESSMANN L. The Knowledge Capital of Nations: Education and the Economics of Growth[M]. Massachusetts: MIT Press, 2015.

6. HICKS N L. Education and Economic Growth [M]//CARNOY M. International Encyclopedia of Economics of Education, Second Edition. Oxford: Pergamon Press, 1995.

7. LUCAS R. On the Mechanics of Economic Development [J]. Journal of Monetary Economics, 1998, 22(1): 3-42.

8. 陈然, 丁小浩, 闵维方. 教育对绿色GDP的贡献研究 [J]. 教育研究, 2019, 40(05): 133-141.

第四编

教育与劳动力市场

第九章　教育与劳动力市场

> **内容提要**
>
> 本章首先简要介绍在劳动力市场作用缺失的情况下教育发展中存在的问题，然后重点从宏观上讨论教育与劳动力市场相互作用的具体机制、劳动力市场运行机制对教育发展产生的影响，以及政府在市场经济条件下对教育发展的宏观调控作用。
>
> **学习目标**
>
> 1. 理解在缺少市场调节机制的情况下教育发展中存在的问题。
> 2. 掌握教育与劳动力市场相互作用的具体机制。
> 3. 理解劳动力市场运行机制对教育发展的影响。
> 4. 了解政府在市场经济条件下对教育发展的宏观调控作用。
>
> **关键词**
>
> 劳动力市场　市场经济体制　计划经济体制　人力资源配置

如前面章节所述，教育的社会经济效益并不是在教育系统内部实现的。在市场经济条件下，劳动力市场反映了社会经济发展对各级各类人才的需求，只有当教育生产的最终成果（即各级各类毕业生）通过劳动力市场进入工作场所，才能实现其价值。劳动力市场的供求规律在各级各类学校毕业生的配置中发挥着决定性作用，是联系学生受教育与毕业后工作的关键环节。因此，在一定意义上可以说，教育经济学的核心存在于教育与劳动力市场的联系之中，对教育与劳动力市场相互关系与相互作用的研究也贯穿于教育经济学发展的方方面面。

第一节　劳动力市场缺失下的教育与人力资源配置

世界范围内曾有许多国家长期实行计划经济的发展模式，中国是其中之一。20 世纪 70 年代末以来，中国实施改革开放政策，开始逐步向社会主义市场经济转型。但是，在过去几十年中形成的计划经济体制以一整套完整的意识形态体系为支撑，使得这一体制一经形成就具有巨大的结构性惯性和心理性惯性。因此，向市场经济体制的转型是一个长期的过程。中国直到 2013 年才正式提出"市场在资源配置中发挥决定性作用"，经济转型尚未全部完成，社会主义市场经济体制仍然处在不断完善的过程之中，教育与劳动力市场的相互作用机制也在不断完善的过程中。因此，认识计划经济条件下人力资源配置模式和教育发展机制及其存在的种种弊端，对于我们更好地理解教育与劳动力市场的关系具有特殊重要的意义。下面我们将简要地回顾一下中国在过去长期的计划经济条件下形成的教育系统与工作场所之间的关系。初等教育和普通中等教育的毕业生并不都是直接进入工作场所，通常只有中等职业技术教育和高等教育的毕业生直接进入工作场所。这里我们主要以高等教育为例讨论这个问题。

计划经济最基本的特征之一就是按照政府制订的计划进行资源配置，包括对人力、物力、财力资源的配置。在各类社会资源中，对人力资源的开发、配置和使用与教育有着极其密切的关系。当然，教育系统（尤其高等院校）除了具有人才培养的功能之外，还具有从事科学研究和社会服务等方面的功能。但是高等院校与科学研究机构、社会服务组织的根本区别就在于其主要职能是为社会大规模地、系统地培养高级专门人才。因此，为了简化讨论的问题，本章在讨论教育与工作场所的关系时，主要是从教育的人才培养这一基本功能出发，也会适当涉及高等教育的其他功能。

在计划经济条件下，高等教育系统培养的各级各类毕业生是如何进入工作场所的呢？首先，政府制订国家的社会经济发展计划，然后根据这一计划来制订人才需求计划。例如，在未来的若干年内准备建立多少座工厂，多少千米铁路线，多少个油田，进而决定需要多少各级各类专业人才。政府的计划部门据此制订教育事业发展计划和各级各类学校的招生计划，财政部门再根据招生计划的定额确定教育的拨款计划。学校必须根据政府有关部门的计划来确定自己的工作计划、用人计划（如教师和管理人员的聘任）、课程设置计划和教学计划，缺少自主权。经过按计划的培养过程，政府再制订各级各类毕业生分配计划，用人单位根据国家计划接受统一分配的学生，毕业生的工作安排是由政府全包的。这种体制明确规定了政府机构"所颁发的有关全国高等教育的建设计划（包括高等学校的设立或停办、院系及专业设置、招生任务、基本建设任务）、财务计划、财务制度、人事制度、教学计划、教学大纲、生产实习规程以及其他重要法规、指示或命令，全国高等学校均应执行"[①]。这就规定了政府的计划在高等院校毕业生与工作场所的关系中起决定性作用，如图 9-1 所示。

---

① 政务院. 政务院关于修订高等学校领导关系的决定 [Z].1953-10-11.

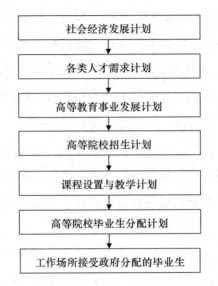

图 9-1 计划经济条件下高等教育系统与工作场所的关系

在计划经济条件下,教育系统是整个计划体制的一部分;高等院校从属于政府计划部门和管理部门,按照政府有关部门的指令性计划设置专业,招收学生,制订课程计划和教学计划;按照政府机构制订的毕业生分配计划将学生分配到用人单位。学校没有办学自主权,用人单位是毕业生的被动接受者,学生也不能完全根据个人的特长与爱好选择职业和工作场所。政府及其有关管理部门集办学权和管理权于一身。

在计划经济条件下,政府按照行业设置了相应的管理部门,如机械工业部、电子工业部、冶金工业部、化学工业部、煤炭工业部、石油工业部等几十个部门;每个部门又都根据本行业的发展计划和相应的人才需求计划设置为本行业服务的高等院校。各个省市区也都根据各自的人才需求计划设置各种各样的地方高等院校。这些地方院校同中央政府各部门设立的院校是相互独立的,因此常常重复设置。例如,在一个省里,可能有一所省属农业学院,同时还有一所农业农村部设立的农业大学,二者的隶属关系、经费来源和管理体制都不同,各自分别办学,从而造成了全国高等教育系统的"部门分割""条块分割""重复建设"和"效益低下"等一系列问题。

如表 9-1 所示,20 世纪 90 年代中国高等教育院校中约有三分之一隶属于国家教委(教育部)外的其他 61 个中央部委。由于分属各个部门的高等院校都是根据某一特定行业的特定需要设置的,因此导致过分的"专业化",仅机械学院就有十多个不同的种类。过度的专业化不仅导致较低的学生/教师比、办学资源使用效率低下,而且由于专业设置过窄,培养出来的学生知识面不够宽,整体素质不够高,面对千变万化的社会发展需求缺乏足够的适应性和灵活性。由于制订计划人员本身的"有限理性"难以驾驭千变万化的社会经济发展现实，因此按计划培养出来的"高级专门人才"常常与工作场所的用人需求不相适应。例如，20 世纪 80 年代中期的一项调查结果显示，一个具有 3300 万人口的省份仅有 10 万名高等教育毕业生，其中有 4 万多人学非所用。[①]高等院校毕业生与工作场所需求的"错配"，造成大量教育投资的浪费和专门人才的浪费。

表 9-1 1995 年中国高等教育的条块分割、部门分割与过度专业化

隶属关系	院校数（个）	学生数（人）	教职工总数（人）	专任教师数（人）	学生教师比
国家教委	35	270409	140455	46270	5.84
61 个其他中央部委	323	1001031	407959	146077	6.85
省属高校	696	1634989	492156	208395	7.85
合计	1054	2906429	1040570	400742	7.25

数据来源：中华人民共和国国家教育委员会计划建设司.中国教育事业统计年鉴 1995［M］.北京：人民教育出版社，1996：18—19.

这种教育与工作场所的关系本质上是一种自上而下的行政控制与管理，政府机构、高等院校、毕业生和用人单位都是严格地按指令性计划办事，学校的设置与发展规模、学生的招收数量与培养要求等，都是由国家计划所限定的，因而极大地限制了高等院校自主发展的能力。在这种既无竞争又无淘汰的运行状态下，高等教育机构本身缺少一种内在的激励机制去推动其不断优化学科结构，加快发展速度，提高教育质量和办学效益。也就是说，僵化的计划经济体制没有为高等教育在规模、结构、质量、效益等方面的发展与提高提供内在的驱动力和激励机制。中等职业技术学校和中等专业学校在计划经济条件下也存在同样的问题。

随着中国实施改革开放政策和向社会主义市场经济转轨，原本就常常存在"计划失灵"问题的旧体制更加难以维持。例如，一位由铁道部所属院校培养的电气工程师原本计划分配到西部地区铁路系统，尽管他可以很容易地通过劳动力市场机制在东部沿海地区的外资企业或合资企业找到自己更喜欢、待遇更高的工作。在长期计划经济条件下形成的高等教育运行机制越来越难以适应新的社会经济发展要求，改革势在必行。近年来，中国经济体制和教育体制的一系列改革正是这种历史必然性的体现。在改革过程中，劳动力市场逐步形成并不断完善，使得中国教育系统的各级各类毕业生逐步通过市场机制进入工作场所，原有的计划经济体制的影响正在逐步减弱和消失。

[①] 贵州省教育科学研究所.贵州省高等教育毕业生状况调查报告［R］.贵州省教育科学研究所，1988.

第二节 教育与劳动力市场的相互作用机制

一、劳动力市场的人才需求与供给

市场经济最基本的特征就是按照市场的供求规律进行资源配置，包括对各级各类学校毕业生这一宝贵人力资源的配置。因此，社会主义市场经济条件下教育与劳动力市场相互作用的逻辑起点不再是行政机构制订的计划，而是反映经济社会发展客观需要的劳动力市场的需求与供给，特别是与教育的人才培养功能密切相关的各级各类毕业生的需求与供给。当社会经济的发展、科学技术水平的提高和产业结构的升级等引发对某种专业知识和技能的需求，如计算机软件、生物科学技术、智能化制造和经济管理等，且掌握这种知识和技能的人才供给不足时，这类人才在劳动力市场上就具有明显的竞争优势，用人单位就会用提高这类人才工资待遇的办法来吸引和招聘相关人才，这样就会刺激对这类人才的供给。反过来也是一样，当某类人才在劳动力市场上供大于求时，他们的竞争优势就会下降，其工资待遇也会相应降低。例如，当计算机软件人才供给很少或需求很大时，用人单位可能需要支付20万元或更高的年薪才能招聘到一位优秀的计算机软件工程师；当计算机软件人才供给增加或需求下降时，用人单位可能只需支付10万元或更低年薪就可以招聘到所需人才了。

劳动力市场中人才需求与供给之间相互作用的结果就是会产生一种市场信号，即就业机会以及与特定知识技能相联系的工资收入水平（包含非货币收入）。由于特定的知识技能是与受教育的类型（如所学专业）和受教育程度（如中等职业学校毕业、大学毕业或研究生毕业）密切相关的，因此这种市场信号实际上反映了一种与受教育状况相关的工资结构（见图9-2）。在教育经济学的文献中，不仅有许多关于教育与工资收入相互关系的理论研究，而且许多研究都运用收入函数模型对教育与工资收入关系进行定量分析。20世纪60年代以来，世界范围内有关教育、职业和工资收入之间关系的一系列实证研究表明，用人单位招聘时通常使用的筛选标准是教育程度和专业类型。为了规范这一标准，每种职业一般都规定了最低教育要求。一般来说，一个人的受教育情况与其就业机会、职业生涯和工资收入之间存在着密切的联系。[①] 近年来，对中国社会主义市场经济条件下各级各类教育系统毕业生就业和经济收入关系的研究也表明了与此相类似的规律。在中国高速和中高速增长的市场经济中，社会经济发展导致的人才需求和供给是不断变化的，因此与受教

---

① 辛奇利夫.教育与劳动力市场[M]//Martin Carnoy.教育经济学国际百科全书：第2版.闵维方，等译.北京：高等教育出版社，2000：23-28.

育状况相关的工资结构也是一种动态的结构。认识这一动态结构是理解教育与劳动力市场关系的起点。

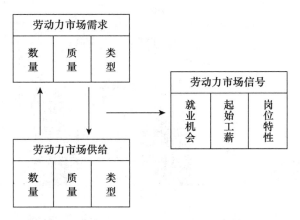

图 9-2 劳动力市场的人才供求与就业机会和起始工资

二、预期收益与对教育的需求

在市场经济条件下，人们的思想和行为总是或多或少地受到经济理性的影响。把进入各级各类学校学习作为一种投资的观念日益深入人心。从一定意义上来说，这种人力资本具有某种同物质资本相类似的属性，即：它是带来某种未来收益的源泉，这种收益可以是物质的，例如提高个人的未来工资收入等；也可以是非物质的，例如提高个人未来社会地位和文化品位等。具有这种预期收益的人才去追求接受各级各类教育的机会，并愿意支付上学所需的成本。一般说来，人们在经济上的预期收益首先是从劳动力市场对人才需求状况的信号中获得的，即从与受教育程度和受教育类型相联系的就业机会及工资结构的感知过程中获得。受过较高教育、具有较多知识技能的人能获得较好的就业机会和较高经济收入，这使人们对较高教育所能带来的收益产生极大的预期。20世纪60年代以来，教育经济学家们对教育投资的收益率进行了大量系统的实证研究。中国向社会主义市场经济体制转轨的过程中，各级各类教育的收益率都在随着劳动力市场化程度的提高而不断提高。

图 9-3 展示了学历与收入关系的变化趋势。左边的纵坐标表示不同受教育层次群体的年平均收入水平，右边的纵坐标表示大学本科相对小学收入的倍数。可以看出，随着时间的推移和劳动力市场化程度的提高，各学历层次的收入回报都在增加，而学历间的收入差距正在逐渐增大。2002年小学未毕业的从业者收入低于1995年，说明随着义务教育的普及，文盲和小学未毕业的人在劳动力市场上的价值进一步降低。

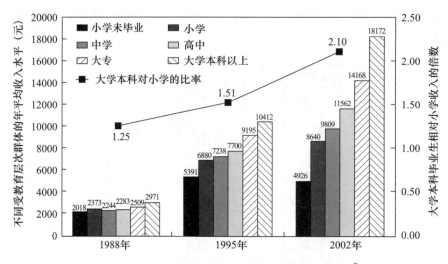

图 9-3 中国向市场经济转型以来的教育回报率[1]

从总的长期趋势来看，不论是在中国还是在其他国家，从业人员的教育收益率都在不断提高。教育不仅对个人来说有很高的收益率，对社会而言也有很高的收益率。一方面教育通过提高个人的知识技能和多方面的素质，增加就业机会，提高其劳动生产率和经济收入；另一方面，教育也通过人才培养、知识创新与传播应用，提高整个社会的劳动生产率，促进社会经济发展。因此，教育的发展受到个人需求和社会需求的双重推动。特别值得一提的是，由于教育具有外部效应，如提高全社会的整体劳动生产率、提高国民整体健康水平和降低犯罪率等，政府有动力对教育进行投资，以提高教育的个人收益率，也使个人更愿意投资教育。由于政府对教育的补贴作用，几乎在所有实行市场经济的国家里，各级各类教育的个人收益率都高于社会收益率。因此，居民个人受这种预期收益的驱动，会追求更多更好的受教育机会。由于教育发展对国家经济社会发展的积极作用，政府作为全社会的代表，也在不断扩大教育规模，提高教育质量。这一点在中国社会主义市场经济条件下表现得特别明显。近年来，随着中国居民经济收入和生活水平的明显提高，公众对各级各类教育的需求迅速增长，从而推动中国各级各类教育的快速发展（见图 9-4）。

---

[1] 薛进军，高晓淳.再论教育对收入增长与分配的影响［J］.中国人口科学，2011（02）：2-13+111.

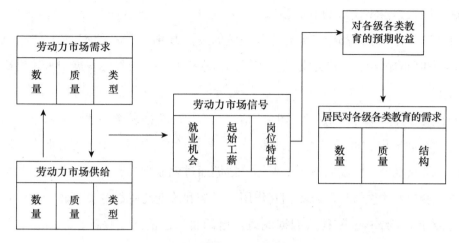

图 9-4 预期收益与对教育的需求

三、受教育机会的供给与教育产出

市场经济的客观规律之一就是需求会刺激供给，对教育日益增长的需求也在不断地刺激着对教育的供给。首先是政府基于教育的社会效益和满足广大人民群众教育需求的考虑，投资举办各级各类学校，并根据社会发展的需求和居民入学需求的变化，不断调整教育发展政策，扩大教育规模，调整教育结构，提高各级各类教育的质量。在一定的条件下，当政府举办的公立教育机构不能够充分满足广大居民的入学要求时，各级各类民办学校就会应运而生。《2017 年全国教育事业发展统计公报》显示，中国共有各级各类民办学校 17.76 万所，在校生 5120 万人，其中民办高等院校 747 所，在校生 628 万人。[①] 这些民办学校之所以能够生存和发展，就是因为社会上存在着公办学校未能充分满足的教育需求。

当然，如果教育发展速度过快，教育规模膨胀过大，导致某些层次或某些专业领域的教育机会供给大于劳动力市场需求时，这一专业的毕业生将会面临求职困难的问题，工资水平也将会相对下降。这会降低人们对此专业的期望收益，逐渐减少对这一专业领域受教育机会的需求。需求减少供给就会相应减少。例如，当某一类高等教育机会的供给增加过快，毕业生规模超出劳动力市场需求，就会带来就业困难、起始薪酬降低，并造成个人和公共教育投资的浪费以及一系列经济问题和社会问题。由此居民个人和政府有关部门就会降低对这类高等教育的预期收益，缩小供大于求领域的教育规模，即减少这类专业毕业生的供给。这一专业领域里的民办高等院校也会因需求减少而不得不压缩其办学规模。对那

---

① 中华人民共和国教育部发展规划司. 中国教育统计年鉴 2017 [M]. 北京：中国统计出版社，2018: 8—16.

些人才缺口很大、供不应求的专业领域，如微电子、计算机软件、网络技术、生物医学、人工智能等，政府和个人都会加大对这些领域的投资力度，公立学校和私立学校也会扩大对这类学习机会的供给，以满足劳动力市场的需求，解决社会经济发展中人才供给的"瓶颈"问题。

各级各类教育需求与供给相互作用的结果是产出一个按所学专业（如数学、物理、中文、历史、机械工程、电子工程、工商管理等）和学习层次（如中等职业技术教育、大专、本科、研究生等）构成的毕业生群体。他们通过就业指导和各种社会关系网络进入劳动力市场，参与人才供给与需求的相互作用，影响和改变与受教育类型和受教育程度相关的就业机会和工资结构，使得人们据此适当地调整自己的预期收益，进而影响到对各级各类教育的需求。教育需求的变化又会进一步影响到各级各类教育的供给，教育的供给又会进一步影响人才市场的供给（见图9-5）。这种循环往复、不断发生的相互作用就是市场经济条件下按照市场的供求规律配置人力资源的基本机制。这一机制客观地影响着教育系统的运行，对各级各类教育的发展速度、规模、结构、质量和效益都会产生深刻的影响。

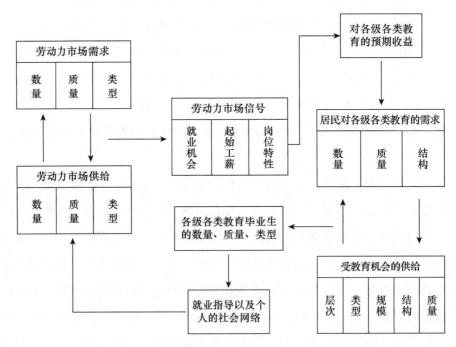

图9-5 各级各类教育的供给与产出

因此，一个学校，尤其是直接同劳动力市场密切相关的职业技术学校和高等院校，要想使毕业生顺利就业，实现其自身所受教育的价值，提高学校本身的办学效益、社会价值和社会声望，就应该关注劳动力市场所反映出来的经济社会发展对人才的需求。下面这则报道是一个值得研究的参考案例。

案例 9-1

引进实训到校园，瞄准产业找就业

把市场作为办学"风向标"

白美美是山西信息职业技术学院艺术设计与传媒系的一名学生，她没想到，自己还没出校门，在校实训期间就被实训企业选中了。山西信息职业技术学院有自己独特的就业模式，形成了"以产业带专业、以专业对接产业，产业与专业相互促进"的办学特色。在日前举办的 2017 年毕业生就业双选会上，该院 1200 名毕业生几乎全部被"订购"，23 个专业的学生一次签约率达 93%。

为了保证校内教学不与企业需求脱轨，山西信息职业技术学院定期邀请企业一线技术人员和管理人员到校，共同优化专业人才培养方案和教学管理方案。同时，该院每学期都开展几期长短不同的教学实训，学生可以根据自己所学专业和兴趣爱好自由选择，这种实训就是为就业做准备。在山西信息职业技术学院，长期有专人负责劳动力市场调研，企业对数字城市建设人才的需求就是他们研究市场捕捉到的信息。近年来，数字城市建设呈现出繁荣发展趋势，据不完全统计，全国近 700 个大中型城市和约 3 万个小城镇已全面开展数字城市建设。学院发现这个市场对人才需求大，马上将相关企业实训引进校园，迅速与市场对接。

2016 年 11 月，山西信息职业技术学院与山西美木网络信息有限公司建立校企合作关系，从市场实际需求出发，对部分有志于从事数字城市建设工作的学生进行项目实训。实训结束后，通过考核的学生就可以直接应聘到公司从事数字城市建设项目相关工作。

摘自：高耀彬. 把市场作为办学"风向标"［N］. 中国教育报，2017-6-20（3）.

第三节　政府对教育与劳动力市场关系的宏观调控

在社会主义市场经济条件下，劳动力市场的供求规律在人力资源配置中发挥决定性作用。但是，市场机制并不是万能的，通过作为价格机制之一的工资结构变化而实现的劳动力市场调节作用往往带有较大的自发性、盲目性和滞后性。市场调节的效率取决于各有关市场主体所获劳动力市场信息的准确性和完备性，但在现实生活中，市场反馈的信息往往是滞后的，居民个人及其家庭和用人单位都很难及时全面地把握经济社会发展的复杂情况和劳动力市场的供求变化，也很难充分了解各级各类教育机构所提供的教育服务的价格、质量和效能等。由于信息的不完整和不对称性，市场失灵的状况是常常发生的。加之，作为准公共产品的各级各类教育通常并不是简单地按照利润最大化或成本最小化的纯经济原则来运行的。政治、社会、文化因素都是教育系统运行中必须加以考虑的。由于市场运行客观上是以社会资源配置的效率为原则的，而不是以社会财富分配的公平性为目标的，所以，纯粹的市场机制不能实现教育机会在全社会成员中的均衡配置。因此，政府的宏观调控是社会主义市场经济条件下教育与劳动力市场相互作用中不可缺少的重要组成部分，政府对教育与劳动力市场相互作用的过程进行宏观调控的途径是多方面的。

第一，政府可以通过调整社会经济发展目标、宏观经济政策和相关产业政策，增加或减少总需求，从而在宏观上影响劳动力市场对有关人才的需求，进而对整个教育系统的运行产生影响。例如，当政府希望加快发展某一产业，如基础设施、现代农业、电子信息、生物医药、智能制造业时，通过制定增加投入、引进外资、鼓励民营企业进入等政策，扩大这些领域的生产规模，来相应地增加对这类人才的需求。这些新的劳动力市场需求与就业机会促使人们产生和增加相应的预期收益，刺激对相关类型、相关层次和相关专业领域教育机会的需求，从而进一步刺激各级各类教育的供给。

第二，政府可以通过财政杠杆和税收政策调节各级各类教育系统的运行。为了解决由于劳动力市场调节滞后性所造成的某些类型专业人才短缺的问题，政府可以通过加大对某些层次和专业领域人才培养的财政拨款力度来增加这类毕业生的供给。政府也可以通过调整各级各类教育的投资强度和财政政策，影响居民个人和家庭为接受某些层次和专业领域教育的直接私人成本，如补贴师范和地质等专业学生的学费和生活费，这会影响个人的教育收益率，进而影响到各级各类教育的需求总量和需求结构。政府还可以通过对来自低收入家庭的学生实行财政资助和助学贷款等措施来促进各级各类教育机会在全体社会成员中的公平分配。对企业和居民个人实行鼓励投资教育的税收减免政策，也是政府引导社会资源配置、增加教育投入、促进各级各类教育事业更好更快发展的又一政策选择。

第三，政府可以通过制定适当的劳动、教育、就业、人事、工资等方面的政策来调节整个教育系统的运行。如图9-6所示，一方面，这些政策不仅会影响与受教育程度和受教育类型相关的工资结构，从而影响人们对接受各级各类教育的预期收益。另一方面，这些政策也会直接影响居民个人和家庭的经济收入，进而影响居民对各级各类教育的有支付能力的需求。

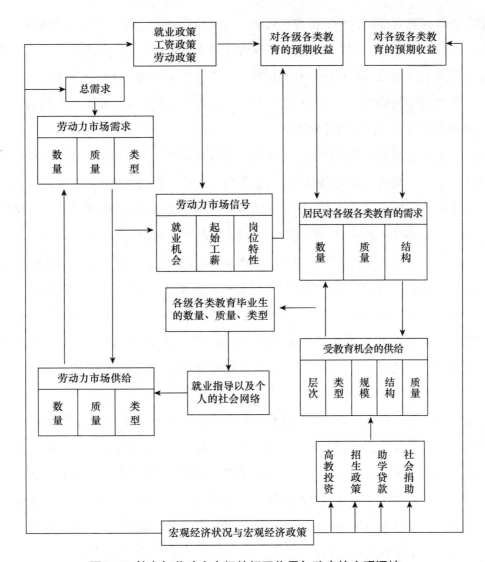

图 9-6 教育与劳动力市场的相互作用与政府的宏观调控

第四，劳动力市场运行中常常出现盲目性和滞后性的原因之一在于各有关市场主体所获信息的不完备性，因此政府对教育系统运行的调节作用还体现在信息服务上。例如，建立起完备的信息网络，为学生、学校、教育管理部门和用人单位等各有关方提供充分的信息资源，包括各级各类教育毕业生的供求信息和就业信息，各级各类学校的专业信息、质量信息、收费信息、毕业生的就业和收益情况的信息等。这样不仅可以增加各级各类教育的透明度，也可以增加劳动力市场的透明度，帮助人们更加理性地进行教育选择，使其做出更加符合社会经济发展客观需要的选择，从而达到调控各级各类教育发展速度、规模和结构的目的。

第五，教育立法是国家在市场经济条件下调节教育系统运行的重要途径：通过立法明确各级各类学校具有面向社会经济发展需要、自我约束自我发展的办学实体的独立法人地位，扩大各级各类学校的办学自主权，明确各级各类学校对社会应尽的责任，明确教育系统与各相关社会经济部门各自的权利和义务，并通过法律来调节各级各类学校与社会的关系、行政机关与学校的关系、行政机关与教职工的关系以及学校与师生员工的关系等，确保教育系统在规范有序的制度化轨道上运行。

总之，在社会主义市场经济条件下，政府对教育与劳动力市场相互作用过程的宏观调控是必不可少的，是这一相互作用过程的重要组成部分。劳动力市场的供求规律在人力资源的配置中起决定性作用，并不意味着各级各类教育不需要政府的调节作用，而是需要政府在正确认识市场经济客观规律和驾驭客观规律的基础上制定出符合客观规律、有利于促进各级各类教育事业发展的政策框架和法律体系，以便更好地对教育系统运行进行宏观调控。但是这种调控不同于计划经济条件下通过行政命令和直接行政管理手段进行的控制。世界范围的研究成果已经表明，僵化的计划经济体制下的教育发展模式是低效率的。新的社会主义市场经济模式应该是在承认市场供求规律决定性作用的前提下，通过政策、投资、质量监控、信息服务和立法手段去调节各级各类教育的发展，使之更好地促进经济社会发展。

需要说明的是，以上讨论的都是教育与正式劳动力市场的相互作用以及政府的宏观调控。实际上，在现实社会经济生活中，还存在着许多"非正式劳动力市场（Informal Labor Markets）"。这些形形色色的非正式劳动力市场有的是基于特定用人单位内部的特殊规则，有的是基于区域性的用人差别，有的甚至是基于家族关系、私人朋友关系、同乡或同学关系；在"非正规经济（Informal Economy）"中更是广泛存在着非正式劳动力市场，其运行机制千差万别，很难在此一概而论。

第四节　教育与劳动力市场相互作用对教育发展的影响

在长期实行市场经济体制的国家，例如美国、日本和西欧的许多国家，尽管这些国家在教育与劳动力市场相互作用的具体机制上存在一定的差别，但是从总体上来看，教育与劳动力市场的相互作用机制相对比较成熟和稳定。同许多经济转型国家一样，中国正在通过不断深化改革和制度创新，实现从僵化的计划经济体制向富有活力的社会主义市场经济体制转轨，逐步建立健全、完善与创新具有中国特色的社会主义市场经济条件下教育与劳动力市场的相互作用机制，逐步通过立法手段使这一机制规范有序地发挥作用。这对推动中国各级各类教育事业在规模、结构、质量、效益等方面健康平衡地发展，以及为社会主义市场经济的发展源源不断地提供各级各类优秀人才，具有十分重要的意义。

一、市场机制对各级各类教育发展速度与规模的影响

在僵化的计划经济体制下，各级各类教育的发展速度和总体规模都是由政府的指令性计划决定的。尽管在计划制订的过程中也考虑到社会经济发展的需要，但计划本身往往带有计划制订部门较大的主观成分。因此，这样"计划"出来的各级各类教育发展速度与规模常常与社会经济发展的现实需求相去甚远。在中国现代高等教育史上曾经发生过这样的情况：或者是计划超过了现实的需要与可能，高等教育某些层次和专业的发展速度过快，规模膨胀过大，例如1958年中国的"高等教育大跃进"，造成高等教育的生均资源和投入要素质量下降，学校经费紧张，同时也在一定程度上造成毕业生就业困难；或者是计划跟不上现实经济社会发展的需要，某些层次和专业的高等教育发展速度过慢、规模过小，造成部分高等教育的资源潜力没有得到充分利用，相关层次的专业人才短缺。尽管许多人都认识到这种弊病，但是计划经济条件下的教育运行机制本身缺少一种内在的、使各级各类教育保持适当发展速度和规模的内在激励机制和调节机制。

与计划经济机制的不同之处在于，社会主义市场经济条件下的教育运行机制是以教育与劳动力市场的相互作用为基础的，这种相互作用为各级各类教育保持适当的发展速度和规模提供了一种内在的调节机制。在一个比较完善的市场经济体制下，各级各类教育发展速度和规模取决于国家、社会和居民个人对教育的需求，而这种需求源于人们对劳动力市场信号的反应和由此产生的接受各级各类教育的预期收益。当然这种预期收益既包括个人收益，也包括社会收益；既包括货币收益，也包括非货币收益。这种收益在很大程度上取决于劳动力市场中人才的需求和供给状况。当某级某类教育发展速度过快、规模过大时，毕业生供大于求、就业困难、收入降低。这时人们对于接受这一层次和类型教育的预期收益下降，对这类教育的需求也随之下降，因此这一层次和类型教育的规模扩展速度就会慢下来。当某级某类教育发展速度过慢、规模过小时，毕业生供不应求，相对较多的就业机会和较高的经济收入使得人们对这一类型和层次教育的预期收益上升，对这类教育需求也随之增加，进而刺激这一层次和类型的教育加快发展速度、扩大规模。图9-6展示了这种相互作用机制。尽管这种调节机制具有很大的自发性和盲目性，但是从长期来看，这种市场调节将使各级各类教育的发展保持一个适当的速度与规模。

当然，正如前文所述，在承认和发挥市场规律决定性作用的同时，充分发挥政府的宏观调控和引导作用是必不可少的。在此，对各级各类教育的需求是非常重要的因素，教育需求总是同社会和居民个人的预期收益联系在一起，而预期收益是来自劳动力市场的人才

需求与供给状况。这一供求关系影响着各级各类教育毕业生的就业机会和经济收入。在本书后面的章节里，将对市场经济条件下这些与各级各类教育发展速度与规模密切相关的重要问题做进一步阐述。

二、市场机制对教育结构的影响

教育的结构主要包括：（1）层次结构，即义务教育阶段毕业生、高中阶段教育毕业生（包括中等职业技术学校和普通高中）、专科生、本科生、硕士研究生和博士研究生各占的比例。由于高中阶段教育逐步普及，因此义务教育阶段毕业生直接进入劳动力市场的人数越来越少。（2）学科结构，即文科、理科、工科、农科、医科等学科门类以及各个学科门类中的基础性学科和应用技术型学科各占的比例。（3）形式结构，即全日制各级各类学校和成人教育的各级各类学校所占的比例。（4）办学结构，即中央政府举办的高等院校、地方举办的高等院校、个人及社会力量举办的民办学校等各级各类学校各占的比例等。

在计划经济条件下，教育的结构是由政府的计划决定的。尽管在计划制订过程中也会考虑社会经济发展对各级各类人才的需求结构，但计划制订人员的主观性常常使各级各类教育的结构与现实需求相去甚远，以至出现这样或那样的高等教育结构问题。例如，从层次结构上看，一个时期曾出现专科相对较少、本科相对较多，导致大学本科毕业生只能去干专科生的工作。一个时期又出现专科相对较多、本科生较少，导致专科毕业生面临就业难的问题。从学科结构上看，曾出现数、理、化、文、史、哲等基础性学科相对较多，而经济社会发展急需的应用型学科（如计算机、微电子、工商管理等）相对较少的情况。问题并不仅仅在于教育结构本身，也不仅仅是这种不合理的结构一旦形成就具有巨大的、难以调整的"结构惯性"，而是在计划经济条件下的教育运行机制中，缺少一种内在的调节机制和激励机制去推动高等教育结构不断优化。各部门、各地区和各级各类学校都是按照指令性计划招收各级各类各专业的学生，并据此确定所需教师、配置各方面的资源。这一切往往都是由带有很大主观色彩的计划来确定的。

市场经济条件下，教育与劳动力市场相互作用的机制与计划经济条件下教育运行机制的重要区别之一，就是为教育结构的调整和优化提供一种内在的调节机制和激励机制。这种对结构的调节与对教育发展速度和规模的调节过程是相类似的。当某一层次或某一学科的高等教育规模相对过大时，所培养出来的人才在劳动力市场就会供大于求，造成就业困难，导致人们的预期收益降低，对这类学科的高等教育需求下降，从而使这类规模相对较大的学科逐渐缩小。当某一层次和某一学科的规模相对过小时，这类专业人才在劳动力市场上就供不应求，这类毕业生有较多的就业机会和较高的经济收入使得人们对这类学科的预期收益大大提高，对这一层次、这类学科的受教育机会的需求也会迅速增加。这种迅速增长的需求会刺激对该学科和该层次教育机会的供给，进而使这一类毕业生的供给相对不足、规模相对较小的学科逐渐扩大规模。从长期来看，这种劳动力市场供求规律对教育结构的客观调节，将使得教育各方面的结构逐渐与社会经济发展对人才的需求结构相吻合。当然，这种市场调节机制常常带有很大的自发性、盲目性和滞后性。因此，政府通过适当的政策、投资和信息服务进行宏观调控、社会需求引导和资源配置，进而优化教育结构，这是社会主义市场经济条件下必不可少的措施。

三、市场机制对教育质量和效益的影响

教育质量研究首先考察的是人才培养的质量，是高等院校毕业生在德、智、体、美、劳等方面的全面发展情况，也包括学校在教学、科研、社会服务和管理等方面的整体运行情况。教育的办学效益包括内部效益和外部效益两个方面。内部效益通常首先是指学校内部的人、财、物等各种资源的配置效率和使用效率。配置效率是指如果按照 A 方式配置学校资源的产出是 N，而使用 B 方式配置学校资源的产出是 $N+1$，那么 B 就是效率更高的资源配置方式。使用效率是指教师、教室、实验室等人力、物力资源是否得到最佳的使用。例如，如果一个教室或实验室每周的使用时间不到 20 个小时，那么，可以认为该实验室或教室的使用效率偏低。外部效益即社会经济效益，尤其指毕业生对社会人才需求的满足程度和对社会经济发展所做的贡献。教育的质量和效益是密切相关的，只有质量高的院校才有好的社会经济效益。只有院校内部办学效率高，即学校的人、财、物等各种资源得到合理配置和充分利用，才能更好地为提高教育质量创造条件，因此教育的质量和效益是相辅相成的。

在劳动力市场缺失的条件下，教育系统的运行缺少提高质量和效益的内在驱动力。学校内部的人、财、物等资源的配置和使用完全由行政管理部门制订的指令性计划决定。例如，"教学设备费"不能用于"教学业务费"支出，即"买酱油的钱不能买醋"，即使在"酱油已经多得用不完而却没有醋用"的情况下，学校也只能按照政府的指令性计划"买更多的酱油"。学校在招生数量、教学计划、人事编制、工资水平、经费预算和基础设施建设等方面缺少应有的统筹权和自主权，因此缺乏提高学校资源利用率的动力。

例如，在中国计划经济条件下，高等教育系统中学生数与教师数之比在 20 世纪 80 年代中期曾一度为 3∶1，但这并不影响政府按当时实际的教师数核拨教师工资总额。而当时世界上其他大多数主要国家高等教育的学生数与教师数之比平均为 12∶1 到 15∶1 之间。从这一个具体参数来看，中国的高等教育系统的人力资源利用率在当时是比较低的，但这

不影响高等院校在计划经济条件下的生存。

教育质量问题在市场缺失时也是如此。尽管政府主管部门也常常强调要采取措施提高办学质量，但是教育质量问题仍然很多，例如，培养出来的学生创新精神和创新能力不够强。这是因为在计划经济的运行机制中，质量问题对各级各类学校的生存与发展来说并不具有决定意义，所有的高等院校毕业生不论质量高低，都是作为"国家干部"由政府统一安排工作，享受同样的工资待遇，即所谓"皇帝的女儿不愁嫁"。

在市场经济条件下，教育与劳动力市场相互作用，质量和效益问题对各级各类教育来说都具有生死存亡的意义。首先是高等院校的内部效益，即人、财、物等资源的配置和使用效率。假如在同一个地区有两个质量相当、学生规模均为10000人的高等院校，其中一个学校管理得较好，资源配置合理，课程安排得当，人力资源利用率高，仅聘用了1000名教师，学生教师比为10∶1；而另一个学校管理得较差，资源配置效率低，课程安排不当，人力物力资源使用效率低，聘用了2000名教师。由于两个学校的学生数相同，因此按照市场经济条件下的拨款原则所得到的政府财政拨款和学生缴纳的学费是基本相同的。在这种情况下，效率较好的学校因教师人数相对较少而可以支付较高的工资，吸引较好的教师。而较好的教师又可以促使学校的办学质量和效益进一步提高，从而吸引更多的优秀学生和教师，使学校在一个良性循环的轨道上不断发展、不断提升。而效率低的学校则恰恰相反，效率低、冗员多、待遇差，优秀的人才进不来、留不住，导致生源也差，学校的声誉和效益愈来愈差，在恶性循环中走下坡路。

外部效益和质量问题也是如此。通常那些质量效益高的学校培养出来的毕业生质量也较高，这些高质量的毕业生进入劳动力市场后具有很大的竞争优势，比较容易获得较好的工作机会和较高的工资收入。这种市场信号会使得求学者对这类学校的预期收益提高，从而使得人们对这类学校提供的受教育机会的需求增加。一些求学者宁可支付较高的费用也要千方百计地进一所声望较高的学校，原因之一就在于此。这类较好的学校可以从大量的求学者中选择最优秀的生源，而优秀的生源有利于这些学校进一步提高办学的质量和效益，为培养出更优秀的毕业生奠定基础，从而形成良性循环的发展态势。

综上所述，反映社会经济发展对各级各类人才需求的劳动力市场与教育的相互作用对各级各类学校的发展规模、结构、质量、效益都具有重大影响。在科学技术突飞猛进、网络社会蓬勃兴起、知识经济高速发展和智能化产业革命时代已经到来的今天，劳动力市场是千变万化的，各级各类学校必须关注这些新的变化，不断调整自己的办学策略和教育教学模式，跟上时代的前进步伐。案例9-2就展示了近年来中国劳动力市场发生的巨大变化，而这一变化也势必会对教育发展带来深刻影响。

案例 9-2

中国劳动力市场发生了深刻变化

教育有独立于劳动力市场的价值,但教育的发展在很大程度上受劳动力市场状况影响。培养什么人,以及怎样培养人,需要及时准确地聆听劳动力市场的声音。

近年来,由于改革开放、经济发展、人口变化、技术进步等原因,我国劳动力市场发生了深刻变化,主要表现在以下几个方面。

一是劳动力供给持续减少。自2012年以来,劳动年龄人口总计减少了将近2000万,这一方面使人口红利逐渐消失,潜在增长率下降,另一方面使部分地区和行业面临招工难。虽然现在已全面实施"二孩"政策,但由于人口惯性,在可预见的时期内,劳动年龄人口仍会呈现减少趋势。

二是经济增长从高速转到了中高速,这将大幅增加就业压力。同时,随着供给侧结构性改革,去产能将释放出不少劳动力,仅煤炭、钢铁产业就将释放出180万劳动力。

三是劳动力价格不断上涨,企业用工成本大幅增加。为降低成本,很多企业开始用机器代替人工。实际上,随着人工成本的增加和科学技术的进步,机器替代劳动力已不可逆转。

四是就业形态发生重要变化,新经济催生了大量新就业形态,也创造了大量新就业岗位。根据国家发改委提供的数据,仅平台经济就提供了约1000万个就业岗位。

五是出现就业极化现象。这体现在两个方面,一是就业劳动力过分集中在某些区域,比如,智联招聘的数据显示,我国东部地区就业岗位占全国的71%,而东北部、中部和西部的岗位在全国的占比分别为5%、13%和11%。二是就业市场两极分化,认知性、创造性强的高收入工作机会和体力性强的低收入工作机会都会增加,常规性和重复性强的中等收入工作机会将大幅减少。

应对劳动力市场的变化,既是教育发展的机遇,也是教育的责任。教育必须做出调整,才能使教育和劳动力市场在良性的轨道上相互促进,进而实现我国创新、协调、绿色、开放和共享发展。为此本文作者提出了继续扩大教育供给、着力提高教育质量、切实促进教育均衡和全面推进教育供给侧改革等建议。

摘自:赖德胜.教育应倾听劳动力市场发出的声音[N].中国教育报,2017-6-1(7).

总之，尽管在市场经济条件下教育仍然具有许多独立于市场的社会功能，但是，各级各类教育所培养的人才必须通过劳动力市场机制进入工作场所才能实现其价值。在与劳动力市场的相互作用过程中，各级各类教育的发展速度、规模、结构、质量和效益都不可避免地受到劳动力市场的影响和调节，这就使得各级各类学校的运行机制中存在着一种内在的驱动力和激励机制推动学校保持适当的发展速度和规模，不断优化结构、提高办学的质量和效益。本书后面的有关章节将对与此相关的部分问题进行深入系统的阐述。当然，如前所述，劳动力市场的调节机制带有很大的自发性和盲目性，因此需要政府在尊重市场经济规律和驾驭市场经济规律的基础上，通过制定相关政策、提供信息服务和立法手段对教育与劳动力市场的相互作用进行必要的调控，使得教育的人才培养功能更好地适应和服务于国家经济社会发展的需要。

本章小结

本章首先简要介绍在劳动力市场作用缺失的情况下教育发展中存在的问题，然后重点讨论教育与劳动力市场相互作用的具体机制。在市场经济条件下，反映社会经济发展对各级各类人才需求的劳动力市场需求是教育与劳动力市场相互作用的逻辑起点，这种需求与供给的相互作用影响着各级各类学校毕业生的就业机会与起始工资水平，并进一步影响人们接受各级各类教育的预期收益，而这种预期收益会影响人们对各级各类受教育机会的需求，对教育的需求会刺激对教育的供给。毕业生会通过就业指导和社会网络进入劳动力市场，改变了劳动力市场的供求状况，进而改变就业机会和起始工资水平，重新作用于人们对接受教育的预期收益和对教育的需求。这种周而复始的相互作用自发地调节着各级各类教育的发展。由于劳动力市场运行机制对教育发展的调节作用具有盲目性和滞后性，产生"市场失灵"的状况时有发生，因此政府在市场经济条件下的宏观调控是不可或缺的。最后，本章简要论述了市场经济条件下教育与劳动力市场相互作用的机制对教育发展的速度、规模和结构的影响，并提供了一种内在的调节机制和激励机制，促使各级各类学校提高办学质量和效益。

思考与练习

1. 为什么说教育经济学的核心存在于教育与劳动力市场的联系之中？
2. 在市场经济条件下，教育与劳动力市场相互作用的起点是什么？
3. 劳动力市场信号是通过哪些机制影响教育的供求状况？

4. 在市场经济条件下政府对教育发展的宏观调节途径有哪些？
5. 教育与劳动力市场的相互作用对教育发展有哪些影响？

拓展阅读建议

1. 范先佐. 教育经济学新编［M］. 4版. 北京：人民教育出版社，2015：144-183.
2. 李文利. 高等教育个人需求模型与实证研究［M］// 闵维方. 高等教育运行机制研究. 北京：人民教育出版社，2002：437-452.
3. 丁小浩. 高等教育个人需求与政府职能［M］// 闵维方. 高等教育运行机制研究. 北京：人民教育出版社，2002：400-410.
4. 辛奇利夫. 教育与劳动力市场［M］//Martin Carnoy. 教育经济学国际百科全书：第2版. 闵维方，等译. 北京：高等教育出版社，2000：23-28.
5. 佛雷塔. 分割的劳动力市场和教育［M］// Martin Carnoy. 教育经济学国际百科全书：第2版. 闵维方，等译. 北京：高等教育出版社，2000：48-55.
6. 立马斯. 发展中国家的教育和劳动力市场［M］// Martin Carnoy. 教育经济学国际百科全书：第2版. 闵维方，等译. 北京：高等教育出版社，2000：114-119.
7. 罗森. 工作信息与教育［M］// Martin Carnoy. 教育经济学国际百科全书：第2版. 闵维方，等译. 北京：高等教育出版社，2000：73-78.
8. 菲尔茨. 教育扩张和劳动力市场［M］// Martin Carnoy. 教育经济学国际百科全书：第2版. 闵维方，等译. 北京：高等教育出版社，2000：127-134.

第十章 教育与就业

> **内容提要**
>
> 本章首先阐述与就业相对应的失业概念和相关理论，以及教育促进就业的作用机制。接下来，从理论上分析教育扩张与受教育程度高的劳动力就业之间的关系，并介绍各国在促进受教育程度高的劳动力就业方面的政策。最后，从效率、质量和公平三个维度分析中国高校毕业生的就业问题。
>
> **学习目标**
>
> 1. 了解就业、失业等基本概念和相关理论。
> 2. 掌握教育促进就业的主要作用机制。
> 3. 理解教育扩张对就业的影响。
> 4. 学会运用经济学理论分析教育扩张与高技能劳动力就业问题。
> 5. 了解中国高校毕业生就业中的效率、质量和公平问题。
>
> **关键词**
>
> 教育扩张 高校毕业生 就业效率 就业质量 就业公平

就业是民生之本，解决劳动者就业、实现劳动力资源的优化配置能够促进经济发展、提升综合国力。教育是促进就业的重要途径。从短期来看，教育发展本身可以直接创造大量就业岗位，提高高等教育入学率还能推迟青年人进入劳动力市场的年龄，延缓就业压力。从长期来看，教育不仅能够普遍提高劳动者的知识和能力，增加社会的人力资本存量、提高劳动者的生产效率，还有助于劳动者适应经济结构的调整和不断变化的劳动力市场需求，有效降低未来失业的可能性。随着人们平均受教育水平的不断提高，劳动力市场的供给规模和结构都发生了相应变化，也随之产生了一系列新的就业问题。本章将在前两章的基础上，进一步阐述教育与就业之间的关系、教育扩张与高技能劳动力就业的关系以及中国高校毕业生就业的一些特殊问题。

第一节 教育与就业的关系

一、就业、失业与劳动力供需

人类社会从农业文明向工业文明的转化进程中产生了就业。就业是指劳动者处于受聘用状态或从事某项获取报酬的职业。与之相对应的概念就是失业,国际劳工组织(International Labor Organization,ILO)对失业的定义是:"某一年龄阶段、某一段时期内,有工作能力但没有工作或正在找寻工作。"失业人数占劳动力总人数的比率即为失业率,是衡量一国经济状况的重要指标。当失业率超过一定限度后,就会引发严重的经济和社会问题,影响经济的正常发展和社会的稳定。

对失业的直观解释有三种。第一种直观解释从供求的角度来看,如果一国的劳动力供给总量大于社会所能提供的就业岗位总量,或者社会缺乏足够的就业岗位来满足庞大的劳动力群体的就业需求,就会发生失业。这种一般性失业问题几乎存在于世界上每一个国家。但是,就业受到多方面因素的影响。从各国的数据来看,劳动力人口的增加并不必然造成失业。从横向比较来看,劳动力人口增加较多的美国和日本并不是失业率最高的国家;从历史发展来看,英国在失业率最高的1980—1984年间,劳动力人口的增长速度很慢,而在劳动力人口增加较快的1984—1989年间,失业率反而有所下降。

失业的第二种直观解释是结构性失业,即国民经济结构与劳动力结构不相适应时,社会上存在空缺的就业岗位,但是没有合适的劳动力能从事这些工作,与此同时,没有找到工作的劳动力则由于不能满足某些工作岗位的要求而不能就业。当某一类劳动力群体的供给在一定时期内远远多于劳动力市场需要,比如女性劳动力、法律专业的大学毕业生等,就会产生结构性失业问题。当一国的经济发展处于结构升级阶段而劳动力的素质提升相对较慢时,也有可能产生劳动力供给不能适应产业结构升级要求的情况,从而产生结构性失业问题。这种失业还表现为摩擦性失业,即仍处于工作搜寻过程中的暂时性失业,但是这一理论不能为大规模的失业提供令人信服的解释,因为劳动力市场上的失业者数量往往大大超过空缺岗位数量,特别是在经济萧条时期尤为明显。

失业的第三种直观解释是技术进步,即机器替代劳动使得劳动力需求萎缩。技术进步的影响是多方面的,造成部分劳动力失业只是技术进步的结果之一,而且,技术进步可以导致劳动时间的缩短和劳动强度的减少,这种技术进步并不一定导致失业。技术进步还可以产生大量的新产品,创造更多的新需求,从而带动就业岗位的增加。综合来看,技术进步有利于增加就业,这是很多经济学家持有的观点。

案例 10-1

AI 来临，失业大势难以避免？

人工智能的崛起日益引发人们对失业的担忧。从无人店到无人驾驶，售货人员、出租车司机等岗位是否将会被替代？

据斯坦福大学人工智能与伦理学教授卡普兰的一项统计，美国注册在案的 720 个职业中，将有 47% 被人工智能取代。未来 10 年机器人将取代 1500 万工作岗位，相当于美国就业市场的 10%。而在中国，这个比例可能超过 70%。

不过，另有声音认为，由技术创新造成的失业，其实是一种临时失业：旧的岗位被新岗位替代，就像当年汽车淘汰了马车，马车夫失业汽车司机开始就业，这是一个淘汰过程，也是社会发展的必经阶段。事实上，创新往往会对工人产生积极影响，因此，关于就业的真正争议在于，创新是否可能对总体就业产生持久的负面影响？

乐观主义者认为，可以接受创新引起的短期失业，因为经过一段时间后，总是会创造出与被销毁的相同数量的工作职位予以补偿。著名经济学家、现代劳动经济学之父雅各·明瑟（Jacob Mincer），使用"收入动态"小组研究的微观数据发现，尽管技术进步在短期内似乎对总体失业影响不明确，但从长远看，却减少了失业率。虽然这种态度不断受到挑战，但在 19 世纪和 20 世纪大部分时间，持这种见解的经济学家依旧占主导地位。

悲观主义者则认为，因技术进步导致失业，是推动更广泛结构性失业现象的因素之一。结构性失业概念在 20 世纪 60 年代开始流行，即使在商业周期的高峰阶段也未消失。自此，即便是乐观经济学家也开始认识到，发达经济体的结构性失业确实在上升，只是它们往往把这归咎于全球化和离岸外包，而非技术变革。

不过，2013 年以来，全球因技术发展失业持续增长的威胁却越来越不容忽视。比如，多伦多大学的商学院教授本杰明·阿拉（Benjamin Alarie），为法律界设计了一款人工智能软件，用来扫描法律文件、分析案例、创建模拟决策判断，以帮助律师和税法会计师更好地了解在法庭上可能遭遇的情况，使购买软件的用户通过超现实的模拟场景，更准确评估案例。目前这款人工智能软件已投入市场，大批的法律助手将面临失业窘境。

受到影响的还有金融高薪阶层。据《纽约邮报》报道，众多对冲基金公司在美国康涅狄格州的格林尼治市设立总部，该州有 420 家对冲基金公司，总资产约为 7500 亿美元，资金管理规模超过 3 万亿美元。但随着人工智能的技术变革，格林尼治的对冲

> 基金公司开始尽可能减少人力资源，使用智能系统进行投资，减少交易成本从而使利润最大化。随后，大量基金经理被裁员，昔日繁华时将大把奖金用以购置豪宅的日子早已不再。
>
> 　　人工智能来临，"失业"是最需要担心的吗？大势虽难违抗，个人却拥有选择的自由。未来人工智能将取代几乎所有重复性工作，但所有与人工智能相关、直接或间接的工作岗位，也将以井喷式速度增加。同时，创意及内容生产是永恒需求，内容提供也将大幅增长。因此，与其被动接受，个体不如自我迭代，拥抱人工智能。
>
> 　　最后，人工智能对于工作的影响其实暗藏喜讯。从国家层面，人工智能的发展可能会是中国经济转型的突破口。就个人而言，生产力的提高将大幅缩短工作时间，那时，每周工作四天，甚至三天都不是梦。将来，我们会拥有更多的时间陪伴家人，或许也会迎来更多的"全职"母亲，或"全职"父亲了。
>
> 摘自：陈思进. AI 来临，失业大势难以避免［N］. 新京报，2017-07-13（B02）.

　　选择性失业是除一般性失业和结构性失业外的另一种失业现象，指当劳动者个人因没有找到自己满意的工作而选择不就业的现象，即"有业不就"。选择性失业受到很多因素的影响，比如工资水平。一般来说，劳动力在工资收入处于较低水平的时候，会随着工资收入的不断上升而增加劳动的供给，但是当工资水平上升到一个临界值时，工资进一步上升反而导致劳动供给的减少。此外，人们的劳动或收入偏好也会影响劳动供给，在其他条件相同的情况下，越是偏好劳动（收入）的劳动者，供给的劳动越多，而越是偏好闲暇的劳动者则供给的劳动数量越少。随着经济发展水平不断提高，物质财富积累加剧，教育水平持续提升，选择性失业问题将越来越普遍。

案例 10-2

> **意大利"尼特族"数量位列欧盟第一**
>
> 　　欧盟委员会于 17 日发布了 2017 年度《欧盟就业与社会发展报告》。这一最新研究报告显示，意大利"尼特族"（Neet）数量位居欧盟 28 个国家之首，年轻一代的就业现状和发展前景令人担忧。
>
> 　　"尼特族"是指 15 至 24 岁的年轻人中，既不学习，也不工作，甚至不参加专业技能培训的社会人群。这一概念最早由英国某社会机构在 1999 年的一份研究报告中提出。2017 年度的《欧盟就业与社会发展报告》指出，2016 年意大利"尼特族"数量占

15—24岁年轻人总数的19.9%,这也意味着几乎每5名年轻人中就有1名是"尼特族"。欧盟国家"尼特族"数量的平均水平为11.5%,欧元区国家的平均水平则为11.7%。

分析人士认为,近年来意大利经济缓慢复苏,"尼特族"现象得到了一定程度的缓解,呈现逐年下降趋势。但"尼特族"现象并没有得到根本性转变,意大利年轻人在完成学业寻找工作的过程中往往四处碰壁,最终不知不觉就加入"尼特族"行列。

意大利政府正尝试为扭转"尼特族"居高不下的现状和改善就业状况做出努力。据意大利媒体报道,意政府考虑在制定下一年度财政预算法案时为向年轻人提供工作机会的企业减免部分税收,减轻企业负担,从而推动年轻人就业。

摘自:陈晓晨.意大利"尼特族"数量位列欧盟第一[N].光明日报,2017-2-20(10).

相对于其他市场来说,劳动力市场的特殊性和复杂性特别表现在这一市场受到很多非货币因素的影响,且劳动的供给也比商品的供给更为复杂。在商品市场上,一般来说,价格越高,商品的供给就越多。而在劳动力市场上,劳动的供给曲线被认为是"后弯"的,也就是说,当收入水平比较低的时候,工资上升使得同样劳动时间的收入回报更多,在这种情况下,一些劳动者可能愿意为了获得更多收入而放弃一些闲暇、更多参与劳动,也有一些劳动者则可能满足于一定的收入水平而减少劳动、选择更多休闲。前一种效应在收入水平较低的时候更强,而后者则在收入水平高到一定程度后超过前者。可见,由于劳动力市场的主体是具有主观能动性和一定偏好的劳动者,因此其供给的复杂性也决定了就业的复杂性。

知识小卡片10-1

不同流派的失业理论

20世纪80年代失业理论出现不同流派,有两个理论流派影响最为深远,一个是新古典主义的失业理论,另一个是新凯恩斯主义的失业理论。

新古典主义经济学家以相信自由市场经济体制著称,他们坚信失业只是摩擦性的,失业者只是在找下一个工作而已。从这一意义来说,工作搜寻理论告诉我们,失业的原因在于失业者继续失业找下一个新工作比接受目前可以获得的工作净收益更高。如下图所示,当工资水平$(W/P)'$超过均衡工资水平$(W/P)^*$时,就产生了失业,这种失业只是暂时现象,只要工资可以灵活调整到均衡工资水平,失业现象将得以消除。

虽然社会的就业总量有所下降，但这部分劳动力是在新的均衡工资水平下不愿意就业的"选择性失业者"。

而新凯恩斯主义者们则认为，失业主要是因为工资存在难以下调的黏性。在劳动力需求不足的情况下，工资的实际水平高于劳动力供求相等的工资水平，导致失业持续存在，而导致工资黏性的原因则与劳动力市场的结构性特征有关。假设下图中劳动力需求曲线的初始位置在 D_0 处，均衡工资水平为 $(W/P)'$。当经济受到需求方的冲击时，有效需求不足将导致劳动力的需求曲线向内移动，由于劳动力市场上的工资是黏性的，无法灵活调整到新的均衡水平 $(W/P)^*$，于是就出现了失业。由于凯恩斯失业是由经济衰退所导致的，经济繁荣时失业率就会下降，因此这种失业也被称为"周期性失业（Cyclical Unemployment）"。从政策建议来看，凯恩斯学派主张动用积极的财政政策和货币政策来提高社会的有效需求，从而使劳动力的需求曲线再回到 D_0，这时失业就被减少了。

可见，两种理论分别对应于两种不同的宏观经济非均衡状态：新古典主义的失业出现是由于劳动力市场上的工资过高，而凯恩斯主义的失业则源于商品市场的有效需求不足。

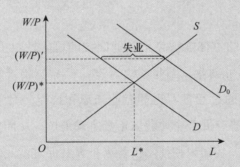

图 10-1 失业理论

进入 20 世纪 90 年代以后，不同的失业理论出现了融合的趋势。现在，新古典主义的宏观理论因为其理论的逻辑一致性而占据了主流位置，搜寻成了研究失业的主流方法，而新凯恩斯主义理论的影响力有所减退。但是，从对于复杂的失业现象的解释以及经济政策的制定需要出发，仅因为凯恩斯主义理论没有形成一致的逻辑框架而放弃它也非明智之举。毕竟，对于理论的需求者而言，比逻辑一致性更为重要的是现实到底是怎样的。

摘自：陆铭. 劳动力流动：工作调整、工作搜寻和迁移 [M]// 劳动和人力资源经济学——经济体制与公共政策 [M]. 上海：上海人民出版社，2007：175+201-202.

二、教育促进就业的作用机制

第一,从微观层面来说,教育可以增加个体的人力资本存量,提高劳动生产率,因此劳动者的受教育程度越高,在劳动力市场中的竞争力就越强,被动失业的可能性就越低。教育提高劳动生产率体现在通过提高劳动者的认知技能(如熟练的读写算能力、良好的文化和科学技术素质、分析和解决问题的能力),以及各种非认知能力(如良好的道德规范和社会表现、适当的职业期望、有效的时间管理、积极的工作态度、规范的劳动行为和善于与人合作的团队精神等),来提高劳动生产率。大量的实证研究表明,在一定范围内,随着教育水平的提高,劳动者能够更快地接受和达到工作岗位的培训要求,在获得和提高生产技能方面的时间会相应地减少,而且能够更快地熟悉新的生产设备,掌握新的操作技术。这些能力不仅有助于劳动者获得工作机会,还有助于未来的职业晋升和长期发展。越来越多的研究表明,非认知能力能够显著促进就业以及提高收入,[1]尤其是在大学毕业生群体中,非认知能力对收入的解释力度甚至强于传统人力资本关注的认知发展指标。[2]而基于信号理论,教育水平也是劳动力能力的体现,从劳动力市场需求方的角度来看,受教育程度越高,能力越强的可能性越大,能够胜任工作的可能性也越大,因此雇主也倾向于在同等条件下聘用受教育程度高的劳动力。

第二,受教育程度高的群体能够创造就业岗位的可能性也更大。2014年中国大学毕业生中约有19.1万人选择了创业,创业率约为3%。[3]根据传统的人力资本理论,自主创业者的人力资本,特别是通过教育习得的专业知识和技能,对于创业活动有着重要的影响;创业者的人力资本优势有助于企业获取市场主动地位,从而提供更多的就业岗位。而知识型创业者可以通过发挥其知识和技术优势来扩大其促进就业的作用——技术创新会给企业带来垄断利润,吸引周围的企业纷纷仿效,从而引发先进技术的扩散;创业者技术创新的经济效应会由其创办的企业扩散到相关产业,最终带动整个产业的经济效应和就业的增加。[4]

---

[1] LINDQVIST E, VESTMAN R. The Labor Market Returns to Cognitive and Noncognitive Ability: Evidence from the Swedish Enlistment[J]. American Economic Journal: Applied Economics. 2011(3): 101-128.
[2] 朱红,张宇卿.非认知与认知发展对大学生初职月薪的影响[J].华东师范大学学报(教育科学版),2018,36(05):42-50+166.
[3] 麦可思研究院.2015年中国大学生就业报告[M].北京:社会科学文献出版社,2015:12.
[4] 约瑟夫·熊彼特.经济发展理论[M].南昌:江西教育出版社,2014:56-57.

知识小卡片 10-2

投资乘数与就业乘数

投资乘数被用于衡量经济活动中某变量的增减所引发的经济总量变化的连锁反应程度。按照通常的观点,投资所带来的产出增加并不限于投资的规模,在社会生产资料和劳动者富余的情况下,增加一定量的投资会带来数倍于这笔投资额的国内生产总值的增加。投资对于产出的这种扩大效果称为乘数。

投资乘数的产生,源于现代社会中各经济部门之间高度的关联性。某一部门投资活动,不仅会带来该部门收入的增加,同时会引起对应资本品需求的扩大,进而导致资本品部门生产的扩张和劳动者收入的增加;劳动者收入增加又会带来对消费品和劳务需求的增加,并引发相应部门生产和就业的扩大,最终实现整个国民收入的成倍增长。

若将就业岗位视作一种产出,将自主创业成功创办企业视作投资,那么自主创业的就业乘数可定义为"增加此种投资所直接、间接引起的总就业增量与该投资直接引起的就业增量之间的比例关系"。在一定条件下,可在增加的就业人口规模与企业成功创办之间确定一个一定的比例,这个比例即为自主创业的就业乘数。

下图展示了15类行业的就业乘数相对得分,箭头所指的方向代表就业乘数的相对得分更高,即其相对排序更靠前。这15类行业分布在不同象限,其中,交通运输、仓储和邮政业,教育以及科学研究和技术服务业,位于第一象限,这意味着无论是在企业的形成过程,还是在扩大生产的环节,它们对于劳动力的吸纳效果都比较好;而居民服务、修理和其他服务业及制造业位于第三象限,说明这些行业在两方面表现都相对较差,因而促进就业的效果相当一般。

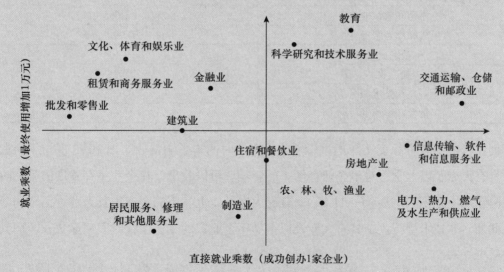

图 10-2 15类行业的就业乘数相对得分

> 摘自：丁小浩，伍银多.创业者的受教育程度与就业乘数效应——基于北京市海淀区青年创业者调查的实证研究[J].教育研究，2017（01）：39-51.

基于对 2015 年北京市海淀区 40 岁以下小微企业（规模 200 人以下）创业者调查数据的分析发现：自主创业者的受教育程度与创业就业乘数呈现正相关——自主创业者受教育程度越高，企业规模越可能扩大，从而带动更多社会就业。自主创业者的受教育程度对于就业乘数的作用，在不同行业上差别较为明显，其中尤其在农、林、牧、渔业中的作用最为积极。

在不同行业中创业者受教育程度对企业就业规模的异质性作用表现得非常明显。表 10-1 显示了创业者受教育程度在各行业的净效应。可以看出，农、林、牧、渔业中受教育程度的作用是非常明显且积极的，创业者每多获得一年教育，可额外提供近 3 个工作岗位。但在建筑业、住宿和餐饮业以及金融业中，创业者的受教育程度对企业就业规模的作用并不是正向的。值得注意的是，金融业在一般的理解中既是劳动密集型产业，也是技术密集型产业，而这一结果有可能表明，创业者受教育程度的提高可能产生企业技术升级，使得企业吸纳的就业规模呈边际递减甚至绝对减少的结果。而其他几类行业中，创业者受教育程度的净效应约等于 1，意味着创业者每多获得一年教育，企业规模大约能扩大 1 人。[①]

表 10-1 创业者受教育程度在各行业中对企业就业规模的净效应

行业	受教育程度的净效应
农、林、牧、渔业	2.853
建筑业	−1.413
信息传输、软件和信息服务业	1.000
住宿和餐饮业	−1.635
租赁和商务服务业	0.990
金融业	−0.404
制造业	1.085
科学研究和技术服务业	0.933
批发和零售业	1.206

创业者的受教育程度还能通过影响企业存活时间来影响就业。图 10-3 展示了企业家是否具有大专及以上学历对于企业存活率的影响。可以看出，在企业生存发展的第二阶段（3—6 年）以及第三阶段（7—11 年），具有大专及以上学历的企业家其企业存活率明显更高。此外，非技术型行业中具有大专及以上学历企业家的企业生存时间明显更长，而其他

---

① 丁小浩，伍银多.创业者的受教育程度与就业乘数效应——基于北京市海淀区青年创业者调查的实证研究[J].教育研究，2017（01）：39-51.

学历并未呈现出明显的分界作用；在技术型行业，具有较高学历的企业家的企业生存时间明显更长，即企业家的受教育程度对于企业生存时间的正向作用明显。①

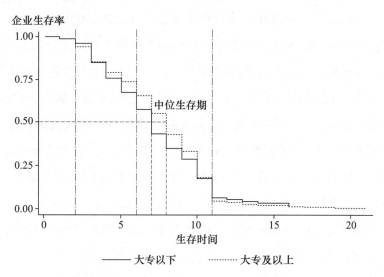

图 10-3 大专学历分界下的企业家企业生存概率

教育如何影响企业家的创业能力进而影响到企业的生存状况呢？1890 年，马歇尔在《经济学原理》中将"企业家"界定为"需要承担一定风险，可以凭借创新能力、洞察能力和统筹能力，发现并且有能力消除市场的非均衡性，同时创造机会和效用，给社会生产指明方向，使生产要素具有组织化特征的一类人"②。由于企业家的境遇各不相同，其在创业过程中所受到的影响因素更是纷繁复杂。企业家在创业过程中所需要的创业能力可以归纳为八个维度，分别是：(1) 机会识别能力：可以采用各种方法，探索并发现市场机会。(2) 资源整合能力：整合利用各种资源，落实商业机会。(3) 组织管理能力：组织协调管理，以及团队建设、员工培训和控制。(4) 公共关系能力：建立个体对个体或个体对群体的良好互动关系。(5) 战略发展能力：制定和执行企业既定战略。(6) 承诺能力：能够遵守对供应商、员工、顾客等各种利益共同体的承诺。(7) 创新能力：改进或创造新的事物并能获得一定有益效果。(8) 风险偏好：面对风险时表现的良好心理素质。

学校教育尤其是高等学校教育，对塑造企业家的这些能力具有直接和间接的影响。第一，学校教育能够赋予企业家专业技术能力。企业家通过系统的专业知识技能学习，了解某行业某领域的发展状况，帮助他们发现、识别创业机会，增加他们成为创新人才的可能性。学校教育的经济价值还在于它可以确定个人就业的岗位类型和市场类型，如从事技术型行业或非技术型行业的工作。受过高等教育的企业家在拥有必要的技术知识储备的条件

---

① 丁小浩，汪梦姗.教育与企业家绩效：基于企业存活时间的定量分析[J].高等教育研究,2016(12):35-46.
② 马歇尔.经济学原理(下卷)[M].陈良璧,译.北京：商务印书馆,1965:269.

下，进入技术型行业的难度相对较小，所面临的风险也相对较低。第二，高等教育为企业家创造出良好的同伴关系网络。与大专以下教育层级相比，高等教育给企业家带来的社会资本积累通常更为优质，企业家在创业过程中获取的社会资源也更为丰富。另外，高等教育赋予企业家创新能力。这种能力在企业家创新创业过程和战略发展以及风险管理中有所裨益。另外，高等学校教育能起到极强的信号作用。企业家的受教育背景在合作者、雇员、天使投资人看来是一种创业能力信号，它有助于企业家获得投资和拥有更优质的雇员。①

第三，教育行业本身的发展也创造出大量的工作岗位，进而促进就业。2016年德勤发布的教育产业报告指出："中国教育产业正迈入'黄金时代'，无论从整体行业规模还是市场活跃度来看，皆处于扩张阶段。2015年，中国教育产业的总体规模为1.6万亿元，预期至2020年这个数字将增长至近3万亿元，并实现12.7%的年均复合增长率。特别是培训领域，包括早期教育、中小学教育培训以及职业培训，都将成为未来的主力增长点。"②以近年来蓬勃发展的课外培训为例，2017年，中小学阶段学生的校外培训总体参与率为48.3%，参与校外培训的学生平均支出为5616元，平摊的生均支出为2697元。根据各学段在校生的规模估计，全国校外培训行业总体规模达到4900多亿元。③中国教育学会发布的《中国辅导教育行业及辅导机构教师现状调查报告》显示，中小学课外辅导行业已经成长为一个体量巨大的市场，2016年行业市场规模超过8000亿元，参加学生规模超过1.37亿人次，辅导机构教师规模为700万至850万人。④

信息技术的发展为传统教育行业注入了新的发展活力。前瞻产业研究院发布的《在线教育行业市场前瞻与投资战略规划分析报告》显示，2016年在线教育市场规模达到1560.2亿元，同比增长速度为27.3%。2017年在线教育市场规模达到1916.7亿元，2019年在线教育市场规模将达到2962亿元。⑤因此，有专家指出教育、养老与医疗有望成为拉动中国内需的"三驾马车"。⑥

---

① 丁小浩，伍银多.创业者的受教育程度与就业乘数效应：基于北京市海淀区青年创业者调查的实证研究［J］.教育研究，2017（01）：39-51.
② 德勤.风口上的教育产业：黄金年代，顺势而为［EB/OL］.（2016-08-05）［2020-09-26］.https://www2.deloitte.com/content/dam/Deloitte/cn/Documents/technology-media-telecommunications/deloitte-cn-tmt-golden-age-of-the-chinese-education-market.pdf.
③ 王蓉.中国教育新业态发展报告（2017）：基础教育［M］.北京：社会科学文献出版社，2018：98-114.
④ 中小学课外辅导市场规模大"真教师"占比不到两成［EB/OL］.（2016-12-29）［2020-08-20］.http://gaokao.eol.cn/news/201612/t20161229_1480176.shtml.
⑤ 在线教育行业发展趋势分析2018年用户规模将超1.6亿人［EB/OL］.（2018-06-05）［2018-09-27］.https://bg.qianzhan.com/report/detail/459/180605-139d401c.html，2018-06-05.
⑥ 养老、教育、医疗有望成拉动内需"三驾马车"［N］.经济参考报，2018-07-16（A04）.

三、中国高等教育扩张对就业的拉动作用

改革开放以来，中国高等教育系统经历了重大变革，这些变革给高等教育的数量和质量带来了显著的影响。在计划经济的高等教育体系下，考入大学的学生得到政府的全面资助，毕业后按照国家计划被分配至国家所需要的工作岗位。1985年中国城市地区开始进行经济体制改革，旧的高等教育体系无法再满足新形势下迅速变化的劳动力市场需求。[①] 因此，教育主管部门开始了试点改革，包括允许一些自费生到高等院校学习，并允许少数学生在毕业后自主择业。1993年中国教育改革有了新的进展，允许高等院校收学费，以弥补学生的培养成本，并在1997年全面铺开，逐渐覆盖了全国的高等教育体系。[②] 当时，中国的高校毕业生仍然处于卖方市场。

1997年下半年，受国际金融危机的影响，中国经济增长速度减缓，内需不足。为了继续保持较高的经济增长速度和扩大就业，维护社会稳定，中国实施了一系列积极的财政政策和货币政策。在这一背景下，通过扩大高等教育规模来拉动内需进而刺激经济增长的政策拉开了序幕。由图10-4可以看出，2000—2015年，高校招生规模从100万增至750万，毕业生规模也随之开始迅速增加，到了2018年，普通高校毕业生规模已经突破750万大关。

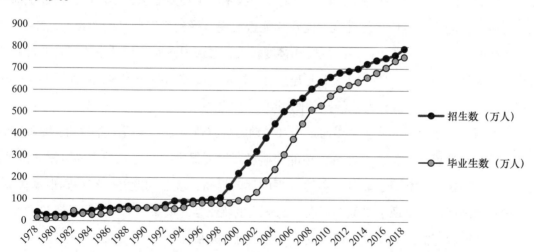

图10-4 1978—2018年中国普通本专科学校招生规模和毕业生规模

数据来源：国家统计局.中国统计年鉴2019[M].北京：中国统计出版社，2019：682-683.
国家统计局.中国统计年鉴2001[M].北京：中国统计出版社，2001：652.

[①] 谈松华.高等教育运行机制与大学生就业制度改革[J].教育发展研究，1995(1)：14-17.
[②] 魏新，李文利，陈定芳.当前我国高校毕业生就业分配机制探析[J].高等教育研究，1997(1)：30-37.

高等教育扩张起到了劳动力的蓄水池作用，并直接或间接创造了新的就业岗位（见表10-2）。经测算，1999年扩招了48万人，使得由于对饮食业最终需求的增加而增加的相关行业就业人员1万多人，因扩招所导致的对教育、文化及广播电影电视业最终需求的增加而增加的相关行业就业人员23万多人，综合起来，1999年高等教育扩招为国民经济各部门创造了25万个就业机会。另外，为满足扩招需要，每年需投资36亿元建设供10万人使用的新建校舍、购买大型仪器设备等，也增加了约6.7万人就业。[①]

表10-2　1999年高校扩招对就业的促进作用

	校舍（建筑业）	教学仪器（仪器仪表及文化办公用机械制造业）	图书（造纸印刷及文教用品制造业）
生均需求（元）	31005	5000	180
供10万人（亿元）	310050	5.000	0.180
最终需求的就业效应	0.1972	0.1304	0.1262
就业人数增加（人）	61142	6520	227

高等教育扩张在促进经济增长和增加就业方面的作用具有滞后性。比如，扩大招生规模所需要的基本建设投资不可能一步到位，而是需要数年的逐渐累积；因扩大学生规模而对相应部门就业人员的新需求，特别是对专业技术人员的新需求也不可能一次性全部释放。同时，拉动经济增长和促进就业的作用能否实现也受到经费预算的约束。从1999年的实际情况来看，由于高校扩招的规模和幅度较大，各级财政对扩招的增拨经费并没有及时到位，即使一些学校的学杂费有所上升，也远抵不上高校的办学成本，从而减弱了当年高等教育扩张对国民经济和就业的拉动作用。

如前所述，教育促进就业主要通过提升劳动力的就业能力、延缓就业时间、受教育者通过创业来创造就业岗位、与教育相关的产业迅猛发展促进就业等几种主要机制。但是，随着全世界范围内的教育扩张和受教育水平的逐渐提高，就业问题并没有得到根本解决，一些国家或地区甚至出现了受教育程度高的毕业生就业难的现象。下一节将从理论和实证两个方面说明教育扩张与高等教育毕业生就业之间的关系。

第二节　教育扩张与高等教育毕业生就业

一、全球高等教育扩张与高校毕业生就业问题

第二次世界大战结束后，高等教育扩张已经成为一个全球现象。1970到2006年，全

---

① 丁小浩，陈良焜. 高等教育扩大招生对经济增长和增加就业的影响分析［J］. 教育发展研究，2000（2）：9-14.

球被高校录取的学生数从 2900 万人增长至超过 1.41 亿人。① 如图 10-5 所示，每万人中大学毕业生的人数从 1970 年的不足 80 人增加到 2000 年的 165 人，这并非仅仅由经济发展对相关人才的需求刺激所造成，而是受多种社会经济和政治因素的驱动。例如，美国在第二次世界大战后的高等教育扩张是由《退伍军人权利法案》（GI Bill）推动的，目的是让大量退伍军人能够获得接受高等教育的机会，而 20 世纪 60 年代和 70 年代的扩张是为了满足婴儿潮出生的一代人对高等教育的需求；印度独立后的高等教育扩张部分是由社会运动推动的；在中国，从 1999 年开始的高等教育扩张主要是由扩大内需、拉动经济增长的需求所引发的。

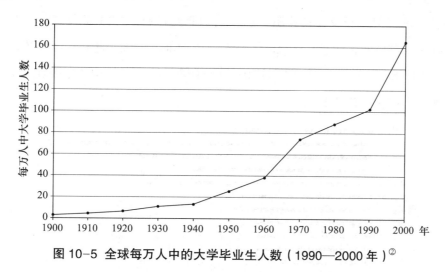

图 10-5　全球每万人中的大学毕业生人数（1990—2000 年）②

没有强劲经济增长支持的高等教育快速扩张对高校毕业生的就业前景来说不是个好兆头。在印度，未能及时就业的毕业生从 20 世纪 50 年代的 12% 增长至 70 年代的 20%。③ 在美国，20 世纪 60 年代晚期至 70 年代中期大学毕业生相对起薪全面下降，不满意度上升，在一个较长的时期里过度教育④ 仍在持续。20 世纪 90 年代末，几乎所有经济合作与发展组织国家中都出现了高等教育的扩张，高校毕业生群体从大学毕业到工作的过渡期"正变

---

① FREEMAN R B. What Does Global Expansion of Higher Education Mean for the US?［R］. NBER Working Papers, No.14962. National Bureau of Economic Research, 2010: 2.
② SCHOFER E, MEYER J W. The Worldwide Expansion of Higher Education in the Twentieth Century［J］. American Sociological Review, 2005, 70（6）: 898-920.
③ SETHI J D. The Crisis and Collapse of Higher Education in India［M］. New Delhi: Vikas Pub. House, 1983: 41.
④ 过度教育是指人们所获得的受教育水平高于劳动力市场（或工作岗位）所需要的受教育水平。关于这个问题将在本章第三节进一步介绍。

得更长,并且与以前相比,过渡模式变得更加不明确和不确定"。①

然而,当经济重组和技术变革时,这些看起来在高等教育中的过度投资会带来短期或长期的收益。以美国为例,19世纪80年代,由技术创新驱动的生产变革提升了劳动力市场对高技能人才的需求,例如计算机和互联网革命推动了大学文凭的工资溢价。② 同样的信息技术革命则改变了印度毕业生的命运,尤其是那些拥有计算机学历的毕业生。

欧盟2014年的一份报告显示,20—34岁大学毕业生的就业率从2008年的86.8%下降至2013年的80.7%,尽管他们的经济状况仍然比那些拥有更少技能的人要好。来自马耳他、荷兰和奥地利的大学毕业生比未受过高等教育的同伴过得好得多,这再一次反映了他们在经济上的优势。相反,在希腊、意大利和塞浦路斯,2013年大学毕业生的就业率低于整个成年人群体的就业率,这反映了新毕业生面临的危机。此外,高等教育毕业生平均要花5.1个月来找到一份工作(如图10-6),中等学历水平的毕业生要花7.3个月,初等学历水平的毕业生要花9.9个月。

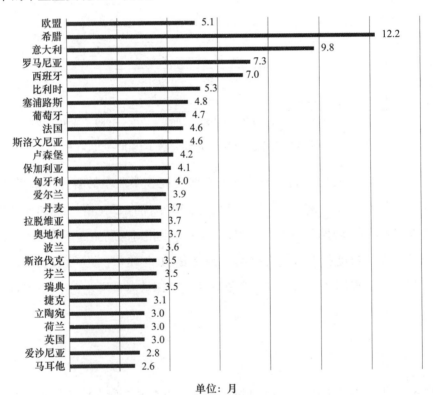

图10-6 欧盟各国高等教育毕业生离开正式教育和开始第一份工作之间的平均月份数

---

① SALAS-VELASCO M. The Transition from Higher Education to Employment in Europe: The Analysis of the Time to Obtain the First Job [J]. Higher Education, 2007, 54(3): 333-360.
② LEMIEUX T. The Changing Nature of Wage Inequality [J]. Journal of Population Economics, 2008, 21(1): 21-48.

数据来源：Eurostat. Average Time Between Leaving Formal Education and Starting the First Job by Age, Sex and Educational Attainment Level for Persons Who Left Within the Last 3 or 5 Years [EB/OL].(2013-04-04)[2018-03-20]. https://appsso.eurostat.ec.europa.eu/nui/show.do?dataset=edat_lfso_09t2&lang=en.

从 20—34 岁青年的就业率来看，受金融危机影响，所有毕业生的就业率在 2008 年之后都呈下降趋势，其中第一和第二阶段高等教育的就业率下降到 80% 左右，而中学后非高等教育的就业率则下降到 70% 以下，见图 10-7。

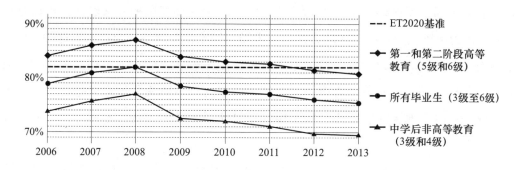

图 10-7 欧洲 20—34 岁青年就业率（2006—2013 年）[①]

在欧洲以外，大学毕业生的就业趋势大致相同。日本 2011 年刚毕业大学生的就业率低至 61.6%。根据劳动统计局的数据，美国 2010 年拥有学士及以上学位的毕业生未就业率升至 5.1%，这是自 1970 年以来的最高纪录。[②]

二、教育扩张与高校毕业生就业的理论分析

教育能够提高人的劳动生产率，进而提高收入，因此人们具有不同程度的接受教育的需求。在这一阶段，学校是教育的供给主体，个体是教育的需求主体。当人们在完成学校教育后进入劳动力市场，在这一阶段，用人单位成为劳动力市场的需求主体，学校成为劳动力市场的供给主体。在市场经济条件下，劳动力的供给量随着工资水平的提升而增加，而劳动力的需求却随着工资水平的提升而降低。根据经济学的供求理论，当学校提供的毕业生数量与劳动力市场的就业吸纳能力相持平时，才能达到供求均衡的状态。如果供给大于需求，则可能产生受教育的劳动力失业或者工资水平下降，反之则产生受教育的劳动力的需求缺口或者工资水平上升。

[①] 北京大学教育学院课题组. 亚洲开发银行"促进中国大学毕业生就业的政策"结果报告[R]. 北京大学教育学院，2016.

[②] 自 1970 后，大学毕业生的失业率最高[EB/OL].(2010-12-06)[2015-06-20]. http://www.usatoday.com/money/economy/employment/2010-12-06-collegegrads06_ST_N.htm.

新古典主义理论的主要特征是假定市场是完备而统一的，所交易的对象是同质的，价格是可以调整的，市场可以无摩擦地运作。新凯恩斯主义批评了传统理论的后两个假定，而劳动力市场分割理论则批评了前两个假定。本书在第一章就介绍了劳动力市场分割理论，简单来说，劳动力市场可以分为两个部分：主要劳动力市场，属于技术水平和资本密集程度高的市场，提供稳定安全、工资水平较高的工作；次要劳动力市场，提供与之相反的工资水平较低的工作。只要主要劳动力市场的劳动力愿意，他们可以自由地进入次要劳动力市场，而次要劳动力市场的劳动力则由于种种复杂的社会经济原因而难以进入主要劳动力市场就业。由于劳动力在两个市场间的流动非常不充分，所以这种工资的差异不能消除。导致劳动力市场分割的原因有：技能——主要劳动力市场的劳动力具有较高的技能；产业——主要劳动力市场中的产业一般为资本密集程度高、技能要求高的产业；地域——由于地区间制度或经济发展的差异使得劳动力市场在不同地区之间存在很大差异。

在主要劳动力市场中，工资往往不仅仅是通过劳动力市场的供求关系所决定的，而是会受到许多社会政治因素的影响，如产业工会的作用等，导致其调整也并不充分灵活。因此，这一工资往往高于市场出清水平，并且具有向下的黏性，外来的冲击往往不会引起工资下调，而是造成失业，这种失业具有"新古典式"失业的特征。这时，主要劳动力市场的失业者将面临两个选择：要么继续失业，要么进入次要劳动力市场找寻工作。如果主要劳动力市场的劳动力到次要劳动力市场找寻工作，有可能导致次要劳动力市场的劳动力被替代，就将失业传递到了次要劳动力市场。也有可能由于竞争加剧而导致次要劳动力市场的工资下调，但这一下调不可能在短期内达到新的均衡状态，即使在长期也可能由于一些复杂的社会经济因素而无法实现均衡，这样一来，失业仍然会传递到次要劳动力市场。

在高等教育扩张以前，高等教育毕业生主要面向主要劳动力市场就业，而低学历劳动力主要面向次要劳动力市场就业。仅从主要劳动力市场内部来看，随着高等教育的扩张，高校毕业生供给曲线向右移动，偏离了它原来的市场均衡。如果没有工资刚性，并且高校毕业生愿意接受较低的工资，那么就能够达到一个新的均衡。但事实上，至少在开始时，高校毕业生拒绝接受较低工资或较低社会地位的工作，由此形成过度供给。随着时间的推移，更多的高校毕业生开始接受现实，一段时间后，当劳动力市场处于一个新的均衡时，需求有可能逐渐赶上供给，而未就业的高校毕业生规模取决于劳动力市场对高校毕业生需求的增长速度。已有研究和文献大多支持了上述劳动经济学中的理论模型。①②

当然，上述分析仅考虑了教育扩张与就业的简化关系，事实上，劳动力市场的就业吸纳能力受到多种因素的影响。首先，经济发展水平会影响劳动力需求总量。一定时期内，随着国民经济总量的增加，吸纳高技能劳动力的能力就会增强。反之，如果国民经济总量增长受阻，自然会导致对受教育者需求的下降。其次，产业结构也会影响劳动力市场的需求结构。随着经济与科技的发展，经济结构发生转变，产业结构逐渐升级到以二三产业为主，特别是第三产业的发展将成为产业结构升级的重点。第三产业的重心不再是简单的劳动服务业，而是高科技知识产业，这种经济结构的升级将需要大量高素质的劳动力。

此外，还有信息技术、人工智能等的发展，也会影响对高校毕业生的需求。马克思在《资本论》中生动地描写了19世纪英国城市化进程使得很多农村的低技能劳动力进入了城市劳动力市场，高能力的手工业技工砸坏织布机、纺纱机、打谷机，因为他们认为这些机器会使他们变成冗员。大机器工厂以及之后生产流水线的出现，代替了手工工场，高技能手工业技工的工作被机器和相对低技能的工厂工人所替代。但是到了20世纪，就不再出现工人砸坏生产资料的场景了。研究发现，高等教育的扩张导致高校毕业生的供给增加，从而使得高校毕业生的"价格"变便宜了，带来了技能偏向型的技术进步。美国第二次世界大战后的婴儿潮和高等教育的普及，造就了大量的具有高教育程度的劳动力，使得20世纪70年代美国的教育回报率显著下降。但同时，具有高教育程度的劳动力的价格下降使得企业的技术进步方向偏向接受过高教育程度的劳动力的方向，美国的信息革命也从那时候开始。③

图10-8概述了高等教育发展与产业/技术发展之间的密切关系。当技术变化与高等教育投入相匹配时，会产生新的高技术产业，并转化为对高技能劳动力的需求。相反，当技术进步缓慢而高校毕业生迅速增加，则可能导致高校毕业生的结构性失业。

---

① 曾湘泉.变革环境下大学生就业难在何处[N].中国教育报,2004-06-23(5).
② 翁杰,周必彧.基于劳动力市场工资匹配的大学生失业问题研究[J].中国人口科学,2009(3):32-39.
③ ACEMOGLU D. Technical Change, Inequality, and the Labor Market[J].Journal of Economic Literature,2002,40(1):7-72.

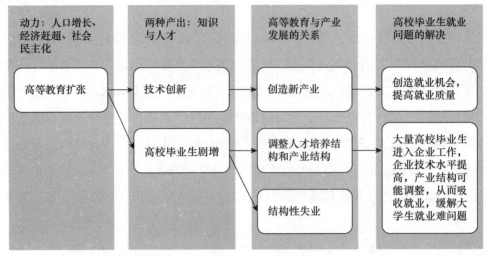

图 10-8 引领与适应：高等教育发展与产业结构调整的关系①

三、各国促进高校毕业生就业的政策

2008 年金融危机的余波使得中国年轻人的就业形势趋于严峻。在此背景下，政府和相关组织尽力通过经济、社会福利、教育和培训政策来促进高校毕业生的就业。一些国家（尤其是发达国家）在处理年轻人失业的问题上已有一些经验，这些政策可以为中国提供重要的借鉴。例如，欧洲和北美国家已经颁布了一系列政策来减少大学毕业生的债务负担，为毕业生提供就业信息，增加就业机会，以及提供职业培训。

各国就业促进政策可以分为三类："能力发展""资源补偿"和"机会提供"。"能力发展"指相关政策的目标定位为通过学习培训、实习等途径提升大学生或青年人的相关技能，以增进其对劳动力市场的了解，增强大学毕业生的就业能力。资源补偿指的是，政府通过提供就业信息、经费资助、完善社会保障体系等方式，帮助就业弱势群体和失业群体摆脱困境，提高就业可能性和就业质量。机会提供则是从创造就业岗位的视角出发，一方面政府通过推进新兴产业发展积极为青年人创造就业岗位，另一方面政府通过各种渠道推动和鼓励青年人创业，从求职者自身创造就业岗位的途径缓解失业问题。同时，毕业生的就业能力已经得到了大量的关注，提供工作机会也已作为经常性的政策工具。

上述政策也可以根据政策的介入时间来划分为"就学期间""求职期间（包括失业期间）""入职后的职业生涯初期"三类。政府倾向于变化这些政策的组合，并且政策介入的

---

① 北京大学教育学院课题组. 亚洲开发银行"促进中国大学毕业生就业的政策"结题报告 [R]. 北京大学教育学院，2016.

时间也是基于大学毕业生独特的就业状况，例如旨在提高毕业生就业能力的政策是"就学期间"的主要政策工具，提升就业能力的一个重要主题是支持毕业生尽可能早地获得相关的工作经验。表10-3展示了各国促进大学生就业的政策类型及主要内容。

表 10-3 各国促进大学生就业的政策[①]

	就学期间	求职期间（含失业）	职业生涯发展初期
能力发展	英国：职业教育改革提案 法国：成立学生创新、转化和创业集群（PEPITE） 德国：创业教育；Jump项目（帮助青年完成学历教育） 韩国：《青年就业政策指导手册》（高校）；学习工作并行制 俄罗斯：定向培养大学生计划	美国：Job corp（技能培训） 英国：受训人员培养提升英语、数学能力 德国：Jump项目（失业人群—职业资格培训） 韩国：《青年就业政策指导手册》（求职者）；中小企业青年实习制；申请海外就业（前期培训）；青年—新兴小企业配对（求职者见习）	法国：成立学生创新、转化和创业集群
资源补偿	法国：创建"学生—企业家"奖 俄罗斯："青年实践"项目	美国：Job corp（经济援助） 英国：个案后续管理 韩国：申请海外就业（补贴）；青年-新兴小企业配对（求职者的津贴和餐补） 俄罗斯：就业信息国家网络平台；战略创新署 德国：津贴补助	德国：Jump项目（薪酬补贴） 韩国：延长就业于中小企业青年的缴税减免期限；申请海外就业（成功求职者的奖励基金）
机会提供	法国：创建"学生—企业家"身份	英国：受训人员培养（提供实习，政府支持）；社区行动计划	法国：创建"学生—企业家"身份 韩国：绿色产业计划；中小企业青年实习制（入职后津贴）

韩国在发展高等教育和应对大学毕业生就业挑战方面，与中国有很多相似之处。高等教育快速扩张之后，在经济合作与发展组织国家中，韩国具有最高的高等教育入学率。然而，高等教育和劳动力市场之间的不匹配持续增长，过度教育和顶尖人才缺乏的问题并存，雇主也发现新毕业生缺乏解决问题的能力和其他高阶技能。韩国政府果断采取措施来应对这个挑战。例如，在有大量岗位需求的特定学科领域取消招生名额限制，并允许学生在大学期间转换专业。自2008年起，韩国政府将"大学毕业生就业率"作为向大学拨款的一个指标，在拨款系列指标中的权重约20%—25%。自2011年起，韩国进一步用大学毕业生就业率作为鉴别和关闭没有能力存活的私立学院和大学的指标之一。大学也积极实施创新实践来促进毕业生就业。在建国大学，教授和学生都可以享受学术休假以便在此期

---

① 北京大学教育学院课题组.亚洲开发银行"促进中国大学毕业生就业的政策"结题报告［R］.北京大学教育学院，2016.

间建立他们的创业公司,该大学被评为"创业示范校",是韩国"2014 年创业示范校建设项目"的一个典型。韩国科学技术学院(KAIST)也有创业启动的项目,它是鼓励创业文化运动的一部分,目的是创造就业机会和促进经济增长,它的核心目标是创建一种以科学和技术为基础的创业文化。这一项目通过构建一个"增长生态系统",在创业公司的所有发展阶段为其提供支持。

很多国家已经在社会各部门之间建立了合作机制,以扩大就业政策的效果。例如,法国企业创立署、创业学院、大学和不同部门的参与者在 2001 年共同建立了创业就业信息平台。日本政府建立了由首相和其他内阁大臣领导的毕业生就业指导委员会。在美国,就业工作团计划由联邦政府劳工部领导。2015 年 8 月,由多家美国行业龙头公司组成的联盟宣布,通过学徒制、实习、全职和兼职等方式主动雇佣至少 100000 名 16—24 岁在工作和教育上面临困难的年轻人。①

第三节　中国高校毕业生的就业问题

中国高等教育扩张速度非常迅速,与高校扩招相伴相生的是中国经济社会发展的显著变化。2001—2010 年间,中国 GDP 的年均增速高达 10.5%,是改革开放以来发展最快的时期。2001 年人均 GDP 首次超过 1000 美元,之后经济发展进入起飞阶段,2019 年已经超过 1 万美元。2010—2017 年间,中国经济发展逐渐呈现出"新常态",表现为经济增长从高速转为中高速。同时,产业结构发生一定的变化。2012 年第三产业在增加值中的比重首次超过第二产业,2016 年第三产业在增加值中的比重达到 51.6%,成为促进经济增长的主要动力。伴随产业结构调整的是就业结构的改变,三次产业的就业人员比例从 1978 年的 70.5∶17.3∶12.2 转变为 2016 年的 27.7∶28.8∶43.5,第三产业成为吸纳劳动力就业最多的产业,也是吸纳高校毕业生就业能力最强的产业,尤其是金融、信息科学技术、物流、教育、卫生、文化创意产业等成为高校毕业生求职青睐的行业。从这一角度看,中国产业升级换代为高校毕业生提供了更加广阔的就业空间。另一方面,中国大力实施创新驱动发展战略,促进经济社会转型升级迫切需要一批高技能人才。经济结构的转型升级对大学生的知识结构和操作技能提出了新的要求。经济"新常态"对高校毕业生就业而言机遇和挑战并存。

---

① 北京大学教育学院课题组.亚洲开发银行"促进中国大学毕业生就业的政策"结题报告[R].北京大学教育学院,2016.

北京大学教育学院"全国高校毕业生就业状况调查"课题组从2003年开始,每隔一年进行一次全国高校毕业生就业状况的抽样调查,每次调查的样本量在两万人左右,是我国高等教育扩大招生后开始最早、时间最长、变量最多的调查。截至2017年,课题组对约16万名高校毕业生进行了八次调查。本节将主要基于此项调查的数据从就业效率、就业质量和就业公平三个方面分析中国高校毕业生的就业特点。

一、高校毕业生的就业效率

就业效率指高校毕业生就业过程中所耗费的时间长短和资源多寡。就业效率越高,就业过程中所耗费的时间越短、资源越少;反之则耗费的时间越长、资源越多。表10-4呈现了历次调查中全国高校毕业生离校前的毕业去向,在八次调查中,已确定就业单位的比例都在40%上下波动,2013年以前,除了2009年受全球金融危机影响高校毕业生已确定单位的比例降至34.5%,其他年份已确定单位的比例均保持在40%以上。2013年以后该比例下滑到40%以下,尤其以2015年的比例最低。

表10-4 大学生毕业时的去向[①]

单位:%

毕业生自我报告的毕业去向	2003	2005	2007	2009	2011	2013	2015	2017
确定就业单位	40.7	47.2	40.4	34.5	43.3	43.5	33.3	38.8
升学(国内)	15.1	16.8	14.1	18.3	13.7	14.0	18.6	20.4
出国、出境		2.3	2.7	3.2	2.6	2.8	5.8	5.9
自由职业			4.1	3.3	4.3	2.6	4.7	5.0
自主创业	4.0	3.6	3.2	2.4	3.2	2.1	4.6	4.7
其他灵活就业			6.6	5.4	5.1	7.0	16.1	9.7
待就业	35.8	22.4	22.6	26.4	21.9	23.4	12.8	10.1
不就业拟升学	1.7	4.8	2.9	3.1	2.4	2.0	2.2	3.0
其他暂不就业			2.4	2.2	2.1	1.8	1.3	1.4
其他	2.7	3.0	1.1	1.2	1.5	0.9	0.7	0.9

随着中国经济的发展和居民收入水平的提高,人们对于继续接受教育和出国留学的需求增强。八次调查中,高校毕业生升学和出国出境学习的合计比例总体呈现上升趋势,从2003年的最低点15.1%上升至2017年的最高点26.3%。自由职业、自主创业、其他灵活就业在毕业生就业中已经成为不可忽视的重要组成部分,2007年及以后这三项的合计比

---

① 岳昌君,周丽萍. 中国高校毕业生就业趋势分析:2003—2017年[J]. 北京大学教育评论,2017,15(04):87–106+187.

例都达到两位数，2015年更是达到最高值，占比合计25.4%，这说明高校毕业生的毕业去向愈加多元化。

如果将表10-4中的前六行之和均视为已经落实就业去向的话，则高校学生毕业时的就业落实率（即工作安排已经确定的毕业生所占的百分比）总体呈现上升趋势。2003年受"非典"疫情的不良影响，落实率只有59.8%，2005—2013年间的落实率维持在70%上下，2015年和2017年，落实率都超过了80%。其原因在于：第一，中国产业升级和结构变化，创新创业政策有利于自由职业、自主创业、灵活就业占比的增加；第二，研究生招生规模扩大和居民收入水平提升有利于增加升学和出国出境的占比。因此，尽管这两年已确定单位的占比都不足40%，但落实率却能超过80%。

"待就业"指标更能反映出就业难的程度，此项只包括那些有就业意愿却在离校时没有落实工作岗位的毕业生。从八次调查来看，就业形势与落实率所反映的形势是完全一致的。在2003年的"非典"时期，待就业比例最高为35.8%。其次是在2009年的全球金融危机时期，待就业比例为26.4%，2017年的待就业比例最低。①

以上统计的就业率只是毕业生离校时的就业率，即初次就业率，它并不能完全反映劳动力市场的需求和高等教育的培养质量。欧美发达国家的初次就业率也都不高，很多毕业生都是在离校后一段时间才找到工作的。人力资源和社会保障部的数据统计结果显示，高校毕业生的年底就业率相较初次毕业率有了大幅提升，在毕业半年后，只有不到10%的毕业生仍然没有就业，这表明大学生毕业之后需要不断进行自我调整以适应不断变化的劳动力市场需求。②

在高校毕业生群体内部，不同特征群体学生的就业状况也存在很大差异。从图10-9来看，总体而言，学历层次越高就业状况越好。从平均落实率来看，专科生的落实率最低，为70.0%；本科生的落实率居中，为73.1%；硕士和博士的落实率最高，分别为81.7%和80.6%。这一特点表明，在高校毕业生劳动力市场中，用人单位对高学历毕业生有较大的偏好。从变化趋势看，学历层次之间的差异逐步缩小，甚至出现倒挂现象，主要表现在专科生落实率的上升趋势明显，2003年专科生的落实率在各学历层次中是最低的，2007年专科毕业生的落实率超过本科生，2011年专科毕业生的落实率不仅高出本科生，并且超出硕士生。2015年和2017年，专科毕业生的落实率在各个学历层次中稳居第一，这同专科院校的办学指导思想以及中国的产业结构密切相关。

---

① 岳昌君，周丽萍. 中国高校毕业生就业趋势分析：2003—2017年[J]. 北京大学教育评论，2017，15（04）：87-106+187.
② 人力资源和社会保障部. 近些年大学生总就业率超90%[EB/OL].（2017-03-01）[2018-08-01]. http://news.cctv.com/2017/03/01/ARTIRfxDBIyXCJUAkq514oio170301.shtml.

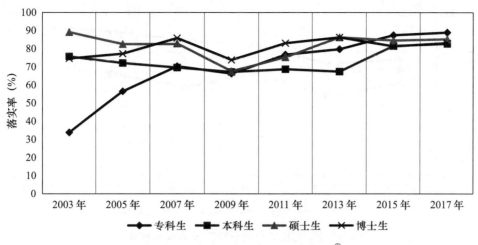

图 10-9 分学历层次的就业落实率[1]

近年来，专科生落实率赶超本科生有多方面的原因：第一，专科院校大都是实用的职业技术型院校，其办学指导思想和课程设置越来越针对劳动力市场的特殊需求；第二，专科院校近年来更加注重将工作重心放在毕业生就业上，千方百计地以促进毕业生就业为目标；第三，专科毕业生的就业预期明显低于同龄的本科毕业生，他们更愿意接受那些对本科及更高学历毕业生缺乏吸引力、起薪较低的工作机会；第四，从总体上来看，中国经济仍然处在全球产业链中低端，这反过来诠释了对拥有专门职业技能毕业生的更多需求。

对于本科生而言，如果不是近年来研究生招生规模扩大提供了更多的读研机会，那么本科生的就业落实率可能会更低。通识教育主要针对的是本科生群体，许多高校改革教学培养计划，让本科生学习更多学科的基础课程，扩大学生的知识面。然而，本科生相对较低的落实率表明通识教育培养的具有宽厚基础理论知识的毕业生，同目前我国劳动力市场所大量需要的具有应用型操作技能的人才匹配不够好。中国经济的发展还处在制造业大国阶段，吸纳毕业生就业的单位还是以中小企业为主，这些企业更需要具有应用型专门技能的毕业生。[2]

未能顺利落实就业去向的毕业生是不是就是找不到就业单位呢？从图 10-10 高校毕业生获得接收单位的数量来看，2007—2017 年，待就业者获得接收单位的数量平均为 2.1 个，尽管各年略有不同，但平均接收单位数均大于 1，这说明的确存在由于知识结构、职业期望以及起始薪酬期望等同用人单位提供的岗位不匹配而有业不就的现象。

---

[1] 岳昌君，周丽萍. 中国高校毕业生就业趋势分析：2003—2017 年 [J]. 北京大学教育评论，2017，15（04）：87-106+187.
[2] 同上。

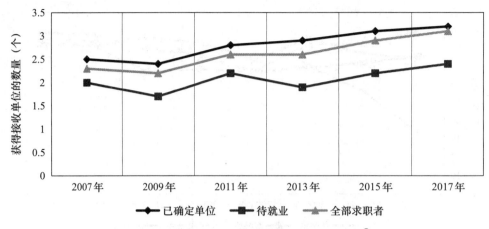

图 10-10　高校毕业生获得接收单位的数量[1]

高校毕业生的求职次数、求职费用和求职渠道也反映了就业效率。从求职次数来看，已确定单位者的求职次数多于待就业者，但是 2005 和 2007 年待就业者的求职次数多于已确定单位者，这说明单纯依靠增加求职次数并不能从根本上提高求职成功率。见图 10-11。

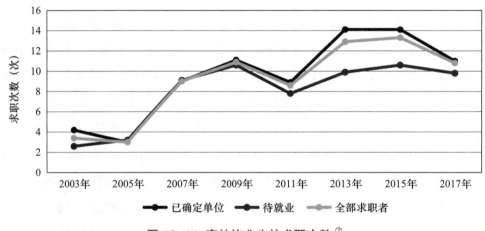

图 10-11　高校毕业生的求职次数[2]

随着毕业生人数的增加以及劳动力市场竞争的加剧，毕业生求职成本也越来越高，一些毕业生甚至认为求职花费越多求职成功的概率就越大。统计结果显示，高校毕业生的总求职费用呈现缓慢上升的趋势，2015 年和 2017 年的数值都超过了 2000 元。支出结构保持稳定，交通费、服装费和人情费是毕业生求职的三项主要支出。求职经费与求职结果之间不存在正相关关系，在求职过程中过分地增加支出并不会显著提高求职的成功率。以 2017 年为例，已确定单位者的平均总求职费用为 2096 元，而待就业者的平均支出更高，为 2259 元。

---

[1] 岳昌君，周丽萍. 中国高校毕业生就业趋势分析：2003—2017 年 [J]. 北京大学教育评论, 2017, 15 (04): 87-106+187.
[2] 同上。

就业信息对求职者工作找寻的结果至关重要。就业信息越充分,求职者越能节约成本增加收益,找到工作或获得较高工作收入的可能性就更大。调查发现,学校、亲朋好友和网络是毕业生获得求职信息的"三驾马车"。学校(包括院系)就业指导机构发布的需求信息始终是毕业生求职最重要的信息来源,显著高于其他信息来源,但是所占的比例呈现显著的下降趋势,而亲朋好友的作用日益显著。由于信息传播方式的变化,一场无声的革命正在发生,网络招聘信息在学生求职中的作用越来越大,2015年比例已经达到28.5%。以网络为基础的招聘平台如雨后春笋,迅速发展。他们不仅帮助雇主发布招聘广告,还允许求职者将其个人资料和工作偏好上传到网站数据库中,如果有匹配的机会,网站就会向求职者推送岗位。与此同时,近年来社交媒体兴起,允许用户(求职者和雇主)创建个人文件夹和在线社交网络联系,这都进一步拓展了毕业生的求职渠道。

二、高校毕业生的就业质量

收入是衡量就业质量的关键指标之一。图 10-12 展示了分学历高校毕业生的起始月薪。总体来看,随着时间的推移,高校毕业生的起薪呈现缓慢上升的趋势,平均年增长率为8.3%,并且起薪水平随着学历水平而上升。分学历层次来看,学历越高起薪越高,博士生的起薪最高(2007年除外),硕士生次之,本科生名列第三,专科生处于最低位置。以2017年为例,本科生的起薪是专科生的1.5倍,硕士生是专科生的2.7倍,博士生是专科生的3.4倍。从变化趋势看,专科生起薪的增长速度较低,博士生起薪的增长速度相对较高。

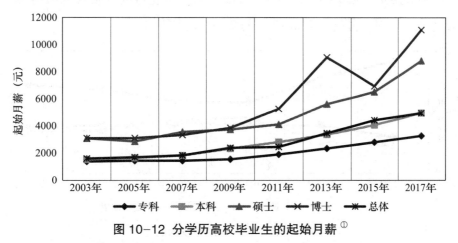

图 10-12 分学历高校毕业生的起始月薪 [①]

尽管各学历层次的月起薪水平呈现总体上升的趋势,但是消费价格指数(CPI)也在上升,因此应该按照可比价格或者相对价格进行计算和比较。如果以城镇从业者的薪资水平为参考构建起薪指数,则发现高校毕业生的相对起薪呈现显著下降趋势,由 2003 年的

[①] 岳昌君,周丽萍. 中国高校毕业生就业趋势分析:2003—2017 年 [J]. 北京大学教育评论,2017,15(04):87-106+187.

1.35滑落至2011年的0.68，而在2017年恢复至0.73。分学历层次来看，2003年各学历层次的起薪指数都大于1，表明各学历层次的收入均高于城镇单位就业人员的平均工资。但是，各学历毕业生的起薪指数呈现"L"形的下降趋势（见图10-13）。

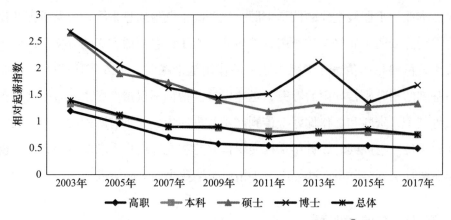

图10-13 分学历高校毕业生的相对起薪指数[①]

注：相对起薪指数=起始月薪*12/城镇从业者年薪。

从高校毕业生的实际收入与预期收入的比较来看，50%左右高校毕业生的收入低于期望水平，且低于期望的比例经历了"U"形变化趋势，先从2007年的63.9%下降至谷底2011年的40.3%，再持续回升至2017年的50.6%。等于期望的比例相对比较稳定，基本维持在27%的水平上下浮动。从六次调查中高于期望的比例来看，其变化趋势与低于期望所反映的形势是正好相反的，经历了"倒U"形的变化过程，先从2007年的15.4%上升至2011年的31.9%，再下降至2017年的23.5%（见图10-14）。

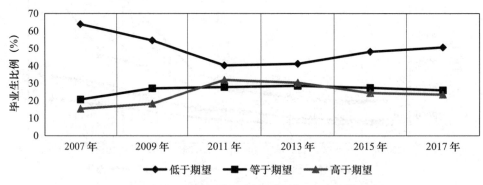

图10-14 实际收入和期望收入的比较[②]

衡量就业质量的另一个指标是毕业生对其第一份工作的满意度。这是一种自我报告的主观指标，受到薪资水平、社会地位和身份、职业发展机会、工作环境、工作期望等的综

[①] 岳昌君，周丽萍. 中国高校毕业生就业趋势分析：2003—2017年. 北京大学教育评论，2017, 15（04）：87-106+187.
[②] 同上。

合影响。由于高校毕业生找工作有充分的选择权,因此毕业生对自己所找到工作的满意程度较高,对找到的工作感到"非常满意"和"满意"的比例明显超过"不太满意"和"很不满意"的比例。在这八次调查中,"非常满意"和"满意"两项的合计比例在总体上呈现出上升趋势,"不太满意"和"很不满意"两项的合计比例在2005年至2015年期间呈现出显著下降的态势,2017年略有回升,但是上升幅度很小(见图10-15)。

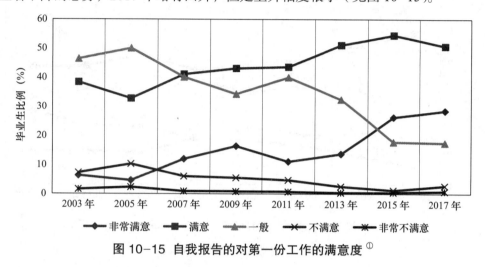

图 10-15 自我报告的对第一份工作的满意度[①]

就业匹配是另一项衡量就业质量的重要指标,包括学历匹配和专业匹配。学历匹配分为三种,适度教育表示毕业生所受教育程度与劳动力市场所要求的教育程度相当,教育不足表示毕业生所受教育程度低于劳动力市场所要求的教育程度,过度教育指毕业生所受教育程度高于劳动力市场所要求的教育程度。图10-16显示,大部分高校毕业生落实的工作与其学历层次比较匹配,且匹配程度越来越好。适度教育的比例总体呈现上升趋势,教育不足的比例则不存在明显的变化趋势。

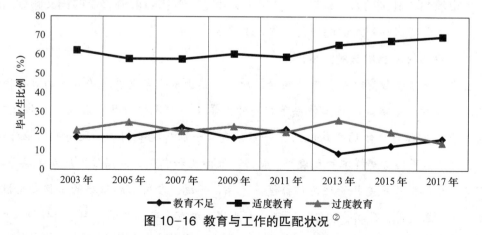

图 10-16 教育与工作的匹配状况[②]

---

① 岳昌君,周丽萍. 中国高校毕业生就业趋势分析:2003—2017年. 北京大学教育评论,2017,15(04):87-106+187.
② 同上。

专业匹配指毕业生对自己的专业知识和胜任当前工作所需技能的相关度的判断,图10-17 的数据显示,如果把非常对口和基本对口合并看作专业与工作岗位匹配,约四成毕业生的第一份工作与其专业知识不太对口,一成左右毕业生的初职与专业毫不相关。从变化趋势来看,匹配比例呈现下降趋势,之后略有回升,但是上升幅度有限。

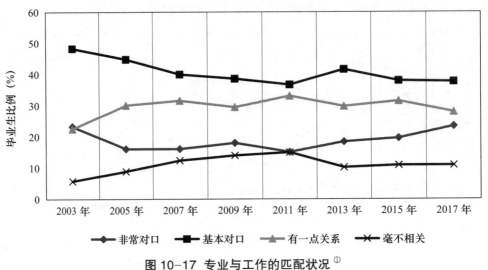

图 10-17 专业与工作的匹配状况[①]

案例 10-3

大学生 PK 农民工:教育收益比较的背后

编者按:一方面高校毕业生的就业难、起薪下降等问题引起了全社会的广泛关注,另一方面,社会上出现了"民工荒"的现象,相比之下似乎农民工后来居上成为中国劳动力市场的新贵,"脑体倒挂"和"读书无用论"等销声匿迹多年的词又频频出现。如何分析和看待这些令人惊诧与充满争议的现象?

◇ **差异比较不应驴头对马嘴**

首先,除了受教育水平,工作经验、迁移、健康水平等也是人力资本的重要因素,正确的比较方法应该是比较工作年限相同的大学生与农民工群体。其次,应该比较大学生和农民工各自总体的平均收入,而不只是拿个别情况举例。如果是采用抽样调查方法,则应该严格考察样本的代表性。第三,大学生和农民工的岗位性质差异显著。按照经济学中解释收入差异的理论"补偿性差异"一说,农民工所从事的工作安全性低、稳定性差、强度大、时间长、环境不好,因此收入中有一部分应该归因于补偿性收入。

---

① 岳昌君,周丽萍. 中国高校毕业生就业趋势分析:2003—2017 年. 北京大学教育评论,2017,15(04):87-106+187.

◇ **换一面镜子照收入**

我国城镇居民的教育收益率自20世纪90年代以来呈现显著的增长趋势,从1991年的2.76%上升至2004年的12.3%,教育层次越高的个人教育收益率也越大。2004年,本科毕业生的平均收入是小学毕业生的2.6倍,初中毕业生的2.2倍,高中毕业生的1.9倍,可见教育对促进收入的作用十分显著。此外,农民工从事的工作集中在制造业、建筑业、居民服务业等市场竞争性强的行业,而大学毕业生从事的工作集中在科技、教育、政府机关、金融业、信息服务等事业和机关单位以及新兴行业。2009年城镇单位各行业平均工资为32244元,农民工所在行业的平均收入低于总平均,而大学生所在行业的收入均在总平均以上。显而易见,大学生主要从事的行业的平均收入显著高于农民工所从事的行业。

◇ **不在一个锅里吃饭**

为什么我国会同时出现"民工荒"和"大学生就业难"看似矛盾的现象?从市场分割理论来看,大学毕业生群体主要在主要劳动力市场就业,农民工群体主要在次要劳动力市场就业。"十一五"期间,我国经济发展速度很快,从行业看主要体现在建筑业和出口导向的制造业。城镇新增就业5771万人,从单位看主要体现在私营企业、外资企业和个体经济。这一时期的发展模式有利于农民工的就业,而不利于大学生。随着我国城镇化水平的提高和农村人口增长速度的降低,一些经济学家认为我国的刘易斯拐点已经到来,人口红利将不复存在,因此"民工荒"和"涨工资"是必然趋势。我国是世界第一出口大国,加工贸易占半壁江山,主要依靠的是劳动力价格低廉的比较优势。如果从事出口加工的农民工仅仅是工资上升,劳动生产率没有提高的话,出口企业的成本就会上升,出口竞争优势就会消失,相关制造业的就业机会就会转移到其他发展中国家。从这一角度看,农民工的工资上涨的空间十分有限,很容易触到"天花板"。

摘自:岳昌君.大学生PK农民工:教育收益比较的背后[N].社会科学报,2011-3-31(002).

三、高校毕业生的就业公平

关于就业公平体现在性别差异、城乡差异、地区差异等诸多方面,女性和来自县镇、农村的毕业生的就业率低于男性和来自大城市的毕业生。女性高校毕业生的起薪月收入相当于男性高校毕业生月收入的90.8%,且性别差异在西部地区、竞争性行业、私营企业的劳动力群体中表现更为显著。这种就业起薪的性别差异，部分是由于人力资本、社会资本和就业状况三方面平均水平上的差异引起的。与此同时，对于女性高校毕业生的歧视也是其中一部分重要原因。进入职场前，女性毕业生的条件和准备总体高于男性毕业生，如果男性和女性在同等条件下进入职场，实际上女性毕业生遭遇的歧视要比观察到的更大。[1]

图 10-18 展示了 2017 年全国高校毕业生的就业去向，来自城市和农村的学生之间存在显著差异。在升学和出国出境方面，农村毕业生的占比显著低于城市学生。农村毕业生中待就业的占比更大，显示出农村毕业生的就业难度更高；灵活就业、自由职业和自主创业的占比更大，隐含着农村毕业生的就业质量较差。

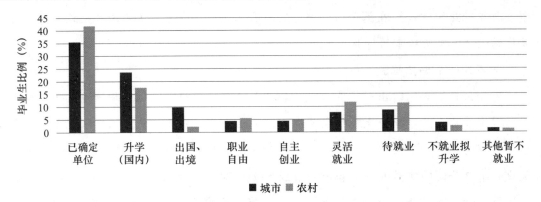

图 10-18 城乡毕业生的就业去向[2]

图 10-19 展示了城乡毕业生的就业起薪，总体来看，农村户口毕业生的月起薪显著低于城镇毕业生，原因之一是城乡学生的学历差异。但分学历比较看，起薪的城乡差异同样存在。若将样本中学历占比作为权重，则加权平均值为 14.4%，即城镇户口毕业生的月起薪比农村户口毕业生的月起薪平均高 14.4%。

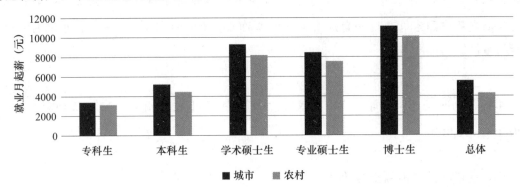

图 10-19 城乡毕业生的就业起薪[3]

---

[1] 魏巍. 大学生就业起薪性别差异的实证分析 [J]. 教育学术月刊, 2018 (06): 11—16.
[2] 岳昌君. 高校毕业生就业状况的城乡差异研究 [J]. 清华大学教育研究, 2018, 39 (02): 92—101.
[3] 同上。

就业状况的城乡差异与高等教育入学机会的城乡差异相关。城镇户口学生上"985"和"211"重点高校的机会是农村户口学生的两倍多,且获得高学历(本科、硕士、博士)的机会更大。尽管在成绩排名、奖学金、专业兴趣、学习时间投入等学业表现方面,不存在显著的城乡差异,但是城镇户口学生在能力增值方面自我评价更好。高校毕业生就业状况的城乡差异部分体现在人力资本水平的差异上,农村户口学生在进入重点大学和升学方面处于劣势。另外,家庭所在地也是重要的影响因素,81.0%的农村户口毕业生家庭所在地为县城以下,其中42.6%的农村户口毕业生家庭所在地为农村,仅有16.3%的高校毕业生就业所在地为县城以下,在农村就业的高校毕业生仅占0.8%。家庭所在地与就业所在地的严重错位,使得农村学生的求职处于十分不利的地位。[①]

从高校毕业生的就业地区分布和所有制分布也可以窥探就业中的公平问题。总体来看,高校毕业生在地区间、城乡间以及不同所有制单位间的分布并不平衡。至少70%以上的高校毕业生在直辖市和大城市就业,并且这种模式日益得到强化。尽管国有企业仍然是高校毕业生的主要雇主,但是随着时间的推移,被定义为政府加事业单位的公共部门对高校毕业生的吸纳能力已经有所减弱,而民营企业聘用了更多的高校毕业生。此外,从中西部地区流向东南沿海地区的人才外流模式较为明显,尤其是流向北京市、上海市和广东省。

随着高校毕业生就业难问题持续升温,一线城市工作压力和生活成本日益增高,各级政府陆续出台一系列鼓励高校毕业生到基层就业、返乡创业的优惠政策,毕业生的就业观念有所转变,返乡就业和到基层就业的毕业生比例有所提高。2003年到2013年毕业生返乡就业比例逐渐增加,此后虽略有下降,但国家的总体就业政策保持着这一导向。西部生源省份的毕业生返乡就业比例最高,尤其是2009年达到20%以上,这与近年来出台的一系列鼓励毕业生到西部地区就业的政策有关。[②]

图10-20呈现了2004—2011年全国高校毕业生到基层就业的比例。2004年和2005年全国高校毕业生基层就业的比例仅为4%左右,此后呈现稳中有升的态势,到2011年达到13%左右。结合基层就业政策来看,尽管2003年国家就出台政策鼓励和引导高校毕业生到基层就业,但直到2006年高校毕业生的基层就业率才有了显著提升。可能的原因是政策效果存在滞后性,即基层就业政策的目标群体"高校毕业生"需要一定时间来理解、消化和接受政策内容,且之后密集出台的相关基层就业政策也会在一定程度上强化前期政策的效应。

---

① 岳昌君. 高校毕业生就业状况的城乡差异研究 [J]. 清华大学教育研究, 2018, 39(02): 92-101.
② 马莉萍, 刘彦林, 罗乐. 高校毕业生返乡就业的性别差异: 趋势与特点 [J]. 教育与经济, 2017(1): 13-19.

分不同地区来看，西部地区基层就业的比例最高，2006年呈井喷状态达到18%左右，此后虽略有下降，但整体呈现稳中有升的发展态势。中部地区基层就业的比例略低，2011年达到13%左右。东部地区基层就业的比例最低，2011年约为7%左右。结合基层就业政策来看，国家的基层就业政策明确鼓励高校毕业生到西部地区就业，优惠激励措施最为突出，且中西部地区的地方基层就业政策涵盖的项目数量最多，因此可能使得高校毕业生在中西部地区基层就业的比例远高于东部地区，与国家的政策目标基本一致。①

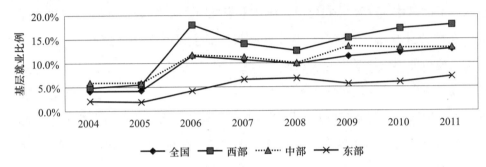

图10-20 2004—2011年高校毕业生的基层就业比例②

中国各级政府一直高度重视高校毕业生的就业问题，强调"就业是最大的民生。要坚持就业优先战略和积极就业政策，实现更高质量和更充分就业""提供全方位公共就业服务，促进高校毕业生等青年群体多渠道就业创业，出台了一系列促进高校毕业生就业的政策"③。知识小卡片10-3简要梳理了中国促进高校毕业生就业的相关政策。此外，在人才培养和就业指导的过程中，需要特别关注那些处于弱势地位的毕业生，例如来自较低社会经济背景家庭的女生，或来自乡镇和农村的、父母缺乏人力资本和社会资本的第一代大学生。

知识小卡片10-3

中国高校毕业生就业政策概述

用高校毕业生就业相关的政策文件来描述大学生就业政策的发展历程，可大致分为三个阶段：第一阶段，1949年到20世纪80年代中期，在计划经济体制下，大学毕业后接受分配工作；第二阶段，20世纪80年代中期到20世纪90年代末，以"双向

---

① 马莉萍，刘彦林.高校毕业生基层就业：从中央政策到地方政策[J].北京大学教育评论，2015，13（2）：32-47.
② 由于受到数据的限制，此处将在县城及以下就业定义为基层就业，其中包括落实工作单位、自由职业和自主创业等就业类型。
③ 习近平.决胜全面建成小康社会，夺取新时代中国特色社会主义伟大胜利：在中国共产党第十九次全国代表大会上的报告[M].北京：人民出版社，2017：11.

选择"为标志的过渡期;第三阶段:90年代末至今的自主择业。

在不同时期,就业政策都与当时的社会和经济发展的背景密切相关。2002—2012年大多数的政策文件从三方面展开讨论:(1)迅速增加的高校毕业生数量;(2)高校毕业生就业政策的市场化改革;(3)日益突出的"结构性矛盾",即高校毕业生的供给与劳动力市场的需求匹配不够好。

按照政策的目的可分为六类:(1)规范就业管理体系;(2)拓宽就业途径;(3)规范劳动力市场;(4)加强就业支持;(5)提高就业能力;(6)改善就业保障机制。

按政策的内容可分为八类:(1)基层就业政策;(2)自主创业政策;(3)大学生征兵政策;(4)学费补偿或债务偿还政策;(5)就业援助政策;(6)就业咨询政策;(7)教育结构改革政策;(8)户籍政策。根据政策的目的,(1)(2)(3)用于拓宽就业途径,(4)和(5)用于加强就业支持,(6)和(7)用于提高就业能力,(8)用于改善就业保障机制。

摘自:北京大学教育学院课题组.亚洲开发银行"促进中国大学毕业生就业的政策"结题报告[R].北京大学教育学院,2016.

本章小结

本章首先从失业的概念入手,分析了失业的三种可能原因:供需总量矛盾引起的一般性失业、供需结构失调引起的结构性失业和技术进步可能引发的失业。教育促进就业、减少失业主要有几种机制:教育提升劳动力的就业能力、延缓就业时间、受教育者通过创业来创造就业岗位、与教育相关的产业迅猛发展促进就业等。中国自1999年实行的高校扩招就是在扩大内需、促进经济增长、解决就业问题的目标下展开的。然而,伴随着全球高等教育扩张以及受教育水平的普遍提高,就业问题并没有得到根本解决,甚至在很多国家出现了受教育程度高的群体失业率较高的现象。本章接下来从理论上分析了教育扩张与受教育程度高的劳动力就业之间的关系,并介绍了各国在促进受教育程度高的劳动力就业方面的政策措施。最后,基于北京大学教育学院2003—2017年全国高校毕业生就业调查的数据,从效率、质量和公平三个维度介绍了中国高校毕业生的就业问题。

思考与练习

1. 如何解释劳动力市场中的失业现象?
2. 教育通过哪些机制促进就业?
3. 如何解释教育扩张与高技能劳动力就业之间的关系?

4. 不同学历的高校毕业生呈现何种就业特点？如何解释这一现象？

5. 如何评估解决中国高校毕业生就业问题的相关政策？

拓展阅读建议

1. 闵维方，岳昌君，丁小浩. 高校毕业生就业问题与对策研究［M］. 北京：北京大学出版社，2018.

2. 范先佐. 教育经济学新编［M］. 4版. 北京：人民教育出版社，2015: 129−154.

3. 岳昌君，等. 全国高校毕业生就业调查报告（2019）［M］. 北京：北京大学出版社，2020.

第十一章　教师供求与工资

内容提要

本章首先阐述在劳动力市场中教师供求的特殊性，并具体分析教师的需求和供给、教师工资水平的影响因素、教师绩效工资制度，最后介绍学术劳动力市场中的教师流动、薪酬制度、聘任与晋升。

学习目标

1. 了解教师供求在劳动力市场中特殊性。
2. 掌握教师供给和需求的相关理论。
3. 理解如何使用相关理论分析教师均衡工资、教师短缺、教师流动等问题。
4. 了解教师工资以及绩效工资的基本特点。
5. 了解学术劳动力市场的特殊性及大学教师的薪酬、聘任与晋升等。

关键词

教师供给　教师需求　教师流动　教师工资　学术劳动力市场

在教育与劳动力市场的关系中，有一类与教育自身发展密切相关的特殊问题就是教师的供求与工资。教师的供求是劳动力市场的重要组成部分，并以特殊的方式影响教育发展的规模、结构、质量和效益，因此在教育经济学中具有特殊意义和地位。本章将在第九章的基础上，具体介绍教师需求与供给、教师工资、教师流动以及高等教育系统中的教师供求，即学术劳动力市场等方面的问题。

第一节　教师需求和供给

在整体劳动力市场中，教师的需求与供给占有相当重要的地位。中国拥有世界上规模最大的教育系统，各级各类教育系统中的专任教师数在2018年达到1673万。图11-1呈现了2000—2017年各级普通教育中的专任教师规模，可以看出，普通高等院校的专任教师人数虽少，但呈明显的上升趋势，从2000年的46万增加到2017年的163万。普通高中的专任教师人数略多于普通高等院校，且从2000年的76万增加到2017年的177万。普通小学和普通初中的专任教师规模较大，分别稳定在500到600万和300到400万之间。由于中国政府举办的公立教育机构在整体教育事业中占绝大多数，因此各级各类教育中公立学校教师占绝大多数。

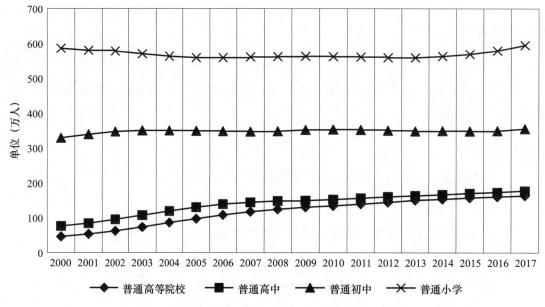

图11-1 2000—2017年中国各级教育的专任教师规模

数据来源：国家统计局.中国统计年鉴2019［M］.北京：中国统计出版社，2019：681.

不同国家教师规模的发展变化呈现不同特点。美国国家教育统计中心（NCES）的数据显示，1970年美国的教师规模为277万，之后一直呈缓慢增长趋势，到2015年已接近513万，其中80%的教师就职于公立学校。中小学教师占教师总人数的70%，是教师劳动力市场的主体，其规模也在呈现缓慢增长趋势，从1970年的229万增加到2011年352万，预计到2023年将达到382万。美国中小学教师中约有90%就职于公立学校，私立中小学的教师规模由1970年的23万增至2015年的42万，预计到2023年期没有大幅增减。美国的中小学教师数量占其劳动人口的4%，相当于25—64岁受过高等教育劳动人口的9%。[①]

[①] LANKFORD H, WYCKOFF J. Teacher Labor Markets: An Overview［M］// PETERSON P, BAKER E, MCGAW B. International Encyclopedia of Education, 3rd Edition. Amsterdam, North-Holland: Elsevier, 2010: 456-464.

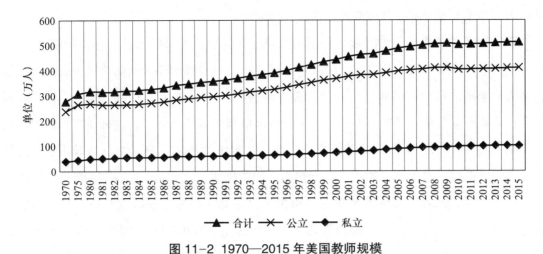

图 11-2 1970—2015 年美国教师规模

数据来源：National Center for Education Statistics. Number of Teachers in Elementary and Secondary Schools, and Instructional Staff in Postsecondary Degree-granting Institutions, by Control of Institution: Selected Years, fall 1970 through fall 2023［EB/OL］［2020-05-20］. http://nces.ed.gov/programs/digest/d13/tables/dt13_105.40.asp.

尽管教师劳动力市场在整体劳动力市场中的比重不算很大，但是，在很多国家，教育是公共财政支出各部门中在劳动力市场占比最大的领域，具有不同于一般劳动力市场的特殊之处。教师劳动力市场的买方（即需求方）是学校；卖方（即供给方）是培养教师的学校以及可能成为教师的劳动者。按照经济学的一般规律，教师的需求和供给将决定教师劳动力市场的均衡价格——教师工资。然而，教师劳动力市场的特殊性决定了教师供求以及教师工资的特殊性。首先，绝大多数教育机构属于非营利机构，不是按照利润最大化或成本最小化的机制运行。其次，由于绝大多数教育机构都是公立学校，尤其是在基础教育阶段公立教育占比非常高，且受各级政府管理或监督，因此从某种程度上来说，政府是教师劳动力的主要买方，即教师的需求方。再次，各级各类高等教育机构，特别是政府所举办的师范院校，是提供教师教育专业的主要供给方，且教师规模还会受到政府制定的相关政策的影响，比如对学生教师比例（生师比）的规定。最后，由于多数教育机构均由政府主办，因此政府对教育的投入水平会影响教师的工资水平，而教师的工资水平又会进一步影响教师供给。因此，教师需求、供给和工资水平以及三者之间的相互作用形成了一个特殊的劳动力市场——教师劳动力市场。

一、教师需求

尽管不同国家在社会经济发展水平和教育体制等方面各不相同，但是总体来说，影响教师需求的因素包括学龄人口数、教育普及程度、生师比、教师年龄结构等，而这些因素又在很大程度上受政府教育政策的直接或间接影响。

影响教师需求的最重要因素是一个国家或地区的学龄人口数和教育普及程度。例如，当一个国家生育率持续走低造成学龄人口数减少时，对教师的需求会随之减少，反之，则教师需求会随之增加。例如，2013年以来中国逐步放开计划生育政策，人口生育率有所上升，受教育需求相应增加，因此对教师的需求也相应增加。但是，这种需求可能存在地区、城乡差异。根据21世纪经济研究院的统计，2016年中国实施全面二孩政策后，常住人口出生率最高、增幅最大的省份均是山东，出生率为17.89‰，比上一年提升了5.34个千分点。天津、上海、北京的常住人口出生率分别是7.37‰、9‰、9.32‰，分别排名全国倒数第四、五、七。同样，经济发达、居民收入水平高的广东、浙江等地，2015年和2016年常住人口出生率在全国的排名也很靠后。① 可以预见，未来一段时间不同地区对教师的需求也会因人口出生率的不同而存在差异。学龄人口数构成了对教师数量的潜在需求，这种潜在需求转变成现实需求还同一个国家的教育普及程度密切相关。在两个人口结构相同的国家，如果一个国家的教育普及程度是9年，而另一个国家是13年，那么教育普及程度高的国家对教师的需求量就会更大。

影响教师需求的另一个重要因素是生师比。对生师比的要求越严格，即学生教师比例越低，对教师的需求就越大。为了保证教育质量，各国政府都制定了关于生师比或班级规模的规定。以中国为例，根据《城市普通中小学校校舍建设标准》《农村普通中小学校建设标准》等文件的规定，完全小学的班级规模不超过45人，初级中学、九年一贯制学校中学阶段、完全中学和高级中学的班级规模均不超过50人。各地政策的颁布时间和具体规定略有差异。例如，2006年3月1日起实施的《北京市中小学校办学条件标准》对小学、初中以及高中的班额提出了明确要求：初中和小学每班学生人数原则上不超过40人，高中不超过45人。② 美国自20世纪80年代以来一些州开始了减小班级规模的尝试，加利福尼亚州政府在1996年颁布了减小班级规模的改革项目，为学校提供额外拨款，并要求幼儿园到小学三年级的班级规模保持在20人以下，截至2008年，全美21个州实行了减小

---

① 二孩政策实施第一年，盘点各省生育规律［EB/OL］.（2017-08-15）［2018-08-12］. http://baijiahao.baidu.com/s?id=1575780930242389&wfr=spider&for=pc.

② 针对不同类型的学校给出了各年级班级数量和各班级学生数量的限制，其中，独立设置的小学每年级2至4班，合计12至24班，班额小于等于40人；独立设置的初中每年级6至10班，合计18至30班，班额小于等于40人；九年一贯制学校每年级2至4班，合计18至36班，班额小于等于40人；完全中学每年级4至6班，合计24至36班，初中段和高中段分别执行初中和高中的班额；独立设置的高中每年级8至12班，合计24至36班，班额小于等于45人。

班级规模的政策，教师需求随之上升。[1]

图 11-3 列举了一些国家和地区 2001 年和 2011 年的小学平均生师比，可以看出，在此十年间，多数国家的生师比均有下降，其中中国、日本和韩国等亚洲国家生师比降幅较大。在学生规模保持稳定的情况下，生师比或班级规模的下降意味着对教师需求的相应增加。

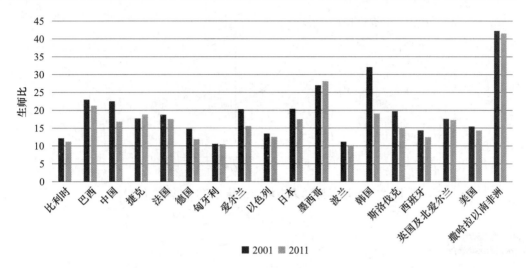

图 11-3 小学的生师比变化

数据来源：UNESCO Institute for Statistics. UIS Database［EB/OL］.［2020-09-30］. http://data.uis.unesco.org/#.

教师队伍的年龄结构也会影响教师需求。例如美国第二次世界大战后"婴儿潮"期间出生的教师陆续步入了退休年龄，意味着对新教师的需求正在增加。许多经济合作与发展组织国家也面临类似的问题，教师队伍的老龄化将导致未来对新教师的需求迅速增加。[2]

还有一些其他因素也会影响教师需求，比如一个国家或地区能够用于支付教师工资的经费数额等。在公立教育系统中，如果政府教育预算减少，那么教师需求就会降低，而在私立教育系统中，如果当地居民收入水平降低，导致有支付能力的教育需求减少，那么能够用于负担教师工资的经费会减少，教师需求也会随之降低。在这种情况下，往往会导致生师比提高。

总体来说，社会对教育（特别是基础教育）的需求弹性小，也就是说，当上述几个方面的因素确定后，社会对教师的需求量也基本确定，而与教师工资水平高低关系不大。在这种情况下，教师需求曲线 D 是垂直于横坐标的（如图 11-4 所示）。当上述几类因素发

---

[1] EPE Research Center. Quality Counts 2008: Tapping into Teaching—Unlocking the Key to Student Success［R］. Education Week, 2008.

[2] DOLTON P. Teacher Supply［M］// PETERSON P, BAKER E, MCGAW B. International Encyclopedia of Education, 3rd Edition. Amsterdam, North-Holland: Elsevier, 2010: 489-497.

生变化时,需求曲线将会向左或向右平行移动。例如,当学龄人口增加或教育普及程度提高时,教师的需求曲线将向右平移。这里的需求曲线指教师总体的需求曲线,不同学科、不同特征教师的需求曲线可能存在一定的差异,所受到的影响因素也可能不尽相同。下面这个案例反映了相关政策出台导致的对不同科目教师需求的差异化影响。

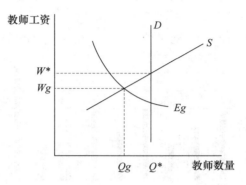

图 11-4 教师劳动力市场的供给(S)与需求(D)

案例 11-1

中国高考改革对教师需求的影响

编者按:2014 年 9 月发布的《国务院关于深化考试招生制度改革的实施意见》,将"形成分类考试、综合评价、多元录取的考试招生模式"作为新一轮高考改革的主要目标。新一轮高考改革的核心是增加选择性,其表现方式之一是取消文理分科。以浙江为例,由"3 + 文综/理综"改为"3 +3"模式:语文、数学、外语 3 科必考科目(不区分文科卷和理科卷)外加"7 选 3"选考科目。在选考制度设计中,学生被赋予了充分的自由选择权,可以自主决定科目组合。与学生自主选科相对应,试点地区的高中开始全面推进"走班制"教学和特色化办学,省级教育考试院采用了"等级赋分"制来实现不同选考科目的等值并设计了新的投档方式。为了评估新高考的实施效果,北京大学教育学院课题组对浙江进行了长期追踪调查,以下内容节选自该课题组的调研报告,反映了高考改革对不同学科教师需求的差异化影响。

不少中学都提到了新高考可能带来学科教师的"潮汐现象":设想上一级学生选择某个科目的学生多,但考试成绩并不理想,这就可能会导致下一届选择该科目的学生数量减少。在这种情况下,该科目教师就会出现富余,反之就会出现教师紧缺,从而导致对教师需求的波动性。而更普遍的现象可能是高一、高二时选考科目教师不足、高三时语数外教师不足。为此,有学校提出跨年级安排师资的方案,也有地区提出教师的共享和"走校制",这就需要创新教师管理体制。

自由选科下还出现了"理科萎缩"现象。据统计,文理分科时代,浙江选择理科的学生占比约为65%,而2017届浙江高考考生中,选择任意一个理科选考科目的学生比例都比以往文理分科时明显下降,选择化学的比例最高,但仅有50%,选考物理的比例仅占41%。除了中低成绩段、女生选择物理的比例更低之外,农村学生选择物理的比例明显低于城市学生。这种选科特点引发学科师资需求急剧变化。文科教师,尤其是地理、历史教师短缺,甚至高一地理课、历史课都不能正常开设。等到高三选考完成之后,教师才能急急忙忙去支援高一。而理科教师尤其是物理教师大量剩余,成为学校"多余的人",只能"另谋生路"。一些物理教师仍能留在本校,转教通用技术学科;另一些民办学校的教师准备向管理层发展;实在不能留在本校的,只能"下放"到初中。

摘自:北京大学教育学院课题组,2015年和2017年浙江"新高考"调研报告。

二、教师供给

教师供给主要由两部分组成(如图11-5所示):在岗教师的供给和不在岗但将来有可能成为教师的潜在供给。在岗教师的主要供给来源是那些正在从事教师职业的劳动者,既包括接受过相关训练后进入教师劳动力市场的毕业生,也包括重返劳动力市场的教师。潜在供给主要指那些虽然有执教资格但没有从事教师职业或离开教师职业的劳动者。

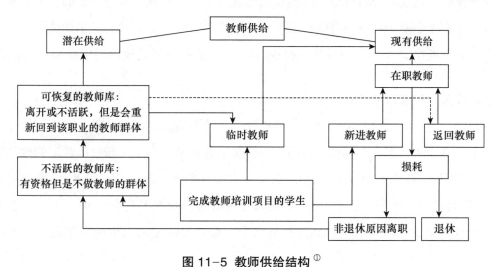

图 11-5 教师供给结构[1]

---

[1] DOLTON P. Teacher Supply [M] // PETERSON P, BAKER E, MCGAW B. International Encyclopedia of Education, 3rd Edition. Amsterdam, North-Holland: Elsevier, 2010: 489−497.

那么，哪些因素会影响教师供给？换句话说，哪些因素能够提高人们从事教师职业的积极性呢？在市场经济条件下，工资水平是最重要的影响因素之一。在教师供给与教师工资存在正相关关系的假设下，教师供给曲线 S 是一个向上倾斜的曲线（如图11-4所示）。需求和供给曲线的交点 Q^* 和 W^* 是在教师劳动力市场达到均衡条件下的教师规模和教师工资水平。

在一个完全竞争的劳动力市场中，工资水平由其边际产量决定，因此生产效率越高其工资水平就越高。然而，教师劳动力市场不是完全竞争性的，其工资水平往往不因劳动力的边际产量而变，却在很大程度上由教师劳动力的最大买方——政府来决定。政府在制定教师工资政策时会考虑多方面的因素，比如划拨多少财政预算用于支付教师工资、与其具有共性的其他职业的工资水平、物价或通货膨胀的影响等。

除了绝对工资水平以外，教师工资相对于其他职业的工资水平也是影响教师供给的重要因素。不管对于在岗教师还是非在岗教师，如果其他工作强度相当的可选职业的工资水平远远高于教师工资，那么人们从事教师职业的意愿会大大降低，教师供给会相应下降。

除教师工资外，非货币性的工作特征也会影响教师供给，特别是在工资由政府决定的公立教育系统内，非货币工作特征对教师流动的影响更大。非货币工作特征包括工作所在地特征和学校环境，后者还可以进一步分为硬件环境（如学校教学的物质、技术和基础设施及其质量）和软件环境（涉及学生、家长、领导、管理、职业发展等方面）。很多实证研究提供了非货币工作特征影响教师供给的证据。例如，从工作所在地特征来看，教师往往喜欢在离家近或者与自身成长环境近似的地区工作，与从事其他职业的大学毕业生相比，教师在高中毕业8年后更可能在家乡所在地就职，61%的教师其高中就读学区与工作所在学区的距离在25千米以内，85%的教师其工作地点距曾经就读的高中在65千米以内。[①]

三、教师短缺与教师流动

当社会对教师的需求产生变化时，如果教师供给不能随之变化，就会产生供大于求或供小于求的不均衡状态。在存在预算约束的情况下，教师工资水平与可以聘用的教师数量成反比，如图11-4中的曲线 E_g 所示。在这一预算水平下，政府能够用 W_g 水平的工资聘用 Q_g 数量的教师。然而，由于 W_g 小于需求与供给均衡时的工资水平 W^*，如果政府不能放松其预算约束使得教师工资达到更高的水平，那么教师劳动力市场将存在 Q^*-Q_g 水平

---

① MARVEL J, LYTER D M, PELTOLA P, STRIZEK G A, MORTON B A, ROWLAND R. Teacher Attrition and Mobility: Results from the 2004–2005 Teacher Follow-Up Survey（NCES 2007-307）[R]. National Center for Education Statistics, 2007: 63.

的教师短缺。[1]

假设所有教师都是同质的,教师总量的供给将出现不足,即毕业生从事教师职业的积极性不足,或者一些在职教师选择从事其他职业。考虑到不同地区、不同学校的工作环境不同,而教师供给会受到这些非经济因素的影响,那么,若不存在补偿性工资[2]或者补偿性工资较少的情况下,毕业生将不愿意去工作环境差的地区或学校,从而出现地区性的教师短缺,比如边远农村地区教师短缺。假如放松教师同质的假设,一些教师教学能力强,而另一些教师教学能力弱。那么,如果教学能力是一项可迁移的能力,教学能力强的教师找到其他收入更高工作的机会就更多,这些高质量教师的流失就可能造成教学能力强的教师短缺,而教学能力弱的教师则不存在短缺。

对教师短缺的异质性的分析可以参考图11-6,左边为高能力教师的供给需求曲线,右边为低能力教师的供给需求曲线,图中的 W^* 为政府制定的工资标准,W^H 为高能力教师的均衡工资,W^L 为低能力教师的均衡工资。可以看出,由于左图中高能力教师的均衡工资 W^H 高于政府制定的工资标准 W^*,因此高能力教师的供给 E^S 小于需求 E^D,存在 E^D-E^S 的短缺;右图中低能力教师的均衡工资 W^L 低于政府制定的工资标准 W^*,因此低能力教师的供给 E^S 大于需求 E^D,存在 E^S-E^D 的过剩。

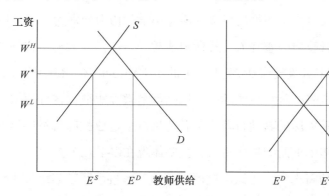

图 11-6 高能力教师(左)和低能力教师(右)的供给(S)与需求(D)

从全世界范围来看,教师短缺普遍存在。联合国教科文组织的报告指出,要实现可持续发展教育目标,到 2030 年全球至少还需要招聘 6900 万名小学和中学教师。目前全球仍有 2.63 亿失学儿童,其中有 2500 万从没上过学,若不采取及时行动,随着人口不断增长,

---

[1] DOLTON P. Teacher Supply [M] // PETERSON P, BAKER E, MCGAW B. International Encyclopedia of Education, 3rd Edition. Amsterdam, North-Holland: Elsevier, 2010: 489-497.
[2] 补偿性工资是指在较差的工作条件下,雇主为了吸引雇员所必须支付的额外工费,是支付给接受较差或艰苦的工作条件的雇员的一种奖励。

儿童就学问题将更加严重。①

德国中小学教师缺口巨大，截至2016年底，德国中小学教师缺口至少有4万人，即约30万中小学生没有足够的老师授课，其中数学、计算机、技术、自然等学科的小学教师尤其紧缺，师资力量紧缺直接加重了在岗教师的工作负担，而德国教师短缺的主要原因是众多难民儿童涌入，中小学生人数激增。②

美国2011年中小学生师比平均为16:1，但仍然存在教师短缺问题，其主要原因有两个：一是第二次世界大战以后出生的"婴儿潮"一代教师从2006年开始陆续步入了退休年龄，人口结构变化导致劳动力供给不足，且这种趋势将一直持续到2030年。而更重要的原因则是教师流失严重。据统计，大学毕业后开始从教的新教师中，有五分之一在第二年选择离开教师行业，有四分之一的新教师在开始从教的前4年内离开了教师行业，③且这种教师流动现象在特殊教育、数学、科学等学科领域和低收入地区学校尤为明显，④一些贫困率较高的学区教师流动率甚至达到50%。因此，超过90%的新聘教师是用于补充非退休原因流失教师所造成的职位空缺。⑤

中国于1986年颁布《中华人民共和国义务教育法》，2010年基本实现了九年义务教育的普及。2013年中国小学和初中的平均班级规模分别是37.4人和53.8人，与经济合作与发展组织国家和其他人口大国的平均班级规模（小学和初中分别为22人和25人）相比，班级规模仍然较大。尽管政府一直在着力控制班级规模，但是"大班"在各个教育阶段均不同程度地存在。2015年班级规模在55人以上的小学约占13%，初中约占20%，高中约占37%。⑥而难以进一步缩小班级规模的一个原因就是教师短缺，这种短缺一方面源于教师待遇与同等学历、同等资历的其他行业人员相比偏低，造成教师总量供给不足，而更重要的原因则是多重矛盾作用下的结构性短缺，主要体现在以下几个方面。

第一，农村地区教师需求大，短缺问题严重。一些农村地区教学点过于分散而造成教师需求量大，而这些地区往往是工作和生活条件较差的地区，教师供给不足。由于中等师范教育断层、高等师范教育缩水以及人们观念变化等原因，农村合格教师的人数也越来越

---

① 余自洁.UNESCO：全球需新增6900万名教师 以实现教育2030目标[J].世界教育信息，2016，29（22）：73.

② 冯雪珺.德国中小学教师缺口大[N].人民日报，2017-8-2（22）.

③ BOSER U. A Picture of the Teacher Pipeline: Baccalaureate and Beyond[J]. Education Week Quality Counts 2000, 2000, 19（18）：17.

④ INGERSOLL R M. A Different Approach to Solving the Teacher Shortage Problem[R]. Teaching Quality Policy Briefs, No.3. University of Washington, Center for the Study of Teaching and Policy, 2001: 1–7.

⑤ INGERSOLL R M. The Teacher Shortage: A Case of Wrong Diagnosis and Wrong Prescription[J]. NASSP Bulletin, 2002, 86（631）：16–31.

⑥ 中华人民共和国教育部发展规划司.中国教育统计年鉴2015[M].北京：中国统计出版社，2016: 70+131+149.

少。同时，教师从农村到城市、从薄弱学校到重点学校的单向流动特征突出，导致流出地的师资更加薄弱。

第二，教师队伍中性别比例失衡现象严重，生育高峰期内的教师短缺问题不容忽视。总体来看，中国中小学教师中女性约占80%以上。随着国家二孩政策的全面放开，女教师生育高峰即将到来，学校将面临"产假式缺编"。

第三，学科教师的结构性短缺普遍存在。有新闻报道，江西省一些中小学急需音乐、体育、美术、地理、生物、信息技术、心理咨询等小学科教师，浙江省一些中小学数学教师严重不足，湖南一些学校则招聘不到物理、化学、生物、政治、历史等传统学科的教师。[1]

第四，高质量教师长期短缺。从教师的学历水平来看，初中教师中有64%拥有本科以上学历，但获硕士学历的教师比例远不及其他国家，仅有0.64%。[2] 如果说教师数量短缺问题是教育的温饱问题，那么教师质量的缺口则是教育的发展问题。

由于世界各国普遍存在教师短缺和教师流动问题，因此涌现了大量研究探讨其影响因素以及解决之道。教师流动的因素与影响教师供给的因素有相似之处：一方面，货币特征是影响教师流动的重要因素，工资收入水平高的教师在教育行业工作的时间更长，与同等学力要求、工作强度相当职业的工资收入差距越大，则教师离开教育行业的可能性越大。在教育行业内部，学区间的收入差距也会对教师在教育行业内部的流动产生影响，本学区教师的相对工资越高，教师在行业内学区间流动的可能性越小。[3][4] 另一方面，教师也会因工作环境而发生流动。例如在美国，教师（特别是高质量的教师）往往偏好在成绩好、家庭收入高、白人学生多的学校任教，倾向于从学生家庭社会经济地位低的学校流向家庭社会经济地位高的学校。[5] 那些服务家庭社会经济地位低、学业成绩不佳以及少数族裔学生的学校面临严重的教师流失。[6] 教师也很看重学校的管理，37%的教师离开其任职学校是因其对学校管理不满意；[7] 而有效的领导可以为教师创造积极的工作环境。教师对学校领

---

[1] 阳锡叶，彭猛兴，袁愈雄．新教师咋就补不到位［N］．中国教育报，2016-01-05（04）．
[2] 何美，燕学敏，单志艳．调查：中国中小学教师发展总体处于世界中等水平［N］．中国教育报，2013-09-30（03）．
[3] GRITZ R M, THEOBALD N D. The Effects of School District Spending Priorities on Length of Stay in Teaching［J］. The Journal of Human Resources, 1996, 31（3）: 477-512.
[4] IMAZEKI J. Teacher Salaries and Teacher Attrition［J］. Economics of Education Review, 2005, 24（4）: 431-449.
[5] GREENBERG D, MCCALL J. Teacher Mobility and Allocation［J］. The Journal of Human Resources, 1974, 9（4）: 480-502.
[6] HANUSHEK E A, KAIN J F, RIVKIN S G. Why Public Schools Lose Teachers［J］. The Journal of Human Resources, 2004, 39（2）: 326-354.
[7] MARVEL J, LYTER D M, PELTOLA P, STRIZEK G A, MORTON B A, ROWLAND R. Teacher Attrition and Mobility: Results from the 2004-2005 Teacher Follow-Up Survey (NCES 2007-307)［R］. National Center for Education Statistics, 2007: 63.

导的感知强烈地影响教师（特别是新入职教师）的职业决定。比如，是否在教学上投入最大的努力、个人的职业发展路径，以及继续从教的时间。① 在教学的过程中感到成功的教师，在提供了教师互动交流机会和职业成长机会、工作任务分配合理、为教与学提供足够资源的学校工作的教师，离开其所在学校的可能性更小。② 此外，教科书和学校物质、技术基础设施也是影响教师流动的重要因素。③

案例 11-2

"状元县"教师跳槽当警察释放什么信号

一次招录考试，改变了甘肃会宁一批基层教师的人生轨迹。据《中国青年报》报道，甘肃会宁 2014 年 11 月启动的一次招录警察的计划，引得大批基层教师离岗，转入公安战线：一个县招考 189 名警察，竟然有 171 名教师入选。这些教师来自全县中小学及幼儿园，大多 30 来岁，任教 10 年左右，以年龄和经验来说，正是年富力强。而在此次警察招考中，相对于教师扎堆报考并大量考取，同样从业人数较多的卫生行业却只有 1 人考取；而数量庞大的基层政府机关工作人员也只有 29 人考入。因盛产"高考状元"而被称作"状元县"的会宁，缘何出现教师离职潮？

社会地位和待遇差是离职主因？

教师本来就是"一个萝卜一个坑"，离职潮带给教学的冲击是显而易见的，就算招收新老师，一时间也难止这种"大换血"的阵痛。通过媒体的报道可以发现，社会地位和待遇较差是教师离职的关键原因。"基层教师嫌工作辛苦，加上待遇相对低一些，而警察行业有各种津贴，这样一来，工资水平普遍比其他行业高一些，这就在收入上有一定吸引力。"会宁县人社局副局长说。

教师职业梦想无处安放？

据《中国青年报》的调查报道，有相当一部分报考警察的教师认为，待遇并不是唯一的考虑因素。"警察地位比教师高""校园里太封闭""教师工作辛苦、平淡"……这些都是教师改行当警察的考虑因素。《中国青年报》评论认为，"老师苦教、学生苦

---

① WEISS E M. Perceived Workplace Conditions and First-year Teachers' Morale, Career Choice Commitment, and Planned Retention: A Secondary Analysis [J]. Teaching and Teacher Education, 1999, 15 (8): 861–879.
② JOHNSON S M, BIRKELAND S E. Pursuing a "Sense of Success": New Teachers Explain Their Career Decisions [J]. American Educational Research Journal, 2003, 40 (3): 581–617.
③ LOEB S, DARLINGHAMMOND L, LUCZAK J. How Teaching Conditions Predict Teacher Turnover in California Schools [J]. Peabody Journal of Education, 2005, 80 (3): 44–70.

读、家庭苦供"，这样的教育生态在一些贫困艰苦地区是常态，要想靠知识改变命运，唯有苦中求进。老师们选择坚守，很是不易，他们中的一些人有机会转行，于其个人而言，是值得祝贺的事情。

在职业选择日趋多元的社会里，教师跳槽从警是正当的个人权利，这无可非议。值得反思的是，一个真正关心教育的地方，能否让教师过上体面生活，用发展、待遇和社会地位留住人？同时，如何重塑教师的职业价值观，让教师这一职业能够安放梦想，充满诱惑力和期待，而不是被平淡、封闭和辛苦束缚住，这都是值得思考的命题。

摘自：于珍."状元县"教师跳槽当警察释放什么信号［N］.中国教育报，2015-8-14（1）.

教师在不同地区、不同学校之间的流动是劳动力市场的正常现象。在市场经济条件下，学校与学校之间、地区与地区之间的教师待遇、工作环境有很大差异，教师选择从经济落后地区或薄弱学校流向经济发达地区或重点学校，这是市场环境下的自由选择。从短期来看，教育发达地区与欠发达地区的差距会增大，但是从长远来看，教师流动会反向推动流出地区和学校教师的待遇提高，在需求与供给、价格差异逐步达到平衡之后，教师资源配置也会在竞争中趋于平衡。但是，由于在现实世界中教师劳动力市场具有非竞争性、教师工资具有刚性的特点，因此这一均衡状态往往难以实现。从财政的角度来看，很多师范院校都是地方财政拨款资助的，地方政府承担了大量培养成本，若从谁受益谁付费的角度来看，流入地或流入学校应该分担一定的培养成本，才能保证流出地政府对教师培养的持续投入。

为了解决农村师资"下不去、留不住、教不好"的难题，中国2015年发布的《乡村教师支持计划（2015—2020年）》提出，力争到2020年，努力造就一支素质优良、甘于奉献、扎根乡村的教师队伍，明确要抓好以下八项举措。

表11-1 乡村教师支持计划（2015—2020年）[①]

八大举措	
1.提高乡村教师思想政治素质和师德水平	落实师德建设长效机制：教育、宣传、考核、监督与奖惩相结合

---

① 赵秀红.八大举措"力挺"乡村教师［N］.中国教育报，2015-6-9（1）.

（续表）

八大举措	
2. 拓展乡村教师补充渠道	（1）建立省级政府统筹规划、统一选拔的乡村教师补充机制，输送大批优秀高校毕业生； （2）扩大"特岗计划"实施规模，适时提高特岗教师工资性补助标准； （3）定向培养"一专多能"的乡村教师； （4）到乡村学校任教一定期限的高校毕业生享受学费补偿和国家助学贷款代偿政策； （5）特级教师、高级教师到乡村学校支教讲学。
3. 提高乡村教师生活待遇	（1）生活补助：全面落实集中连片特困地区乡村教师生活补助政策，实行差别化补助标准； （2）工资待遇：落实住房公积金和各项社会保险费缴纳； （3）疾病救助：做好重大疾病救助工作； （4）住房保障：加快周转宿舍建设，住房纳入当地住房保障范围。
4. 统一城乡教职工编制标准	（1）乡村中小学教职工编制按照城市标准统一核定； （2）村小、教学点编制按照生师比和班师比相结合的方式核定； （3）严禁"有编不补"、长期使用临聘人员。
5. 职称（职务）评聘向乡村学校倾斜	（1）实现县域内城乡教师岗位结构比例总体平衡； （2）对外语成绩（外语教师除外）、发表论文不作刚性要求； （3）注重教育教学工作业绩、师德素养等。
6. 推动城镇优秀教师向乡村学校流动	（1）各地要采取多种途径和方式，定期交流、跨校竞聘、学区一体化管理、学校联盟、对口支援、乡镇中心学校教师走教等多种途径和方式，重点引导优秀校长和骨干教师向乡村学校流动； （2）县域内重点推动县城学校教师到乡村学校交流轮岗，乡镇范围内重点推动中心学校教师到村小学、教学点交流轮岗。
7. 全面提升乡村教师能力素质	（1）到2020年前，对全体乡村教师校长进行360学时的培训； （2）从2015年起，"国培计划"集中支持中西部地区乡村教师校长培训。
8. 建立乡村教师荣誉制度	（1）从教30年以上的教师，国家颁发荣誉证书； （2）从教20年以上、10年以上的教师，省（区、市）、县（市、区、旗）给予鼓励； （3）长期从教，省（区、市）人民政府可予以表彰。

为了稳定教师队伍、降低教师流动性，20世纪80年代美国开展了新教师入职培训计划（New-Teacher Induction Programs），1992年已经有34个州以立法的形式对此计划予以确认。紧接着涌现了大量对其效果进行评估的实证研究。参加基础培训的教师与未参加培训的教师相比，其一年后流动的概率并无显著不同，而参加全面培训的新教师一年后流动的概率则显著低于其他新教师。[①] 也有相关实证研究得到不同的研究发现，例如以服务低收入学生为主的学区作为研究对象，随机抽取50%的学区为其新教师提供统一的全面的新教师培训和指导。虽然实验组学区教师接受培训的内容显著增多，但全面培训和指导服

---

① SMITH T M, INGERSOLL R M. What are the Effects of Induction and Mentoring on Beginning Teacher Turnover? [J]. American Educational Research Journal, 2004, 41（3）：681-714.

务对教师流动并没有显著影响。① 还有研究发现，如果导师与新教师有相同学校的工作经历，则会对降低新教师的流动有显著效果，这说明提供有针对性的指导和培训有助于保持教师队伍的稳定性。②

第二节　教师工资

如前所述，教师工资是影响教师劳动力市场数量与质量供求均衡的最重要的因素。由于多数国家的教育系统以公立教育为主体，因此公共财政投入是教育系统主要的资金来源。在对教育系统的公共财政投入中，用于教师的支出占了很大的比例。经济合作与发展组织国家的这一比例平均为64%，发展中国家的这一比例更高，达到78%。③ 因此，各国教师工资的水平在一定程度上反映了各国教育公共财政的投入力度。本节将重点讨论教师工资绝对水平和相对水平以及一些国家的工资激励政策和实施效果。

一、教师工资水平

一个国家或地区教师的相对工资水平能够在一定程度上体现其教师劳动力市场的状况。图11-7（A）和（B）以公立学校初中教师工资为例，分别比较了经济合作与发展组织国家经购买力平价④折算后的教师工资水平和教师工资指数（即教师工资与人均GDP的比值）。如图11-7（A）所示，各国教师平均工资水平的购买力在不同国家的差别很大，其中最低的是波兰，教师平均年薪只有1万美元左右，而教师平均年薪比较高的国家包括德国、韩国、瑞士、卢森堡等国，均超过了4.8万美元，其中卢森堡甚至超过了8万美元。美国处于中等偏上水平，教师平均工资大约是4万美元，墨西哥处于中等偏下水平，大约是2万美元。

---

① GLAZERMAN S, ISENBERG E, DOLFIN S, BLEEKER M, JOHNSON A, GRIDER M, JACOBUS M, ALI M. Impacts of Comprehensive Teacher Induction: Final Results from a Randomized Controlled Study（NCEE 2010-4027）[R]. Washington, D.C.: National Center for Education Evaluation and Regional Assistance, Institute of Education Sciences, U.S. Department of Education, 2010: 74-81.
② ROCKOFF J E. Does Mentoring Reduce Turnover and Improve Skills of New Employees? Evidence from Teachers in New York City [R]. NBER Working Papers, No.13868. National Bureau of Economic Research, 2008: 27-31.
③ ROGERS F H. Teachers in Developing Countries [M] // PETERSON P, BAKER E, MCGAW B. International Encyclopedia of Education, 3rd Edition. Amsterdam, North-Holland: Elsevier, 2010: 504-511.
④ 购买力平价（Purchasing Power Parity, PPP）是一种根据各国不同的价格水平计算出来的货币之间的等值系数，以对各国的国内生产总值进行合理比较，与实际汇率可能有较大的差距。购买力平价指数是在国内市场购买与在美国使用一美元购买同样数量的货物和服务所需要的一个国家的货币单位的数量。它表明在一个国家需要多少美元来购买在美国价值相当于一美元的货物。

图 11-7（B）比较了各国教师工资水平与人均 GDP 的比值，在一定程度上表示了教师相对于其他行业、职业的吸引力。虽然卢森堡教师工资的购买力水平非常高，但与其人均 GDP 相比较而言，教师工资水平并不算高。而韩国的情况与卢森堡不同，韩国的教师工资不但购买力水平高，而且达到了人均 GDP 的 2 倍多。墨西哥教师工资的购买力水平虽然不高，但相对于其人均 GDP 而言却非常高。可以说，教师职业在韩国和墨西哥两国的吸引力相对较高。

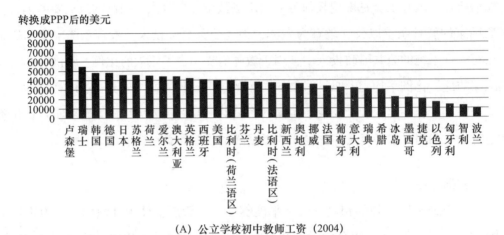

(A) 公立学校初中教师工资（2004）

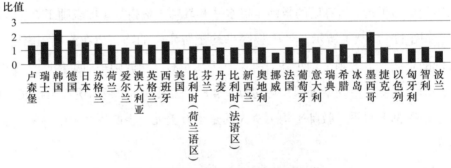

(B) 15年教龄教师工资与人均GDP的比值

图 11-7 教师工资水平的国际比较

数据来源：OECD. OECD Data［EB/OL］.［2019-10-12］. https://data.oecd.org/teachers/teachers-salaries.htm.

不同国家的教师工资差异巨大，那么，是否存在高工资国家的教师工资水平被高估，或者那些低工资国家的教师工资水平被低估？理论上，认为教师职业的工资水平会被低估的主要理由是教师多以女性为主，在很多国家女性的劳动价值相对于男性来说是被低估的。此外，教师工作本身的特点也使得教师工资水平可能会被低估，比如，教师的工作对象（学生及其家长）没有相应的支付能力、教师工作较难实现劳动生产率的提高。也有一些观点认为教师工资没有被低估，理由包括教师工作有非货币性收益、教师工作时间比其他劳动者短等。

通过实证研究判断教师工资是否被低估需要考虑教师工资与其他劳动者工资的可比性，比如，对照组的选取、工作时间的调整等。有学者对12个拉丁美洲国家的教师工资水平进行了研究，比较了教师平均工资与非农业劳动者平均工资，发现各国教师相对工资水平差异很大，最低的是玻利维亚，教师工资被低估了35%，最高的是哥伦比亚，教师工资被高估了65%。然而，在控制了受教育年限、工作时间、性别比例之后，大部分教师工资与对照组劳动者的工资差异消失了。① 另一项关于孟加拉国教师工资水平的研究，将教师的小时工资与受教育水平10年以上、每周工作至少50个小时的劳动者的小时工资相比较，教师工资被显著低估了。②

以上实证研究是在某一时点对教师相对工资水平的静态比较，另有研究利用美国教育统计中心的数据对教师工资水平的趋势进行了描述分析，认为当生均支出增长5%而其他条件不变的时候，教师工资需要增长5%才能保证现有的生师比，或者降低生师比5%来保证现有工资水平不变，再或者是两种方案的混合。1980年到2007年间学生数增长21%，调整通货膨胀后的生均成本年均增长2.3%，如果需要保持1980年的生师比不变，那么2007年的教师工资应该达到78547美元，而实际教师工资只有52578美元。如果教师工资的低估使得教师劳动力市场无法出清，那么教师队伍的质量将下降，从而使得教师的供求达到均衡。③

鉴于非货币因素对教师劳动力市场的影响，有学者提出了补偿性教师工资差异，即用更高的教师工资水平来补偿那些在更艰苦、更具挑战的环境中工作的教师。早期的研究发现，美国男性白人教师和女性黑人教师到家庭贫困学生比例低的学校任教所接受的工资相对较低。④ 新一代关于补偿性教师工资差异的研究希望通过对教育价格的测算来评估教育经费拨款的购买力，从而促进教育公平。这些研究主要基于享乐工资模型（Hedonic Wage Model），该模型假设工资不仅仅是对人力资本特征（比如拥有的知识技能、所受的训练）的补偿，也应包含对影响在某一地点工作吸引力的工作特征的补偿。⑤ 研究的主要问题是：

---

① PSACHAROPOULOS G, OTHERS A. Teacher Salaries in Latin America: A Review.[J]. Economics of Education Review, 1996, 15（4）: 401-406.

② ASADULLAH M N. Pay Differences Between Teachers and Other Occupations: Some Empirical Evidence from Bangladesh [J]. Journal of Asian Economics, 2006, 17（6）: 1044-1065.

③ PODGURSKY M. Teacher Compensation and Collective Bargaining[J]. Handbook of the Economics of Education, 2011, 3（4）: 279-313.

④ ANTOS J, ROSEN S. Discrimination in the Market for Public School Teachers[J]. Journal of Econometrics, 1975, 3（2）: 123-150.

⑤ GOLDHABER D, GROSS B, PLAYER D. Are Public Schools Really Losing Their Best? Assessing the Career Transitions of Teachers and Their Implications for the Quality of the Teacher Workforce.[R]. CRPE Working Paper. Center on Reinventing Public Education, 2007.

在不同地点聘任同样质量的教师在成本上有多大差异。

从理论上来说,教师相对工资水平越高,愿意进入教师行业的劳动者数量就越多。如果教师筛选机制能够识别教师质量的话,那么高质量劳动者进入教师队伍的可能性就越高。有研究利用美国全国范围内的中小学学校与教师调查数据,并控制了州水平和地方水平的劳动力市场变量,发现教师工资水平与教师质量之间存在显著的关系。但是,仅仅提高教师工资水平不一定能够使得教师队伍质量提高,教师队伍的稳定与质量提高受到多种因素的影响。[①] 于是,一些国家或地区尝试采用包括经济激励在内的多种手段促进区域内教师队伍的稳定和教师质量的提升,即教师绩效工资制度。

二、教师绩效工资制度及其实施效果

教师绩效工资制度主要有三种模式:第一种模式是个人绩效工资制(Merit Pay),主要基于学生成绩对教师进行个人物质奖励,通常由外部评价完成。该模式的优点是能鼓励优秀教师进一步努力工作,缺点是可能引起教师间的竞争而不是保持合作关系。第二种模式是基于知识和技能的工资制(Knowledge and Skill-based Pay),主要是对已获得的任职资格和教师所展示的知识和技能进行个人物质奖励,评价领域主要包括教师的工作业绩、课堂观察和学生学业成就等,通常是由同级评价、校长评价和外部评价共同完成。它与个人绩效工资制的不同之处在于,能对评价内容提供清晰的评价标准。第三种模式是学校绩效工资制(School-based Merit Pay),主要是基于学生学习成就给予教师团队物质奖励,通常由外部评价完成。该模式的优点是鼓励合作,而潜在的缺点是可能引起一些人的投机行为和"搭便车"问题。

许多国家都实施了绩效工资改革方案,并产生了较大范围的影响。如美国的丹佛教师专业薪酬计划(Procomp)、得克萨斯州教育家卓越奖励项目(GEEAP)、明尼苏达州的教师质量薪酬计划(Q-Comp)、佛罗里达州绩效奖励方案(MAP)等;英国、澳大利亚等国的一些绩效工资方案也取得了积极的效果。[②] 在此基础上,一些国家(如美国、法国、新西兰、澳大利亚、瑞典、印度、肯尼亚等)也在更大范围内逐步推广教师绩效工资改革。然而,绩效工资制自实行以来,也一直伴随诸多争议,争议的焦点主要集中于以下三个方面。

---

① MURNANE R, OLSEN R. The Impacts of Salaries and Opportunity Costs on Length of Stay in Teaching: Evidence from North Carolina [J]. Journal of Human Resources, 1990 (25): 106-124.

② PODGURSKY M J, SPRINGER M G. Teacher Performance Pay: A Review [J]. Journal of Policy Analysis and Management, 2007, 26 (4): 909-949.

第一，绩效工资的评估标准难以测量。考察教师绩效的通常做法是分析学生成绩的增值变化，但教学是一项复杂和多维度的工作，学生的学习兴趣、态度和价值观等的变化是缓慢且难以通过成绩反映出来的。同时，影响学习成绩的因素也是多种多样的，而教师只是其中一个因素，使用成绩增值来反映教师的教学效果并不全面。即便学生成绩可以反映教师教学效果，但以学生成绩作为评价标准会带来一些消极影响，比如教师过度关注考试分数，形成应试教育的氛围；教学内容狭窄，教学机械化，忽视学生良好品德以及求知欲和创造力的培养；一些难以在短时间内提高成绩的学生可能被忽视，等等。

第二，绩效工资未必能够成为有效的教师激励。绩效工资隐含的基本假设是"教师是受金钱激励驱动的经济人"。在特定情况下，绩效工资有助于吸引和留住高质量教师，并不断激励教师提高知识和技能以获得更多奖励。但是另一方面，教师职业的特殊性决定了教师不仅仅被物质因素所激励，一些非物质性奖励可能带来更好的激励效果，比如减轻教学工作量、提供更好的工作环境、增加休假时间等。如果评定绩效工资的过程和结果存在不公正，反而会降低教师工作的积极性。

第三，绩效工资能否达到预期效果与学校管理密不可分。一方面，绩效工资有助于提升学校管理水平，使学校组织目标更加明确，并通过资源的高效分配提升学校的管理水平。在绩效工资制度下，校长必须了解课堂中的教学质量，累积性而不是形式化地评价教师，从而形成客观决定。另一方面，绩效工资也会使得学校行政更加等级化、官僚化，管理层和教职工之间的关系更加紧张，不利于教学工作的正常开展。①

于是，教育经济学家进行了大量实证研究来检验绩效工资的实施效果，而评价的核心就在于绩效工资能否提高学生学业表现。一项对英国绩效工资制度的评估研究使用了双重差分的方法，发现绩效工资可以提高学生的学习成绩，使其多获得相当于半年学习的学业成就，但对不同科目的影响存在异质性，对数学科目的成绩就没有显著影响。②对印度公立农村小学改革实验的研究也证明，在实施绩效工资改革的学校，学生在数学和语言测试中的成绩都明显高于未推行绩效工资改革的学校。③

绩效工资对不同类型考试成绩的影响也存在异质性。比如，对在肯尼亚农村地区实施的国际儿童支持激励项目（International Child Support Incentive Program，ICSIP）进行评价

---

① 李沿知. 国外基础教育教师绩效工资改革中的主要争议［J］. 外国中小学教育，2010（07）：30-35.
② ATKINSON A, BURGESS S, CROXSON B, GREGG P, PROPPER C, SLATER H, WILSON D. Evaluating the Impact of Performance-related Pay for Teachers in England［J］. Labour Economics, 2009, 16（3）：251-261.
③ MURALIDHARAN K, SUNDARARAMAN V. Teacher Performance Pay: Experimental Evidence from India［J］. Journal of Political Economy, 2011, 119（01）：39-77.

后发现，实验组和对照组在学生的绩效鉴定考试（高利害考试，High Stake Test）成绩上有显著差异，而在非鉴定考试（低利害考试，Low Stake Test）上却没有显著差异。可能的原因是，为了准备高利害考试教师对学生进行了针对性的训练。面向不同对象的绩效工资也会对学生成绩产生异质性影响。比如，在促进学生学业表现方面，个人经济激励组和集体经济激励组都比基于投入的资源激励组作用大，而相比之下，个人激励组的效果比集体激励组的效果更好。①

还有一些研究关注使用何种激励手段以及激励强度能够产生更好的效果：是使用激励的绝对货币价值衡量，还是使用激励价值与教师单位时间工资的比值衡量，后者使得激励强度在不同政策或不同项目间更具有可比性。玻利维亚鼓励教师到农村任教，并为此提供相当于教师月工资水平 0.3%—1.1% 的经济激励，不过，该激励措施并没有成功吸引教师到农村任教。墨西哥的相关激励项目提供相当于教师年薪 25.5%—197% 的经济激励，该项目在促进学生成绩提高方面有一些正面效果。②

除学生考试成绩外，一些项目采用锦标赛的方法，以排名（Rank-ordered Tournament）作为教师绩效工资的依据。这可以引入竞争来提升激励政策的效率，但也存在偏离激励政策初衷的风险。国际儿童支持激励项目（ICSIP）除了奖励排名最高的 12 所学校外，也奖励进步最大的 12 所学校，③④ 可以说在一定程度上减小了引入竞争所带来的风险。学生考试成绩等短期可以衡量的绩效指标比较容易获得相关数据的验证，从更长远的角度来看，教师激励政策还可能影响学生进入劳动力市场以后的表现，而获得这种长期效果的数据则需要长期的追踪研究。一些研究在评估相关政策的效果时还需要考虑到效果的持续性、滞后性，同一政策对不同社会群体也常常存在不同的效果。一些研究使用学生的学分、辍学率作为绩效指标，也有研究使用教师测试成绩、教师参与发展活动、教师出勤、评估分

---

① MURALIDHARAN K, SUNDARARAMAN V. Teacher Performance Pay: Experimental Evidence from India[J]. Journal of Political Economy, 2011, 119（01）: 39-77.
② MCEWAN P J, SANTIBÁÑEZ L. Teacher and Principal Incentives in Mexico[M]// VEGAS E. Incentives to Improve Teaching: Lessons from Latin America. Washington, D.C.: World Bank Press, 2005: 213-254.
③ GLEWWE P, ILIAS N, KREMER M. Teacher Incentives[R]. NBER Working Paper No. w9671. National Bureau of Economic Research, 2003.
④ LAVY V. Evaluating the Effect of Teachers' Group Performance Incentives on Pupil Achievement[J]. Journal of Political Economy, 2002, 110（06）: 1286-1317.

数、在目标学校任教等作为中间绩效目标，或者综合使用学生和教师绩效目标。①②③

经济合作与发展组织国家中约有一半实行了教师绩效工资制度，而国际学生评估项目又是经济合作与发展组织国家发起的国际性评估测试，因此，《国际学生评估项目专题16：教师绩效工资能够提高教学质量吗？》比较了各国实施绩效工资与否与学生 PISA 考试成绩之间的关系，并发现：实行教师绩效工资国家的学生成绩相对比较平稳，在阅读成绩上普遍有 5 至 10 分的优势。这说明，教师绩效工资可以在某种程度上激发教师工作的积极性，从而提升教学质量。同时，教师绩效工资制度更适合于教师工资较低的国家或地区，在国家经济水平较差、经费投入不足的情况下，可以保证其基本的教育质量。因为在教师工资相对较低的情况下，教师为生计考虑，必然想提高自己的收入，这就要努力提高教学水平，从而使其所教班级学生能取得优异的成绩。而在那些教师工资相对较高的国家，教师不再为生计担忧，绩效工资已不具备很强的吸引力，因此也很难发挥出其在教师工资较低国家所发挥的作用。④

中国义务教育阶段教师绩效工资制度始于 2009 年 1 月，其中教师工资分为基础性工资和奖励性工资两部分，各占 70% 和 30%。实施绩效工资后，国内学者分别从工资绝对水平、工资结构、地区差异等方面来评价政策实施效果。基于全国教育经费基层报表数据的分析表明，绩效工资制度实施后的第一年，全国义务教育阶段教师工资水平有明显的提高，其增加幅度相比之前年份也有明显提升，此后一年工资增加幅度下降明显，但工资增加幅度仍大于变革前一年。教师工资标准差逐步提高，说明实施绩效工资后教师间工资差异更大。从教师工资的结构变化来看，绩效工资制度实施后，教师工资的增加主要来源于奖金绩效工资。⑤

图 11-8 呈现了 2007 年到 2010 年教师工资结构和预算内教师工资结构。可以看出，绩效工资制度实施后，绩效奖金占比明显上升，2010 年达到 31.32%，与《关于义务教育学校实施绩效工资的指导意见》中要求的绩效工资达到 30% 基本符合。简单比较可知，

---

① LAVY V. Paying for Performance: The Effect of Teachers' Financial Incentives on Students' Scholastic Outcomes [R]. BREAD Working Paper No. 022. The Bureau for Research and Economic Analysis of Development, 2003.

② MURALIDHARAN K, SUNDARARAMAN V. Teacher Performance Pay: Experimental Evidence from India [R]. Journal of Political Economy, 2011, 119 (01): 39–77.

③ SANTIBANEZ L, MARTINEZ J F, DATAR A, MCEWAN P J, SETODJI C M, BASURTO-DAVILA R. Breaking Ground: Analysis of the Assessment System and Impact of Mexico's Teacher Incentive Program "Carrera Magisterial" [R]. Mexico: RAND Corporation Santa Monica, CA, 2007.

④ 高光. 绩效工资是教师专业发展的灵丹妙药？[N]. 中国教育报, 2013-01-11 (7).

⑤ 吴红斌, 马莉萍. 义务教育教师工资水平、结构与地区差异变化：基于对绩效工资改革前后的比较研究 [J]. 教师教育研究, 2015, 27 (06): 59–65.

教师总工资中的绩效奖金占比略大于预算内教师工资中的绩效奖金占比，说明预算外的资金更多地用于绩效奖金部分。

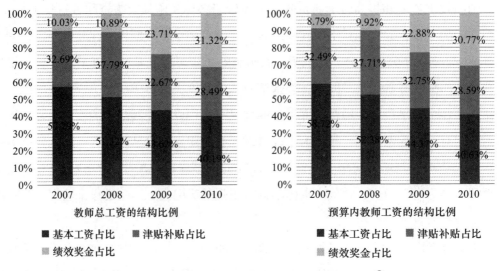

图 11-8 教师工资和预算内教师工资结构比例①

从绩效工资制度实施前后的县际差异来看，教师基本工资的基尼系数几乎保持不变，津贴补贴的基尼系数有所上升，县际差距由相对合理变为差距较大，而绩效奖金的基尼系数虽然有所下降，但实施前后均差距悬殊。而且，绩效奖金工资的地区内差异贡献率变大，说明实施绩效工资后，教师工资的地区差异主要来自地区内各县之间，且这种地区内的差距在进一步扩大。②另有研究发现，上级教育财政生均补助对教师津贴补贴具有显著正影响，县级政府的义务教育努力程度对整体教师工资水平具有显著正影响。因此，绩效工资改革的过程中应进一步明确各级政府的财政责任，建立省级统筹的财政保障机制。③

同教师的供求一样，教师的工资也受到许多制度性因素的影响。例如，一些国家的教师工会同教育管理部门的集体谈判对教师工资水平有很大的影响。而另外一些国家，如中国和日本，把教师工资水平在一定程度上与国家公务员工资挂钩，也对教师工资水平产生了深刻影响。此外，受到"工资黏性"的影响，教师工资并不能总是随着教师劳动力市场

---

① 吴红斌，马莉萍. 义务教育教师工资水平、结构与地区差异变化：基于对绩效工资改革前后的比较研究[J]. 教师教育研究，2015，27（06）：59-65.
② 同上。
③ 吴红斌，马莉萍. 义务教育绩效工资改革对教师工资水平的影响：基于县级面板数据实证分析的研究[J]. 教育研究，2017（3）：46-52+90.

的供求变化而得到及时调整。

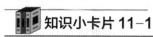

工资黏性

工资黏性是指工资水平的变动慢于劳动力市场供求状况的变动,即工资水平不能对劳动供求的变动做出即时反应。因为在现实生活中,工资水平是由用人方和受聘方通过工资协议确定的,这是由于双方都希望有一种稳定的聘任关系。从受聘方来说,可以有稳定的工作和收入;从聘任方来说,可以有稳定的劳动供给与成本。在合约期内无论劳动力市场的供求发生了什么变动,工资并不能随之变动。只有在下一个聘任合同签订时才能变更。所以,工资黏性是由相关制度性因素决定的,这与物价可以随时变动不同。即使在双方签订的聘任协议中,有在合同期内工资自动调整的条款规定,即工资水平自动随着通货膨胀率调整,但这并不能从根本上改变工资调整慢于劳动市场供求变动这一基本情况。

第三节 学术劳动力市场

在教育经济学中,大学教师的需求与供给被称为学术劳动力市场。这是因为大学(特别是研究型大学)的教师所从事的工作学术性比较强。[①] 学术劳动力市场是教师劳动力市场的一个特殊组成部分。过去十多年间,中国学术劳动力市场的规模迅速增大,伴随着高等教育迈进大众化时代,学术劳动力市场发生了日新月异的变化。20世纪90年代中后期,中国普通高等院校教师队伍的规模约为42万人,1999年高等院校扩招后教师队伍规模以每年7.7%左右的速度增长,截止到2017年专任教师人数已经超过160万人。过去40年间美国学术劳动力市场规模由1970年的47万快速增加至2015年的155万,占教师劳动力市场总人数的30%,其中公立机构的教师约占60%—70%。

学术劳动力市场中的教师需求、供给及其与工资水平的关系与前两节所述基本一致,但是,由于高等教育的国际化程度比基础教育高得多,因此大学教师在供求与流动、聘用与晋升以及薪酬制度等方面均与基础教育阶段的教师存在较大差异。

---

① 在中国有相当比例的高等院校是职业院校,在美国也有相当比例的社区学院,这些高等院校的教师所从事的工作学术性很有限。

一、大学教师的跨国流动

本书第三章第二节介绍了许多国家的大学吸引了大量外国教师，是大学教师跨国流动的突出体现，这里不再赘述。过去20年间，中国未曾间断的高等院校人事制度改革不断创新高等院校用人机制，高等院校教师队伍的质量也在不断攀升。就学历构成而言，2018年具有硕士以上学位的教师比例为73.65%，[①]具有博士学位的专任教师数量由2003年的5万人迅速增加到2013年的近29万。就学术产出而言，过去十几年里，中国成为数量第二大的科技论文生产国，且高质量科研产出也有明显增长。[②]

大学教师群体的国际化是近年来中国学术劳动力市场最为重要的特征。教师和研究人员在国家间的流动日益频繁，特别是新兴国家在经济发展水平不断提高的基础上加大对大学发展的投入，并制定更为优越的人才政策来吸引海外人才。早期大学教师群体中的留学回国人员基本上以在海外攻读博士学位或进行博士后研究的青年学者为主，他们在回国工作任教时一般能直接获得国内高等院校的教授职位。但近年来，随着人才强国战略的实施，国家相关部门陆续推出一系列吸引高层次留学回国人员的政策。在薪酬待遇、工作环境和科研条件不断改善的情况下，越来越多的高层次人才开始回国任教。

与此同时，外国人才来华长期从事学术工作的人数也在逐渐增多。在大学教师群体中，早期来国内高等院校工作任教的外国人才主要是以短期访问或交流为主，其教学内容主要为语言类或文化交流类，而长期在国内高等院校从事科学研究的人才非常少。随着中国经济的快速发展，一些外国人才在博士毕业后或者博士后工作结束后开始选择到中国寻找学术职业发展机遇。同时，国家也出台相应政策鼓励和吸引外国人才来华工作，并为其创造更加便利的工作生活环境。

中国学术劳动力市场的国际化反映了大学教师的国际流动，其背后的原因诸多：一是大学教师的教学和科研能力具有比较广泛的适用范围，换句话说，大学教师的人力资本能够在国际劳动力市场中获得普遍认可，并能获得相应的经济收益。二是大学教师的人力资本在不同国家的收益率可能存在差异，大学教师倾向于从收益率低的国家流动到收益率高的国家。三是大学教师的流动决策中除考虑经济收益外，还会考虑各类非经济收益，比如职业发展空间、子女受教育机会等。

[①] 数读2018年全国教育事业发展基本情况［EB/OL］.（2019-02-26）［2019-12-06］. http://www.moe.gov.cn/fbh/live/2019/50340/mtbd/201902/t20190227_371426.html, 2019-02-26.

[②] 由由，朱菲菲. 我国高校工资水平竞争力的实证分析［J］. 教育与经济，2017（04）：17-25.

二、大学教师薪酬制度和薪酬水平的国际比较

一般大学教师的薪酬水平如何呢？大学教师的薪酬是教师基于与大学聘用关系而从大学获得的经济收入以及各种福利。本质上，薪酬体现了教师作为劳动者的价值，是支撑和激励大学教师从事学术职业的经济基础，也直接反映着大学教师的社会地位和职业声望。大学教师的薪酬水平和薪酬模式既和国家的经济发展水平和人才政策密切相关，又反映着大学组织内部分配制度的价值取向，在大学教师的选拔、任用和激励等方面发挥着重要作用。

从世界范围看，美国一流大学的薪酬福利体系具有突出的竞争力，从薪酬理念、薪酬机制到相关福利待遇都已经形成了成熟的制度，尤其是其"福利包"制度，既包括了美国社会的基本福利，同时也融入了大学各具特色的福利措施，基本上涵盖了医疗、休假、退休、伤残、子女抚养等各种福利。美国研究型大学都有明确阐述的薪酬理念和政策体系、高竞争性薪酬水平的市场定位、以个人或团队绩效为标准的奖励原则，注重外部竞争下的内部公平的价值基础，以及根据市场和学校财政预算定期增长和调整的变动规律。例如，哈佛大学提出"提供给教师在波士顿地区具有竞争力的工资"，普林斯顿大学提出"要根据市场工资趋势来调节大学教师收入"，使得大学教师工作岗位保持很强的竞争优势。[1]

2018年美国大学教授协会（American Association of University Professors，AAUP）面向美国大学教师开展的薪酬调查数据显示，在所调查的1018所大学的378865名全职教师中，教授的平均年薪是104820美元，副教授的平均年薪是81274美元，助理教授的平均年薪是70791美元，讲师的平均年薪是56712美元。美国一流大学的教师年薪远高于全国平均水平，表11-2呈现了5所一流大学的教师工资。

表 11-2 2017—2018 年美国 5 所一流大学的教师工资[2]

单位：美元

大学名称	教授	副教授	助理教授	讲师
斯坦福大学	246200	157800	131600	—
哈佛大学	245800	151700	140700	68700
普林斯顿大学	238000	143800	115200	97800
加州理工大学	204200	149000	128300	52100
麻省理工学院	222800	149100	124500	74700

---

[1] 付瑶瑶，吴旦. 美国研究型大学学术人员薪酬管理制度的研究与借鉴[J]. 复旦教育论坛，2007（05）：68-75.

[2] AAUP. The Annual Report on the Economic Status of the Profession, 2017-18 [R]. American Association of University Professors, 2018: APPENDIX I.

中华人民共和国成立以来，大学实行全国统一的教师薪酬福利制度，历经供给制、等级工资制、结构工资制、岗位绩效工资制，2006年开始实施岗位绩效工资制，体现了按劳分配与按生产要素分配相结合的原则，建立了与岗位职责、工作业绩、实际贡献密切联系并鼓励创新创造的分配激励机制。但由于采取的是集中统一的管理方式，既不能完全符合不同高等院校的特点，也不能及时反映国内国际人才市场的变化情况。总的来说，中国大学教师薪酬福利制度主要是政府主导和大学自我调节相结合，薪酬市场化属性偏弱，工资结构和工资水平变化弹性小，隐形的非货币福利仍然占据重要地位。近年来国内外人才竞争加剧，高层次人才的薪酬水平一直处于上升态势。因此，大学不得不寻求多种渠道的资源投入，确保薪酬福利水平具有竞争力和激励性，但与国外一流大学薪酬福利水平相比仍存在一定差距。

在比较各国大学教师薪酬水平时，要考虑汇率、购买力平价、生活成本等方面的影响。2013年美元兑换人民币的平均汇率[①]为6.1932，世界银行公布的2013年美国的购买力平价指数为1，中国的购买力平价指数为3.51，经购买力平价调整后美国排名在21—30之间的大学的教授、副教授、助理教授的年平均工资分别为54.6万、35.7万、31.6万元。中国高等院校人均年工资水平由1999年的不足1.2万元迅速增长到了2013年的超过7万元，[②]但是仍然远低于美国高等院校的教师工资水平。阿特巴赫（Philip G. Altbach）等关于高等院校教师薪酬水平的国际比较研究发现，中国高等院校教师的薪酬水平[③]在所调查的6个大洲28个主要国家中几乎垫底。[④]也就是说，全国平均而言，中国大学教师工资的平均水平尚不具备很强的国际竞争力。

那么，与其他行业的平均工资相比，中国大学教师工资处于什么水平呢？对1999—2013年省级行政单位的面板数据的研究发现：平均来看，中国大学教师的工资水平与其

---

① 由于世界各国、各地区货币的名称不同，币值不一，所以一种货币对其他国家（或地区）的货币要规定一个兑换率，即汇率。从短期来看，一国（或地区）的汇率由对该国（或地区）货币兑换外币的需求和供给所决定。在长期中，影响汇率的主要因素有相对价格水平、关税和限额、对本国商品（相对于外国商品）的偏好以及生产率。
② 由由，朱菲菲. 我国高校工资水平竞争力的实证分析[J]. 教育与经济，2017（04）：17-25.
③ 经购买力平价（PPP）调整。
④ ALTBACH P G, REISBERG L, YUDKEVICH M, ANDROUSHCHAK G, PACHECO I F. Paying the Professoriate: A Global Comparison of Compensation and Contracts[M]. New York: Routledge, 2012: 9-11.

他行业和生活成本对比尚有一定的竞争力，竞争力指数①在 1999 年至 2003 年间呈现迅速提高的趋势，而 2003 年以后逐渐回落，目前基本处于 2001 年的水平。这一趋势与高等院校名义工资水平在 1999 年高等院校扩招后一直大幅攀升的趋势不同。分地区来看，在北京、上海等高等院校名义工资水平很高的省级行政区，高等院校工资水平的竞争力却处于所在地区的低端，这说明经济发展水平和经济增长并没有起到促进高等院校工资竞争力提升的作用，经济发展的成果并不会自动转换为高等院校工资竞争力的蓄水池。由于政府和高等院校自身的投入与高等院校工资竞争力存在正向关系，因此政府和高等院校需要在财力允许的条件下，考虑生活成本和行业因素，不断调整对高等院校工资的投入力度，使得经济发展成果转换为增强高等院校工资水平竞争力的物质基础。②

除了国家经济发展水平、薪酬制度、教师职称等因素外，还有哪些因素影响大学教师的薪酬水平呢？首先，教师的生产力和薪酬工资之间存在显著关系，③其中科研成果对工资的影响要比教学成果大。在科研成果方面，科研的质量（通常用顶级杂志论文数和论文引用数来衡量）要比数量更加重要。其次，教师流动也会影响教师薪酬工资，教师每次更换受聘学校都会对其工资有显著的正影响。换言之，如果一名教师在一个学校工作太久，他的工资增长就会受到影响，有学者将这种现象归结为用人单位对劳动力市场的垄断。此外，性别也与大学教师工资有关。关于大学教师男女间平等问题的讨论层出不穷，这方面的研究几乎无一例外地发现，即使排除了很多个人因素，男女教师在工资和职称等方面仍存在很大的差距。对其他行业的研究表明，用人单位对劳动力市场的垄断是导致男女间差别的重要原因之一。④

三、大学教师聘任与晋升制度

世界高等教育发展的另一个突出特点是大学教师管理制度开始呈现国际化特点，其主要表现就是各国大学教师制度理念和政策实践与以美国为主的世界一流大学教师制度趋同。本·戴维（Ben David）在研究世界学术中心时指出，"在 17 世纪后半期英国是中心，

---

① 竞争力指数计算方法：$HES\ C\ Index = \sqrt{\frac{HES}{C} * \frac{HES}{AOS}}$，Index 为高校工资水平的竞争力指数，HES 是指高校的名义工资水平，C 代表生活成本，AOS 代表其他行业的名义工资水平。HES C Index 具体由体现实际工资和相对工资的两个部分构成，其中，HES 与 C 的商代表的是考虑生活成本因素的实际工资，HES 与 AOS 的商代表的是考虑工资水平行业竞争力的相对工资。如此计算得出的高校工资水平的竞争力指数则不仅在行业间可比，也同时具备了时间与地区间的可比性。

② 由由，朱菲菲. 我国高校工资水平竞争力的实证分析［J］. 教育与经济，2017（04）：17–25.

③ HAMERMESH D S. Salaries: Disciplinary Differences and Rank Injustices［J］. Academe, 1988, 74（3）: 20–24.

④ RANSOM M, OAXACA R L. Intrafirm Mobility and Sex Differences in Pay［J］. Industrial and Labor Relations Review, 2005, 58（2）: 219–237.

18世纪法国是中心，19世纪德国是中心，现在美国是中心"[①]。当一个国家成为新的学术中心时，这个国家的学术组织形式和制度往往就会成为更多国家的参考框架，因此美国大学教师制度也自然而然成为国际学术界中追赶者进行制度设计的参照系。中国的大学，特别是研究型大学，以美国终身教职（Tenure Track）体系为参照框架构建的教学科研职位分类管理制度成为当下高等院校深化人事制度改革和加快提升人才队伍水平的主要制度举措之一，同时按照教师职业发展需要和学科发展趋势逐步引进学术休假制度、联合聘任制度等。中国大学在教师制度理念和实践上越来越多地体现了国际化特质。

1940年美国大学教授协会和美国大学协会通过了《关于学术自由和终身教职的原则声明》，尽管终身教职的初衷是保护大学教师学术自由，但其逐渐演化成一个大学，尤其是研究型大学的教师筛选机制。在这一制度下，教师一旦选择进入终身教职轨道，就需要为获得终身教职奋斗若干年以证明自己的学术能力。在这段试用期以后，他们要么获得晋升得到这一终身教职，要么就得离开该大学。因此该制度也被称为"非升即走"（Up-or-out）的制度。终身教职意味着长期而稳定的职位和收入，其基础是高强度的学术评估体系和有市场竞争力的薪酬福利水平。正是这个严格的师资制度体系，巩固和激励教师追求学术卓越，同时也促进了美国大学的崛起。

美国研究型大学在保持一定稳定性的同时，也在根据社会经济的发展状况不断调整变化，从而保持学术队伍的竞争力。对这一学术制度的核心理念和基本要素进行借鉴并使之本土化，是一种广泛的国际现象。一般而言，美国研究型大学教师岗位体系的主要特征就是岗位的功能性组合非常突出，且对核心的教授系列职位拥有最为严格的筛选和选拔机制，这一体系一直遵循严格的遴选准入和梯级晋升制度，特别是终身教职的评估和晋升尤为严格。

近年来中国大学教师制度改革在一定程度上借鉴了这些理念和制度特点。首先，在招聘遴选方面，越来越多的中国一流大学开始将教师招聘的视野扩展到全球范围，改变了以往单一的招聘方式和渠道，进一步扩大招聘遴选候选人群，更多地通过国际学术会议、国际专业学术刊物、网络平台等来物色全球的优秀学术人才，大学教师招聘遴选中的"近亲繁殖"现象得到一定程度控制。其次，在业绩评估方面，中国高等院校越来越注重对教师的考核和业绩要求，在同行评估成熟度不足的情况下，量化指标屡见不鲜，这常常被国内学者诟病。从国际一流大学的实践看，同行评估事实上远比量化要求更为重要，且学术认可度更高。为了更好地对教师的发展状况和学术水平进行综合评估，中国一流大学在教

[①] 约瑟夫·本·戴维.科学家在社会中的角色[M].赵佳苓，译.成都：四川人民出版社，1988：31.

师的评估选拔上逐渐同国际学术惯例趋同。最后，在晋升标准方面，中国大学对纳入终身教授体系的教师提出了更高的国际学术标准，这对提高大学学术水平至关重要。如果仍然按照原有晋升标准来建设这一体系，大学学术队伍的发展显然会与大学教师人事制度改革的预期相差甚远。特别是晋升教授职位的候选人，按照国际一流的标准，首先应是国内外本学科领域的领军学者，具有杰出的研究经历和原创性学术成就，同时应具有本领域重要的国际学术影响力。案例11-3讨论了中国大学应如何参考借鉴美国的终身教职制度。

案例11-3

美国终身教职制度与中国式借鉴

中国对美国终身教职制度的本土实践有没有"水土不服"？我们在学习借鉴时有没有误读或者"过度模仿"？

第一，美国终身教职制度由大学根据自己的办学条件和目标自我实施，晋升条件不是千校一面。一般对终身教授的科研成果要求十分严格，如哈佛大学著名教授、《文明的冲突》作者亨廷顿，在哈佛干了九年，申请终身制没有通过而转任哥伦比亚大学（即"非升即走"），三年之后才重返哈佛。但对于一些十分看重教学任务的教学型大学，也会设立一些教学型的终身教职岗位，以留住一些教学人才。如哈佛大学在东亚系各语种的语言教学岗位，就设立了"实践教授"的职位。

第二，获得终身教职以后仍然存在压力与动力机制。压力来自三方面，一是学生的评价，二是同仁的竞争，三是学术影响的压力。不论是正教授还是副教授，都不能忽视学生评价，同仁压力也不能小觑，保持自己的学术地位和学术影响更是至关重要。另外，进入终身制以后的副教授，还有晋升正教授的压力。可以说，压力始终伴随着终身教授，他们要不停地努力和奋斗。许多美国教授在进入终身教职后都说停不下来，已经程式化了。

与美国大学从职业保护出发推行"终身教职"制度不同，我国高校以打破"大锅饭""铁饭碗"和事实上的职务终身制为出发点，从20世纪80年代中期开始进行用人和分配制度改革，极大地调动了教职工的积极性，增强了学校的活力。日前，我国出台了《事业单位人事管理条例》，虽然从今年7月1日开始实施，但诸如绩效工资改革、养老保险制度等许多配套政策和改革尚待政府进一步明确。在这种背景下，深化高校综合改革和人事制度改革，借鉴美国终身教职制度，需要探索和试点，要汲取经验和教训，不照搬照抄，要结合实际、条件和可能性，逐步建立有中国特色的终身教职制度。

摘自：赵丹龄，郑承军.美国终身教职制度与中国式借鉴［N］.中国教育报，2014-8-18（3）.

本章小结

教师需求与供给的相互作用及其工资水平构成了一个特殊的劳动力市场——教师劳动力市场。本章首先阐述了教师劳动力市场与一般劳动力市场不同的特点及其影响因素，在此基础上，介绍了因教师供给和需求发生变化而产生的教师短缺和教师流动问题，以及应对这些问题的相应举措。

教师工资是影响教师劳动力市场数量和质量均衡的最重要的因素。本章接下来介绍了各国教师工资的绝对水平和相对水平，以及教师工资水平与教师质量之间的关系。为了促进教师队伍的稳定和教师质量的提升，一些国家或地区实施了绩效工资制度。本章分析了绩效工资制度的三种模式及其各自的优点和缺点，以及评价不同国家绩效工资制度的实证研究发现。

学术劳动力市场是一种具有同中小学教师不同特点的大学教师劳动力市场。本章最后从大学教师的跨国流动、薪酬制度和水平、聘任与晋升制度三个方面，对学术劳动力市场的特征进行了分析。

思考与练习

1. 教师劳动力市场的供给和需求具有什么特点？
2. 教师短缺有哪些表现形式？如何解释教师短缺现象？
3. 高校教师工资是市场化的吗？请举例说明。
4. 假如你是高校管理者，请你设计一个高校教师的经济激励项目，并提出一个评价该项目的方案。

拓展阅读建议

1. LOEB S, BETEILLE T, KALOGRIDES D. Effective Schools: Teacher Hiring, Assignment, Development, and Retention［J］. Education Finance and Policy, 2012, 7（3）: 269–304.

2. 闵维方.教师培养机制创新研究［J］.教育与职业，2017（08）：5-7.
3. 阎凤桥.学术劳动力市场的特性与研究型大学的教师聘用制度［J］.北京大学教育评论，2005（03）：64-69+88.
4. 鲍威，吴红斌.象牙塔里的薪资定价：中国高校教师薪资影响机制［J］.北京大学教育评论，2016，14（02）：113-132+191.
5. 刘进.大学教师流动与学术劳动力市场［M］.北京：商务印书馆，2015.

第五编

教育与社会公平

第十二章 教育与收入分配

内容提要

本章首先阐述收入分配的概念、理论及测量方法,并从理论上分析教育影响收入分配的机制,然后进一步论证了受教育水平、教育机会分配、教育收益率与收入分配的关系。

学习目标

1. 掌握收入分配的内涵以及收入均等程度的测量指标。
2. 理解受教育水平与收入分配之间的关系。
3. 理解教育机会分配、教育收益率对收入分配的影响。

关键词

收入分配　受教育水平　教育机会分配　教育收益率　基尼系数

教育不仅对解决劳动者就业、实现劳动力资源的优化配置具有积极的促进作用,而且对改善经济收入分配格局、缩小居民经济收入差距、建立公平的经济收入分配制度也具有积极的调节和促进作用,这在理论和实证两方面都得到了广泛证实。本章将详细阐述教育与收入之间的关系以及教育影响收入分配的作用机制。

第一节　收入分配

一、收入分配的概念和理论

收入分配是指直接与生产要素相联系的国民总收入的分配。任何生产活动都离不开劳动力、资本、土地和技术等生产要素。在市场经济条件下,取得这些要素必须支付一定的报酬,这种报酬就形成了各种要素的初次分配收入。因此,初次分配的实质是国民收入在各个生产部门、各个社会阶层及其成员之间的直接分配。[1]

---

[1] 高霖宇,等. 中国收入分配差距与经济增长的关系研究[M]. 北京:经济科学出版社,2013: 15-16.

从概念上来说有两种类型的收入分配：功能性收入分配和规模收入分配。功能性收入分配又称为要素收入分配，主要从收入来源的角度分析各种生产要素与其所得收入的关系，即资本或劳动等生产要素得到了多少收入份额。功能性收入分配学派将劳动所创造的价值分为三类：工人的工资、土地所有者的地租和资本家的利润，代表人物是斯密、李嘉图（David Ricardo）等古典经济学家。以马歇尔为代表的新古典经济学家继承了古典经济学家从生产要素角度研究分配规律的传统，发展了生产要素分配理论，包括讨论生产要素价格的形成，以及国民收入中各生产要素收入的相应份额。规模收入分配又称为个人或家庭收入分配，该学派主要从收入所得者的规模与所得收入规模的关系研究收入分配，即不管个人或家庭收入来源于哪一种或哪些生产要素，只分析不同类型的个人或家庭的收入状况和差异。要回答的是不同微观经济单位与其所得收入总额之间的关系，即各个阶层的个体或家庭分别得到了多少收入份额，以及影响收入份额的因素有哪些，该学派的代表人物有帕累托（Vilfredo Pareto）等。

以上两种理论学派既相互区别又相互联系。功能性收入分配理论关注的对象是宏观经济，因此也被称为宏观分配理论，而个人收入分配理论关注的是微观研究领域。宏观经济的重大调整将直接影响微观经济中个人收入的差距；反之，个人收入分配的微观行为（如收入差距过大）也会要求国家在宏观上调整功能性收入分配格局。此外，功能性收入分配理论建立在个人资源禀赋长期固定不变的基础上，而随着个人资源禀赋较以前有了更大的可变性，劳动者不再只有劳动收入，还可以通过购买股票、出租房屋等获得资本性收入，资本家也不再独享利润。

以中国为例，随着经济的不断发展，城镇居民人均总收入和人均工资性收入增长迅速。如图12-1所示，2000—2018年，城镇居民人均总收入和人均工资性收入均有大幅提高。同时，城镇居民人均总收入的分配结构正在发生变化。虽然工资性收入始终是人均总收入最主要的组成部分，但其在总收入中的占比降低了约12个百分点，这说明经营净收入、财产性收入和转移性收入的占比正在逐渐增加。劳动收入比重有所降低而资本收入比重有所增加，不利于缩小中低收入家庭与高收入家庭的收入差距，相反，却可能加大收入差距。

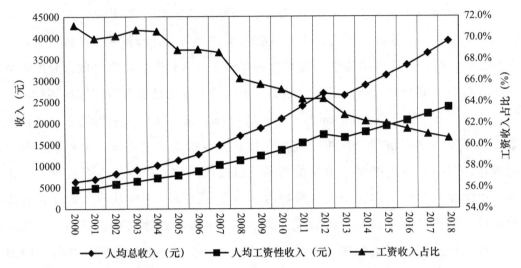

图 12-1 2000—2018 年城镇居民家庭人均总收入、工资性收入及工资收入占比

数据来源：国家统计局住户调查办公室. 中国住户调查年鉴 2019［M］. 北京：中国统计出版社，2019：19.
国家统计局住户调查办公室. 中国住户调查年鉴 2013［M］. 北京：中国统计出版社，2013：21.

20 世纪 50 年代开始，尽管功能性收入分配理论仍在发展，但是收入分配研究的重心逐步转向个人收入分配理论，即从研究国民收入在工资、利润间的分配，转向使用描述统计和计量分析的方法研究个体之间收入分配的不均等，并重点研究这种不均等与经济增长之间的关系。20 世纪 70 年代初期，随着理性预期理论的兴起，宏观经济学家热衷于从个人最优化的理性行为出发建立宏观经济理论的微观基础。为了简化模型，他们抽象掉个体差异（包括个体间的收入差异），广泛使用代表性个人假定，理论界对收入分配的研究兴趣有所下降。20 世纪 80 年代中后期，随着新增长理论的崛起，收入分配的研究得到了复兴，并聚焦在以下三个方面：第一，通过计量经济模型分析收入分配不均等对经济增长的影响及其机制；第二，将收入分配格局内生化，研究经济发展过程中收入分配的动态演化；第三，通过引入社会福利函数等对收入分配格局进行福利评价。[①]

二、收入分配均等程度的测量

收入分配不均等是指一个社会中的某些人相比其他人拥有较少收入的一种状态。很多用于测量不均等程度的指标都可以用于测量收入分配不均等，常用的指标包括以下几类。

□ 收入的基尼系数：根据洛伦兹曲线计算出的收入偏离绝对均等的程度，数值越大，说明收入分配的不均等程度越高。

---

① 尹恒，龚六堂，邹恒甫. 当代收入分配理论的新发展［J］. 经济研究，2002（08）：83-91+95.

- 收入的方差或标准差：用于表征收入离散程度的指标，数值越大，说明收入的不均等程度越高。
- 收入的变异系数：衡量收入离散程度的指标，计算方法是收入的标准差除以收入的均值，数值越大，说明分配的不均等程度越高。相比使用收入方差或标准差来衡量离散程度，变异系数能够排除收入均值的影响。
- 收入的百分比份额：将所有人的收入从低到高排序，分成若干组，计算每一组内人口的收入之和占全体人口收入的比重。例如，最低20%收入组的收入占社会总收入的比重，最高10%收入组的收入占社会总收入的比重；或者最高20%收入组与最低20%收入组的年均收入之比（不良指数）。数值越大，说明收入的不均等程度越高。
- 收入的极差率：最高收入与最低收入之比。
- 收入的泰尔指数：用于衡量不同收入组的内部差距和组间差距对收入总差距的贡献。

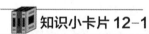

基尼系数的定义和计算方法

为了更好地反映社会收入分配的均等状况，20世纪初意大利经济学家基尼（Corrado Gini）根据洛伦兹曲线，计算出一个反映收入分配均等程度的指标——基尼系数。

如下图所示，洛伦兹曲线以累积人口百分比作为横坐标，以累积收入百分比作为纵坐标。洛伦兹曲线上点 A 的横坐标表示收入不大于 x 的累积人口百分比，纵坐标表示收入不大于 x 的所有人的收入占总收入的比重。当洛伦兹曲线与正方形对角线重合时，表示收入分配绝对均等。当洛伦兹曲线与折线 OPT 重合时，表示收入分配绝对不均等。一般情况下，洛伦兹曲线会落在对角线的下方。

基尼系数的计算公式为：$Gini = \dfrac{S_A}{S_A + S_B}$，其中，$S_A$ 表示实际收入分配曲线和绝对平均分配线之间的面积，$S_A + S_B$ 表示绝对平均分配线下的三角形面积，等于 1/2，因此基尼系数的计算公式可以变形为：$Gini = 2S_A = 1 - 2S_B$。

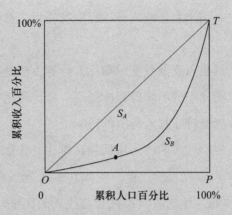

图 12-2 洛伦兹曲线

通常国际上使用基尼系数评价收入分配不均等程度的标准是：

基尼系数	<0.2	(0.2,0.3)	(0.3,0.4)	(0.4,0.5)	(0.5,0.6)	>0.6
收入分配不均等程度	高度平均	比较平均	相对合理	差距很大	差距极大	差距悬殊

三、经济增长与收入分配不均等

有效配置稀缺资源进而最大可能地增进人类福利是经济活动的最终目标。经济增长和收入分配均属于达到这一目标的基本途径和手段，也属于经济理论的核心研究问题之一。从世界经济的发展历史来看，经济增长并不能解决一切社会问题，只有兼顾公平的经济增长才是可持续的。

1955 年美国经济学家库兹涅茨发表了《经济增长与收入不均等》一文，他分析了英、美、德等 18 个国家经济增长与收入差距的横截面数据后发现，到 20 世纪初期，这些国家的个人收入差距都呈现了不同程度的缩小，并认为收入分配的变动在很大程度上与经济发展的不同阶段密切相关。如图 12-3 所示，若以人均收入水平为横坐标，以收入不均等程度为纵坐标，在经济发展的初始阶段，人口不断由农业部门向非农部门转移，收入差距趋向于不断扩大，而经济发展到一定阶段后，收入差距就会出现逐渐缩小的趋势。这就是著名的"库兹涅茨假说"，又称"倒 U 形假说"，从"扩大趋势"转向"缩小趋势"时出现的转折点被称为"库兹涅茨转折点"。[①] 此后，学术界便围绕"倒 U 形假说"展开热烈争论。

---

① KUZNETS S. Economic Growth and Income Inequality[J].The American Economic Review, 1955, 45 (1): 1-28.

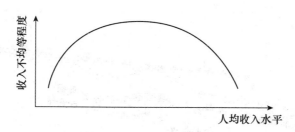

图 12-3 倒 U 形假说

随着时间的推移,人们发现,"倒 U 形假说"在一些国家并不适用。以韩国为例,从 20 世纪 50 年代到 90 年代,韩国经历了从农业为主的社会向高度工业化、高收入和高教育水平经济体的重大转型,但是该时期收入分配变化很小。从 20 世纪三四十年代到 70 年代初,美国的收入分配一直维持在较为平等的水平,而从 70 年代中期至今,其收入分配不平等状况也在加剧。[1] 现在,经济学家们认为,"库兹涅茨假说"并不是一条铁的定律,经济发展与收入分配之间的关系存在着多种可能性。尽管对不同国家、不同历史发展时期的研究发现并不一致,但该假说依然是研究收入分配的重要出发点。

20 世纪 70 年代以来,经济学家提出了其他观点来解释发达国家和发展中国家的收入不平等现象,总结来看主要有三种观点:第一种观点认为,教育扩张使得教育机会分布和收入分配趋向平等;第二种观点认为,技术革新增加了高等教育的收益,即使在全社会教育分布更加平等的情况下,收入不平等状况依然加剧;第三种观点认为,收入分配政策比教育扩张和技术革新对收入分配的影响更加深远,收入政策还影响不同层级教育的收益。[2]

改革开放以来中国经济实现了跨越式的高速增长。从 GDP 总量来看,2010 年中国成为世界第二大经济体。从人均 GDP 的水平来看,1978 年中国人均 GDP 仅有 381 美元,到 2019 年已经达到 10000 美元。然而,伴随着经济高速增长,中国居民收入差距不断增大。图 12-4 展示了多种数据来源下中国居民收入基尼系数的变化趋势。1979 年到 2015 年,居民收入的基尼系数由 0.3 左右上升到 0.462,超过国际警戒线。从国家统计局的数据来看,2003 年到 2015 年,基尼系数一直在 0.46 和 0.5 之间波动,收入不均等程度呈现先上升后下降的趋势。进一步分析居民收入基尼系数与 GDP 增长率关系的研究发现,1978 年到 2009 年两者呈现正相关关系,GDP 增长率每增加 1%,基尼系数增加 0.07 个百分点,但相关关系非常微弱。[3]

---

[1] 马丁·卡诺依,罗朴尚,格雷戈里·安卓希查克,杨素红. 知识经济中高等教育扩张是否促进了收入分配平等化:来自金砖国家的经验 [J]. 北京大学教育评论, 2013, 11(02): 64-83+189.

[2] 同上。

[3] 高霖宇,等. 中国收入分配差距与经济增长的关系研究 [M]. 北京:经济科学出版社, 2013: 67, 90-93.

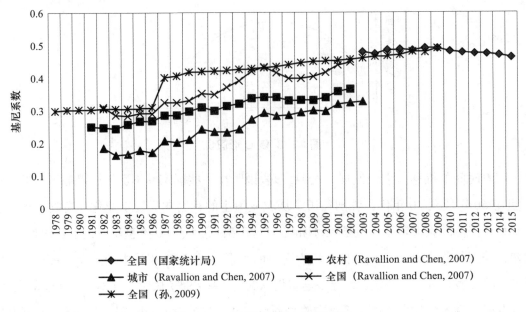

图 12-4 中国居民收入基尼系数

数据来源：孙百才. 教育扩展与收入分配：中国的经验研究 [M]. 北京：北京师范大学出版社，2009: 69.

RAVALLION M, CHEN S. China's (Uneven) Progress Against Poverty [J]. Journal of Development Economics, 2007, 82 (1): 1-42.

国实统计局住户调查办公室. 中国住户调查年鉴 2019 [M]. 北京：中国统计出版社，2019: 451.

  同世界上其他国家相比，中国收入分配不均等的程度如何呢？世界银行发布的《2006年世界发展报告》显示，在 127 个国家中有 94 个国家的收入分配基尼系数低于中国，有 29 个国家高于中国，其中 27 个是拉丁美洲和非洲国家，亚洲只有马来西亚和菲律宾两个国家高于中国。这说明中国收入分配的不均等程度高于所有发达国家和大多数发展中国家。[①] 世界经济合作与发展组织公布的数据显示，2011 年 34 个 OECD 成员国居民收入基尼系数平均为 0.314，有 15 个国家的基尼系数在 0.3 以下，有 16 个国家在 0.3 到 0.4 之间，只有 3 个国家在 0.4 以上。另有世界银行公布的数据显示，自 2005 年以来，中、东欧国家基尼系数不到 0.3，一些非洲和拉丁美洲国家的基尼系数则在 0.5 以上。金砖国家官方发布的数据中，南非的基尼系数最高，2009 年达到 0.640，巴西次之，2012 年达到 0.5，中国和俄罗斯分别为 0.473（2013 年）和 0.420（2012 年），印度最低，在 0.4 以下（2010 年）。[②] 联合国开发计划署出版的《2016 年人类发展报告》列出了 137 个经济体 2010—2015 年的收入基尼系数，收入分配最均等的国家是乌克兰和挪威，而收入分配最不均等的国家是南

---

① 马丁·卡诺依，罗朴尚，格雷戈里·安卓希查克，杨素红. 知识经济中高等教育扩张是否促进了收入分配平等化：来自金砖国家的经验 [J]. 北京大学教育评论，2013, 11 (02): 64-83+189.

② 许宪春. 中国收入分配统计问题研究 [M]. 北京：北京大学出版社. 2015: 175-176.

非。①

从中国居民家庭收入的差值来看（见图12-5），高收入家庭与低收入家庭收入比值的增幅比较明显，由1995年的不足4倍增加到2005年的9.2倍，此后在波动中略有下降，2012年的这一比值为7.6倍。最高10%收入家庭与中等20%收入家庭的收入差距变化相对平缓，但仍然呈现逐年扩大的趋势，由1995年的0.2增加到2012年的2.8倍。

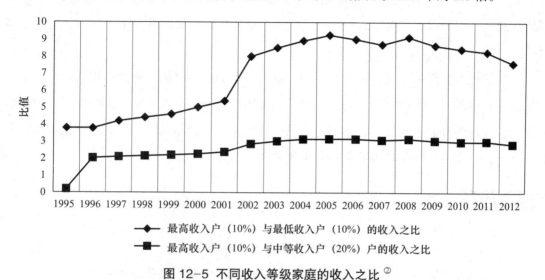

图12-5 不同收入等级家庭的收入之比 ②

数据来源：国家统计局住户调查办公室. 中国住户调查年鉴2013［M］. 北京：中国统计出版社，2013: 87-94.

国家统计局城市社会经济调查司. 中国城市（镇）生活与价格年鉴2006［M］. 北京：中国统计出版社，2006: 14-15+22-23+28-29.

国家统计局城市社会经济调查总队. 中国价格及城镇居民家庭收支调查统计年鉴2000［M］. 北京：中国统计出版社，2000: 113-114.

国家统计局城市社会经济调查总队. 中国价格及城镇居民家庭收支调查统计年鉴1999［M］. 北京：中国统计出版社，2000: 117-118.

国家统计局城市社会经济调查总队. 中国价格及城镇居民家庭收支调查统计年鉴1998［M］. 北京：中国统计出版社，1998: 117-118.

国家统计局城市社会经济调查总队. 中国价格及城镇居民家庭收支调查统计年鉴1997［M］. 北京：中国统计出版社，2007: 117-118.

与家庭收入的不均等程度相比，家庭财产的不均等程度更高。《中国民生发展报告2014》指出，财产排名最高的1%家庭占有全部财产的34.6%，最高的10%家庭占有全部

---

① 联合国开发计划署. 2016年人类发展报告［R］. 联合国开发计划署，2017: 208-211.
② 严格来说，对收入分配的测量应该以个人为单位，而不是以家庭为单位，但是在实际统计中，由于个人收入往往与家庭收入交织在一起，难以将家庭收入归算到每个家庭成员头上。在这种情况下，获得个人收入的近似方法是将家庭收入除以家庭人口。该方法的假设前提是：家庭收入在家庭内部进行分配，同一家庭内部不同成员间的收入分配是均等的。2013年及以后《中国统计年鉴》对收入等级的划分标准发生了变化，难以进行趋势比较，因此2013年及以后的数据在此不做展示。

财产的 62%，最低 50% 的家庭仅占全部财产的 7.3%，而最低 25% 的家庭占全部财产的比例仅为 1.2%。①

除此之外，城乡之间、城乡内部、省份之间、行业之间的收入差距也表现出全方位的扩大趋势。以城乡收入差距为例，20 世纪 80 年代以来，城乡收入差距逐步上升。进入 21 世纪以后，城镇居民人均可支配收入已经达到农村居民人均纯收入的 3 倍以上，并持续处在高度不均等状态。城乡居民之间的收入差距是中国居民收入分配不均等的重要原因之一。②

适当的收入差距是市场经济鼓励竞争、追求效率的必然结果，有其积极的一面。但是如果收入差距过大，将会对经济与社会的长期发展产生很多负面影响，比如抑制消费需求的增长，抑制投资需求的增长，影响经济结构的优化升级，不利于社会的和谐稳定与发展等。因此，研究如何缩小收入差距具有重大的现实意义。

案例 12-1

贫富差距日益悬殊并非巧合

20 世纪 80 年代末经济全球化步伐提速，国家间的财富差距开始缩小，1988—2008 年"可能见证了自工业革命以来世界公民间全球不平等程度的首次降低"。但从个体角度来看人类整体的平等性却鲜有改善。

1988—2008 年，世界人口中最富有的 1% 人群收入增加了 60%，而最贫穷的 5% 的人群收入则毫无变化。8% 的人得到了全球 50% 的收入；其中最富有的 1% 就得到了 15%。收入提高幅度最大的是世界各地的精英阶层以及大批中国、印度、印度尼西亚和巴西的"新兴中产阶级"。谁错过了这一切呢？米拉诺维奇（Branko Milanovic）发现，是生活在非洲、拉丁美洲一些地区以及前共产主义东欧和苏联地区的人们。

收入不平等现象在 20 世纪 70 年代末及 80 年代初的美国和英国（还有以色列）开始出现，在 80 年代后期更加普遍。过去 10 年间，收入不平等现象甚至在传统秉承平等主义的国家如德国、瑞典和丹麦也有所增加。除个别国家如法国、日本、西班牙外，多数发达经济体中收入最高人群的 10% 赚得更多了，排名收入最少的 10% 人群则愈加落后。

---

① 谢宇，张晓波，李建新. 中国民生发展报告 2014 [M]. 北京：北京大学出版社，2014：25-46.
② 李实，赖德胜，罗楚亮. 中国收入分配研究报告 [M]. 北京：社会科学文献出版社，2013：4.

不过，这种趋势并不代表普遍真理，也不是不可避免的。同样在这些年，智利、墨西哥、希腊、土耳其和匈牙利等国大幅减少了收入不平等的现象，这表明收入不平等不仅是宏观经济力量的产物，还是政治的产物。有人说不平等是全球化不可避免的副产品，是劳动力、资本、商品和服务自由流动的副产品，是偏爱技术更高、受过更好教育雇员的技术革新的副产品，这些话并不确实。

过去40年里美国国内生产总值增长了四倍多，过去25年则几近翻了一番，然而众所周知的是其中的利益都归于最高收入人群，且越来越集中于最高收入人群中的最富有人群。去年美国最富有的1%人口得到了全国22%的收入；最富有的千分之一人口得到了11%的收入。美国自2009年以来增加的所有收入，95%都流向了1%最富有的群体。美国男性的收入（扣除通胀因素）低于45年前；高中毕业但没有四年制本科学位的美国男性比40年前同等学历的美国男性少挣近40%。

30年前，美国人的收入不平等差距开始逐渐加大，与之相伴的是富人的税收削减和对金融机构的监管放松。这不是巧合。随着对基础设施、教育、医疗和社会保障网络投入的削减，这种不平等加剧了。不断上升的不平等侵蚀了政治体制和民主治理，继而又加剧了不平等。

从英国到德国，奉行财政紧缩政策正导致欧洲失业人数高企不下、工资不断下滑、收入不平等日渐加大。在世界最发达经济体中，英国被称为仅次于美国的第二不平等国家，而过度金融化要为它这样的坏名声承担一定责任，也同样要为日益严重的不平等现象负责。

一些国家已经做出选择来创造更平等的经济制度，比如韩国，半个世纪前，每10位韩国人里，只有一位拥有大学文凭，今天，韩国的大学毕业率在全球名列前茅。

我们正在进入一个分化的世界，这种分化不仅体现在富人和穷人之间，而且还体现在出手干预分化的国家和袖手旁观分化的国家之间。一些国家将在创造共同繁荣方面取得成功，这是唯一一种真正可持续的繁荣。在这些分化的社会里，富人会守在封闭式社区里，几乎和穷人完全分开，穷人的生活对他们而言几乎是无法理解的，反之亦然。

摘自：STIGLITZ J E. Inequality is a Choice[N]. New York Times, 2013-10-15. 刘京砚，张薇，译. http://www.nytimes.com/2015/05/03/opinion/sunday/nicholas-kristof-inequality-is-a-choice.html?_r=0.

第二节 受教育水平与收入分配

如何缩小过大的收入差距？最有效的办法是提高中低收入家庭的劳动生产率，进而提高他们的劳动收入，而教育是提高劳动生产率的最重要的途径。过去五十多年，世界各国都在积极发展教育，并取得了显著进展。

一、教育发展水平的测量及世界各国的教育发展趋势

衡量教育发展水平的指标可以分为两类：第一类是存量指标，如平均受教育年限、受教育水平的中位数、识字率等。萨卡洛布洛斯（George Psacharopoulos）和阿瑞格达（Ana-Maria Arriagada）认为，最能有效测量教育发展成就的指标就是平均受教育年限。[①] 计算平均受教育水平的一般方法为：首先将文化程度折合成受教育年限，如大专以上文化程度的受教育年限按16年计算，高中、初中、小学和文盲的受教育年限分别为12年、9年、6年和0年。将被调查人口的受教育年限之和除以人口数就得到该范围人口的平均受教育年限。

经济合作与发展组织发布的《教育概览2017》显示，在该组织的成员国中，至少90%的学生其受教育年限为14年，但是各国平均受教育年限从墨西哥和土耳其的10年到挪威的17年不等。[②]《中国人力资本报告2017》显示，中国劳动力的平均受教育年限由1985年的6.38年上升到2015年的10.1年。[③]

但这一方法并不准确，从实际的受教育年限来看，大专为15年，研究生要高于16年，而统计上都折算为16年，存在一定的误差。此外，统计年鉴的指标也并不统一，2004年国家统计年鉴公布的指标中包含不识字或识字很少，而2002年公布的指标则出现了扫盲班，对这类人群的受教育年限如何计算并没有明确界定。考虑到存量指标可能存在的缺陷，以及中国教育事业的迅速发展主要发生在最近20年，因此另一种测量教育水平的指标——流量指标被越来越多地使用，如各级各类教育的毛入学率、招生数、在校生数、毕业生数等。

从各级各类教育程度人口所占的比例来看，在OECD国家中，25—34岁人口中受教育程度在高中以下的人口比例由2000年的25%降低到2016年的16%，与之相对应，获得大学学位的人口比例由2000年的22%增加到2016年的43%。如图12-6所示，韩国的

---

① PSACHAROPOULOS G, ARRIAGADA A M. The Educational Attainment of the Labor Force: an International Comparison [J]. International Labour Review, 1986, 125（5）: 561–574.

② OECD. Education at a Glance 2017: OECD Indicators [R]. Paris: OECD Publishing, 2017: 44.

③ 中国人力资本与劳动经济研究中心. 中国人力资本报告2017 [R]. 中国人力资本与劳动经济研究中心, 2017.

这一比例最高,达到 70%,中国的这一比例接近 20%。

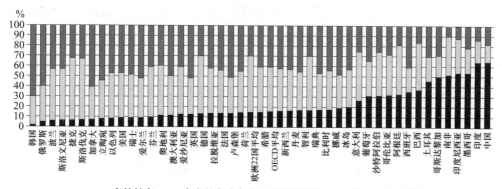

图 12-6 25—34 岁人口中各类教育程度人口的比例

数据来源:OECD. Education at a Glauce 2017: OECD Indicators[R]. Paris. OECD Publishing, 2017: 44.

从中国的情况来看,初中、职前高中、全口径高中和高等教育的毛入学率呈现逐年升高的趋势,小学毛入学率的绝对数值一直高于 100%,且呈现下降趋势,说明了小学重读率的降低和办学效率的提高,如图 12-7 所示。

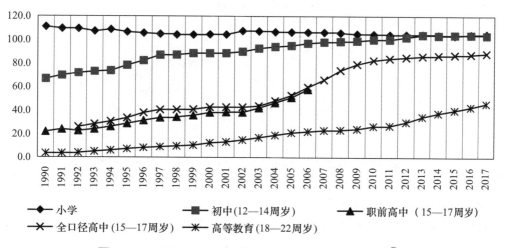

图 12-7 1990—2014 年中国各级各类教育毛入学率[①]

数据来源:中华人民共和国教育部发展规划司. 中国教育统计年鉴 2017[M]. 北京:中国统计出版社,2018: 21.

中华人民共和国教育部发展规划司. 中国教育统计年鉴 2006[M]. 北京:中国统计出版社,2007: 15.

---

① 毛入学率指某级教育在校生总数占相应符合官方为该级教育所规定的学龄年龄段人口总数的百分比。由于分子数值的计算并不考虑在校生的年龄,因此毛入学率可能大于 100%。与之对应的净入学率则将分子限定在相应年龄段的在校生人数,因此净入学率小于毛入学率。

近年来，除了各级各类教育的入学率和平均受教育水平，国际上越来越重视研究教育质量对劳动生产率和经济收入的影响。这是因为，同一年龄同一年级学生的教育质量可能存在巨大差异。例如，在非洲一些国家，70%的三年级学生还不能读懂简单的句子；在印度的一些农村地区，70%的三年级学生还不能正确进行46减17这样简单的计算。[1] 通常研究者把国际学生阅读、数学和科学评估项目等多种国际标准化的考试和测量结果综合起来，形成一个同一年龄同一年级（例如，都是15岁，都是初中三年级）的学生的学习结果，即教育质量与数量结合的综合指标。大量研究显示，同样的受教育年限，但由于教育质量的不同，可能使劳动者所获得的人力资本，即各种知识和能力，存在巨大的差别，从而导致经济收入的差别。[2][3]

二、受教育水平与收入分配不均等的关系

在研究受教育水平与收入分配的关系时，多数研究使用了跨国截面数据进行分析。如图12-8所示，人均受教育年限越高的国家（尤其是大于4年的国家），收入分配的不均等程度越低。

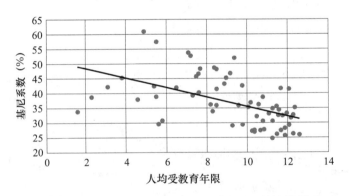

图12-8 各国人均受教育年限与收入分配不均等的关系

数据来源：世界银行发展研究局. 世界银行公开数据[EB/OL].[2019-10-12]. https://data.worldbank.org/SI.POV.GINI?end=2012&start=2011&view=chart.

UNESCO Institute for Statistics. UIS Database [EB/OL].[2020-09-30]. http://data.uis.unesco.org/#.

多数研究发现，受教育水平与收入分配不均等之间存在负相关关系。例如，有研究以中等教育入学率和高等教育入学率的加权平均数来衡量教育水平，发现提高教育水平能够

---

[1] World Bank. Word Development Report 2018: Learning to Realize Education's Promise [M]. Washington, D.C.: World Bank Group, 2017: 1-27.

[2] HANUSHEK E A, WOESSMANN L. The Knowledge Capital of Nations: Education and Economics of Growth [M]. Massachusetts: MIT Press, 2015: 9-67.

[3] World Bank. The Human Capital Project [R]. Washington, D.C.: World Bank, 2018: 39-48.

提高收入最低 40% 和 60% 人口的收入份额，降低收入最高 20% 和 5% 人口的收入份额，进而促进收入分配的均等化。① 加入识字率来衡量教育水平的研究发现，当识字率从 10% 提高到 60% 时，收入最低 40% 人口的收入份额将提高 2.8 个百分点。② 而以收入对数的方差来衡量收入分配均等化程度的研究发现：平均受教育年限每增加一年，收入不均等程度下降 10%。③

教育水平对收入分配的影响在一定程度上受经济发展水平的制约，在经济发展的不同阶段，教育对收入分配的影响不尽相同。比如在人均国内生产总值 500 美元以上的国家，成人识字率、初等教育在校生数与收入基尼系数之间存在负相关关系，而人均国内生产总值在 500 美元以下的国家，成人识字率与收入基尼系数之间是正相关关系，初等教育在校生数与收入基尼系数之间的关系则并不显著。④ 以不同收入组人口的收入份额来衡量收入分配均等程度的研究也得到了类似发现：中等收入的欠发达国家中，初等教育在校生数、成人识字率与收入最低 40% 人口的收入份额起着正向作用，而在低收入的欠发达国家中则是负向作用。⑤

不同阶段、不同类型的教育机会对收入分配的影响也不尽相同。以各级各类教育入学率衡量教育水平的研究发现，初等教育入学率对收入最低 40% 人口的收入份额具有显著正影响，中等教育入学率对收入中间 40% 人口的收入份额具有显著正影响，而对收入最高 20% 人口的收入份额具有显著负影响。⑥ 还有研究发现，初等教育毕业生进入中等教育的机会每增加 10%，收入的方差将减少 4.4%。⑦ 增加教育机会加剧收入不均等，或者是对收入分配的作用不显著，可能是因为收入分配受到很多其他经济和社会因素的影响，教育可能仅仅是其中的一个因素。

那么中国的情况如何呢？比较历年来居民收入基尼系数和平均受教育水平、各级各类教育毛入学率的变化趋势可以发现，教育水平提升明显，收入不均等程度并没有降低。那

---

① ADELMAN I, MORRIS C T. Economic Growth and Social Equity in Developing Countries [M]. Palo Alto: Stanford University Press, 1973: 70.

② AHLUWALIA M. Inequality, Porverty and Development [J]. Journal of Development Economics.1976, 3 (4): 307-342.

③ MARIN A, PSACHAROPOULOS G. Schooling and Income Distribution [J]. Review of Economics and Statistics, 1976 (58): 332-338.

④ LEIPZIGER D M, LEWIS M. Social Indicators, Growth and Distribution [J]. World Development, 1980, 8 (4): 299-302.

⑤ RAM R. The Role of Real Income Level and Income Distribution in Fulfillment of Basic Needs [J]. World Development, 1985, 13 (5): 589-594.

⑥ AHLUWALIA M. Income Inequality, Some Dimensions of the Problem [M]// CHENERY H, et al. Redistribution with Growth. London: Oxford University Press, 1975: 3-37.

⑦ MARIN A, PSACHAROPOULOS G. Schooling and Income Distribution [J]. Review of Economics and Statistics, 1976 (58): 332-338.

么，在控制了其他可能影响收入不均等程度的变量后，二者之间是什么关系呢？有实证研究发现，平均受教育年限和收入分配差距之间确实存在着库兹涅茨"倒U形"关系。其中，一些研究认为目前中国仍处于"倒U形"曲线的左侧——平均受教育水平越高，收入分配差距越大；[①][②][③] 而另一些研究则认为中国已跨过"倒U形"曲线的转折点，因此提高受教育水平将有助于促进收入分配均等化。[④][⑤]

通常，教育经济学家将教育与收入分配之间的关系概括为两种效应共同作用的结果：结构效应（Composition Effect）和压缩效应（Compression Effect）。结构效应指在教育收益率不变的情况下，受教育机会分配对收入分配的影响；压缩效应指在受教育机会分配结构不变的情况下，不同教育层次相对教育收益率的变化对收入分配的影响。[⑥] 过去五十多年间，世界各国都在大力发展教育。而教育扩张既会影响受教育机会的分配，也会影响教育收益率的变化。因此，接下来将进一步分析教育扩张如何通过结构效应和压缩效应来影响收入分配。

第三节 教育机会分配、教育收益率与收入分配

一、教育扩张与教育机会分配

从世界范围来看，教育机会的不断增加并不意味着教育分配趋于均等。从理论上来说，在教育扩张的最初阶段，教育水平的提高可能仅限于某些特定社会群体，而不能保证每个人都享有同等的受教育机会，那么教育分配的不均等程度就有可能增加。随着教育扩张的不断推进，越来越多的人接受更高水平的教育，教育不均等程度就可能会不断下降。尽管世界各国都在努力为所有社会成员提供均等的受教育机会，但是出于种种原因，教育不均等现象仍然在世界各国广泛存在。

那么，如何衡量教育分配是否均等呢？简单来说，测量不均等的指标都可以用于测量教育分配的不均等程度，例如，不同教育层次入学人数的差异系数、平均受教育水平的

---

① 魏萍.教育扩展、分布与质量对收入分配差距的影响研究：基于省级面板数据的实证分析[J].教育经济评论，2016，1（03）：40-55.
② 白雪梅.教育与收入不均等：中国的经验研究[J].管理世界，2004（6）：53-57.
③ 杜鹏.我国教育发展对收入差距影响的实证分析[J].南开经济研究，2005（04）：47-52.
④ 孙百才.教育扩展与收入分配：中国的经验研究[M].北京：北京师范大学出版社，2009：105-110.
⑤ 段吟颖.教育水平视角下的收入差距问题研究：基于中国省级面板数据的实证检验[J].求索，2013（10）：50-52+261.
⑥ KNIGHT J B，SABOT R H. Educational Expansion and the Kuznets Effect[J].The American Economic Review，1984，73（5）：1132-1136.

基尼系数、平均受教育水平的方差、平均受教育水平的标准差等。世界银行研究者计算了1960年到1990年85个国家和地区15岁以上人口的平均受教育年限及其基尼系数，发现随着平均受教育水平的提高，大多数国家的教育不均等程度呈现逐年下降的趋势，平均受教育水平与教育不均等程度之间显著负相关。① 也有研究使用入学率及其基尼系数来衡量16个东非国家的教育水平及其不均等程度，也发现二者之间存在负相关关系。② 还有研究使用受教育年限的标准差来测量教育的不均等程度，则发现平均受教育水平与教育不均等程度之间存在"倒U形"关系，也就是说，随着平均受教育水平的提高，教育的不均等程度先增加后减小。③ 对100个国家的分析也发现了这一"倒U形"关系，且转折点在平均受教育年限为7年的位置。④

教育的发展能否缩小教育不均等程度，取决于政府的教育扩张政策，即扩张了哪一级的教育，使哪类社会群体获得了更多的受教育机会。在教育发展的初期，整体受教育水平很低，人们的教育差异程度也很低。随着一部分人接受更多的教育，教育的分化程度开始提升。由于人们的受教育年限总是有限的，当受教育水平较高的群体达到了这一限度后，继续发展教育就会缩小教育机会的分配差距。不难想象，当社会中每个人都接受了大学教育时，受教育程度的差别就很小了。

图12-9展示了中国在1986—2006年间6岁以上人口的平均受教育年限和教育基尼系数，可以看出，随着教育事业的发展，平均受教育年限呈现上升趋势，而教育不均等现象得到了极大改善，教育基尼系数由1986年的0.482降低至2006年的0.237。众多基于计量回归模型的研究也证实了二者之间的显著负相关关系，即中国的教育扩张政策降低了受教育机会分配的不均等程度。⑤⑥

---

① THOMAS V, WANG Y, FAN X B. Measuring Education Inequality: Gini Coefficients of Education [R]. World Bank Policy Research Working Paper No. 2525, Washington D.C.: World Bank Institute, 2001.
② MAAS J L. CEERT G. Distribution of Primary School Enrollments in Eastern Africa [R]. World Bank Staff Working Papers No.511. Washington D.C.: World Bank, 1982.
③ THOMAS V, WANG Y, FAN X B. Measuring Education Inequality: Gini Coefficients of Education [R]. World Bank Policy Research Working Paper No. 2525, Washington D.C.: World Bank Institute, 2001.
④ RAM R. Educational Expansion and Schooling Inequality: International Evidence and Some Implications [J]. The Review of Economics and Statistics, 1990, 72 (2): 266-274.
⑤ 孙百才. 教育在人口中的分配：中国的经验研究 [J]. 人口与经济, 2005 (05): 1-5+24.
⑥ 孙百才. 经济增长、教育扩展与收入分配：两个"倒U"假说的检验 [J]. 北京师范大学学报（社会科学版），2009 (02): 92-98.

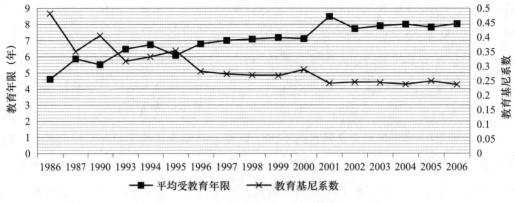

图 12-9 平均受教育年限和教育基尼系数[①]

二、教育机会不均等与收入分配不均等

绝大多数实证研究发现，教育不均等与收入不均等之间存在显著正相关关系，即教育分配的均等能够促进收入分配的均等。例如，以劳动者平均受教育年限的标准差和变异系数来衡量教育不均等，以基尼系数、收入最低的 40% 人口所占的收入份额和收入最高的 20% 人口所占的收入份额来衡量收入不均等，对 59 个国家截面数据的研究证实了教育不均等程度的加深将提升收入不均等程度；[②] 以 15 岁以上人口平均受教育年限的标准差作为教育不均等的测量指标，以基尼系数和收入的五等分分布作为衡量收入分配的变量，对跨国混合数据的实证分析也发现教育不均等有碍于改善收入分配不均等。[③] 然而，也有一些研究发现，教育分配的改善对收入分配的改善不起作用。例如，对美国早期的研究发现，教育不均等与收入不均等之间存在很弱的负相关关系，影响收入分配的主要因素是失业；[④] 对墨西哥以及对日本的研究也都发现，收入不均等状况并没有随着教育分配的均等化而得到改善，说明收入分配受到更多更复杂社会因素的影响。[⑤][⑥]

---

① 孙百才. 测度中国改革开放 30 年来的教育均等：基于教育基尼系数的实证分析 [J]. 教育研究, 2009 (1)：12-18.

② KANG H P. Educational Expansion and Educational Inequality on Income Distribution [J]. Economics of Education Review, 1996, 15 (1)：51-58.

③ GREGORIO J D, LEE J W. Education and Income Distribution: New Evidence from Cross-country Data [J]. Review of Income and Wealth, 2002 (48)：395-416.

④ CHISWICK B R, MINCER J. Time-series Changes in Personal Income Inequality in the United States from 1939 with Projections to 1985 [J]. Journal of Political Economy, 1972, 80 (3)：34-66.

⑤ CARNOY M. Can Educational Policy Equalize Income Distribution? [J]. Prospects, 1978, 8 (1)：3-18.

⑥ MUTA H. Equalization Potential of Education in Income Distribution in Japan [J]. Humanities Review, 1987 (12)：109-122.

对中国的教育分配与收入分配关系的研究结论相对一致。绝大多数研究证实教育发展差距是造成地区间收入差距的重要原因，[1][2] 教育不均等程度的下降可以起到缓解工资收入不均等的作用。[3][4] 这种作用在不同地区也会有所不同：西部地区较东部地区更易受教育不均等的影响而加剧收入分配不均等，且在控制了其他因素后，西部和中部相对于东部地区而言，教育不均等程度更高。这表明教育不均等和收入不均等的相互影响具有明显的区域性，东、中、西部在经济发展水平上的差异对教育分配和收入分配产生了显著影响。[5]

一些研究为了综合考虑教育发展水平和教育机会分配对收入分配的影响，同时将两类变量引入模型，但研究发现差异很大。有的研究认为教育发展水平与教育分配之间存在共线性，即在选择教育机会分配的变量时，就已经包含了教育水平的影响，导致回归方程的共线性。[6] 有研究利用 2003—2011 年 23 个省数据，同时考察了平均受教育年限和教育基尼系数对收入基尼系数的影响，发现教育基尼系数与收入基尼系数之间呈现显著正相关关系，且在东部地区的影响比西部地区要小。[7]

为什么改善教育不均等未必能够改善收入不均等呢？尽管教育不均等的下降意味着低教育水平的人群获得了更多的教育，并有望通过接受教育这种人力资本投资方式来增加收入，但收入水平还会受到劳动力市场的影响，比如劳动力的供求状况、劳动力市场的分割状况以及许多社会经济因素的影响，这些因素都会对收入分配产生影响。以上分析都是基于教育收益率保持不变的假设，下面将进一步探讨教育收益率的变化对收入分配的影响。

---

[1] WAN G H, LU M, CHEN Z. Globalization and Regional Income Inequality: Evidence from within China [R]. WIDER Discussion Paper, No. 2004/10.Finland: The United Nations University World Institute for Development Economics Research (UNU-WIDER).

[2] 陈钊，陆铭，金煜.中国人力资本和教育发展的区域差异：对于面板数据的估算 [J].世界经济，2004 (12)：25-31+77.

[3] 陈玉宇，王志刚，魏众.中国城镇居民 20 世纪 90 年代收入不平等及其变化：地区因素、人力资本在其中的作用 [J].经济科学，2004 (06)：16-25.

[4] 温娇秀，王延军.我国教育不平等与收入分配差距扩大的动态研究：一项基于各地区教育基尼系数的实证 [J].成都理工大学学报（社会科学版），2011, 19 (01)：5-10.

[5] 杨俊，黄潇，李晓羽.教育不平等与收入分配差距：中国的实证分析 [J].管理世界，2008 (01)：38-47+187.

[6] PARK K H. Educational Expansion and Educational Inequality on Income Distribution [J]. Economics of Education Review, 1996, 15 (1)：51-58.

[7] 段吟颖.教育水平视角下的收入差距问题研究：基于中国省级面板数据的实证检验 [J].求索，2013 (10)：50-52+261.

三、教育收益率与收入分配不均等

教育扩张除了能够提高平均受教育水平、改变教育机会分配，还会直接带来教育收益率的变化。20 世纪 80 年代末到 21 世纪初，中国的城镇教育收益率随时间的变化呈明显的增长趋势，到 21 世纪初已经达到世界平均水平。① 进入 21 世纪以后，中国的教育收益率并没有延续之前的快速增长走势，而是逐渐趋于平缓。在控制了行业、单位类型、地区等变量后，总体上教育收益率的变化趋势还出现了下降的迹象。② 但这一时期，由于迅速发展的高新技术产业对高等院校毕业生的大量需求，高等教育的收益率呈现持续上升的趋势，1988 年、1995 年、2002 年和 2007 年中国高等教育收益率分别为 11.72%、29.13%、42.43% 和 61.53%。③

从理论上来说，假定教育的分配结构不发生变化而教育收益率提高了，如果教育收益率的提高主要来自低收入人群，那么教育将起到缩小收入差距的作用；相反，如果主要来自中高收入人群，那么教育将起到扩大收入差距的作用。因此，教育收益率对收入分配的影响取决于哪个社会群体的教育收益率提高。

相关学者对美国和 15 个欧洲国家 20 世纪 90 年代中期的研究发现，高收入人群的教育收益率高于低收入人群，从而认为教育会加大收入差距。④ 还有对 30 个国家的分析发现，中等或高等教育收益率越高，收入最高 20% 社会群体的收入在总收入中所占份额越大，中间 40% 和最低 40% 的收入份额越低。也就是说，高收入群体所受的较高教育的高收益率加剧了收入分配的不均等。⑤ 利用 2002 年中国住户调查数据的研究发现，在收入较高的分位点上，所对应的教育收益率相对较低，即教育收益率随着收入等级的提高而下降，这说明教育更加有利于低收入人群的收入增长，从而缩小收入差距，⑥ 这一结论也同样在对 2004 年上海、浙江和福建的研究中被进一步证实。有学者利用 1988 年、1995 年和 2002 年中国住户调查的数据研究发现：1988 年和 1995 年收入越高的人群其教育收益率越低，

---

① DING X, YANG S, HA W. Trends in the Mincerian Rates of Return to Education in Urban China: 1989–2009 [J]. Frontiers of Education in China, 2013, 8（3）: 378–397.

② 丁小浩, 于洪霞, 余秋梅. 中国城镇居民各级教育收益率及其变化研究: 2002～2009 年 [J]. 北京大学教育评论, 2012, 10（03）: 73–84+189.

③ 刘泽云. 上大学是有价值的投资吗: 中国高等教育回报率的长期变动（1988—2007）[J]. 北京大学教育评论, 2015, 13（04）: 65–81+186.

④ MARTINS P S, PEREIRA P T. Does Education Reduce Wage Inequality? Quantile Regression Evidence from 16 Countries [J]. Labour Economics, 2004, 11: 355–371.

⑤ TILAK J B G. Rates of Return to Education and Income Distribution [J]. De Economist, 1989（137）: 454–465.

⑥ 罗楚亮. 居民收入分布的极化 [J]. 中国人口科学, 2010（06）: 49–60+111–112.

教育发挥了促进收入分配公平的作用；而 2002 年的情况则与之相反。[①] 对 2002 年 CHIPS（中国居民收入分配调查）数据的分析也显示，低收入家庭子女的教育收益率要明显低于中高收入家庭子女的教育收益率。[②] 在这种情况下，教育更加有利于高收入家庭，因此可能会进一步扩大收入差距。这可能是由于这一时期信息科技等高新技术的发展造就高收入的"IT 精英"，更有利于受教育程度较高的高收入群体。因此，这也是中国收入基尼系数上升的时期。

更复杂的情况是，教育机会分配和教育收益率同时变化，而两者又可能同时受到其他因素的影响，比如技术进步、劳动力市场的供求状况等，它们既会影响收入差距，又会影响教育的获得和教育的收益率。相关研究在国家统计局 2005 年 1% 人口抽样调查数据的基础上生成了中国 326 个地级行政区的数据，同时考察了教育机会分配和教育收益率对收入分配的影响，发现平均受教育水平越高、受教育机会分布越均等的地区，工资差距越小，即教育对工资收入不均等存在显著的结构效应。同时，教育对工资收入不均等的压缩效应也是非常显著的：一方面，劳动力市场中的平均教育收益率越高，工资不均等程度越高；另一方面，不同人群之间教育收益率的差异也会影响工资不均等，表现为高学历人群相对于低学历人群的教育收益率越高，或者工资水平位于较高分位点的人群相对于低分位点人群的教育收益率越高，工资不均等程度越高。[③]

可见，教育对收入分配的影响不但取决于平均受教育水平和受教育机会的分配，也取决于教育在劳动力市场上的经济价值，即教育收益率。当前中国的教育收益率已跨过快速增长的时期，进入相对平缓的阶段，在这一阶段，国家能否制定出合理有效的政策框架，促进受教育机会的公平分配，将影响到人力资本的开发与配置效率，进而对经济增长和收入分配产生重要影响。同时，中国高学历劳动者的教育收益率高，也与城乡劳动力市场分割性较强、工资决定机制尚未完全市场化等体制机制因素有关。因此，除了提高平均受教育水平和完善受教育机会的公平分配以外，还需要进一步深化体制机制改革，消除劳动力在地区之间、城乡之间、行业之间和单位之间的流动障碍，逐步完善市场化的工资决定机制，从而降低收入不均等程度。

综上，对各国教育与收入分配的关系并没有得到完全一致的结论，原因众多。首先，从各国的实际情况来看，所处的教育发展阶段和经济发展阶段不尽相同，且教育发展目标

---

① 薛进军，高晓淳. 再论教育对收入增长与分配的影响 [J]. 中国人口科学，2011（02）：2-13+111.
② 周金燕. 明瑟教育收益率述评：计量方法及在中国的估计趋势 [J]. 教育学报，2015，11（01）：54-61.
③ 刘泽云. 教育对工资不平等的影响：结构效应和价格效应 [J]. 北京师范大学学报（社会科学版），2009（05）：116-125.

和方向的差异会导致教育机会分配和教育收益率的差异，这些会对收入分配产生不同方向的影响。其次，很多研究使用的是跨国或跨省的横截面数据，截面数据是一种静态的、微观的数据，只能说明两者之间的相关关系，但并不构成关于教育对收入分配的预测。再次，在研究二者关系时，所使用的测量指标也不尽相同，如对教育发展水平的测量包括平均受教育水平、各级各类教育的毛入学率等，对收入分配的测量指标也很多样。最后，不同研究所使用的计量模型不同，有的是一般线性回归模型，有的是分位数回归模型，且模型中加入的变量也各不相同。

中国尚处在经济体制转轨的时期，要充分发挥教育促进收入分配均等化的积极作用，还需要在经济社会发展过程中进行一系列的改革和配套政策措施加以保障。一方面，继续加大对教育的投入，完善教育投入结构，增加对低收入群体的教育资助，促进教育公平；另一方面，进一步完善劳动力市场机制，缩小并最终消除不同社会群体之间和城乡之间教育收益率的差异。

本章小结

本章首先阐述了收入分配的概念和两种分配理论：功能性收入分配和规模收入分配。功能性收入分配理论将劳动所创造的价值分为工人的工资、土地所有者的地租和资本家的利润三类；规模收入分配理论主要研究不同微观经济单位与其所得收入总额之间的关系，即各个阶层的个体或家庭得到了多少收入份额，以及影响收入份额的主要因素。两种理论既相互区别又相互联系。接下来，介绍了测量收入分配均等程度的多种指标，并论证了经济增长与收入分配之间的关系以及教育影响收入分配的作用机制。在此基础上，具体阐述了受教育水平与收入分配的关系，并指出教育对收入分配的影响是由结构效应与压缩效应共同作用的结果，从而进一步分析了教育机会分配、教育收益率对收入分配的影响。

思考与练习

1. 如何测量收入分配的均等程度？
2. 教育通过哪些机制影响收入分配？
3. 如何解释不同国家教育与收入分配关系的差异？
4. 收入分配格局可能会对教育产生什么影响？

拓展阅读建议

1. 马丁·卡诺依,罗朴尚,格雷戈里·安卓希查克,杨素红.知识经济中高等教育扩张是否促进了收入分配平等化:来自金砖国家的经验[J].北京大学教育评论,2013,11(02):64-83+189.

2. 魏萍.教育扩展、分布与质量对收入分配差距的影响研究:基于省级面板数据的实证分析[J].教育经济评论,2016,1(03):40-55.

3. 孙百才.教育扩展与收入分配:中国的经验研究[M].北京:北京师范大学出版社,2009:105-110.

第十三章　教育公平与社会经济公平

内容提要

本章首先阐述教育公平的概念和内涵，接下来从教育起点、教育过程和教育结果三个方面分析影响教育公平的社会经济因素，最后论证教育公平对经济公平的影响机制以及教育公平如何影响代内收入公平和代际收入公平。

学习目标

1. 掌握教育公平的概念和内涵。
2. 了解社会经济因素对教育公平的影响。
3. 理解教育公平影响经济公平的作用机制。
4. 理解教育在促进经济收入代际流动中的作用。

关 键 词

教育平等　教育公平　经济公平　代际流动

教育通过影响就业和收入分配进而影响社会经济公平。教育既可以再生产出不公平的社会经济结构，也可以促进积极的代际流动，改善经济公平状况，促进社会进步。教育能够在多大程度上实现促进社会经济公平的积极作用，同教育本身的公平状况密切相关。本章将论述教育公平的概念和内涵，分析教育公平的影响因素，进而探讨教育公平对社会经济公平的影响。

第一节　教育公平的概念和内涵

一、教育平等与教育公平

教育平等的思想源远流长。我国古代思想家和教育家孔子提出的"有教无类"就包含教育平等的思想。古希腊的思想家和教育家柏拉图也提出过教育平等的思想，亚里士多德则进一步提出通过法律保证自由公民的教育权利。近代西方资产阶级也曾致力于寻求教育平等，早在18世纪末，教育平等的思想已在一些西方国家转化为立法措施，在法律上确定了人人都有平等的受教育机会。1949年，中华人民共和国成立之后教育平等得到了更多的重视。一般来说,教育平等有三个层次:一是确保人人都享有平等的受教育的权利和义务;二是提供相对平等的受教育机会和条件;三是教育成功机会和教育效果的相对均等,即每个学生接受同等水平的教育后能达到一个最基本的标准,包括学生的学业成就和教育目标方面的平等。可以说,教育平等是指人们不受政治、经济、社会地位、种族、民族、信仰和性别差异的限制,在法律上都享有同等受教育的权利。教育平等强调的是公民受教育权利、机会和教育对待的相同性和一致性。① 法雷利(Joseph Farrell)曾将教育的平等设计为这样一个模式:包括准入的平等、过程的平等、输出的平等、结果的平等②。

教育公平(Equity)同教育平等(Equality)有密切关系,但教育平等还不等于教育公平。教育平等更侧重于工具层面和"实然"方面,即对所有的人给予同等的教育对待,因而存在着"过度"的可能性。教育公平则包含了对利益关系的调整和资源配置合理性的价值判断。公平的本质特点是公正与合理性,"公正"本身带有很强的价值判断色彩。教育公平更注重教育的制度规则与教育过程中资源配置的合理性,侧重于价值层面和"应然"方面,即对不同条件的人给予不同的教育对待,从而得到更公平的教育结果,如图13-1所示。例如,在非义务教育阶段,向有支付能力的学生收取一定的学费,而对来自低收入家庭的子女给予适当的教育资助,使其能够同其他人享受到同样的教育。因此,教育公平的概念是指公正合理的平等的教育价值观以及相应的制度安排、政策框架、资源配置和教育实践。这里所说的公正合理是对全体社会成员而言,而不是对某一社会阶层或社会群体。

图13-1 平等(对所有的人给予同样的对待)与公平(对不同的人给予不同的对待)③

---

① 周洪宇. 教育公平论 [M]. 北京:人民教育出版社,2010: 10-25.
② 约瑟夫·法雷利. 发展中国家的社会平等与教育扩张 [M] // T. 胡森,T. N. 波斯尔斯韦特. 教育大百科全书(第1卷). 张斌贤,等译. 重庆:西南师范大学出版社,2006: 489.
③ 高考成神论下的"江苏减招" [EB/OL]. (2016-5-16) [2018-06-17]. http://www.sohu.com/a/75602950_413903.

二、教育公平的内涵

一般来说，教育公平的内涵主要包括三个层次：即从教育起点的公平到教育过程的公平进而到教育结果公平。在这三个层次上，教育公平都会受到各种复杂的社会经济因素影响。

（一）教育起点的公平

起点公平是指各级各类学校的受教育权利和机会在全体社会成员中的公平分布，这是实现教育公平的基本前提。几乎世界上所有国家都在法律上明确规定了人人都有平等的受教育权利，不因性别、种族、出生地点、社会阶层和家庭贫富等非自致性因素而影响受教育的权利。也就是说，各级各类学校的入学机会是面向全体社会成员公平开放的，这种教育机会均等受法律保护。

（二）教育过程的公平

过程公平是指学生进入学校以后所受到的公平的教育对待。如果没有过程公平，起点公平就仅仅具有形式上的意义。过程公平涉及整个教育过程中学校价值取向、指导思想、资源配置、管理方式、教学安排等。因此，实现教育过程公平是比教育起点公平更复杂、更困难的问题。由于先天的和社会的因素，每个学生都存在一定的差异，教育过程公平意味着给予基本相同的学生以基本相同的教育对待，给予不同学生以不同的教育对待，有时甚至需要给予弱势群体的学生以更多的关注和帮助，例如，提供必要的财政资助和学习辅导，使得他们在学校教育过程中获得同样的成功。就此而言，如何看待学生之间的差异，如何在不同学生之间分配教育的资源，就成了实现教育过程公平的关键。

在教育过程中，学生的社会经济背景和个性的差异以及选择的多样性已经不只是学校面临的简单事实，而是实现教育公平不可回避的问题。因此要真正实现教育过程公平，就不能采取千校一面、千人一面的"工厂式"教育，而需要在所有学段强调个性化、多样化和选择性，倡导"适合的教育就是最好的教育"，实施"因材施教""因需施助"。不同的学生有不同的家庭社会经济背景，有不同的成长条件，有不同的潜力、兴趣、爱好和特点，因而，公平的教育过程应该为不同的学生提供不同的学习内容和学习经历，丰富选修课程，实行差异化教学等，真正满足每个学生的发展需求，充分挖掘和发展他们的潜能，促进个性化和创造性能力的发展。但在现实生活中，往往存在学校资源的有限性与学生需求和潜能的无限多样性之间的矛盾，这意味着，在教育过程中需要公平地考虑有限的资源究竟配置给哪些学生，优先满足哪些学生的需求，是尽可能保障所有学生达到应有的教育标准，还是重点使部分来自社会优势群体的学生更加"卓越"，①这是每个学校常常面临的选择。

（三）教育结果的公平

教育结果的公平是指每个学生都受到了适合其自身条件的教育对待，达到了其可能达到的最佳教育效果和教育质量水平，这是教育公平的目标所在。教育结果的公平并不是把所有的学生用同一模具塑造成为同样的"产品"，"并不是把大家拉平"，而是"要肯定每一个人都能受到适当的教育，而且这种教育的进度和方法是适合个人特点的"②。教育结果的公平包括两方面的内容：一方面，学校根据国家教育法的规定，使所有学生都达到一定的基本教育目标所要求的标准，例如，成为合格公民的基本政治认同、正确的价值取向、必备的核心素养和良好的行为模式，以及作为高效率的创造性劳动者所必备的知识技能和具有终身学习能力的、全面发展的人，这是教育质量和结果公平的共性。另一方面，每个人的个性都得到了充分的发展，每个人的创造性潜能都得到了充分的开发，就像在运动场上赛跑一样，每个人都跑出了其可能达到的最好水平，尽管这个"最好水平"在人与人之间是存在差异的，如图 13-2 所示，尽管并不是每个人都能成为世界冠军，但每个人都发挥出了自己最好的水平，也就是都受到了其应该受到的最适合的教育，达到了其可能达到的最佳教育质量水平。

图 13-2 从教育起点和过程公平到教育结果公平 ③

---

① 程亮.走向学校教育过程公平［N］.中国教育报，2016-9-14（7）.
② 联合国教科文组织国际教育发展委员会.学会生存—教育世界的今天和明天［M］.华东师范大学比较教育研究所，译.北京：教育科学出版社，1996: 105.
③ 程亮.走向学校教育过程公平［N］.中国教育报，2016-9-14（7）.

第二节 社会经济因素对教育公平的影响

市场经济的特征之一是通过优胜劣汰的竞争机制提高经济效率。由于各个市场主体的发展基础和各方面条件不同，资源配置能力也不同，市场的自发作用导致其经济效率和收益不同。特别是在中国改革开放和市场经济发展的初期，为了克服在过去长期僵化的计划经济体制下形成的绝对平均主义的弊端，提高经济运行效率，"效率优先，兼顾公平"和"让一部分人先富起来"成为一个不成文的原则。这在当时对于促进生产力的发展产生了积极的推动作用。而伴随着经济的高速增长和民间财富的不均衡积累，如本书第十二章所阐述的，居民收入差距逐渐拉大，基尼系数超过了 0.45 这一国际警戒线。经济收入分配的巨大差异不可避免地反映到教育中来，进而影响教育公平，导致教育公平成为社会普遍关注的热点问题之一。当人们天天在议论要促进教育公平和教育均衡发展时，就说明教育的发展已经非常不均衡、教育公平亟须改善了。

同时，教育公平又反过来对社会经济公平产生了巨大深刻的影响。在世界上许多国家都存在类似问题。例如，据 2014 年美联社报道，美国近十年来贫富差距进一步扩大，[①] 教育不平等打碎了美国梦。[②] 2015 年世界银行发布的研究报告指出，全球教育成就存在着巨大的不公平。2017 年经济合作与发展组织发布报告《面向所有人的教育机会：消除贯穿一生的不公平》使用 11 个与公平相关的指标，对经济合作与发展组织成员国的教育公平情况进行了评价，发现因社会经济地位不同带来的教育结果不均衡存在于所有的国家，没有一个例外，只是不均衡的程度不同而已。[③] 最初所获教育的不公平将持续影响人一生的生活，尤其是人们未来获得经济收入和终身学习的机会。近年来，不论是在中国还是在其他国家，教育公平问题都已经成为教育经济学研究的重点问题之一。在现实社会中，影响教育公平的社会经济因素很多，主要包括家庭的社会经济地位、区域发展差异、城乡差异以及各级各类学校之间办学条件和质量等方面的差异。下面，我们就具体分析这些社会经济因素是如何影响教育公平的。

---

① 美联储主席. 美国贫富差距接近百年来最高水平［EB/OL］.（2014-10-19）[2020-10-02]. http://news.sina.com.cn/w/2014-10-19/104231011520.shtml.
② 纪思道. 教育不平等打碎了美国梦［N］. 纽约时报专栏，2014-10-29.
③ 唐科莉. 全球教育之问：2017［N］. 中国教育报，2017-12-29（5）.

一、对教育起点公平的影响

尽管教育起点公平在大多数国家都受法律保障，但是在教育实践中仍然有许多因素影响教育的起点公平。在绝大多数国家，由于各级各类学校的办学条件、教学质量和社会声望存在明显差异，社会经济地位较高的家庭更可能利用其社会经济等各方面的优越条件把子女送进办学条件和教学质量更好的学校，而社会经济地位较低家庭的子女更可能进入办学条件较差的学校，从而导致了教育起点的不公平。目前在全世界许多国家普遍存在的学前教育、初等教育、中等教育和高等教育的"择校"现象就是影响教育起点公平的表现之一。案例13-1摘录了2017年5月发表的关于中国义务教育入学情况的新闻报道。

案例 13-1

"小升初"超过四分之一的学生择校

义务教育是政府提供的基本公共服务之一。义务教育基本公共服务的均等化事关国民教育素质整体水平的提高，也直接体现社会的公平正义。在义务教育阶段的入学方式上，当前我国遵循的是免试就近入学原则，反对学生家长放弃政府既定的入学安排而自行选择其他学校就读的择校行为。但是，我国历史上较长时期的教育不均衡发展所导致的优质教育资源不足问题，不可能在较短时间内彻底改变，而父母们又都想把子女送到尽可能好的学校就读，所以尽管各地政府禁止择校的各项政策与措施日益严厉，但择校行为却是屡禁不止。从2014年开始由中国人民大学中国调查与数据中心负责组织实施的中国教育追踪调查（CEPS）通过对全国20个省、112所初中、近2万名初中生及其家长的调查结果显示，为了让孩子在"小升初"过程中进入所在的初中就读，有13.8%的家长找亲戚、朋友、熟人帮忙走关系，1.9%的家长给相关的领导送礼，2.9%的家长给学校交纳额外的费用，5.5%的家长在学校所在的片区买房，3.7%的家长给自己和孩子一起迁了户口，1.2%的家长想办法把孩子的户口挂到了亲戚朋友家，6.6%的家长让孩子参加各种学业考试和特长考级以争取"特长生"的入学名额。这意味着，当前我国的"小升初"过程中，有超过了四分之一的学生是择校生。"择校热"遍及社会各阶层。

摘自：王卫东.择校：效率低，损公平［N］.光明日报，2017-5-6（7）.

上述这则报道的记者还进一步分析了各种择校行为的发生率以及社会各阶层综合择校率与购买学区房择校率。图13-3显示，即使在义务教育阶段，人们还是千方百计地通过各种渠道择校。例如，让孩子参加各种学业考试和特长考级；把孩子的户口挂到位于目标学校所在学区的亲戚朋友家，或给自己和孩子一起迁户口，或在目标学校所在学区买房；甚至找相关领导或亲戚、朋友、熟人帮忙走"关系"，达到择校的目的。只有社会经济条件比较好的、拥有较多社会资本的群体才有能力通过上述途径择校，达到他们的择校目的，而这在客观上减少了本该进入这些学校的孩子的入学概率，从而损害了教育公平。

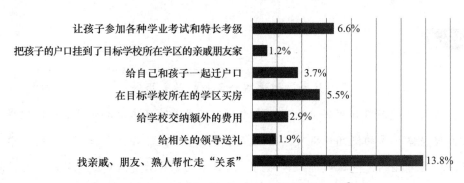

图13-3 "小升初"中的各种择校行为[①]

图13-4显示了社会经济地位高的群体的综合择校率高达52%，比社会中下层群体高出近一倍。择校的实质就是竞争和争夺优质教育资源。由于相对基础教育来说高中阶段教育和大学教育中的优质教育资源更加稀缺，因此这种基础教育的公平问题必然会延伸到高中和大学教育中来。据调查，各地通过缴纳赞助费、择校费等方式，进入高中的比例超过在校生的10%，进入城市重点高中的比例达到了25.2%，有的重点高中甚至达到40%以上。普通高中择校费动辄上千，甚至上万乃至几万元，大大超过许多中低收入家庭的承受能力。有人批评普通高中择校"择苦了家长，择富了学校，择坏了风气，择丢了公平"[②]。

---

① 王卫东.择校：效率低、损公平［N］.光明日报，2017-05-06（07）.
② 陈浩.浅议普通高中择校与教育公平［J］.现代经济信息，2014（04）：371-372.

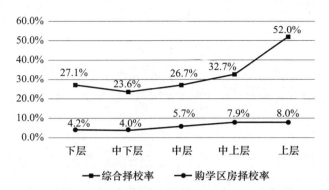

图 13-4 社会各阶层的综合择校率与购学区房择校率[1]

实际上，在各级各类教育中都不同程度地存在着影响教育起点公平，即入学机会公平分布的因素。这是目前在世界上许多国家都存在的普遍现象，也是近年来教育经济学家越来越关注教育起点公平问题的原因所在。

二、对教育过程公平的影响

如前所述，教育过程公平是指学生进入学校后能够受到公平的教育对待，那么这种公平价值取向的根本必须体现在公共教育资源的公平配置上，包括人力资源（如高水平教师和优秀学校管理者）、物力资源（如教学基础设施和教学仪器设备）和财力资源（如生均经费，特别是保障办学条件的生均公用经费）的合理均衡配置。然而在现实社会生活中，不论是在中国还是世界上其他许多国家，教育过程中资源配置不均衡的现象仍然在不同程度上普遍存在，表现为区域差异、城乡差异、校际差异和校内不同班级的差异。有研究分析了中国地区间基础教育资源配置的显著差异。表 13-1 展示了中国中部 A 省和东部 B 省省际小学和初中教育经费投入差异状况，在 2006 年和 2007 年春季学期，东部 B 省小学和初中生均收入、生均上级拨款、生均支出、生均人员经费和用于保障教学业务和教学设备等办学条件的生均公用经费均远高于中部 A 省。

表 13-1 区域教育经费投入差异[2]

单位：元

	2006 年				2007 年春季学期			
	小学		初中		小学		初中	
	中部 A 省	东部 B 省	中部 A 省	东部 B 省	中部 A 省	东部 B 省	中部 A 省	东部 B 省
生均收入	664	2159	1110	3848	355	1148	394	1701
生均上级拨款	289	1659	569	2051	177	789	292	1081

---

[1] 王卫东.择校：效率低、损公平[N].光明日报，2017-05-06（07）.
[2] 薛海平，王蓉.教育生产函数与义务教育公平[J].教育研究，2010，31（01）：9-17.

（续表）

单位：元

	2006 年				2007 年春季学期			
	小学		初中		小学		初中	
	中部 A 省	东部 B 省	中部 A 省	东部 B 省	中部 A 省	东部 B 省	中部 A 省	东部 B 省
生均支出	1158	2755	1371	3855	538	1659	666	1881
生均人员经费	1086	2106	1065	2565	577	1150	520	1203
生均公用经费	187.72	301.63	315.50	562.68	95.87	173.68	165.25	217.83

该研究还进一步分析了在同一地区内的城乡教育经费差异，表 13-2 显示了城乡小学的经费差异，可以看出，城市小学的各类经费数额均大大高于农村小学。

表 13-2 城乡教育经费投入差异[①]

单位：元

	2006 年		2007 年春季学期	
	城市小学	农村小学	城市小学	农村小学
生均收入	2247	1116	987	647
生均上级拨款	1370	757	652	372
生均支出	3285.45	1501	1326.82	981
生均人员经费	2382.78	1272	1078	776
生均公用经费	439.92	180.98	205.96	120.35

教育资源配置不仅在地区和城乡之间存在严重的不均衡，而且在学校之间也存在着显著的差异，表 13-3 计算了反映校际教育投入和支出显著差异的基尼系数，可以看出，小学和初中各项教育投入的校际差异巨大。

表 13-3 校际教育投入和支出的基尼系数[②]

	小学		初中	
	2006 年	2007 年春季学期	2006 年	2007 年春季学期
生均上级拨款	0.7456	0.6854	0.6655	0.6402
生均支出	0.5644	0.5868	0.4686	0.4813
生均公用经费	0.5192	0.4725	0.4213	0.4170
生均人员经费	0.5536	0.5313	0.4875	0.4804

该项研究是 2006 年和 2007 年的数据，自那时起，中国进一步加大了义务教育均衡发展的政策实施力度，但是时隔 10 年之后，教育资源配置的区域不均衡在全国范围内仍然普遍存在，在各级各类教育中，教育经费的最富省和最穷省之间仍然差异巨大，如表

---

① 薛海平，王蓉. 教育生产函数与义务教育公平[J]. 教育研究，2010, 31（01）: 9-17.
② 同上。

13-4所示。而且相关进一步研究还显示，区域内的不均衡大于区域之间的不均衡，即省内不同地区不同学校的差别比省际的差异更大。

表 13-4 2017年中国生均教育经费的区域差距[1]

单位：元

	普通小学	普通初中	普通高中	中职学校	普通高校
全国平均	10199.12	14641.15	13768.92	13272.66	20298.63
最富省	30016.78	57636.12	61409.06	53256.01	63805.40
最穷省	5759.21	8997.60	8149.18	6451.44	13741.99
最大值/最小值	5.21 倍	6.41 倍	7.54 倍	8.25 倍	4.64 倍

教育过程的公平问题不仅存在于国家、地区、城乡和学校层面，也存在于学校内部。例如，在一些学校仍然存在着事实上的"实验班""重点班"和"普通班"之分，优质教育资源（如最优秀的教师和最好的教学仪器设备等）往往优先配置在这些班级，而对大量"普通班"的学生则重视不足。这种简单的做法不仅不利于教育过程的公平，也不利于提高优质教育资源的使用效率。

只有入学机会的均等是远远不够的，如果没有教育过程的公平对待，势必还会产生结果的不公平。"我们面临的差别可以归纳为：在环境平等的领域内，拥有某一条件的人们之间存在着平等，而拥有某一条件的群体和不拥有这一条件群体之间，却存在着不平等"[2]。这在竞技体育中当然是可以接受的，但是在对孩子的教育过程中则应该采取差异对待的原则，就是需要对跑得慢的学生给予更多的帮助，使得这些学生能够发挥出自己最大的潜力，取得自己能够达到的最好成绩，也就是要对具有不同条件的人给予不同教育对待，实现教育过程的公平。

三、对教育结果公平的影响

大量的实证研究显示，教育起点和教育过程中存在的显著差异必然传导到教育结果中去，从而带来教育结果的不公平。具体来说，如果教育经费配置存在显著区域差异、城乡差异、校际差异，特别是用于教学业务和教学设备的生均公用经费差异和教师队伍质量存在差异，必然导致学生学业成绩（即教育结果）的显著差异，而社会经济地位较高的群体又最有可能获得更多的优质教育资源，进而获得更好的教育结果。

表13-5显示了以数学成绩作为反映学生学业成就和教育结果的指标的分析，可以

---

[1] 王蓉. 公共教育解释 [M]. 北京：中国财政经济出版社，2009: 286-308.
[2] 艾德勒. 六大观念 [M]. 郗庆华，译. 北京：生活·读书·新知三联书店，1998: 196.

看出上述教育资源配置不公平的两个省份在小学和初中数学方面的教育质量也存在明显差异，教育资源配置不公平的城市和农村在小学和初中数学方面的教育质量也存在明显差异。

表 13-5 地区间数学教育结果的差异[1]

地区因素	小学数学成绩均值	初中数学成绩均值
中部 A 省	72.70	74.03
东部 B 省	79.13	82.24
城乡因素	小学数学成绩均值	初中数学成绩均值
城市	81.46	81.74
农村	74.17	76.46

表 13-6 显示了生均公用经费支出水平、教师队伍质量与数学成绩的关系。可以看出，生均公用经费水平越高的学校，学生的成绩会越高。数学教师初始学历越高所教班级学生的数学成绩越高，拥有高级职称的数学教师所教学生的数学成绩高于非高级职称教师所教学生，有教师资格证的数学教师所教学生的数学成绩高于无教师资格证的教师所教学生。

表 13-6 学校间数学教育结果的差异[2]

学校类型		小学数学成绩均值	初中数学成绩均值
生均公用经费支出水平	低支出学校	73.00	72.89
	中等偏低支出学校	73.34	75.81
	中等支出学校	73.97	77.25
	中等偏上支出学校	78.45	79.24
	高支出学校	79.54	84.11
教师因素		小学数学成绩均值	初中数学成绩均值
数学教师初始学历	初中	72.84	——
	高中	75.04	74.06
	中师	80.06	81.35
	中专和中技	84.02	81.91
数学教师职称	高级以下职称	74.61	77.28
	高级职称	76.03	84.98
数学教师类别	代课老师	72.86	87.58
	公办老师	76.04	77.68
数学教师资格	有教师资格	76.91	79.08
	无教师资格	75.36	71.96

---

[1] 薛海平，王蓉. 教育生产函数与义务教育公平 [J]. 教育研究，2010，31（01）：9-17.
[2] 同上.

表 13-7 显示了家庭社会经济背景对学生学业成就的影响。由于精确统计学生家庭特别是农村学生家庭收入很难,该研究统计了学生家庭电器设备状况,根据实际调查经验将家中无电话的家庭划为收入水平较低家庭,家中有电话但无电脑家庭划为收入水平中等家庭,将家中有电脑家庭划为收入水平较高家庭,结果发现小学和初中学生的数学成绩均随着其家庭收入水平的上升而提高。

表 13-7 家庭间数学教育结果的差异[①]

家庭社会经济因素		小学数学成绩均值	初中数学成绩均值
学生父亲受教育水平	未上过小学	72.55	72.84
	小学毕业	72.24	73.93
	初中毕业	75.99	77.38
	高中毕业	78.38	81.19
	大学毕业	79.25	86.60
学生家庭经济情况	低收入(家中无电话)	71.34	73.96
	中等收入(家中有电话无电脑)	75.60	77.80
	高收入(家中有电脑)	80.99	82.08

2017 年发表的《中国义务教育均衡发展报告》显示,中国"义务教育优质均衡任重道远,区域、城乡间教育质量差距甚大"[②],而非义务教育阶段的差距又往往大于义务教育阶段。基础教育阶段结果的不均衡必然会传递到高等教育过程中。有关高等教育入学机会公平的研究结果显示,家庭社会经济地位高的子女更可能获得更多生均教育经费和高水平教师等优质教育资源,取得较高学业成绩,从而进入较好的大学,如图 13-5 所示。如果把高等院校分为高水平大学、中高水平大学和普通大学三类,那么高收入群体的子女进入高水平大学的比例是 27%,按照家庭收入水平依次递减,低收入群体的子女进入高水平大学的比例是 13%,前者是后者的两倍多。国际上更多的研究也进一步表明,社会经济地位高的家庭子女更有可能进入最好大学的最好专业,[③] 表明高等教育的入学机会作为基础教育的结果在不同收入社会群体中的分布存在着一定程度的不公平。进入高等院校后,基础教育中的城乡差异还会在大学里延续,导致高等教育结果的不公平。[④]

[①] 薛海平,王蓉. 教育生产函数与义务教育公平 [J]. 教育研究,2010,31(01):9-17.

[②] 朱德全,李鹏,宋乃庆. 中国义务教育均衡发展报告:基于《教育规划纲要》第三方评估 [J]. 华东师范大学学报(教育科学版),2017,35(01):63-77+121.

[③] DAVIES S, GUPPY N. Fields of Study, College Selectivity, and Student Inequalities in Higher Education [J]. Social Forces, 1997, 75(4):1417-1438.

[④] 卢晓东,于晓磊,陈虎,黄晓婷. 基础教育中的城乡差异是否在大学延续——高校城乡学生学业表现差异的实证研究 [J]. 高校教育管理,2016,10(01):56-60.

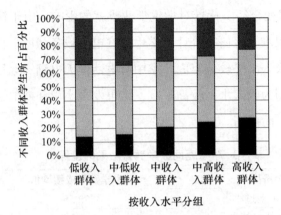

图 13-5 家庭经济地位对高等教育入学机会的影响[1]

根据世界银行的研究,在众多影响教育结果的因素中,学生的家庭背景是学生学业成绩最可信的预报器。2015 年国际学生评估项目中法国最富裕家庭的学生和最贫穷家庭的学生在科学这一学科上的差异是 115 分,匈牙利的这一差异是 202 分,而 100 分的差异大致相当于 3 年的学校教育。富裕家庭与贫困家庭学生之间的学习结果差异随着学生升入更高年级而持续增长。在南非,来自最贫穷家庭的三年级学生和来自最富裕家庭的三年级学生的学习成绩相比,整整落后了三年。到九年级时,这种差异增加至 4 年的学校教育。在印度的安得拉邦,对同一组学生连续多年的测试显示,在二年级之后,这一差距每年都在增长。从全球范围看,除了家庭背景之外,儿童入学前的学习准备(即确保健康发育的早期营养和教育)、学校的办学水平、教师的工作动机和教学能力、教育投入水平以及学校的管理水平等因素,都会对教育的结果产生深刻的影响。[2]

综上所述,区域和城乡教育经费差异、学生家庭经济背景差异、学校办学水平和教师队伍质量等优质教育资源的配置不均衡等因素都对教育公平产生着深刻的影响。因此,为了更好地发挥教育在推动社会经济发展和促进社会经济公平中的基础性作用,必须制定和实施促进教育公平的系统性的政策框架,其中包括加大对经济欠发达地区的财政转移支付,缩小地区间生均教育经费差距;加大对低收入家庭子女的教育资助,特别是对来自农村地区贫困家庭学生的教育资助力度;合理配置高质量教师队伍等优质教育资源,缩小校际教师质量和教学资源的差距,切实保障教育公平。

---

[1] LI W L. Family Background, Financial Constrains and Higher Education Attendance [J]. Economics of Education Review, 2007 (26): 725-735.
[2] 世界银行. 学习实现教育的愿景 [M]. 北京:清华大学出版社,2018: 92-99.

案例 13-2 显示了加强低收入家庭子女的教育资助对促进教育公平的重要作用。

案例 13-2

教育资助改变寒门学子命运

"没有母校和社会爱心人士的资助，就没有我的今天。我愿以我所学回报社会，选择到更需要教师的边远地区任教。"毕业前夕，河北师范大学毕业生范远瑗放弃在省城就业机会，选择到张家口市张北一中工作。

范远瑗自小与爷爷、奶奶相依为命。初中阶段，她在学校一天只吃两顿饭：早上用开水下两个包子，中午只吃学校提供的 3 元快餐。2013 年，接到河北师范大学录取通知书，范远瑗既喜又忧：喜的是多年奋斗终于考上大学，忧的是家里一贫如洗，无力支付学费。此时，爱心企业资助其 3000 元，入学后学校又根据政策给予其资金救助，让她圆了大学梦，并以优异成绩毕业。

像范远瑗一样，河北师范大学每年有 5700 余名贫困生受到资助，约占全校在校生总数的 27%。河北省内其他高校受助学生比例与河北师范大学大致相同。

保障家庭经济困难学生顺利入学、完成学业，是促进教育公平的重要举措，也是脱贫攻坚的重要手段。尤其是有机会进入大学深造的贫困学生，能通过个人努力改变自身和整个家庭的命运。多年来，让更多贫困地区孩子不因贫困失学，让更多踏入大学校门的"寒门学子"顺利毕业，改变家庭命运，是河北全省上下共同关注的问题和齐心努力的目标。

《关于建立健全普通本科高校高等职业学校和中等职业学校家庭经济困难学生资助政策体系的实施意见》《河北省生源地信用助学贷款实施办法（暂行）》……一系列文件的出台，为河北省高校学生资助的制度化、规范化、科学化夯实了根基。同时，河北明确，从 2016 年秋季学期开始，对就读于省内公办普通高校（不含独立学院）的本省建档立卡的家庭经济困难学生，实行免学费、免住宿费、免费提供教科书、享受国家助学金等政策。

据官方统计，5 年间，河北省共为近 20 万名大学生提供助学贷款 10.36 亿元，为 121.41 万名大学生落实国家助学金 36.06 亿元。另外，截至 2016 年年底，河北共资助高校建档立卡贫困家庭学生 5532 名，免除学费 2491.8 万元，免除住宿费 372.8 万元，免除书本费 195 万元，为本专科生发放助学金 1774 万元。除了"雪中送炭"资助贫困在校大学生外，河北还出台政策，为贫困地区学生提供更多跨入大学门槛的机会。

今年6月，河北明确提出，自今年起，将在农村贫困地区继续实施国家定向招生专项计划和省属重点高校招收农村学生专项计划，加大省属重点高校对贫困地区招生倾斜力度。河北明确规定，"十三五"期间，专项计划招收农村贫困地区学生数除每年上浮10%外，省属重点高校每年招收面向农村学生不少于省内本科一批招生规模的3%，并积极争取部委所属高校和东部省份高校增加在本省贫困地区的招生计划。

摘自：焦以璇，刘华蓉，周洪松.河北："暖心工程"力促教育公平［N］.中国教育报，2017-7-14（1）.

第三节 教育公平对经济公平的影响

在现实生活中，教育公平受到各种复杂因素的影响，同时，教育又对社会公平具有巨大的反作用，以其不可替代的特有方式作用于经济公平、政治公平和文化公平，进而对社会整体公平产生重大而深刻的影响。

一、教育公平影响社会公平的作用机制

教育公平是社会公平的重要基础，也是实现社会公平的核心机制之一。尽管人们在教育平等和教育公平的定义上存在不同的观点，但对于教育在促进人类社会公平中的重要作用却存在普遍共识。国际21世纪教育委员会主席雅克·德洛克（Jacques Delock）曾指出，当人类面临未来种种挑战和冲击时，教育将成为人类追求自由、和平与维护社会正义最珍贵的工具，[①] 教育公平是"最伟大的公平"。如图13-6所示，教育通过对社会的经济公平、政治公平和文化公平等多方面产生影响，从而作用于整体的社会公平。

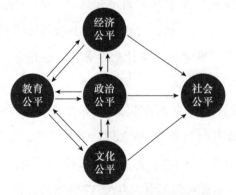

图13-6 教育公平对社会公平的影响

---

① 周洪宇.教育公平论［M］.北京：人民教育出版社，2010：10.

第一，教育公平对经济公平产生越来越大的影响。尤其是在当今信息化革命、智能化制造飞速发展的知识经济时代，人们的经济收入越来越多地取决于其通过教育所掌握的知识和能力，特别是获取、加工、运用和创造知识信息的能力。经济生活是人类全部社会生活的基础。谁能够获得更好的教育、更快更多地获取新的知识技能，谁就能获得更好的工作岗位、创造更多的财富、获得更高的经济收入。本书在以前的章节中对此已经进行了比较详尽的分析，在此不再赘述。总之，高质量教育是经济成功的重要基础之一，教育公平是经济公平的重要前提。

第二，教育公平也会对政治公平产生重大影响。人们的政治权利在很大程度上取决于其对社会公共利益的理解、对生活在其中的政治运作机制的有效把握以及对社会政治生活进行有效参与的必要的素质准备，而这些都取决于所受教育状况。这也部分说明了为什么居民平均受教育程度越高的国家，人们的政治权利意识和政治参与意识越强，社会生活的民主化程度越高。因此，教育公平是社会政治公平的基础之一。

第三，教育公平对文化公平的影响更是显而易见。受过良好教育的人有更多的文化知识、更高的文化品位、更好的文化修养、更强的文化鉴赏能力，因而有更高的文化追求和社会文化地位。文化公平对社会公平具有更基础、更广泛、更持久的影响力，它以潜移默化的形式影响着人们关于社会公平的价值观、改变着人们的社会地位。没有教育公平就不可能有文化公平。

通常，教育与政治公平是教育政治学的研究问题，教育与文化公平是教育社会学研究的问题，超出了本书的讨论范围。因此，接下来，我们将着重讨论教育公平对经济公平的影响。

二、教育公平对代内经济收入公平的影响

近年来，教育对经济收入公平的影响越来越成为教育经济学研究的重要议题。根据收入分配所针对的主体，教育对收入公平的影响可以划分为教育对代内收入公平和代际收入公平这两个层次的影响。其中，代内收入公平是研究同一代社会成员之间的经济收入差距在多大程度上受到教育的影响，而代际收入公平则是指子代经济收入水平的高低在多大程度上受到父代收入水平和教育水平这一先赋性因素的影响，在多大程度上受到子代自身受教育水平和质量这一后致性因素的影响。如本书此前所论证过的，由于教育不仅决定着人们的知识和能力水平，也对人们的生活方式和健康水平有重大影响，因此在众多的后致性因素中，教育具有决定性作用。

长期以来，有关教育与经济收入公平关系的实证研究更多地关注教育促进代内收入公平

的作用，即同一代人由于所受教育不同而导致的经济收入差别。这一问题同教育收益率以及教育与收入分配问题密切相关，在本书第七章和第十二章已经进行了详尽的分析，这里再从教育公平对经济公平影响的角度进行简要讨论。

对 2004 年中国国家统计局城镇居民入户调查数据的分析发现，经济收入水平随教育程度提高而提高，如表 13-8 所示，较高一级受教育者的年平均工薪收入高于较低一级受教育程度者，且不同受教育程度群体的组间收入差距很大，表明教育对提升个人收入水平的作用显著。小学受教育程度群体的平均年收入仅为 8744 元，是初中受教育程度群体平均收入的 85.1%；是高中受教育程度群体平均收入的 71.6%；是中专受教育程度群体平均收入的 63.6%；是大专受教育程度群体平均收入的 50.6%；是本科受教育程度群体平均收入的 38.0%；是研究生受教育程度群体平均收入的 23.1%，表明教育对同一代人的经济收入差距有巨大影响。

更重要的是，受教育程度越低的社会群体，反映群体内经济收入不公平程度的基尼系数越高；反之，受教育程度越高的社会群体，反映群体内经济收入不公平程度的基尼系数越低，表明普遍提高教育水平有利于减弱经济收入不平等。在特定的社会经济条件下，"弱收入能力群体"的教育收益率显著高于"强收入能力群体"的教育收益率，即为低收入群体提供更多受教育的机会，为他们提供必要的教育资源，能够使他们的经济收入提高更快。这充分显示了通过发展教育事业，促进教育公平，普遍提高全体社会成员的受教育程度，将有利于缩小经济收入不平等程度，促进代内的经济公平。同时，这也确实可以提高有限教育投资的使用效率，实现促进经济收入公平与提高资源使用效率的统一。①

表 13-8 2004 年按受教育程度分组的城镇居民收入差距②

受教育程度	小学	初中	高中	中专	大专	本科	研究生
基尼系数	0.415	0.388	0.384	0.372	0.346	0.341	0.291
平均年收入（元）	8,744	10,269	12,204	13,745	17,290	22,995	37,880

三、教育公平对代际收入公平的影响

代际收入公平主要体现在代际收入结构的变化和流动程度上。这一流动状况是指子代的经济收入水平在多大程度上受到父代的收入水平这一先赋性因素的影响，又在多大程度上受到子代本身的受教育水平和质量这一后致性因素的影响。一个社会的收入代际流动程

---

① 闵维方，等. 教育投入、资源配置与人力资本收益[M]. 北京：经济科学出版社，2009：476.
② 同上。

度愈小，表明父代收入这一先赋性因素对子代收入的影响就愈大，高收入群体的父代继续把他们的高收入传递给子代，而低收入群体的子女则继承着其父代的贫困，经济不平等的社会结构在代际实现了传递和固化，整个社会经济分配也就愈不公平；反之，一个社会的收入代际流动程度越大，说明父代收入这一先赋性因素对子代收入的影响就越小，而子代本身的受教育水平和质量等后致性因素对子代收入的影响可能更大，代际的经济收入分配结构也就有可能通过教育机制的调节愈来愈趋向公平。

从促进经济和社会发展进步的角度而言，教育对代际经济收入的影响要比教育对代内收入的影响更加重要。这是因为公平的教育能够帮助低收入家庭的子女提高知识技能和各种非认知能力，从而提高经济收入水平，实现积极的向上的代际社会流动，促进社会整体的经济收入分配格局趋向公平，进而有利于社会进步与和谐稳定。近年来，大量实证研究表明，大力增加教育投资，优化教育资源配置，努力促进教育公平，有利于实现代际经济收入的积极流动，进而促进社会经济公平。[1][2][3][4][5][6][7] 有研究为此提出了理论框架（见图13-7），其中假设一个人的受教育状况和收入水平会不可避免地受到家庭社会经济背景的影响，而受教育状况又会影响其工作状况和收入水平。也就是说，父母的收入水平既可以直接影响子女的收入水平，也可以通过影响子女的教育水平进而间接影响子女的收入水平。为了揭示代际收入的相互影响程度，首先需要界定和计量父代与子代之间的代际继承性指数和代际流动性指数、代际流入指数与代际流出指数以及经济收入的代际弹性系数。[8]

---

[1] BLANDEN J. International Evidence on Intergenerational Mobility [R]. Center for Economic Performance, LSE, London, UK, 2005.

[2] SOLON G. Cross-Country Differences in Intergenerational Earnings Mobility [J]. The Journal of Economic Perspectives, 2002, 16(3): 59-66.

[3] AUGHINBAUGH A. Reapplication and Extension: Intergenerational Mobility in the United States [J]. Labor Economics, 2000, 7(6): 785-796.

[4] 郭丛斌，丁小浩. 中国劳动力市场分割中的行业代际效应及教育的作用 [J]. 教育研究, 2005(01): 34-40.

[5] TORCHE F. Is College degree Still the Great Equalizer? Intergenerational Mobility across Levels of Schooling in the United States [J]. American Journal of Sociology, 2011(3): 117.

[6] 乐志强. 高等教育促进代际流动的作用：基于"读书无用论"现象的思考 [J]. 北京社会科学, 2018(10): 89-99.

[7] 丁岚，祁杨杨. 高学历人群代际流动性的阶段解析：基于CGSS及CLDS数据 [J]. 大学教育科学, 2018(06): 39-46+122.

[8] 郭丛斌，闵维方. 教育：创设合理的代际流动机制：结构方程模型在教育与代际流动关系研究中的应用 [J]. 教育研究, 2009(10): 5-12.

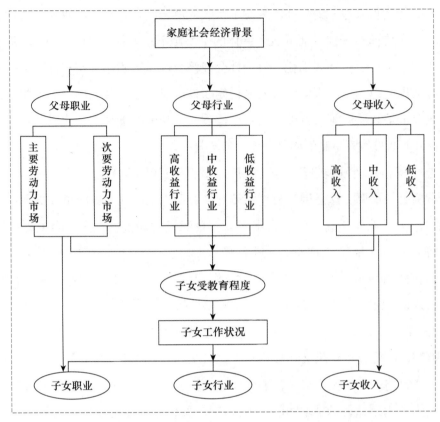

图 13-7 家庭社会经济背景对子女教育和收入的影响[①]

代际继承性指数测量的是不同收入群体的代际继承性水平，代际流动性指数测量的是不同收入群体的代际流动性水平。收入群体的代际继承性指数越大，该收入群体的收入继承在代际上就越稳定，代际的流动性就越小，收入群体的代际效应就越明显；反之，代际流动性指数越大，该收入群体的收入继承在代际上就越不稳定，其代际的流动性越强，收入群体的代际效应就越不明显。代际流入指数反映的是这一收入群体对父代并非该收入群体的子女的开放性水平。某一收入群体的代际流入指数越小，说明此收入群体的代际流动性就越小，父代是其他收入群体的子女进入此收入群体所受到的限制就越多，收入群体的代际流动就越弱，代际效应也就越明显；反之，代际流入指数越大，收入群体的代际流动就越强，代际效应就越不明显。代际流出指数反映的是子女所属收入群体与父代收入群体不同的可能性。某一收入群体的代际流出指数越大，说明此收入群体的代际流动性就越强，子女进入与父代收入群体不同的其他收入群体的可能性就越

---

① 郭丛斌，闵维方. 教育：创设合理的代际流动机制：结构方程模型在教育与代际流动关系研究中的应用[J]. 教育研究，2009（10）：5-12.

大。收入代际弹性系数主要用于衡量父代收入对子代收入的影响程度。收入代际弹性系数值越大，说明父母收入水平对子女收入水平的影响程度就越大，整个社会收入的代际流动程度就越小；相反，收入代际弹性系数值越小，说明父母收入水平对子女收入水平的影响程度就越小，整个社会收入的代际流动程度就越大。在此基础上，就可以进一步研究代际收入的传递效应，与家庭社会经济地位这一先赋性因素相比，子女所受教育这一后致性因素对其收入的影响，低收入家庭的子女受教育年限的增加是否有助于其进入高收入群体等问题。

表 13-9 显示，总体的代际收入弹性系数为 0.320，意味着父亲的年收入每提高 1%，子女的年收入将增加 0.320 个百分点。高收入和低收入群体的代际收入弹性要高于中高收入和中低收入群体，这说明高收入和低收入群体在代际上存在较为明显的传递效应，相当多的子女滞留在与父代相同的收入群体，但是中低收入和中高收入则具有一定的代际流动性。

代际流入指数越大于 1，表示子女流向与父亲不同收入群组的可能性就越大。某一收入群组的代际流入指数大于 1 越多，表示整个社会的子代流入这一收入组群的可能性就越大；某一收入组群的代际流出指数越大于 1，表示父亲隶属这一收入组群，其子代流入其他收入组群的可能性就越大。[1]

表 13-9 收入的代际弹性系数实证分析结果[2]

	代际收入弹性系数
总体	0.320
高收入群体	0.231
中高收入群体	0.020
中低收入群体	0.024
低收入群体	0.378

注：收入代际弹性系数值越小，说明父代收入对子代收入的影响程度就越小。

表 13-10 具体展示出父代收入与子代收入的继承性和流动性指数，可以看出四个群体的代际继承性指数均大于 1，而流出指数均小于 1，说明代际流动性与传递性并存。

---

[1] 郭丛斌，丁小浩．中国劳动力市场分割中的行业代际效应及教育的作用 [J]．教育研究，2005（01）：34-40．
[2] 郭丛斌，闵维方．中国城镇居民教育与收入代际流动的关系研究 [J]．教育研究，2007（05）：3-14．

表 13-10 收入组群的代际继承性和流动性指数[①]

父母收入组群		子女收入组群				流出指数
		最高收入组群	中等偏上收入组群	中等偏下收入组群	最低收入组群	
	最高收入组群	1.55	1.04	0.68	0.67	0.8
	中等偏上收入组群	1.04	1.15	1.02	0.76	0.94
	中等偏下收入组群	0.88	0.95	1.16	1.05	0.96
	最低收入组群	0.54	0.86	1.14	1.52	0.85
	流入指数	0.82	0.95	0.95	0.83	

注：代际收入继承性指数 =1，表示子女收入不受父代影响；大于 1，表示子女收入受父代影响的可能性越大。

教育在代际流动中发挥了重要作用。对收入进行通径分析的结果表明，父亲收入这一先赋性因素和子女教育这一后致性因素对子女收入均具有显著影响。如图 13-8 所示，前者的通径系数为 0.159，后者的通径系数为 0.189，说明与父亲收入这一先赋性因素相比，子女教育这一后致性因素对子女收入的影响更大。此外，父亲收入对子女收入的影响可以分解为父亲收入对子女收入的直接影响和父亲收入通过影响子女教育继而影响子女收入的间接影响。父亲收入对子女收入的直接影响为 0.159，父亲收入通过影响子女教育继而对子女收入产生的间接影响为 0.129 × 0.189 = 0.024。因此，父亲收入对子女收入的总影响为 0.159 + 0.024 = 0.183。其中，父亲收入对子女收入的直接影响占总影响的比例为 86.9%；间接影响占总影响的比例为 13.1%。换言之，父代收入对子代收入的影响更多地表现为直接经济影响，其通过影响子女教育继而影响子女收入的间接影响相对较弱。也就是说，教育具有一定的再生产原有经济分配结构的功能，但这种再生产功能相对较弱。

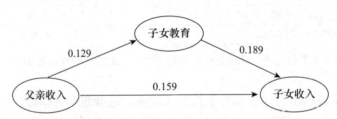

图 13-8 父亲收入、子女教育、子女收入的通径图[②]

进一步的研究结果表明，低收入群体的子女受教育程度越高，越有助于其进入较高收入群体。子女的受教育年限增加一年，其进入较高收入群体的加权机会比例将增加

[①] 郭丛斌，闵维方. 中国城镇居民教育与收入代际流动的关系研究 [J]. 教育研究，2007（05）：3-14.
[②] 同上。

18.6%，这意味着在控制了家庭社会经济地位因素后，子女受教育年限的增加有助于提高其进入较高收入群体的可能性。[①]也就是说，教育有利于促进低收入家庭的子女向上流动进入高收入群体，从而有助于促进经济收入的代际流动。教育虽然在一定程度上复制了原有的经济分配结构，但从总体上看，教育有助于促进低收入家庭的子女实现经济地位的跃升；与教育再生产原有社会经济结构的功能相比，教育促进经济收入代际流动、改善经济收入分配格局、阻断贫困代际传递、促进经济公平的功能更强。

总之，在比较完善的竞争性劳动力市场条件下，大力发展教育事业，使越来越多的人接受更公平更有质量的高层次教育、获得更多的知识和能力，从而增加高层次劳动者的供给，不仅有利于科技进步和经济增长，而且有利于促进经济公平和社会公平。这是由于受较高层次教育的劳动者大量增加将会相对降低其在劳动力市场上的竞争优势，从而使其收入水平相对降低；与此同时，受较低层次教育的劳动者供给的大量减少将会相对增加其在劳动力市场上的竞争优势，从而使其收入水平相对增加，实现教育对收入分配的调节作用。在这一过程中，加大对经济欠发达地区的教育财政资助，为低收入家庭的子女提供良好的教育机会，并通过信息技术实现优质教育资源的广泛共享，将有利于弱势群体积极的向上的社会流动，促进社会经济公平。

本章小结

本章首先界定了教育公平的概念与内涵，分析了教育平等与教育公平的联系与区别，教育平等指对所有的人给予同等的教育对待，而教育公平则包含了对利益关系的调整和资源配置合理性的价值判断。在此基础上进一步阐述了影响教育起点、教育过程与教育结果公平的社会经济因素，包括区域和城乡教育经费差异、学生家庭经济背景和教师队伍质量等优质教育资源的配置等。接下来阐述了教育公平对代内经济公平和代际收入流动的影响。在代内经济公平方面，受教育程度越低的社会群体，反映群体内经济收入不公平程度的基尼系数越高，普遍提高教育水平有利于消除代内经济收入不平等。教育在代际流动中发挥了重要作用，较低收入群体的子女受教育程度的提高有助于其进入较高收入群体。教育虽然在一定程度上会再生出产原有的经济分配结构，但教育更有助于促进低收入家庭的子女实现经济地位的跃升；与教育再生产原有社会经济结构的功能相比，教育促进经济收入代际流动、改善经济收入分配格局、阻断贫困代际传递、促进经济公平的功能更强。

---

① 闵维方，等.教育投入、资源配置与人力资本收益[M].北京：经济科学出版社，2009：496.

思考与练习

1. 教育平等与教育公平有什么区别与联系？
2. 哪些因素会影响教育公平？
3. 教育公平是怎样影响社会公平的？
4. 教育在促进经济收入代际流动中有什么作用？

拓展阅读建议

1. 周洪宇．教育公平论［M］．北京：人民教育出版社，2010．
2. J.B. 法雷利．发展中国家的社会平等与教育扩张［M］// T. 胡森，T.N. 波斯尔斯韦特．教育大百科全书（第1卷）．张斌贤，等译．重庆：西南师范大学出版社，2006．
3. 王蓉．公共教育解释［M］．北京：中国财政经济出版社，2009：286−308．
4. 闵维方，等．教育投入、资源配置与人力资本收益［M］．北京：经济科学出版社，2009（第22−23章）．
5. 郭丛斌，闵维方．中国城镇居民教育与收入代际流动的关系研究［J］．教育研究，2007（5）：3−14．
6. 郭丛斌，闵维方．教育：创设合理的代际流动机制——结构方程模型在教育与代际流动关系研究中的应用［J］．教育研究，2009，30（10）：5−12．
7. 乐志强．高等教育促进代际流动的作用：基于"读书无用论"现象的思考［J］．北京社会科学，2018（10）：89−99．

第十四章　教育财政

内容提要

本章首先阐述教育财政的概念和四项基本原则，接下来进一步分析教育经费的分配方式和支出类别，最后分别介绍了国际教育财政的主要发展趋势以及中国义务教育和高等教育财政体制的演变历程。

学习目标

1. 掌握教育财政的基本概念。
2. 掌握教育财政的基本原则，并了解不同原则之间的关系。
3. 了解教育财政中的经费拨款模式。
4. 了解国际教育财政改革的方向和特点。
5. 熟悉中国教育财政体制的演变，以及不同教育阶段教育财政体制的特点。

关 键 词

教育财政充足　教育财政公平　教育财政透明　教育财政效率
教育财政分权　教育财政集权　教育财政转移支付

在教育经济学中，教育投资、教育成本和教育财政都同教育经费有关，但是这三者又有着明显的区别。教育投资从资源投入的角度讨论教育经费问题，不仅包括政府的教育投入，还包括个人、企业和社会的投入。教育成本主要从资源使用和消耗的角度，关心教育经费的配置是否合理、使用是否有效。教育财政则从政府行为的角度研究教育经费问题，是一种以政府为行为主体，集中一部分国民收入进行二次分配，调节资源配置用于促进社会公平，满足国家教育发展目标的支出活动。本章将首先厘清教育财政的基本概念及其在教育发展中的重要性，进而论证教育财政的基本原则，并介绍中国教育财政的改革与发展以及全球教育财政的基本趋势。

第一节　教育财政的概念与基本原则

一、教育财政的基本概念

财政是以国家为主体的分配活动，即将一部分社会资源集中起来，形成财政收入，然后通过财政支出活动，由政府提供公共产品或服务，引导社会资金流向，弥补市场缺陷，调控经济发展，调节收入分配，促进社会公平，从而优化全社会的资源配置和使用，实现国家既定的社会经济发展目标。公共财政是指在市场经济条件下，主要为满足社会公共需要而进行的政府收支活动，政府通过财政为社会提供公共产品和公共服务，维持社会正常秩序，促进经济社会协调发展。因此，财政是国家治理的基础和重要支柱。

教育财政是指政府通过其收支活动筹措、分配和使用教育经费，以实现国家既定的教育发展目标。[①] 本章关于教育财政的讨论就是在这一概念框架下展开的，这一定义在教育经济学的研究中常常被称为狭义的教育财政，而广义的教育财政则是泛指教育机构教育经费的筹集、分配和使用，不仅包括政府的教育经费支出，而且包括个人、企业和社会的教育经费支出。国家的教育财政体制和政策是教育治理的基础和重要支柱，在引导社会资源向教育领域配置，优化教育资源分配和使用，调控教育发展的速度、规模、结构、质量和效益，弥补市场的自发机制造成的教育机会分配不均衡，促进教育公平等方面都有不可或缺的重要作用。因此，教育财政在教育经济学中是不可或缺的重要内容。

需要指出的是，在不同国家的不同经济社会发展阶段和制度化环境中，教育实践和教育研究所关注的教育财政重点问题不尽相同。比如，过去20多年来中国关注的教育财政重点问题是如何实现财政性教育经费占国内生产总值的比例不断增长、如何多渠道筹措教育经费；而美国广泛关注的教育财政问题是如何使生均经费在学区间的分配更为均等和有效。同时，教育财政研究也是一个不断发展变化的领域，一国的教育财政政策随着社会经济的发展和对教育作用认识的深化而调整。比如，美国政府虽然在19世纪就认识到了教育对经济发展的重要性，且通过了义务教育法，但政府负担学校经费则是很多年之后才开始的；而中国实施高等教育成本分担的教育财政政策也是从计划经济体制向市场经济体制转轨的过程中逐渐开始的。随着《不让一个孩子掉队》法案及其后续的以标准化教育改革问责学校的法案出台，美国政府开始更加关注投入的财政资源如何提高学生的学业表现，以达到更高的教育标准；而中国在实现了财政性教育经费占国内生产总值4%的目标后，更加关注教育资源的合理配置。

---

① 廖楚晖. 教育财政学 [M]. 北京：北京大学出版社, 2006: 1-18.

按照教育阶段的不同，又可以将教育财政分为基础教育财政和高等教育财政，二者之间既有相似之处，又存在诸多区别①。比如，由于基础教育所涉及的群体要远远大于高等教育，因此基础教育财政更加关注公平性，即如何保证教育资源能够更加公平地在全社会分配。而在大多数国家，只有一部分人能够有机会接受高等教育，因此高等教育财政更加关注如何多渠道筹集教育经费而使更多社会群体能接受高等教育并从中受益。再比如，高等教育与劳动力市场和国家社会经济发展的联系更为密切，因此对高等教育财政效率的经济评价更为直接，但是对基础教育经济效益的评价则需要较长周期，且影响因素更为复杂。这些都决定了高等教育财政与基础教育财政在体制、目标和手段等方面均存在差异。

二、教育财政的基本原则

在教育经济学研究中，全球公认的教育财政基本原则包括充足原则、透明原则、公平原则和效率原则。

1. 充足（Adequacy）原则

教育财政的基本目标是为教育发展提供充足的资源。这种资源既包括政府的直接教育拨款，也包括通过国家的教育财政政策引导社会资源向教育领域的配置。一般而言，对充足与否的评价需要将资源投入与产出目标紧密联系起来，即关注实现国家教育发展目标需要多少财政资源。

通常，对教育财政充足的评价有三个不同的角度。首要的评价角度即是从投入角度判断教育的财政投入是否符合达成预定教育发展目标所需要的标准。处于不同经济社会发展阶段的国家，公共财政支出的重点不尽相同。在经济发展的初期，政府投资会偏重于公共基础设施建设。随着经济发展水平的不断提高和政府财力的增加，对公共事业等具有正外部性公共产品的补贴及用于社会保障的支出会得到更多财政资金的支持，教育作为公共事业支出的项目之一也会在公共财政中占据更大的份额。这也部分地解释了为什么经济发展水平越高的国家，财政性公共教育投入在国民生产总值中所占的比例也越高。20世纪60年代和70年代初期，国际上通常认为，教育经费充足与否的标准是用于教育的总经费是否达到国民生产总值的8%以及是否达到政府总预算的20%。②

评价教育财政充足与否的另一个角度是产出的角度。有研究认为，将教育经费是否充足与经济发展水平和国民生产总值挂钩并不能完全令人满意，因为它们不能确定在运作教

---

① 如果进一步细分，可以将数教育财政细分为学前教育财政、义务教育财政、普通高中教育财政、职业教育财政、高等教育财政，不同教育阶段的财政体系均存在差异。
② 卡诺依，莱文.教育大百科全书：教育经济学[M].杜育红，等译.重庆：西南师范大学出版社，2011：284-304.

育项目时的效率问题。20世纪70年代末，世界银行采用了一套新的测定教育经费是否充足的标准，包括适龄人口就读小学/初等教育的比例（普及率）、是否具有充分的初等教育巩固率以保证中等教育的相应规模和性别平衡、是否具有高质量教育以保证人们有文化的一生等。这种以实际教育成果作为标准的方法，被一些学者认为能够充分反映一国教育经费是否充足的问题实质。①

第三种评价角度是从教育过程内部的指标入手，探索利用教育经费结构指标来反映教育经费投入的充足程度。经济学中的恩格尔定律揭示了家庭食品支出占家庭总支出的比例随家庭收入水平的提高而降低的现象。因此，该比例可以作为衡量一个家庭生活水平或一个国家经济发展水平的指标。与之类似，维持教育系统正常运行所需支出经费的不同组成部分具有不同的弹性，其中人员经费最具刚性，所以可以认为在其他条件相同的情况下，若教育事业费支出中人员支出比重较高，则表明经费较为紧张；若用于教学业务的公用经费比重较高，则表明经费相对充足。即在同等条件下，人员性经费占教育事业经费的比重能够在一定程度上作为反映教育机构或教育系统经费充足程度的内部间接指标。②

教育财政经费的充足与否不仅与国家的经济发展水平和政府财政能力密切相关，也与政府的教育财政努力程度密切相关。这种努力程度反映了政府的教育支出偏好，即教育发展在政府效用或目标函数中的边际价值。如果教育支出的边际价值高于其他支出项目，政府就会更加重视教育，加大教育支出。例如，中国在20世纪90年代后期提出"两个比例"（即国家财政性教育经费占国内生产总值的比例，财政预算内教育经费占财政支出的比例）和"三个增长"（即各级政府教育财政拨款的增长应高于财政经常性收入的增长，并使按在校学生人数平均的教育费用逐步增长，保证教师工资和学生平均公用经费逐步增长），体现了国家对教育的重视程度。为了衡量政府对教育的重视程度，相关学者还进一步提出了各种教育财政努力指数的计量模型，③比较常见的是用回归分析的方法确定在特定的经济发展水平和财政能力条件下，政府所应达到的教育支出水平同实际教育支出水平之比，实际支出水平高出所应达到的水平越多，说明教育财政努力程度越高，实现教育经费充足的可能性也越大。④

---

① 卡诺依，莱文.教育大百科全书.教育经济学[M].杜育红，等译.重庆：西南师范大学出版社，2011：284-304.
② 陈晓宇.我国教育经费充足问题的回顾与展望[J].教育发展研究，2012，32（01）：24-29.
③ 刘明兴，赵丽霞.落实4%与教育财政体制改革的政策建议[R].北京大学教育财政科学研究所，2012：6-13.
④ 孙志军，郝苗.教育财政努力程度：概念与测量方法[J].教育经济评论，2018（3）：3-13.

知识小卡片 14-1

中国实现 4% 的漫长之路

20 世纪 80 年代中期，中国学者通过国际比较研究，提出中国财政性公共教育投资应该达到国内生产总值的 4%，这一研究成果后来成为中国教育财政政策的目标。

国家关于教育经费投入的整体政策目标虽然确定，但在实现过程中面临的问题却十分棘手。由于中国教育财政实行的是分级管理体制，高等教育由中央和地方分别负责，而基础教育则由地方负责；加之政府管理层次和部门纷繁复杂，各个地方和部门的实际情况又千差万别，不可能制定一刀切的标准，也难以分解落实。在这种情况下，各方对完成 4% 总目标的具体任务和实际责任并不明确，而全国的政策目标对于地方和部门的约束力有限，也难以及时有效地实现。

为了推动落实 4% 目标的实现，保证财政投入的主渠道作用，切实增加教育经费投入，当时的教育主管部门和财政、计划部门在工作实践中逐步形成了"三个增长"的决策。"三个增长"的要求在 1993 年印发的《中国教育改革和发展纲要》以及 1995 年颁布实施的《中华人民共和国教育法》中均得到了相应体现。这不仅进一步明确了教育经费投入的财政主渠道地位，而且也便于各级政府操作，检查与监督教育经费投入情况。

以上保证公共教育投入的措施，加之这一时期中国经济的持续快速增长和财政收入实力的增强，扭转了公共教育投入占国民经济份额过低甚至继续下滑的局面，并逐渐实现了该比重的逐步提高，增加了公共教育经费的供给，起到了缓解教育经费紧张状况的作用。截至 2009 年，中国财政性教育经费占国内生产总值的比例达到了 3.59%，距离 4% 的目标还有一步之遥。

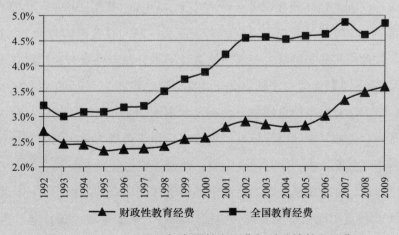

图 14-1 1992—2009 年全国教育经费与财政性教育经费

> 2010年中共中央、国务院印发的《国家中长期教育改革和发展规划纲要（2010—2020年）》，再次明确提出"提高国家财政性教育经费支出占国内生产总值比例"。2012年经过各方努力，4%的目标终于实现。
>
> 摘自：陈晓宇.我国教育经费充足问题的回顾与展望[J].教育发展研究，2012，32（01）：24-29.

2019年中国财政性教育经费支出占国内生产总值的比例仍然保持了4%。

2．透明（Transparency）原则

透明是衡量政府教育支出过程的一个重要原则。透明指教育财政信息的公开，即要求这些信息是准确、详细、及时、容易理解、可以进行比较的，使得利益相关方能够准确了解公共教育资源配置的依据、过程和结果，从而能够对教育资源配置的公平、充足和效率进行判断。教育财政的透明是评价教育财政公平、充足和效率的基础。

教育财政透明首先体现在国家教育经费拨款方式上。比如，美国一些州政府确定如何拨付高等教育经费前，首先要公布政府的拨款项目，包括教师工资、图书馆维持费、科研促进费、院系运行费、教师进修费、教学管理费、师生保健费、学校行政管理和学生服务费、一般校务开支、学校设备维持费、校园治安费、建筑维修费、校园绿化以及卫生费、教育机会服务费等。接下来，政府要针对每一个拨款项目制定一个完全公开透明的、相关各方都接受的拨款公式。比如，学校校园绿化和卫生费由校园面积、所需园丁和保洁工工作时数及每小时的劳动力市场工资等来确定，校园治安费由注册学生数、教职工数、校园人口、学校财产价值等来确定。这些公式确定以后，拨款数额也就随之确定。

教育财政透明程度还体现在财务公开程度上。例如，英国1989年发布了《英国大学会计实践标准》，1994年又发布了《推荐实践声明：高等教育机构会计》，这两个声明的目的是让高等教育机构的账目符合英国公认会计准则，便于公众对学校财务进行监督。新西兰1987年发布的《新西兰会计师协会公共部门概念声明》和1989年制定的《公共财政法》使得新西兰大学在财务信息的各方面都显示出更加公开透明的趋势。在加拿大，1996年注册会计师协会发布了新的会计标准，该标准适用于包括大学在内的非营利组织，该标准要求大学发布现金流量表，同时记录折旧，使财务信息公开透明。[①]

改革开放以来，在中国从计划经济向市场经济体制转轨的过程中，社会民主化程度不断提高，政府在教育财政信息公开透明方面也取得了重要进展。2007年，国务院通过了

[①] 魏建国.政府预算公开背景下的高校财务公开[R].北京大学中国教育财政科学研究所科研简报，2017（16）.

《中华人民共和国政府信息公开条例》，在行政法规层面第一次规定了政府预算公开。2017年，包括教育部在内的 105 个国家部门公开了部门预算。从 2018 年教育部部门预算来看，公开内容包括财政拨款收支预算、拨款规模、结构与用途、预算支出结构、各类人才计划专项经费预算等。[①] 在学校层面，高等院校的财政收支结构比较复杂，因此，教育部于 2012 年发布《教育部关于做好高等学校财务信息公开工作的通知》，要求高等院校主动公开财务信息，包括公开收支预决算总表、收入预决算表、支出预决算表、财政拨款支出预决算表等重要教育财务信息。[②]

3. 公平（Equity）原则

资源的配置和调节是公共财政的重要职能，因此促进公共教育资源的公平分配是国家教育财政的重要职能，也是实现教育公平的必要条件。教育财政的公平性原则包括经费分配均等原则（Equality），即保障公共教育资源的分配对所有的学生都平等；财政中立原则（Fiscal Neutrality），即保障不同背景（贫富、种族、性别等）的学生在资源分配上享有均等的机会；调整特殊需要原则（Adjustment for Special Needs），即保障对处境有特殊困难和有特殊对待需要的学生。对教育财政公平的判断需要回答四个核心问题：对谁公平？公平的内容是什么？如何定义公平？如何计量公平？在教育财政研究中，通常以学生为公平的主要对象，以生均教育经费作为公平的重要内容之一。

教育财政资源配置通常从横向和纵向两个角度促进公平。横向公平（Horizontal Equity）指对于处在同等情况的个体要有同等的对待；纵向公平（Vertical Equity）指对于处于不同情况的个体要区别对待，这里的区别对待是指对于那些需要更多资源支持的个体给予更多的资源支持，而对于需要较少资源支持的个体则给予较少的资源支持。在所有个体都处于同等的情况下，则可以利用一些统计指标来描述横向公平，比如，全距、变异系数、基尼系数、泰尔系数等。

如前一章所述，中国教育公平问题主要表现为地区、城乡、学校和不同社会经济地位的群体间在生均教育经费、办学条件和优质教育机会等方面的差异。国家教育财政的主要职能之一就是通过调节资源配置缩小这种差异。近年来，中国不断加大中央政府对地方的教育财政转移支付，加大对经济欠发达地区的教育补助力度和对低收入家庭（特别是农村的经济困难家庭）学生的资助力度，使得区域和城乡生均教育经费差距不断缩小。

从表 14-1 中各级教育生均公共财政预算教育经费的省际差异来看，相比 2005 年，

---

① 中华人民共和国教育部. 教育部 2018 年部门预算［EB/OL］.（2018-04-13）［2019-10-29］. http://www.moe.gov.cn/srcsite/A05/s7499/201804/ t20180413_ 333043.html.

② 中华人民共和国教育部. 教育部关于做好高等学校财务信息公开工作的通知［EB/OL］.［2018-04-13］. http://old.moe.gov.cn//publicfiles/business/htmlfiles/moe/s7709/201309/157199.html.

2016年普通小学、初中和高校的生均公共财政预算教育事业费的地区差异都有不同程度的缩小。

表14-1 2005年和2016年各级教育生均公共财政预算教育经费

单位：元

2005年	普通小学	普通初中	普通高中	中职学校	普通高校
全国平均	1327.16	1497.92	1956.26	1980.54	5375.94
最富省	7940.77	8421.50	8131.85	6188.90	12034.58
最穷省	744.46	908.05	1052.06	1059.10	2206.07
最大值/最小值	10.67	9.27	7.73	5.84	5.46
2016年	普通小学	普通初中	普通高中	中职学校	普通高校
全国平均	9557.89	13415.99	12315.21	12227.70	18747.65
最富省	25793.55	45516.37	50802.57	38661.50	55687.68
最穷省	5036.31	7811.96	6397.76	6425.03	12236.78
最大值/最小值	5.12	5.83	7.94	6.02	4.55

数据来源：2005年数据来源：教育部财务司．国家统计局社会和科技统计司．中国教育经费统计年鉴2006［M］．北京：中国统计出版社，2007：49，472，490，492，496，498．

2016年数据来源：中国经济社会大数据研究平台［EB/OL］．［2019-10-12］．http://data.cnki.net/yearbook/single/N2018070117．

表14-2展示了1995年至2016年义务教育生均事业费的城镇差异，可以看出，2005年以后城乡生均教育经费差距显著缩小，而在此期间农村义务教育经费保障新机制开始实施，因此可以从一个侧面说明国家教育财政在促进教育公平方面发挥了重要作用。

表14-2 1995—2016年城镇与农村义务教育生均事业费之比

		1995年	2000年	2005年	2008年	2010年	2013年	2016年
小学	预算内外	1.9	1.8	1.6	1.3	1.3	1.1	1.2
	预算内	2.0	1.7	1.7	1.2	1.2	1.0	1.1
初中	预算内外	1.7	2.3	1.9	1.4	1.3	1.1	1.3
	预算内	1.8	2.1	1.4	1.2	1.2	1.0	1.2

数据来源：1995—2008年数据摘自袁连生．中国教育财政体制的特征与评价［J］．北京师范大学学报（社会科学版），2011（05）：10-16；2010—2016年数据根据《教育经费统计年鉴》和《中国教育统计年鉴》相关数据计算得出。

案例14-1

河南信阳将获7113万元学前教育财政补贴

日前，河南省财政厅和河南省教育厅印发《关于提前下达2018年支持学前教育发展中央和省级资金预算指标的通知》，专项用于扩大学前教育资源，落实学前教育资助制度,信阳将获 7113 万元学前教育财政补贴。

学前教育补贴资金主要用于通过多种方式引导、鼓励和支持扩大学前教育资源。具体包括:支持改扩建公办幼儿园、改善办园条件,在乡村和城乡接合部新建幼儿园等;通过政府购买服务、奖励等方式支持普惠性民办幼儿园发展,由民办幼儿园统筹用于改善办园条件、购置玩教具、支付租金、改善教师待遇、开展教师培训等;对接受农民工随迁子女的幼儿园给予奖励性资助等。

根据我省下发的《关于完善学前教育经费投入机制的通知》,省政府决定从 2018 年春季学期起逐步完善与公益普惠方向和管理体制相适应的拨款、收费、资助一体化的学前教育经费投入机制,支持学前教育普惠健康发展。

对经教育部门认定的普惠性幼儿园家庭困难儿童按照年生均 400 元的标准发放生活补助费,在此基础上,对建档立卡贫困家庭在园幼儿按照年生均 600 元的标准补助保教费,保教费补助资金由省财政统筹解决,确保适龄儿童幼有所育。幼儿园应当从事业收入中提取 3% 至 5% 的经费,用于减免收费、提供特殊困难补助等。

另外,对实施公办幼儿园生均财政拨款制度和普惠性民办幼儿园生均奖补政策的市县,省财政自 2019 年起通过专项转移支付予以奖补引导,并作为分配财力性转移支付的因素,对落实政策出现财力缺口的地区予以补助,同时根据政策落实和工作开展情况等核定省级支持学前教育发展专项资金,由市县统筹用于实施学前教育规划。

摘自:上幼儿园也能领钱啦!信阳将获 7113 万元学前教育财政补贴![EB/OL].
(2018-03-26)[2019-10-23]. http://www.sohu.com/a/226383049_99960328.

4. 效率(Efficiency)原则

经济学中的基本假设之一是资源具有稀缺性,加之教育是一项成本递增的事业,不管是发达国家还是发展中国家,用于教育的资源都是相对有限的,因此资源利用效率也就成为评价教育财政的重要原则。效率表示为了达到特定教育结果资源被最大化利用的程度,即追求在一定资源的条件下能够达到的最好结果,或者是达到特定教育结果所需要消耗的资源最少。教育财政效率不仅包括追求单位产出下成本最低的教育财政技术效率和取得既定教育目标的总投入成本最小化的财政资金配置效率,还包括教育财政资金在预算通过后拨付至使用单位的资金流动成本最小化的教育财政运行效率。[1]

---

[1] 栗玉香. 教育财政效率的内涵、测度指标及影响因素[J]. 教育研究,2010,31(03):15-22.

世界上一些国家既存在着教育财政投入不足影响教育效率发挥的现象，也存在教育财政资金浪费而导致教育财政效率较低的现象。提高教育财政效率的方式主要有两种：第一种，增加教育支出的同时增加教育产出，一方面教育支出应有选择性，使单位投入边际产出最大最好；另一方面增加教育支出应能够获得帕累托效率，即教育财政支出只要能够使部分人获益而无人受损，就应不断增加教育支出。这种方式往往适用于教育财政总体支出水平较低的情况，也被称为教育财政的配置效率。第二种，在教育支出水平不变的情况下，改进组织管理，提高资源利用率，增加教育产出。这种方式往往适用于教育财政支出达到相对充足的条件下，也被称为教育财政的技术效率。

评价教育财政配置效率，即评价教育领域的财政资金配置能否以及在多大程度上达到国家教育发展目标和满足公众教育需求。例如，为满足公众的基本教育需求，国家确定教育财政的重点是加强义务教育。如果教育财政资金的配置使资源流向这一领域，这样的配置就是有效率的；反之，如果教育财政资金配置重点与此不符，配置就可能是低效率或者无效率的。测度教育财政配置效率主要是从宏观上判断教育财政资金分配效果。

评价教育财政技术效率，即评价既定的教育财政投入下是否实现了教育产出的最大化，或者在既定的教育产出下是否实现资源消耗最小化。投入不足固然影响效率，但在现实世界中，教育财政的技术效率是否真正发挥出来才是教育财政效率的核心。即便是在教育财政投入相对充足的发达国家，仍然特别强调不断提高教育财政技术效率。提高教育财政技术效率的途径多样，比如提高教室、实验室、教学仪器设备的使用效率，降低学生的流失率和重读率，最大化毕业生终身收入流等。

需要说明的是，一些教育经济学著作把教育的效率分为内部效率（Internal Efficiency）和外部效率（External Efficiency）。以上所论及的效率都属于教育系统的内部效率。而教育的外部效率则是指教育系统所消耗的资源与学生及社会所获得的利益关系，也就是说，消耗了巨大资源的教育在多大程度上满足了学生未来和整个社会对教育的需要。这既包括了教育对经济发展的贡献程度，也包括教育对社会、政治、文化等方面的贡献程度，以及这种贡献与所消耗的资源之间的关系是否适度。因此，教育的外部效率是一个非常广泛和复杂的问题，本书其他章节有所涉及，但是由于篇幅等限制，在此不对这一问题展开讨论。

第二节　教育财政经费的分配和使用

一、教育财政经费的分配

政府通过税收筹集到公共预算资金后根据国家发展需要进行分配。公共教育经费分配分为三个层面。

第一个层面是确定各级政府预算中教育经费所占的比例。根据国际惯例，该比例的确定通常由行政部门提出，并需要经过立法机构批准。国家公共财政预算资金的分配方案是平衡各个公共部门、各个社会阶层和利益群体对经费结果的需求。

第二个层面是上级政府对下级政府转移支付的教育经费的分配，通常由财政部门会同教育部门制定规则并决定如何分配。受国家的经济水平、人口结构、教育体制、文化传统和国家发展战略等因素的影响，不同国家在公共教育经费的分配比例上也不尽相同。图14-2 展示了中国1990—2008 年教育经费在初等教育、中等教育及高等教育之间分配结构的变化情况。20 世纪90 年代初期，中国财政性教育经费的分配相对倾向于高等教育，200 万左右的高等教育在校生占据了22% 的财政性教育经费，初等教育1.2 亿的在校生占财政性教育经费的比重仅为32%。同时，财政性高等教育经费占总财政性教育经费的份额高于高等教育总经费占全国教育总经费的比重，说明高等教育对财政性教育经费的依赖程度高于教育系统总体。相反，初等和中等教育总经费占全国教育总经费的比重则高于其在财政性经费中的占比，这说明初等和中等教育对财政性教育经费的依赖程度低于教育系统总体。

随着高等教育成本分担政策的逐步推行，20 世纪90 年代中期以前高等教育经费占总教育经费的比重以及财政性高等教育经费占总财政性教育经费的比重都在下降，而到了1996 年到1998 年之间，高等教育总经费占教育总经费的比重超过了财政性高等教育经费占财政性教育经费的比重，这一时点与高校全面实现招生收费并轨的时间1997 年基本吻合。在世纪之交，中国高等教育规模大幅扩张，高等教育快速进入大众化阶段，在此过程中高等教育总经费在全国教育总经费中的比重也大幅提升，从1996 年的16% 提高到了2004 年的31%，高于2004 年初等教育的25%，但从占财政性教育经费的比重来看，高等教育占财政性教育经费的比重一直未超过23%，仍显著低于初等教育30% 以上的水平。财政性高等教育经费占财政性教育经费的比重与高等教育总经费占全国教育总教育经费的比重之间的差距逐渐拉大，显示出高等教育对财政性经费的依赖程度逐渐下降，或者说财政性教育经费的分配越来越倾向于初等教育。①

---

① 陈晓宇. 我国教育经费结构：回顾与展望［J］. 教育与经济，2012（01）：21-28.

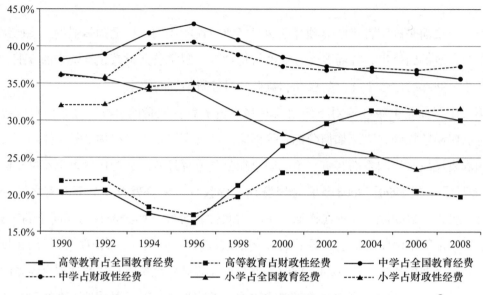

图 14-2 1990—2008 年中国教育经费在各级教育之间分配结构的变化[①]

过去 20 多年的教育财政体制改革，中国公共教育财政的投资重点已经由偏重支持高等教育逐渐转变为强调支持基础教育，初等教育的私人负担比例降低，而高等教育由国家负担转型为高等教育成本分担的体制。此外，公共教育经费的分配正在逐渐扩展到传统领域外，曾经是财政补助"短板"的学前教育和职业教育近年来得到的财政投入增长迅速，年均增幅分别达到 49% 和 26%。[②]

第三个层面是本级政府相关部门对所属学校的经费分配，包括学校的日常运行经费、专项经费和基本建设经费。国际上常用的教育财政经费拨款模式主要有以下几种：渐进式拨款、零基预算拨款、公式拨款和绩效拨款。[③]

（1）渐进式拨款。也称为增量拨款，是目前许多国家政府和公立机构比较常用的拨款模式。渐进式拨款以前一年的支出为基础，参考当年的需要对具体某个支出项目的预算进行增减。中国政府对中小学经常性经费（事业费）的拨款一直沿用"定员定额"的标准，各校分配份额以该校前一年所得份额为基础，考虑当年可能的变化情况对拨款额度加以适当调整。这种"基数加发展"的拨款模式是一种比较简单的渐进式拨款，其优点在于具有一贯性，不会产生太大的不确定性，而且也较容易地对比识别拨款经费的变化及其原因。但渐进式拨款模式也有其缺点，比如，对"基数"部分的拨款不加甄别地沿袭，没有

[①] 陈晓宇. 我国教育经费结构：回顾与展望 [J]. 教育与经济, 2012 (01): 21-28.
[②] 杜玉波. 把教育经费花到最需要的地方 [EB/OL]. (2014-02-20) [2018-10-10]. http://www.moe.gov.cn/jyb_xwfb/moe_176/201402/t20140220_164144.html, 2014-2-20.
[③] 魏新. 教育财政学简明教程 [M]. 北京：高等教育出版社, 2000: 159-161.

将资金额度与实际需要和教育效果联系起来,容易造成资金使用上的浪费。同时,"发展"部分的增减通常会受到各种主客观因素的影响,不利于激励学校在教育教学上的改革和创新。

(2)零基预算拨款。该拨款模式不考虑历史因素,每年的拨款均从"零"开始对预算收支进行识别,严格按照当年的预算规则确定本年度的预算。学校的各个部门均需要根据人员、教学、公务、设备等各种经费需求科目从头制定预算额度。零基预算拨款的目的是通过每年对教育项目的评估取消对任何已经不再适宜的教育项目或者任何不能达到预期收益的教育项目的拨款。零基预算拨款的优势在于它为决策者提供了丰富的信息,其劣势也在于为给决策者提供丰富的信息而需要花费大量的人力和时间。鉴于这种拨款模式比较繁复、操作技术也要求较高,这种拨款模式在教育财政实践中使用得不多。

(3)公式拨款。公式拨款是根据能够反映学校成本行为规律的固定参数决定为其拨款的额度,是一种基于量化指标的拨款模式。构建拨款公式需要首先对学校的成本行为进行量化的分析。比如,政府相关部门或政府委托的负责拨款的中介机构在对学校的各种成本行为进行分析后,确定出一组通常由多个参数组成的与学校成本行为相一致的拨款公式,在征得各利益相关方认可后,按照公式计算的拨款额向学校拨款。中国目前根据"综合定额加专项补助"核定的高等教育拨款就是一种简单的单一参数的拨款公式:政府根据情况确定出一名学生的经费定额,乘以当年学校在校生数后,就得到了当年应向学校拨付的教育事业费的基本额度,再根据各个学校的特殊需要和财政可行性进行调整,并加上一定的专项补助经费,最终得到对学校拨款的总额。[①]公式拨款的优点是透明度高,并且能够通过参数的调整较好地考虑到拨款的公平和效率。公式拨款在美国等发达国家比较流行。

(4)绩效拨款。以上三种拨款模式主要是以投入为基础的拨款,而绩效拨款则考虑了产出的因素。绩效拨款要求学校提供足够的细节来描述其目标与产出之间的联系,并确定每项产出可以测量的指标。英国对高等教育的拨款是引入绩效模式的典型例子,它的特点是由中介机构负责绩效的评定,并将绩效评定的结果作为权重应用到对高校的拨款中去。不过,目前绩效拨款的应用在教育领域并不广泛,且有一些应用是针对教师绩效工资的。绩效拨款常常与其他的拨款模式结合使用,比如丹麦的教学拨款采用绩效公式拨款的方式。

为了保证一个国家基本公共服务的均衡,较高层级的政府还会向较低层级的政府进

---

① 魏新.教育财政学简明教程[M].北京:高等教育出版社,2000:159-161.

行教育经费的转移支付，政府间的转移支付是对国民收入的再分配。根据转移支付资金接受者对资金的可支配范围和程度，可以将转移支付拨款分为一般拨款（General Aid）、专项拨款（Categorical Grants）和综合性拨款（Block Grants）。其中，一般拨款不限制资金的使用，比如，美国州政府对学区的拨款。专项拨款将政府提供的资金与特定的目标联系在一起，比如，给某些特定的学生群体（如寄宿生、农村学生、家庭经济困难学生等）和某项特定的教育工程（如全国中小学校舍安全工程等）的拨款。将大量的专项项目合并在一起进行拨款则是综合性拨款，综合性拨款在限制性程度上处于一般拨款和专项拨款之间。

20世纪80年代以来中国高等院校的教育事业费拨款由"基数加发展"这种渐进式拨款改为"综合定额加专项补助"这种简单的公式拨款。"综合定额"是根据不同层次、不同类型、不同地区学生的生均经费定额标准和高校在校生数核定的，"专项补助"作为对"综合定额"的补充，根据国家政策导向和学校特殊发展需要核定，同时赋予高校统筹安排使用资金的办学自主权。2002年起教育部对高等院校的拨款改为"基本支出预算"加"项目支出预算"，虽然模式上还是"综合定额加专项补助"，但实质上加强了对高等教育专项资金的全程监控、追踪问效的措施。①"综合定额加专项补助"的拨款方式比此前的"基数加发展"模式有了重大的改进，使得教育经费和事业发展规划与在校生人数紧密联系，促进了高等教育事业发展，也增加了高校内部经费使用的自主性，强调了经费管理的责任。但这种方法仍使用在校生作为单一政策参数确定基本拨款额度，容易刺激高等院校盲目扩大招生规模，影响办学质量。②一些研究开始讨论使用多政策参数的拨款公式作为确定分配资金额度的改革趋势。③

2008年，中国进一步改革完善预算经费拨款制度：一是"促进教育发展拨款"，拨款项目包括教学经费、科研和社会服务补偿费，并进一步将教学经费、科研经费细化为基本运行经费、专项经费和绩效拨款；二是"体现社会公平拨款"，这主要是以家庭经济困难学生资助为目标的助学拨款。改革的主要政策措施有：（1）细化综合定额生均拨款标准，按照"人员经费基本持平、公用经费体现差异"的原则，明确按照不同学科的不同培养成本确定不同的生均拨款定额；（2）增设大学基本科研业务费；（3）引入绩效拨款机制；

---

① 李文利，刘强.中国高等教育财政六十年概览：历史演变、现状和未来［A］.北京论坛（2010）文明的和谐与共同繁荣——为了我们共同的家园：责任与行动："变革时代的教育改革与教育研究：责任与未来"教育分论坛论文或摘要集［C］.北京论坛（Beijing Forum）：北京大学北京论坛办公室，2010：160-191.
② 魏新.教育财政学简明教程［M］.北京：高等教育出版社，2000：159-161.
③ 官风华，魏新.高等教育拨款模式研究［J］.教育研究，1995（02）：23-29.

（4）增设社会服务补偿经费。2015年进一步改革完善公立大学预算拨款制度，提出了完善基本支出体系和重构项目支出体系等一系列具体措施。在这一时期内国家财政也采取多种措施加大了对地方高等院校的财政支持力度。[①]

二、教育财政经费的使用

面对不断增长的教育需求，公共财政性教育经费总是有限的。如何配置和使用公共教育经费取决于一国的教育现状、发展目标和社会政策取向。通常，国家财政经费是以服务社会公共利益、促进社会公平和进步为目标的。因此，公共教育经费的使用更多向弱势社会群体倾斜。以中国为例，近年来中国新增教育财政经费的使用原则是向农村、边远、贫困和少数民族地区倾斜，向弱势群体倾斜，向教师队伍建设倾斜，突出重点，用好增量，多做"雪中送炭"的事，主要用于保基本、补短板、促公平。国家对地方的教育转移支付资金中，90%用于中西部，先后实施了寄宿制学校建设工程、初中校舍改造工程、校园安全和薄弱学校改造计划、学生营养改善计划、高中改造计划等一系列重大教育工程。低收入家庭学生和农村学生的就学也是公共教育经费资助的重点，基本上建立了从学前教育到研究生教育的学生资助政策体系，从财政制度上保证不让一个学生因为家庭经济困难而失学。[②]

从用途来看，微观层面上教育经费的使用可以分为经常性支出和资本性支出。经常性支出指那些为了维持学校运行而需要的、经常花费在即时消耗掉的商品和服务方面的支出，包括人员性支出和公用支出。资本性支出指花费在具有一定使用期限的资产上的支出，包括校舍等基本建设和购置大型设备等。教育经费的使用结构通常指经常性支出中人员经费与公用经费的比例，有时也指经常性支出与资本性支出的比例。图14-3展示了1995年以来中国教育经费的使用结构。自1995年以来，人员经费支出一直处于高位波动，占教育经费总比例的50%以上，2013—2016年呈现出明显上升趋势；公用经费占比一直处于30%—50%范围内，且呈现先上升后下降的趋势，1995—2013年间公用经费占比缓慢上升，2013年达到最大比例45.8%，之后又逐渐下降，到2016年降为37.3%；基本建设支出一直处于缓慢下降趋势中，并且在2005年前后有明显变化，1995—2005年基本建设支出占比虽处于连年下降中，但仍然维持在10%以上，而2006—2016年基本建设支出占比均低于10%。

[①] 王江路.新中国成立七十年来我国高等教育财政的历史演变［M］//王蓉.中国教育财政政策咨询报告（2015—2019）.北京：社会科学文献出版社，2019：535-537.

[②] 杜玉波.把教育经费花到最需要的地方［EB/OL］.（2014-2-20）［2018-10-10］.http://www.moe.gov.cn/jyb_xwfb/moe_176/201402/t20140220_164144.html.

这种变化趋势的可能原因主要有以下三点：首先，1998年后中国启动了高等教育扩招政策，相应地带动了高中规模的扩张，需要建设一大批新校舍，因此1995—2005年的这一时期中国基本建设支出比例仍然维持在10%及以上。其次，2005—2013年间，义务教育阶段在校生规模较小，高等教育规模增速趋稳，加之教育经费短缺、优先保障人员经费支出等因素，造成中国基本建设支出在全国教育经费支出中的比例逐年降低。最后，2013年作为"教育经费管理年"，教育部明确提出教育经费要向建设高素质教师队伍倾斜，加强教师待遇和教师队伍建设等方面的投入。同时还强调要坚持勤俭办学，学校建设要合理规划，防止重复建设。基于此，2013年及以后人员经费占比逐步提高，公用经费以及基本建设支出占比均呈现下降趋势。

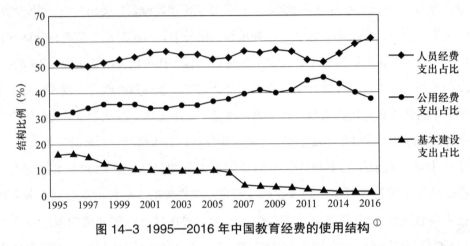

图 14-3 1995—2016年中国教育经费的使用结构①

为了更好地评价教育经费的使用，部分国家在教育支出分类中引入了功能分类。功能分类是将学校各项支出所对应的功能明确化，将支出信息按照对应的学校功能进行归集。以美国为例，美国在1957年发布的《公立学校会计准则》是第一套由联邦机构颁发的标准化公立学校财务会计制度，供各州政府在制定州财务会计制度时参考使用。但是，该准则中关于教育支出功能的分类还不完善，在此之后，美国联邦机构陆续更新了准则。现行支出功能分类的五个一级科目包括：教学、支持性服务、非教学运营服务、设备购置和建筑物建造、债务清偿（见表14-3）。在各一级科目之下设置了若干二、三、四级科目。2003年联邦政府机构又对教育支出功能分类科目进行了较大的调整，主要是在支持性服务、设备购置和建筑物建造、债务清偿等一级科目的下设科目进行了调整：一是删除和简化了部分过时的子科目；二是与时俱进地新增和细化了若干子科目。例如，为了强化教育

---

① 杨蓉，刘婷婷.中国教育经费配置结构分析：基于历史趋势和国际视野的双重探讨[J].全球教育展望，2019，48（06）：46-61.

问责制,在"支持性服务——教学"二级科目下,新增了三级科目"学生学业评价"。再如,随着教学技术的变革,教育方法、教学手段不断更新,因此在二级科目"支持性服务——教学"之下新设了三级科目"教学技术"。[①]

表 14-3 美国中小学财务会计中的一级和二级支出功能科目

一级科目	二级科目
教学	
支持性服务	◇ 学生 ◇ 教学 ◇ 综合管理 ◇ 学校管理 ◇ 总务服务 ◇ 校园运行与维护 ◇ 学生交通 ◇ 其他支持性服务
非教学服务运营	◇ 餐饮服务运营 ◇ 企业运营 ◇ 社区运营
设备购置和建筑物建造	◇ 土地征用 ◇ 土地改造 ◇ 建设工程 ◇ 校园规划 ◇ 建筑物建造 ◇ 校园改善 ◇ 建筑物修缮 ◇ 其他
债务清偿	

为了更好地体现学校的运转及教育教学业务情况,有学者基于中国国情制定了一套中小学教育支出功能分类的科目体系,共设置了三级科目,其中包括 8 个一级科目,28 个二级科目,以及若干三级科目。一级科目分别是:教学、学校管理、支持性服务、非教学服务、设备购置和建筑物建造、学生资助、其他人员支出、附属单位支出。学校的所有教育耗费都能在教育支出分类中反映出来,每一笔支出都对应于一个二级或三级底层科目。在具体实践中对部分支出进行拆分,例如,对兼任行政工作和教学工作人员的工资福利支出、水电费、易耗品和交通费进行拆分,分别归入教学和学校管理科目中进行核算。[②]

[①] 黄春寒,田志磊.探索教育财政绩效评估的新工具:教育支出功能分类[R].北京大学中国教育财政科学研究所科研简报,2018(9-7).
[②] 同上。

第三节　国际教育财政的改革

过去几十年，随着教育在经济社会发展中的作用日益凸显，越来越多的国家认识到教育的极端重要性，世界范围内的教育财政改革不断深化。总体来说，全球性教育财政改革的主要趋势包括：普遍增加教育财政拨款、变革教育经费分配原则与方式、通过市场化机制增加教育经费和教育选择权等。

一、普遍增加教育财政拨款

回溯各国政府公共财政对教育的投入会发现，世界各国对教育的投入普遍呈现不断增长的趋势。将各国公共教育经费的水平进行横向比较有助于分析政府在教育投入上的努力程度以及教育经费水平的充足程度。但是，国家的大小、经济发展水平、教育适龄人口、货币购买力等许多因素都会使国家间公共教育经费支出规模不可比。考虑到这些因素，一些统计指标可以更好地衡量及比较政府在教育投入上的努力程度，比如，公共财政性教育经费占国内生产总值之比、公共财政预算中教育经费占政府公共预算总经费之比等；另外一些统计指标可以很好地衡量并比较政府在教育经费投入上的充足程度，比如，生均公共教育经费支出占人均国内生产总值之比、购买力平价调整后的生均教育经费等。

表14-4比较了2000年到2015年间世界各国公共教育经费占GDP的比例和教育经费占公共财政支出的比例。从世界平均水平来看，这两个比例均有不同程度的增加，从各个国家的发展趋势来看，几乎所有国家或地区的这两个比例也都呈现提高趋势，说明各国普遍都在增加教育财政投入。

表14-4　公共教育经费所占比例

单位：%

指标	公共教育经费占GDP比例				教育经费占公共财政支出比例			
年份	2000	2005	2010	2015	2000	2005	2010	2015
世界平均	4.02	4.06	4.54	4.62	13.36	13.99	14.16	14.35
欠发达地区	2.68	2.98	3.42	3.67	15.05	15.89	16.03	16.66
南非	5.16	5.06	5.72	5.96	—	19.92	18.04	18.70
撒哈拉以南非洲	3.43	3.52	3.54	4.15	15.61	18.03	17.55	17.22
拉丁美洲和加勒比	4.04	—	4.83	5.00	14.91	—	16.42	18.11
中欧和波罗的海地区	5.08	4.81	4.76	4.81	10.32	12.07	11.06	11.55
欧洲和中亚	4.65	4.87	5.22	4.89	11.87	12.34	11.78	12.17
欧盟地区	5.08	5.07	5.31	4.90	11.08	12.07	11.06	11.86

(续表)

单位：%

指标	公共教育经费占 GDP 比例				教育经费占公共财政支出比例			
年份	2000	2005	2010	2015	2000	2005	2010	2015
东亚	3.50	–	3.64	–	–	–	15.69	–
南亚	–	3.19	3.38	2.95	17.94	13.78	11.86	12.85
高收入国家	4.93	4.89	5.31	5.01	12.11	12.97	12.08	12.69
中收入国家	3.71	3.90	4.52	–	15.25	15.04	16.19	–
低收入国家	3.17	–	3.04	3.63	15.05	15.89	16.03	16.66
国家								
英国	4.12	4.94	5.70	5.56	12.02	13.17	13.03	13.84
奥地利	5.58	5.25	5.70	5.46	11.03	10.26	10.79	10.69
日本	3.46	3.37	3.64	–	9.72	9.69	9.21	–
印度	–	3.19	3.38	–	16.73	11.21	11.83	–
巴西	3.84	4.48	5.65	6.24	11.45	11.27	14.16	16.22
俄罗斯	3.11	3.77	–	3.83	8.95	11.95	–	10.87

数据来源：World Bank. World Development Indicators［EB/OL］.［2020-10-10］. https://data.worldbank.org/indicator.

二、变革经费分配原则与方式

各国的政治经济体制决定了其教育财政的管理体制。教育财政管理体制大致可以分为三类：地方分权型、中央集权制、集权与分权结合制。美国是地方分权型教育财政管理的代表，法国是中央集权制教育财政管理的代表，英国和日本实行的是中央集权与地方分权相结合的教育财政管理体制。

以美国为例，过去几十年间，其教育经费的分配方式发生了诸多变化。美国的教育财政主要由州政府和地方学区负责。由于各州和各地方学区的经济状况和财政状况不同，教育财政也有所差别。总体来看，自 20 世纪 70 年代开始，美国各州为促进教育公平向各学区拨款的"平等化公式（Equalization Formulas）"就处于不断的变革和改进过程中。美国基础教育经费在很大程度上依赖地方学区所获得的财产税收入。最简单的"平等化公式"是"通用补助（Flat Grant）"，即州政府根据学校或其在校生数拨给所有学校同样数额的补助标准。但通用补助无法对具有不同财政能力的学区进行区别对待，因此难于实现纵向的公平。针对这一问题，美国又引入"基础项目补助（Foundation Programs）"，努力使生均经费趋于均等。州政府设立一个能够达到优质教育的最低生均成本，并设立学区所需达到的最低财产税税率水平，州政府为达到最低税率的学区的学校提供等于优质教育最低生均经费与学区所能提供的生均经费之差的补助。但是如果基础项目补助设置的最低生均经费水平偏低，补助就难以针对因学区财政能力不同而导致的实际生均经费差异。为克服这一弱点，进而实施"确保税基项目补助（Guaranteed Tax Base）"，即由州政府设立一个最低税基标准，为那些税基低于此标准的学区补助经费，各学区基于补助后的税基自行选择税率，以确保税基项目补助使得州内不同学区的教育财政能力趋同，同时给予学区教育支出的选择权。但该补助方案所需消耗的州财政资金较大，补助成本很高。有些州还将基础项目补助公式和确保税基项目补助的公式整合，使两者能够互相取长补短。

20 世纪 90 年代以来，美国义务教育财政体制从注重投入向注重产出转变，逐渐改革完善教育经费拨款方式。以马里兰州为例，在补偿性转移支付方面，通过改革拨款公式来保证一个学校系统拥有越多符合资助条件的学生，就能得到越多的资助金，并针对低收入家庭学生、有英语语言障碍的学生和需要特殊教育的学生设置不同的拨款调节因子，来区别不同群体需要特殊照顾的程度。同时，通过教育拨款促进教育改革。比如 2012 年 3 月的《教育改革蓝皮书》强调：凡是在教育改革和提高学生学业成绩中取得显著进步的州、学区和学校，均可以获得更多的经费资助，还可在经费使用中行使更大的自主权。显然，美国联邦政府将教育投入与教育产出结果挂钩，使教育拨款与整个国家教育改革紧密联系在一起，在一定程度上促进了教育发展。①

三、公平性与选择权

20 世纪 80 年代以后，许多国家都进行了以增强教育选择权为目标的教育改革。"拓展父母的选择权日益被视为撬动教育体制改革的杠杆"②。由此，作为择校主要形式之一的"教育券（Education Voucher）"在所有影响公立教育绩效的财政政策改革方案中，成为最有冲击力也最具争议的改革举措。

"教育券"是把公共教育经费转化成一种教育支付凭证发给学生家长，由家长来决定使用该支付凭证送其子女进入何种学校。从客观上来说，这是一种扩大公立学校学生选择就读其他公立学校或私立学校机会的择校形式。持教育券的家长可以凭借此券在任何接纳教育券的学校支付子女的学费或其他教育费用。教育券制度增加了教育选择的机会，尤其为那些低收入者、少数民族、有特殊能力但没有经济实力的人提供了机会。

在美国，私立学校通常质量较高，但由于其收费高和入学资格严格而使许多低收入家

---

① 郭玉贵.美国义务教育财政体制的发展轨迹及对中国的启示[J].世界教育信息，2012，25（06）：51-57.
② E.S.萨瓦斯.民营化与公私部门的伙伴关系[M].周志忍，译.北京：中国人民大学出版社，2002：276.

庭学生望而却步。具有选择性的教育券相当于给低收入家庭学生一定的资助，使他们获得进入私立学校的机会，学生所接受教育的好坏取决于家长所做选择的好坏。从长期来看，家长会逐渐做出更明智的选择；在争取生源的竞争中，也会有更多优质的教育资源来满足这些需求。政府在教育资源分配方面，采取公平分配教育券的方法，即不论学校好坏，经费按学生数平均分配，同时按其努力程度和效率大小追加投入，既能保证公平性又能调动学校、教师和学生的积极性。①

1980年智利开始实施由公共教育经费资助的政府"教育券"政策，覆盖全国所有的公立和部分私立中小学。实施该项政策后，政府彻底改变了对公立学校的财政投入方式，并大举资助私立学校。参与教育券计划的学校，无论是公立学校或是私立学校，中央政府根据在校学生人数每月将拨款划拨到地方政府，再由地方政府发放至学校。学校除了获得中央政府的教育券资助外，还可获得地方政府一定数额的公共财政资助。此外，公立学校和私立教育券学校还可以接受来自社会各方面的捐款，作为办学经费的补充。

教育券的倡导者认为，"教育券能够促进私立学校提高效率，私立学校的每一位学生与公立学校的学生相比，不仅花费少而且能接受到更良好的教育"。但是，对教育券项目的评估结果并不一致，一些研究认为，教育券学校与普通公立学校的学生成绩没有实质性的差异，②但另一些研究对此提出质疑，有研究表明，教育券政策实施后，家庭社会经济背景欠佳的学生学业成绩有所下降。③还有研究发现，家庭社会经济背景较好的学生才是该政策的更大受益者。此外，在改进学校效益、提高教育质量、促进教育公平等方面，智利的"教育券"政策也并没有取得预期的效果。④

美国的一些州自20世纪90年代实施教育券改革，各州实行的时间不同、方式各异，但目的都是为了改变美国中小学公立教育质量差、弱势群体孩子难以获得优质教育机会的现状。教育券的赞同者认为，通过给予家长充分的选择权，把学校置于一个竞争的环境，能够促进学校改善质量。但是，教育券的反对者认为，平均支出的教育券和扩大的自由选择机会只能使富裕家庭得到更多的好处，而贫困家庭选择的余地有限。长此以往可能导致更大的不公平。特别是把发展公立教育事业的预算经费中很大一部分通过教育券转移给了私立学校，条件较差的公立学校的发展前景会更加黯淡。而关于教育券能否提高学生成绩

---

① 邱小健. 美国教育券的公平诉求及其对中国的启示[J]. 全球教育展望, 2009, 38（02）: 52—55.
② WITTE J F, STERR T D, THORN C A. Fifth-Year Report: Milwaukee Parental Choice Program[EB/OL].[2019-10-12]. http://www.lafollette.wisc.edu/images/publications/workingpapers/witte1995-001.pdf, 1995-12.
③ 周琴. 智利教育券政策述评[J]. 比较教育研究, 2007（04）: 39—43.
④ 我为什么坚决反对"教育券"?[EB/OL].（2008-01-02）[2018-05-10]. http://www.people.com.cn/GB/32306/33232/6726701.html.

也一直没有定论。比如密尔沃基父母择校计划项目中，学生数学考试成绩有一点提高，但效果微弱，仅提高2%—3%，而在阅读考试中，教育券则没什么效果。[①]

关于教育券一直存在争论：家长是否能够按照自己的意愿来使用公共资金？学生和家长的经验不足，对学生表现情况也缺乏了解，相关学校会不会利用这一点来提供劣质教育产品进而牟利？如果学生或者家长用教育券没有购买到合格的教育服务，学生没有学到应该学的知识，从而无法毕业、无法在高等教育或工作中取得成功，那么公共资金会不会重复支付教育费用？为了减少风险，有学者提出了一些预防举措，比如，跟踪报告提供教育服务的质量和所有合格学校提供服务的教育效果；将家长的选择限定在一系列"合格"的教育服务商之中；学生完成课程并表明取得学习效果之后再支付费用，这样未产生预期效果的学校就不会得到付款（即根据效果付款）；限定家长只能选择补习或者强化项目等。当然，减少风险的措施要么会增加政府的成本，要么会减少家长做出选择的勇气和选择的多样性。[②]

为了增加学生的选择权，解决基础教育中的不公平问题，20世纪90年代一种新的教育机构——特许学校（Charter School）在美国应运而生。特许学校是根据特定的合同或特许状来开班的公办民营学校，向各类学生开放，不设立任何形式的入学考试，像其他公立学校一样接受同样的生均经费，大致相当于每生的平均费用，所以每个学生的入学都带来了州和地方的经费。学校鼓励新的教学改革，以学生成绩为基础承担责任和享有自治权利。

得益于全美各地父母、教师、社区以及政治党派等众多主体的广泛支持，特许学校短时间内从少到多、由小变大，取得了飞跃式进展和突破。2001年至2016年，特许学校数从1993所发展到6855所，同期传统公立学校数仅增加了162所；特许学校入学人数从44.8万人发展到284.5万人。随着规模的增大和区域分布的扩散，特许学校的实际发展成效如何日渐成为社会关注的焦点议题。美国社会对特许学校的发展认识并不完全一致，对其成效的争议主要集中在三个方面：是否为学生提供了有质量的教育，是否推动了传统公立学校改进，是否促进了教育机会公平。尽管众说纷纭，但从目前美国政府有关特许学校的政策基调来看，联邦政府及各州政府均加大了对特许学校财政资金的资助力度，同时强化对特许学校授权机构的问责，增强对特许学校质量评价的综合性。[③]

---

① 肖方仁. 价值多元、对抗性原则与美国教育券政策僵局[J]. 复旦教育论坛, 2013, 11（05）: 81-86.
② HILL P T. 数字化学习时代的教育财政策略[R]. 黄珍, 余韧哲, 译. 北京大学中国教育财政科学研究所科研简报, 2016（4）.
③ 李文章. 美国特许学校兴起、纷争及动向[J]. 比较教育研究, 2020, 42（01）: 39-45.

总之，不管是教育券还是特许学校，均是在学校选择中引入了"用脚投票"的市场机制，允许家长选择孩子就读的学校，从而改变了传统上就近入读公立学校而可能带来的教育机会的不公平。但其效果如何，仍有待更多科学严谨的研究评估。

第四节 中国教育财政体制的演变

政治经济体制决定了教育财政体制。在不同的历史时期，同一国家的教育财政体制也会因经济体制的变革而变化。新中国成立后至20世纪70年代末，中国实行了高度集中的计划经济体制，包括教育经费在内的各项财政经费都由国家财政统一列支，实行统一领导、中央和地方分级管理的体制。改革开放至今的40年间，中国财政体制经历了从"分权"到"集权"再到"适度分权"的不断改革完善的过程。与之相适应，教育财政体制也不断变革。各级教育的财政体制和财政政策具有显著差别，由于篇幅有限，本节将重点讨论义务教育和高等教育财政体制机制的演变。

一、中国义务教育财政体制的演进

改革开放后中国义务教育财政体制的演变大致可以分为三个阶段，[①]如图14-4所示。

第一阶段，1980—1993年财政分权管理、教育多元筹资阶段。1980—1993年，为了充分调动中央和地方发展经济的积极性，国家对过去"统收统支"的财政管理体制进行了改革，财政体制经历了从"分级包干"到"分税包干"，再到"中央地方大包干"的分权化过程。随着下放给地方的财权不断扩大，地方政府成为相对独立的利益主体，负责地方范围的公共服务供给。在各省"分灶吃饭"的财政体制下，教育财政不再由中央政府和上级政府包办，而是采用"分级办学、分级管理"的体制。其中，1985年《中共中央关于教育体制改革的决定》明确提出将发展基础教育的责任交给地方，许多地方将基础教育财政责任下放到乡甚至村一级政府。1986年实施的《中华人民共和国义务教育法》将义务教育"实施地方负责，分级管理"的体制确立下来。

但是乡一级财政显然无法负担全国九成以上学校、将近八成学生的义务教育经费。1993年颁布的《中国教育改革和发展纲要》明确提出"以财政拨款为主、其他多种渠道筹措教育经费为辅"的义务教育财政体制，一方面，使得义务教育经费投入受制于地方财力，农村地区义务教育支出的缺口明显，义务教育发展不均衡；另一方面，在经济欠发达和财力有限的县乡，依靠向农民收费和摊派来筹集教育经费加重了农民的经济负担。在许

[①] 哈巍，陈晓宇，刘叶，张子衿. 中国农村义务教育经费体制改革四十年回顾［J］. 教育学术月刊，2017（12）：3-11.

多地区，公共财政教育经费只能负责公办教师的基本工资，民办教师工资和学校的部分公用经费都要通过向农民摊派和向学生收取学杂费来解决。

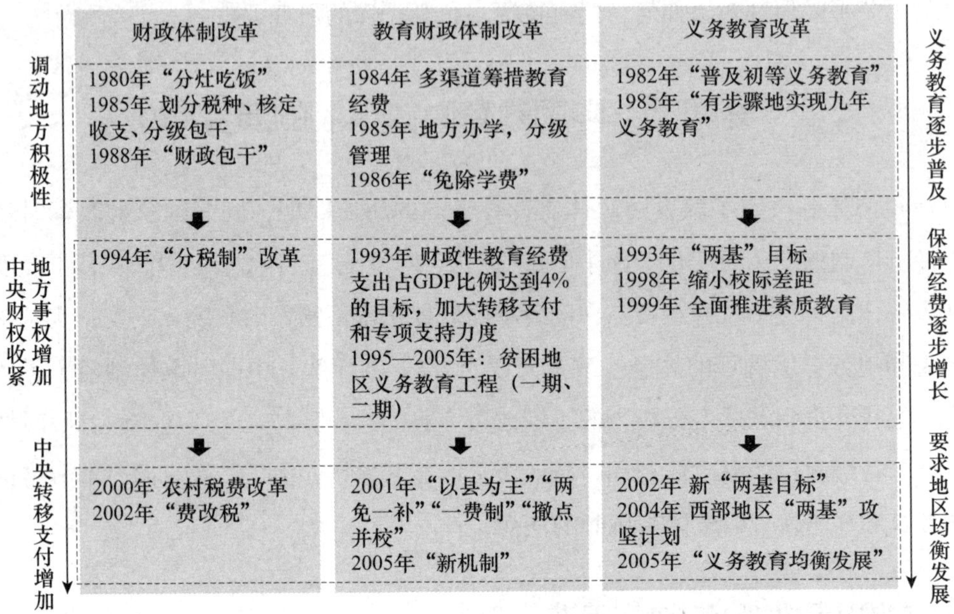

	财政体制改革	教育财政体制改革	义务教育改革	
调动地方积极性	1980年"分灶吃饭" 1985年 划分税种、核定收支、分级包干 1988年"财政包干"	1984年 多渠道筹措教育经费 1985年 地方办学，分级管理 1986年"免除学费"	1982年"普及初等义务教育" 1985年"有步骤地实现九年义务教育"	义务教育逐步普及
中央财权收紧	1994年"分税制"改革	1993年 财政性教育经费支出占GDP比例达到4%的目标，加大转移支付和专项支持力度 1995—2005年：贫困地区义务教育工程（一期、二期）	1993年"两基"目标 1998年 缩小校际差距 1999年 全面推进素质教育	保障经费逐步增长
中央转移支付增加	2000年 农村税费改革 2002年"费改税"	2001年"以县为主""两免一补""一费制""撤点并校" 2005年"新机制"	2002年 新"两基目标" 2004年 西部地区"两基"攻坚计划 2005年"义务教育均衡发展"	要求地区均衡发展

图 14-4 改革开放以来中国义务教育财政体制演进[①]

第二阶段，1994—2005年财政权力上收、义务教育以县为主阶段。20世纪80年代到90年代初期实行的财政分权改变了"政府预算财政的增长格局和中央财政的相对地位"，财政收入占国内生产总值的比重和中央财政收入占财政总收入的比重逐年下降，中央财政赤字不断扩大。为了改变这种局面，1994年国家开始实行"分税制"改革，通过重新划分中央与地方的税源和比例，明确各级政府的收入范围和支出责任，建立税收返还和转移支付制度。中央财政收入占政府总收入的比例开始上升，增强了中央进行宏观调控的主动权。

与此相适应，国家开始从经费和管理体制两个方面进行教育财政体制改革。1995年实施了"贫困地区义务教育工程一期"，以转移支付的方式对贫困地区义务教育投入39亿元中央专款，加上87亿元地方政府配套资金，投资总量超过126亿元，主要用于国家级贫困县。但是此工程并没有改变"以乡为主"的农村义务教育经费投入模式，项目资金主要用于学校基础设施的改善，未对学校事业性经费进行补贴，县乡级政府财政仍然要承担大部分义务教育经费。2000年至2005年实施了"贫困地区义务教育工程二期（2000—2005年）"，中央专款投入50亿元（其中90%用于西部地区），再加上地方配套资金72.5

[①] 哈巍，陈晓宇，刘叶，张子衿. 中国农村义务教育经费体制改革四十年回顾[J]. 教育学术月刊，2017（12）：3-11.

亿元，总共投入资金122.5亿元，主要用于省级贫困县。2001年国务院颁布《关于基础教育改革与发展的决定》，规定县级政府对本地义务教育负主要责任，将农村中小学教师工资的管理上收到县，并要求省、地（市）、县各级人民政府承担相应责任，中央政府给予必要的支持。[①] 2004年秋季开始，免费教科书发放范围扩大到中西部农村义务教育阶段全部的家庭经济困难学生，并启动针对农村义务教育阶段贫困学生的"两免一补"政策，其中中央财政负责提供免费教科书，地方财政负责免学杂费和补助寄宿生生活费。但是，这一时期省市级政府对农村义务教育的投入和支持力度普遍较弱，而县级政府财力有限。

第三阶段，2006—2012年财政转移支付、教育省级统筹阶段。这一时期义务教育财政体制的变化呈现如下特点。一方面，大力增加财政性投入，在教育财政责任的公私划分这一根本的体制性安排方面有显著改变。一方面，国家教育财政政策以促公平为主导，中央资金的主要投放对象是农村地区、特别是农村贫困地区和弱势群体，以实施免费义务教育为目标进行了一些重大的教育财政体制改革。例如，2005年《国务院关于深化农村义务教育经费保障机制改革的通知》系统提出了中央和地方分项目、按比例的教育转移支付机制，规定"经费省级统筹，管理以县为主"，规范了农村义务教育经费组织管理结构。2006年修订的《中华人民共和国义务教育法》明确提出将义务教育纳入公共财政保障的范围，为义务教育的拨款机制提供了法律保障。这一"新机制"从2006年春季学期开始逐步实施，首先在西部农村地区义务教育的中小学开始试点，随后逐步扩展到中部地区和东部地区。2010年中央政府实施"农村义务教育薄弱学校改造计划"，2012年将"特岗教师计划"的实施范围继续扩大。至此，以"新机制"为主体，以改善硬件条件的"薄弱学校改造计划"和提高软件水平的"特岗教师计划"为两翼，旨在保障我国义务教育均衡化发展的"一体两翼"的主体结构基本实现。此外，还有与之相关的"中小学校舍安全工程"、培养未来教师的"免费师范生"项目，以及"学生营养餐改善计划"等教育财政支持的配套拨款项目。

第四阶段，2013年以来，中国义务教育进一步深化财政改革、实行城乡统一标准。2015年发布了《国务院关于进一步完善城乡义务教育经费保障机制的通知》（以下简称《通知》），提出要"建立城乡统一、重在农村的义务教育经费保障机制"，突出义务教育阶段"两免一补"和公用经费的可携带性，着力解决近年来由于城镇化等原因造成学生流动性增加所产生的相关义务教育经费问题。该《通知》取消了农村和城市公用教育经费定额标准不同的限制，增加了对义务教育民办学校公用经费的补助，使得义务教育经费保障

---

① 王善迈，曹夕多. 重构我国公共财政体制下的义务教育财政体制［J］. 北京大学教育评论，2005,3（04）：25-30.

范围继续扩大，促进义务教育更快进入城乡统一、均衡发展的阶段。新的"城乡义务教育经费保障机制"在内容上包括并延续了原有机制的主要内容，并在具体细节上进一步完善和发展，力图补齐农村教育发展的短板，真正实现义务教育均衡化、高质量的发展。①

2019年6月国务院发布《教育领域中央与地方财政事权和支出责任划分改革方案》，进一步明确了教育领域总体为中央与地方共同财政事权，并将具体内容进一步修改和扩展为12个事项，同时明确实行中央与地方分档分担，将省级行政区和计划单列市按财力状况分为5档，中央承担10%至80%不等的支出责任。在义务教育公用经费保障方面，明确将国家制定分地区生均公用经费基准定额调整为制定全国统一的基准定额，所需经费由中央与地方财政分档按比例分担，其中西部地区为第一档，中央财政分担80%，中部地区由中央财政分担60%，进一步明确了中央财政保障义务教育支出的责任，为全国义务教育均衡发展奠定了财政基础。

二、中国高等教育财政体制机制的演进

改革开放以来，经济的高速增长极大地增加了对各类高级专门人才的需求，从而增加了对高等教育毕业生的需求；同时，居民收入和生活水平的显著提高也极大地增加了对高等教育机会的需求。在这种双重需求的强力驱动下，高等教育招生数和在校生数都不断增加。在一段时间内，教育经费增长的速度跟不上高等教育规模的扩展速度。表14-5显示了1999年高等院校扩大招生后几年内普通高校预算内生均经费和生均公用经费均逐年下降。同时，高等院校的其他与财务相关的指标数值也在下降，包括生均教室面积、生均实验室面积、生均图书量、生均生活设施等，甚至出现了一些高等院校负债运行的状况。高等教育经费紧张已经成为一个较为普遍的问题。

表14-5 2002—2004年普通高校预算内生均经费和生均公用经费

单位：元

	2002年	2003年	2004年
预算内生均经费	6178	5773	5552
生均公用经费	2453	2352	2298

数据来源：教育部财务司，国家统计局社会和科技统计司.中国教育经费统计年鉴2005[M].北京：中国统计出版社，2006: 47+364.

教育部财务司，国家统计局社会和科技统计司.中国教育经费统计年鉴2004[M].北京：中国统计出版社，2005: 47.

教育部财务司，国家统计局社会和科技统计司.中国教育经费统计年鉴2003[M].北京：中国统计出版社，2004: 47.

---

① 哈巍，陈晓宇，刘叶，张子衿.中国农村义务教育经费体制改革四十年回顾[J].教育学术月刊，2017(12): 3-11.

为了增加高等教育经费的来源，扩大高等院校经费使用的自主权，提高经费使用效率，中国在高等教育财政领域进行了一系列改革。

第一，高等教育拨款体制的改革。高度集权的计划经济向富有活力的市场经济的转轨客观上要求赋予地方更多自主权，以便各地能够更好地根据实际情况进行有效的资源配置和经济发展。这种客观要求反映到财政体制改革上，即由过去中央政府"统收统支"、全国"吃大锅饭"的中央集权的财政体制，转变成中央与地方财政"划分收支，分级包干"的各省"分灶吃饭"新体制。与之相适应，高等教育经费的拨款也相应地由中央和地方两级切块安排。这大大调动了地方的办学积极性，但同时也导致地区高等教育经费差异扩大。如表14-6所示，北京和上海地区的高等教育事业费和公用经费的数值远远高于湖北、湖南和四川，教育事业费最高的北京是四川的8倍多，公用经费最多的北京是四川的近12倍。

表14-6 2004年地方普通高等院校预算内生均教育事业费的地区差异

单位：元

地区	教育事业费	公用经费
北京	15809	10216
上海	9116	4490
天津	9022	3886
广东	8581	3573
湖北	2459	841
湖南	2581	857
四川	1946	870

数据来源：教育部财务司，国家统计局社会和科技统计司.中国教育经费统计年鉴2005[M].北京：中国统计出版社，2006:47+364.

第二，高等学校经费使用制度的改革。市场经济的资源配置方式不仅要求给予地方政府更多的自主权，而且要求赋予高等院校更多的办学自主权，使得高等院校能够主动适应千变万化的人才市场需求，调整办学方向和专业设置。与此相适应，高等学校的经费使用制度由"专款专用、结余上缴"改为"预算包干，结余留用"，改变了过去那种"打酱油的钱不能用来买醋"的僵化的经费管理制度，使得学校的有限资金能够更好地统筹安排，形成促进高等院校提高经费使用效率的激励机制。

第三，高等教育经费分配方式的改革。社会主义市场经济的发展客观上要求资源配置的透明性和公平性。而过去"基数加发展"的高等教育经费分配方式是以以往的支出结果为依据，而不是基于合理的成本分析，非制度化因素很多，高等教育财政的透明度较低，不能反映高等教育成本行为的客观规律。因此，高等教育财政改革的又一主要方面就是经费分配方式的改革，即由"基数加发展"的渐进式财政分配方式改为"综合定额加专项补助"的高等教育经费分配新方式。新的拨款方式在公平、透明、效益等方面都有明显进步。

第四，高等教育经费来源结构的变革。在过去的计划经济条件下，高等教育系统是整个计划经济体制的一部分，高等院校是政府部门的附属物，政府拨款是高等学校经费的唯一来源。伴随着中国社会经济转型和经济高速增长以及民间财富的迅速积累，改革过去那种单纯依赖国家财政拨款的高等教育经费来源结构、多渠道筹措高等教育办学经费成为具有客观必然性和现实可能性的历史选择。通过几十年的改革实践，初步形成了"财、税、费、产、社、基、科、贷、息"等多渠道的高等教育经费来源格局（本书第四章已经对此进行了详细阐述），使得高等教育的经费总量有了明显增长，如图14-5所示。

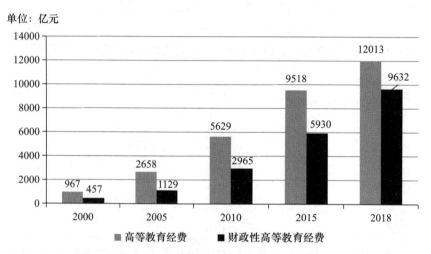

图14-5 2000年以来中国高等教育总经费和财政性经费

数据来源：1. 教育部. 关于2018年全国教育经费统计快报［EB/OL］.(2019-4-30)［2019-03-25］. http://www.moe.gov.cn/jyb_xwfb/gzdt_gzdt/s5987/201904/t20190430_380155.html.

2. 教育部财务司，国家统计局社会科技和文化产业统计司. 中国教育经费统计年鉴2016［M］. 北京：中国统计出版社，2017: 120-121.

3. 教育部财务司，国家统计局社会科技和文化产业统计司. 中国教育经费统计年鉴2011［M］. 北京：中国统计出版社，2012: 4-5.

4. 教育部财务司，国家统计局社会和科技统计司. 中国教育经费统计年鉴2006［M］. 北京：中国统计出版社，2007: 4-5.

5. 教育部财务司，国家统计局社会和科技统计司. 中国教育经费统计年鉴2001［M］. 北京：中国统计出版社，2002: 32-33.

本章小结

本章首先厘清了教育财政的基本概念,并在此基础上阐述了教育财政的四项基本原则,即充足、透明、公平和效率原则,以及每项原则的判定标准。教育财政充足可以从投入、产出和过程三个角度进行评价。教育财政经费的充足与否不仅与国家的经济发展水平和政府财政能力密切相关,也与政府的教育财政努力程度密切相关。教育财政透明体现在教育经费拨款方式、教育财务公开程度等方面。教育财政的公平性包括经费分配均等原则,财政中立原则和特殊需要原则,即对有特殊困难和需要的群体特殊对待。对教育财政效率的评价包括教育经费配置效率和技术效率等。接下来分析了教育财政经费在三个层面的分配,包括确定各级政府预算中教育经费所占的比例、上级政府对下级政府教育经费转移支付的分配、各级政府相关部门对所属学校的经费分配,进而阐述了教育财政经费的支出结构和评价方式。本章还分析了国际教育财政改革的主要趋势,包括普遍增加教育财政拨款、变革教育经费分配原则与方式、通过市场化机制增加教育经费来源和教育选择权等。最后阐述了改革开放以来中国义务教育财政体制和高等教育财政体制机制的演进。

思考问题

1. 为什么说教育财政是一个决策的过程?举例说明涉及哪些决策。
2. 公平、充足、效率、透明之间存在哪些区别和联系?
3. 各种拨款模式和拨款类型如何体现公平、充足、效率和透明的原则?
4. 国际教育财政改革有哪些共性和特性?
5. 中国教育财政体制经历了何种演变历程?

拓展阅读建议

1. 陈晓宇.我国教育经费充足问题的回顾与展望[J].教育发展研究,2012,32(01):24-29.
2. 哈巍,陈晓宇,刘叶,张子衿.中国农村义务教育经费体制改革四十年回顾[J].教育学术月刊,2017(12):3-11.
3. 陈晓宇.我国教育经费结构:回顾与展望[J].教育与经济,2012(01):21-28.
4. 孙志军,郝苗.教育财政努力程度:概念与测量方法[J].教育经济评论,2018(3):3-13.

后 记

这本教材是在我们授课讲义的基础上整理而成。在编写过程中，我们力求在阐述教育经济学发展的历史脉络基础上，尽可能全面地向读者介绍教育经济学的基本概念、基本理论和基本方法，展示教育经济学的学科体系及其逻辑结构，同时介绍国内外相关的教育经济学研究成果和发展趋势。我们特别注意在国际视域下紧密结合中国的教育经济实践，以期对发展具有中国特色的教育经济学有所裨益。在这一过程中，我们得到许多不同层次、不同领域的各方面专家学者的帮助，使得我们不仅能够比较全面地了解不同层次的教育经济学学者的意见和建议，而且能够了解教育经济学领域之外学者的意见和建议。我们特别感谢列文（Henry Levin）教授、卡诺依（Martin Carnoy）教授、厉以宁教授、陈良琨教授、王善迈教授、曾满超教授和钟宇平教授等世界著名教育经济学家，作为我们的老师和朋友，长期以来对我们的指导和帮助以及在教育经济学研究方面提供的合作。书稿的初稿完成后，钟宇平教授亲自从头到尾仔细审阅了书稿，提出了修改和完善书稿的大量宝贵意见和建议。丁小浩教授不仅从书稿谋划的最初阶段就对构建书稿的逻辑结构提出了宝贵建议，而且一直密切关注编写进程，最后审阅书稿全文，提出了进一步修改完善的建议。王蓉教授在百忙之中两次从头到尾审阅书稿，提出了大量的修改意见和建议。长期在美国从事教育经济学教学和研究的刘璟博士也认真审阅了书稿全文，更多地从国际视角提出了一系列完善书稿的建议。阎凤桥教授作为教育管理学学者，站在教育经济学领域之外，仔细审阅了书稿全文，提出了独特的修改意见和建议。教育经济学青年学者薛海平教授、蒋承教授也认真审阅了书稿，提出了宝贵的意见和建议。长期从事教育经济和教育财政实际工作的陈淑敏博士等专家则从实践层面对书稿提出了宝贵的修改意见。岳昌君教授在"教育与经济增长的计量方法"一节中做出了贡献。此外，还有郭海博士、郭丛斌博士和由由博士等许多学者也分别从不同的角度参加了书稿的审阅，其中由由博士还参加了书稿的第十一章和第十四章的初稿编写工作，在此，我们对上述各位专家学者表示诚挚的谢意。本书的编写得到北京大学北美教育基金会 TAI 基金的支持。

编者

2020 年 9 月 27 日

北京大学出版社
教育出版中心 精品图书

21世纪特殊教育创新教材·理论与基础系列

特殊教育的哲学基础	方俊明
特殊教育的医学基础	张婷
融合教育导论（第二版）	雷江华
特殊教育学（第二版）	雷江华 方俊明
特殊儿童心理学（第二版）	方俊明 雷江华
特殊教育史	朱宗顺
特殊教育研究方法（第二版）	杜晓新 宋永宁 等
特殊教育发展模式	任颂羔

21世纪特殊教育创新教材·康复与训练系列

特殊儿童应用行为分析（第二版）	李芳 李丹
特殊儿童的游戏治疗	周念丽
特殊儿童的美术治疗	孙霞
特殊儿童的音乐治疗	胡世红
特殊儿童的心理治疗（第二版）	杨广学
特殊教育的辅具与康复	蒋建荣
特殊儿童的感觉统合训练（第二版）	王和平
孤独症儿童课程与教学设计	王梅

21世纪特殊教育创新教材·融合教育系列

融合教育理论反思与本土化探索	邓猛
融合教育实践指南	邓猛
融合教育理论指南	邓猛
融合教育导论（第二版）	雷江华

21世纪特殊教育创新教材（第二辑）

特殊儿童心理与教育	杨广学 张巧明 王芳
教育康复学导论	杜晓新 黄昭明
特殊儿童病理学	王和平 杨长江
特殊学校教师教育技能	谷飞 马红英

自闭谱系障碍儿童早期干预丛书

如何发展自闭谱系障碍儿童的沟通能力	朱晓晨 苏雪云
如何理解自闭谱系障碍和早期干预	苏雪云
如何发展自闭谱系障碍儿童的社会交往能力	吕梦 杨广学
如何发展自闭谱系障碍儿童的自我照料能力	倪萍萍 周波
如何在游戏中干预自闭谱系障碍儿童	朱瑞 周念丽
如何发展自闭谱系障碍儿童的感知和运动能力	韩文娟 徐芳 王和平
如何发展自闭谱系障碍儿童的认知能力	潘前前 杨福义
自闭症谱系障碍儿童的发展与教育	周念丽
如何通过音乐干预自闭谱系障碍儿童	张正琴
如何通过画画干预自闭谱系障碍儿童	张正琴
如何运用ACC促进自闭谱系障碍儿童的发展	苏雪云
孤独症儿童的关键性技能训练法	李丹
自闭症儿童家长辅导手册	雷江华
孤独症儿童课程与教学设计	王梅
融合教育理论反思与本土化探索	邓猛
自闭症谱系障碍儿童家庭支持系统	孙玉梅
自闭症谱系障碍儿童团体社交游戏干预	李芳
孤独症儿童的教育与发展	王梅 梁松梅

特殊学校教育·康复·职业训练丛书（黄建行 雷江华 主编）

信息技术在特殊教育中的应用
智障学生职业教育模式
特殊教育学校学生康复与训练
特殊教育学校校本课程开发
特殊教育学校特奥运动项目建设

21世纪学前教育规划教材

学前教育概论	李生兰
学前教育管理学	王雯
幼儿园歌曲钢琴伴奏教程	果旭伟
幼儿园舞蹈教学活动设计与指导	董丽
实用乐理与视唱	代苗
学前儿童美术教育	冯婉贞
学前儿童科学教育	洪秀敏
学前儿童游戏	范明丽
学前教育研究方法	郑福明
外国学前教育史	郭法奇
学前教育政策与法规	魏真
学前心理学	涂艳国 蔡艳

学前教育理论与实践教程
　　　　　　　　　　　　王　维　王维娅　孙　岩
学前儿童数学教育　　　　　　　　　　　　赵振国

大学之道丛书精装版
美国高等教育通史　　　　　　　[美]亚瑟·科恩
知识社会中的大学　　　　　　[英]杰勒德·德兰迪
大学之用（第五版）　　　　　　[美]克拉克·克尔
营利性大学的崛起　　　　　　　[美]理查德·鲁克
学术部落与学术领地：知识探索与学科文化
　　　　　　　　　　　[英]托尼·比彻，保罗·特罗勒尔
美国现代大学的崛起　　　　　　[美]劳伦斯·维赛
教育的终结——大学何以放弃了对人生意义的追求
　　　　　　　　　　　　　　[美]安东尼·T.克龙曼
世界一流大学的管理之道——大学管理研究导论
　　　　　　　　　　　　　　　　　　　　程　星
后现代大学来临？
　　　　　　　[英]安东尼·史密斯 弗兰克·韦伯斯特

大学之道丛书
市场化的底限　　　　　　　　　　[美]大卫·科伯
大学的理念　　　　　　　　　　　[英]亨利·纽曼
哈佛：谁说了算　　　　　　　[美]理查德·布瑞德利
麻省理工学院如何追求卓越　　[美]查尔斯·维斯特
大学与市场的悖论　　　　　　　　[美]罗杰·盖格
高等教育公司：营利性大学的崛起
　　　　　　　　　　　　　　　　[美]理查德·鲁克
公司文化中的大学：大学如何应对市场化压力
　　　　　　　　　　　[美]埃里克·古尔德 40元
美国高等教育质量认证与评估
　　　　　　　　　　　　　[美]美国中部州高等教育委员会
现代大学及其图新　　　　[美]谢尔顿·罗斯布莱特
美国文理学院的兴衰——凯尼恩学院纪实
　　　　　　　　　　　　　　　　　[美]P.F.克鲁格
教育的终结：大学何以放弃了对人生意义的追求
　　　　　　　　　　　　　　[美]安东尼·T.克龙曼
大学的逻辑（第三版）　　　　　　　　　张维迎
我的科大十年（续集）　　　　　　　　　孔宪铎
高等教育理念　　　　　　　　[英]罗纳德·巴尼特
美国现代大学的崛起　　　　　　[美]劳伦斯·维赛
美国大学时代的学术自由　　　[美]沃特·梅兹格
美国高等教育通史　　　　　　　[美]亚瑟·科恩
美国高等教育史　　　　　　　　　[美]约翰·塞林
哈佛通识教育红皮书　　　　　　　　　哈佛委员会

高等教育何以为"高"——牛津导师制教学反思
　　　　　　　　　　　　　　　[英]大卫·帕尔菲曼
印度理工学院的精英们　　　[印度]桑迪潘·德布
知识社会中的大学　　　　　　[英]杰勒德·德兰迪
高等教育的未来：浮言、现实与市场风险
　　　　　　　　　　　　　　　　[美]弗兰克·纽曼等
后现代大学来临？　　　　　　[英]安东尼·史密斯等
美国大学之魂　　　　　　　　[美]乔治·M.马斯登
大学理念重审：与纽曼对话
学术部落及其领地——当代学术界生态揭秘（第二版）　　　　　　[英]托尼·比彻 保罗·特罗勒尔
德国古典大学观及其对中国大学的影响（第二版）
　　　　　　　　　　　　　　　　　　　　陈洪捷
转变中的大学：传统、议题与前景　　　　郭为藩
学术资本主义：政治、政策和创业型大学
　　　　　　　　　　　　[美]希拉·斯劳特　拉里·莱斯利
21世纪的大学　　　　　　　[美]詹姆斯·杜德斯达
美国公立大学的未来
　　　　　　　　[美]詹姆斯·杜德斯达 弗瑞斯·沃马克
东西象牙塔　　　　　　　　　　　　　　孔宪铎
理性捍卫大学　　　　　　　　　　　　　眭依凡

学术规范与研究方法系列
社会科学研究方法100问　　　　　[美]萨尔金德
如何利用互联网做研究　　　　　[爱尔兰]杜恰泰
如何撰写与发表社会科学论文：国际刊物指南
　　　　　　　　　　　　　　　　　　　　蔡今忠
如何查找文献（第二版）　　　　[英]萨莉·拉姆齐
给研究生的学术建议　　　　　　[英]戈登·鲁格 等
社会科学研究的基本规则（第四版）
　　　　　　　　　　　　　　　[英]朱迪斯·贝尔
做好社会研究的10个关键
　　　　　　　　　　　　　　[英]马丁·丹斯考姆
如何写好科研项目申请书
　　　　　　　　　　　　　[美]安德鲁·弗里德兰德 等
教育研究方法（第六版）
　　　　　　　　　　　　　　[美]梅瑞迪斯·高尔 等
高等教育研究：进展与方法
　　　　　　　　　　　　　　　[英]马尔科姆·泰特
如何成为学术论文写作高手　　　　　[美]华乐丝
参加国际学术会议必须要做的那些事
　　　　　　　　　　　　　　　　　　[美]华乐丝
如何成为优秀的研究生　　　　　　　[美]布卢姆

| 结构方程模型及其应用 | 易丹辉 李静萍 |
| 课堂与教学艺术（第二版） | 孙菊如 陈春荣 |

21世纪高校职业发展读本
如何成为卓越的大学教师	[美] 肯·贝恩
给大学新教员的建议	[美] 罗伯特·博伊斯
如何提高学生学习质量	[英] 迈克尔·普洛瑟 等
学术界的生存智慧	[美] 约翰·达利 等
给研究生导师的建议（第2版）	[英] 萨拉·德拉蒙特 等

21世纪教师教育系列教材·物理教育系列
中学物理微格教学教程（第二版）	张军朋 詹伟琴 王 恬
中学物理科学探究学习评价与案例	张军朋 许桂清
物理教学论	邢红军
中学物理教学法	邢红军
中学物理教学评价与案例分析	王建中 孟红娟

21世纪教育科学系列教材·学科学习心理学系列
| 数学学习心理学（第二版） | 孔凡哲 |
| 语文学习心理学 | 董蓓菲 |

21世纪教师教育系列教材
教育心理学（第二版）	李晓东
教育学基础	庞守兴
教育学	余文森 王 晞
教育研究方法	刘淑杰
教育心理学	王晓明
心理学导论	杨凤云
教育心理学概论	连 榕 罗丽芳
课程与教学论	李 允
教师专业发展导论	于胜刚
学校教育概论	李清雁
现代教育评价教程（第二版）	吴 钢
教师礼仪实务	刘 霄
家庭教育新论	闫旭蕾 杨 萍
中学班级管理	张宝书
教育职业道德	刘亭亭
教师心理健康	张怀春
现代教育技术	冯玲玉
青少年发展与教育心理学	张 清
课程与教学论	李 允

21世纪教师教育系列教材·初等教育系列
小学教育学	田友谊
小学教育学基础	张永明 曾 碧
小学班级管理	张永明 宋彩琴
初等教育课程与教学论	罗祖兵
小学教育研究方法	王红艳
新理念小学数学教学论	刘京莉
新理念小学音乐教学法	吴跃跃

教师资格认定及师范类毕业生上岗考试辅导教材
| 教育学 | 余文森 王 晞 |
| 教育心理学概论 | 连 榕 罗丽芳 |

21世纪教师教育系列教材·学科教育心理学系列
| 语文教育心理学 | 董蓓菲 |
| 生物教育心理学 | 胡继飞 |

21世纪教师教育系列教材·学科教学论系列
新理念化学教学论（第二版）	王后雄
新理念科学教学论（第二版）	崔 鸿 张海珠
新理念生物教学论（第二版）	崔 鸿 郑晓慧
新理念地理教学论（第二版）	李家清
新理念历史教学论（第二版）	杜 芳
新理念思想政治（品德）教学论（第二版）	胡田庚
新理念信息技术教学论（第二版）	吴军其
新理念数学教学论	冯 虹

21世纪教师教育系列教材·语文课程与教学论系列
语文文本解读实用教程	荣维东
语文课程教师专业技能训练	张学凯 刘丽丽
语文课程与教学发展简史	武玉鹏 王从华 黄修志
语文课程学与教的心理学基础	韩雪屏 王朝霞
语文课程名师名课案例分析	武玉鹏 郭治锋
语用性质的语文课程与教学论	王元华

21世纪教师教育系列教材·学科教学技能训练系列
新理念生物教学技能训练（第二版）	崔 鸿
新理念思想政治（品德）教学技能训练（第二版）	胡田庚 赵海山
新理念地理教学技能训练	李家清
新理念化学教学技能训练（第二版）	王后雄
新理念数学教学技能训练	王光明

新理念小学音乐教学法	吴跃跃

王后雄教师教育系列教材
教育考试的理论与方法	王后雄
化学教育测量与评价	王后雄
中学化学实验教学研究	王后雄
新理念化学教学诊断学	王后雄

西方心理学名著译丛
儿童的人格形成及其培养	[奥地利] 阿德勒
活出生命的意义	[奥地利] 阿德勒
生活的科学	[奥地利] 阿德勒
理解人生	[奥地利] 阿德勒
荣格心理学七讲	[美] 卡尔文·霍尔
系统心理学：绪论	[美] 爱德华·铁钦纳
社会心理学导论	[美] 威廉·麦独孤
思维与语言	[俄] 列夫·维果茨基
人类的学习	[美] 爱德华·桑代克
基础与应用心理学	[德] 雨果·闵斯特伯格
记忆	[德] 赫尔曼·艾宾浩斯
实验心理学（上下册）	[美] 伍德沃斯 施洛斯贝格
格式塔心理学原理	[美] 库尔特·考夫卡

21世纪教学活动设计案例精选丛书（禹明 主编）
- 初中语文教学活动设计案例精选
- 初中数学教学活动设计案例精选
- 初中科学教学活动设计案例精选
- 初中历史与社会教学活动设计案例精选
- 初中英语教学活动设计案例精选
- 初中思想品德教学活动设计案例精选
- 中小学音乐教学活动设计案例精选
- 中小学体育（体育与健康）教学活动设计案例精选
- 中小学美术教学活动设计案例精选
- 中小学综合实践活动教学活动设计案例精选
- 小学语文教学活动设计案例精选
- 小学数学教学活动设计案例精选
- 小学科学教学活动设计案例精选
- 小学英语教学活动设计案例精选
- 小学品德与生活（社会）教学活动设计案例精选
- 幼儿教育教学活动设计案例精选

全国高校网络与新媒体专业规划教材
文化产业概论	尹章池
网络文化教程	李文明
网络与新媒体评论	杨娟
新媒体概论	尹章池
新媒体视听节目制作（第二版）	周建青
融合新闻学导论	石长顺
新媒体网页设计与制作	惠悲荷
网络新媒体实务	张合斌
突发新闻教程	李军
视听新媒体节目制作	邓秀军
视听评论	何志武
出镜记者案例分析	刘静 邓秀军
视听新媒体导论	郭小平
网络与新媒体广告	尚恒志 张合斌
网络与新媒体文学	唐东堰 雷奕

全国高校广播电视专业规划教材
电视节目策划教程	项仲平
电视导播教程	程晋
电视文艺创作教程	王建辉
广播剧创作教程	王国臣

21世纪教育技术学精品教材（张景中 主编）
教育技术学导论（第二版）	李芒 金林
远程教育原理与技术	王继新 张屹
教学系统设计理论与实践	杨九民 梁林梅
信息技术教学论	雷体南 叶良明
网络教育资源设计与开发	刘清堂
学与教的理论与方式	刘雍潜
信息技术与课程整合（第二版）	赵呈领 杨琳 刘清堂
教育技术研究方法	张屹 黄磊
教育技术项目实践	潘克明

21世纪信息传播实验系列教材（徐福荫 黄慕雄 主编）
- 多媒体软件设计与开发
- 电视照明·电视音乐音响
- 播音与主持艺术（第二版）
- 广告策划与创意
- 摄影基础（第二版）

21世纪教师教育系列教材·专业养成系列（赵国栋 主编）
- 微课与慕课设计初级教程
- 微课与慕课设计高级教程
- 微课、翻转课堂和慕课设计实操教程
- 网络调查研究方法概论（第二版）
- PPT云课堂教学法